MISSEL DES DI[illegible]ES

2020

Les auteurs :

ÉRIC BEAUMER, Prémontré, diplômé de l'Institut supérieur de liturgie (Paris), curé de paroisse et professeur de liturgie.

FABRICE BRAVARD, marié et père de famille, éditeur. Il est directeur du Centre théologique de Meylan-Grenoble (Isère).

HENRI DELHOUGNE, bénédictin de l'abbaye de Clervaux (Luxembourg), docteur d'État en théologie, coordinateur de la Traduction officielle liturgique de la Bible.

SOPHIE GALL-ALEXEEFF, mariée et mère de famille, enseignante en liturgie et directrice adjointe de l'ISSR (IER) à l'Institut Catholique de Paris.

CHRISTELLE JAVARY, enseignante laïque en théologie à l'Institut Catholique de Paris.

SERGE KERRIEN, diacre permanent du diocèse de Saint-Brieuc et Tréguier, marié et père de famille, délégué épiscopal.

BERNARD MAITTE, prêtre du diocèse d'Aix et Arles, curé de paroisse, professeur de liturgie et de théologie et directeur des études au séminaire d'Aix en Provence, collabore au SNPLS (Service National de Pastorale Liturgique et Sacramentaire).

ISABELLE RENAUD-CHAMSKA, mariée et mère de deux enfants. Agrégée de lettres, docteur ès-lettres, elle a enseigné dans un collège du Val d'Oise. Elle est aussi diplômée de liturgie.

Les lectures bibliques

Les lectures bibliques de ce Missel 2020 sont extraites de la Traduction officielle liturgique de la Bible, approuvée par les autorités de l'Église catholique et intégrée dans les Lectionnaires de la messe. Le découpage des lectures ne relève pas des auteurs de ce missel, mais de l'autorité centrale de l'Église romaine. Pour situer ces lectures dans leur contexte, on pourra se reporter à l'édition complète de cette Bible, parue chez Mame, et y prendre connaissance des notes et des introductions aux livres bibliques qui y figurent.

Illustration de la couverture

Nous sommes sous le doux regard du Christ et rien de nous distrait du tête-à-tête qu'il nous offre. Le Verbe, lumière du monde, embrasé d'amour pour nous, s'est incarné. Son visage irradie doucement dans l'ombre. Sa tunique, couleur de braises, est discrètement soulignée par les frais liserés blancs de la chemise. Rocco Marconi, l'auteur de cette œuvre (vers 1520), peignait à Venise, une ville dont l'histoire croise celle de Byzance. Sa figure du Christ en buste évoque les images du Pantocrator byzantin, le maître de toutes choses. L'index et le majeur de sa main qui bénit sont croisés. C'est par sa croix glorieuse que le Seigneur nous sauve.

Sylvie Bethmont-Gallerand

MISSEL DES DIMANCHES

2020

Année liturgique
du 1er décembre 2019
au 28 novembre 2020

Lectures de l'année A

Édition collective des Éditeurs de liturgie

Chaque année, depuis 50 ans, le *Missel des Dimanches*

Il est né à la suite du concile Vatican II, sous l'égide des évêques francophones, pour aider le peuple chrétien à s'approprier les nouveaux textes liturgiques. En signe d'unité, il est publié par un collectif d'éditeurs. Il est l'œuvre d'une équipe d'auteurs riche de sa diversité : hommes et femmes, prêtres, religieux et laïcs, venant de diverses régions de France et même d'au-delà. Chacun apporte son expérience d'Église, sa sensibilité propre et ses compétences en liturgie, théologie, animation, chants...

L'ouvrage reçoit chaque année l'imprimatur de l'Église, gage de fiabilité et de qualité. Depuis cinquante ans, ce Missel est le compagnon de très nombreux fidèles qui veulent mettre au cœur de leur vie l'eucharistie dominicale, « source et sommet de toute la vie chrétienne ».

Nihil obstat
Caen, le 15 mars 2019.
Jean-Louis Angué

Imprimatur
le 21 mai 2019
† Mgr Guy de Kerimel
évêque de Grenoble-Vienne
Président de la Commission épiscopale de Liturgie et de Pastorale sacramentelle

Couverture : Rocco Marcori (connu dès 1504, mort en 1529), *Christ bénissant*, Musei Civici, Padoue © akg-images/Cameraphoto.

Conception maquette : Michèle Fraudreau, Bleu T (Paris)

Responsable de la fabrication : Julie Joubin (Éditions du Cerf)

Pour correspondre avec les auteurs ou les éditeurs de ce Missel, écrire à : Missel des dimanches, Éditions du Cerf, 24 rue des Tanneries, 75013 Paris, contact@misseldesdimanches.fr

ISBN (Cerf) : 978-2-204-13367-8
ISBN (Mame) : 978-2-728-92715-9

Préface

Le livre de la prière de l'Église

« Le concile a voulu voir dans la liturgie une épiphanie de l'Église : elle est l'Église en prière », écrivait Jean-Paul II pour le 25e anniversaire de la constitution sur la liturgie. N'est-ce pas ce que nous sommes – l'Église en prière – lorsque, rassemblés par le Christ, nous célébrons son mystère pascal ? Il se produit à ce moment-là une « épiphanie » – une manifestation – de l'Église. Cela nous dépasse et nous déborde, bien incapables que nous sommes de refléter la profondeur du mystère qui s'accomplit. Et pourtant, à chaque célébration, Dieu vient et nous donne de révéler au monde qui nous entoure le visage de l'Église. Non pas dans toutes ses dimensions, car la liturgie n'est pas la seule activité de l'Église, mais le visage de l'Église en prière.

Il nous appartient donc d'être attentifs à ce qui se passe dans la liturgie pour devenir, au fil des célébrations, des membres conscients de la profondeur des prières qu'ils énoncent ou auxquels ils répondent, des gestes qu'ils posent, des acclamations qui les unissent, des silences où ils accueillent l'Esprit Saint ou se recueillent en Dieu. Ainsi pourrons-nous rayonner et devenir des passeurs de la grâce de Dieu.

D'où l'importance du Missel des Dimanches que vous tenez en main. Il contient des prières et des textes de l'Écriture, dont certains vous sont très connus et d'autres moins, mais surtout, il contient ce qui nous unit les uns aux autres dans une prière commune, celle du Corps du Christ, celle de l'Église en prière. Il est bon, dès lors, de nous préparer à vivre la liturgie dominicale afin que notre âme soit au diapason des gestes que nous accomplissons et des paroles que nous prononçons en communauté d'une même voix et d'un même cœur.

Saint Athanase comparait le livre des psaumes à un jardin où celui qui se promène récolte les fruits que Dieu y a fait mûrir. Ouvrir le livre de la prière de l'Église à son sommet qu'est le Missel des Dimanches, c'est, d'une certaine manière, pénétrer dans le monde de Dieu où le Christ nous rejoint et nous parle, nous forme et nous fait pressentir les fruits que nous goûterons dans la célébration elle-même. Car le livre contient des paroles pleines de sens qui pourtant ne prennent vie et ne s'épanouissent que dans l'acte de la célébration communautaire. C'est là que nous recueillons ce que Dieu a préparé pour nous à la table de sa Parole et à la table eucharistique. Table à deux faces inséparables où la Parole entendue prend chair dans le pain, prend chair en chacun de ceux qui y communient puisque, selon les mots de saint Augustin, nous sommes appelés à devenir ce que nous recevons, le corps du Christ.

Ainsi, en vérité, les liturgies auxquelles nous participerons au cours de cette année feront naître en nous une grande action de grâce, littéralement une eucharistie, où resplendira le beau visage de l'Église transfigurée par la grâce de Dieu.

Bernadette Mélois
Directrice du SNPLS
Service National de Pastorale Liturgique et Sacramentaire

Calendrier liturgique 2020
A

2019		
Temps de l'Avent		***Violet***
1er dim. Avent	01/12	p. 81
2e dim. Avent	08/12	p. 88
Imm. Conception	09/12	p. 95
3e dim. Avent	15/12	p. 97
4e dim. Avent	22/12	p. 103

Temps de Noël		***Blanc***
Noël Veille	24/12	p. 115
Noël Nuit	25/12	p. 119
Noël Aurore	25/12	p. 123
Noël Jour	25/12	p. 126
Ste Famille	29/12	p. 131

2020		
Mère de Dieu	01/01	p. 137
Épiphanie	05/01	p. 143
Baptême du Sgr	12/01	p. 150

Temps ordinaire		***Vert***
2e dim. TO	19/01	p. 161
3e dim. TO	26/01	p. 169
Présentation du Sgr	02/02	p. 179
5e dim. TO	9/02	p. 188
6e dim. TO	16/02	p. 194
7e dim. TO	23/02	p. 201

Temps du Carême		***Violet***
Cendres	26/02	p. 210
1er dim. Carême	01/03	p. 219
2e dim. Carême	08/03	p. 227
3e dim. Carême	15/03	p. 234
4e dim. Carême	22/03	p. 243
Annonciation	25/03	p. 252
5e dim. Carême	29/03	p. 254
Célébration pén. communautaire		p. 263

Semaine sainte		
Rameaux	05/04	p. 273
Jeudi saint	09/04	p. 294
Vendredi saint	10/04	p. 302

Temps pascal		***Blanc***
Vigile pascale	11/04	p. 322
Dim. de Pâques	12/04	p. 357
2e dim. de Pâques	19/04	p. 369
3e dim. de Pâques	26/04	p. 376
4e dim. de Pâques	03/05	p. 384
5e dim. de Pâques	10/05	p. 391
6e dim. de Pâques	17/05	p. 398
Ascension du Sgr	21/05	p. 404
7e dim. de Pâques	24/05	p. 410
Pentecôte : veille	30/05	p. 416
et jour (rouge)	31/05	p. 425

Temps ordinaire (suite)		*Vert*
Lundi de Pentecôte : Marie Mère de l'Église, 9e sem. TO	01/06	p. 433
Sainte Trinité	07/06	p. 434
Lundi de la 10e sem. TO	08/06	p. 439
Saint-Sacrement	14/06	p. 443
Lundi de la 11e sem. TO	15/06	p. 450
Sacré Cœur	19/06	p. 451
12e dim. TO	21/06	p. 453
13e dim. TO	28/06	p. 459
14e dim. TO	05/07	p. 465
15e dim. TO	12/07	p. 471
16e dim. TO	19/07	p. 478
17e dim. TO	26/07	p. 484
18e dim. TO	02/08	p. 490
19e dim. TO	09/08	p. 496
Assomption	15/08	p. 505

Temps ordinaire (suite)		*Vert*
20e dim. TO	16/08	p. 515
21e dim. TO	23/08	p. 521
22e dim. TO	30/08	p. 527
23e dim. TO	06/09	p. 533
24e dim. TO	13/09	p. 543
25e dim. TO	20/09	p. 551
26e dim. TO	27/09	p. 557
27e dim. TO	04/10	p. 565
28e dim. TO	11/10	p. 571
29e dim. TO	18/10	p. 581
30e dim. TO ou Dédicace de l'église	25/10	p. 589
Toussaint	01/11	p. 601
Défunts	02/11	p. 608
32e dim. TO	08/11	p. 613
33e dim. TO	15/11	p. 620
Christ Roi de l'univers	22/11	p. 628

Comprendre la messe

Faire vivre l'année liturgique est le but principal du *Missel des dimanches.* De façon plus générale, un missel est un instrument pour mieux comprendre la messe. C'est pourquoi on trouvera quelques pleines pages sur ce thème. Leur liste se trouve à la fin du volume, p. 697. Dans cette liste, on a ajouté diverses références, en particulier aux introductions aux temps liturgiques.

Indications pratiques

La liturgie de la messe, c'est-à-dire les textes qui reviennent à chaque messe, figure dans les soixante premières pages :

Les textes propres à chaque dimanche ou fête sont placés à leur date.

Chaque formulaire de messe comprend :

– une ***introduction générale*** à chaque dimanche, préparant à l'accueil des lectures bibliques ;

– des ***propositions*** pour les chants et la prière universelle, parfois des suggestions pour célébrer ; les propositions de chants sont généralement regroupées par temps liturgique ou pour plusieurs dimanches du Temps ordinaire ; deux recueils sont indiqués par leurs initiales : ***CNA*** = *Chants notés de l'assemblée*, recueil officiel, éd. Bayard ; ***MNA*** = *Missel noté de l'assemblée*, diffusion Abbaye de Clervaux (Luxembourg) ;

– les ***textes officiels*** des prières et des lectures bibliques ;

– une ***citation***, ayant normalement un rapport avec les lectures bibliques du jour ;

– le ***calendrier liturgique*** de la semaine, les ***fêtes à souhaiter***, et diverses ***informations***.

Calendrier liturgique

Il s'agit du calendrier *liturgique* au sens strict, proposé à l'ensemble de l'Église. Il ne mentionne que les saints figurant dans le calendrier liturgique officiel, universel ou national. *On ne s'étonnera pas de ne pas y trouver un certain nombre de saints connus par ailleurs, ou canonisés récemment par le pape.* Simplement, ceux-là ne figurent pas au calendrier liturgique. Cela n'empêche pas de les invoquer ou même de faire une célébration liturgique en leur honneur, avec les textes des « communs des saints » du *Missel romain.*

On a donné les références des lectures bibliques *pour chaque jour.* Sauf pour les solennités, les fêtes et certaines mémoires qui ont des lectures propres obligatoires, ce sont les lectures du jour de semaine qui sont indiquées et non celles du saint. Le Lectionnaire favorise ainsi une lecture semi-continue de l'Écriture sainte, comme le souhaite l'Église.

Bonne fête !

Sous ce titre, on trouve pour chaque jour de la semaine plusieurs prénoms chrétiens, qui correspondent à des saints, ou ont été rattachés à des saints. On trouve la liste complète des saints du jour dans le *Martyrologe romain*.

Pour mémoire

Ces rappels sont très divers et n'ont pas nécessairement une portée liturgique : mention de telle journée mondiale ou nationale ; rappel d'un événement important pour l'histoire de l'Église ou du monde.

Liturgie de la messe

QUE VENONS-NOUS FAIRE À LA MESSE ?

Ce qu'il faut savoir pour y trouver son chemin :

Après une OUVERTURE DE LA CÉLÉBRATION, deux grandes parties :

1. Nous écoutons la Parole de Dieu

– La Parole de Dieu, exprimée dans l'*Ancienne Alliance*
– et dans les *Écrits des Apôtres*,
– culmine dans la *Bonne Nouvelle* de Jésus, l'Évangile.
– C'est *aujourd'hui* que Dieu nous parle.
– Nous lui répondons par l'affirmation de notre *foi*
– et par notre *prière* pour tous les hommes.

2. Nous partageons le repas du Seigneur

Peu avant de mourir par amour et de revivre en Dieu, Jésus a pris avec les siens son dernier repas sur la terre. Pour participer à cette mort et à cette résurrection qui nous sauvent, nous faisons aujourd'hui les gestes que fit Jésus. Car il nous a dit de le faire en mémoire de lui, jusqu'à ce qu'il vienne.

– JÉSUS PRIT DU PAIN.
– JÉSUS RENDIT GRÂCE.
– JÉSUS ROMPIT LE PAIN ET LE DONNA AUX SIENS.

DÉROULEMENT DE LA MESSE

■ = se reporter aux pages du jour que l'on célèbre.
➤ = se reporter aux pages qui suivent (Liturgie de la messe)
↗ = voir

OUVERTURE DE LA CÉLÉBRATION
(↗ p. suivante)

1. Liturgie de la Parole

■ PREMIÈRE LECTURE (Ancien Testament, sauf au Temps pascal où on lit les Actes des Apôtres)

■ le psaume, en réponse à la 1re lecture

■ DEUXIÈME LECTURE (Lettres des Apôtres ou Apocalypse)

■ ACCLAMATION

■ ÉVANGILE

HOMÉLIE

➤ PROFESSION DE FOI (↗ p. 20-22)

■ PRIÈRE UNIVERSELLE

2. Liturgie eucharistique

➤ ■ PRÉPARATION DE L'AUTEL ET PRÉSENTATION DES DONS (↗ p. 26)

➤ GRANDE PRIÈRE D'ACTION DE GRÂCE (↗ p. 27)

➤ ■ FRACTION DU PAIN ET COMMUNION (↗ p. 73)

➤ CONCLUSION ET ENVOI (↗ p. 75)

Ouverture de la célébration

Le chant d'entrée achevé, tous, debout, se signent tandis que le prêtre dit :

Au nom du Père, et du Fils et du Saint-Esprit.
Amen.

Salutation du prêtre

- La grâce de Jésus notre Seigneur, l'amour de Dieu le Père et la communion de l'Esprit Saint soient toujours avec vous.
  Et avec votre esprit.
- Le Seigneur soit avec vous.
  Et avec votre esprit.
- Que Dieu notre Père et Jésus Christ notre Seigneur vous donnent la grâce et la paix.
  Béni soit Dieu, maintenant et toujours !

Le prêtre (ou un autre membre de l'assemblée) peut exprimer par une brève monition un aspect propre à la célébration du jour : la communauté rassemblée, les lectures, la tonalité du dimanche ou de la fête.

Préparation pénitentielle

Il y a plusieurs manières d'exprimer cette démarche collective, où le peuple rencontre le Dieu saint qui le sauve :

- **Je confesse à Dieu tout-puissant,**
  je reconnais devant mes frères,
  que j'ai péché en pensée, en parole,
  par action et par omission ;
  oui, j'ai vraiment péché.
  C'est pourquoi je supplie la Vierge Marie,
  les anges et tous les saints,
  et vous aussi, mes frères,
  de prier pour moi le Seigneur notre Dieu.
- Seigneur, accorde-nous ton pardon.
  Nous avons péché contre toi.

Montre-nous ta miséricorde.
Et nous serons sauvés.

• Seigneur Jésus, envoyé par le Père
pour guérir et sauver les hommes,
prends pitié de nous. **Prends pitié de nous.**
Ô Christ, venu dans le monde
appeler tous les pécheurs,
prends pitié de nous. **Prends pitié de nous.**
Seigneur, élevé dans la gloire du Père, où tu intercèdes pour nous,
prends pitié de nous. **Prends pitié de nous.**

Le prêtre conclut ainsi la préparation pénitentielle :

Que Dieu tout-puissant nous fasse miséricorde, qu'il nous pardonne nos péchés et nous conduise à la vie éternelle. **Amen.**

• *ou bien le rite de l'eau bénite :*

Demandons au Seigneur de bénir cette eau ; nous allons en être aspergés en souvenir de notre baptême : que Dieu nous garde fidèles à l'Esprit que nous avons reçu.

Le prêtre dit une des prières suivantes :

Dieu éternel et tout-puissant, tu as donné aux hommes l'eau qui les fait vivre et les purifie ; tu veux aussi qu'elle puisse laver nos âmes et nous apporter le don de la vie éternelle ; daigne bénir + cette eau, pour que nous en recevions des forces en ce jour qui t'est consacré. Par cette eau, renouvelle en nous la source vive de ta grâce, défends-nous contre tout mal de l'âme et du corps ; nous pourrons alors nous approcher de toi avec un cœur pur, et profiter pleinement du salut que tu nous donnes. Par Jésus, le Christ, notre Seigneur. **Amen.**

ou bien, au temps pascal :

Seigneur, Dieu tout-puissant, écoute les prières de ton peuple : alors que nous venons célébrer la merveille de notre création et la merveille plus grande encore de notre rédemption, daigne bénir + cette eau.

(ou à Pâques : nous te rendons grâce pour cette eau.)

Tu l'as créée pour féconder la terre et donner à nos corps fraîcheur et pureté. Tu en as fait aussi l'instrument de ta miséricorde : par elle tu as libéré ton peuple de la servitude et tu as étanché sa soif dans le désert ; par elle les prophètes ont annoncé la nouvelle Alliance que tu voulais sceller avec les hommes ; par elle enfin, eau sanctifiée quand Jésus fut baptisé au Jourdain, tu as renouvelé notre nature pécheresse dans le bain de la nouvelle naissance. Que cette eau, maintenant, nous rappelle notre baptême et nous fasse participer à la joie de nos frères les baptisés de Pâques.
Par Jésus, le Christ, notre Seigneur. **Amen.**

Pendant l'aspersion, on chante un psaume ou un chant approprié.

Que Dieu tout-puissant nous purifie de nos péchés, et, par la célébration de cette eucharistie, nous rende dignes de participer un jour au festin de son Royaume. **Amen.**

Kyrie

Le Kyrie, litanie traditionnelle adressée au Christ, vient à la suite de la préparation pénitentielle, sauf si celle-ci a déjà employé cette formule.

Seigneur, prends pitié	Kyrie eleison.
Seigneur, prends pitié	**Kyrie eleison.**
Ô Christ, prends pitié	Christe eleison.
Ô Christ, prends pitié	**Christe eleison.**
Seigneur, prends pitié	Kyrie eleison.
Seigneur, prends pitié	**Kyrie eleison.**

Gloria

Le Gloria est omis pendant l'Avent et le Carême.

• **Gloire à Dieu au plus haut des cieux,**
et paix sur la terre aux hommes qu'il aime.

Nous te louons, nous te bénissons, nous t'adorons,
nous te glorifions, nous te rendons grâce,
pour ton immense gloire,
Seigneur Dieu, Roi du ciel,
Dieu le Père tout-puissant.
Seigneur, Fils unique, Jésus Christ,
Seigneur Dieu, Agneau de Dieu,
le Fils du Père ;
Toi qui enlèves le péché du monde,
prends pitié de nous ;
Toi qui enlèves le péché du monde,
reçois notre prière ;
Toi qui es assis à la droite du Père,
prends pitié de nous.
Car toi seul es saint,
Toi seul es Seigneur,
Toi seul es le Très-Haut : Jésus Christ,
avec le Saint-Esprit
Dans la gloire de Dieu le Père. Amen.

• Gloria in excelsis Deo,
Et in terra pax hominibus bonae voluntatis.
Laudamus te, benedicimus te, adoramus te,
Glorificamus te, gratias agimus tibi
propter magnam gloriam tuam.
Domine Deus, rex cœlestis, Deus Pater omnipotens.
Domine Fili unigenite, Jesu Christe.
Domine Deus, Agnus Dei, Filius Patris.
Qui tollis peccata mundi, miserere nobis.
Qui tollis peccata mundi, suscipe deprecationem nostram.
Qui sedes ad dexteram Patris, miserere nobis.
Quoniam tu solus sanctus, tu solus Dominus,
Tu solus Altissimus, Jesu Christe.
Cum Sancto Spiritu in gloria Dei Patris. **Amen.**

Prière d'ouverture

Voir à la messe du jour. Elle se termine le plus souvent par :

... Par Jésus Christ, ton Fils, notre Seigneur et notre Dieu, qui règne avec toi et le Saint-Esprit, maintenant et pour les siècles des siècles. **Amen.**

Liturgie de la Parole

Après avoir mis notre cœur en état d'accueil, nous écoutons et méditons la parole de Dieu.

■ PREMIÈRE LECTURE (↗ messe du jour)

On proclame *un passage de l'Ancien Testament* : pendant le Temps ordinaire, ce passage est en relation avec l'évangile du jour. Pendant le Temps pascal, on lit les Actes des Apôtres, qui racontent ce qui s'est passé après Pâques. Il est bon de faire un temps de silence après la lecture.

■ PSAUME (↗ messe du jour)

En réponse à cette lecture, un psaume ou un cantique biblique est proclamé ou chanté. Cette prière en forme de poésie biblique permet de méditer ce qui est dit dans la lecture.

■ DEUXIÈME LECTURE (↗ messe du jour)

On proclame *un passage d'une lettre des Apôtres* (souvent Paul, mais aussi Pierre, Jacques et Jean). Au Temps pascal de l'année A, on lit la première lettre de saint Pierre. Pendant le Temps ordinaire, la lettre apostolique est lue, de manière semi-continue, d'un dimanche à l'autre.

■ ÉVANGILE (↗ messe du jour)

• *Acclamation de l'évangile* : Alléluia, qui signifie « Louez Dieu » (durant le Carême, on prend une autre acclamation).

• *Proclamation d'un passage de l'évangile.* En cette année A, on lit saint Matthieu. Dans ce passage évangélique se trouvent la clé et le sommet de la liturgie de la Parole.

HOMÉLIE

Le mot grec signifie « conversation ». C'est un commentaire en style familier, portant surtout sur l'évangile.

■ PROFESSION DE FOI (↗ p. 20-22)

En réponse à la parole de Dieu, l'assemblée proclame sa foi par le « Je crois en Dieu » (le Credo).

■ PRIÈRE UNIVERSELLE (↗ messe du jour)

Comme le demande saint Paul (1 Tm 2, 1-8), l'assemblée fait monter vers Dieu des supplications pour tous les hommes.

Profession de foi

• *Symbole de Nicée-Constantinople :*

**Je crois en un seul Dieu, le Père tout-puissant,
créateur du ciel et de la terre,
de l'univers visible et invisible.**

**Je crois en un seul Seigneur, Jésus Christ,
le Fils unique de Dieu,
né du Père avant tous les siècles :**

**Il est Dieu, né de Dieu, lumière, née de la lumière,
vrai Dieu, né du vrai Dieu,**

**Engendré, non pas créé, de même nature que le Père ;
et par lui tout a été fait.**

**Pour nous les hommes, et pour notre salut,
il descendit du ciel ;**

**Par l'Esprit Saint, il a pris chair de la Vierge Marie,
et s'est fait homme.**

**Crucifié pour nous sous Ponce Pilate,
il souffrit sa passion et fut mis au tombeau.**

**Il ressuscita le troisième jour,
conformément aux Écritures,
et il monta au ciel ; il est assis à la droite du Père.**

**Il reviendra dans la gloire,
pour juger les vivants et les morts ;
et son règne n'aura pas de fin.**

**Je crois en l'Esprit Saint,
qui est Seigneur et qui donne la vie ;
il procède du Père et du Fils ;**

**Avec le Père et le Fils,
il reçoit même adoration et même gloire ;
il a parlé par les prophètes.**

**Je crois en l'Église,
une, sainte, catholique et apostolique.**

Je reconnais un seul baptême
pour le pardon des péchés.
J'attends la résurrection des morts,
et la vie du monde à venir. Amen.

• Credo in unum Deum, Patrem omnipotentem,
factorem cœli et terrae, visibilium omnium et invisibilium.

Et in unum Dominum Iesum Christum,
Filium Dei unigenitum,

Et ex Patre natum ante omnia sæcula :
Deum de Deo, lumen de lumine,
Deum verum de Deo vero.

Genitum, non factum, consubstantialem Patri ;
per quem omnia facta sunt.

Qui propter nos homines, et propter nostram salutem,
descendit de cœlis ;

Et incarnatus est de Spiritu Sancto ex Maria Virgine,
et homo factus est,

Crucifixus etiam pro nobis sub Pontio Pilato,
passus et sepultus est.

Et resurrexit tertia die, secundum Scripturas,
Et ascendit in cœlum ; sedet ad dexteram Patris.
Et iterum venturus est cum gloria judicare vivos et mortuos ;
cuius regni non erit finis.

Et in Spiritum Sanctum, Dominum et vivificantem ;
qui ex Patre Filioque procedit ;

Qui cum Patre et Filio simul adoratur et conglorificatur :
qui locutus est per prophetas.

Et unam, sanctam, catholicam et apostolicam Ecclesiam.
Confiteor unum baptisma in remissionem peccatorum.
Et exspecto resurrectionem mortuorum,
Et vitam venturi sæculi. Amen.

• *Symbole des Apôtres :*

Je crois en Dieu, le Père tout-puissant,
créateur du ciel et de la terre.
Et en Jésus Christ, son Fils unique,
notre Seigneur,
qui a été conçu du Saint-Esprit,
est né de la Vierge Marie,
a souffert sous Ponce Pilate,
a été crucifié, est mort et a été enseveli,
est descendu aux enfers,
le troisième jour est ressuscité des morts,
est monté aux cieux,
est assis à la droite de Dieu
le Père tout-puissant,
d'où il viendra juger les vivants et les morts.

Je crois en l'Esprit Saint,
à la sainte Église catholique,
à la communion des saints,
à la rémission des péchés,
à la résurrection de la chair,
à la vie éternelle.
Amen.

• *Dans certains cas, un autre formulaire est prévu, par exemple pour la confirmation, ou la profession de foi du baptême au cours de la nuit de Pâques,* *p. 353.*

Prière universelle

Nous exprimons devant Dieu, par de courtes intentions et un refrain, la prière des hommes et des femmes de ce temps à travers l'univers.

Il est bon que les formulations tiennent compte des besoins de l'Église et de ses responsables, des peuples et de leurs dirigeants, de ceux qui souffrent ou sont dans l'épreuve, et de la communauté réunie en ce lieu.

Quelques intentions sont suggérées dans les formulaires de ce missel. Plusieurs recueils existent, pour nous aider à formuler les nôtres.

Liturgie eucharistique

L'eucharistie est l'action de grâce rendue à Dieu pour Jésus Christ : par son sacrifice, rendu présent en chaque messe, il s'est offert par amour pour nous, afin de rétablir la communion entre Dieu et les hommes. Le sacrifice de sa mort, acceptée et vécue dans l'amour du Père et des hommes, est devenu passage vers la vraie vie.

Jésus Christ nous appelle désormais à partager cette vie nouvelle. Le baptême nous y donne accès ; l'eucharistie nous procure l'aliment qui la nourrit. Cet aliment est Jésus lui-même qui nous présente son corps mort et ressuscité.

Ce corps transformé par le Saint-Esprit est rendu présent lorsque l'Église refait les gestes que fit Jésus la veille de sa mort :

1. Il prit du pain.
2. Il dit la prière d'action de grâce.
3. Il rompit le pain et le donna aux siens.

De là proviennent les grandes parties de la liturgie eucharistique.

1. PRÉPARATION DE L'AUTEL ET PRÉSENTATION DES DONS

Comme Jésus prit du pain et une coupe de vin lors de son dernier repas,

➤ on apporte du pain et du vin sur l'autel, et on les présente à Dieu (↗ p. 26) ;

■ **PRIÈRE SUR LES OFFRANDES** (↗ messe du jour)

2. GRANDE PRIÈRE D'ACTION DE GRÂCE

Comme Jésus, le prêtre dit au nom de tous une grande prière d'action de grâce à Dieu le Père.

➤ **DIALOGUE D'INTRODUCTION** (↗ p. 27)

➤ ■ **PRÉFACE :** le prêtre chante la louange de Dieu en évoquant le mystère célébré.

➤ **SANCTUS** (↗ p. 34)

L'assemblée acclame le Dieu très saint.

➤ ■ **PRIÈRE EUCHARISTIQUE** (↗ p. 35)

Déjà commencée par la Préface et le Sanctus, cette grande prière se déploie selon une certaine variété, mais comporte normalement les éléments suivants :

• Une invocation à Dieu pour qu'il envoie l'Esprit Saint *(épiclèse)* sur le pain et sur le vin.

• Le récit du dernier repas de Jésus où il a institué l'eucharistie *(récit de l'institution)*. Le pain et le vin deviennent le corps et le sang, c'est-à-dire la personne, du Christ mort et ressuscité qui nous sauve *(consécration)*.

• Une acclamation de l'assemblée qui chante ce salut.

• Une prière du prêtre qui en fait mémoire *(anamnèse)*.

• Une invocation à l'Esprit Saint pour qu'il unisse l'assemblée *(seconde épiclèse)*.

• Des intercessions pour l'Église et pour le monde, pour les vivants et les défunts, en union avec les responsables de l'Église, dans la communion des saints.

• Une conclusion en forme d'action de grâce à la Sainte Trinité *(doxologie)*.

3. FRACTION DU PAIN ET COMMUNION

Comme Jésus, le prêtre partage le pain. Avant de recevoir celui-ci, l'assemblée dit la prière des enfants de Dieu et accueille la paix que Dieu lui offre.

➤ **NOTRE PÈRE** (↗ p. 73)

➤ **PRIÈRE ET RITE DE LA PAIX** (↗ p. 74)

➤ **FRACTION DU PAIN**, pendant qu'on chante « Agneau de Dieu »

➤ **COMMUNION**

- ■ **CHANT DE COMMUNION** (↗ messe du jour)
- ■ **PRIÈRE** (↗ messe du jour)

CONCLUSION ET ENVOI

Le dernier repas de Jésus ne s'est pas clos sur lui-même : il a été suivi par le don total de Jésus sur la croix, qui a entraîné sa résurrection, le don de l'Esprit, et, finalement, l'envoi en mission.

➤ **RITE DE CONCLUSION** (↗ p. 75)

Présentation des dons

Préparation de l'autel

Les ministres préparent l'autel. Le pain et le vin peuvent être portés en procession par des membres de l'assemblée.

Quête

Elle permet aux fidèles de s'associer à la présentation des dons, en mettant en commun leurs offrandes, destinées à la vie de la communauté, aux activités d'Église et au partage avec les plus démunis.

Présentation des dons

Pour présenter les dons, le prêtre dit à voix basse (il peut le dire à haute voix s'il n'y a pas de chant ou de musique d'orgue) :

Tu es béni, Dieu de l'univers, toi qui nous donnes ce pain, fruit de la terre et du travail des hommes ; nous te le présentons : il deviendra le pain de la vie.
(Béni soit Dieu, maintenant et toujours !)

En mettant l'eau dans le calice, le prêtre dit à voix basse :

Comme cette eau se mêle au vin pour le sacrement de l'Alliance, puissions-nous être unis à la divinité de Celui qui a pris notre humanité.

Tu es béni, Dieu de l'univers, toi qui nous donnes ce vin, fruit de la vigne et du travail des hommes ; nous te le présentons : il deviendra le vin du Royaume éternel.
(Béni soit Dieu, maintenant et toujours !)

En s'inclinant au milieu de l'autel, le prêtre dit à voix basse :

Humbles et pauvres, nous te supplions, Seigneur, accueille-nous : que notre sacrifice, en ce jour, trouve grâce devant toi.

En se lavant les mains :

Lave-moi de mes fautes, Seigneur, purifie-moi de mon péché.

Invitation à la prière

Prions ensemble,
au moment d'offrir le sacrifice de toute l'Église.
Pour la gloire de Dieu et le salut du monde.

Prière sur les offrandes *(Voir à la messe du jour)*

Prière eucharistique

Le Seigneur soit avec vous.
Et avec votre esprit.
Élevons notre cœur.
Nous le tournons vers le Seigneur.
Rendons grâce au Seigneur notre Dieu.
Cela est juste et bon.

Préface

Certaines préfaces se trouvent dans les formulaires des messes.

Noël 1

Vraiment, il est juste et bon de te rendre gloire, de t'offrir notre action de grâce, toujours et en tout lieu, à toi, Père très saint, Dieu éternel et tout-puissant.
Car la révélation de ta gloire s'est éclairée pour nous d'une lumière nouvelle dans le mystère du Verbe incarné ; maintenant, nous connaissons en lui Dieu qui s'est rendu visible à nos yeux, et nous sommes entraînés par lui à aimer ce qui demeure invisible.
• C'est pourquoi, avec les anges et les archanges, avec les puissances d'en haut et tous les esprits bienheureux, nous chantons l'hymne de ta gloire et sans fin nous proclamons : **Saint !...**
(↗ p. 34)
• C'est pourquoi, avec les anges et tous les saints, nous proclamons ta gloire, en chantant (disant) d'une seule voix : **Saint !...**
(↗ p. 34)

Noël 2

Vraiment, il est juste et bon de te rendre gloire, de t'offrir notre action de grâce, toujours et en tout lieu, à toi, Père très saint, Dieu éternel et tout-puissant.

Dans le mystère de la Nativité, celui qui par nature est invisible se rend visible à nos yeux ; engendré avant le temps, il entre dans le cours du temps.
Faisant renaître en lui la création déchue, il RESTAURE TOUTE CHOSE et remet l'homme égaré sur le chemin de ton Royaume.
C'est pourquoi, avec les anges qui proclamaient ta gloire dans le ciel, nous voulons te bénir en chantant (disant) : **Saint !...** (↗ p. 34)

Noël 3

Vraiment, il est juste et bon de te rendre gloire, de t'offrir notre action de grâce, toujours et en tout lieu, à toi, Père très saint, Dieu éternel et tout-puissant, par le Christ, notre Seigneur.
Par lui s'accomplit en ce jour l'échange merveilleux où nous sommes régénérés : lorsque ton Fils prend la condition de l'homme, la nature humaine en reçoit une incomparable noblesse ; il devient tellement l'un de nous que NOUS DEVENONS ÉTERNELS.
C'est pourquoi, avec les anges qui proclamaient ta gloire dans les cieux, pleins de joie, nous chantons (disons) : **Saint !...** (↗ p. 34)

Carême 1

Vraiment, il est juste et bon de te rendre gloire, de t'offrir notre action de grâce, toujours et en tout lieu, à toi, Père très saint, Dieu éternel et tout-puissant, par le Christ, notre Seigneur.
Car chaque année, tu accordes aux chrétiens de se préparer aux fêtes pascales dans la joie d'un CŒUR PURIFIÉ ; de sorte qu'en se donnant davantage à la prière, en témoignant plus d'amour pour le prochain, fidèles aux sacrements qui les ont fait renaître, ils soient comblés de la grâce que tu réserves à tes fils.
• C'est pourquoi, avec les anges et les archanges, avec les puissances d'en haut et tous les esprits bienheureux, nous

chantons l'hymne de ta gloire et sans fin nous proclamons : **Saint !...**
(↗ p. 34)
• C'est pourquoi, avec les anges et tous les saints, nous proclamons ta gloire, en chantant (disant) d'une seule voix : **Saint !...**
(↗ p. 34)

Carême 2

Vraiment, il est juste et bon de te rendre gloire, de t'offrir notre action de grâce, toujours et en tout lieu, à toi, Père très saint, Dieu éternel et tout-puissant.
Tu offres à tes enfants ce TEMPS DE GRÂCE pour qu'ils retrouvent la pureté du cœur. Tu veux qu'ils se libèrent de leurs égoïsmes, afin qu'en travaillant à ce monde qui passe, ils s'attachent surtout aux choses qui ne passent pas.
C'est pourquoi, avec les anges et tous les saints, nous chantons et proclamons : **Saint !...** (↗ p. 34)

Carême 3

Vraiment, il est juste et bon de te rendre gloire, de t'offrir notre action de grâce, toujours et en tout lieu, à toi, Père très saint, Dieu éternel et tout-puissant.
Tu accueilles nos pénitences comme une offrande à ta gloire ; car nos privations, tout en abaissant notre orgueil, nous invitent à IMITER TA MISÉRICORDE et à partager avec ceux qui ont faim.
C'est pourquoi (↗ *Carême 1, p. ci-dessus).*

Temps pascal 1 *(semaine pascale)*

Vraiment, il est juste et il est bon de te glorifier, Seigneur, en tout temps, mais plus encore en cette nuit (aujourd'hui) (en ces jours) où le Christ, notre Pâque, a été immolé : car il est l'Agneau véritable qui a enlevé le péché du monde ; en

mourant, il a détruit notre mort ; en ressuscitant, il nous a RENDU LA VIE.
C'est pourquoi le peuple des baptisés, rayonnant de la joie pascale, exulte par toute la terre, tandis que les anges, dans le ciel, chantent sans fin l'hymne de ta gloire : **Saint !...**

Temps pascal 2

Vraiment, il est juste et il est bon de te glorifier, Seigneur, en tout temps, mais plus encore en ces jours où le Christ, notre Pâque, a été immolé. Grâce à lui, se lèvent des enfants de lumière pour une vie éternelle, et les portes du Royaume des cieux s'ouvrent pour accueillir les croyants. Oui, nous te rendons gloire, car sa mort nous AFFRANCHIT DE LA MORT, et dans le mystère de la résurrection chacun de nous est déjà ressuscité.
C'est pourquoi le peuple des baptisés... (➚ Temps pascal 1, ci-dessus)

Temps pascal 3

Vraiment, il est juste et il est bon de te glorifier, Seigneur, en tout temps, mais plus encore en ces jours où le Christ, notre Pâque, a été immolé, lui qui ne cesse pas de s'offrir pour nous, et qui reste éternellement notre défenseur auprès de toi ; immolé, il a vaincu la mort ; mis à mort, il est TOUJOURS VIVANT.
C'est pourquoi le peuple des baptisés... (➚ Temps pascal 1, ci-dessus)

Temps pascal 4

Vraiment, il est juste et il est bon de te glorifier, Seigneur, en tout temps, mais plus encore en ces jours où le Christ, notre Pâque, a été immolé. En détruisant un monde déchu, il fait une CRÉATION NOUVELLE ; et c'est de lui que nous tenons désormais la vie qu'il possède en plénitude.

C'est pourquoi le peuple des baptisés... (↗ Temps pascal 1, p. 30)

Temps pascal 5

Vraiment, il est juste et il est bon de te glorifier, Seigneur, en tout temps, mais plus encore en ces jours où le Christ, notre Pâque, a été immolé. Quand il livre son corps sur la croix, tous les sacrifices de l'Ancienne Alliance parviennent à leur achèvement ; et quand il s'offre pour notre salut, il est à lui seul L'AUTEL, LE PRÊTRE ET LA VICTIME.
C'est pourquoi le peuple des baptisés... (↗ Temps pascal 1, p. 30)

Dimanches du temps ordinaire 1

Vraiment, il est juste et bon de te rendre gloire, de t'offrir notre action de grâce, toujours et en tout lieu, à toi, Père très saint, Dieu éternel et tout-puissant, par le Christ, notre Seigneur.
Dans le mystère de sa Pâque, il a fait une œuvre merveilleuse : car nous étions esclaves de la mort et du péché, et nous sommes appelés à partager sa gloire ; nous portons désormais ces noms glorieux : nation sainte, peuple racheté, race choisie, sacerdoce royal ; nous pouvons ANNONCER AU MONDE LES MERVEILLES que tu as accomplies, toi qui nous fais passer des ténèbres à ton admirable lumière.

• C'est pourquoi, avec les anges et les archanges, avec les puissances d'en haut et tous les esprits bienheureux, nous chantons l'hymne de ta gloire et sans fin nous proclamons : **Saint !...**
(↗ p. 34)

• C'est pourquoi, avec les anges et tous les saints, nous proclamons ta gloire, en chantant (disant) d'une seule voix : **Saint !...**
(↗ p. 34)

Dimanches du temps ordinaire 2

Vraiment, il est juste et bon de te rendre gloire, de t'offrir notre action de grâce, toujours et en tout lieu, à toi, Père très saint, Dieu éternel et tout-puissant, par le Christ, notre Seigneur.

Dans sa pitié pour notre misère, il a voulu naître d'une femme, la Vierge Marie. Par sa passion et sa croix, il nous a délivrés de la mort éternelle ; par sa résurrection d'entre les morts, il nous a DONNÉ LA VIE qui n'aura pas de fin.

• C'est pourquoi *(↗ préface précédente)*.

Dimanches du temps ordinaire 3

Vraiment, il est juste et bon de te rendre gloire, de t'offrir notre action de grâce, toujours et en tout lieu, à toi, Père très saint, Dieu éternel et tout-puissant.

Oui, nous le reconnaissons : afin de secourir tous les hommes, tu mets en œuvre ta puissance ; et tu te sers de notre condition mortelle pour nous AFFRANCHIR DE LA MORT : ainsi notre existence périssable devient un passage vers le salut, par le Christ, notre Seigneur.

C'est par lui que les anges, assemblés devant toi, adorent ta gloire ;

à leur hymne de louange, laisse-nous joindre nos voix pour chanter et proclamer : **Saint !...** (↗ p. 34)

Dimanches du temps ordinaire 4

Vraiment, il est juste et bon de te rendre gloire, de t'offrir notre action de grâce, toujours et en tout lieu, à toi, Père très saint, Dieu éternel et tout-puissant, par le Christ notre Seigneur.

En naissant parmi les hommes, il les APPELLE À RENAÎTRE ; en souffrant sa passion, il a supprimé nos fautes ; par sa résurrection d'entre les morts, il donne accès à la vie éternelle, et par son ascension auprès de toi, notre Père, il nous ouvre le ciel.

C'est pourquoi, avec tous les anges et tous les saints, nous chantons l'hymne de ta gloire et sans fin nous proclamons : **Saint !...**
(➚ p. 34)

Dimanches du temps ordinaire 5

Vraiment, il est juste et bon de te rendre gloire, de t'offrir notre action de grâce, toujours et en tout lieu, à toi, Père très saint, Dieu éternel et tout-puissant, à toi, Créateur de tous les éléments du monde, Maître des temps et de l'histoire.
C'est toi qui as formé l'homme à ton image et lui as soumis l'univers et ses merveilles ; tu lui as confié ta création pour qu'en ADMIRANT TON ŒUVRE il ne cesse de te rendre grâce par le Christ, notre Seigneur.
C'est toi que la terre et le ciel, avec les anges et les archanges, ne cessent d'acclamer en chantant : **Saint !...** (➚ p. 34)

Dimanches du temps ordinaire 6

Vraiment, il est juste et bon de te rendre gloire, Père très saint, Dieu éternel et tout-puissant de qui nous tenons la vie, la croissance et l'être.
Dans cette existence de chaque jour que nous recevons de ta grâce, la vie éternelle est déjà commencée : nous avons reçu les premiers dons de l'Esprit par qui tu as ressuscité Jésus d'entre les morts, et NOUS VIVONS DANS L'ESPÉRANCE que s'accomplisse en nous le mystère de Pâques.
C'est pourquoi avec tous les anges du ciel, nous voulons te bénir et t'acclamer en chantant (disant) d'une seule voix : **Saint !...**
(➚ p. 34)

Dimanches du temps ordinaire 7

Vraiment, il est juste et bon de te rendre gloire, de t'offrir notre action de grâce, toujours et en tout lieu, à toi, Père très saint, Dieu éternel et tout-puissant.

Ton amour pour le monde est si grand que tu nous as envoyé un Sauveur ; tu l'as voulu semblable aux hommes en toute chose à l'exception du péché, afin d'aimer en nous ce que tu aimais en lui : nous avions rompu TON ALLIANCE, NOUS LA RETROUVONS dans l'obéissance de ton Fils.
Voilà pourquoi, Seigneur, avec les anges et tous les saints, nous proclamons ta gloire en chantant (disant) : **Saint !...** (↗ ci-dessous)

Dimanches du temps ordinaire 8

Vraiment, il est juste et bon de te rendre gloire, de t'offrir notre action de grâce, toujours et en tout lieu, à toi, Père très saint, Dieu éternel et tout-puissant.
Par le sang que ton Fils a versé, par le souffle de ton Esprit créateur, tu as ramené vers toi tes enfants que le péché avait éloignés ; et ce peuple, unifié par la Trinité sainte, c'est l'ÉGLISE, gloire de ta Sagesse, Corps du Christ et Temple de l'Esprit.
Et nous qui sommes rassemblés pour te rendre grâce, avec les anges du ciel nous te chantons : **Saint !...** (↗ ci-dessous)

Sanctus

• Saint ! Saint ! Saint, le Seigneur, Dieu de l'univers !
Le ciel et la terre sont remplis de ta gloire.
Hosanna au plus haut des cieux.
Béni soit celui qui vient au nom du Seigneur.
Hosanna au plus haut des cieux.

• Sanctus, Sanctus, Sanctus,
Dominus Deus Sabaoth !
Pleni sunt cœli et terra gloria tua.
Hosanna in excelsis !
Benedictus qui venit in nomine Domini.
Hosanna in excelsis !

Suite de la prière eucharistique

Père infiniment bon...
Prière eucharistique 1, ➚ p. 36
Toi qui es vraiment saint...
Prière eucharistique 2, ➚ p. 41
Tu es vraiment saint, Dieu de l'univers...
Prière eucharistique 3, ➚ p. 45
Père très saint, nous proclamons...
Prière eucharistique 4, ➚ p. 50
Toi qui fais depuis les origines ce qui est bon...
Pour la réconciliation 1, ➚ p. 53
Dieu de l'univers, nous te rendons grâce...
Pour la réconciliation 2, ➚ p. 56
Dieu notre Père, tu nous as réunis...
Pour assemblées avec enfants 1, ➚ p. 59
Oui, béni soit Jésus, ton envoyé...
Pour assemblées avec enfants 2, ➚ p. 62
Oui, Dieu, tu es saint, tu es bon pour nous...
Pour assemblées avec enfants 3, ➚ p. 65
Vraiment, tu es saint et digne de louange...
Pour des circonstances particulières, ➚ p. 68

Prière eucharistique 1

Dialogue d'introduction et préface, p. 27. Sanctus, p. 34.

Père infiniment bon, toi vers qui montent nos louanges, nous te supplions par Jésus Christ, ton Fils, notre Seigneur, d'accepter et de bénir ces offrandes saintes.
Nous te les présentons avant tout pour ta sainte Église catholique : accorde-lui la paix et protège-la, daigne la rassembler dans l'unité et la gouverner par toute la terre ; nous les présentons en même temps pour ton serviteur le Pape N., pour notre évêque N. et tous ceux qui veillent fidèlement sur la foi catholique reçue des Apôtres.

Souviens-toi, Seigneur, de tes serviteurs (N. et N.), et de tous ceux qui sont ici réunis, dont tu connais la foi et l'attachement. Nous t'offrons pour eux, ou ils t'offrent pour eux-mêmes et tous les leurs ce sacrifice de louange, pour leur propre rédemption, pour le salut qu'ils espèrent ; et ils te rendent cet hommage, à toi Dieu éternel, vivant et vrai.

Dans la communion de toute l'Église, en ce premier jour de la semaine, nous célébrons le jour où le Christ est ressuscité d'entre les morts ; et nous voulons nommer en premier lieu la bienheureuse Marie toujours Vierge, Mère de notre Dieu et Seigneur, Jésus Christ ; saint Joseph, son époux, les saints Apôtres et Martyrs Pierre et Paul, André, (Jacques et Jean, Thomas, Jacques et Philippe, Barthélemy et Matthieu, Simon et Jude, Lin, Clet, Clément, Sixte, Corneille et Cyprien, Laurent, Chrysogone, Jean et Paul, Côme et Damien,) et tous les saints. Accorde-nous, par leur prière et leurs mérites, d'être, toujours et partout, forts de ton secours et de ta protection. (Par le Christ, notre Seigneur. Amen.)

N.B. *Le texte entre parenthèses est facultatif.*

Aux grandes fêtes :

Dans la communion de toute l'Église, nous célébrons le jour (très saint) (la nuit très sainte)

Noël ... où Marie, dans la gloire de sa virginité, enfanta le Sauveur du monde ; et nous voulons nommer...

Épiphanie .. où ton Fils unique qui partage éternellement ta propre gloire s'est manifesté à nos yeux dans un vrai corps pris de notre chair ; et nous voulons nommer...

Jeudi saint ... où notre Seigneur Jésus Christ fut livré pour nous ; et nous voulons nommer...

Pâques ... où ressuscita selon la chair notre Seigneur Jésus Christ ; et nous voulons nommer...

Ascension ... où notre Seigneur, ton Fils unique, ayant pris notre nature avec sa faiblesse, la fit entrer dans ta gloire, à ta droite ; et nous voulons nommer...

Pentecôte ... de la Pentecôte, où l'Esprit Saint s'est manifesté aux Apôtres par d'innombrables langues de feu ; et nous voulons nommer...

Assomption ... où la Vierge Marie a été élevée dans la gloire du ciel, et nous voulons nommer en premier lieu cette Vierge bienheureuse...

Toussaint ... consacré à la mémoire de tous les saints : ils ont imité le Christ pendant leur vie et, à leur mort, ils ont reçu de lui la couronne de gloire : et nous voulons nommer...

Voici l'offrande que nous présentons devant toi, nous, tes serviteurs, et ta famille entière : dans ta bienveillance, accepte-la. Assure toi-même la paix de notre vie, arrache-nous à la damnation et reçois-nous parmi tes élus. (Par le Christ, notre Seigneur. Amen.)

Aux grandes fêtes :

Voici l'offrande que nous présentons devant toi, nous, tes serviteurs,

Jeudi saint ... et ta famille entière, le jour même où notre Seigneur Jésus Christ a livré à ses disciples, pour qu'ils les célèbrent, les mystères de son corps et de son sang. Nous t'en prions, Seigneur, accepte cette offrande. Assure toi-même...

De Pâques au dimanche suivant

... et ta famille entière, spécialement pour ceux que tu as fait renaître de l'eau et de l'Esprit Saint en pardonnant tous leurs péchés. Nous t'en prions, Seigneur, accepte cette offrande. Assure toi-même...

Sanctifie pleinement cette offrande par la puissance de ta bénédiction, rends-la parfaite et digne de toi : qu'elle devienne pour nous le corps et le sang de ton Fils bien-aimé, Jésus Christ, notre Seigneur.

La veille de sa passion,

Jeudi saint ... La veille du jour où il devait souffrir pour notre salut et celui de tous les hommes, c'est-à-dire aujourd'hui...

il prit le pain dans ses mains très saintes et, les yeux levés au ciel, vers toi, Dieu, son Père tout-puissant, en te rendant grâce il le bénit, le rompit, et le donna à ses disciples, en disant :

> « Prenez, et mangez-en tous :
> ceci est mon corps livré pour vous. »

De même, à la fin du repas, il prit dans ses mains cette coupe incomparable ; et te rendant grâce à nouveau, il la bénit, et la donna à ses disciples, en disant :

> « Prenez, et buvez-en tous,
> car ceci est la coupe de mon sang,

le sang de l'Alliance nouvelle et éternelle,
qui sera versé pour vous et pour la multitude,
en rémission des péchés.
Vous ferez cela, en mémoire de moi. »

• Il est grand, le mystère de la foi :
Nous proclamons ta mort, Seigneur Jésus,
nous célébrons ta résurrection,
nous attendons ta venue dans la gloire.
• Quand nous mangeons ce pain et buvons à cette coupe,
nous célébrons le mystère de la foi :
Nous rappelons ta mort,
Seigneur ressuscité,
et nous attendons que tu viennes.
• Proclamons le mystère de la foi :
Gloire à toi qui étais mort,
gloire à toi qui es vivant,
notre Sauveur et notre Dieu :
Viens, Seigneur Jésus !

C'est pourquoi nous aussi, tes serviteurs, et ton peuple saint avec nous, faisant mémoire de la passion bienheureuse de ton Fils, Jésus Christ, notre Seigneur, de sa résurrection du séjour des morts et de sa glorieuse ascension dans le ciel, nous te présentons, Dieu de gloire et de majesté, cette offrande prélevée sur les biens que tu nous donnes, le sacrifice pur et saint, le sacrifice parfait, pain de la vie éternelle et coupe du salut.
Et comme il t'a plu d'accueillir les présents d'Abel le Juste, le sacrifice de notre père Abraham, et celui que t'offrit Melkisédek, ton grand prêtre, en signe du sacrifice parfait, regarde cette offrande avec amour et, dans ta bienveillance, accepte-la.
Nous t'en supplions, Dieu tout-puissant : qu'elle soit portée par ton ange en présence de ta gloire, sur ton autel céleste, afin

qu'en recevant ici, par notre communion à l'autel, le corps et le sang de ton Fils, nous soyons comblés de ta grâce et de tes bénédictions. (Par le Christ, notre Seigneur. Amen.)

Souviens-toi de tes serviteurs (N. et N.), qui nous ont précédés, marqués du signe de la foi, et qui dorment dans la paix... Pour eux et pour tous ceux qui reposent dans le Christ, nous implorons ta bonté : qu'ils entrent dans la joie, la paix et la lumière. (Par le Christ, notre Seigneur. Amen.)
Et nous, pécheurs, qui mettons notre espérance en ta miséricorde inépuisable, admets-nous dans la communauté des bienheureux Apôtres et Martyrs, de Jean Baptiste, Étienne, Matthias et Barnabé (Ignace, Alexandre, Marcellin et Pierre, Félicité et Perpétue, Agathe, Lucie, Agnès, Cécile, Anastasie) et de tous les saints. Accueille-nous dans leur compagnie, sans nous juger sur le mérite mais en accordant ton pardon, par Jésus Christ, notre Seigneur.
C'est par lui que tu ne cesses de créer tous ces biens, que tu les bénis, leur donnes la vie, les sanctifies et nous en fais le don.

Par lui, avec lui et en lui,
à toi, Dieu le Père tout-puissant,
dans l'unité du Saint-Esprit,
tout honneur et toute gloire,
pour les siècles des siècles.
Amen.

Suite de la célébration : Notre Père, p. 73.

Prière eucharistique 2

Dialogue d'introduction, p. 27.

Vraiment, Père très saint, il est juste et bon de te rendre grâce, toujours et en tout lieu, par ton Fils bien-aimé, Jésus Christ : car il est ta Parole vivante, par qui tu as créé toutes choses. C'est lui que tu nous as envoyé comme Rédempteur et Sauveur, Dieu fait homme, conçu de l'Esprit Saint, né de la Vierge Marie ; pour accomplir jusqu'au bout ta volonté et rassembler du milieu des hommes un peuple saint qui t'appartienne, il étendit les mains à l'heure de sa passion, afin que soit brisée la mort, et que la résurrection soit manifestée. C'est pourquoi, avec les anges et tous les saints, nous proclamons ta gloire, en chantant (disant) d'une seule voix :

Saint ! Saint ! Saint, le Seigneur, Dieu de l'univers !
Le ciel et la terre sont remplis de ta gloire.
Hosanna au plus haut des cieux.
Béni soit celui qui vient au nom du Seigneur.
Hosanna au plus haut des cieux.

Toi qui es vraiment saint, toi qui es la source de toute sainteté, nous voici rassemblés devant toi, et, dans la communion de toute l'Église, en ce premier jour de la semaine nous célébrons le jour où le Christ est ressuscité d'entre les morts. Par lui que tu as élevé à ta droite, Dieu notre Père, nous te prions :

Toi qui es vraiment saint, toi qui es la source de toute sainteté,

En semaine :
Seigneur, nous te prions : Sanctifie...

Aux jours de fête :
nous voici rassemblés devant toi, et, dans la communion de toute l'Église...

Noël	... nous célébrons (la nuit très sainte) le jour très saint où Marie, dans la gloire de sa virginité, enfanta le Sauveur du monde. Par lui, notre Rédempteur et notre Seigneur, Dieu notre Père, nous te prions : **S**anctifie...
Épiphanie	... nous célébrons le jour très saint où ton Fils unique qui partage éternellement ta propre gloire s'est manifesté à nos yeux dans un vrai corps pris de notre chair. Par lui, notre Rédempteur et notre Sauveur, Dieu notre Père, nous te prions : **S**anctifie...
Jeudi saint	... nous célébrons le jour très saint où notre Seigneur Jésus Christ fut livré pour nous. Par lui, notre Rédempteur et Sauveur, que tu as glorifié, Dieu notre Père, nous te prions : **S**anctifie...
Pâques	... nous célébrons (la nuit très sainte) le jour très saint où ressuscita selon la chair notre Seigneur Jésus Christ. Par lui, que tu as élevé à ta droite, Dieu notre Père, nous te prions : **S**anctifie...
Ascension	... nous célébrons le jour très saint où notre Seigneur, ton Fils unique, ayant pris notre nature avec sa faiblesse, la fit entrer dans la gloire, près de toi. Par lui, qui siège désormais à ta droite, Dieu notre Père, nous te prions : **S**anctifie...
Pentecôte	... nous célébrons le jour très saint de la Pentecôte, où l'Esprit Saint s'est manifesté aux Apôtres par d'innombrables langues de feu, et nous te prions, Seigneur : **S**anctifie...
Assomption	... nous célébrons le jour où la Vierge, Mère de Dieu, a été élevée au ciel, dans la gloire de son Fils, Jésus Christ, notre Seigneur. Par lui, qui est à l'origine de notre foi et qui la mène à sa perfection, Dieu notre Père, nous te prions : **S**anctifie...
Toussaint	... nous célébrons le jour consacré à la mémoire de tous les saints : ils ont suivi le Christ pendant leur vie et, à leur mort, ils ont reçu de lui la couronne de gloire : par lui, qui est à l'origine de notre foi et qui la mène à sa perfection, Dieu notre Père, nous te prions : **S**anctifie...

Sanctifie ces offrandes en répandant sur elles ton Esprit ; qu'elles deviennent pour nous le corps et le sang de Jésus, le Christ, notre Seigneur.

Au moment d'être livré et d'entrer librement dans sa passion (*le Jeudi saint* : c'est-à-dire aujourd'hui), il prit le pain, il rendit grâce, il le rompit et le donna à ses disciples, en disant :

> « Prenez, et mangez-en tous :
> ceci est mon corps livré pour vous. »

De même, à la fin du repas, il prit la coupe ; de nouveau il rendit grâce et la donna à ses disciples, en disant :

> « Prenez, et buvez-en tous,
> car ceci est la coupe de mon sang,
> le sang de l'Alliance nouvelle et éternelle,
> qui sera versé pour vous et pour la multitude,
> en rémission des péchés.
> Vous ferez cela, en mémoire de moi. »

• Il est grand, le mystère de la foi :
Nous proclamons ta mort, Seigneur Jésus,
nous célébrons ta résurrection,
nous attendons ta venue dans la gloire.
• Quand nous mangeons ce pain et buvons à cette coupe, nous célébrons le mystère de la foi :
Nous rappelons ta mort,
Seigneur ressuscité,
et nous attendons que tu viennes.
• Proclamons le mystère de la foi :
Gloire à toi qui étais mort,
gloire à toi qui es vivant,
notre Sauveur et notre Dieu :
Viens, Seigneur Jésus !

Faisant ici mémoire de la mort et de la résurrection de ton Fils, nous t'offrons, Seigneur, le pain de la vie et la coupe du salut, et nous te rendons grâce, car tu nous as choisis pour servir en ta présence.

Humblement, nous te demandons qu'en ayant part au corps et au sang du Christ, nous soyons rassemblés par l'Esprit Saint en un seul corps.

Souviens-toi, Seigneur, de ton Église répandue à travers le monde : fais-la grandir dans ta charité avec le Pape N., notre évêque N., et tous ceux qui ont la charge de ton peuple.

Souviens-toi aussi de nos frères qui se sont endormis dans l'espérance de la résurrection, *(On peut nommer ici les défunts de la communauté)* et de tous les hommes qui ont quitté cette vie : reçois-les dans ta lumière, auprès de toi.

Sur nous tous enfin, nous implorons ta bonté : permets qu'avec la Vierge Marie, la bienheureuse Mère de Dieu, avec saint Joseph, son époux, les Apôtres et les saints de tous les temps qui ont vécu dans ton amitié, nous ayons part à la vie éternelle, et que nous chantions ta louange, par Jésus Christ, ton Fils bien-aimé.

Par lui, avec lui et en lui,
à toi, Dieu le Père tout-puissant,
dans l'unité du Saint-Esprit,
tout honneur et toute gloire,
pour les siècles des siècles.
Amen.

Suite de la célébration : Notre Père, p. 73.

Prière eucharistique 3

Dialogue d'introduction et préface, p. 27. Sanctus, p. 34.

Tu es vraiment saint, Dieu de l'univers, et toute la création proclame ta louange, car c'est toi qui donnes la vie, c'est toi qui sanctifies toutes choses, par ton Fils, Jésus Christ, notre Seigneur, avec la puissance de l'Esprit Saint ; et tu ne cesses de rassembler ton peuple, afin qu'il te présente partout dans le monde une offrande pure.

C'est pourquoi nous voici rassemblés devant toi et, dans la communion de toute l'Église, en ce premier jour de la semaine nous célébrons le jour où le Christ est ressuscité d'entre les morts. Par lui, que tu as élevé à ta droite, Dieu tout-puissant, nous te supplions* de consacrer toi-même les offrandes que nous apportons. Sanctifie-les par ton Esprit pour qu'elles deviennent le corps et le sang de ton Fils, Jésus Christ, notre Seigneur, qui nous a dit de célébrer ce mystère.

Aux grandes fêtes :

C'est pourquoi nous voici rassemblés devant toi et, dans la communion de toute l'Église...

Noël ... nous célébrons (la nuit très sainte) le jour très saint où Marie, dans la gloire de sa virginité, enfanta le Sauveur du monde. Par lui, notre Rédempteur et notre Seigneur, Dieu tout-puissant, nous te supplions*...

Épiphanie ... nous célébrons le jour très saint où ton Fils unique qui partage éternellement ta propre gloire s'est manifesté à nos yeux dans un vrai corps pris de notre chair. Par lui, notre Rédempteur et notre Sauveur, Dieu tout-puissant, nous te supplions*...

Jeudi saint ... nous célébrons le jour très saint où notre Seigneur Jésus Christ fut livré pour nous. Par lui, notre Rédempteur et Sauveur, que tu as glorifié, Dieu notre Père, nous te supplions*...

Pâques ... nous célébrons (la nuit très sainte) le jour très saint où ressuscita selon la chair notre Seigneur Jésus Christ. Par lui, que tu as élevé à ta droite, Dieu tout-puissant, nous te supplions*...

Ascension ... nous célébrons le jour très saint où notre Seigneur, ton Fils unique, ayant pris notre nature avec sa faiblesse, la fit entrer dans la gloire, près de toi. Par lui, qui siège désormais à ta droite, Dieu notre Père, nous te supplions*...

Pentecôte ...... nous célébrons le jour très saint de la Pentecôte, où l'Esprit Saint s'est manifesté aux Apôtres par d'innombrables langues de feu. Dieu tout-puissant, nous te supplions*...

Assomption ... nous célébrons le jour où la Vierge, Mère de Dieu, a été élevée au ciel, dans la gloire de son fils, Jésus Christ, notre Seigneur. Par lui, qui est à l'origine de notre foi et qui la mène à sa perfection, Dieu notre Père, nous te supplions*...

Toussaint ... nous célébrons le jour consacré à la mémoire de tous les saints : ils ont suivi le Christ pendant leur vie et, à leur mort, ils ont reçu de lui la couronne de gloire. Par lui, qui est à l'origine de notre foi et qui la mène à sa perfection, Dieu notre Père, nous te supplions*...

La nuit même où il fut livré, (*le Jeudi saint* : c'est-à-dire aujourd'hui) il prit le pain, en te rendant grâce il le bénit, il le rompit et le donna à ses disciples, en disant :

« Prenez, et mangez-en tous :
ceci est mon corps livré pour vous. »

De même, à la fin du repas, il prit la coupe, en te rendant grâce il la bénit, et la donna à ses disciples, en disant :

« Prenez, et buvez-en tous,
car ceci est la coupe de mon sang,
le sang de l'Alliance nouvelle et éternelle,
qui sera versé pour vous et pour la multitude
en rémission des péchés.
Vous ferez cela, en mémoire de moi. »

• Il est grand, le mystère de la foi :
Nous proclamons ta mort, Seigneur Jésus,
nous célébrons ta résurrection,
nous attendons ta venue dans la gloire.
• Quand nous mangeons ce pain
et buvons à cette coupe,
nous célébrons le mystère de la foi :
Nous rappelons ta mort, Seigneur ressuscité,
et nous attendons que tu viennes.
• Proclamons le mystère de la foi :
Gloire à toi qui étais mort,
gloire à toi qui es vivant,
notre Sauveur et notre Dieu :
Viens, Seigneur Jésus.

En faisant mémoire de ton Fils, de sa passion qui nous sauve, de sa glorieuse résurrection et de son ascension dans le ciel, alors que nous attendons son dernier avènement, nous présentons cette offrande vivante et sainte pour te rendre grâce.

Regarde, Seigneur, le sacrifice de ton Église, et daigne y reconnaître celui de ton Fils qui nous a rétablis dans ton Alliance ; quand nous serons nourris de son corps et de son sang et remplis de l'Esprit Saint, accorde-nous d'être un seul corps et un seul esprit dans le Christ.

Que l'Esprit Saint fasse de nous une éternelle offrande à ta gloire, pour que nous obtenions un jour les biens du monde à venir, auprès de la Vierge Marie, la bienheureuse Mère de Dieu, avec saint Joseph, son époux, les Apôtres, les martyrs (saint N.) et tous les saints, qui ne cessent d'intercéder pour nous.

Et maintenant, nous te supplions, Seigneur : par le sacrifice qui nous réconcilie avec toi, étends au monde entier le salut et la paix.
Affermis la foi et la charité de ton Église au long de son chemin sur la terre : veille sur ton serviteur le Pape N. et

notre évêque N., l'ensemble des évêques, les prêtres, les diacres, et tout le peuple des rachetés.

Pâques Souviens-toi de ceux que tu as fait renaître, en cette fête de Pâques, de l'eau et de l'Esprit Saint, pour une vie nouvelle dans le Christ.

Baptême Souviens-toi, Seigneur, de N. et N. qui sont entrés aujourd'hui dans ta famille par le baptême.

Écoute les prières de ta famille assemblée devant toi, et ramène à toi, Père très aimant, tous tes enfants dispersés.

Aux messes des défunts Souviens-toi de N., celui (celle) que tu as appelé(e) auprès de toi (aujourd'hui). Puisqu'il(elle) a été baptisé(e) dans la mort de ton Fils, accorde-lui de participer à sa résurrection, le jour où le Christ, ressuscitant les morts, rendra nos pauvres corps pareils à son corps glorieux.
Souviens-toi aussi de nos frères défunts, souviens-toi des hommes qui ont quitté ce monde...

Pour nos frères défunts, pour les hommes qui ont quitté ce monde et dont tu connais la droiture, nous te prions :

On peut nommer ici les défunts de la communauté.

Reçois-les dans ton Royaume, où nous espérons être comblés de ta gloire, tous ensemble et pour l'éternité,

---

Aux messes des défunts quand tu essuieras toute larme de nos yeux ; en te voyant, toi notre Dieu, tel que tu es, nous te serons semblables éternellement, et sans fin, nous chanterons ta louange.

---

par le Christ, notre Seigneur, par qui tu donnes au monde toute grâce et tout bien.

Par lui, avec lui et en lui,
à toi, Dieu le Père tout-puissant,
dans l'unité du Saint-Esprit,
tout honneur et toute gloire,
pour les siècles des siècles.
Amen.

Suite de la célébration : Notre Père, p. 73.

Prière eucharistique 4

Dialogue d'introduction, p. 27.

Vraiment, il est bon de te rendre grâce, il est juste et bon de te glorifier, Père très saint, car tu es le seul Dieu, le Dieu vivant et vrai : tu étais avant tous les siècles, tu demeures éternellement, lumière au-delà de toute lumière.

Toi, le Dieu de bonté, la source de la vie, tu as fait le monde pour que toute créature soit comblée de tes bénédictions, et que beaucoup se réjouissent de ta lumière.

Ainsi, les anges innombrables qui te servent jour et nuit se tiennent devant toi et, contemplant la splendeur de ta face, n'interrompent jamais leur louange. Unis à leur hymne d'allégresse, avec la création tout entière qui t'acclame par nos voix, Dieu, nous te chantons :

Saint ! Saint ! Saint !... *(p. 34)*

Père très saint, nous proclamons que tu es grand et que tu as créé toutes choses avec sagesse et par amour : tu as fait l'homme à ton image, et tu lui as confié l'univers, afin qu'en te servant, toi son Créateur, il règne sur la création. Comme il avait perdu ton amitié en se détournant de toi, tu ne l'as pas abandonné au pouvoir de la mort. Dans ta miséricorde, tu es venu en aide à tous les hommes pour qu'ils te cherchent et puissent te trouver. Tu as multiplié les alliances avec eux, et tu les as formés, par les prophètes, dans l'espérance du salut.

Tu as tellement aimé le monde, Père très saint, que tu nous as envoyé ton propre Fils, lorsque les temps furent accomplis, pour qu'il soit notre Sauveur. Conçu de l'Esprit Saint, né de la Vierge Marie, il a vécu notre condition d'homme en toute chose, excepté le péché, annonçant aux pauvres la bonne nouvelle du salut ; aux captifs, la délivrance ; aux affligés, la joie.

Pour accomplir le dessein de ton amour, il s'est livré lui-même à la mort, et, par sa résurrection, il a détruit la mort et renouvelé la vie. Afin que notre vie ne soit plus à nous-mêmes, mais à lui qui est mort et ressuscité pour nous, il a envoyé d'auprès de toi, comme premier don fait aux croyants, l'Esprit qui poursuit son œuvre dans le monde et achève toute sanctification.

Que ce même Esprit Saint, nous t'en prions, Seigneur, sanctifie ces offrandes : qu'elles deviennent ainsi le corps et le sang de ton Fils dans la célébration de ce grand mystère, que lui-même nous a laissé en signe de l'Alliance éternelle.

Quand l'heure fut venue où tu allais le glorifier, comme il avait aimé les siens qui étaient dans le monde, il les aima jusqu'au bout : pendant le repas qu'il partageait avec eux, il prit le pain, il le bénit, le rompit et le donna à ses disciples, en disant :

> « Prenez, et mangez-en tous :
> ceci est mon corps livré pour vous. »

De même, il prit la coupe remplie de vin, il rendit grâce, et la donna à ses disciples, en disant :

> « Prenez, et buvez-en tous,
> car ceci est la coupe de mon sang,
> le sang de l'Alliance nouvelle et éternelle,
> qui sera versé pour vous et pour la multitude
> en rémission des péchés.
> Vous ferez cela, en mémoire de moi. »

Acclamations, p. 47.

Voilà pourquoi, Seigneur, nous célébrons aujourd'hui le mémorial de notre rédemption : en rappelant la mort de Jésus Christ et sa descente au séjour des morts, en proclamant sa résurrection et son ascension à ta droite dans le ciel, en attendant aussi qu'il vienne dans la gloire, nous t'offrons son corps et son sang, le sacrifice qui est digne de toi et qui sauve le monde.

Regarde, Seigneur, cette offrande que tu as donnée toi-même à ton Église ; accorde à tous ceux qui vont partager ce pain et boire à cette coupe d'être rassemblés par l'Esprit Saint en un seul corps, pour qu'ils soient eux-mêmes dans le Christ une vivante offrande à la louange de ta gloire.

Et maintenant, Seigneur, rappelle-toi tous ceux pour qui nous offrons le sacrifice : le Pape N., notre évêque N. et tous les évêques, les prêtres et ceux qui les assistent, les fidèles qui présentent cette offrande, les membres de notre assemblée,

Baptême N. et N. (ceux) que tu as fait renaître (aujourd'hui) de l'eau et de l'Esprit Saint,

le peuple qui t'appartient et tous les hommes qui te cherchent avec droiture.

Souviens-toi aussi de nos frères qui sont morts dans la paix du Christ, et de tous les morts dont toi seul connais la foi.

On peut rappeler ici les défunts de la communauté.

À nous qui sommes tes enfants, accorde, Père très bon, l'héritage de la vie éternelle auprès de la Vierge Marie, la bienheureuse Mère de Dieu, auprès de saint Joseph, son époux, des Apôtres et de tous les saints, dans ton Royaume, où nous pourrons, avec la création tout entière enfin libérée du péché et de la mort, te glorifier par le Christ, notre Seigneur, par qui tu donnes au monde toute grâce et tout bien.

Par lui, avec lui et en lui,
à toi, Dieu le Père tout-puissant,
dans l'unité du Saint-Esprit,
tout honneur et toute gloire,
pour les siècles des siècles.
Amen.

Suite de la célébration : Notre Père, p. 73.

Première prière eucharistique pour la réconciliation

Vraiment, il est juste et bon de te rendre grâce, Dieu très saint, car tu ne cesses de nous appeler à une vie plus belle : Toi, Dieu de tendresse et de pitié, sans te lasser tu offres ton pardon et tu invites l'homme pécheur à s'en remettre à ta seule bonté.
Bien loin de te résigner à nos ruptures d'Alliance, tu as noué entre l'humanité et toi, par ton Fils, Jésus, notre Seigneur, un lien nouveau, si fort que rien ne pourra le défaire. Et maintenant que ton peuple connaît un temps de grâce et de réconciliation, tu lui donnes dans le Christ de reprendre souffle en se tournant vers toi, et d'être au service de tout homme en se livrant davantage à l'Esprit Saint.
Pleins d'admiration et de reconnaissance, nous voulons joindre nos voix aux voix innombrables du ciel, pour clamer la puissance de ton amour et la joie de ton salut dans le Christ :
Saint !... *(p. 34)*

Toi qui fais depuis les origines ce qui est bon pour l'homme afin de le rendre saint, comme toi-même es saint, regarde ton peuple ici rassemblé, et mets à l'œuvre la puissance de ton Esprit : que ces offrandes deviennent pour nous le corps et le sang de ton Fils bien-aimé, Jésus, le Christ, en qui nous sommes tes fils.
Nous, qui étions perdus, incapables de nous rapprocher de toi, tu nous as aimés du plus grand amour : ton Fils, le seul Juste, s'est livré entre nos mains, et fut cloué sur une croix. Mais avant que ses bras étendus dessinent entre ciel et terre le signe indélébile de ton Alliance, il voulut célébrer la Pâque au milieu de ses disciples.

Comme il était à table, il prit le pain, il prononça la bénédiction pour te rendre grâce, puis il le rompit et le donna aux siens en leur disant :

> « Prenez, et mangez-en tous :
> ceci est mon corps livré pour vous. »

À la fin de ce dernier repas, sachant qu'il allait tout réconcilier en lui par le sang de sa croix, il prit la coupe remplie de vin, il te rendit grâce encore, et la fit passer à ses amis, en leur disant :

> « Prenez, et buvez-en tous,
> car ceci est la coupe de mon sang,
> le sang de l'Alliance nouvelle et éternelle,
> qui sera versé pour vous et pour la multitude
> en rémission des péchés.
> Vous ferez cela, en mémoire de moi. »

Acclamations, p. 47.

En faisant mémoire du Christ, notre Pâque et notre paix définitive, en célébrant sa mort et sa résurrection, en appelant le jour béni de sa venue et de notre joie, nous te présentons, Dieu fidèle et sûr, l'offrande qui remet l'humanité dans ta grâce.
Regarde avec amour, Père très bon, ceux que tu attires vers toi, leur donnant de communier à l'unique sacrifice du Christ : qu'ils deviennent ensemble, par la force de l'Esprit, le corps de ton Fils ressuscité en qui sont abolies toutes les divisions.

Viens-nous les uns et les autres en communion d'esprit et de cœur avec le Pape N. et notre évêque N. Aide-nous tous à préparer la venue de ton règne jusqu'à l'heure où nous serons devant toi, saints parmi les saints du ciel, aux côtés de la Vierge Marie et des Apôtres, avec nos frères qui sont morts, et que nous confions à ta miséricorde. Alors, au cœur de la création nouvelle enfin libérée de la corruption, nous pourrons chanter vraiment l'action de grâce du Christ à jamais vivant.

Par lui, avec lui et en lui, à toi, Dieu le Père tout-puissant, dans l'unité du Saint-Esprit, tout honneur et toute gloire, pour les siècles des siècles. **Amen.**

Suite de la célébration : Notre Père, p. 73.

Deuxième prière eucharistique pour la réconciliation

Dieu, notre Père, nous te rendons grâce et nous te bénissons par Jésus, Christ et Seigneur, pour ton œuvre d'amour en ce monde. Au sein de notre humanité encore désunie et déchirée, nous savons et nous proclamons que tu ne cesses d'agir et que tu es à l'origine de tout effort vers la paix. Ton Esprit travaille au cœur des hommes : et les ennemis enfin se parlent, les adversaires se tendent la main, des peuples qui s'opposaient acceptent de faire ensemble une partie du chemin.
Oui, c'est à toi, Seigneur, que nous le devons, si le désir de s'entendre l'emporte sur la guerre, si la soif de vengeance fait place au pardon, et si l'amour triomphe de la haine. C'est pourquoi nous devons toujours te rendre grâce et te bénir, en unissant nos voix à celles qui te chantent, unanimes, dans les cieux : **Saint !...** *(p. 34)*

Dieu de l'univers, nous te rendons grâce, pour Jésus, ton Fils, venu dans notre monde en ton nom. Il est la parole qui sauve les hommes. Il est la main que tu tends aux pécheurs. Il est le chemin par où nous arrive la véritable paix. Alors que nous étions loin de toi, Dieu, notre Père, c'est par lui que tu nous as fait revenir. C'est lui, ton propre Fils, qui a été livré au pouvoir des hommes afin que nous soyons, par sa mort, en paix avec toi et entre nous. Aussi pouvons-nous maintenant célébrer en reconnaissance le mystère de cette réconciliation qu'il nous a lui-même obtenue.
Nous t'en prions, Père, sanctifie ces offrandes par la puissance de ton Esprit, alors que nous accomplissons ce que Jésus nous a dit de faire.

Au cours du repas qu'il partageait avec ses disciples, avant de s'offrir à toi pour notre libération, il prit le pain en te rendant grâce ; il le rompit de ses propres mains, et le donna aux disciples, en leur disant :

« Prenez, et mangez-en tous :
ceci est mon corps livré pour vous. »

De la même façon, ce soir-là, tenant entre ses mains la coupe de bénédiction, il te rendit grâce pour ta miséricorde ; puis il donna la coupe à ses disciples, en leur disant :

« Prenez, et buvez-en tous,
car ceci est la coupe de mon sang,
le sang de l'Alliance nouvelle et éternelle,
qui sera versé pour vous et pour la multitude
en rémission des péchés.
Vous ferez cela, en mémoire de moi. »

Acclamations, p. 47.

Père très bon, ton Fils a laissé à ton Église ce mémorial de son amour ; en rappelant ici sa mort et sa résurrection, nous te présentons cette offrande qui vient de toi, le sacrifice qui nous rétablit dans ta grâce ; accepte-nous aussi, avec ton Fils bien-aimé.

Donne-nous dans ce repas ton Esprit Saint : qu'il fasse disparaître les causes de nos divisions ; qu'il nous établisse dans une charité plus grande, en communion avec le Pape N., notre évêque N., le collège épiscopal, et ton peuple tout entier. Fais de ton Église en ce monde le signe visible de l'unité, et la servante de la paix.

Et comme tu nous rassembles ici, dans la communion de la bienheureuse Mère de Dieu, la Vierge Marie, et de tous les saints du ciel, autour de la table de ton Christ, daigne rassembler un jour les hommes de tout pays et de toute langue, de toute race et de toute culture, au banquet de ton Royaume ; alors nous pourrons célébrer l'unité enfin accomplie et la paix définitivement acquise, par Jésus, le Christ, notre Seigneur.

Par lui, avec lui et en lui, à toi, Dieu le Père tout-puissant, dans l'unité du Saint-Esprit, tout honneur et toute gloire, pour les siècles des siècles. **Amen.**

Suite de la célébration : Notre Père, p. 73.

Première prière eucharistique pour les assemblées avec enfants

Dieu notre Père, tu nous as réunis, et nous sommes devant toi pour te fêter, pour t'acclamer et te dire l'émerveillement de nos cœurs. Sois loué pour ce qui est beau dans le monde et pour la joie que tu mets en nous. Sois loué pour la lumière du jour et pour ta parole qui nous éclaire. Sois loué pour la terre et les hommes qui l'habitent, sois loué pour la vie qui nous vient de toi. Oui, tu es très bon, tu nous aimes et tu fais pour nous des merveilles. Alors, tous ensemble, nous chantons :

Le ciel et la terre sont remplis de ta gloire.
Hosanna au plus haut des cieux. CL 5-3

Toi, tu penses toujours aux hommes. Tu ne veux pas être loin d'eux, tu as envoyé parmi nous Jésus, ton Fils bien-aimé. Il est venu nous sauver : il a guéri les malades, il a pardonné aux pécheurs. À tous, il a montré ton amour ; il a accueilli et béni les enfants. Pleins de reconnaissance, nous acclamons :

Béni soit celui qui vient au nom du Seigneur.
Hosanna au plus haut des cieux.

Nous ne sommes pas seuls pour te fêter, Seigneur. Partout sur la terre, ton peuple te rend gloire. Nous te prions avec l'Église entière, avec le Pape N. et notre évêque N. Dans le ciel, la Vierge Marie, les Apôtres et tous les saints te bénissent. Avec eux, avec les anges, nous t'adorons en chantant :

Saint ! Saint ! Saint,
le Seigneur, Dieu de l'univers !
Hosanna au plus haut des cieux.

Père très saint, nous voudrions te montrer notre reconnaissance. Nous avons apporté ce pain et ce vin : qu'ils deviennent pour nous le corps et le sang de Jésus ressuscité. Alors nous pourrons t'offrir ce qui vient de toi.

Un soir, en effet, juste avant sa mort, Jésus mangeait avec ses apôtres. Il a pris du pain sur la table. Dans sa prière, il t'a béni. Puis il a partagé le pain, en disant à ses amis :

« Prenez, et mangez-en tous :
ceci est mon corps livré pour vous. »

À la fin du repas, il a pris une coupe de vin. Il dit encore une action de grâce. Puis il donna la coupe à ses amis en leur disant :

« Prenez, et buvez-en tous,
car ceci est la coupe de mon sang,
le sang de l'Alliance nouvelle et éternelle,
qui sera versé pour vous et pour la multitude
en rémission des péchés. »

Il leur dit aussi :

« Vous ferez cela, en mémoire de moi. »

Ce que Jésus nous a dit de faire, nous le faisons dans cette eucharistie : en proclamant sa mort et sa résurrection, nous te présentons le pain de la vie et la coupe du salut. Il nous conduit vers toi, notre Père : nous t'en prions, accueille-nous avec lui :

Christ est mort pour nous !
Christ est ressuscité !
Nous t'attendons, Seigneur Jésus !

Père, toi qui nous aimes tant, laisse-nous venir à cette table, unis dans la joie de l'Esprit Saint, pour recevoir le corps et le sang de ton Fils. Toi qui n'oublies jamais personne, nous te prions pour ceux que nous aimons, N. et N., et pour ceux qui sont partis vers toi. Souviens-toi de ceux qui souffrent et qui ont de la peine, de la grande famille des chrétiens et de tous les hommes dans le monde entier. Nous te prions aussi pour nous, et nous prions les uns pour les autres. Devant ce que tu fais par ton Fils, Dieu notre Père, nous sommes émerveillés, et nous chantons encore :

Par lui, avec lui et en lui, à toi, Dieu le Père tout-puissant, dans l'unité du Saint-Esprit, tout honneur et toute gloire, pour les siècles des siècles. **Amen.**

Suite de la célébration : Notre Père, p. 73.

Deuxième prière eucharistique pour les assemblées avec enfants

On peut choisir d'autres acclamations que celles qui sont proposées.

Oui, Père très bon, c'est une fête pour nous ; notre cœur est plein de reconnaissance : avec Jésus, nous te chantons notre joie.

Gloire à toi : tu nous aimes ! CL 6

Tu nous aimes tellement que tu inventes pour nous ce monde immense et beau.

[Gloire à toi : tu nous aimes !]

[Tu nous aimes tellement que] tu nous donnes ton Fils, Jésus, pour nous conduire à toi.

[Gloire à toi : tu nous aimes !]

[Tu nous aimes tellement que] tu nous rassembles en lui, comme les enfants d'une même famille.

Gloire à toi : tu nous aimes !

Pour tant d'amour, nous voulons te rendre grâce et chanter notre merci avec les anges et les saints qui t'adorent dans les cieux :

- **Saint ! Saint ! Saint, le Seigneur...** *(p. 34)*
- **Louange et gloire à notre Dieu !**
  Saint est le Seigneur, le Dieu de l'univers.
  Louange et gloire à notre Dieu !
  Le ciel et la terre nous disent ta splendeur.
  Louange et gloire à notre Dieu !
  Qu'il soit béni, celui qui vient d'auprès de toi.
  Louange et gloire à notre Dieu ! CL 6

Oui, béni soit Jésus, ton envoyé, l'ami des petits et des pauvres. Il est venu nous montrer comment nous pouvons t'aimer et nous aimer les uns les autres. Il est venu arracher du

cœur des hommes le mal qui empêche l'amitié, la haine qui empêche d'être heureux.
Il a promis que l'Esprit Saint serait avec nous chaque jour, pour que nous vivions de ta vie.

- **Béni soit celui qui vient au nom du Seigneur.**
  Hosanna au plus haut des cieux.
- **Qu'il soit béni, celui qui vient d'auprès de toi.**
  Louange et gloire à notre Dieu !

Dieu, notre Père, nous te prions d'envoyer ton Esprit, pour que ce pain et ce vin deviennent le corps et le sang de Jésus, notre Seigneur.

La veille de sa mort, il nous a prouvé ton amour : il était à table avec ses disciples ; il prit un morceau de pain, il dit une prière pour te bénir et te rendre grâce ; il partagea le pain et le donna aux disciples, en leur disant :

« Prenez, et mangez-en tous :
ceci est mon corps livré pour vous. »
Jésus Christ, livré pour nous !

Il prit ensuite une coupe remplie de vin ; il dit encore une prière pour te rendre grâce ; il fit passer la coupe à chacun en leur disant :

« Prenez, et buvez-en tous,
car ceci est la coupe de mon sang,
le sang de l'Alliance nouvelle et éternelle,
qui sera versé pour vous et pour la multitude
en rémission des péchés. »
Jésus Christ, livré pour nous !

Et puis il leur dit : « Vous ferez cela, en mémoire de moi. »
Nous rappelons ici, Père très bon, la mort et la résurrection de Jésus, le Sauveur du monde. Il s'est donné lui-même entre nos mains pour être maintenant notre offrande et nous attirer vers toi.

- **Louange et gloire à notre Dieu !**
- **À toi nos cœurs, à toi nos chants,**
  nos actions de grâce !

Exauce-nous, Seigneur notre Dieu : donne ton Esprit d'amour à ceux qui partagent ce repas ; qu'ils soient de plus en plus unis dans ton Église, avec le Pape N., l'évêque N., les autres évêques, et tous ceux qui travaillent pour ton peuple.

Un seul corps pour ta gloire !

N'oublie pas ceux que nous aimons (...), et ceux que nous n'aimons pas assez. Souviens-toi de ceux qui sont morts (...) ; accueille-les avec amour dans ta maison.

Un seul corps pour ta gloire !

Rassemble-nous un jour près de toi, avec la Vierge Marie, la Mère du Christ et notre mère, pour la grande fête du ciel dans ton Royaume. Alors, tous les amis de Jésus, le Christ, notre Seigneur, pourront te chanter sans fin.

Un seul corps pour ta gloire !

- Par lui, avec lui et en lui,
  à toi, Dieu le Père tout-puissant,
  dans l'unité du Saint-Esprit,
  tout honneur et toute gloire,
  pour les siècles des siècles.
  Amen.
- **Avec lui nous te chantons,**
  Avec lui nous te bénissons,
  Gloire à toi, ô notre Père,
  Maintenant et pour toujours !
  Amen, Amen, Amen, Amen ! CL 6-1

Suite de la célébration : Notre Père, p. 73.

Troisième prière eucharistique pour les assemblées avec enfants

Père, nous te disons merci, nous te rendons grâce. C'est toi qui nous as créés ; et tu nous appelles à vivre pour toi, à nous aimer les uns les autres. Nous pouvons nous rencontrer, parler ensemble. Grâce à toi, nous pouvons partager nos difficultés et nos joies.

Pour le temps pascal Père, nous te disons merci, nous te rendons grâce avec Jésus ton Fils : car tu aimes la vie, tu nous as appelés à la vie, tu veux notre bonheur pour toujours. Jésus est le premier que tu as ressuscité des morts. Tu lui as donné la vie nouvelle. Cette vie est en nous aussi depuis notre baptême ; et nous savons que nous ressusciterons comme lui près de toi. Alors, il n'y aura plus de mort : nous n'aurons plus à souffrir.

À cause de tout cela, Dieu, notre Père, nous sommes heureux de te rendre grâce tous ensemble. Avec ceux qui croient en toi, avec les saints et les anges, nous te louons en chantant : **Saint ! Saint ! Saint !...** *(p. 34)*

Oui, Dieu, tu es saint, tu es bon pour nous, tu es bon pour tous les hommes. Nous te disons merci, et nous voulons surtout te rendre grâce à cause de Jésus, ton Fils.
Il est venu chez les hommes qui se détournent de toi et n'arrivent pas à s'entendre. Par l'Esprit Saint, il ouvre nos yeux et nos oreilles, il change notre cœur : alors nous arrivons à nous aimer, et nous reconnaissons que tu es notre Père et que nous sommes tes enfants.

Pour le temps pascal

Il est venu nous apporter la bonne nouvelle : nous sommes faits pour vivre, pour être dans la gloire du ciel avec toi. Il nous a montré le chemin qui mène à cette vie : c'est l'amour des autres. Il a pris ce chemin avant nous.

C'est lui, Jésus, le Christ, qui nous rassemble maintenant autour de cette table où nous apportons notre offrande.

Sanctifie, Père très bon, ce pain et ce vin : ils deviendront pour nous le corps et le sang de Jésus, ton Fils, qui nous dit de faire à notre tour ce qu'il a fait lui-même la veille de sa passion.

Au cours du dernier repas qu'il partageait avec ses disciples, Jésus prit le pain. Il te rendit grâce. Il partagea le pain et le donna à ses amis, en leur disant :

> « Prenez, et mangez-en tous :
> ceci est mon corps, livré pour vous. »

Il prit aussi la coupe de vin. Il te rendit grâce. Il donna la coupe à ses amis en leur disant :

> « Prenez, et buvez-en tous,
> car ceci est la coupe de mon sang,
> le sang de l'Alliance nouvelle et éternelle,
> qui sera versé pour vous et pour la multitude
> en rémission des péchés. »

Il leur dit aussi :

> « Vous ferez cela, en mémoire de moi. »

Voilà pourquoi nous sommes ici, rassemblés devant toi, Père. Et tout remplis de joie, nous rappelons ce que Jésus a fait pour nous sauver : dans cette offrande qu'il a confiée à l'Église, nous célébrons sa mort et sa résurrection ; Père du ciel, accueille-nous avec ton Fils bien-aimé.
Pour nous, Jésus a voulu donner sa vie. Toi, tu l'as ressuscité. Nous t'acclamons : MNA 26.35

Dieu, tu es bon ! Loué sois-tu ! Gloire à toi !

Il vit maintenant près de toi. Il est avec nous toujours et partout.

Dieu, tu es bon ! Loué sois-tu ! Gloire à toi !

Un jour, il viendra dans la gloire du Royaume. Il n'y aura plus de gens tristes, malades ou malheureux.

Dieu, tu es bon ! Loué sois-tu ! Gloire à toi !

Père, nous allons recevoir à cette table, dans la joie de l'Esprit Saint, le corps et le sang du Christ : que cette communion nous rende capables de vivre comme Jésus, entièrement donnés à toi et aux autres. Viens en aide, Seigneur, à notre Pape N., à notre évêque N., et à tous les évêques.
Accorde-nous, et à tous les disciples de Jésus Christ, d'être de ceux qui font la paix et le bonheur autour d'eux.

Pour le temps pascal Mets au cœur des chrétiens la vraie joie de Pâques ; et qu'ils pensent à communiquer cette joie à ceux qui ne savent pas encore que Jésus est ressuscité.

Et puis, donne-nous un jour d'être près de toi, avec la Vierge Marie, la Mère de Dieu, et avec les saints du ciel, tous ensemble, dans le Christ.

Par lui, avec lui et en lui,
à toi, Dieu le Père tout-puissant,
dans l'unité du Saint-Esprit,
tout honneur et toute gloire,
pour les siècles des siècles.
Amen.

Suite de la célébration : Notre Père, p. 73.

Prière eucharistique pour des circonstances particulières

Dialogue d'introduction, p. 27.
On choisit l'une des quatre préfaces suivantes :

I. L'Église en marche vers l'unité

• Vraiment, il est juste et bon de te chanter louange et gloire, à toi, Seigneur, Père d'infinie bonté.
Oui, il nous est bon de te rendre grâce et de te bénir, car, à la parole de ton Fils annonçant l'Évangile du salut, tu as rassemblé ton Église de tous pays, de toutes langues et de toutes cultures, et tu ne cesses de la vivifier par ton Esprit pour faire grandir jour après jour l'unité du genre humain. En témoignant de ton amour, elle ouvre à chacun les portes de l'espérance, elle devient pour le monde un signe de la fidélité que tu as promise à tous les âges dans le Christ.
C'est pourquoi, nous te glorifions sur la terre comme tu es glorifié dans les cieux et nous proclamons d'une seule voix avec toute l'Église : **Saint !...** *(p. 34)*

II. Dieu guide son Église sur la voie du salut

• Vraiment, il est juste et bon de te rendre gloire, de t'offrir notre action de grâce toujours et en tout lieu, à toi, Père très saint, Créateur de l'univers et source de toute vie.
Car tu n'abandonnes jamais ce que tu crées dans ta sagesse, mais tu te montres bienveillant, toujours à l'œuvre parmi nous. Dans les temps anciens, en déployant la force de ton bras, tu as guidé ton peuple Israël à travers le désert. Aujourd'hui encore, tu accompagnes ton Église dans sa marche au milieu du monde, tu la soutiens de ton Esprit et tu la conduis sur les routes de ce temps vers la joie éternelle de ton Royaume, par notre Seigneur, Jésus, le Christ.
C'est pourquoi, avec les anges et tous les saints, nous chantons l'hymne de ta gloire et sans fin nous proclamons : **Saint !...** *(p. 34)*

III. Jésus, chemin vers le Père

• Vraiment, il est juste et bon de te rendre gloire, de t'offrir notre action de grâce toujours et en tout lieu, à toi, Père très saint, maître du ciel et de la terre, par notre Seigneur, Jésus, le Christ.
Nous te rendons grâce, Dieu saint et fort : par ton Verbe, tu as créé le monde et par lui tu gouvernes toute chose avec justice.
C'est lui, Verbe fait chair, que tu nous as donné pour médiateur, lui qui nous a dit tes propres paroles et nous appelle à le suivre. Il est le chemin qui mène vers toi, il est la vérité qui rend libre, il est la vie qui comble de joie. Et c'est par lui, ton Fils bien-aimé, que tu rassembles en une seule famille des hommes si divers, créés pour la gloire de ton Nom, rachetés par le sang de la croix et marqués du sceau de ton Esprit.
C'est pourquoi, dès maintenant et pour l'éternité, nous célébrons ta gloire avec tous les anges du ciel et dans la joie nous (chantons et) proclamons : **Saint !...** *(p. 34)*

IV. Jésus, modèle de charité

• Vraiment, il est juste et bon de te rendre gloire, de t'offrir notre action de grâce toujours et en tout lieu, à toi, Dieu fidèle, Père des miséricordes.
Car tu nous as donné ton Fils, Jésus, le Christ, notre Seigneur et notre frère. Il a manifesté son amour pour les petits et les pauvres, les malades et les pécheurs ; il s'est fait le prochain des opprimés et des affligés. Sa parole et ses actes ont annoncé au monde que tu es vraiment un Père et que tu prends soin de tous tes enfants.
C'est pourquoi, avec les anges et tous les saints, nous te louons, nous te bénissons, nous chantons l'hymne de ta gloire et sans fin nous proclamons : **Saint !...** *(p. 34)*

Vraiment, tu es saint et digne de louange, Dieu qui aimes tes enfants, toi qui es toujours avec eux sur les chemins de cette vie. Vraiment, ton Fils, Jésus, est béni, lui qui se tient au milieu de nous, quand nous sommes réunis en son nom : comme autrefois pour ses disciples, il nous ouvre les Écritures et nous partage le pain.
Maintenant donc, Père de toute grâce, nous t'en prions, envoie ton Esprit Saint afin qu'il sanctifie nos offrandes : que ce pain et ce vin

deviennent pour nous le corps (+) et le sang du Christ, notre Seigneur.

La veille de sa passion, la nuit de la dernière Cène, il prit le pain, il rendit grâce, il le rompit et le donna à ses disciples, en disant :

« Prenez, et mangez-en tous :
ceci est mon corps livré pour vous. »

De même, à la fin du repas, il prit la coupe ; de nouveau il rendit grâce, et la donna à ses disciples, en disant :

« Prenez, et buvez-en tous,
car ceci est la coupe de mon sang,
le sang de l'Alliance nouvelle et éternelle,
qui sera versé pour vous et pour la multitude
en rémission des péchés.
Vous ferez cela, en mémoire de moi. »

Acclamations, p. 47.

Voilà pourquoi, Père très saint, faisant ici mémoire de ton Fils, le Christ, notre Sauveur, que tu as conduit, par la passion et la mort sur la croix, à la gloire de la résurrection pour qu'il siège à ta droite, nous annonçons ton œuvre de grâce jusqu'au jour où il viendra, et nous t'offrons le pain de la vie et la coupe de bénédiction.
Regarde avec bonté, Seigneur, l'offrande de ton Église qui te présente par nos mains ce qu'elle a reçu de toi, le sacrifice de louange, la Pâque du Christ. Que la force de ton Esprit fasse de nous, dès maintenant et pour toujours, les membres de ton Fils ressuscité, par notre communion à son corps et à son sang.

On choisit l'intercession correspondant à la préface :

I. Renouvelle, Seigneur, par la lumière de l'Évangile, ton Église (qui est à N.). Resserre les liens de charité qui unissent les fidèles et les pasteurs ; garde-les en communion avec le pape N., avec notre évêque N. et l'ensemble des évêques, pour que le peuple qui t'appartient brille comme un signe prophétique de l'unité et de la paix, au milieu d'une humanité qui se divise et se déchire.

II. Toi qui nous invites à cette table, Seigneur, nous te prions de nous fortifier dans l'unité : alors, en suivant tes chemins, avançant dans la foi et l'espérance, avec le pape N., et notre évêque N., avec l'ensemble des évêques, les prêtres, les diacres et ton peuple répandu par tout l'univers, nous pourrons apporter au monde la confiance et la joie.

III. Père tout-puissant, fais-nous vivre de ton Esprit dans notre participation à ce mystère : renouvelle-nous à l'image de ton Fils, et resserre les liens de notre unité avec le pape N. et notre évêque N., avec l'ensemble des évêques, les prêtres, les diacres et ton peuple répandu par tout l'univers. Donne à tous les membres de l'Église de savoir lire les signes des temps à la lumière de la foi, et de se dépenser sans relâche au service de l'Évangile. Rends-nous attentifs aux besoins de tous, afin que partageant leurs tristesses et leurs angoisses, leurs espérances et leurs joies, nous leur annoncions fidèlement la Bonne Nouvelle du salut et progressions avec eux sur le chemin de ton Royaume.

IV. Seigneur, fais grandir ton Église dans la foi et la charité, en union avec le pape N., et notre évêque N., avec l'ensemble des évêques, les prêtres, les diacres et tout le peuple qui t'appartient.

Ouvre nos yeux à toute détresse, inspire-nous la parole et le geste qui conviennent pour soutenir notre prochain dans la peine ou dans l'épreuve ; donne-nous de le servir avec un cœur sincère selon l'exemple et la parole du Christ lui-même. Fais de ton Église un lieu de vérité et de liberté, de justice et de paix, pour que l'humanité tout entière renaisse à l'espérance.

Souviens-toi de nos frères et de nos sœurs qui se sont endormis dans la paix du Christ, et de tous les morts dont toi seul connais la foi : donne-leur de contempler la clarté de ton visage et conduis-les, par la résurrection, à la plénitude de la vie. Et lorsque prendra fin notre pèlerinage sur la terre, accueille-nous dans la demeure où nous vivrons près de toi pour toujours.
En union avec la Vierge Marie, la bienheureuse Mère de Dieu, avec les Apôtres, les martyrs et tous les saints du ciel, nous pourrons alors te louer sans fin et magnifier ton nom par Jésus, le Christ, ton Fils bien-aimé.

Par lui, avec lui et en lui,
à toi, Dieu le Père tout-puissant,
dans l'unité du Saint-Esprit,
tout honneur et toute gloire, pour les siècles des siècles.
Amen.

Communion

Prière du Seigneur

• Comme nous l'avons appris du Sauveur, et selon son commandement, nous osons dire :

• Unis dans le même Esprit, nous pouvons dire avec confiance la prière que nous avons reçue du Sauveur :

• *ou une autre introduction.*

Notre Père qui es aux cieux,
que ton nom soit sanctifié,
que ton règne vienne,
que ta volonté soit faite
sur la terre comme au ciel.
Donne-nous aujourd'hui notre pain de ce jour.
Pardonne-nous nos offenses,
comme nous pardonnons aussi
à ceux qui nous ont offensés.
Et ne nous laisse pas entrer en tentation,
mais délivre-nous du Mal.

Pater noster, qui es in cœlis : sanctificetur nomen tuum ; adveniat regnum tuum ; fiat voluntas tua, sicut in cœlo, et in terra. Panem nostrum cotidianum da nobis hodie ; et dimitte nobis debita nostra, sicut et nos dimittimus debitoribus nostris ; et ne nos inducas in tentationem ; sed libera nos a malo.

Délivre-nous de tout mal, Seigneur, et donne la paix à notre temps ; par ta miséricorde, libère-nous du péché, rassure-nous devant les épreuves, en cette vie où nous espérons le bonheur que tu promets et l'avènement de Jésus Christ, notre Sauveur.

• Car c'est à toi qu'appartiennent
le règne, la puissance et la gloire,
pour les siècles des siècles !

• À toi, le règne,
à toi, la puissance et la gloire,
pour les siècles des siècles !

Rite de la paix

Seigneur Jésus Christ, tu as dit à tes Apôtres : « Je vous laisse la paix, je vous donne ma paix » ; ne regarde pas nos péchés mais la foi de ton Église ; pour que ta volonté s'accomplisse, donne-lui toujours cette paix, et conduis-la vers l'unité parfaite, toi qui règnes pour les siècles des siècles. **Amen.**

Que la paix du Seigneur soit toujours avec vous.

Et avec votre esprit.

Dans la charité du Christ, donnez-vous la paix.

Partage du pain consacré

Pendant que le prêtre partage le pain consacré pour la communion, l'assemblée chante :

Agneau de Dieu, qui enlèves le péché du monde,
prends pitié de nous.

On peut chanter ce refrain plusieurs fois. On termine par :

Agneau de Dieu, qui enlèves le péché du monde,
donne-nous la paix.

Agnus Dei qui tollis peccata mundi,
miserere nobis (dona nobis pacem).

En mettant un fragment de l'hostie dans le calice, le prêtre dit à voix basse :

Que le corps et le sang de Jésus Christ, réunis dans cette coupe, nourrissent en nous la vie éternelle.

Les fidèles qui vont donner la communion et ceux qui vont porter la communion aux malades s'approchent de l'autel pour communier.

Communion

Avant de communier, le prêtre dit à voix basse :

• Seigneur Jésus Christ, Fils du Dieu vivant, selon la volonté du Père et avec la puissance du Saint-Esprit, tu as donné, par ta mort, la vie au monde ; que ton corps et ton sang me délivrent de mes péchés et de tout mal ; fais que je demeure fidèle à tes commandements et que jamais je ne sois séparé de toi.

• Seigneur Jésus Christ, que cette communion à ton corps et à ton sang n'entraîne pour moi ni jugement ni condamnation, mais qu'elle soutienne mon esprit et mon corps et me donne la guérison.

Que le corps du Christ me garde pour la vie éternelle. Que le sang du Christ me garde pour la vie éternelle.

Heureux les invités au repas du Seigneur !
Voici l'Agneau de Dieu
qui enlève le péché du monde.

Seigneur, je ne suis pas digne de te recevoir ;
mais dis seulement une parole et je serai guéri.

Le corps du Christ. **Amen.**
Le sang du Christ. **Amen.**

Prière après la communion *(Voir à la messe du jour)*

Conclusion et envoi

Les avis pour la semaine sont donnés ici.

Le Seigneur soit avec vous. Et avec votre esprit.

La bénédiction peut être précédée d'une prière sur le peuple ou être développée sous une forme solennelle.

Que Dieu tout-puissant vous bénisse,
le Père, le Fils et le Saint-Esprit.
Amen.

Allez, dans la paix du Christ.
Nous rendons grâce à Dieu.

ANNÉE A
L'évangile selon saint Matthieu

Les lectures des messes du dimanche sont réparties sur un cycle de trois ans (années A, B, C), selon le nombre des évangiles synoptiques, Matthieu, Marc et Luc. L'évangile selon saint Jean, quant à lui, est lu surtout dans le cycle pascal (Carême et Temps pascal). C'est donc l'évangile selon saint Matthieu qui nous accompagne tout au long de cette année A.

Qui est-il ? La tradition chrétienne l'identifie au collecteur d'impôt que Jésus appelle à sa suite et chez qui il prend un repas (Mt 9, 9-13). Il fait partie du groupe des douze Apôtres.

Selon l'hypothèse la plus couramment admise, l'évangile de Matthieu daterait des années 80-90 et serait né au sein d'une communauté composée majoritairement de chrétiens d'origine juive, vivant en Syrie, peut-être à Antioche.

C'est le plus long des quatre évangiles. Il emprunte largement à celui de Marc, son devancier, et le complète par d'autres sources. Clairement structuré, il se rend accessible au lecteur par l'alternance de récits et de discours, ainsi que le regroupement de plusieurs faits comparables (des guérisons, par exemple), par deux, trois, voire sept. Il n'est donc pas étonnant qu'il ait joué un rôle majeur dans l'histoire et la vie de l'Église, en tant qu'évangile de référence. Ainsi, il a été privilégié par la liturgie jusqu'au concile Vatican II.

Quel est le message essentiel de cet évangile ? Matthieu veut montrer que Jésus est le Messie promis à Israël, qui accomplit les Écritures, d'où de nombreuses citations bibliques. Envoyé de Dieu, il est le maître qui a autorité pour enseigner et pour prendre position par rapport à la délicate question de la Loi, si débattue dans le judaïsme. Les prescriptions rituelles sont relativisées car le sommet de la Loi, c'est l'amour. L'enseignement de Jésus s'adresse à des disciples capables d'écouter et de comprendre, puis de mettre en pratique, car la foi a des conséquences éthiques. Il convient d'agir selon la justice, c'est-à-dire en adoptant un comportement fidèle à la volonté de Dieu. Au-delà de l'horizon de la vie terrestre, c'est le jugement de Dieu qui révélera le sens ultime et la valeur de toute réalité.

Enfin, né dans une communauté où les chrétiens d'origine juive sont nombreux, l'évangile selon saint Matthieu est évidemment sensible à la difficile question de l'identité et de la mission d'Israël. Tout l'évangile résonne comme un appel à la conversion, c'est-à-dire à accueillir Jésus en tant que sauveur d'Israël. L'enjeu est si essentiel qu'il nourrit de vives controverses entre Jésus et les autorités juives. Quel drame, en effet, que soit rejeté celui qui est venu chercher « les brebis perdues de la maison d'Israël » (Mt 15, 24) ! Mais saint Matthieu lui-même est le témoin et le représentant des juifs qui ont mis leur foi en Jésus, éclairés par la méditation des Écritures. On peut appliquer à l'évangéliste les belles paroles qui définissent le scribe avisé, « comparable à un maître de maison qui tire de son trésor du neuf et de l'ancien » (17e dimanche, Mt 13, 52).

ChJ

L'AVENT
Des attitudes spirituelles renouvelées

Temps à la fois complexe et subtil, l'Avent associe plusieurs thèmes dont il s'est enrichi au fil des siècles. Il se concentre aujourd'hui autour de deux grands aspects : la préparation de la venue du Christ à la fin des temps, et la préparation de la Nativité. La subtilité de ce temps tient à sa capacité de nous mettre dans des attitudes spirituelles nouvelles qui, de dimanche en dimanche, raniment notre foi et notre espérance. Quatre attitudes actives nous sont proposées dans l'année A :

– Veiller. Le veilleur ne se laisse gagner ni par la torpeur des habitudes, ni par le désarroi des temps qui changent. Il garde son cœur en éveil pour accueillir la parole de Dieu, en vivre et en témoigner. Il attend le salut qui se lève. Il se tient éveillé comme un guetteur d'aurore, solidement et jusqu'au bout.

– Préparer le chemin du Seigneur. La Bonne Nouvelle est l'annonce d'une visite. Jean Baptiste nous indique comment nous y préparer : prendre un humble chemin de conversion parce que le chemin du Seigneur est celui de nos cœurs qui s'ouvrent à sa grâce.

– Se réjouir. La joie de l'Avent est celle d'une joyeuse espérance, comme d'un nouveau printemps qui s'annonce car Dieu fait toujours des merveilles pour son peuple. Alors le peuple des pauvres que nous sommes rend déjà grâce. Il tressaille de joie pour l'action de l'Esprit Saint dans le monde, une joie qui demande la conversion intérieure, et ouvre à l'accueil de l'aujourd'hui de Dieu.

– Accueillir et contempler. Au seuil de Noël, nous sommes invités à accueillir le mystère avant de contempler le don de

Dieu, Jésus qui vient nous révéler le Père. Le « oui » de Marie nous conduit à une totale disponibilité à l'action de Dieu en nous.

En nous proposant ces quatre attitudes spirituelles, l'Église nous rappelle que la contemplation du Christ dans l'Incarnation ne peut se faire que si nos cœurs apprennent à désirer le Seigneur. Que l'Avent fasse grandir en nous le désir de nous convertir pour accueillir le don de Dieu et en contempler le mystère.

CHANTER EN AVENT

- Le répertoire qui suit est proposé pour les quatre dimanches de l'Avent.
- Pour la procession d'ouverture : ***Préparez le chemin du Seigneur*** **E 13-95,** ***Préparons le chemin du Seigneur*** **E 63-42,** ***Réveille ta puissance*** **EA 2,** ***Vers toi, Dieu saint, j'élève mon âme*** **E 60-53,** ***Aube nouvelle*** **E 130,** ***Seigneur, venez*** **E 20.**
- On retiendra un même ordinaire de la messe pour tout ce temps, de manière à lui donner un caractère particulier.
- Pour la procession de communion, ***Voici le pain que donne Dieu*** **D 50-07-2,** ***Recevez le Corps du Christ*** **SYL F 520.**
- Après la communion, ***Vienne la rosée*** **EP 103,** ***N'ayons pas peur*** **EY 56-92-1,** ***Vienne la paix*** **M 150-1,** ***Toi qui viens pour tout sauver*** **EP 68.**
- À la fin de la célébration, ***Venez, divin Messie*** **E 52-47.**
- À ces propositions, on peut ajouter :
- Pour le 2e dimanche, ***La voix qui crie dans le désert*** **EA 330.**
- Pour le 3e dimanche, ***Joie sur terre*** **E 32** ou ***Joie au ciel*** **EX 33.**
- Pour le 4e dimanche, en action de grâce ***Toi qui ravis le cœur de Dieu*** **VP 136-2,** ***Ô Mère du Sauveur*** **V 59-25,** ***Vierge très pauvre*** **VP 57-68** ou ***le Je vous salue Marie.***

CÉLÉBRER

Le Missel attire l'attention sur la particularité du temps de l'Avent, temps d'espérance et de préparation spirituelle à l'accueil du Seigneur. La liturgie requiert une sobriété où l'orgue se fait plus discret, où le fleurissement est modeste, où le vêtement liturgique prend la couleur violette. C'est une couleur propre à ce temps qu'il convient de bien comprendre pour mieux ajuster le chant, la musique et les propositions liturgiques.

1er dimanche de l'Avent

1er DÉCEMBRE 2019

Veiller

S'il est une attitude propre au temps de l'Avent, c'est bien celle du veilleur : « Tenez-vous prêts !... Veillez », lance Jésus à ses disciples d'hier et d'aujourd'hui *(évangile)*. Quant à Paul, il rappelle aux premiers chrétiens : « C'est le moment, l'heure est déjà venue de sortir de votre sommeil » *(deuxième lecture)*. Mais de quelle veille s'agit-il ? On peut en effet veiller d'un œil, dans une demi-somnolence ou de manière statique, comme un soldat qui monte la garde. Nous risquons alors de passer à côté de l'Époux qui vient, comme des insouciants qui ne pensent qu'à profiter du moment présent. La veille à laquelle nous sommes invités est une veille active qui nous met en marche, à la rencontre du Seigneur : « Venez, marchons à la lumière du Seigneur... Venez, montons à la montagne du Seigneur ! », lançait autrefois le prophète Isaïe à ses frères au bord du désespoir *(première lecture)*. C'est encore ce que demande la prière d'ouverture : « Donne à tes fidèles, Dieu tout-puissant, d'aller avec courage sur les chemins de la justice à la rencontre du Seigneur. »

Veiller, à la manière dont les textes de ce dimanche nous y invitent, consiste à nous mettre en route, à convertir nos choix et nos manières de vivre pour aller à la rencontre de celui qui vient, pas seulement à Noël, mais dès aujourd'hui dans nos cœurs et à la fin des temps, lors de l'ultime face à face. Car si nous demeurons endormis, occupés à des tâches matérielles qui nous absorbent entièrement, nous passerons à côté de l'évènement où Dieu se révèle Sauveur. Pas d'inquiétude cependant, mais de la vigilance. Même si nous trouvons le temps long, même si nous ignorons le terme de la rencontre, l'enjeu est trop important.

Et même si nous affirmons que le Christ est présent à notre monde, l'eucharistie de ce dimanche nous fera implorer lors de l'anamnèse :

« Viens, Seigneur Jésus ! » Qu'elle nous tienne le cœur en éveil, comme un guetteur qui attend l'aurore, solidement et jusqu'au bout.

Des chants sont proposés pour l'Avent, p. 80.

Prière d'ouverture

Donne à tes fidèles, Dieu tout-puissant, d'aller avec courage sur les chemins de la justice à la rencontre du Seigneur, pour qu'ils soient appelés, lors du jugement, à entrer en possession du Royaume des cieux. Par Jésus Christ, ton Fils, notre Seigneur et notre Dieu, qui règne avec toi et le Saint-Esprit, maintenant et pour les siècles des siècles. Amen.

1re lecture

Le Seigneur rassemble toutes les nations dans la paix éternelle

→ **Lecture du livre du prophète Isaïe** 2, 1-5

Parole d'Isaïe, – ce qu'il a vu au sujet de Juda et de Jérusalem. Il arrivera dans les derniers jours que la montagne de la maison du Seigneur se tiendra plus haut que les monts, s'élèvera au-dessus des collines. Vers elle afflueront toutes les nations et viendront des peuples nombreux.

Ils diront : « Venez ! montons à la montagne du Seigneur, à la maison du Dieu de Jacob ! Qu'il nous enseigne ses chemins, et nous irons par ses sentiers. » Oui, la loi sortira de Sion, et de Jérusalem, la parole du Seigneur. Il sera juge entre les nations et l'arbitre de peuples nombreux. De leurs épées, ils forgeront des socs, et de leurs lances, des faucilles. Jamais nation contre nation ne lèvera l'épée ; ils n'apprendront plus la guerre.

Venez, maison de Jacob ! Marchons à la lumière du Seigneur.

Psaume 121

R/ Dans la joie, nous irons à la maison du Seigneur.

Quelle joie quand on m'a dit :
« Nous irons à la maison du Seigneur ! »
Maintenant notre marche prend fin
devant tes portes, Jérusalem !

Jérusalem, te voici dans tes murs :
ville où tout ensemble ne fait qu'un.
C'est là que montent les tribus,
les tribus du Seigneur,

C'est là qu'Israël doit rendre grâce
au nom du Seigneur.
C'est là le siège du droit,
le siège de la maison de David.

Appelez le bonheur sur Jérusalem :
« Paix à ceux qui t'aiment !
Que la paix règne dans tes murs,
le bonheur dans tes palais ! »

À cause de mes frères et de mes proches,
je dirai : « Paix sur toi ! »
À cause de la maison du Seigneur notre Dieu,
je désire ton bien.

2e lecture

« Le salut est plus près de nous »

→ Lecture de la lettre de saint Paul apôtre aux Romains 13, 11-14a

Frères, vous le savez : c'est le moment, l'heure est déjà venue de sortir de votre sommeil. Car le salut est plus près de nous maintenant qu'à l'époque où nous sommes devenus croyants. La nuit est bientôt finie, le jour est tout proche. Rejetons les œuvres des ténèbres, revêtons-nous des armes de la lumière. Conduisons-nous honnêtement, comme on le fait en plein jour, sans orgies ni beuveries, sans luxure ni débauches, sans rivalité ni jalousie, mais revêtez-vous du Seigneur Jésus Christ.

Alléluia. Alléluia. Fais-nous voir, Seigneur, ton amour, et donne-nous ton salut. **Alléluia.**

Évangile

Veillez pour être prêts

→ Évangile de Jésus Christ selon saint Matthieu 24, 37-44

En ce temps-là, Jésus disait à ses disciples : « Comme il en fut aux jours de Noé, ainsi en sera-t-il lors de la venue du Fils de l'homme. En ces jours-là, avant le déluge, on mangeait et on buvait, on prenait femme et on prenait mari, jusqu'au jour où Noé entra dans l'arche ; les gens ne se sont doutés de rien, jusqu'à ce que survienne le déluge qui les a tous engloutis : telle sera aussi la venue du Fils de l'homme. Alors deux hommes seront aux champs : l'un sera pris, l'autre laissé. Deux femmes seront au moulin en train de moudre : l'une sera prise, l'autre laissée. Veillez donc, car vous ne savez pas quel jour votre Seigneur vient. Comprenez-le bien : si le maître de maison avait su à quelle heure de la nuit le voleur viendrait, il aurait veillé et n'aurait pas laissé percer le mur de sa maison. Tenez-vous donc prêts, vous aussi : c'est à l'heure où vous n'y penserez pas que le Fils de l'homme viendra. »

Pour la prière universelle

– Pour l'Église appelée à être le signe visible de l'unité et la servante de la paix, prions le Seigneur.
– Pour les diplomates qui tentent de renouer le dialogue entre les peuples en conflits, prions le Seigneur.
– Pour les hommes de bonne volonté qui tissent avec les plus pauvres des liens de partage et de solidarité, prions le Seigneur.

– Pour les baptisés qui accompagnent leurs frères touchés par la souffrance, la solitude, le deuil, prions le Seigneur.
– Pour les moines et les moniales qui veillent dans la prière, prions le Seigneur.
– Pour notre communauté en marche vers Noël, prions le Seigneur.

Prière sur les offrandes

Seigneur, nous ne pourrons jamais t'offrir que les biens venus de toi : accepte ceux que nous t'apportons ; et puisque c'est toi qui nous donnes maintenant de célébrer l'eucharistie, fais qu'elle soit pour nous le gage du salut éternel. Par Jésus, le Christ, notre Seigneur. **Amen.**

Préface

Vraiment, il est juste et bon de te rendre gloire, de t'offrir notre action de grâce, toujours et en tout lieu, à toi, Père très saint, Dieu éternel et tout-puissant, par le Christ, notre Seigneur.

Car il est déjà venu, en prenant la condition des hommes, pour accomplir l'éternel dessein de ton amour et nous ouvrir le chemin du salut ; il viendra de nouveau, revêtu de sa gloire, afin que nous possédions dans la pleine lumière les biens que tu nous as promis, et que nous attendons en veillant dans la foi.

C'est pourquoi, avec les anges et tous les saints, nous proclamons ta gloire en chantant (disant) d'une seule voix : **Saint !...**

Prière après la communion

Fais fructifier en nous, Seigneur, l'eucharistie qui nous a rassemblés : c'est par elle que tu formes, dès maintenant, à travers la vie de ce monde, l'amour dont nous t'aimerons éternellement. Par Jésus, le Christ, notre Seigneur. **Amen.**

Jésus vient à notre rencontre

« Nous sommes occupés à notre vie quotidienne, et c'est nécessaire ! C'est là que le Seigneur vient à notre rencontre. Mais, pour ne pas être surpris par sa venue, il faut nous y préparer comme Noé. Comme lui, nous avons la parole de Dieu qui nous alerte et nous provoque : *Voilà, je vous ai prévenus*, dit Jésus. Il vient à notre rencontre de façon inattendue, mais pas sans avertissement. Cette rencontre n'est pas simplement située à la fin des temps. L'inattendu concerne aussi chacun de nous au moment de sa propre mort. Celle-ci n'est-elle pas en effet pour chacun la fin du temps, la fin de son propre temps et le moment où Jésus vient à sa rencontre ? Ceci nous est au moins suggéré par l'exemple que donne l'Évangile : *alors, deux hommes seront aux champs : l'un est pris, l'autre laissé ; deux femmes en train de moudre à la meule : l'une est prise, l'autre laissée...*

Ce qui importe, c'est la vigilance. Non l'inquiétude, mais l'attention, l'attention au Père, l'attention à Jésus-Christ. Si nous ignorons le jour et l'heure, il est important de le connaître, lui, et le reconnaître, quand il viendra à nous. Par deux fois, Jésus nous redit que notre ignorance est précisément le motif pour lequel il nous faut veiller : Veillez-donc, car vous ne savez pas quel jour votre Seigneur va venir... Il prend pour finir une comparaison qui montre le sérieux de la situation, et l'urgence de veiller. Elle est d'ailleurs un peu paradoxale, car elle parle d'un maître de maison qui veille parce qu'il connaît l'heure de la nuit à laquelle le voleur va venir. Quand on sait, c'est plus facile d'attendre ! Nous trouvons, nous, le temps long, et nous sommes dans l'ignorance. Cette non-connaissance est une raison de plus de ne pas nous endormir. L'enjeu est bien plus grand que de ne pas laisser percer le mur de sa maison. Le Fils de l'homme vient à notre rencontre. Il ne faut pas dormir pendant ce temps-là : Voilà pourquoi, vous aussi, tenez-vous prêts, car c'est à l'heure que vous ignorez que le Fils de l'homme va venir »

Mgr L. Daloz, *Le règne des cieux s'est approché*,
Desclée de Brouwer, p. 334-336.

CALENDRIER LITURGIQUE

Di 1	**1er dimanche de l'Avent A.** *Liturgie des Heures : Psautier semaine I.*
Lu 2	Isaïe 2, 1-5 ; Ps 121 ; Mt 8, 5-11 : « Beaucoup viendront de l'orient et de l'occident et prendront place au festin du royaume des Cieux »
Ma 3	S. François Xavier, prêtre, jésuite missionnaire, † 1552 dans l'île de San-Choan (Chine). Isaïe 11, 1-10 ; Ps 71 ; Luc 10, 21-24 : « Jésus exulta de joie sous l'action de l'Esprit Saint »
Me 4	*S. Jean de Damas, prêtre, docteur de l'Église, † vers 749 près de Jérusalem.* Isaïe 25, 6-10a ; Ps 22 ; Mt 15, 29-37 : Jésus guérit les infirmes et multiplie les pains
Je 5	Isaïe 26, 1-6 ; Ps 117 ; Mt 7, 21.24-27 : « Pour entrer dans le royaume des Cieux, il faut faire la volonté de mon Père »
Ve 6	*S. Nicolas, évêque de Myre, (Asie Mineure), † vers 350.* Isaïe 29, 17-24 ; Ps 26 ; Mt 9, 27-31 : Croyant en Jésus, deux aveugles sont guéris
Sa 7	S. Ambroise, évêque de Milan, docteur de l'Église, † vers 397. Isaïe 30, 19-21.23-26 ; Ps 146 ; Mt 9, 35–10, 1.5a.6-8 : « Voyant les foules, Jésus fut saisi de compassion »

Bonne fête ! 1er : Florence, Éloi, Loïc. 2 : Viviane. 3 : Xavier. 4 : Barbara, Barbe. 5 : Gérard, Géraldine. 6 : Nicolas, Colas, Nils. 7 : Ambroise.

Saint Ambroise (**7 décembre**) Saint Ambroise, évêque et docteur de l'Église, est né vers 340 à Trèves (Allemagne). Gouverneur d'Émilie et de Ligurie, il rétablit le calme entre les chrétiens qui s'affrontaient à Milan. Malgré ses réticences, il est déclaré évêque par acclamation. On le baptise et on l'ordonne en hâte. Évêque de Milan, il défend l'indépendance de l'Église face au pouvoir de l'empereur. Il est connu par ses commentaires de l'Écriture et ses hymnes.

2e dimanche de l'Avent

8 DÉCEMBRE 2019

Préparer le chemin du Seigneur

Attendre la venue du Seigneur implique une double mise en mouvement : celle du Seigneur qui vient vers nous, celle du baptisé qui se prépare à la venue de son Seigneur. En effet, la Bonne Nouvelle n'est ni une explication, ni un programme mais l'annonce d'une visite qui se prépare. Alors Jean Baptiste entre en scène : « Convertissez-vous, car le royaume des Cieux est tout proche. » Prenant appui sur le prophète Isaïe, il ajoute : « Préparez le chemin du Seigneur, rendez droits ses sentiers » *(évangile)*. Et, pour nous indiquer le chemin de la conversion, Jean Baptiste donne l'exemple. Avant de proclamer le royaume des Cieux aux autres, il se met lui-même en état de l'accueillir. Il n'est pas possible de l'annoncer aux autres sans se convertir soi-même. En effet, il ne s'agit pas d'une simple connaissance que l'on se transmet. Sans conversion, la rencontre avec le Christ qui vient est impossible. Alors, se convertir consiste à s'accueillir les uns les autres, à l'exemple du Christ et, par là, à révéler le visage de Dieu et la promesse d'un monde nouveau *(deuxième lecture)*. C'est ce monde nouveau qu'annonçait déjà le prophète Isaïe. Contre toute attente, d'une souche qui semble moribonde, Dieu fera surgir un nouveau David sur qui reposera l'Esprit du Seigneur. Roi de justice et de paix, il transformera les esprits et les cœurs, il tranchera en faveur des petits et des pauvres *(première lecture)*.

Préparer le chemin du Seigneur demande donc une vraie conversion de notre style de vie et de notre considération pour les autres. Il ne s'agit plus de faire semblant : avec Dieu on ne triche pas. Et si nous voulons porter du fruit, il nous faut abandonner notre suffisance, nous laisser faire par Dieu et nous ouvrir à la nouveauté radicale du Royaume. « Seigneur tout-puissant et miséricordieux, ne laisse pas le souci de nos tâches présentes entraver notre marche à la rencontre de ton Fils : mais éveille en nous cette intelligence du cœur qui nous prépare à l'accueillir » *(oraison d'ouverture)*. Que l'eucharistie éveille et convertisse nos cœurs ; ils seront chemins du Seigneur.

Des chants sont proposés pour l'Avent, p. 80.

Prière d'ouverture

Seigneur tout-puissant et miséricordieux, ne laisse pas le souci de nos tâches présentes entraver notre marche à la rencontre de ton Fils ; mais éveille en nous cette intelligence du cœur qui nous prépare à l'accueillir et nous fait entrer dans sa propre vie. Lui qui règne avec toi et le Saint-Esprit, maintenant et pour les siècles des siècles. **Amen.**

1re lecture

« Il jugera les petits avec justice »

→ **Lecture du livre du prophète Isaïe** 11, 1-10

En ce jour-là, un rameau sortira de la souche de Jessé, père de David, un rejeton jaillira de ses racines. Sur lui reposera l'esprit du Seigneur : esprit de sagesse et de discernement, esprit de conseil et de force, esprit de connaissance et de crainte du Seigneur – qui lui inspirera la crainte du Seigneur. Il ne jugera pas sur l'apparence ; il ne se prononcera pas sur des rumeurs. Il jugera les petits avec justice ; avec droiture, il se prononcera en faveur des humbles du pays. Du bâton de sa parole, il frappera le pays ; du souffle de ses lèvres, il fera mourir le méchant. La justice est la ceinture de ses hanches ; la fidélité est la ceinture de ses reins. Le loup habitera avec l'agneau, le léopard se couchera près du chevreau, le veau et le lionceau seront nourris ensemble, un petit garçon les conduira. La vache et l'ourse auront même pâture, leurs petits auront même gîte. Le lion, comme le bœuf, mangera du fourrage. Le nourrisson s'amusera sur le nid du cobra ; sur le trou de la vipère, l'enfant étendra la main. Il n'y aura plus de mal ni de corruption sur toute ma montagne sainte ; car la connaissance du Seigneur remplira le pays comme les eaux recouvrent le fond de la mer.

Ce jour-là, la racine de Jessé sera dressée comme un étendard pour les peuples, les nations la chercheront, et la gloire sera sa demeure.

Psaume 71

R/ En ces jours-là, fleurira la justice,
grande paix jusqu'à la fin des temps.

Dieu, donne au roi tes pouvoirs,
à ce fils de roi ta justice.
Qu'il gouverne ton peuple avec justice,
qu'il fasse droit aux malheureux !

En ces jours-là, fleurira la justice,
grande paix jusqu'à la fin des lunes !
Qu'il domine de la mer à la mer,
et du Fleuve jusqu'au bout de la terre !

Il délivrera le pauvre qui appelle
et le malheureux sans recours.
Il aura souci du faible et du pauvre,
du pauvre dont il sauve la vie.

Que son nom dure toujours ;
sous le soleil, que subsiste son nom !
En lui, que soient bénies toutes les familles de la terre ;
que tous les pays le disent bienheureux !

2e lecture

Le Christ sauve tous les hommes

→ Lecture de la lettre de saint Paul apôtre aux Romains 15, 4-9

Frères, tout ce qui a été écrit à l'avance dans les livres saints l'a été pour nous instruire, afin que, grâce à la persévérance et au réconfort des Écritures, nous ayons l'espérance. Que le Dieu de la persévérance et du réconfort vous donne d'être d'accord les uns avec les autres selon le Christ Jésus. Ainsi, d'un même cœur, d'une seule voix, vous rendrez gloire à Dieu, le Père de notre Seigneur Jésus Christ.

Accueillez-vous donc les uns les autres, comme le Christ vous a accueillis pour la gloire de Dieu. Car je vous le déclare : le Christ s'est fait le serviteur des Juifs, en raison de la fidélité de Dieu, pour réaliser les promesses faites à nos pères ; quant aux nations, c'est en raison de sa miséricorde qu'elles rendent gloire à Dieu, comme le dit l'Écriture : *C'est pourquoi je proclamerai ta louange parmi les nations, je chanterai ton nom.*

Alléluia. Alléluia. Préparez le chemin du Seigneur, rendez droits ses sentiers : tout être vivant verra le salut de Dieu. **Alléluia.**

Évangile

« Convertissez-vous, car le royaume des Cieux est tout proche »

→ Évangile de Jésus Christ selon saint Matthieu 3, 1-12

En ces jours-là, paraît Jean le Baptiste, qui proclame dans le désert de Judée : « Convertissez-vous, car le royaume des Cieux est tout proche. » Jean est celui que désignait la parole prononcée par le prophète Isaïe : *Voix de celui qui crie dans le désert : Préparez le chemin du Seigneur, rendez droits ses sentiers.*

Lui, Jean, portait un vêtement de poils de chameau, et une ceinture de cuir autour des reins ; il avait pour nourriture des sauterelles et du miel sauvage. Alors Jérusalem, toute la Judée et toute la région du Jourdain se rendaient auprès de lui, et ils étaient baptisés par lui dans le Jourdain en reconnaissant leurs péchés. Voyant beaucoup de pharisiens et de sadducéens se présenter à son baptême, il leur dit : « Engeance de vipères ! Qui vous a appris à fuir la colère qui vient ? Produisez donc un fruit digne de la conversion. N'allez pas dire en vous-mêmes : "Nous avons Abraham pour père" ; car, je vous le dis : des pierres que voici, Dieu peut faire surgir des enfants à Abraham. Déjà la cognée se trouve à la racine des arbres : tout arbre qui ne produit pas de bons fruits va être coupé et jeté au feu.

Moi, je vous baptise dans l'eau, en vue de la conversion. Mais celui qui vient derrière moi est plus fort que moi, et je ne suis pas digne de lui retirer ses sandales. Lui vous baptisera dans l'Esprit Saint et le feu. Il tient dans sa main la pelle à vanner, il va nettoyer son aire à battre le blé, et il amassera son grain dans le grenier ; quant à la paille, il la brûlera au feu qui ne s'éteint pas. »

Pour la prière universelle

– Avec les prophètes de notre temps et les témoins de l'Évangile qui préparent tes chemins, nous te prions, Seigneur.
– Avec celles et ceux qui accompagnent les enfants et les jeunes, et qui les préparent à t'accueillir, nous te prions, Seigneur.
– Avec celles et ceux qui prennent la route du pardon et de la réconciliation, nous te prions, Seigneur.
– Avec celles et ceux qui accompagnent et écoutent leurs frères dans la détresse, nous te prions, Seigneur.
– Avec tous les membres présents et absents de notre communauté, nous te prions, Seigneur.

Prière sur les offrandes

Laisse-toi fléchir, Seigneur, par nos prières et nos pauvres offrandes ; nous ne pouvons pas invoquer nos mérites, viens par ta grâce à notre secours. Par Jésus.

Préface de l'Avent, p. 85.

Prière après la communion

Pleins de reconnaissance pour cette eucharistie, nous te prions encore, Seigneur : apprends-nous, dans la communion à ce mystère, le vrai sens des choses de ce monde et l'amour des biens éternels. Par Jésus.

Pas d'évangélisation sans conversion

« Le prophète est le premier à entrer dans la conversion. Avant de proclamer le Règne des cieux pour les autres, il se met lui-même en état de l'accueillir. Il n'est pas possible de l'annoncer aux autres sans se convertir soi-même, car il ne s'agit pas d'une simple connaissance qu'on transmet. La nouvelle du Règne des cieux ne peut être reçue que par celui qui accepte qu'elle transforme sa vie : *Convertissez-vous : le Règne des cieux s'est approché*. Sans conversions, le Règne des cieux reste à la porte.

Il nous est nécessaire d'entendre à nouveau ce message de Jean le Baptiste. Dans un monde où il s'agit d'annoncer à frais nouveau la bonne nouvelle du règne de Dieu là où il n'est pas connu ni accueilli, il ne faut pas oublier qu'il n'y a pas d'évangélisation sans conversion, autant de celui qui annonce l'Évangile que de celui qui l'entend. Nous sommes sans cesse confrontés à l'incroyance ou à l'indifférence. Elles nous provoquent à vérifier notre fidélité à l'Évangile, à le présenter non comme un simple enseignement pour l'intelligence, mais comme un appel à laisser transformer sa vie. Car l'Évangile est force de renouveau, il oriente autrement l'existence. Il provoque une prise de conscience du péché, une volonté de changer de vie. »

Mgr L. Daloz, *Le règne des cieux s'est approché*,
Desclée de Brouwer, p. 23-24.

Di 8	**2e dimanche de l'Avent A.** *Liturgie des Heures : Psautier semaine II.*
Lu 9	**IMMACULÉE CONCEPTION DE LA VIERGE MARIE,** p. 95. Lorsque la fête de l'Immaculée Conception tombe un dimanche, elle est reportée au lendemain. En effet, un dimanche d'Avent prime toujours sur une solennité. [*S. Juan Diego Cuauhtlatoatzin, † 1548, près de Mexico.*]
Ma 10	Isaïe 40, 1-11 ; Ps 95 ; Mt 18, 12-14 : « Dieu ne veut pas qu'un seul de ces petits soit perdu »
Me 11	*S. Damase Ier, pape, † 384 à Rome.* Isaïe 40, 25-31 ; Ps 102 ; Mt 11, 28-30 : « Venez à moi, vous tous qui peinez »
Je 12	*Notre-Dame de Guadaloupé (Mexique). (Au Canada,* fête) Isaïe 41, 13-20 ; Ps 144 ; Mt 11, 11-15 : « Personne ne s'est levé de plus grand que Jean le Baptiste »
Ve 13	Ste Lucie, vierge et martyre, à Syracuse, premiers siècles. Isaïe 48, 17-19 ; Ps 1 ; Mt 11, 16-19 : Ils n'écoutent ni Jean ni le Fils de l'homme
Sa 14	S. Jean de la Croix, prêtre carme, docteur de l'Église, † 1591 à Ubeda (Espagne). Ben Sira 48, 1-4.9-11 ; Ps 79 ; Mt 17, 10-13 : « Élie est déjà venu et ils ne l'ont pas reconnu »

Bonne fête ! 8 : Conception, Sabine, Édith. 9 : Valérie. 10 : Romaric, Eulalie. 11 : Damase, Daniel, Dany. 12 : Corentin. 13 : Lucie, Aurore, Josselyne ou Jocelyne. 14 : Odile.

Sainte Lucie (13 décembre) Sainte Lucie naît à la fin du IIIe siècle, à Syracuse. En dépit des persécutions, elle fait le vœu de distribuer son héritage aux pauvres. Sa foi est ainsi révélée. Menacée de viol par un soupirant, elle s'arrache les yeux plutôt que de se soumettre et les lui offre. Refusant d'abjurer sa foi, elle est exécutée vers 304. Les Siciliens ont porté à travers le monde le culte de la sainte au nom de lumière.

L'Immaculée Conception

9 DÉCEMBRE 2019

« **C'est en approfondissant les paroles de l'Ange** : "Je te salue, comblée de grâce", que la Tradition a pu exprimer le double mystère de l'Immaculée Conception et de l'Assomption, au commencement et à l'accomplissement de la vie de la Vierge.

"Au premier instant de sa conception, par la grâce et le privilège de Dieu tout-puissant, et en considération des mérites de Jésus Christ, Sauveur du genre humain, la Vierge Marie fut préservée intacte de toute souillure du péché originel". Telle est la foi de l'Église catholique, définie en 1854 par le pape Pie IX.

Marie est entièrement sainte, elle n'a commis aucun péché. Plus encore, sa sainteté est "originelle". C'est la sainteté qui a été accordée gratuitement par Dieu à celle qui a donné au monde la source de la grâce. Mais le dogme de l'Immaculée Conception ne dit pas que Marie a échappé au besoin de rédemption et de salut, qui concerne toute la famille humaine. Elle appartient pleinement au peuple des rachetés, elle est la première rachetée. Par rapport à la Rédemption, elle est du même côté que nous. Comme nous tous, elle a été libérée du péché et sauvée par le Christ. Mais la grâce de Dieu la précède de façon unique, le salut lui vient déjà, "dès le premier instant de sa conception", par anticipation, de la mort et de la résurrection de son Fils. Le salut prend chez elle, non la forme de la guérison ou de la purification, mais celle de la préservation. »

Catéchisme pour adultes des évêques de France,
Coll. « Livre de poche », 1991, p. 253.

CHANTER

Le répertoire marial est abondant. On pourra retenir particulièrement : ***Réjouis-toi, comblée de grâce*** **I EV 16-14**, ***Vierge Marie, Immaculée*** **V 22-57**, ***Vierge sainte, Dieu t'a choisie*** **V 136**, ***Couronnée d'étoiles*** **V 44-58.**

Prière d'ouverture

Seigneur, tu as préparé à ton Fils une demeure digne de lui par la conception immaculée de la Vierge ; puisque tu l'as préservée de tout péché par une grâce venant déjà de la mort de ton Fils, accorde-nous, à l'intercession de cette Mère très pure, de parvenir jusqu'à toi, purifiés, nous aussi, de tout mal. Par Jésus Christ.

Lectures

Gn 3, 9...20	Ève, mère de tous les vivants.
Ps 97	Le chant nouveau.
Ep 1, 3...12	Choisis avant la création du monde.
Lc 1, 26-38	Voici la Servante du Seigneur.

Préface

Vraiment, il est juste et bon, pour ta gloire et notre salut, de t'offrir notre action de grâce, toujours et en tout lieu, Seigneur, Père très saint, Dieu éternel et tout-puissant.
Car tu as préservé la bienheureuse Vierge Marie de toute souillure du péché originel, tu l'as comblée de ta grâce en plénitude pour préparer en elle une mère vraiment digne de ton Fils et manifester l'origine de l'Église, l'Épouse sans tache ni ride, resplendissante de beauté. Cette vierge très pure devait nous donner le Fils, l'Agneau innocent qui effacerait nos fautes. Pour ton peuple, tu la disposais à être, parmi toutes les femmes, l'avocate de la grâce et le modèle de la sainteté. C'est pourquoi, unissant nos voix à celles des anges, nous te louons dans la joie en proclamant : Saint !

Traduction révisée

3e dimanche de l'Avent

15 DÉCEMBRE 2019

Se réjouir

« Le désert et la terre de la soif, qu'ils se réjouissent ! » *(première lecture).* Étonnante image qu'utilise le prophète Isaïe pour appeler à l'espérance un peuple en exil à Babylone et prêt à défaillir. Il l'invite à la joie : le Seigneur va venir le sauver, le conduire vers la terre de la promesse. Personne n'est exclu de ce cortège de fête ; même le désert exulte. Il ne s'agit pourtant pas du seul retour des exilés mais de l'annonce d'une réconciliation définitive avec Dieu et entre les hommes, lorsque viendra le Messie annoncé par les signes des temps nouveaux.

Ces signes ne sont pas ceux que l'on attendait. Ils interrogent même Jean Baptiste : « Es-tu celui qui doit venir ? » La réponse de Jésus est claire. Le Messie est bien là, le royaume de Dieu est inauguré mais de façon imprévue. Où l'on attendait la vengeance, fleurissent, comme un nouveau printemps, la miséricorde et la guérison. Celui qui vient portera la Bonne Nouvelle aux pauvres, guérira ceux qui ont le cœur brisé, annoncera aux prisonniers la délivrance, aux captifs la liberté et, pour tous, une année de bienfaits *(évangile).*

Alors le peuple des pauvres que nous sommes rend déjà grâce. Il tressaille de joie et exulte. Mais cette joie demande une conversion intérieure, de la patience pour que la récolte soit fructueuse, de la persévérance face à l'incompréhension ou à la persécution, à l'instar de Dieu lui-même qui n'est que « tendresse et pitié, lent à la colère et plein d'amour » *(Psaume 102).* Cette conversion exige que chacun se reconnaisse pauvre de Dieu pour, ensuite, se réjouir, comme Marie et Jean Baptiste, des merveilles que fait en lui la grâce. Cette conversion ne se fera que si nous avons le cœur ouvert pour discerner les signes du Royaume que Dieu nous donne aujourd'hui et nourrir notre joie. Loin de perdre courage face aux épreuves présentes, réjouissons-nous de ce qui germe dans notre monde et que Noël éclairera d'un jour nouveau.

CHANTER

Des chants sont proposés pour l'Avent, p. 80.

CÉLÉBRER

Aujourd'hui, troisième dimanche de l'Avent, journée Pax Christi.
Ce dimanche revêt un caractère plus festif puisque les textes de la liturgie invitent les chrétiens à se réjouir. Cela explique aussi l'utilisation possible de vêtements liturgiques de couleur rose.

Prière d'ouverture

Tu le vois, Seigneur, ton peuple se prépare à célébrer la naissance de ton Fils ; dirige notre joie vers la joie d'un si grand mystère : pour que nous fêtions notre salut avec un cœur vraiment nouveau. Par Jésus Christ.

1re lecture

« Dieu vient lui-même et va vous sauver »

→ **Lecture du livre du prophète Isaïe** 35, 1-6a.10

Le désert et la terre de la soif, qu'ils se réjouissent ! Le pays aride, qu'il exulte et fleurisse comme la rose, qu'il se couvre de fleurs des champs, qu'il exulte et crie de joie ! La gloire du Liban lui est donnée, la splendeur du Carmel et du Sarone. On verra la gloire du Seigneur, la splendeur de notre Dieu. Fortifiez les mains défaillantes, affermissez les genoux qui fléchissent, dites aux gens qui s'affolent : « Soyez forts, ne craignez pas. Voici votre Dieu : c'est la vengeance qui vient, la revanche de Dieu. Il vient lui-même et va vous sauver. » Alors se dessilleront les yeux des aveugles, et s'ouvriront les oreilles des sourds. Alors le boiteux bondira comme un cerf, et la bouche du muet criera de joie. Ceux qu'a libérés le Seigneur reviennent, ils entrent dans Sion avec des cris de fête, couronnés de l'éternelle joie. Allégresse et joie les rejoindront, douleur et plainte s'enfuient.

Psaume 145

R/ **Viens, Seigneur, et sauve-nous !**
ou : **Alléluia.**

Le Seigneur fait justice aux opprimés,
aux affamés, il donne le pain,
le Seigneur délie les enchaînés.

Le Seigneur ouvre les yeux des aveugles,
le Seigneur redresse les accablés,
le Seigneur aime les justes.

Le Seigneur protège l'étranger,
il soutient la veuve et l'orphelin.
D'âge en âge, le Seigneur régnera.

2e lecture *« Tenez ferme car la venue du Seigneur est proche »*

→ Lecture de la lettre de saint Jacques 5, 7-10

Frères, en attendant la venue du Seigneur, prenez patience. Voyez le cultivateur : il attend les fruits précieux de la terre avec patience, jusqu'à ce qu'il ait fait la récolte précoce et la récolte tardive. Prenez patience, vous aussi, et tenez ferme car la venue du Seigneur est proche. Frères, ne gémissez pas les uns contre les autres, ainsi vous ne serez pas jugés. Voyez : le Juge est à notre porte. Frères, prenez pour modèles d'endurance et de patience les prophètes qui ont parlé au nom du Seigneur.

Alléluia. Alléluia. L'Esprit du Seigneur est sur moi : il m'a envoyé porter la Bonne Nouvelle aux pauvres. **Alléluia.**

Évangile

« Es-tu celui qui doit venir, ou devons-nous en attendre un autre ? »

→ Évangile de Jésus Christ selon saint Matthieu 11, 2-11

En ce temps-là, Jean le Baptiste entendit parler, dans sa prison, des œuvres réalisées par le Christ. Il lui envoya ses disciples et, par eux, lui demanda : « Es-tu celui qui doit venir, ou devons-nous en attendre un autre ? » Jésus leur répondit : « Allez annoncer à Jean ce que vous entendez et voyez : *Les aveugles retrouvent la vue*, et les boiteux marchent, les lépreux sont purifiés, et *les sourds entendent, les morts ressuscitent*, et les pauvres reçoivent la Bonne Nouvelle. Heureux celui pour qui je ne suis pas une occasion de chute ! »

Tandis que les envoyés de Jean s'en allaient, Jésus se mit à dire aux foules à propos de Jean : « Qu'êtes-vous allés regarder au désert ? un roseau agité par le vent ? Alors, qu'êtes-vous donc allés voir ? un homme habillé de façon raffinée ? Mais ceux qui portent de tels vêtements vivent dans les palais des rois. Alors, qu'êtes-vous allés voir ? un prophète ? Oui, je vous le dis, et bien plus qu'un prophète. C'est de lui qu'il est écrit : *Voici que j'envoie mon messager en avant de toi, pour préparer le chemin devant toi.* Amen, je vous le dis : Parmi ceux qui sont nés d'une femme, personne ne s'est levé de plus grand que Jean le Baptiste ; et cependant le plus petit dans le royaume des Cieux est plus grand que lui. »

Pour la prière universelle

– Pour les communautés chrétiennes qui ne craignent pas d'annoncer l'Évangile, nous te prions, Seigneur.
– Pour ceux qui désespèrent et ceux qui ont la patience que donne l'espérance, nous te prions, Seigneur.
– Pour ceux qui s'enferment dans leur souffrance et ceux qui s'ouvrent à la souffrance des autres, nous te prions, Seigneur.

– Pour ceux qui entretiennent et attisent les conflits et pour ceux qui ouvrent des chemins de réconciliation, nous te prions, Seigneur.
– Pour notre communauté qui s'efforce d'annoncer et de construire la paix, nous te prions, Seigneur.

Prière sur les offrandes

Permets, Seigneur, que le sacrifice de nos eucharisties te soit toujours offert dans ton Église, pour accomplir le sacrement que tu nous as donné et pour réaliser la merveille de notre salut. Par Jésus.

Préface de l'Avent, p. 85.

Prière après la communion

Seigneur notre Dieu, nous attendons de ta miséricorde que cette nourriture prise à ton autel nous empêche de céder à nos penchants mauvais et nous prépare aux fêtes qui approchent. Par Jésus.

Ouvrir ses yeux, ses oreilles, ... son cœur

« Les vrais signes du Messie, c'est en faveur des petits, des malades et des pauvres qu'ils se manifestent. C'est pourquoi ces signes du salut restent souvent cachés, incompris. Jean lui-même, dans sa prison, est à l'affût de ce que l'on dit de Jésus : il lui envoie des disciples pour l'interroger... Il faut aussi ouvrir son cœur pour comprendre : *Heureux celui qui ne tombera pas à cause de moi !* Les signes eux-mêmes sont en butte à la contradiction... Pour reconnaître le Christ, il faut ouvrir ses yeux, ses oreilles... et son cœur ! »

Mgr L. Daloz, *Le règne des cieux s'est approché*, Desclée de Brouwer, p. 160.

CALENDRIER LITURGIQUE

Di 15	**3e dimanche de l'Avent A.** *Liturgie des Heures : Psautier semaine III.*
Lu 16	Nombres 24,2-7.15-17a ; Ps 24 ; Mt 21,23-27 : « Le baptême de Jean, d'où venait-il ? »
Ma 17	Genèse 49, 1-2.8-10 ; Ps 71 ; Mt 1, 1-17 : « Jésus, fils de David, fils d'Abraham »
Me 18	Jérémie 23, 5-8 ; Ps 71 ; Mt 1, 18-24 : Jésus, engendré en Marie, épouse de Joseph, fils de David
Je 19	Juges 13, 2-7.24-25a ; Ps 70 ; Luc 1, 5-25 : L'ange Gabriel annonce la naissance de Jean le Baptiste
Ve 20	Isaïe 7, 10-14 ; Ps 23 ; Luc 1, 26-38 : « Voici que tu vas concevoir et enfanter un fils »
Sa 21	*S. Pierre Canisius, prêtre jésuite, docteur de l'Église, † 1597 à Fribourg (Suisse)* (En Suisse, 27 avril). Cantique des Cantiques 2, 8-14 ou Sophonie 3, 14-18a ; Ps 32 ; Luc 1, 39-45 : « D'où m'est-il donné que la mère de mon Seigneur vienne jusqu'à moi ? »

Bonne fête ! 15 : Christine, Ninon. 16 : Adélaïde, Alice. 17 : Gaël, Tessa. 18 : Gratien. 19 : Urbain. 20 : Abraham, Isaac, Jacob. 21 : Théophile, Zéphirin.

Saint Pierre Canisius (21 décembre) Saint Pierre Canisius naît à Nimègue en 1521. Premier Hollandais à entrer chez les jésuites, il passe la majeure partie de sa vie en Allemagne. Professeur, prédicateur, catéchiste, écrivain, missionnaire, il soutient sans relâche la foi de l'Église contre le protestantisme. En 1558, il publie un catéchisme en allemand. Il refuse l'épiscopat, s'installe à Fribourg où il se consacre à l'écriture. Il meurt en 1597.

4e dimanche de l'Avent

22 DÉCEMBRE 2019

Accueillir et contempler

Nous voici à quelques heures de la fête de Noël. La liturgie nous introduit à la contemplation émerveillée du mystère que nous allons célébrer. Déconcertant mystère que le prophète Isaïe annonçait à Acaz *(première lecture)*. Le signe que Dieu donnera de sa présence et de sa fidélité ne sera pas un signe de domination mais d'amour. Il interviendra pour sauver son peuple par un enfant, ce fils qu'on nommera Emmanuel, c'est-à-dire « Dieu avec nous ». Ce sera un enfant pauvre et fragile qui naîtra dans le silence de la nuit, loin du fracas des armées. Ce temps est venu. La promesse a pris corps ; Joseph en reçoit l'annonce et l'ange l'invite à accueillir l'inattendu de Dieu. Ainsi Joseph, en homme de foi, s'ajuste au projet de Dieu *(évangile)*. Il fera entrer légalement, dans la lignée de David, cet enfant dont il n'est pas le père charnel, permettant ainsi à la promesse de Dieu de s'accomplir. Quelle belle disponibilité ! Joseph, avec la promptitude du juste, accueille chez lui le mystère de la Nouvelle Alliance, permettant ainsi à Dieu, par le Christ, d'être avec nous jusqu'à la fin des temps *(évangile)*. Quant à Paul, il résume en quelques mots la Bonne Nouvelle qu'il a reçu mission d'annoncer : Jésus Christ, venu en notre chair et ressuscité d'entre les morts, accomplit toutes les annonces prophétiques ; en lui, Dieu a manifesté sa présence à notre histoire ; Jésus est bien « Dieu avec nous » *(deuxième lecture)*.

Nous voilà au cœur de notre foi, appelés à accueillir aujourd'hui, dans nos vies, cette irruption de Dieu et à contempler ce mystère, à l'exemple de Jean Baptiste, de Joseph et de la Vierge Marie. Par la naissance de son Fils, Dieu introduit du nouveau dans le monde. Seul l'accueil de cette nouveauté nous conduira à admettre et à contempler dans la foi ce Tout-Autre que Dieu envoie, « lui qui nous donne la joie d'entrer déjà dans le mystère de Noël, pour qu'il nous trouve, quand il viendra, vigilants dans la prière et remplis d'allégresse » *(deuxième préface de l'Avent).*

Des chants sont proposés pour l'Avent, p. 80.

Prière d'ouverture

Que ta grâce, Seigneur notre Père, se répande en nos cœurs : par le message de l'ange, tu nous as fait connaître l'incarnation de ton Fils bien-aimé, conduis-nous par sa passion et par sa croix jusqu'à la gloire de la résurrection. Par Jésus Christ.

1re lecture

« Voici que la vierge est enceinte »

→ Lecture du livre du prophète Isaïe 7, 10-16

En ces jours-là, le Seigneur parla ainsi au roi Acaz : « Demande pour toi un signe de la part du Seigneur ton Dieu, au fond du séjour des morts ou sur les sommets, là-haut. » Acaz répondit : « Non, je n'en demanderai pas, je ne mettrai pas le Seigneur à l'épreuve. » Isaïe dit alors : « Écoutez, maison de David ! Il ne vous suffit donc pas de fatiguer les hommes : il faut encore que vous fatiguiez mon Dieu ! C'est pourquoi le Seigneur lui-même vous donnera un signe : Voici que la vierge est enceinte, elle enfantera un fils, qu'elle appellera Emmanuel (c'est-à-dire : Dieu-avec-nous). De crème et de miel il se nourrira, jusqu'à ce qu'il sache rejeter le mal et choisir le bien. Avant que cet enfant sache rejeter le mal et choisir le bien, la terre dont les deux rois te font trembler sera laissée à l'abandon. »

Psaume 23

**R/ Qu'il vienne, le Seigneur :
c'est lui, le roi de gloire !**

Au Seigneur, le monde et sa richesse,
la terre et tous ses habitants !
C'est lui qui l'a fondée sur les mers
et la garde inébranlable sur les flots.

Qui peut gravir la montagne du Seigneur
et se tenir dans le lieu saint ?
L'homme au cœur pur, aux mains innocentes,
qui ne livre pas son âme aux idoles.

Il obtient, du Seigneur, la bénédiction,
et de Dieu son Sauveur, la justice.
Voici le peuple de ceux qui le cherchent,
qui recherche la face de Dieu !

2e lecture *Jésus Christ, né de la descendance de David, et Fils de Dieu*

→ **Lecture de la lettre de saint Paul apôtre aux Romains** 1, 1-7

Paul, serviteur du Christ Jésus, appelé à être Apôtre, mis à part pour l'Évangile de Dieu, à tous les bien-aimés de Dieu qui sont à Rome. Cet Évangile, que Dieu avait promis d'avance par ses prophètes dans les saintes Écritures, concerne son Fils qui, selon la chair, est né de la descendance de David et, selon l'Esprit de sainteté, a été établi dans sa puissance de Fils de Dieu par sa résurrection d'entre les morts, lui, Jésus Christ, notre Seigneur. Pour que son nom soit reconnu, nous avons reçu par lui grâce et mission d'Apôtre, afin d'amener à l'obéissance de la foi toutes les nations païennes, dont vous faites partie, vous aussi que Jésus Christ a appelés. À vous qui êtes appelés à être saints, la grâce et la paix de la part de Dieu notre Père et du Seigneur Jésus Christ.

Alléluia. Alléluia. Voici que la Vierge concevra : elle enfantera un fils, on l'appellera Emmanuel, « Dieu-avec-nous ». **Alléluia.**

Évangile

Jésus naîtra de Marie, accordée en mariage à Joseph, fils de David

→ **Évangile de Jésus Christ selon saint Matthieu** 1, 18-24

Voici comment fut engendré Jésus Christ : Marie, sa mère, avait été accordée en mariage à Joseph ; avant qu'ils aient habité ensemble, elle fut enceinte par l'action de l'Esprit Saint. Joseph, son époux, qui était un homme juste, et ne voulait pas la dénoncer publiquement, décida de la renvoyer en secret. Comme il avait formé ce projet, voici que l'ange du Seigneur lui apparut en songe et lui dit : « Joseph, fils de David, ne crains pas de prendre chez toi Marie, ton épouse, puisque l'enfant qui est engendré en elle vient de l'Esprit Saint ; elle enfantera un fils, et tu lui donneras le nom de Jésus (c'est-à-dire : Le-Seigneur-sauve), car c'est lui qui sauvera son peuple de ses péchés. » Tout cela est arrivé pour que soit accomplie la parole du Seigneur prononcée par le prophète : *Voici que la Vierge concevra, et elle enfantera un fils ; on lui donnera le nom d'Emmanuel*, qui se traduit : « *Dieu-avec-nous* ».

Quand Joseph se réveilla, il fit ce que l'ange du Seigneur lui avait prescrit : il prit chez lui son épouse.

Pour la prière universelle

– Pour tous les baptisés : qu'ils répondent aux appels de Dieu avec la foi de Marie et de Joseph, nous te prions, Seigneur.
– Pour les parents qui attendent un enfant : qu'ils soient remplis de la joie de Marie et de Joseph, nous te prions, Seigneur.

– Pour celles et ceux qui sont proches des pauvres : qu'ils témoignent de l'Emmanuel, Dieu-avec-nous, nous te prions Seigneur.
– Pour les gouvernants : qu'ils dirigent les peuples avec clairvoyance pour le bien de tous, nous te prions, Seigneur.
– Pour notre communauté : qu'elle soit prête à accueillir Jésus qui vient, nous te prions, Seigneur.

Prière sur les offrandes

Que ton Esprit, Seigneur notre Dieu, dont la puissance a fécondé le sein de la Vierge Marie, consacre les offrandes posées sur cet autel. Par Jésus.

Préface

Vraiment il est juste et bon de te rendre gloire, de t'offrir notre action de grâce, toujours et en tout lieu, à toi, Père très saint, Dieu éternel et tout-puissant, par le Christ, notre Seigneur. Il est celui que tous les prophètes avaient chanté, celui que la Vierge attendait avec amour, celui dont Jean Baptiste a proclamé la venue et révélé la présence au milieu des hommes. C'est lui qui nous donne la joie d'entrer déjà dans le mystère de Noël, pour qu'il nous trouve, quand il viendra, vigilants dans la prière et remplis d'allégresse.
C'est pourquoi, avec les anges et tous les saints, nous proclamons ta gloire en chantant (disant) d'une seule voix : **Saint !...**

Prière après la communion

Nous avons reçu dans ton sacrement, Seigneur, le gage de la rédemption éternelle ; accorde-nous une ferveur qui grandisse à l'approche de Noël, pour bien fêter la naissance de ton Fils. Lui qui règne.

On remarquera que saint Joseph est désormais cité dans certaines prières eucharistiques selon les formules suivantes : « avec saint Joseph, son époux » (Prières eucharistiques 1, 2 et 3) ; « auprès de saint Joseph, son époux » (Prière eucharistique 4).

L'autre origine

« *Voici quelle fut l'origine de Jésus...* Après le livre des origines de Jésus-Christ, c'est une autre origine qui nous est maintenant présentée. Jésus, enraciné dans une histoire, dans un peuple, est aussi celui qui vient d'ailleurs. *Jacob engendra Joseph, l'époux de Marie, de laquelle est né Jésus...* Joseph insère légalement l'enfant qui va naître dans la lignée de ses ancêtres ; mais cet enfant vient d'un autre : *ce qui a été engendré en elle vient de l'Esprit Saint.* Joseph, l'homme juste, lui donnera son nom : *elle enfantera un fils auquel tu donneras le nom de Jésus.* Nom significatif, exprimant que l'enfant n'est pas un descendant comme les autres, enfermé dans les limites des possibilités humaines : *car c'est lui qui sauvera son peuple de ses péchés.* Qui peut libérer du péché sinon Dieu même ? La prophétie prend tout son sens *: on lui donnera le nom d'Emmanuel, ce qui se traduit : Dieu avec nous.* Jésus s'inscrit dans une généalogie, mais il la fait éclater. C'est Dieu lui-même qui entre dans notre humanité.

Le rôle de Joseph n'est cependant pas mince. La psychologie moderne nous a révélé l'importance de l'image du père pour structurer la personnalité de l'enfant. C'est auprès de Joseph que Jésus apprendra ce qu'est un père. C'est en lui qu'il percevra le reflet humain de la paternité de Dieu. Lui qui saura si bien nous parler de son Père, n'est-ce pas en regardant Joseph qu'il a fait l'expérience de la tendresse paternelle : *Qui d'entre vous, si son fils lui demande du pain, lui donnera une pierre ? Ou s'il demande un poisson, lui donnera-t-il un serpent ?* (7,9-10). Il a appris que les pères de la terre savent donner de bonnes choses à leurs enfants. Il l'a appris auprès de Joseph. »

Mgr L. Daloz, *Le règne des cieux s'est approché,*
Desclée de Brouwer, p. 16-17.

CALENDRIER LITURGIQUE

Di 22	**4e dimanche de l'Avent A.** *Liturgie des Heures : Psautier semaine IV.*
Lu 23	*S. Jean de Kenty, prêtre, † 1473 à Cracovie (Pologne).* Malachie 3, 1-4.23-24 ; Ps 24 ; Luc 1, 57-66 : Naissance de Jean Baptiste
Ma 24	à la messe du matin : 2 Samuel 7, 1-5.8b-12.14a.16 ; Ps 88 ; Luc 1, 67-79 : « Le soleil levant nous visitera »
Me 25	NATIVITÉ DU SEIGNEUR, solennité, p. 111.
Je 26	S. ÉTIENNE, premier martyr. Lectures propres : Ac 6,8-10 ; 7,54-60 ; Ps 30 ; Mt 10,17-22 : « Ce n'est pas vous qui parlerez, c'est l'Esprit de votre Père ».
Ve 27	S. JEAN, Apôtre et évangéliste. Lectures propres : 1 Jn 1,1-4 ; Ps 96 ; Jn 20,2-8 : « L'autre disciple courut plus vite que Pierre et arriva le premier au tombeau » ou Jn 21,20-24.
Sa 28	LES SAINTS INNOCENTS, martyrs. Lectures propres : 1 Jn 1,5–2,2 ; Ps 123 ; Mt 2,13-18 : « Hérode envoya tuer tous les enfants de Bethléem ».

Bonne fête ! 22 : Xavière. 23 : Armand. 24 : Adèle, Eugénie. 25 : Noël, Emmanuel, Nelly. 26 : Étienne, Stéphane, Stéphanie, Fanny. 27 : Jean, Yvan, Fabiola. 28 : Innocent, Gaspard.

Saint Jean de Kenty (23 décembre) Saint Jean de Kenty naît en Pologne, en 1390. Prêtre, il enseigne la théologie à l'université de Cracovie. Homme simple, il rayonne par son savoir, son humilité, sa grande charité pour les pauvres et son esprit de pénitence. Convaincu de la valeur spirituelle des pèlerinages, il effectue quatre pèlerinages à Rome, à pied, et un en Terre sainte. Il meurt en 1473. Il est patron de la Pologne.

LE TEMPS DE NOËL

TÉMOIGNER AU MONDE DE LA LUMIÈRE

Quoi de plus fragile qu'une flamme dans la nuit ! Le moindre souffle peut l'éteindre et les ténèbres l'étouffer. Quoi de plus fragile qu'un nouveau-né qui doit déjà affronter les dangers de la vie. En s'incarnant, Dieu se révèle et donne au monde de contempler son visage dans l'extrême fragilité d'un nouveau-né. En s'incarnant, Dieu assume cette fragilité et cette manière dont il se révèle au cœur de l'homme. Bien plus : Noël et le mystère de Jésus ont quelque chose à nous dire sur le sens de notre monde et notre histoire. Toute la longue histoire de l'humanité doit s'achever en Dieu, dans la Jérusalem céleste où, près de leur Père, les enfants de Dieu connaîtront plénitude de vie, de lumière et de joie. C'est pour nous le faire savoir que le Verbe s'est fait chair. Voilà pourquoi les chrétiens se réjouissent de cette joie si particulière de Noël, bien différente des réjouissances plus ou moins factices que le monde propose, oublieux du sens de la fête.

En ce temps de Noël, c'est Jésus, le Christ, qui nous ouvre à la joie, car pour accueillir la joie de Noël, il faut recevoir le Christ par la foi. Noël n'est donc pas seulement un moment d'émotion sentimentale en face du berceau d'un enfant pauvre et fragile qui naît dans une famille d'apparence bien banale. Noël est d'abord la reconnaissance, en ce fragile nouveau-né, de l'immense amour de Dieu pour nous, la reconnaissance de notre vocation à devenir, en lui, enfants de Dieu, à partager avec lui la plénitude de la vie du Père.

Le temps de Noël nous invite, malgré les vicissitudes de la vie et nos exils, à devenir, à l'exemple des anges, des bergers, des mages, de Marie et Joseph, les porteurs de la Bonne Nouvelle, les témoins de l'amour du Père révélé en Jésus Christ. Comme Jean Baptiste, nous ne sommes pas la lumière, mais nous pouvons lui rendre témoignage avec discrétion et humilité. Si, du moins, nous savons l'accueillir avec un cœur d'enfant.

CHANTER PENDANT LE TEMPS DE NOËL

Le répertoire proposé veille à équilibrer chants traditionnels et chants nouveaux pour tout le temps de Noël.

- Pour la procession d'ouverture, ***Il est né, le divin enfant*** **F 160,** ***Il est venu parmi les siens*** **F 27-44-2,** ***À pleine voix, chantons pour Dieu*** **FP 180-25 M,** ***Le jour de Dieu sur nous a lui*** **F 69.**
- Pour la préparation pénitentielle, ***Jésus Emmanuel*** **CNA 382,** ***Toi qui étais au commencement*** **FY 48-22.**
- On retiendra un ***Gloire à Dieu*** festif et bien connu, par exemple de la Messe de Soissons **AL 40-83-32** ou **AL 23-09.**
- Pour l'acclamation à l'Évangile, ***Alléluia de Noël*** **U 13-74** ou ***Alléluia, aujourd'hui la lumière*** **UL 31-13.**
- Après la Parole, ***L'enfant de la promesse*** **F 37-72,** ***Dans un profond silence*** **F 228.**
- ***Saint le Seigneur*** **AL 20** ou **AL 32-41.**
- ***Agneau de Dieu*** **AL 200** ou **AL 51-69.**
- Pour la procession de communion, ***Le Verbe s'est fait chair*** **F 155,** ***Venez prendre le Corps*** **D 50-06-2.**
- Après la communion, ***Puisque Dieu nous a aimés*** **M 168,** ***Une lumière s'est levée*** **SYL J 160,** ***Aujourd'hui, le roi des cieux*** **F 2,** ***Aujourd'hui, dans notre monde*** **FP 47,** ***Voici la paix sur nous*** **EDIT 14-76.**
- À la fin de la célébration, le ***Gloria de Taizé*** ou ***Les anges dans nos campagnes*** **F 9.**
- Pour la fête de la Sainte Famille, on pourrait chanter, après la communion, ***Tu fais ta demeure en nous*** **D 56-49** ou ***Celui qui aime son frère*** **D 32-89.**

La Nativité du Seigneur

25 DÉCEMBRE 2019

La lumière d'une naissance

Le peuple élu s'enfonçait dans la nuit des épreuves. À cette heure de ténèbres, la voix prophétique d'Isaïe fait soudain briller la lumière de l'espérance. Elle annonce un évènement heureux qui suscitera joie et allégresse : la naissance d'un enfant donné par Dieu, qui manifeste ainsi son amour pour l'univers *(première lecture de la messe de la nuit).* Cet enfant, pacificateur universel, annonce déjà la « paix aux hommes » que chantent les anges au soir de Noël.

Le peuple d'Israël connaît, des siècles plus tard, les heures sombres de l'occupation romaine. Et la prophétie s'accomplit. Contrastant avec le silence, l'obscurité et la pauvreté de la naissance, la nuit s'illumine et la parole qui dévoile le sens de l'évènement retentit : « Voici que je vous annonce une bonne nouvelle, qui sera une grande joie pour tout le peuple : Aujourd'hui, dans la ville de David, vous est né un Sauveur qui est le Christ, le Seigneur » *(évangile de la messe de la nuit).* On aurait pu s'attendre à une lumière éclatante, fulgurante qui annonce l'évènement. Il n'en est rien. La lumière de « la gloire du Seigneur » n'aveugle pas. Elle parle aux humbles, à ceux dont le cœur est prêt à la percevoir dans les nuits et les obscurités de leur quotidien. Nos attentes humaines sont bien surprises par autant de discrétion. La lumière de la naissance du Christ passe par des chemins d'humilité, de pauvreté. Nous sommes loin, très loin des lumières éclatantes de nos villes, de nos commerces et de nos fêtes.

Cette lumière de la nuit de Dieu éclaire d'une douce clarté nos vies trop souvent livrées à des occupations qui les enferment dans de nouveaux esclavages. À Noël, la grâce de Dieu s'est manifestée dans notre chair, elle se manifestera encore à la fin des temps. Dans cet entre-deux, nous sommes invités à vivre d'une vie nouvelle, « de manière raisonnable, avec justice et piété », une vie d'espérance d'enfant de Dieu *(deuxième lecture de la messe de la nuit).* La lumière de Noël éclaire notre marche vers une autre lumière et donne sens à nos vies : « Dieu tout-puissant, en ton Verbe fait chair, une lumière nouvelle nous envahit : puisqu'elle éclaire déjà nos cœurs par la foi, fais qu'elle resplendisse dans toute notre vie » *(oraison de la messe de l'aurore).*

CHANTER

Des chants sont proposés pour le temps de Noël, p. 112.

CÉLÉBRER

La liturgie de Noël propose quatre formulaires de messes différents selon la messe célébrée. Tous d'une grande richesse, ils déploient les nuances du mystère de Noël : l'espérance de l'attente, la lumière, la joie, la révélation du mystère, le merveilleux échange entre Dieu et l'homme.

Messe de la veille au soir

Prière d'ouverture

Chaque année, Seigneur, tu ravives en nous la joyeuse espérance du salut ; nous accueillons dans l'allégresse ton Fils unique qui vient nous racheter : quand il viendra nous juger, accorde-nous de le regarder sans crainte. Lui qui règne.

1re lecture *« Tu seras la joie de ton Dieu »*

→ Lecture du livre du prophète Isaïe 62,1-5

Pour la cause de Sion, je ne me tairai pas, et pour Jérusalem, je n'aurai de cesse que sa justice ne paraisse dans la clarté, et son salut comme une torche qui brûle. Et les nations verront ta justice ; tous les rois verront ta gloire. On te nommera d'un nom nouveau que la bouche du Seigneur dictera. Tu seras une couronne brillante dans la main du Seigneur, un diadème royal entre les doigts de ton Dieu. On ne te dira plus : « Délaissée ! » À ton pays, nul ne dira : « Désolation ! » Toi, tu seras appelée « Ma Préférence », cette terre se nommera « L'Épousée ». Car le Seigneur t'a préférée, et cette terre deviendra « L'Épousée ». Comme un jeune homme épouse une vierge, ton Bâtisseur t'épousera. Comme la jeune mariée fait la joie de son mari, tu seras la joie de ton Dieu.

Psaume 88

R/ Ton amour, Seigneur, sans fin je le chante !

« Avec mon élu, j'ai fait une alliance,
j'ai juré à David, mon serviteur :
J'établirai ta dynastie pour toujours,
je te bâtis un trône pour la suite des âges. »

Heureux le peuple qui connaît l'ovation
Seigneur, il marche à la lumière de ta face ;
tout le jour, à ton nom il danse de joie,
fier de ton juste pouvoir.

« Il me dira : Tu es mon Père,
mon Dieu, mon roc et mon salut
Sans fin je lui garderai mon amour,
mon alliance avec lui sera fidèle. »

2e lecture *Le témoignage de Paul au sujet du Christ, fils de David*

→ **Lecture du livre des Actes des Apôtres** 13, 16-17.22-25

Invité à prendre la parole dans la synagogue d'Antioche de Pisidie, Paul se leva, fit un signe de la main et dit : « Israélites, et vous aussi qui craignez Dieu, écoutez : Le Dieu de ce peuple, le Dieu d'Israël a choisi nos pères ; il a fait grandir son peuple pendant le séjour en Égypte et il l'en a fait sortir à bras étendu. Plus tard, Dieu a, pour eux, suscité David comme roi, et il lui a rendu ce témoignage : *J'ai trouvé David, fils de Jessé ; c'est un homme selon mon cœur qui réalisera toutes mes volontés.* De la descendance de David, Dieu, selon la promesse, a fait sortir un sauveur pour Israël : c'est Jésus, dont Jean le Baptiste a préparé l'avènement, en proclamant avant lui un baptême de conversion pour tout le peuple d'Israël. Au moment d'achever sa course, Jean disait : "Ce que vous pensez que je suis, je ne le suis pas. Mais le voici qui vient après moi, et je ne suis pas digne de retirer les sandales de ses pieds." »

Alléluia. Alléluia. Demain sera détruit le péché de la terre, et sur nous régnera le Sauveur du monde. **Alléluia.**

Évangile

« Généalogie de Jésus, Christ, fils de David »

→ Évangile de Jésus Christ selon saint Matthieu 1, 1-25 (lecture brève : 1, 18-25)

La lecture du texte entre crochets est facultative.

[**Généalogie de Jésus Christ,** fils de David, fils d'Abraham. Abraham engendra Isaac, Isaac engendra Jacob, Jacob engendra Juda et ses frères, Juda, de son union avec Thamar, engendra Pharès et Zara, Pharès engendra Esrom, Esrom engendra Aram, Aram engendra Aminadab, Aminadab engendra Naassone, Naassone engendra Salmone, Salmone, de son union avec Rahab, engendra Booz, Booz, de son union avec Ruth, engendra Jobed, Jobed engendra Jessé, Jessé engendra le roi David.

David, de son union avec la femme d'Ourias, engendra Salomon, Salomon engendra Roboam, Roboam engendra Abia, Abia engendra Asa, Asa engendra Josaphat, Josaphat engendra Joram, Joram engendra Ozias, Ozias engendra Joatham, Joatham engendra Acaz, Acaz engendra Ézékias, Ézékias engendra Manassé, Manassé engendra Amone, Amone engendra Josias, Josias engendra Jékonias et ses frères à l'époque de l'exil à Babylone.

Après l'exil à Babylone, Jékonias engendra Salathiel, Salathiel engendra Zorobabel, Zorobabel engendra Abioud, Abioud engendra Éliakim, Éliakim engendra Azor, Azor engendra Sadok, Sadok engendra Akim, Akim engendra Élioud, Élioud engendra Éléazar, Éléazar engendra Mattane, Mattane engendra Jacob, Jacob engendra Joseph, l'époux de Marie, de laquelle fut engendré Jésus, que l'on appelle Christ. Le nombre total des générations est donc : depuis Abraham jusqu'à David, quatorze générations ; depuis David jusqu'à l'exil à Babylone, quatorze générations ; depuis l'exil à Babylone jusqu'au Christ, quatorze générations.]

Voici comment fut engendré Jésus Christ: Marie, sa mère, avait été accordée en mariage à Joseph; avant qu'ils aient habité ensemble, elle fut enceinte par l'action de l'Esprit Saint. Joseph, son époux, qui était un homme juste, et ne voulait pas la dénoncer publiquement, décida de la renvoyer en secret. Comme il avait formé ce projet, voici que l'ange du Seigneur lui apparut en songe et lui dit: « Joseph, fils de David, ne crains pas de prendre chez toi Marie, ton épouse, puisque l'enfant qui est engendré en elle vient de l'Esprit Saint; elle enfantera un fils, et tu lui donneras le nom de Jésus (c'est-à-dire: Le-Seigneur-sauve), car c'est lui qui sauvera son peuple de ses péchés. »

Tout cela est arrivé pour que soit accomplie la parole du Seigneur prononcée par le prophète: *Voici que la Vierge concevra, et elle enfantera un fils; on lui donnera le nom d'Emmanuel*, qui se traduit: « Dieu-avec-nous ». Quand Joseph se réveilla, il fit ce que l'ange du Seigneur lui avait prescrit: il prit chez lui son épouse, mais il ne s'unit pas à elle, jusqu'à ce qu'elle enfante un fils, auquel il donna le nom de Jésus.

Prière sur les offrandes

Donne-nous, Seigneur, de célébrer déjà la fête de Noël avec une ferveur d'autant plus grande que tu nous fais voir dans ce mystère le commencement de notre salut. Par Jésus.

Préface de Noël au choix, p. 27-28.

Prière après la communion

Fais-nous reprendre vie, Seigneur, alors que nous rappelons la naissance de ton Fils et que déjà tu apaises notre soif et notre faim à la table de ton Royaume. Par Jésus.

Messe de la nuit de Noël

Prière d'ouverture

Seigneur, tu as fait resplendir cette nuit très sainte des clartés de la vraie lumière : de grâce, accorde-nous qu'illuminés dès ici-bas par la révélation de ce mystère, nous goûtions dans le ciel la plénitude de sa joie. Par Jésus Christ.

1re lecture

« Un enfant nous est né »

→ Lecture du livre du prophète Isaïe 9, 1-6

Le peuple qui marchait dans les ténèbres a vu se lever une grande lumière ; et sur les habitants du pays de l'ombre, une lumière a resplendi. Tu as prodigué la joie, tu as fait grandir l'allégresse : ils se réjouissent devant toi, comme on se réjouit de la moisson, comme on exulte au partage du butin. Car le joug qui pesait sur lui, la barre qui meurtrissait son épaule, le bâton du tyran, tu les as brisés comme au jour de Madiane. Et les bottes qui frappaient le sol, et les manteaux couverts de sang, les voilà tous brûlés : le feu les a dévorés.

Oui, un enfant nous est né, un fils nous a été donné ! Sur son épaule est le signe du pouvoir ; son nom est proclamé : « Conseiller-merveilleux, Dieu-Fort, Père-à-jamais, Prince-de-la-Paix. » Et le pouvoir s'étendra, et la paix sera sans fin pour le trône de David et pour son règne qu'il établira, qu'il affermira sur le droit et la justice dès maintenant et pour toujours. Il fera cela, l'amour jaloux du Seigneur de l'univers !

Psaume 95

R/ Aujourd'hui, un Sauveur nous est né : c'est le Christ, le Seigneur.

Chantez au Seigneur un chant nouveau,
chantez au Seigneur, terre entière,
chantez au Seigneur et bénissez son nom !

De jour en jour, proclamez son salut,
racontez à tous les peuples sa gloire,
à toutes les nations ses merveilles !

Joie au ciel ! Exulte la terre !
Les masses de la mer mugissent,
la campagne tout entière est en fête.

Les arbres des forêts dansent de joie
devant la face du Seigneur, car il vient,
car il vient pour juger la terre.
Il jugera le monde avec justice
et les peuples selon sa vérité.

2e lecture

« La grâce de Dieu s'est manifestée pour tous les hommes »

→ **Lecture de la lettre de saint Paul apôtre à Tite** 2, 11-14

Bien-aimé, la grâce de Dieu s'est manifestée pour le salut de tous les hommes. Elle nous apprend à renoncer à l'impiété et aux convoitises de ce monde, et à vivre dans le temps présent de manière raisonnable, avec justice et piété, attendant que se réalise la bienheureuse espérance : la manifestation de la gloire de notre grand Dieu et Sauveur, Jésus Christ. Car il s'est donné pour nous afin de nous racheter de toutes nos fautes, et de nous purifier pour faire de nous son peuple, un peuple ardent à faire le bien.

Alléluia. Alléluia. Je vous annonce une grande joie : Aujourd'hui vous est né un Sauveur qui est le Christ, le Seigneur ! **Alléluia.**

Évangile

« Aujourd'hui vous est né un Sauveur »

→ Évangile de Jésus Christ selon saint Luc 2, 1-14

En ces jours-là, parut un édit de l'empereur Auguste, ordonnant de recenser toute la terre – ce premier recensement eut lieu lorsque Quirinius était gouverneur de Syrie. Et tous allaient se faire recenser, chacun dans sa ville d'origine. Joseph, lui aussi, monta de Galilée, depuis la ville de Nazareth, vers la Judée, jusqu'à la ville de David appelée Bethléem. Il était en effet de la maison et de la lignée de David. Il venait se faire recenser avec Marie, qui lui avait été accordée en mariage et qui était enceinte.

Or, pendant qu'ils étaient là, le temps où elle devait enfanter fut accompli. Et elle mit au monde son fils premier-né ; elle l'emmaillota et le coucha dans une mangeoire, car il n'y avait pas de place pour eux dans la salle commune.

Dans la même région, il y avait des bergers qui vivaient dehors et passaient la nuit dans les champs pour garder leurs troupeaux. L'ange du Seigneur se présenta devant eux, et la gloire du Seigneur les enveloppa de sa lumière. Ils furent saisis d'une grande crainte. Alors l'ange leur dit : « Ne craignez pas, car voici que je vous annonce une bonne nouvelle, qui sera une grande joie pour tout le peuple : Aujourd'hui, dans la ville de David, vous est né un Sauveur qui est le Christ, le Seigneur. Et voici le signe qui vous est donné : vous trouverez un nouveau-né emmailloté et couché dans une mangeoire. » Et soudain, il y eut avec l'ange une troupe céleste innombrable, qui louait Dieu en disant : « Gloire à Dieu au plus haut des cieux, et paix sur la terre aux hommes, qu'Il aime. »

Pour la prière universelle

– Pour l'Église chargée d'annoncer la Bonne Nouvelle. Qu'elle se rende solidaire des pauvres et des exclus. Seigneur, nous te prions.
– Pour celles et ceux qui accueillent ta Parole et se mettent en route pour rencontrer le Christ. Seigneur, nous te prions.
– Pour celles et ceux qui détiennent le pouvoir politique. Qu'ils œuvrent au service de la justice et de la paix. Seigneur, nous te prions.
– Pour les familles illuminées par la joie d'une naissance, pour les familles désespérées ou endeuillées. Seigneur, nous te prions.
– Pour celles et ceux qui vivent Noël seuls : malades, personnes âgées, prisonniers, exilés, personnel de service. Seigneur, nous te prions.

Prière sur les offrandes

Accepte, Seigneur, notre sacrifice en cette nuit de Noël ; et dans un prodigieux échange, nous deviendrons semblables à ton Fils en qui notre nature est unie à la tienne. Lui qui règne.

Préface de Noël, au choix, p. 27-28.

Dans les prières eucharistiques, il y a des textes propres à la fête de Noël.

Prière après la communion

Joyeux de célébrer dans ces mystères la naissance de notre Rédempteur, nous t'en prions, Seigneur notre Dieu : donne-nous de parvenir, après une vie toujours plus fidèle, jusqu'à la communion glorieuse avec ton Fils bien-aimé. Lui qui règne.

Messe de l'aurore

Prière d'ouverture

Dieu tout-puissant, en ton Verbe fait chair une lumière nouvelle nous envahit : puisqu'elle éclaire déjà nos cœurs par la foi, fais qu'elle resplendisse dans toute notre vie. Par Jésus Christ.

1re lecture

« Voici ton Sauveur qui vient »

→ **Lecture du livre du prophète Isaïe** 62, 11-12

Voici que le Seigneur se fait entendre jusqu'aux extrémités de la terre : Dites à la fille de Sion : Voici ton Sauveur qui vient ; avec lui, le fruit de son travail, et devant lui, son ouvrage. Eux seront appelés « Peuple-saint », « Rachetés-par-le-Seigneur », et toi, on t'appellera « La-Désirée », « La-Ville-qui-n'est-plus-délaissée ».

Psaume 96

R/ **La lumière aujourd'hui a resplendi sur nous : un Sauveur nous est né !**

Le Seigneur est roi ! Exulte la terre !
Joie pour les îles sans nombre !
Les cieux ont proclamé sa justice,
et tous les peuples ont vu sa gloire.

Une lumière est semée pour le juste,
et pour le cœur simple, une joie.
Que le Seigneur soit votre joie, hommes justes ;
rendez grâce en rappelant son nom très saint.

2e lecture

« Dieu nous a sauvés par sa miséricorde »

→ **Lecture de la lettre de saint Paul apôtre à Tite** 3, 4-7

Bien-aimé, lorsque Dieu, notre Sauveur, a manifesté sa bonté et son amour pour les hommes, il nous a sauvés, non pas à cause de la justice de nos propres actes, mais par sa miséricorde. Par le bain du baptême, il nous a fait renaître et nous a renouvelés dans l'Esprit Saint. Cet Esprit, Dieu l'a répandu sur nous en abondance, par Jésus Christ notre Sauveur, afin que, rendus justes par sa grâce, nous devenions en espérance héritiers de la vie éternelle.

Alléluia. Alléluia. Gloire à Dieu au plus haut des cieux, et paix sur la terre aux hommes, qu'Il aime ! **Alléluia.**

Évangile

« Les bergers découvrirent Marie et Joseph, avec le nouveau-né »

→ **Évangile de Jésus Christ selon saint Luc** 2, 15-20

Lorsque les anges eurent quitté les bergers pour le ciel, ceux-ci se disaient entre eux : « Allons jusqu'à Bethléem pour voir ce qui est arrivé, l'événement que le Seigneur nous a fait connaître. » Ils se hâtèrent d'y aller, et ils découvrirent Marie et Joseph, avec le nouveau-né couché dans la mangeoire. Après avoir vu, ils racontèrent ce qui leur avait été annoncé au sujet de cet enfant. Et tous ceux qui entendirent s'étonnaient de ce que leur racontaient les bergers. Marie, cependant, retenait tous ces événements et les méditait dans son cœur. Les bergers repartirent ; ils glorifiaient et louaient Dieu pour tout ce qu'ils avaient entendu et vu, selon ce qui leur avait été annoncé.

Prière sur les offrandes

Puissent nos offrandes, Seigneur, s'accorder pleinement au mystère de nativité que nous célébrons en ce jour : un homme, un petit enfant, s'est manifesté comme Dieu ; fais maintenant que ces fruits de la terre nous communiquent tes dons divins. Par Jésus.

Préface de Noël, au choix, p. 27-28

Prière après la communion

Seigneur, nous célébrons de tout notre cœur la naissance de ton Fils ; accorde-nous la grâce d'approfondir notre foi en ce mystère et d'y trouver la force d'un meilleur amour. Par Jésus.

Messe du jour de Noël

Prière d'ouverture

Père, toi qui as merveilleusement créé l'homme et plus merveilleusement encore rétabli sa dignité, fais-nous participer à la divinité de ton Fils, puisqu'il a voulu prendre notre humanité. Lui qui règne.

1re lecture

« Tous les lointains de la terre ont vu le salut de notre Dieu »

→ **Lecture du livre du prophète Isaïe** 52, 7-10

C**omme ils sont beaux sur les montagnes**, les pas du messager, celui qui annonce la paix, qui porte la bonne nouvelle, qui annonce le salut, et vient dire à Sion : « Il règne, ton Dieu ! » Écoutez la voix des guetteurs : ils élèvent la voix, tous ensemble ils crient de joie car, de leurs propres yeux, ils voient le Seigneur qui revient à Sion. Éclatez en cris de joie, vous, ruines de Jérusalem, car le Seigneur console son peuple, il rachète Jérusalem ! Le Seigneur a montré la sainteté de son bras aux yeux de toutes les nations. Tous les lointains de la terre ont vu le salut de notre Dieu.

Psaume 97

R/ **La terre tout entière a vu le salut que Dieu nous donne.**

Chantez au Seigneur un chant nouveau,
car il a fait des merveilles ;
par son bras très saint, par sa main puissante,
il s'est assuré la victoire.

Le Seigneur a fait connaître sa victoire
et révélé sa justice aux nations ;
il s'est rappelé sa fidélité, son amour,
en faveur de la maison d'Israël.

La terre tout entière a vu
la victoire de notre Dieu.
Acclamez le Seigneur, terre entière,
sonnez, chantez, jouez !

Jouez pour le Seigneur sur la cithare,
sur la cithare et tous les instruments ;
au son de la trompette et du cor,
acclamez votre roi, le Seigneur !

2e lecture

« Dieu nous a parlé par son Fils »

→ **Lecture de la lettre aux Hébreux** 1, 1-6

À **bien des reprises et de bien des manières**, Dieu, dans le passé, a parlé à nos pères par les prophètes ; mais à la fin, en ces jours où nous sommes, il nous a parlé par son Fils qu'il a établi héritier de toutes choses et par qui il a créé les mondes. Rayonnement de la gloire de Dieu, expression parfaite de son être, le Fils, qui porte l'univers par sa parole puissante, après avoir accompli la purification des péchés, s'est assis à la droite de la Majesté divine dans les hauteurs des cieux ; et il est devenu bien supérieur aux anges, dans la mesure même où il a reçu en héritage un nom si différent du leur. En effet, Dieu déclara-t-il jamais à un ange :Tu es mon Fils, moi, aujourd'hui, je t'ai engendré ? Ou bien encore : Moi, je serai pour lui un père, et lui sera pour moi un fils ? À l'inverse, au moment d'introduire le Premier-né dans le monde à venir, il dit : Que se prosternent devant lui tous les anges de *Dieu.*

Alléluia. Alléluia. Aujourd'hui la lumière a brillé sur la terre. Peuples de l'univers, entrez dans la clarté de Dieu ; venez tous adorer le Seigneur. **Alléluia.**

Évangile

« Le Verbe s'est fait chair, il a habité parmi nous »

→ Évangile de Jésus Christ selon saint Jean 1, 1-18

Les textes entre crochets sont facultatifs.

Au commencement était le Verbe,
et le Verbe était auprès de Dieu,
et le Verbe était Dieu.
Il était au commencement auprès de Dieu.
C'est par lui que tout est venu à l'existence,
et rien de ce qui s'est fait ne s'est fait sans lui.
En lui était la vie,
et la vie était la lumière des hommes ;
la lumière brille dans les ténèbres,
et les ténèbres ne l'ont pas arrêtée.

[Il y eut un homme envoyé par Dieu ; son nom était Jean. Il est venu comme témoin, pour rendre témoignage à la Lumière, afin que tous croient par lui. Cet homme n'était pas la Lumière, mais il était là pour rendre témoignage à la Lumière.]

Le Verbe était la vraie Lumière, qui éclaire tout homme en venant dans le monde. Il était dans le monde, et le monde était venu par lui à l'existence, mais le monde ne l'a pas reconnu. Il est venu chez lui, et les siens ne l'ont pas reçu. Mais à tous ceux qui l'ont reçu, il a donné de pouvoir devenir enfants de Dieu, eux qui croient en son nom. Ils ne sont pas nés du sang, ni d'une volonté charnelle, ni d'une volonté d'homme : ils sont nés de Dieu. Et le Verbe s'est fait chair, il a habité parmi nous, et nous avons vu sa gloire, la gloire qu'il tient de son Père comme Fils unique, plein de grâce et de vérité.

[Jean le Baptiste lui rend témoignage en proclamant : « C'est de lui que j'ai dit : Celui qui vient derrière moi est passé devant moi, car avant moi il était. » Tous, nous avons eu part à sa plénitude, nous avons reçu grâce après grâce ; car la

Loi fut donnée par Moïse, la grâce et la vérité sont venues par Jésus Christ.

Dieu, personne ne l'a jamais vu ; le Fils unique, lui qui est Dieu, lui qui est dans le sein du Père, c'est lui qui l'a fait connaître.

Pour la prière universelle

– Pour tous nos frères et sœurs qui se rassemblent aujourd'hui pour célébrer la Nativité du Sauveur, Seigneur, nous te prions.
– Pour celles et ceux qui, en ce jour de fête, souffriront de la solitude, Seigneur, nous te prions.
– Pour les peuples qui vivent un Noël de guerre, de violence, d'injustice, Seigneur, nous te prions.
– Pour les pauvres qui, à nos portes, manquent du nécessaire quand nos vitrines affichent la surabondance, Seigneur, nous te prions.
– Pour les prisonniers et leurs familles, pour les sans-travail et les sans-logis, les sans-droits et les sans-espérance, Seigneur, nous te prions.
– Pour notre communauté qui accueille le Christ Jésus, lumière venue dans le monde, Seigneur, nous te prions.

Prière sur les offrandes

Accepte, Seigneur, l'offrande que nous te présentons en ce jour de fête : car elle est le sacrifice qui nous rétablit dans ton Alliance et fait monter vers toi la parfaite louange. Par Jésus.

Préface de Noël, au choix, p. 27-28.

Dans les prières eucharistiques, il y a des textes propres.

Prière après la communion

Nous t'en prions, Dieu notre Père, puisque le Sauveur du monde, en naissant aujourd'hui, nous a fait naître à la vie divine, qu'il nous donne aussi l'immortalité. Lui qui règne.

Faiblesse d'un nouveau-né

« "Elle mit au monde son fils premier-né. Elle l'emmaillota et le coucha dans une mangeoire, car il n'y avait pas de place pour eux dans la salle commune". Il est difficile de dire plus simplement ce que l'on considère comme le plus grand des mystères divins : la naissance du Fils de Dieu parmi les hommes ! Cette nouvelle va d'abord concerner les bergers, une profession méprisée par les autorités religieuses d'Israël. C'est pourtant à eux que s'adressent les anges. La Bonne Nouvelle, la venue du Sauveur, concerne d'abord ces pauvres que Jésus proclamera bienheureux ! Ils ne vont pas découvrir ce Sauveur dans un palais. Il n'est qu'un enfant couché dans une crèche !...

"Voici le signe qui vous est donné : vous trouverez un nouveau-né emmailloté dans une mangeoire." La foi exige même des pauvres le dépouillement des aspirations les plus secrètes : l'intervention puissante de Dieu ne se manifeste plus par des actes guerriers, comme l'a espéré Israël au long de son histoire. Elle proclame l'amour de Dieu à travers la faiblesse d'un nouveau-né. "Gloire à Dieu au plus haut des cieux, et paix sur la terre aux hommes qu'il aime", chantent les anges. Dieu aime les hommes et veut leur accorder la paix. Il ne l'établira pas par la force des armes, mais par ce petit pauvre. »

J. Potel, *Jésus, l'histoire vraie*,
Centurion, 1994, p. 94.

La Sainte Famille

29 DÉCEMBRE 2019

À l'exemple de Joseph, écouter la Parole

Dans les récits de l'enfance de Jésus, la figure de Joseph ne cesse d'étonner. Pas un mot de lui. Mais ce silence dans lequel le cantonnent les récits évangéliques ne fait que mettre en relief son écoute de la Parole de Dieu que lui transmet l'ange, et sa foi en actes : « Joseph se leva, prit l'enfant et sa mère et se retira en Égypte... » *(évangile).* Son attitude n'est pas sans rappeler celle de Moïse obéissant, lui aussi, à la parole du Seigneur : « Moïse prit alors sa femme et son fils, le mit sur son âne et retourna en Égypte » (Ex 4, 19-20). Joseph nous est donné comme modèle du croyant. Avoir la foi, c'est faire confiance à Dieu, écouter sa Parole et la mettre en pratique. La Vierge Marie avait, à l'Annonciation, posé le même acte de foi en accueillant le message de l'ange. Elle persévérera dans cette foi, tout au long de sa vie jusqu'à la Pentecôte, en passant par le calvaire et la résurrection. Jésus, lui aussi, fera confiance à son Père qu'il écoute sans cesse. Voilà pourquoi la famille de Jésus est sainte : elle écoute la Parole de Dieu et la met en pratique dans sa vie. Joseph en est une très belle figure.

Nous aussi, nous sommes invités à écouter la Parole et à poser des actes concrets en aimant nos parents *(première lecture)*, en agissant à la manière du Seigneur dans nos relations entre chrétiens et dans nos relations familiales *(deuxième lecture)*. Ainsi, notre vie tout entière est appelée à devenir, grâce à la foi et à l'écoute de la Parole, réponse d'amour à l'amour premier que le Père nous a manifesté en son Fils Jésus Christ.

La vie chrétienne est une vie d'attention et de fidélité à la Parole qui nous aide à discerner, à lire les signes de Dieu dans l'histoire, à nous conduire chaque jour avec disponibilité et intelligence. Alors, comme

Joseph, nous saurons voir avec les yeux de la foi ; comme Joseph, nous prendrons les chemins de liberté, car seule l'obéissance à la Parole nous rend libres dans la foi.

Avec Joseph, rendons grâce pour le don que Dieu nous fait de la Sainte Famille.

Des chants sont proposés pour le temps de Noël, p. 112.

Prière d'ouverture

Tu as voulu, Seigneur, que la Sainte Famille nous soit donnée en exemple ; accorde-nous la grâce de pratiquer, comme elle, les vertus familiales et d'être unis par les liens de ton amour, avant de nous retrouver pour l'éternité dans la joie de ta maison. Par Jésus Christ.

1re lecture *Celui qui craint le Seigneur honore ses parents*

→ Lecture du livre de Ben Sira le Sage 3, 2-6.12-14

Le Seigneur glorifie le père dans ses enfants, il renforce l'autorité de la mère sur ses fils. Celui qui honore son père obtient le pardon de ses péchés, celui qui glorifie sa mère est comme celui qui amasse un trésor. Celui qui honore son père aura de la joie dans ses enfants, au jour de sa prière il sera exaucé. Celui qui glorifie son père verra de longs jours, celui qui obéit au Seigneur donne du réconfort à sa mère.

Mon fils, soutiens ton père dans sa vieillesse, ne le chagrine pas pendant sa vie. Même si son esprit l'abandonne, sois indulgent, ne le méprise pas, toi qui es en pleine force. Car ta miséricorde envers ton père ne sera pas oubliée, et elle relèvera ta maison si elle est ruinée par le péché.

Psaume 127

**R/ Heureux qui craint le Seigneur
et marche selon ses voies !**

Heureux qui craint le Seigneur
et marche selon ses voies !
Tu te nourriras du travail de tes mains :
Heureux es-tu ! À toi, le bonheur !

Ta femme sera dans ta maison
comme une vigne généreuse,
et tes fils, autour de la table,
comme des plants d'olivier.

Voilà comment sera béni
l'homme qui craint le Seigneur.
De Sion, que le Seigneur te bénisse !
Tu verras le bonheur de Jérusalem tous les jours de ta vie.

2e lecture

Vivre ensemble dans le Seigneur

→ Lecture de la lettre de saint Paul apôtre aux Colossiens 3, 12-21

Frères, puisque vous avez été choisis par Dieu, que vous êtes sanctifiés, aimés par lui, revêtez-vous de tendresse et de compassion, de bonté, d'humilité, de douceur et de patience. Supportez-vous les uns les autres, et pardonnez-vous mutuellement si vous avez des reproches à vous faire. Le Seigneur vous a pardonné : faites de même.

Par-dessus tout cela, ayez l'amour, qui est le lien le plus parfait. Et que, dans vos cœurs, règne la paix du Christ à laquelle vous avez été appelés, vous qui formez un seul corps. Vivez dans l'action de grâce. Que la parole du Christ habite en vous dans toute sa richesse ; instruisez-vous et reprenez-vous les uns les autres en toute sagesse ; par des psaumes, des hymnes et des chants inspirés, chantez à Dieu, dans vos cœurs, votre reconnaissance. Et tout ce que vous dites, tout ce que vous faites, que ce soit toujours au nom du Seigneur Jésus, en offrant par lui votre action de grâce à Dieu le Père.

Vous les femmes, soyez soumises à votre mari ; dans le Seigneur, c'est ce qui convient. Et vous les hommes, aimez votre femme, ne soyez pas désagréables avec elle. Vous les enfants, obéissez en toute chose à vos parents ; cela est beau dans le Seigneur. Et vous les parents, n'exaspérez pas vos enfants ; vous risqueriez de les décourager.

Alléluia. Alléluia. Que, dans vos cœurs, règne la paix du Christ , que la parole du Christ habite en vous dans toute sa richesse ! **Alléluia.**

Évangile

« Prends l'enfant et sa mère, et fuis en Égypte »

→ Évangile de Jésus Christ selon saint Matthieu 2, 13-15.19-23

Après le départ des mages, voici que l'ange du Seigneur apparaît en songe à Joseph et lui dit : « Lève-toi ; prends l'enfant et sa mère, et fuis en Égypte. Reste là-bas jusqu'à ce que je t'avertisse, car Hérode va rechercher l'enfant pour le faire périr. » Joseph se leva ; dans la nuit, il prit l'enfant et sa mère, et se retira en Égypte, où il resta jusqu'à la mort d'Hérode, pour que soit accomplie la parole du Seigneur prononcée par le prophète : *D'Égypte, j'ai appelé mon fils.*

Après la mort d'Hérode, voici que l'ange du Seigneur apparaît en songe à Joseph en Égypte et lui dit : « Lève-toi ; prends l'enfant et sa mère, et pars pour le pays d'Israël, car ils sont morts, ceux qui en voulaient à la vie de l'enfant. »

Joseph se leva, prit l'enfant et sa mère, et il entra dans le pays d'Israël. Mais, apprenant qu'Arkélaüs régnait sur la Judée à la place de son père Hérode, il eut peur de s'y rendre. Averti en songe, il se retira dans la région de Galilée et vint habiter dans une ville appelée Nazareth, pour que soit accomplie la parole dite par les prophètes : *Il sera appelé Nazaréen.*

Pour la prière universelle

– Pour la grande famille des chrétiens, encore divisée, Seigneur, nous te prions.
– Pour les responsables politiques de la famille humaine et pour tous les artisans de paix, Seigneur, nous te prions.
– Pour les familles exilées, les familles dispersées et pour celles et ceux qui vivent la solitude, Seigneur, nous te prions.
– Pour nous-mêmes et nos familles, pour nos absents, pour nos malades, Seigneur, nous te prions.

Prière sur les offrandes

En t'offrant, Seigneur, le sacrifice qui nous réconcilie avec toi, nous te supplions humblement : à la prière de la Vierge Marie, Mère de Dieu, et à la prière de saint Joseph, affermis nos familles dans ta grâce et la paix. Par Jésus.

Préface de Noël, au choix, p. 27-28.
Dans les prières eucharistiques, on prend les textes propres à la fête de Noël.

Prière après la communion

Toi qui nous as fortifiés par cette communion, accorde à nos familles, Père très aimant, la grâce d'imiter la famille de ton Fils, et de goûter avec elle, après les difficultés de cette vie, le bonheur sans fin. Par Jésus.

Comme Joseph

« Ces récits nous apprennent à relire l'histoire. Notre regard est souvent arrêté par les événements les plus visibles ; ceux-ci alors nous demeurent opaques et parfois nous écrasent... Pour lire l'espérance dans notre histoire, celle du monde et celle de nos vies, il nous faut, comme Joseph, écouter Dieu qui nous parle. Si nous sommes attentifs et fidèles à sa parole, elle devient pour nous une lumière à travers l'opacité des événements. »

Mgr L. Daloz, *Le règne des cieux s'est approché*, Desclée de Brouwer, p. 21.

CALENDRIER LITURGIQUE

Di 29	**La Sainte Famille A.** *Liturgie des Heures : Psautier semaine I.* [*S. Thomas Becket, évêque de Cantorbéry, martyr, † 1170.*]
Lu 30	1re lettre de Jean 2, 12-17 ; Ps 95 ; Luc 2, 36-40 : « Elle parlait de l'enfant à tous ceux qui attendaient la délivrance de Jérusalem »
Ma 31	*S. Sylvestre Ier, pape, † 335, à Rome.* 1re lettre de Jean 2, 18-21 ; Ps 95 ; Jean 1, 1-18 : « Le Verbe s'est fait chair »
Me 1er	Octave de la Nativité : **SAINTE MARIE, MÈRE DE DIEU**, p. 137.
Je 2	S. Basile le Grand, évêque de Césarée (Asie mineure), † 379 et S. Grégoire de Nazianze, évêque de Constantinople, † vers 389, docteurs de l'Église. 1re lettre de Jean 2, 22-28 ; Ps 97 ; Jean 1, 19-28 « C'est lui qui vient derrière moi »
Ve 3	*Le Saint Nom de Jésus.* *En France, Ste Geneviève, vierge, vers † 500 à Paris.* *Au Luxembourg, Ste Irmine, religieuse, vers † 710 à Wissembourg.* 1re lettre de Jean 2, 29–3, 6 ; Ps 97 ; Jean 1, 29-34 « Voici l'Agneau de Dieu, qui enlève le péché du monde »
Sa 4	1re lettre de Jean 3, 7-10 ; Ps 97 ; Jean 1, 35-42 : « Nous avons trouvé le Messie »

Bonne fête ! 29 : David. 30 : Roger. 31 : Sylvestre, Colombe. 1er : Fulgence. 2 : Basile, Vassili. 3 : Geneviève, Ginette. 4 : Odilon.

Saint Sylvestre (31 décembre) Saint Sylvestre est élu pape en 314. Il gouverne l'Église romaine durant 21 ans, juste après l'édit de Milan qui faisait du christianisme une religion permise dans l'empire romain. Il eut à gérer la crise de l'arianisme qui niait la divinité du Christ. Il fut présent, par ses légats, au concile de Nicée. Il est à l'origine des grandes basiliques romaines. C'est l'un des premiers saints non martyrs.

Sainte Marie, Mère de Dieu

1er JANVIER 2020

Le vœu de la paix

« À l'abri de ta miséricorde nous cherchons refuge, sainte Mère de Dieu… » Cette prière, familière aux chrétiens d'Orient et d'Occident, est très ancienne. L'expression Mère de Dieu (en grec Théotokos : celle-qui-enfante-Dieu) ne se rencontre pas dans les Évangiles, mais elle s'est répandue progressivement chez les premiers chrétiens. En 431, après des débats et controverses portant sur la divinité et l'humanité de Jésus, (Dieu peut-il avoir une mère ?), le concile d'Éphèse affirme l'union de la nature divine et de la nature humaine dans le Christ et, en conséquence, reconnaît le titre de Mère de Dieu à la Vierge Marie.

C'est donc « À l'abri de la miséricorde » de la Mère de Dieu que nous pouvons échanger nos vœux pour l'année nouvelle. Parmi ces vœux, le vœu de la paix résonne profondément avec les aspirations de tous les peuples. Depuis 1967, l'Église catholique a décidé de célébrer, à la date du 1er janvier, la Journée mondiale de la paix. « Elle a fait de ce jour un moment intense de prières pour la paix, et d'éducation à la paix et aux valeurs qui lui sont indissolublement liées, parmi lesquelles il convient de citer notamment la liberté, la solidarité et l'esprit fraternel, la dignité de la personne humaine, le respect de la nature, le droit au travail, et le caractère sacré de la vie, ce qui incite les chrétiens à dénoncer les situations marquées par l'injustice, qui ont pour effet de troubler les consciences et de menacer la paix. » (*Directoire pour la liturgie et la piété populaire*, n° 117).

CHANTER

Pour la procession d'ouverture, ***Litanies de la Sainte Mère de Dieu*** **VY 298** ; après la communion ***Toi qui ravis le cœur de Dieu*** **VP136-2 CNA 372** ; à la fin de la célébration, le ***Je vous salue, Marie*** ou le ***Magnificat***.

Prière d'ouverture

Dieu tout-puissant, par la maternité virginale de la bienheureuse Marie, tu as offert au genre humain les trésors du salut éternel; accorde-nous de sentir qu'intervient en notre faveur celle qui nous permit d'accueillir l'auteur de la vie, Jésus Christ, ton Fils, notre Seigneur. Lui qui règne.

1re lecture

« Et moi, je les bénirai »

→ Lecture du livre des Nombres 6, 22-27

Le Seigneur parla à Moïse. Il dit : « Parle à Aaron et à ses fils. Tu leur diras : Voici en quels termes vous bénirez les fils d'Israël : "Que le Seigneur te bénisse et te garde ! Que le Seigneur fasse briller sur toi son visage, qu'il te prenne en grâce ! Que le Seigneur tourne vers toi son visage, qu'il t'apporte la paix !" Ils invoqueront ainsi mon nom sur les fils d'Israël, et moi, je les bénirai. »

Psaume 66

R/ Que Dieu nous prenne en grâce et qu'il nous bénisse !

Que son visage s'illumine pour nous,
et ton chemin sera connu sur la terre,
ton salut, parmi toutes les nations.

Que les nations chantent leur joie,
car tu gouvernes le monde avec justice ;
sur la terre, tu conduis les nations.

La terre a donné son fruit ;
Dieu, notre Dieu, nous bénit.
Que la terre tout entière l'adore !

2e lecture

« Dieu a envoyé son Fils, né d'une femme »

→ **Lecture de la lettre de saint Paul apôtre aux Galates** 4, 4-7

Frères, lorsqu'est venue la plénitude des temps, Dieu a envoyé son Fils, né d'une femme et soumis à la loi de Moïse, afin de racheter ceux qui étaient soumis à la Loi et pour que nous soyons adoptés comme fils. Et voici la preuve que vous êtes des fils : Dieu a envoyé l'Esprit de son Fils dans nos cœurs, et cet Esprit crie « *Abba !* », c'est-à-dire : Père ! Ainsi tu n'es plus esclave, mais fils, et puisque tu es fils, tu es aussi héritier : c'est l'œuvre de Dieu.

Alléluia. Alléluia. À bien des reprises, Dieu, dans le passé, a parlé à nos pères par les prophètes ; à la fin, en ces jours où nous sommes, il nous a parlé par son Fils. **Alléluia.**

Évangile

« L'enfant reçut le nom de Jésus »

→ **Évangile de Jésus Christ selon saint Luc** 2, 16-21

En ce temps-là, les bergers se hâtèrent d'aller à Bethléem, et ils découvrirent Marie et Joseph, avec le nouveau-né couché dans la mangeoire. Après avoir vu, ils racontèrent ce qui leur avait été annoncé au sujet de cet enfant. Et tous ceux qui entendirent s'étonnaient de ce que leur racontaient les bergers. Marie, cependant, retenait tous ces événements et les méditait dans son cœur. Les bergers repartirent ; ils glorifiaient et louaient Dieu pour tout ce qu'ils avaient entendu et vu, selon ce qui leur avait été annoncé. Quand fut arrivé le huitième jour, celui de la circoncision, l'enfant reçut le nom de Jésus, le nom que l'ange lui avait donné avant sa conception.

Credo

Pour la prière universelle

– Prions pour que les peuples aspirent véritablement à la paix et à la justice.
– Prions pour les artisans de paix, notamment ceux qui, au nom l'Église, se mettent au service de la paix en acceptent d'être médiateurs dans les conflits.
– Prions pour les chrétiens qui invoquent la Vierge Marie, Mère de Dieu, et lui confient leurs peines et leurs espoirs.
– Prions pour les hommes et les femmes de ce temps pour lesquels l'année nouvelle est l'occasion d'adopter une manière de vivre plus authentique.

Prière sur les offrandes

Tu es l'origine de tous les biens, Seigneur, et tu les mènes à leur plein développement ; puisque cette fête de Marie, Mère de Dieu, nous fait célébrer notre salut dans son germe, donne-nous la joie d'en recueillir tous les fruits. Par Jésus.

Préface de la Vierge Marie.

Prière eucharistique : textes propres.

Prière après la communion

Nous avons communié à ton sacrement, Seigneur, en ce jour où nous saluons avec fierté dans la bienheureuse Vierge Marie la Mère de ton Fils, et la Mère de l'Église ; que cette communion fasse grandir en nous la vie éternelle. Par Jésus.

GLORIA

Doxa en upsistois Theô..., chantent les anges, en grec, dans l'évangile de Luc (Lc 2, 14) pour annoncer la naissance de Jésus : « Gloire à Dieu dans les hauteurs, et paix sur terre aux hommes, objets de sa bienveillance (ses bien-aimés) ». *Gloria in excelsis Deo...* chantons-nous en latin.

Avec le *Phôs hilaron* (« Joyeuse lumière ») de la liturgie byzantine et le *Te Deum* de la liturgie romaine, le « Gloria » est l'une des rares hymnes témoins de la liturgie primitive.

Composition sans rythme ni mesure dans la ligne du *Magnificat*, du cantique de Syméon ou du cantique de Zacharie, le texte de notre *Gloria* ne fut pas composé primitivement pour la messe. Emprunté par Rome à Byzance, c'est une hymne du matin librement rédigée à partir de la phrase de l'évangile. À moins que ce soit Luc qui cite la liturgie.

Le *Gloria* est un chant de louange à la majesté divine dont il décline les titres et les qualités dans la confession du Nom de Dieu. À la louange au Père succède la louange au Fils, déployant toutes les harmoniques de la divinité du Christ énoncées par Paul (Ph 2, 11 ; Rm 1, 4) largement reprises à la fin de l'hymne (« Toi seul es Seigneur, toi seul es le Très-Haut Jésus Christ »). Elle résonne aussi de l'introduction de l'Épître aux Hébreux : « Ce Fils est resplendissement de la gloire de Dieu et expression de son être » (He 1,3). L'aspect incantatoire est encore accentué dans la suite avec le vocatif « Agneau de Dieu » et ses développements. Reprenant les mots de Jean Baptiste (Jn 1, 29) et la figure centrale de l'Apocalypse, le texte multiplie la formule sur le mode litanique. La figure de Jésus sacrifié se déploie brutalement devant l'image de la majesté divine. Aux chrétiens alors de déchiffrer derrière les traits de l'Agneau le visage du Fils, lui-même visage du Père. Par le rapprochement des figures empruntées à Luc et à Jean, le texte de l'hymne donne à entendre, ensemble, les mystères de Noël et de Pâques, la gloire et la croix. Il file la laine, ténue mais solide, qui mène des bergers de Noël jusqu'à l'Agneau pascal, donnant à entendre la voix immatérielle des anges incarnée dans le corps du texte poétique et dans le chant de l'assemblée, jusqu'à la doxologie finale : « Car toi seul es saint ! ». Ce « car » n'est pas un simple outil de liaison, c'est le lieu d'une extraordinaire reprise de la respiration de la prière à partir de ce lien fragile qui la structure en filigrane. Le texte se cite lui-même, se replie sur lui-même, se redouble pour s'amplifier et se déployer dans la doxologie trinitaire. La formule finale fait resplendir la figure de l'Homme-Dieu vers qui se sont élevées les invocations, figure de celui qui a été exalté et glorifié et qui continue à vivre dans la gloire qu'il avait auprès du Père avant qu'existe le monde (Jn 17, 5).

Le chant du *Gloria* devint vite à Rome un chant de la messe de Noël, étendu ensuite (au XIe siècle) à tous les dimanches, excepté les jours et temps pénitentiels. La première phrase, d'abord réservée au pape puis aux évêques, peut être entonnée aujourd'hui par le prêtre ou par un chantre ou par la chorale. Le *Gloria* est chanté soit par tous ensemble, soit en alternance (PGMR no 53).

Plusieurs mises en musique respectent le rythme libre de l'hymne et son génie littéraire. On peut citer AL 32 31-CNA 199, AL 23 09-CNA 197 de la Messe du Partage, AL 48 02 de la Messe de Soissons, AL 61 96 de la Messe de Saint-Victorien, et AL 51 69 de la Messe de Saint-Vincent. Les assemblées ont maintenant mémorisé texte et musique, dans une alternance entre soliste et assemblée qui permet à cette hymne sublime de favoriser l'union des cœurs et l'entrée dans le mystère eucharistique.

IRC

Épiphanie du Seigneur

5 JANVIER 2020

L'Orient, là est le Christ

En cette fête de l'Épiphanie (ce qui signifie manifestation), les chrétiens témoignent de l'universalité du salut.

Les mages sont venus d'Orient. L'Orient est le pays du levant, il sert à fixer les points cardinaux, et d'ailleurs ne dit-on pas que l'on s'oriente ? Avec la naissance du Sauveur, l'Orient change de signification. Car l'astre d'en haut qui vient nous visiter, selon les paroles du cantique de Zacharie (Lc 1, 68-79), n'est pas une indication géographique mais une personne. Convergence entre le messie annoncé par les prophètes d'Israël qui doit naître à Bethléem et la destination de l'étoile : l'Orient s'est déplacé, il est là où se trouve le Christ.

S'inspirant de textes issus d'évangiles apocryphes, les artistes de l'Antiquité tardive et du Moyen Âge ont représenté les mages aux différents âges de la vie : le premier en vieillard, le deuxième dans la force de l'âge et le troisième plus jeune. Puis plus tard, les mages ont symbolisé les différents peuples et l'on a vu apparaître un mage à la peau noire, un européen et un troisième d'origine persane. Selon les époques, ils ont représenté la totalité de la vie d'un homme et celle de tous les hommes. Ils sont les signes de l'universel, d'une bonne nouvelle voulue pour tous, à tous les âges de la vie. Cette vocation à l'universel n'est pas et ne doit pas être totalitaire car il ne s'agit pas ici de prosélytisme. Elle témoigne que, dès la Genèse, Dieu ayant créé l'homme à son image, son projet est pour chacun et pour tous et il ne peut être enfermé dans aucune sorte de nationalisme. La royauté de Dieu ne peut être annexée par aucun pouvoir, politique ou religieux, et cette tentation est constante dans l'histoire du christianisme. Nous pouvons reconnaître le royaume de Dieu, thème cher à l'évangile de Matthieu, quand la vie du pauvre est sauvée, quand le faible est protégé, et quand la justice et la paix règnent.

CHANTER

Outre les chants proposés pour le temps de Noël (p. 112), les chants suivants conviendront :
Pour la procession d'ouverture, ***Peuple fidèle* EX 63 CNA 402, *Un astre nouveau s'est levé* FX 23-18, *Une lumière s'est levée* SYL I160.**
Après la communion, ***Jubilez tous les peuples* T 25-91, *Qu'exulte tout l'univers* DEV 44-72.**

CÉLÉBRER

L'Épiphanie est l'occasion de mettre en valeur la procession des offrandes. Des diocèses ou des mouvements donnent à ce jour une dimension festive et de rencontre interculturelle. C'est aussi l'occasion d'inviter des personnes à « tirer les rois » et à partager un morceau de galette.

Prière d'ouverture

Aujourd'hui, Seigneur, tu as révélé ton Fils unique aux nations, grâce à l'étoile qui les guidait ; daigne nous accorder, à nous qui te connaissons déjà par la foi, d'être conduits jusqu'à la claire vision de ta splendeur. Par Jésus Christ.

1re lecture

Les nations marchent vers ta lumière

→ **Lecture du livre du prophète Isaïe** 60, 1-6

Debout, Jérusalem, resplendis ! Elle est venue, ta lumière, et la gloire du Seigneur s'est levée sur toi. Voici que les ténèbres couvrent la terre, et la nuée obscure couvre les peuples. Mais sur toi se lève le Seigneur, sur toi sa gloire apparaît. Les nations marcheront vers ta lumière, et les rois, vers la clarté de ton aurore. Lève les yeux alentour, et regarde : tous, ils se rassemblent, ils viennent vers toi ; tes fils reviennent de loin, et tes filles sont portées sur la hanche. Alors tu verras, tu seras radieuse, ton cœur frémira et se dilatera. Les trésors d'au-delà des mers afflueront vers toi, vers toi viendront les richesses des nations. En grand nombre, des chameaux t'envahiront, de jeunes chameaux de Madiane et d'Épha. Tous les gens de Saba viendront, apportant l'or et l'encens ; ils annonceront les exploits du Seigneur.

Psaume 71

**R/ Toutes les nations, Seigneur,
se prosterneront devant toi.**

Dieu, donne au roi tes pouvoirs,
à ce fils de roi ta justice.
Qu'il gouverne ton peuple avec justice,
qu'il fasse droit aux malheureux !

En ces jours-là fleurira la justice,
grande paix jusqu'à la fin des lunes !
Qu'il domine de la mer à la mer,
et du Fleuve jusqu'au bout de la terre !

Les rois de Tarsis et des Îles apporteront des présents,
les rois de Saba et de Seba feront leur offrande.
Tous les rois se prosterneront devant lui,
tous les pays le serviront.

Il délivrera le pauvre qui appelle
et le malheureux sans recours.
Il aura souci du faible et du pauvre,
du pauvre dont il sauve la vie.

2e lecture

Toutes les nations ont le même héritage

→ Lecture de la lettre de saint Paul apôtre aux Éphésiens 3,2-3a.5-6

Frères, vous avez appris, je pense, en quoi consiste la grâce que Dieu m'a donnée pour vous : par révélation, il m'a fait connaître le mystère. Ce mystère n'avait pas été porté à la connaissance des hommes des générations passées, comme il a été révélé maintenant à ses saints Apôtres et aux prophètes, dans l'Esprit. Ce mystère, c'est que toutes les nations sont associées au même héritage, au même corps, au partage de la même promesse, dans le Christ Jésus, par l'annonce de l'Évangile.

Alléluia. Alléluia. Nous avons vu son étoile à l'orient, et nous sommes venus adorer le Seigneur. **Alléluia.**

Évangile

Les mages venus d'Orient

→ **Évangile de Jésus Christ selon saint Matthieu** 2, 1-12

Jésus était né à Bethléem en Judée, au temps du roi Hérode le Grand. Or, voici que des mages venus d'Orient arrivèrent à Jérusalem et demandèrent : « Où est le roi des Juifs qui vient de naître ? Nous avons vu son étoile à l'orient et nous sommes venus nous prosterner devant lui. » En apprenant cela, le roi Hérode fut bouleversé, et tout Jérusalem avec lui. Il réunit tous les grands prêtres et les scribes du peuple, pour leur demander où devait naître le Christ. Ils lui répondirent : « À Bethléem en Judée, car voici ce qui est écrit par le prophète : *Et toi, Bethléem, terre de Juda, tu n'es certes pas le dernier parmi les chefs-lieux de Juda, car de toi sortira un chef, qui sera le berger de mon peuple Israël.* » Alors Hérode convoqua les mages en secret pour leur faire préciser à quelle date l'étoile était apparue : puis il les envoya à Bethléem, en leur disant : « Allez vous renseigner avec précision sur l'enfant. Et quand vous l'aurez trouvé, venez me l'annoncer pour que j'aille, moi aussi, me prosterner devant lui. » Après avoir entendu le roi, ils partirent.

Et voici que l'étoile qu'ils avaient vue à l'orient les précédait, jusqu'à ce qu'elle vienne s'arrêter au-dessus de l'endroit où se trouvait l'enfant. Quand ils virent l'étoile, ils se réjouirent d'une très grande joie. Ils entrèrent dans la maison, ils virent l'enfant avec Marie sa mère ; et, tombant à ses pieds, ils se prosternèrent devant lui. Ils ouvrirent leurs coffrets, et lui offrirent leurs présents : de l'or, de l'encens et de la myrrhe.

Mais, avertis en songe de ne pas retourner chez Hérode, ils regagnèrent leur pays par un autre chemin.

Pour la prière universelle

– Prions pour que les nations marchent sans crainte vers la paix et la réconciliation, malgré les obstacles.
– Prions pour que l'Église soit accueillante à toutes les générations et forme une véritable famille.
– Prions pour les réfugiés, ceux qui ont quitté leur pays et n'ont pas encore trouvé de terre d'accueil.
– Prions pour les chrétiens d'Orient qui sont persécutés et subissent la violence du terrorisme et de l'intolérance.

Prière sur les offrandes

Regarde avec bonté, Seigneur, les dons de ton Église qui ne t'offre plus ni l'or, ni l'encens, ni la myrrhe, mais celui que ces présents révélaient, qui s'immole et se donne en nourriture : Jésus, le Christ, notre Seigneur. Lui qui règne.

Préface

Vraiment, il est juste et bon de te rendre gloire, de t'offrir notre action de grâce, toujours et en tout lieu, à toi, Père très saint, Dieu éternel et tout-puissant.
Aujourd'hui, tu as dévoilé dans le Christ le mystère de notre salut pour que tous les peuples en soient illuminés ; et quand le Christ s'est manifesté dans notre nature mortelle, tu nous as recréés par la lumière éternelle de sa divinité.
C'est pourquoi, avec les anges et tous les saints, nous proclamons ta gloire, en chantant (disant) d'une seule voix : **Saint !...**

Dans les prières eucharistiques il y a des textes propres à la fête de l'Épiphanie.

Prière après la communion

Que la clarté d'en haut, Seigneur, nous dirige en tous temps et en tous lieux, et puisque tu nous fais communier à ce mystère, puissions-nous désormais le pénétrer d'un regard pur et l'accueillir dans un cœur plus aimant. Par Jésus.

Épiphanie et piété populaire

« Le contenu très riche de la solennité de l'Épiphanie, dont l'origine remonte aux premiers siècles, a inspiré le développement de multiples traditions et de nombreuses expressions authentiques de la piété populaire. Parmi ces dernières :

– l'annonce solennelle de la fête de Pâques et des principales fêtes de l'année ; (...) elle aide les fidèles à mieux comprendre le lien existant entre l'Épiphanie et Pâques, ainsi que l'orientation de toutes les fêtes vers la solennité chrétienne la plus importante ;

– La bénédiction des maisons (...)

– Les gestes de solidarité en faveur des hommes et des femmes qui, à l'exemple des Mages, proviennent de pays lointains. Ainsi, la piété populaire suscite chez les fidèles cette attitude d'accueil cordial et de solidarité concrète à l'égard de tous hommes, qu'ils soient chrétiens ou non. »

Directoire pour la liturgie et la piété populaire, n° 118.

CALENDRIER LITURGIQUE

Di 5	**ÉPIPHANIE DU SEIGNEUR.** En semaine *: Liturgie des Heures : Psautier semaine II.*
Lu 6	1re lettre de Jean 3, 22–4, 6 ; Ps 2 ; Mt 4, 12-17.23-25 : « Le royaume des Cieux est tout proche »
Ma 7	*S. Raymond de Penyafort, prêtre, dominicain, † 1275 à Barcelone. Au Canada,* S. André Bessette, religieux, fondateur de l'Oratoire Saint-Joseph, † 1937 à Montréal. 1re lettre de Jean 4, 7-10 ; Ps 71 ; Marc 6, 34-44 : Multipliant les pains, Jésus se manifeste comme le Prophète
Me 8	1re lettre de Jean 4, 11-18 ; Ps 71 ; Marc 6, 45-52 : « Ils le virent marcher sur la mer »
Je 9	1re lettre de Jean 4, 19–5, 4 : Ps 71 ; Luc 4, 14-22a : « Aujourd'hui s'accomplit ce passage de l'Écriture »
Ve 10	1re lettre de Jean 5, 5-13 ; Ps 147 ; Luc 5, 12-16 : « À l'instant même, la lèpre le quitta »
Sa 11	1re lettre de Jean 5, 14-21 ; Ps 149 ; Jean 3, 22-30 : « L'ami de l'époux est tout joyeux d'entendre la voix de l'époux »

Bonne fête ! 5 : Édouard, Teddy, Émilien. 6 : Melaine, Tiphaine. 7 : Raymond, Raymonde, Cédric, Virginie. 8 : Lucien, Lucienne, Gudule, Peggy. 9 : Alix, Alexia. 10 : Guillaume, Guillemette, William, Willy. 11 : Paulin.

Pour mémoire : le dimanche de l'Épiphanie, en France et en Belgique, quête pour l'Aide aux Églises d'Afrique (AEA).

Raymond de Penyafort (7 janvier). Précurseur du Droit canonique, cet intellectuel catalan est repéré pour son intelligence par le pape Grégoire IX qui lui confie la rédaction du recueil des « Décrétales » qui serviront de Code de Droit canonique à l'Église catholique romaine jusqu'en 1917.

Baptême du Seigneur

12 JANVIER 2020

Le baptême du Christ

Pourquoi Jésus se laisse-t-il baptiser par Jean Baptiste ? Les rôles ne sont-ils pas inversés ? C'est l'objection que fait le Baptiste à Jésus. Mais Jésus demande à Jean de le laisser faire « pour le moment ». Autrement dit, la signification de ce geste apparaîtra plus tard, quand la justice de Dieu sera enfin accomplie. Cette justice paraît bien mystérieuse mais elle est indissociable de l'accomplissement du Royaume.

La représentation du baptême du Christ est connue, elle a été fréquemment utilisée dans l'art pictural en Occident et dans les icônes en Orient. Jésus est à demi immergé dans la rivière ; au-dessus de lui, on peut voir une lumière d'où descend une colombe qui représente l'Esprit Saint, ou encore la main du Père qui désigne le Fils ; sur la rive, on reconnaît Jean Baptiste vêtu de peaux de bêtes avec d'autres personnages. Nous sommes en présence d'une image théologique qui rend compte de cet événement comme étant une révélation divine.

En plus de ces éléments, ce sont surtout les mouvements de cette manifestation divine (théophanie) qui dévoilent la signification de cette scène. En premier lieu, il est dit que Jésus fut baptisé, ce qui littéralement signifie « être plongé », et qu'il remonta de l'eau. Le rite du baptême consiste dans ce double mouvement d'immersion et de remontée de l'eau, tel le passage de la mort à la vie. L'ouverture du ciel imprime elle aussi un mouvement. Depuis l'incarnation, le ciel est définitivement « ouvert », car, en son Fils, Dieu est venu habiter parmi les hommes. Cette théophanie s'appuie ainsi sur un autre mouvement, le passage du ciel à la terre et de la terre au ciel.

Le baptême du Christ est une manifestation de la vie trinitaire. L'Esprit de Dieu opère la reconnaissance du Fils « bien aimé ». Il est la voix du Père des cieux. C'est dans cette identité trinitaire, de Fils du Père, et dans l'Esprit, que Jésus commence sa prédication du Royaume.

Prière d'ouverture

• Dieu éternel et tout-puissant, quand le Christ fut baptisé dans le Jourdain, et que l'Esprit Saint reposa sur lui, tu l'as désigné comme ton Fils bien-aimé ; accorde à tes fils adoptifs, nés de l'eau et de l'esprit, de se garder toujours dans ta sainte volonté. Par Jésus Christ.

• Dieu éternel, c'est dans la réalité de notre chair que ton Fils unique est apparu ; puisque nous reconnaissons que son humanité fut semblable à la nôtre, donne-nous d'être transformés par lui au plus intime de notre cœur. Lui qui règne.

1re lecture *« Voici mon serviteur, qui a toute ma faveur »*

→ Lecture du livre du prophète Isaïe 42, 1-4.6-7

Ainsi parle le Seigneur : Voici mon serviteur que je soutiens, mon élu qui a toute ma faveur. J'ai fait reposer sur lui mon esprit ; aux nations, il proclamera le droit. Il ne criera pas, il ne haussera pas le ton, il ne fera pas entendre sa voix au-dehors. Il ne brisera pas le roseau qui fléchit, il n'éteindra pas la mèche qui faiblit, il proclamera le droit en vérité. Il ne faiblira pas, il ne fléchira pas, jusqu'à ce qu'il établisse le droit sur la terre, et que les îles lointaines aspirent à recevoir ses lois. Moi, le Seigneur, je t'ai appelé selon la justice ; je te saisis par la main, je te façonne, je fais de toi l'alliance du peuple, la lumière des nations : tu ouvriras les yeux des aveugles, tu feras sortir les captifs de leur prison, et, de leur cachot, ceux qui habitent les ténèbres.

Psaume 28

R/ Le Seigneur bénit son peuple en lui donnant la paix.

Rendez au Seigneur, vous, les dieux,
rendez au Seigneur gloire et puissance.
Rendez au Seigneur la gloire de son nom,
adorez le Seigneur, éblouissant de sainteté.

La voix du Seigneur domine les eaux,
le Seigneur domine la masse des eaux.
Voix du Seigneur dans sa force,
voix du Seigneur qui éblouit.

Le Dieu de la gloire déchaîne le tonnerre,
Et tous dans son temple s'écrient : « Gloire ! »
Au déluge le Seigneur a siégé ;
il siège, le Seigneur, il est roi pour toujours !

2e lecture

« Dieu lui a donné l'onction d'Esprit Saint »

→ **Lecture du livre des Actes des Apôtres** 10, 34-38

En ces jours-là, quand Pierre arriva à Césarée, chez un centurion de l'armée romaine, il prit la parole et dit : « En vérité, je le comprends, Dieu est impartial : il accueille, quelle que soit la nation, celui qui le craint et dont les œuvres sont justes. Telle est la parole qu'il a envoyée aux fils d'Israël, en leur annonçant la bonne nouvelle de la paix par Jésus Christ, lui qui est le Seigneur de tous. Vous savez ce qui s'est passé à travers tout le pays des Juifs, depuis les commencements en Galilée, après le baptême proclamé par Jean : Jésus de Nazareth, Dieu lui a donné l'onction d'Esprit Saint et de puissance. Là où il passait, il faisait le bien et guérissait tous ceux qui étaient sous le pouvoir du diable, car Dieu était avec lui. »

Alléluia. Alléluia. Aujourd'hui, le ciel s'est ouvert, l'Esprit descend sur Jésus, et la voix du Père domine les eaux : « Celui-ci est mon Fils bien-aimé ! » **Alléluia.**

Évangile

« Jésus descendit dans le Jourdain »

→ **Évangile de Jésus Christ selon saint Matthieu** 3, 13-17

En ces jours-là paraît Jésus. Il était venu de Galilée jusqu'au Jourdain auprès de Jean, pour être baptisé par lui. Jean voulait l'en empêcher et disait : « C'est moi qui ai besoin d'être baptisé par toi, et c'est toi qui viens à moi ! » Mais Jésus lui répondit : « Laisse faire pour le moment, car il convient que nous accomplissions ainsi toute justice. » Alors Jean le laisse faire.

Dès que Jésus fut baptisé, il remonta de l'eau, et voici que les cieux s'ouvrirent : il vit l'Esprit de Dieu descendre comme une colombe et venir sur lui. Et des cieux, une voix disait : « Celui-ci est mon Fils bien-aimé en qui je trouve ma joie. »

Pour la prière universelle

Confions au Seigneur :
– les catéchumènes qui ont demandé à être baptisés : que leur itinéraire soit l'occasion d'un véritable choix de vie ;
– les Églises d'Orient qui célèbrent le baptême du Christ avec une ferveur particulière ;
– les chrétiens, afin qu'ils rendent grâce pour le salut offert en Jésus Christ ;
– ceux qui se préparent à mourir, afin qu'ils puissent vivre ce passage comme un véritable baptême dans l'espérance de la résurrection.

Prière sur les offrandes

Seigneur, accepte les offrandes que nous te présentons en ce jour où ton Fils nous est révélé ; qu'elles deviennent ainsi le sacrifice de celui qui a enlevé le péché du monde. Lui qui règne.

Préface

Vraiment, il est juste et bon de te rendre gloire, de t'offrir notre action de grâce, toujours et en tout lieu, à toi, Père très saint, Dieu éternel et tout-puissant.
Aujourd'hui, sur les eaux du Jourdain, tu peux inaugurer le baptême nouveau : une voix descend du ciel pour attester que ta Parole habite chez les hommes, et l'Esprit, manifesté sous l'aspect d'une colombe, consacre ton Serviteur Jésus, pour qu'il aille annoncer aux pauvres la Bonne Nouvelle.
C'est pourquoi, avec les anges dans le ciel, nous pouvons te bénir sur la terre et t'adorer en chantant (disant) : **Saint !...**

Prière après la communion

Nourris de ton eucharistie et sûrs de ta bonté, nous te prions, Seigneur : accorde à ceux qui sauront écouter ton Fils unique de mériter le nom de fils de Dieu, et de l'être vraiment. Par Jésus.

L'univers qui nous est confié

« L'humanité contemporaine a éprouvé en sa chair ce que cette sagesse a d'inaccessible : elle perçoit dans ses immenses responsabilités d'aujourd'hui un écho renouvelé de la Parole divine qui lui confiait l'univers comme une grâce d'En-Haut. Dans sa vie et dans les innovations d'aujourd'hui, l'homme découvre, étonné, comme le pressentiment que la Bible avait dit vrai. Comme si, pour la première fois, des soucis inédits initiaient l'humanité entière à l'immémoriale vérité de la parole créatrice. »

Jean-Marie Lustiger, *Dieu Merci, Les Droits de l'Homme*, Éditions du Critérion, 1990, p. 456.

CALENDRIER LITURGIQUE

Di 12	**BAPTÊME DU SEIGNEUR A.** [*Au Canada*, Ste Marguerite Bourgeoys, vierge, fondatrice, † 1700 à Montréal.]
Lu 13	Début du Temps ordinaire : 1re semaine *Liturgie des Heures : Psautier semaine I.* *S. Hilaire, évêque de Poitiers, docteur de l'Église, † 367.* 1 Samuel 1, 1-8 ; Ps 115 ; Marc 1, 14-20 : « Convertissez-vous et croyez à l'Évangile »
Ma 14	1 Samuel 1, 9-20 ; Cantique 1 Samuel 2 ; Marc 1, 21-28 : « Il enseignait en homme qui a autorité »
Me 15	*En France, S. Remi, évêque de Reims, † vers 530.* 1 Samuel 3, 1-10.19-20 ; Ps 39 ; Marc 1, 29-39 « Il guérit beaucoup de gens atteints de toutes sortes de maladies »
Je 16	1 Samuel 4, 1b-11 ; Ps 43 ; Marc 1, 40-45 : « La lèpre le quitta et il fut purifié »
Ve 17	S. Antoine, ermite en Égypte, † 356. 1 Samuel 8, 4-7.10-22a ; Ps 88 ; Marc 2, 1-12 : « Le Fils de l'homme a autorité pour pardonner les péchés sur la terre »
Sa 18	1 Samuel 9, 1-4.10c.17-19 ; 10, 1 ; Ps 20 ; Marc 2, 13-17 : « Je ne suis pas venu appeler des justes, mais des pécheurs »

Bonne fête ! 12 : Césarine, Tatiana, Tania. 13 : Hilaire, Yvette. 14 : Nina. 15 : Remi. 16 : Marcel, Priscilla, Honoré. 17 : Antoine, Anthony, Toinon, Toinette. 18 : Prisca.

Saint Remi (15 janvier). Né dans une grande famille gallo-romaine de la région de Laon, saint Remi est sacré évêque de Reims à l'âge de 22 ans. Il est l'évêque qui a baptisé le roi franc Clovis et restera son conseiller jusqu'à sa mort. Saint Remi a déployé une importante activité missionnaire : il fonde les diocèses de Saint-Omer, de Laon et d'Arras ; il développe un important réseau d'assistance pour les pauvres et joue un rôle de médiateur auprès des Barbares.

Ainsi, quand Clovis prit le pouvoir, saint Remi lui envoya un message : « Soulage tes concitoyens, secours les affligés, protège les veuves, nourris les orphelins. » Il meurt en 530 après 60 années d'épiscopat.

LE TEMPS ORDINAIRE

Vous avez dit « ordinaire » ?

Y aurait-il un temps de la vie chrétienne qui soit moins important, voire banal ? C'est souvent dans ce sens, presque méprisant, que la langue française utilise l'adjectif ordinaire. Mais il s'agit de bien autre chose quand on parle de Temps ordinaire dans l'année liturgique. Le temps dit « ordinaire » de l'année liturgique vient s'intercaler entre les temps festifs qui encadrent les deux grandes fêtes de Pâques et Noël. Si vous regardez comment les dimanches du Temps ordinaires sont présentés dans notre missel, vous pouvez voir : 2e dimanche, 3e dimanche, 4e dimanche, etc. En effet, l'adjectif « ordinaire » est ici employé pour compter les dimanches, dans le même sens que l'adjectif ordinal. « Ordinaire » désigne donc la numération des dimanches qui courent tout au long de l'année liturgique, excepté ceux des temps festifs qui eux répondent à une numération spécifique. Ce qui explique que la numération commence après le temps de Noël (Baptême du Seigneur), s'arrête au Carême, reprend après le dimanche de la fête du Corps et du Sang du Christ, pour s'achever vers la fin novembre, au 34e dimanche, celui du Christ-Roi, qui signe la fin de l'année liturgique.

Mais s'il y a bien un temps liturgique ordinaire, un dimanche n'est jamais ordinaire au sens commun du terme. Chaque dimanche est revêtu du caractère pascal de la Résurrection du Seigneur. C'est le jour mémorial de la résurrection, premier jour de la semaine, *Dies Domini*, jour du Seigneur ; nous célébrons ce mystère en nous rassemblant pour entendre la Parole et communier à l'eucharistie.

L'unité de ce temps liturgique ordinaire est marquée par la lecture spécifique d'un évangile ainsi que par la lecture semi-continue des écrits des Apôtres. Dès le 3e dimanche, nous entendrons l'évangile de saint Matthieu, le début de la première lettre aux

Corinthiens, puis, au cours de l'année, une grande partie de la lettre aux Romains (deuxièmes lectures). Le passage de l'Ancien Testament (premières lectures) et le psaume développent souvent un thème commun à l'évangile du dimanche, ce qui témoigne de l'unité du salut.

Écoutons l'évangile de Matthieu tout au long de l'année

L'année A ouvre l'évangile selon saint Matthieu. Dans cet évangile, Jésus est présenté comme maître et prédicateur. Il révèle la bonne nouvelle du royaume des Cieux. Pendant les dimanches du Temps ordinaire, nous entendrons ainsi des enseignements de Jésus, soit sous forme de discours, par exemple, le Sermon sur la Montagne (du 4e au 9e dimanche), soit dans des récits et des paraboles (les ouvriers de la 11e heure, les dix vierges, etc.). L'évangile de Matthieu insiste surtout sur la réalisation par Jésus de la promesse déjà en germe contenue dans l'Ancien Testament. Cela s'entend par exemple dans la multiplication des pains ou la marche de Jésus sur les eaux qui évoquent la symbolique de la manne et du passage de la mer Rouge.

La vie ordinaire

Le temps liturgique ordinaire est une chance pour regarder avec joie et confiance ce qui fait l'ordinaire de nos vies. Le déroulement d'une journée de travail, l'alternance de l'activité et du repos, les rencontres familières, les échecs et les réussites..., tout cela constitue la riche trame de nos vies. Nul n'est besoin de chercher ailleurs le Seigneur qui marche à nos côtés.

Célébrer en vert

Le vert est la couleur liturgique du Temps ordinaire. Le vert est très présent dans la nature, c'est une couleur qui invite à retrouver la simplicité de la vie, au plus près de l'œuvre créatrice de Dieu. C'est pourquoi, il vient ornementer une manière de célébrer qui se veut humble et juste, et qui laisse transparaître le mystère d'un Dieu proche de chacun. On dit aussi que le vert apaise et appelle à la méditation. Il n'en va pas autrement du vert liturgique qui accompagne l'atmosphère priante et pacifiante des célébrations dominicales.

CHANTER DU 2e AU 7e DIMANCHE

2e dimanche

- Pour la procession d'ouverture, ***Dieu nous a tous appelés*** **KD 14-56-1 CNA 571,** ***Acclamez votre Dieu*** **A 67-19,** ***Peuple de Dieu, marche joyeux*** **K 180 CNA 574.**
- Pour l'ordinaire de la messe, on retiendra un ordinaire qui pourra être chanté pendant tout le Temps ordinaire. Par exemple, ***La messe du partage*** **A 23-08 CNA 171 ; AL 23-09 CNA 197 ; AL 173 CNA 245 ; AL 23-12 CNA 295 ;** ***La messe de Soissons*** **AL 48-00.**
- Après la Parole, ***Voici l'Agneau de Dieu*** **X 55-57.**
- Pour la fraction du pain, ***Agneau de Dieu*** **AL 200 CNA 304.**
- Après la communion, ***Tenons en éveil*** **Y 243-1 CNA 591,** ***En accueillant l'amour*** **DP 126 CNA 325.**

3e dimanche

Les chants proposés ce dimanche conviennent aussi aux 5e, 6e et 7e dimanches du Temps ordinaire.

- Pour la procession d'ouverture, ***Dieu nous a tous appelés*****, KD 14-56-1 CNA 571,** ***Pour avancer ensemble*** **KD 20-38 CNA 524,** ***Jubilez, criez de joie*** **Y 68-11,** ***Acclamez votre Dieu*** **A 67-19,** ***Si le Père vous appelle*** **O 154-1 CNA 721,** ***Par la musique et par nos voix*** **Y 43-38 CNA 572.**
- L'ordinaire de la messe sera le même qu'au deuxième dimanche.
- Pour la procession de communion, ***En marchant vers toi Seigneur*** **D 380 CNA 326,** ***Le Seigneur a dressé une table*** **D 580 CNA 332,** ***Venez, approchez-vous*** **EDIT 16-18,** ***Goûtez et voyez*** **ZL 33 CNA p. 57,** ***Voici le pain***

partagé **D14-42 CNA 348,** ***Voici le corps et le sang du Seigneur*** **D 44-80,** ***Tu es le Dieu fidèle*** **D 163 CNA 346.**

- Pour l'action de grâce, ***Par la musique et par nos voix*** **Y 43-38 CNA 572,** ***En accueillant l'amour*** **DP 126 CNA 325,** ***N'oublions pas les merveilles de Dieu*** **ZL 33-34,** ***Mendiant du jour*** **D 150-15 CNA 334,** ***Jésus le Christ, lumière intérieure*** (Taizé), ***Gloire et louange à toi Seigneur*** **T 34-70,** ***À l'image de ton amour*** **X 971 CNA 529,** ***Jubilez, criez de joie*** **Y 68-11.**

Si l'on souhaite retenir un chant plus spécifique à chacun des dimanches :

- Pour le 3e dimanche : ***Voici l'Agneau de Dieu*** **X 55-57.**
- Pour le 5e dimanche : ***Vous êtes le sel de la terre*** **X 512.**
- Pour le 6e dimanche : ***Goûtez la Parole*** **X 56-94.**
- Pour le 7e dimanche : ***Aimer, c'est tout donner*** **X 59-79.**

2e dimanche

19 JANVIER 2020

« Voici l'Agneau de Dieu ! »

Entendons le cri, la voix forte de Jean-Baptiste annoncer la venue du Seigneur. Cette annonce retentit au seuil du Nouveau Testament, elle appelle à reconnaître dans l'homme Jésus, le Sauveur qui délie l'humanité de son péché envers Dieu. Le peintre médiéval Matthias Grünewald a représenté ce cri avec la puissance de son art : sur le retable dit « d'Issenheim », il a attribué à Jean Baptiste un doigt surdimensionné qui désigne le Christ en croix[1]. Car reconnaître en Jésus le Sauveur venu de Dieu, c'est le reconnaître dans l'enfant de la crèche, mais aussi dans l'homme Jésus qui marche auprès de nous et appelle à le suivre jusqu'à la croix.

Dans l'Ancien Testament, l'agneau est avant tout l'agneau pascal que le peuple juif a mangé lors de la Pâque en Égypte, puis chaque année en mémoire de sa libération. Dans une image issue des commentaires de la Torah, on peut voir Moïse représenté par un agneau placé sur une balance et sur l'autre plateau se trouvent les cavaliers égyptiens envoyés par Pharaon. Progressivement, les prophètes ont donné une signification spirituelle à la libération du peuple et le prophète Isaïe compare à un agneau un personnage que l'on appelle communément le serviteur souffrant : « Maltraité, il s'humilie ; il n'ouvre pas la bouche, comme un agneau conduit à l'abattoir » (Is 53, 7).

En identifiant le Christ comme l'agneau immolé, c'est non seulement le peuple d'Israël, mais l'humanité tout entière qui acquiert sa dignité d'enfant de Dieu. Dès lors, la circoncision juive et le baptême d'eau de Jean Baptiste sont révolus. Seul prévaut le baptême donné par le Christ, dans l'Esprit Saint.

1. Tableau conservé au musée d'Unterlinden à Colmar.

Lors de la célébration de la messe, en regardant l'hostie, nous allons réentendre le cri de Jean-Baptiste : « Voici l'Agneau de Dieu qui enlève le péché du monde. » Nul doute sur la nature de cet agneau : c'est le corps du Seigneur offert et partagé. Nous ne pouvons alors que dire, comme le centurion de l'évangile : « Je ne suis pas digne de te recevoir » (d'après Lc 7, 6-7).

CHANTER

Des chants sont proposés du 2e au 7e dimanche, p. 159.

CÉLÉBRER

Dans l'homélie, on pourra attirer l'attention sur le rite de la fraction et sur le chant de l'Agneau de Dieu. On peut aussi évoquer le rapport étroit entre la Bible et la prière liturgique.

Prière d'ouverture

Dieu éternel et tout-puissant, qui régis l'univers du ciel et de la terre : exauce, en ta bonté, les prières de ton peuple et fais à notre temps la grâce de la paix. Par Jésus Christ.

ou pour l'unité des chrétiens :

• Seigneur, ravive ton Église au souffle de l'Esprit ; qu'elle avance dans l'amour de la vérité, et travaille d'un cœur généreux à l'unité de tous les chrétiens. Par Jésus Christ.
• Montre-nous, Seigneur, à quel point tu nous aimes, et par la force de ton Esprit rapproche les chrétiens divisés : que ton Église apparaisse clairement comme ton signe au milieu du monde, et que le monde attiré par sa lumière croie en Jésus ton envoyé. Lui qui règne.

1re lecture

Israël, serviteur du Seigneur

→ Lecture du livre du prophète Isaïe 49, 3.5-6

Le Seigneur m'a dit : « Tu es mon serviteur, Israël, en toi je manifesterai ma splendeur. » Maintenant le Seigneur parle, lui qui m'a façonné dès le sein de ma mère pour que je sois son serviteur, que je lui ramène Jacob, que je lui rassemble Israël. Oui, j'ai de la valeur aux yeux du Seigneur, c'est mon Dieu qui est ma force.

Et il dit : « C'est trop peu que tu sois mon serviteur pour relever les tribus de Jacob, ramener les rescapés d'Israël : je fais de toi la lumière des nations, pour que mon salut parvienne jusqu'aux extrémités de la terre. »

Psaume 39

**R/ Me voici, Seigneur,
je viens faire ta volonté.**

D'un grand espoir j'espérais le Seigneur :
il s'est penché vers moi
Dans ma bouche il a mis un chant nouveau,
une louange à notre Dieu.

Tu ne voulais ni offrande ni sacrifice,
tu as ouvert mes oreilles ;
tu ne demandais ni holocauste ni victime,
alors j'ai dit : « Voici, je viens. »

Dans le livre, est écrit pour moi
ce que tu veux que je fasse.
Mon Dieu, voilà ce que j'aime :
ta loi me tient aux entrailles.

Vois, je ne retiens pas mes lèvres,
Seigneur, tu le sais.
J'ai dit ton amour et ta vérité
à la grande assemblée.

2e lecture

Sanctifiés dans le Christ Jésus

→ Lecture de la première lettre de saint Paul apôtre aux Corinthiens 1, 1-3

Paul, appelé par la volonté de Dieu pour être apôtre du Christ Jésus, et Sosthène notre frère, à l'Église de Dieu qui est à Corinthe, à ceux qui ont été sanctifiés dans le Christ Jésus et sont appelés à être saints avec tous ceux qui, en tout lieu, invoquent le nom de notre Seigneur Jésus Christ, leur Seigneur et le nôtre. À vous, la grâce et la paix, de la part de Dieu notre Père et du Seigneur Jésus Christ.

Alléluia. Alléluia. Le Verbe s'est fait chair, il a habité parmi nous. À tous ceux qui l'ont reçu, il a donné de pouvoir devenir enfants de Dieu. **Alléluia.**

Évangile

« Voici l'Agneau de Dieu »

→ Évangile de Jésus Christ selon saint Jean 1, 29-34

En ce temps-là, voyant Jésus venir vers lui, Jean le Baptiste déclara : « Voici l'Agneau de Dieu, qui enlève le péché du monde ; c'est de lui que j'ai dit : L'homme qui vient derrière moi est passé devant moi, car avant moi il était. Et moi, je ne le connaissais pas ; mais, si je suis venu baptiser dans l'eau, c'est pour qu'il soit manifesté à Israël. »

Alors Jean rendit ce témoignage : « J'ai vu l'Esprit descendre du ciel comme une colombe et il demeura sur lui. Et moi, je ne le connaissais pas, mais celui qui m'a envoyé baptiser dans l'eau m'a dit : "Celui sur qui tu verras l'Esprit descendre et demeurer, celui-là baptise dans l'Esprit Saint." Moi, j'ai vu, et je rends témoignage : c'est lui le Fils de Dieu. »

Pour la prière universelle

– Prions pour les Églises chrétiennes qui cherchent sans se lasser le chemin de l'unité dans la foi.
– Prions pour ceux qui luttent contre toutes les formes de discrimination et en particulier l'antisémitisme.
– Prions pour les personnes sans abri et démunies que l'hiver fragilise.
– Prions pour les personnes engagées dans la vie de la cité ou du quartier qui sont artisans de paix et de tolérance.

Prière sur les offrandes

Seigneur, accorde-nous la grâce de vraiment participer à cette eucharistie ; car chaque fois qu'est célébré ce sacrifice en mémorial, c'est l'œuvre de notre rédemption qui s'accomplit. Par Jésus.

ou pour l'unité des chrétiens :

Dans le sacrifice que nous t'offrons, Seigneur, consume le péché qui divise les chrétiens : puisqu'ils sont d'un même corps par le baptême, qu'ils puissent communier un jour à la même table. Par Jésus.

Préface

On peut prendre la préface pour l'unité des chrétiens :

Vraiment, il est juste et bon de te rendre gloire, de t'offrir notre action de grâce, toujours et en tout lieu, à toi, Père très saint, Dieu éternel et tout-puissant, par le Christ, notre Seigneur. Par lui, tu nous conduis à la connaissance de ta vérité, nous appelant à devenir son corps grâce à la même foi et par un seul baptême ; par lui, tu répands ton Esprit Saint sur tous les peuples du monde, l'Esprit qui met en œuvre ses dons les plus divers et qui réalise l'unité : il habite le cœur de tes fils, il remplit l'Église tout entière, il ne cesse de la guider.

C'est pourquoi, avec les anges et tous les saints, nous proclamons ta gloire en disant d'une seule voix : **Saint !...**

Prière après la communion

Pénètre-nous, Seigneur, de ton esprit de charité, afin que soient unis par ton amour ceux que tu as nourris d'un même pain. Par Jésus.

ou pour l'unité des chrétiens :

Après avoir communié au sacrifice du Christ, nous te demandons, Seigneur, d'envoyer sur le corps tout entier de l'Église ton Esprit de sainteté, afin qu'il entraîne ceux qui portent le nom de chrétiens à te servir dans l'unité de la foi. Par Jésus.

Se désarmer

« Il faut mener la guerre la plus dure contre soi-même. Il faut arriver à se désarmer. J'ai mené cette guerre pendant des années, elle a été terrible. Mais maintenant, je suis désarmé. Je n'ai plus peur de rien, car l'amour chasse la peur.

Je suis désarmé de la volonté d'avoir raison, de me justifier en disqualifiant les autres. Je ne suis plus sur mes gardes, jalousement crispé sur mes richesses. J'accueille et je partage. Je ne tiens pas particulièrement à mes idées, à mes projets. Si l'on m'en présente de meilleurs, ou plutôt non pas meilleurs, mais bons, j'accepte sans regrets. J'ai renoncé au comparatif. Ce qui est bon, vrai, réel, est toujours pour moi le meilleur. C'est pourquoi je n'ai plus peur.

Si l'on se désarme, si l'on se dépossède, si l'on s'ouvre au Dieu-Homme, qui fait toutes choses nouvelles, alors, Lui, efface le mauvais passé et nous rend un temps neuf où tout est possible. »

Patriarche Athénagoras (1886-1972), *Prière pour l'unité des chrétiens*.

CALENDRIER LITURGIQUE

Di 19	**2e dimanche A.** *Liturgie des Heures : Psautier semaine II.*
Lu 20	*S. Fabien, pape et martyr, † 250.* *S. Sébastien, martyr à Rome au début du 4e siècle.* 1 Samuel 15, 16-23 ; Ps 49 ; Marc 2, 18-22 : « L'Époux est avec eux »
Ma 21	Ste Agnès, vierge et martyre, † 305 à Rome. 1 Samuel 16, 1-13 ; Ps 88 ; Marc 2, 23-28 : « Le sabbat a été fait pour l'homme, et non pas l'homme pour le sabbat »
Me 22	S. Vincent, diacre et martyr, † 304 à Valence (Espagne). 1 Samuel 17, 32-33.37.40-51 ; Ps 143 ; Marc 3, 1-6 « Est-il permis, le jour du sabbat, de sauver une vie ou de tuer ? »
Je 23	1 Samuel 18, 6-9 ; 19, 1-7 ; Ps 55 ; Marc 3, 7-12 « Les esprits impurs criaient : "Toi, tu es le Fils de Dieu !" Mais il leur défendait vivement de le faire connaître »
Ve 24	S. François de Sales, évêque de Genève, docteur de l'Église, † 1622 à Lyon. 1 Samuel 24, 3-21 ; Ps 56 ; Marc 3, 13-19 : « Jésus appela ceux qu'il voulait pour qu'ils soient avec lui »
Sa 25	CONVERSION DE SAINT PAUL, Apôtre. Lectures propres : Actes 22,3-16 ou Actes 9,1-22 ; Ps 116 ; Marc 16,15-18 : « Allez dans le monde entier, proclamez l'Évangile »

Bonne fête ! 19 : Marius. 20 : Fabien, Fabienne, Sébastien, Bastien. 21 : Agnès, Inès. 22 : Vincent. 23 : Barnard. 24 : François, Francis, Franck. 25 : Priest.

Pour mémoire : du 18 au 25 janvier, semaine de prière pour l'unité des chrétiens

Sainte Agnès (21 janvier). Sainte Agnès est une jeune fille âgée d'à peine 13 ans, qui mourut martyre à Rome au début du IVe siècle. Le témoignage de foi qui est laissé par la tradition orale puis par les écrits dès le Ve siècle est celui d'une très jeune fille dont la fragilité contraste avec sa foi inébranlable. Elle refusa d'être mariée au fils du préfet de Rome et de reconnaître les dieux païens. Plusieurs récits décrivent sainte Agnès soumise au bûcher mais protégée par ses longs cheveux, avant de finir égorgée. C'est pour signifier cette apparente fragilité, mais aussi en évocation de son nom, qu'au Moyen Âge, sainte Agnès est représentée avec un agneau. La légende dit encore qu'après la mort d'Agnès, ses parents auraient eu une vision de leur fille accompagnée d'un agneau immaculé.

L'église Sainte-Agnès hors les murs à Rome abrite sa tombe et les catacombes qui portent son nom. Sainte Agnès est citée dans la prière eucharistique n° 1.

3e dimanche

26 JANVIER 2020

L'Évangile du Royaume est pour tous

Le royaume des Cieux est accessible à tous, il n'est pas réservé à un peuple ou à une catégorie sociale. Pour en franchir le seuil, le seul passeport requis est la conversion du cœur. Dès la naissance de l'Église, l'apôtre Paul doit dire que l'annonce de l'Évangile résiste à toutes les formes d'enfermement et de repli et il donne tort à ceux qui veulent diviser l'Église *(deuxième lecture)*.

Cette première annonce du Royaume est née dans une région qui n'est pas sans signification : la Galilée des nations, dont la ville de Capharnaüm est emblématique puisque cette ville est un véritable lieu de passage et d'échanges où les populations juives et païennes se mélangent. C'est dans ce milieu ambiant que Jésus appelle les premiers apôtres, Pierre, André, Jacques et Jean.

Que ce soit dans le contexte de l'arrestation de Jean Baptiste ou en mesurant la particularité géographique de « la route de la mer » de Galilée, il apparaît que le début de la mission de Jésus est sous le signe du mouvement et du changement radical : les Apôtres, des juifs de Galilée, quittent leur métier et leur famille sur le simple appel du Christ. Ils sont les premiers témoins de la conversion demandée par Jésus. Fallait-il que la rencontre de Jésus, non seulement arrive au bon moment de leur existence, mais qu'elle soit suffisamment porteuse d'avenir pour partir ainsi à sa suite !

Les signes du Royaume sont posés : enseignement et guérison, paroles et gestes. En répondant à l'appel du Ressuscité à ses Apôtres : « De toutes les nations, faites des disciples » (Mt 28, 19), l'Église continue à dire la parole de Dieu et à poser les gestes qui sauvent. Aujourd'hui, le royaume des Cieux se réalise en chacun par les Écritures et par les sacrements : parce qu'ils sont les signes du Royaume, ils sont offerts à tous, sans restriction.

Des chants sont proposés du 2e au 7e dimanche, p. 159.

Prière d'ouverture

Dieu éternel et tout-puissant, dirige notre vie selon ton amour, afin qu'au nom de ton Fils bien-aimé, nous portions des fruits en abondance. Par Jésus Christ.

1re lecture

La Galilée des nations

→ **Lecture du livre du prophète Isaïe** 8, 23b – 9, 3

Dans un premier temps, le Seigneur a couvert de honte le pays de Zabulon et le pays de Nephtali ; mais ensuite, il a couvert de gloire la route de la mer, le pays au-delà du Jourdain, et la Galilée des nations. Le peuple qui marchait dans les ténèbres a vu se lever une grande lumière ; et sur les habitants du pays de l'ombre, une lumière a resplendi.

Tu as prodigué la joie, tu as fait grandir l'allégresse : ils se réjouissent devant toi, comme on se réjouit de la moisson, comme on exulte au partage du butin. Car le joug qui pesait sur lui, la barre qui meurtrissait son épaule, le bâton du tyran, tu les as brisés comme au jour de Madiane.

Psaume 26

R/ Le Seigneur est ma lumière et mon salut.

Le Seigneur est ma lumière et mon salut,
de qui aurais-je crainte ?
Le Seigneur est le rempart de ma vie,
devant qui tremblerais-je ?

J'ai demandé une chose au Seigneur,
la seule que je cherche :
habiter la maison du Seigneur
tous les jours de ma vie,

Mais j'en suis sûr, je verrai les bontés du Seigneur
sur la terre des vivants.
« Espère le Seigneur, sois fort et prends courage ;
espère le Seigneur. »

2e lecture *« Pas de division entre vous »*

→ Lecture de la première lettre de saint Paul apôtre aux Corinthiens 1, 10-13.17

Frères, je vous exhorte au nom de notre Seigneur Jésus Christ : ayez tous un même langage ; qu'il n'y ait pas de division entre vous, soyez en parfaite harmonie de pensées et d'opinions. Il m'a été rapporté à votre sujet, mes frères, par les gens de chez Chloé, qu'il y a entre vous des rivalités.

Je m'explique. Chacun de vous prend parti en disant : « Moi, j'appartiens à Paul », ou bien : « Moi, j'appartiens à Apollos », ou bien : « Moi, j'appartiens à Pierre », ou bien : « Moi, j'appartiens au Christ ».

Le Christ est-il donc divisé ? Est-ce Paul qui a été crucifié pour vous ? Est-ce au nom de Paul que vous avez été baptisés ? Le Christ, en effet, ne m'a pas envoyé pour baptiser, mais pour annoncer l'Évangile, et cela sans avoir recours au langage de la sagesse humaine, ce qui rendrait vaine la croix du Christ.

Alléluia. Alléluia. Jésus proclamait l'Évangile du Royaume, et guérissait toute maladie dans le peuple. **Alléluia.**

Évangile *Jésus parcourt la Galilée*

La lecture du texte entre crochets est facultative.

→ Évangile de Jésus Christ selon saint Matthieu 4, 12-23

Quand Jésus apprit l'arrestation de Jean le Baptiste, il se retira en Galilée. Il quitta Nazareth et vint habiter à Capharnaüm, ville située au bord de la mer de Galilée,

TEMPS ORDINAIRE

dans les territoires de Zabulon et de Nephtali. C'était pour que soit accomplie la parole prononcée par le prophète Isaïe : *Pays de Zabulon et pays de Nephtali, route de la mer et pays au-delà du Jourdain, Galilée des nations ! Le peuple qui habitait dans les ténèbres a vu une grande lumière. Sur ceux qui habitaient dans le pays et l'ombre de la mort, une lumière s'est levée.*

À partir de ce moment, Jésus commença à proclamer : « Convertissez-vous, car le royaume des Cieux est tout proche. »

[Comme il marchait le long de la mer de Galilée, il vit deux frères, Simon, appelé Pierre, et son frère André, qui jetaient leurs filets dans la mer ; car c'étaient des pêcheurs. Jésus leur dit : « Venez à ma suite, et je vous ferai pêcheurs d'hommes. » Aussitôt, laissant leurs filets, ils le suivirent. De là, il avança et il vit deux autres frères, Jacques, fils de Zébédée, et son frère Jean, qui étaient dans la barque avec leur père, en train de réparer leurs filets. Il les appela. Aussitôt, laissant la barque et leur père, ils le suivirent.

Jésus parcourait toute la Galilée ; il enseignait dans leurs synagogues, proclamait l'Évangile du Royaume, guérissait toute maladie et toute infirmité dans le peuple.]

Pour la prière universelle

Nous pouvons prier :
– pour les associations de soins et d'aide aux lépreux et pour toutes celles qui œuvrent dans les pays en guerre ou auprès des personnes victimes de catastrophes ;
– pour les apôtres d'aujourd'hui qui suivent le Christ et l'annoncent à tout vent ;
– pour ceux qui animent des lieux de rencontre multiculturels et qui cherchent le dialogue ;
– pour l'Église catholique universelle qui refuse les nationalismes et le repli identitaire.

Prière sur les offrandes

Dans ta bonté, Seigneur, accepte notre offrande : qu'elle soit sanctifiée et serve ainsi à notre salut. Par Jésus.

Prière après la communion

Permets, nous t'en prions, Dieu tout-puissant, qu'ayant reçu de toi la grâce d'une nouvelle vie, nous puissions nous en émerveiller toujours. Par Jésus.

Où chercher Dieu ?

« Depuis que le Christ a planté sa tente au beau milieu de nous, il y a quelque chose de radicalement changé au cœur du monde. L'humanité est entrée en Dieu et Dieu a pénétré dans toute la réalité terrestre, jusqu'au cœur du cosmos. En Jésus-Christ, la présence de Dieu irradie le centre du monde mais surtout le cœur de l'homme. On ne peut plus parler de Dieu sans parler de l'homme, ni parler de l'homme sans nommer Dieu. C'est pourquoi "aucun homme ne naît sans le Christ", dira saint Jérôme. »

Jean Lafrance, *Prie ton Père dans le secret*, Abbaye Ste Scholastique de Dourgne, 1978, p. 49.

CALENDRIER LITURGIQUE

Di 26	**3e dimanche A.** *Liturgie des Heures : Psautier semaine III.* [S. Timothée et S. Tite, compagnons de S. Paul.]
Lu 27	*Ste Angèle Merici, vierge, fondatrice des Ursulines, † 1540 à Brescia (Italie).* 2 Samuel 5, 1-7.10 ; Ps 88 ; Marc 3, 22-30 : « C'en est fini de Satan »
Ma 28	S. Thomas d'Aquin, prêtre, dominicain, docteur de l'Église, † 1274 (7 mars) à Fossanova (Italie), enseveli à Toulouse. 2 Samuel 6, 12b-15.17-19 ; Ps 23 ; Marc 3, 31-35 : « Celui qui fait la volonté de Dieu, celui-là est pour moi un frère, une sœur, une mère »
Me 29	2 Samuel 7, 4-17 ; Ps 88 ; Marc 4, 1-20 : « Voici que le semeur sortit pour semer »
Je 30	En Belgique, S. Mutien-Marie, frère des écoles chrétiennes, † 1917. 2 Samuel 7, 18-19.24-29 ; Ps 131 ; Marc 4,21-25 : « La lampe est apportée pour être mise sur le lampadaire. La mesure que vous utilisez sera utilisée pour vous »
Ve 31	S. Jean Bosco, prêtre, fondateur des Salésiens, † 1888 à Turin. 2 Samuel 11, 1-4a.5-10a.13-17 ; Ps 50 ; Marc 4, 26-34 : « L'homme qui jette en terre la semence, qu'il dorme ou qu'il se lève, la semence grandit, il ne sait comment »
Sa 1er	2 Samuel 12, 1-7a.10-17 ; Ps 50 ; Marc 4, 35-41 : « Qui est-il donc, celui-ci, pour que même le vent et la mer lui obéissent ? »

Bonne fête ! 26 : Timothée, Tite, Paule, Pauline, Mélanie. 27 : Angèle, Angélique, Julien. 28 : Thomas. 29 : Gildas. 30 : Bathilde, Jacinthe, Martine. 31 : Marcelle, Alban. 1er février : Ella, Véridiana.

Pour mémoire : Aujourd'hui, dernier dimanche de janvier, journée mondiale des lépreux, fondée en 1954 par Raoul Follereau (+ 1977) et célébrée aujourd'hui dans 127 pays.

Saint Thomas d'Aquin (28 janvier). Thomas est né en 1225 à Aquin en Italie. Il entre dans l'ordre des Prêcheurs (Dominicains) vers l'âge de 18 ans. Il enseigne dans les nombreuses écoles théologiques réputées au Moyen Âge : Cologne, Paris, Rome, Bologne... Il est l'un des plus grands penseurs chrétiens de l'Occident du XIIIe siècle.

Sa théologie, notamment sa *Somme théologique*, a joué un rôle important au cours des siècles, tout spécialement lors du concile de Trente (XVIe s.). Il fut proclamé docteur de l'Église par le pape Pie V en 1567. Sa pensée qui n'a eu de cesse d'articuler ensemble la foi et la raison, continue d'inspirer la réflexion théologique actuelle et le travail universitaire.

« Saint Thomas occupe une place toute particulière, non seulement pour le contenu de sa doctrine, mais aussi pour le dialogue qu'il sut instaurer avec la pensée arabe et la pensée juive de son temps. À une époque où les penseurs chrétiens redécouvraient les trésors de la philosophie antique, et plus directement aristotélicienne, il eut le grand mérite de mettre au premier plan l'harmonie qui existe entre la raison et la foi. La lumière de la raison et celle de la foi viennent toutes deux de Dieu, expliquait-il ; c'est pourquoi elles ne peuvent se contredire » (Jean-Paul II, encyclique *Fides et ratio*, 1998).

LA HIÉRARCHIE DES FÊTES LITURGIQUES

Selon l'importance des événements, les célébrations prennent plus ou moins d'ampleur. Ce qui est vrai pour la vie courante (anniversaires, commémorations d'armistice, inaugurations) se retrouve dans le calendrier liturgique : dans le calendrier liturgique de ce missel, les **SOLENNITÉS** sont présentées en capitales et en caractères gras, les FÊTES en lettres capitales maigres ; les titres des mémoires sont écrits en minuscules, mais *en italique* si elles sont facultatives.

Le concile Vatican II a voulu que la réforme liturgique place le **dimanche** au cœur de la vie chrétienne. En ce « jour du Seigneur », l'Église commémore la résurrection du Christ. Il a rang de solennité, premier degré de toutes les fêtes liturgiques.

Par les **SOLENNITÉS** proprement dites, on célèbre d'abord les principaux mystères du Seigneur : l'Annonciation de sa venue, sa Nativité à Noël, son Épiphanie, sa Résurrection à Pâques, son Ascension, la Trinité, le Saint-Sacrement du Corps et du Sang du Christ, le Sacré-Cœur de Jésus et enfin le Christ Roi de l'univers. Pour marquer l'importance de Pâques, tous les jours de l'octave sont des solennités. À cela s'ajoutent les solennités des saints et d'abord de la Mère de Dieu, de l'Assomption, de l'Immaculée Conception, puis de saint Joseph, saint Jean Baptiste, des saints Pierre et Paul et de la Toussaint. Une grande solennité passe inaperçue parce qu'elle se situe à une date variable selon les lieux : la solennité de la dédicace de l'église locale. Aux solennités, le déroulement de la messe est celui du dimanche avec le *Gloria*, deux lectures avant l'évangile, et le *Credo*. Ces solennités l'emportent sur les dimanches du Temps ordinaire.

Les FÊTES sont de moindre importance. Elles célèbrent d'abord un événement de la vie du Christ comme sa Présentation au Temple, son Baptême, sa Transfiguration et sa Croix glorieuse (ces fêtes du Seigneur ont préséance sur un dimanche du Temps ordinaire), ainsi que la Sainte Famille. Elles concernent aussi les saints principaux de l'Église, les Apôtres notamment. À la messe, on chante ou on dit alors le *Gloria*.

Les mémoires sont de troisième ordre et elles correspondent à la célébration d'un saint. La messe connaît alors le déroulement ordinaire de semaine avec une seule lecture avant l'évangile. Les mémoires sont obligatoires ou facultatives selon l'importance que revêt le saint pour l'Église universelle ou pour la localité.

Il peut arriver qu'il y ait coïncidence de plusieurs célébrations : par exemple, la solennité de l'Annonciation (25 mars) ne peut avoir lieu pendant la Semaine sainte. Dans ce cas, on reporte cette solennité à la première date « disponible », soit dans cet exemple le lundi de la deuxième semaine du Temps pascal. Mais si elle tombe un dimanche du Carême, elle est reportée au lendemain. Il en va de même pour l'Immaculée Conception (8 décembre) si elle tombe un dimanche de l'Avent.

La liturgie des Heures se trouve aussi modifiée selon le degré de la fête avec des éléments plus ou moins significatifs de ce qui est célébré (antiennes faisant référence à la vie du saint ou citations bibliques qui le concernent).

É. B.

Présentation de Jésus au Temple

2 FÉVRIER 2020

Jésus est le messie attendu

Pour un dimanche, nous quittons l'évangéliste Matthieu pour retrouver saint Luc, le spécialiste de la petite enfance de Jésus ! La présentation de Jésus au Temple vient compléter le diptyque de Noël et de l'Épiphanie. La visée de ces récits est de montrer que Jésus est bien le messie attendu par le peuple d'Israël. Ce messie vient accomplir la loi donnée à Israël, il se manifeste à Jérusalem, la ville sainte, et il est annoncé par les prophètes. Cet évangile de la présentation ne nous dit pas autre chose.

La loi est accomplie par les parents de Jésus. Elle demandait qu'en mémoire de la libération d'Israël, le père présente son premier-né au Temple. De plus, la loi déclarait toute femme israélite impure après un enfantement. Pour sa purification rituelle, Marie vient offrir deux colombes, l'offrande réservée aux pauvres. L'accomplissement de ce rituel témoigne que Jésus est véritablement fils d'Israël.

Le messie est annoncé par les prophètes. Ici, deux prophètes âgés, le vieillard Syméon dont l'évangile dit que l'Esprit Saint est sur lui, et la vieille veuve Anne. Ils sont, comme le sera Jean Baptiste, les témoins oculaires de l'identité de Jésus. Syméon qui attendait « la consolation d'Israël », c'est-à-dire le messie, dit que ses yeux « ont vu le salut » et Anne prophétise sur l'enfant comme étant celui qui vient délivrer Israël.

Le temps de la préparation est donc terminé, le salut que Dieu préparait à la face des peuples est arrivé. L'ancienne alliance, voire la vieille alliance entre Dieu et Israël, se transforme en salut pour toute l'humanité et c'est au Temple, à Jérusalem, là où déjà le prophète Malachie situait l'entrée glorieuse du Seigneur (*première lecture*) que cette révélation est donnée.

À l'aube de la mission messianique du Christ, dans cette révélation encore intime de la présentation au Temple, transparaissent déjà l'offrande du Christ et la lumière pascale.

CHANTER

Pour la procession des lumières, ***Joyeuse lumière*** **I 17 CNA 477** ou **806**, ***Lumière des hommes*** **G 127-2 CNA 422.**

Après la communion, ***Tu es la vraie lumière*** **D 86 CNA 595**, ***Dieu, nous avons vu ta gloire*** **F 64**, ***Jésus le Christ, lumière intérieure*** **Taizé.**

CÉLÉBRER

Il est de tradition que cette fête, qui célèbre le Christ lumière du monde, donne lieu à une bénédiction et une procession de cierges. Elles peuvent avoir lieu sous forme de procession ou sous forme d'entrée solennelle.

Bénédiction des cierges

Après la monition le prêtre bénit les cierges, en disant l'une des deux prières suivantes :

Dieu qui es la source et l'origine de toute lumière, toi qui as montré au vieillard Syméon la lumière qui éclaire les nations, nous te supplions humblement : que ta bénédiction ✠ sanctifie ces cierges ; exauce la prière de ton peuple qui s'est ici rassemblé pour les recevoir et les porter à la louange de ton Nom : qu'en avançant au droit chemin, nous parvenions à la lumière qui ne s'éteint jamais. Par Jésus, le Christ, notre Seigneur.

Ou bien

Seigneur Dieu, véritable lumière, source et foyer de la lumière éternelle, fais resplendir au cœur de tes fidèles la lumière qui jamais ne s'éteint ; donne à ceux qui portent ces cierges, et qui en sont illuminés dans ce temple, de parvenir à la splendeur de ta gloire. Par Jésus, le Christ, notre Seigneur.

Messe

Prière d'ouverture

Dieu éternel et tout-puissant, nous t'adressons cette humble prière : puisque ton Fils unique, ayant revêtu notre chair, fut en ce jour présenté dans le temple, fais que nous puissions aussi, avec une âme purifiée, nous présenter devant toi. Par Jésus Christ.

1re lecture

« Soudain viendra dans son Temple le Seigneur que vous cherchez »

→ **Lecture du livre du prophète Malachie** 3, 1-4

Ainsi parle le Seigneur Dieu : Voici que j'envoie mon messager pour qu'il prépare le chemin devant moi ; et soudain viendra dans son Temple le Seigneur que vous cherchez. Le messager de l'Alliance que vous désirez, le voici qui vient, – dit le Seigneur de l'univers. Qui pourra soutenir le jour de sa venue ? Qui pourra rester debout lorsqu'il se montrera ? Car il est pareil au feu du fondeur, pareil à la lessive des blanchisseurs. Il s'installera pour fondre et purifier : il purifiera les fils de Lévi, il les affinera comme l'or et l'argent ; ainsi pourront-ils, aux yeux du Seigneur, présenter l'offrande en toute justice. Alors, l'offrande de Juda et de Jérusalem sera bien accueillie du Seigneur, comme il en fut aux jours anciens, dans les années d'autrefois.

Psaume 23

R/ **C'est le Seigneur, Dieu de l'univers ;**
c'est lui, le roi de gloire.

Portes, levez vos frontons,
élevez-vous, portes éternelles :
qu'il entre, le roi de gloire !

Qui est ce roi de gloire ?
C'est le Seigneur, le fort, le vaillant,
le Seigneur, le vaillant des combats.

Portes, levez vos frontons,
levez-les, portes éternelles :
qu'il entre, le roi de gloire !

Qui donc est ce roi de gloire ?
C'est le Seigneur, Dieu de l'univers ;
c'est lui, le roi de gloire.

2e lecture *« Il lui fallait se rendre en tout semblable à ses frères »*

→ Lecture de la lettre aux Hébreux 2, 14-18

Puisque les enfants des hommes ont en commun le sang et la chair, Jésus a partagé, lui aussi, pareille condition : ainsi, par sa mort, il a pu réduire à l'impuissance celui qui possédait le pouvoir de la mort, c'est-à-dire le diable, et il a rendu libres tous ceux qui, par crainte de la mort, passaient toute leur vie dans une situation d'esclaves. Car ceux qu'il prend en charge, ce ne sont pas les anges, c'est la descendance d'Abraham. Il lui fallait donc se rendre en tout semblable à ses frères, pour devenir un grand prêtre miséricordieux et digne de foi pour les relations avec Dieu, afin d'enlever les péchés du peuple. Et parce qu'il a souffert jusqu'au bout l'épreuve de sa Passion, il est capable de porter secours à ceux qui subissent une épreuve.

Alléluia. Alléluia. Lumière qui se révèle aux nations et donne gloire à ton peuple Israël. **Alléluia.**

Évangile

La sainte Rencontre

➜ Évangile de Jésus Christ selon saint Luc

Lc 2, 22-40 (lecture brève 2,22-32)

La lecture du texte entre crochets est facultative.

Quand fut accompli le temps prescrit par la loi de Moïse pour la purification, les parents de Jésus l'amenèrent à Jérusalem pour le présenter au Seigneur, selon ce qui est écrit dans la Loi : *Tout premier-né de sexe masculin sera consacré au Seigneur*. Ils venaient aussi offrir le sacrifice prescrit par la loi du Seigneur : *un couple de tourterelles ou deux petites colombes.*

Or, il y avait à Jérusalem un homme appelé Syméon. C'était un homme juste et religieux, qui attendait la Consolation d'Israël, et l'Esprit Saint était sur lui. Il avait reçu de l'Esprit Saint l'annonce qu'il ne verrait pas la mort avant d'avoir vu le Christ, le Messie du Seigneur. Sous l'action de l'Esprit, Syméon vint au Temple. Au moment où les parents présentaient l'enfant Jésus pour se conformer au rite de la Loi qui le concernait, Syméon reçut l'enfant dans ses bras, et il bénit Dieu en disant :

« Maintenant, ô Maître souverain,
tu peux laisser ton serviteur s'en aller
en paix selon ta parole.
Car mes yeux ont vu le salut
que tu préparais à la face des peuples :
Lumière qui se révèle aux nations
et donne gloire à ton peuple Israël. »

[Le père et la mère de l'enfant s'étonnaient de ce qui était dit de lui. Syméon les bénit, puis il dit à Marie sa mère : « Voici que cet enfant provoquera la chute et le relèvement de beaucoup en Israël. Il sera un signe de contradiction et toi, ton âme sera traversée d'un glaive – : ainsi seront dévoilées les pensées qui viennent du cœur d'un grand nombre. »

Il y avait aussi une femme prophète, Anne, fille de Phanuel, de la tribu d'Aser. Elle était très avancée en âge ; après sept ans de mariage, demeurée veuve, elle était arrivée à l'âge de quatre-vingt-quatre ans. Elle ne s'éloignait pas du Temple, servant Dieu jour et nuit dans le jeûne et la prière. Survenant à cette heure même, elle proclamait les louanges de Dieu et parlait de l'enfant à tous ceux qui attendaient la délivrance de Jérusalem.

Lorsqu'ils eurent achevé tout ce que prescrivait la loi du Seigneur, ils retournèrent en Galilée, dans leur ville de Nazareth. L'enfant, lui, grandissait et se fortifiait, rempli de sagesse, et la grâce de Dieu était sur lui.]

Credo

Pour la prière universelle

Nous pouvons prier :
– pour les hommes et les femmes qui ont consacré leur vie au Seigneur et engagé leur existence dans la fidélité à son amour par l'obéissance, la pauvreté et la chasteté ;
– pour les parents qui confient leur enfant nouveau-né à la tendresse de Dieu en demandant le baptême ;
– pour le peuple juif qui demeure le peuple de la première Alliance et qui subit encore la violence ;
– pour les enfants qui se réjouissent de la fête de la Chandeleur.

Prière sur les offrandes

Accueille, Seigneur, avec bonté les dons de ton Église en fête : elle te les présente pour le sacrifice de ton Fils unique, puisque tu as voulu qu'il s'offre à toi comme l'Agneau sans tache pour le salut du monde. Lui qui règne.

Préface

Vraiment, il est juste et bon de te rendre gloire, de t'offrir notre action de grâce, toujours et en tout lieu, à toi, Père très saint, Dieu éternel et tout-puissant. Aujourd'hui, ton Fils éternel est présenté dans le Temple, et l'Esprit Saint, par la bouche de Syméon, le désigne comme la gloire de ton peuple et la lumière des nations. Joyeux nous aussi d'aller à la rencontre du Sauveur, nous te chantons avec les anges et tous les saints, et déjà nous proclamons : **Saint !...**

Prière après la communion

Par cette communion, Seigneur, prolonge en nous l'œuvre de ta grâce, toi qui as répondu à l'espérance de Syméon : tu n'as pas voulu qu'il meure avant d'avoir accueilli le Messie ; puissions-nous aussi obtenir la vie éternelle, en allant à la rencontre du Christ. Lui qui règne.

Vivre la rencontre

« Vivre la rencontre avec Jésus, c'est aussi le remède à la paralysie de la normalité, c'est s'ouvrir au remue-ménage quotidien de la grâce. Se laisser rencontrer par Jésus, faire rencontrer Jésus : c'est le secret pour maintenir vivante la flamme de la vie spirituelle. C'est la manière de ne pas se faire absorber par une vie morne, où les plaintes, l'amertume et les inévitables déceptions prennent le dessus... Se rencontrer en Jésus comme frères et sœurs, comme jeunes et anciens, pour surmonter la rhétorique stérile des "beaux temps passés", pour faire taire le "ici plus rien ne va". Si on rencontre chaque jour Jésus et les frères, le cœur ne se polarise pas vers le passé ou vers l'avenir, mais il vit l'aujourd'hui de Dieu en paix avec tous. »

Pape François, *Homélie lors de la XXIIe Journée mondiale de la vie consacrée*, 2 février 2018.

CALENDRIER LITURGIQUE

Di 2	PRÉSENTATION DU SEIGNEUR AU TEMPLE. *En semaine : Liturgie des Heures : Psautier semaine IV.* *À la messe, textes de la 4e semaine di Temps ordinaire.*
Lu 3	*S. Blaise, évêque de Sébaste (Asie Mineure), martyr, † vers 316.* *S. Anschaire, évêque de Hambourg, † 865.* 2 Samuel 15, 13-14.30 ; 16, 5-13a ; Ps 3 ; Marc 5, 1-20 : « Esprit impur, sors de cet homme ! »
Ma 4	2 Samuel 18, 9-10.14b.24-25a.30–19, 4 ; Ps 85 ; Marc 5, 21-43 : « Jeune fille, je te le dis, lève-toi ! »
Me 5	Ste Agathe, vierge et martyre, † 251 à Catane (Italie). 2 Samuel 24, 2.9-17/ Ps 31 ; Marc 6, 1-6 : « Un prophète n'est méprisé que dans son pays »
Je 6	S. Paul Miki, prêtre, et ses compagnons, martyrs, † 1597 à Nagasaki. *En Belgique, S. Amand, évêque de Maastricht, † 679 ou 684 à Saint-Amand-les-Eaux* 1 Rois 2, 1-4.10-12 ; Cantique 1 Chroniques 29 ; Marc 6, 7-13 : « Il commença à les envoyer en mission »
Ve 7	*En Belgique*, S. Paul Miki et ses compagnons, martyrs, † 1597 à Nagasaki. Ben Sira 47,2-11 ; Ps 17 ; Marc 6, 14-29 : « Celui que j'ai fait décapiter, Jean, le voilà ressuscité ! »
Sa 8	*S. Jérôme Émilien, fondateur des Serviteurs des pauvres, † 1537, à Somasca (Italie).* *Ste Joséphine Bakhita, vierge, esclave soudanaise, puis religieuse, † 1947 à Schio (Italie).* 1 Rois 3, 4-13, Ps 118 ; Marc 6, 30-34 : « Ils étaient comme des brebis sans berger »

Bonne fête ! 2 : Théophane. 3 : Blaise, Anatole, Oscar. 4 : Gilbert, Véronique, Bérénice, Vanessa. 5 : Agathe. 6 : Amand, Gaston, Dorothée, Doris. 7 : Eugénie. 8 : Joséphine, Jacqueline, Jackie.

Pour mémoire : 2 février : Journée de la vie consacrée (religieuses, religieux, instituts séculiers, etc.).

Sainte Agathe (5 février). Sainte Agathe est issue d'une noble et riche famille de Catane en Sicile. Lors de la persécution de Dèce (251), alors qu'elle est âgée de quinze ans, elle est arrêtée sur l'ordre du préfet. Attiré par sa beauté et ses richesses, celui-ci voulut la convaincre de l'épouser. Agathe résista, préservant sa virginité et refusant d'adorer les dieux païens. Elle fut suppliciée, et on lui arracha les seins. C'est pourquoi elle est représentée tenant les attributs de son martyre : un plateau sur lequel sont posés ses deux seins coupés et des tenailles. Ce qui en fait aussi la sainte protectrice des nourrices. On lui attribue de nombreux miracles après sa mort, dont l'interruption d'une coulée de lave de l'Etna aux portes de la ville de Catane. Elle est invoquée lors des éruptions volcaniques.

5e dimanche

9 FÉVRIER 2020

Du sel et une lampe

Deux petites analogies continuent le discours sur la montagne dans lequel Jésus a proclamé les Béatitudes. Deux comparaisons très parlantes par lesquelles l'évangile nous invite à donner goût à la terre en étant comme du sel, et à éclairer le monde en étant comme une lampe qui luit efficacement.

La saveur de la vie est pour chacun quelque chose d'essentiel. De même, le regard que nous portons sur la vie est tributaire d'une lumière spirituelle. C'est elle qui nous permet de percevoir la richesse de nos vies, la beauté d'une famille ou encore la fidélité d'un ami. Ni le sel, ni la lumière ne remplacent la nourriture ou la vie, mais sans eux, la nourriture se décompose et le visage de l'autre ou les contours d'un paysage ne sont plus visibles ; toutes choses qui ressemblent à la mort.

La fonction symbolique de ce sel et de cette lumière est donc paradoxale. En effet, l'objectif est bien, en dernier ressort, de permettre aux hommes de découvrir Dieu et de le glorifier. Et pourtant, il n'est ici question que de sel et de lampe, c'est-à-dire de révélateurs discrets de l'œuvre de Dieu. À ceux qui voudraient tirer une quelconque gloire de leur enseignement ou de leur place à la suite du Christ, Jésus dit : du sel et une lampe. Le disciple du Christ devient un révélateur de Dieu en faisant le bien : un programme limpide et pourtant si difficile parfois...

C'est aussi cette expérience que fait l'apôtre Paul quand il écrit qu'il n'est pas « venu annoncer le mystère de Dieu avec le prestige du langage » *(deuxième lecture)*. Loin des effets de manches ou des fastes, tout est affaire de révélation divine. Pour que l'Esprit se manifeste, il faut que son porte-parole n'envahisse pas tout le champ. Et nous savons d'expérience que l'humilité, voire les hésitations, touchent davantage que des certitudes assénées.

Des chants sont proposés du 2e au 7e dimanche, p. 159.

Prière d'ouverture

Dans ton amour inlassable, Seigneur, veille sur ta famille ; et puisque ta grâce est notre unique espoir, garde-nous sous ta constante protection. Par Jésus Christ.

1re lecture

La lumière se lèvera

→ Lecture du livre du prophète Isaïe 58, 7-10

Ainsi parle le Seigneur : Partage ton pain avec celui qui a faim, accueille chez toi les pauvres sans abri, couvre celui que tu verras sans vêtement, ne te dérobe pas à ton semblable. Alors ta lumière jaillira comme l'aurore, et tes forces reviendront vite. Devant toi marchera ta justice, et la gloire du Seigneur fermera la marche. Alors, si tu appelles, le Seigneur répondra ; si tu cries, il dira : « Me voici. » Si tu fais disparaître de chez toi le joug, le geste accusateur, la parole malfaisante, si tu donnes à celui qui a faim ce que toi, tu désires, et si tu combles les désirs du malheureux, ta lumière se lèvera dans les ténèbres et ton obscurité sera lumière de midi.

Psaume 111

R/ Lumière des cœurs droits,
le juste s'est levé dans les ténèbres.
ou **:**
Alléluia.

Lumière des cœurs droits, il s'est levé dans les ténèbres,
homme de justice, de tendresse et de pitié.
L'homme de bien a pitié, il partage ;
il mène ses affaires avec droiture.

Cet homme jamais ne tombera ;
toujours on fera mémoire du juste.

Il ne craint pas l'annonce d'un malheur :
le cœur ferme, il s'appuie sur le Seigneur.

Son cœur est confiant, il ne craint pas.
À pleines mains, il donne au pauvre ;
à jamais se maintiendra sa justice,
sa puissance grandira, et sa gloire !

2e lecture

Le langage de l'Esprit

→ **Lecture de la première lettre de saint Paul apôtre aux Corinthiens** 2, 1-5

Frères, quand je suis venu chez vous, je ne suis pas venu vous annoncer le mystère de Dieu avec le prestige du langage ou de la sagesse. Parmi vous, je n'ai rien voulu connaître d'autre que Jésus Christ, ce Messie crucifié. Et c'est dans la faiblesse, craintif et tout tremblant, que je me suis présenté à vous. Mon langage, ma proclamation de l'Évangile, n'avaient rien d'un langage de sagesse qui veut convaincre ; mais c'est l'Esprit et sa puissance qui se manifestaient, pour que votre foi repose, non pas sur la sagesse des hommes, mais sur la puissance de Dieu.

Alléluia. Alléluia. Moi, je suis la lumière du monde, dit le Seigneur. Celui qui me suit aura la lumière de la vie. **Alléluia.**

Évangile

Votre lumière brille

→ **Évangile de Jésus Christ selon saint Matthieu** 5, 13-16

En ce temps-là, Jésus disait à ses disciples : « Vous êtes le sel de la terre. Mais si le sel devient fade, comment lui rendre de la saveur ? Il ne vaut plus rien : on le jette dehors et il est piétiné par les gens.

Vous êtes la lumière du monde. Une ville située sur une montagne ne peut être cachée. Et l'on n'allume pas une lampe pour la mettre sous le boisseau ; on la met sur le lampadaire, et elle brille pour tous ceux qui sont dans la maison. De même, que votre lumière brille devant les hommes : alors, voyant ce que vous faites de bien, ils rendront gloire à votre Père qui est aux cieux. »

Pour la prière universelle

Nous pouvons prier :
– pour les malades qui partagent la confiance et l'espérance lors des pèlerinages à Lourdes, et pour ceux qui les accompagnent et que nous fêterons le 11 février ;
– pour ceux et celles qui travaillent à une meilleure répartition des richesses et à une économie solidaire ;
– pour les chrétiens qui témoignent de l'appel du Christ à servir les pauvres ;
– pour l'Église qui, dans son organisation même, cherche à mieux témoigner de l'amour du Christ et à donner place à chacun.

Prière sur les offrandes

Seigneur notre Dieu, tu as voulu choisir dans ta création le pain et le vin qui refont chaque jour nos forces : fais qu'ils deviennent aussi pour nous le sacrement de la vie éternelle. Par Jésus.

Prière après la communion

Tu as voulu, Seigneur, que nous partagions un même pain et que nous buvions à la même coupe : accorde-nous de vivre tellement unis dans le Christ que nous portions du fruit pour le salut du monde. Par Jésus.

Comment parler de Dieu aujourd'hui ?

« À notre époque aussi, un lieu privilégié pour parler de Dieu est la famille, la première école pour transmettre la foi aux nouvelles générations. [...] Il est important d'aider tous les membres de la famille à comprendre que la foi n'est pas un poids, mais une source de joie profonde, elle signifie percevoir l'action de Dieu, reconnaître la présence du bien, qui ne fait pas de bruit ; et elle offre des orientations précieuses pour bien vivre sa propre existence. Enfin, la capacité d'écoute et de dialogue : la famille doit être un milieu dans lequel on apprend à être ensemble, à réconcilier les oppositions dans le dialogue réciproque, qui est fait d'écoute et de parole, à se comprendre et à s'aimer, pour être un signe, l'un pour l'autre, de l'amour miséricordieux de Dieu. »

Benoît XVI, Audience générale du 28 novembre 2012.

CALENDRIER LITURGIQUE

Di 9	**5e dimanche A.** *Liturgie des Heures : Psautier semaine I.*
Lu 10	*Ste* Scholastique, vierge, moniale, sœur de S. Benoît, † vers 547 au Mont-Cassin (Italie). 1 Rois 8, 1-7.9-13 ; Ps 26 ; Marc 6, 53-56 : « Tous ceux qui touchèrent la frange de son manteau étaient sauvés »
Ma 11	*Notre-Dame de Lourdes (1858).* 1 Rois 8, 22-23.27-30 ; Ps 83 ; Marc 7, 1-13 : « Vous laissez de côté le commandement de Dieu, pour vous attacher à la tradition des hommes »
Me 12	1 Rois 10, 1-10 ; Ps 36 ; Marc 7, 14-23 : « Ce qui sort de l'homme, voilà ce qui rend l'homme impur »
Je 13	1 Rois 11, 4-13 ; Ps 105 ; Marc 7, 24-30 : « Les petits chiens, sous la table, mangent bien les miettes des petits enfants ! »
Ve 14	S. CYRILLE, moine, † 869 à Rome, et son frère S. MÉTHODE, évêque de Moravie, † 895, patrons de l'Europe. En Europe, lectures propres : Actes 13,46-49 ou 2 Corinthiens 4,1-2.5-7 ; Ps 116 ; Luc 10,1-9 : « La moisson est abondante, mais les ouvriers sont peu nombreux ».
Sa 15	1 Rois 12, 26-32 ; 13, 33-34 ; Ps 105 ; Marc 8, 1-10 : « Les gens mangèrent et furent rassasiés »

Bonne fête ! 9 : Apolline. 10 : Scholastique, Arnaud. 11 : Lourdes. 12 : Félix. 13 : Béatrice, Jourdain. 14 : Cyrille, Méthode, Valentin, Tino. 15 : Faustin, Georgina, Claude.

Cyrille et Méthode (14 février). Ces deux frères ont évangélisé le monde slave et notamment l'Europe centrale au IXe siècle. Originaires de Thessalonique, ils traduisent les évangiles et la liturgie en se servant d'un alphabet de 38 lettres inventé par Cyrille : l'alphabet cyrillique. Cyrille et Méthode ont été proclamés patrons de l'Europe par l'Église catholique, avec saint Benoît, sainte Catherine de Sienne, sainte Brigitte de Suède, et Sœur Thérèse Bénédicte de la Croix – Édith Stein.

6e dimanche

16 FÉVRIER 2020

L'esprit de la loi

L'horizon des commandements qui régissent les rapports entre les hommes, selon la loi de Dieu donnée à Moise, n'est plus son exécution en tant que telle mais l'accomplissement du Royaume. L'entrée dans le Royaume est la mesure de la loi, elle est en quelque sorte l'esprit de la loi.

La loi nouvelle que dicte Jésus est à la fois semblable aux dix commandements et foncièrement différente. Semblable car elle s'appuie sur eux : le meurtre, l'adultère, la répudiation, le mensonge sont bannis. Mais la loi qu'édicte Jésus dépasse les décrets d'application ou les rubriques. Elle est sans partage en ce qui concerne l'essentiel, elle met en avant la réconciliation entre les personnes, la vérité du cœur et la fidélité à la parole donnée. Aussi avant les rituels et les règles à observer, c'est la totalité de la démarche qui est examinée. La loi ne relève pas d'abord de règles extérieures, même si celles-ci demeurent, mais d'une exigence et d'une régulation intérieure qui ne connaît pas de marchandage ou de demi-mesure. C'est donc à la source des actes que nous posons que l'évangile invite à remonter, et il n'est pas besoin d'actes extrêmes pour comprendre que la conversion demandée par Jésus concerne la totalité de notre existence. Ici réside la dimension libératrice de la loi. En effet, encore une fois, il ne s'agit pas d'un catalogue de prescriptions à observer dont les manquements seraient à décliner dans un confessionnal. Il s'agit plutôt d'un discernement à opérer sous le regard de Dieu et de sa Parole. La formule de la lettre de Paul aux Corinthiens l'exprime parfaitement : « L'Esprit scrute le fond de toutes choses, même les profondeurs de Dieu » (*deuxième lecture*). Ce qui met en évidence ce qui, en nous, « vient du Mauvais », est, en dernier ressort, la confrontation avec l'amour profond de Dieu.

Des chants sont proposés du 2e au 7e dimanche, p. 159.

Prière d'ouverture

Dieu qui veux habiter les cœurs droits et sincères, donne-nous de vivre selon ta grâce, alors tu pourras venir en nous pour y faire ta demeure. Par Jésus Christ.

1re lecture

Le choix qui dépend de nous

→ **Lecture du livre de Ben Sira le Sage** 15, 15-20

Si tu le veux, tu peux observer les commandements, il dépend de ton choix de rester fidèle. Le Seigneur a mis devant toi l'eau et le feu : étends la main vers ce que tu préfères. La vie et la mort sont proposées aux hommes, l'une ou l'autre leur est donnée selon leur choix. Car la sagesse du Seigneur est grande, fort est son pouvoir, et il voit tout. Ses regards sont tournés vers ceux qui le craignent, il connaît toutes les actions des hommes. Il n'a commandé à personne d'être impie, il n'a donné à personne la permission de pécher.

Psaume 118

R/ **Heureux ceux qui marchent suivant la loi du Seigneur.**

Heureux les hommes intègres dans leurs voies
qui marchent suivant la loi du Seigneur !
Heureux ceux qui gardent ses exigences,
ils le cherchent de tout cœur !

Toi, tu promulgues des préceptes
à observer entièrement.
Puissent mes voies s'affermir
à observer tes commandements !

Sois bon pour ton serviteur, et je vivrai,
j'observerai ta parole.

Ouvre mes yeux,
que je contemple les merveilles de ta loi.

Enseigne-moi, Seigneur, le chemin de tes ordres ;
à les garder, j'aurai ma récompense.
Montre-moi comment garder ta loi,
que je l'observe de tout cœur.

2e lecture

La véritable sagesse

→ Lecture de la première lettre de saint Paul apôtre aux Corinthiens 2, 6-10

Frères, c'est bien de sagesse que nous parlons devant ceux qui sont adultes dans la foi, mais ce n'est pas la sagesse de ce monde, la sagesse de ceux qui dirigent ce monde et qui vont à leur destruction. Au contraire, ce dont nous parlons, c'est de la sagesse du mystère de Dieu, sagesse tenue cachée, établie par lui dès avant les siècles, pour nous donner la gloire. Aucun de ceux qui dirigent ce monde ne l'a connue, car, s'ils l'avaient connue, ils n'auraient jamais crucifié le Seigneur de gloire. Mais ce que nous proclamons, c'est, comme dit l'Écriture :

ce que l'œil n'a pas vu,
ce que l'oreille n'a pas entendu,
ce qui n'est pas venu à l'esprit de l'homme,
ce que Dieu a préparé pour ceux dont il est aimé.

Et c'est à nous que Dieu, par l'Esprit, en a fait la révélation. Car l'Esprit scrute le fond de toutes choses, même les profondeurs de Dieu.

Alléluia. Alléluia. Tu es béni, Père, Seigneur du ciel et de la terre, tu as révélé aux tout-petits les mystères du Royaume. **Alléluia.**

Évangile

La loi véritable

→ Évangile de Jésus Christ selon saint Matthieu 5, 17-37

La lecture du texte entre crochets est facultative.

En ce temps-là, Jésus disait à ses disciples : [« Ne pensez pas que je sois venu abolir la Loi ou les Prophètes : je ne suis pas venu abolir, mais accomplir. Amen, je vous le dis : Avant que le ciel et la terre disparaissent, pas un seul iota, pas un seul trait ne disparaîtra de la Loi jusqu'à ce que tout se réalise. Donc, celui qui rejettera un seul de ces plus petits commandements, et qui enseignera aux hommes à faire ainsi, sera déclaré le plus petit dans le royaume des Cieux. Mais celui qui les observera et les enseignera, celui-là sera déclaré grand dans le royaume des Cieux. Je vous le dis en effet :] Si votre justice ne surpasse pas celle des scribes et des pharisiens, vous n'entrerez pas dans le royaume des Cieux.

Vous avez appris qu'il a été dit aux anciens : *Tu ne commettras pas de meurtre*, et si quelqu'un commet un meurtre, il devra passer en jugement. Eh bien ! moi, je vous dis : Tout homme qui se met en colère contre son frère devra passer en jugement. [Si quelqu'un insulte son frère, il devra passer devant le tribunal. Si quelqu'un le traite de fou, il sera passible de la géhenne de feu. Donc, lorsque tu vas présenter ton offrande à l'autel, si, là, tu te souviens que ton frère a quelque chose contre toi, laisse ton offrande, là, devant l'autel, va d'abord te réconcilier avec ton frère, et ensuite viens présenter ton offrande. Mets-toi vite d'accord avec ton adversaire pendant que tu es en chemin avec lui, pour éviter que ton adversaire ne te livre au juge, le juge au garde, et qu'on ne te jette en prison. Amen, je te le dis : tu n'en sortiras pas avant d'avoir payé jusqu'au dernier sou.]

Vous avez appris qu'il a été dit : *Tu ne commettras pas d'adultère.* Eh bien ! moi, je vous dis : Tout homme qui regarde une femme avec convoitise a déjà commis l'adultère avec elle dans son cœur. [Si ton œil droit entraîne ta chute, arrache-le et jette-le loin de toi, car mieux vaut pour toi perdre un de tes membres que d'avoir ton corps tout entier jeté dans la géhenne. Et si ta main droite entraîne ta chute, coupe-la et jette-la loin de toi, car mieux vaut pour toi perdre un de tes membres que d'avoir ton corps tout entier qui s'en aille dans la géhenne.

Il a été dit également : *Si quelqu'un renvoie sa femme, qu'il lui donne un acte de répudiation.* Eh bien ! moi, je vous dis : Tout homme qui renvoie sa femme, sauf en cas d'union illégitime, la pousse à l'adultère ; et si quelqu'un épouse une femme renvoyée, il est adultère.]

Vous avez encore appris qu'il a été dit aux anciens : *Tu ne manqueras pas à tes serments, mais tu t'acquitteras de tes serments envers le Seigneur.* Eh bien ! moi, je vous dis de ne pas jurer du tout, ni par le ciel, car c'est le trône de Dieu, ni par la terre, car elle est son marchepied, ni par Jérusalem, car elle est la Ville du grand Roi. Et ne jure pas non plus sur ta tête, parce que tu ne peux pas rendre un seul de tes cheveux blanc ou noir. Que votre parole soit "oui", si c'est "oui", "non", si c'est "non". Ce qui est en plus vient du Mauvais. »

Pour la prière universelle

Nous pouvons prier :
– pour ceux qui exercent un ministère d'accompagnement auprès de leurs frères : qu'ils soient les témoins de l'amour pardonnant et libérateur du Seigneur ;
– pour les prêtres qui exercent le ministère du pardon et de la réconciliation : qu'ils encouragent les fidèles dans le chemin de la conversion ;
– pour les juristes, les responsables des lois civiles : qu'ils cherchent la justice et préservent l'équité quand celle-ci est menacée ;

– pour les enfants et leurs familles qui sont en vacances ; qu'ils trouvent, dans ce temps de repos, des occasions de rencontre vraie et d'amitié.

Prière sur les offrandes

Que cette eucharistie, Seigneur, notre Dieu, nous purifie et nous renouvelle ; qu'elle donne à ceux qui font ta volonté le bonheur que tu leur as promis. Par Jésus.

Prière après la communion

Tu nous as donné, Seigneur, de goûter aux joies du ciel : fais que nous ayons toujours soif des sources de la vraie vie. Par Jésus.

Aime et fais ce que tu veux

« Certaines choses paraissent dures, pénibles, mais on les accomplit pour corriger, inspiré par la charité. Ainsi voilà, une fois pour toutes, le court précepte qu'on te dicte : "Aime et fais ce que tu veux !" (*Dilige et quod vis fac !*) Si tu te tais, tu te tais par amour ; si tu cries, tu cries par amour ; si tu corriges, tu corriges par amour ; si tu épargnes, tu épargnes par amour. Qu'au dedans se trouve la racine de la charité. De cette racine rien ne peut sortir que de bon. »

Saint Augustin, *Homélies sur la première épître de saint Jean*.

CALENDRIER LITURGIQUE

Di 16	**6e dimanche A.** *Liturgie des Heures : Psautier semaine II.*
Lu 17	*Les sept saints fondateurs des Servites de Marie à Florence, IVe siècle.* Jacques 1, 1-11 ; Ps 118 ; Marc 8, 11-13 : « Pourquoi cette génération cherche-t-elle un signe ? »
Ma 18	*En France, Ste Bernadette Soubirous, vierge, † 1879 à Nevers.* Jacques 1, 12-18 ; Ps 93 ; Marc 8, 14-21 : « Prenez garde au levain des pharisiens et au levain d'Hérode ! »
Me 19	Jacques 1, 19-27 ; Ps 14 ; Marc 8, 22-26 : « L'aveugle se trouva guéri, et il distinguait tout avec netteté »
Je 20	Jacques 2, 1-9 ; Ps 33 ; Marc 8, 27-33 : « Tu es le Christ. – Il fallait que le Fils de l'homme souffre beaucoup »
Ve 21	*S. Pierre Damien, cardinal-évêque d'Ostie, docteur de l'Église, † 1072.* Jacques 2, 14-24.26 ; Ps 111 ; Marc 8,34–9,1 : « Celui qui perdra sa vie à cause de moi et de l'Évangile la sauvera »
Sa 22	CHAIRE DE SAINT PIERRE, Apôtre. Lectures propres : 1 Pierre 5, 1-4 ; Ps 22 ; Mt 16, 13-19 : « Tu es Pierre, et je te donnerai les clés du royaume des Cieux ».

Bonne fête ! 16 : Juliette, Paméla. 17 : Alexis. 18 : Bernadette, Siméon, Nadine, Flavien. 19 : Gabin, Boniface. 20 : Aimée. 21 : Damien. 22 : Isabelle.

Sainte Bernadette (18 février). Bernadette Soubirous (1844-1879) est une sainte très vénérée. Adolescente, elle rencontra la Vierge à dix-huit reprises à la grotte de Massabielle. Ces apparitions sont à l'origine du sanctuaire de Lourdes. Née dans une famille aimante mais très pauvre et de santé fragile, elle entre ensuite chez les Sœurs de la Charité de Nevers en 1866 où elle mènera une vie humble et retirée. Elle meurt le 16 avril 1879. Elle est canonisée le 8 décembre 1933. On retiendra cette phrase pleine de sagesse que Bernadette dit à ceux qui l'interrogent sur les apparitions : « Je suis chargée de vous le dire, pas de vous le faire croire ».

7e dimanche

23 FÉVRIER 2020

Aimer ceux qui ne nous aiment pas ?

« Si vous aimez ceux qui vous aiment, quelle récompense méritez-vous ? » (*évangile*). Il y a des paroles de Jésus que l'on se passerait bien d'entendre. Celle-ci nous dit que l'amour, c'est aimer aussi ceux qui ne nous aiment pas ou qui nous aiment mal. Et chacun d'avoir immédiatement des noms et des visages en tête et de se dire : « Non, quand même pas elle (ou lui) ... ! ».

L'appel à la sainteté se fait entendre dès la première Alliance : « Soyez saints » car Dieu est saint (*première lecture*). Voilà qui peut nous rassurer : la source de la sainteté est en Dieu, c'est Dieu lui-même. Jésus demande à ses disciples d'être parfaits comme le Père céleste. Être à l'image de Dieu est notre vocation d'homme. Et cela nous engage. Le christianisme est un chemin de perfection.

Mais il y a comme une pédagogie divine du vivre, elle favorise la progression, elle reconnaît ce qui est déjà accompli et incite à aller plus loin. La loi du talion (œil pour œil, dent pour dent), on le sait, constituait déjà un progrès. Elle régulait la vengeance et la violence et lui donnait une mesure. Mais l'appel de Jésus sort du cadre de la sagesse sociale, il ne s'agit plus de répondre à l'outrage avec mesure, mais sans mesure, c'est-à-dire ne pas y répondre. Tel est l'amour hors normes de Dieu qui « fait tomber la pluie sur les justes et les injustes », sur tous sans exception.

L'amour divin est ouvert à l'universel, sans conditions ni redevance. Et ce qui rend témoignage à cet amour démesuré, au regard du monde, ne peut être qu'à son image. C'est pourquoi, tout défaut d'amour, de partage et de pardon apparaît comme insupportable à l'aune de l'amour divin. C'est pourquoi l'Église est en grande difficulté dès qu'elle déforme l'image de cet amour.

Des chants sont proposés du 2e au 7e dimanche, p. 159.

Prière d'ouverture

Accorde-nous, Dieu tout-puissant, de conformer à ta volonté nos paroles et nos actes dans une inlassable recherche des biens spirituels. Par Jésus Christ.

1re lecture

« Tu aimeras ton prochain comme toi-même »

→ Lecture du livre des Lévites

19, 1-2.17-18

Le Seigneur parla à Moïse et dit : « Parle à toute l'assemblée des fils d'Israël. Tu leur diras : Soyez saints, car moi, le Seigneur votre Dieu, je suis saint.

Tu ne haïras pas ton frère dans ton cœur. Mais tu devras réprimander ton compatriote, et tu ne toléreras pas la faute qui est en lui. Tu ne te vengeras pas. Tu ne garderas pas de rancune contre les fils de ton peuple. Tu aimeras ton prochain comme toi-même. Je suis le Seigneur. »

Psaume 102

R/ Le Seigneur est tendresse et pitié.

Bénis le Seigneur, ô mon âme,
bénis son nom très saint, tout mon être !
Bénis le Seigneur, ô mon âme,
n'oublie aucun de ses bienfaits !

Car il pardonne toutes tes offenses
et te guérit de toute maladie ;
il réclame ta vie à la tombe
et te couronne d'amour et de tendresse.

Le Seigneur est tendresse et pitié,
lent à la colère et plein d'amour ;
il n'agit pas envers nous selon nos fautes,
ne nous rend pas selon nos offenses.

Aussi loin qu'est l'orient de l'occident,
il met loin de nous nos péchés ;
comme la tendresse du père pour ses fils,
la tendresse du Seigneur pour qui le craint !

2e lecture

« Vous êtes un sanctuaire de Dieu »

→ **Lecture de la première lettre de saint Paul apôtre aux Corinthiens** 3, 16-23

Frères, ne savez-vous pas que vous êtes un sanctuaire de Dieu, et que l'Esprit de Dieu habite en vous ? Si quelqu'un détruit le sanctuaire de Dieu, cet homme, Dieu le détruira, car le sanctuaire de Dieu est saint, et ce sanctuaire, c'est vous. Que personne ne s'y trompe : si quelqu'un parmi vous pense être un sage à la manière d'ici-bas, qu'il devienne fou pour devenir sage. Car la sagesse de ce monde est folie devant Dieu. Il est écrit en effet : *C'est lui qui prend les sages au piège de leur propre habileté.* Il est écrit encore : *Le Seigneur le sait :les raisonnements des sages n'ont aucune valeur !*

Ainsi, il ne faut pas mettre sa fierté en tel ou tel homme. Car tout vous appartient, que ce soit Paul, Apollos, Pierre, le monde, la vie, la mort, le présent, l'avenir : tout est à vous, mais vous, vous êtes au Christ, et le Christ est à Dieu.

Alléluia. Alléluia. En celui qui garde la parole du Christ l'amour de Dieu atteint vraiment sa perfection. **Alléluia.**

Évangile

« Aimez vos ennemis »

→ **Évangile de Jésus Christ selon saint Matthieu** 5, 38-48

En ce temps-là, Jésus disait à ses disciples : « Vous avez appris qu'il a été dit : *Œil pour œil*, et *dent pour dent.* Eh bien ! moi, je vous dis de ne pas riposter au méchant ; mais si quelqu'un te gifle sur la joue droite, tends-lui encore l'autre.

TEMPS ORDINAIRE

Et si quelqu'un veut te poursuivre en justice et prendre ta tunique, laisse-lui encore ton manteau. Et si quelqu'un te réquisitionne pour faire mille pas, fais-en deux mille avec lui. À qui te demande, donne ; à qui veut t'emprunter, ne tourne pas le dos !

Vous avez appris qu'il a été dit : *Tu aimeras ton prochain* et tu haïras ton ennemi. Eh bien ! moi, je vous dis : Aimez vos ennemis, et priez pour ceux qui vous persécutent, afin d'être vraiment les fils de votre Père qui est aux cieux ; car il fait lever son soleil sur les méchants et sur les bons, il fait tomber la pluie sur les justes et sur les injustes. En effet, si vous aimez ceux qui vous aiment, quelle récompense méritez-vous ? Les publicains eux-mêmes n'en font-ils pas autant ? Et si vous ne saluez que vos frères, que faites-vous d'extraordinaire ? Les païens eux-mêmes n'en font-ils pas autant ?

Vous donc, vous serez parfaits comme votre Père céleste est parfait. »

Pour la prière universelle

Nous pouvons prier :
– pour nos ennemis, pour les personnes envers lesquelles nous n'éprouvons pas d'affection ou de considération ;
– pour les personnes isolées, sans amis ou éloignés de leurs familles : qu'elles trouvent des raisons de ne pas désespérer ;
– pour les éducateurs qui accompagnent les jeunes sur les chemins de l'autonomie et de la rencontre d'autrui ;
– pour les membres de notre communauté : que nous progressions dans l'ouverture à l'autre et son accueil inconditionnel.

Prière sur les offrandes

En célébrant avec respect tes mystères, Seigneur, nous te supplions humblement : que les dons offerts pour te glorifier servent à notre salut. Par Jésus.

Prière après la communion

Nous t'en prions, Dieu tout-puissant, donne-nous de recueillir tous les fruits de salut dont ces mystères sont déjà la promesse et le gage. Par Jésus.

Un hôpital de campagne

« Bien qu'elle propose toujours la perfection et invite à une réponse plus pleine à Dieu, l'Église doit accompagner d'une manière attentionnée ses fils les plus fragiles, marqués par un amour blessé et égaré, en leur redonnant confiance et espérance, comme la lumière du phare d'un port ou d'un flambeau placé au milieu des gens pour éclairer ceux qui ont perdu leur chemin ou qui se trouvent au beau milieu de la tempête. N'oublions pas que souvent la mission de l'Église ressemble à celle d'un hôpital de campagne. »

Pape François, Exhortation post-synodale *Amoris laetitia*, n° 291, 2014.

CALENDRIER LITURGIQUE

Di 23	**7e dimanche A.** *Liturgie des Heures : Psautier semaine III.* [S. Polycarpe, évêque de Smyrne (Asie mineure) et martyr, † 155.]
Lu 24	Jacques 3, 13-18 ; Ps 18a ; Marc 9, 14-29 : « Je crois ! Viens au secours de mon manque de foi ! »
Ma 25	Jacques 4, 1-10 ; Ps 54 ; Marc 9, 30-37 : « Le Fils de l'homme est livré. Si quelqu'un veut être le premier, qu'il soit le dernier de tous »
Me 26	**MERCREDI DES CENDRES**, début du Carême ; jour de jeûne et d'abstinence, p. 210.
Je 27	Lectures du Carême : Deutéronome 30, 15-20 ; Ps 1 ; Luc 9, 22-25 : « Celui qui perdra sa vie à cause de moi la sauvera »
Ve 28	Isaïe 58, 1-9a ; Ps 50 ; Mt 9, 14-15 : « Des jours viendront où l'Époux leur sera enlevé ; alors ils jeûneront »
Sa 1er	Isaïe 58, 9b-14 ; Ps 85 ; Luc 5, 27-32 : « Je ne suis pas venu appeler des justes mais des pécheurs, pour qu'ils se convertissent »

Bonne fête ! 23 : Lazare, Polycarpe. 24 : Modeste, Robert. 25 : Roméo. 26 : Nestor. 27 : Honorine, Gabriel. 28 : Romain. 1er mars : Aubin, Albin.

Saint Polycarpe (23 février). Polycarpe est un martyr du 2e siècle. Évêque de Smyrne (l'actuelle ville d'Izmir en Turquie), il semble qu'il ait connu l'apôtre Jean et d'autres témoins directs du Christ, selon le témoignage de son disciple saint Irénée de Lyon. On le considère comme le dernier témoin de la période apostolique. Il subit le martyre en étant brûlé vif lors de la persécution de Marc-Aurèle. Le récit de son martyre est le plus ancien récit de martyre qui nous soit parvenu. Il fut diffusé dans toute la chrétienté et servit de modèle à d'autres « imitateurs du Christ ».

LE CARÊME

Une perspective baptismale

De tous les temps liturgiques, seul le Carême est présenté dans la Constitution sur la liturgie du Concile Vatican II. Elle indique son double caractère pénitentiel et baptismal. Pendant cette période, les catéchumènes se préparent de manière ultime à recevoir les sacrements de l'Initiation chrétienne (baptême, confirmation et eucharistie) et les fidèles sont appelés à raviver en eux ces sacrements, par la prière et l'écoute de la parole de Dieu. La pénitence a pour but de nous éloigner du péché et d'en demander pardon le cas échéant. « La pénitence du temps de Carême ne doit pas être seulement intérieure et individuelle, mais aussi extérieure et sociale » (*Constitution sur la liturgie*, n° 110). Voilà ce qui donne les raisons des pratiques de jeûnes et d'abstinence ainsi que des efforts de partage et les autres activités caritatives.

Sans doute nous faut-il retrouver davantage le lien qui unit le baptême au mystère pascal. Pour beaucoup de chrétiens, le baptême nous fait devenir enfants de Dieu et nous fait entrer dans l'Église. C'est vrai, mais il faut comprendre que, par les sacrements de l'Initiation chrétienne, nous sommes rendus participants du mystère pascal où le Christ accepte de vivre la mort des hommes pour ressusciter et être vivant à jamais. Confesser la foi des chrétiens, comme nous le ferons de manière solennelle la nuit de Pâques, c'est choisir de vivre cet itinéraire pascal avec le Christ.

Les textes bibliques des dimanches du Carême de l'année « A » nous conduiront sur ce chemin de conversion : avec le Christ, nous irons au désert pour résister à la tentation. Après avoir de nouveau entendu qu'il est le Fils de Dieu à la Transfiguration, nous le verrons à l'œuvre, nous promettant l'eau vive comme à la Samaritaine, rendant la vue à l'aveugle de naissance et ressuscitant son ami

Lazare. À la vue de ces signes, les foules l'acclameront avec des rameaux lors de son entrée triomphale à Jérusalem, la ville sainte où il doit mourir pour ressusciter. Prenons ce chemin de renoncement à tout ce qui nous éloigne de Dieu et à ce qui n'est pas la vie qu'il nous promet en plénitude. Alors nous goûterons la joie de la lumière pascale.

CHANTER AU TEMPS DU CARÊME

Nous proposons un répertoire commun aux cinq dimanches afin d'unifier le temps liturgique.

- On retiendra un même ordinaire de la messe. Ainsi, pour la préparation pénitentielle, ***Jésus, Verbe de Dieu*** **AL 223-1 CNA 696** (couplets 4, 5 et 6), ***Toi qui es venu pour nous sauver*** **C 48-72,** ***Jésus, ami des hommes*** **CNA 185C,** ***Messe de saint Jean Baptiste*** **AL 539** ou le ***Kyrie*** **XVII.**
- Pour l'acclamation de l'Évangile, ***Loué sois-tu, ô Christ*** **MNA 33-24,** ***Gloire au Christ, Parole éternelle*** **U 640 CNA 211.**
- Pour le « ***Saint est le Seigneur*** » **AL 52-77-15, AL 55-53, AL 50-64.**
- Pour la fraction du pain, ***Agneau de Dieu*** **AL 23-12 CNA 295, AL 51-61, AL 52-77-15.**
- Les chants qui suivent serviront aux autres moments de la célébration.
- Pour la procession d'ouverture, ***Rends-nous la joie de ton salut*** **G 268,** ***Avec toi, nous irons au désert*** **GP 229 CNA 414,** ***Sur les routes de l'Alliance*** **G 321,** ***En quel pays de solitude*** **GP 184 CNA 416,** ***Seul maître de la vie*** **GX 14-62-1.**
- Après l'homélie, ***Parle, Seigneur, à notre cœur*** **G 47-93,** ***En quel pays de solitude*** **GP 184 CNA 416,** ***Baptisés dans la mort du Seigneur*** **GU 48-98 CNA 216.**
- Pour la procession de communion, ***Pain véritable*** **D 103 CNA 340,** ***Tu es mon berger*** **X 738,** ***Corps livré, sang versé*** **D 54-18,** ***Prenez et mangez*** **D 52-67,** ***La Sagesse a dressé une table*** **D 580 CNA 332,** ***T'approcher, Seigneur*** **G 22-68-6 CNA 590,** ***Partageons le pain du Seigneur*** **D 39-31 CNA 342.**
- Après la communion, ***Réveille les sources de l'eau vive*** **G 548,** ***Pain de l'espoir*** **GX 12-73,** ***Mendiant du jour*** **DP 574 CA 334,** ***C'est toi ma lampe, Seigneur*** **(Taizé),** ***En toi, Seigneur mon espérance*** **GP 45-35 CNA 417** ou **418,** ***Pour que l'homme soit un fils*** **GP 297-1 CNA 426.**
- À la fin de la célébration, ***Vivons en enfants de lumière*** **G 14-57-1 CNA 430,** (chaque strophe correspond à un dimanche et aux étapes des catéchumènes), ***Peuple de l'Alliance*** **G 244 CNA 425.**

- Si l'on veut caractériser davantage chaque dimanche, on pourra retenir
- Pour le 1er dimanche, ***Vivons en enfants de lumière*** **G 14-57-1 CNA 430.**
- Pour le 2e dimanche, ***Louange à toi, Jésus transfiguré*** **SYL K 220.**
- Pour le 3e dimanche, ***Si tu savais le don de Dieu*** **G 14-59-1 ou GA 300.**
- Pour le 4e dimanche, ***Vers toi je viens, Jésus Christ ma lumière*** **M 26-41 CNA 429.**
- Pour le 5e dimanche, ***Il a passé la mort*** **G 14-63-1.**

CÉLÉBRER

Pendant le Carême on ne chante pas d'alléluia, ni pour acclamer l'évangile, ni dans les chants ou les acclamations qui en comportent. Ce mot qui signifie littéralement « louez Yah(vé) » est directement associé à Pâques et au Temps pascal où le peuple de Dieu exprime sa louange pour la victoire du Christ sur la mort. Le « Gloria » disparaît aussi jusqu'à Pâques, sauf le Jeudi saint et aux solennités.
D'autres signes portent la marque de la pénitence pendant le Carême : il est prévu que l'orgue ne joue que pour l'accompagnement des chants ; c'est l'occasion de partager ensemble ces temps de silence et de méditation.
L'autel n'est pas fleuri au Carême sauf au quatrième dimanche ainsi qu'aux jours de fête et de solennité.

Mercredi des Cendres

26 FÉVRIER 2020

Qu'agisse en nous la grâce du baptême !

Le mot de « pénitence » associé au Carême suscite rarement l'enthousiasme. Les efforts qu'elle suppose ne trouvent pas toujours leur justification, même dans l'esprit des plus pratiquants et il n'est pas facile de comprendre spontanément quelles pénitences mériteraient les disciples du Christ.

Plus précisément, le prophète Joël appelle à la conversion pour échapper au châtiment de Dieu (*première lecture*). Le contexte de sa prédication est celui d'une infidélité du peuple dans laquelle nous ne nous reconnaîtrons peut-être pas. Même si nous n'avions pas péché, toute notre vie de chrétien consiste à nous tourner davantage vers le Seigneur, comme le font les catéchumènes : rejeter les pratiques païennes qui marquent toute vie humaine pour se conformer aux commandements de Dieu.

Le temps du Carême est donc pour tous, catéchumènes et baptisés, un chemin catéchuménal, chemin de conversion, chemin de réconciliation avec Dieu, avec nos frères et avec nous-mêmes. Saint Paul envisage la réconciliation avec Dieu comme le fruit de la conversion. Si la grâce de Dieu a été donnée au baptême, il nous faut la laisser faire son œuvre (*deuxième lecture*). Pour cela, nous devons poser des actes qui permettent à Dieu d'agir en nous : c'est ainsi que les pratiques de pénitence et d'ascèse trouvent leur justification.

Toute la prédication du Christ consiste essentiellement en un appel à la conversion pour accueillir le royaume de Dieu. Dans son enseignement aux disciples, Jésus leur indique une manière de vivre centrée sur Dieu et non pas sur eux-mêmes. C'est le message de ce jour alors que nous voulons souvent nous nourrir des images positives que nous donnons de nous-mêmes. En rappelant les trois attitudes significatives de la conversion (l'aumône, la prière et le jeûne), Jésus indique qu'elles n'ont de valeur que pratiquées dans le secret. C'est dans cette vérité que se trouve la vraie vie, celle que Dieu donne, la vie éternelle. Alors avec le psalmiste nous pourrons dire : « Rends-moi la joie d'être sauvé ; que l'esprit généreux me soutienne » (*psaume*).

Des chants sont proposés pour le Carême, p. 208.

Prière d'ouverture

Accorde-nous, Seigneur, de savoir commencer saintement, par une journée de jeûne, notre entraînement au combat spirituel : que nos privations nous rendent plus forts pour lutter contre l'esprit du mal. Par Jésus Christ.

1re lecture

« Revenez au Seigneur votre Dieu »

→ Lecture du livre du prophète Joël 2, 12-18

Maintenant – oracle du Seigneur – revenez à moi de tout votre cœur, dans le jeûne, les larmes et le deuil ! Déchirez vos cœurs et non pas vos vêtements, et revenez au Seigneur votre Dieu, car il est tendre et miséricordieux, lent à la colère et plein d'amour, renonçant au châtiment. Qui sait ? Il pourrait revenir, il pourrait renoncer au châtiment, et laisser derrière lui sa bénédiction : alors, vous pourrez présenter offrandes et libations au Seigneur votre Dieu. Sonnez du cor dans Sion : prescrivez un jeûne sacré, annoncez une fête solennelle, réunissez le peuple, tenez une assemblée sainte, rassemblez les anciens, réunissez petits enfants et nourrissons ! Que le jeune époux sorte de sa maison, que la jeune mariée quitte sa chambre ! Entre le portail et l'autel, les prêtres, serviteurs du Seigneur, iront pleurer et diront : « Pitié, Seigneur, pour ton peuple, n'expose pas ceux qui t'appartiennent à l'insulte et aux moqueries des païens ! Faudra-t-il qu'on dise : “Où donc est leur Dieu ?” »

Et le Seigneur s'est ému en faveur de son pays, il a eu pitié de son peuple.

Psaume 50

R/ **Pitié, Seigneur, car nous avons péché.**

Pitié pour moi, mon Dieu, dans ton amour,
selon ta grande miséricorde, efface mon péché.
Lave-moi tout entier de ma faute,
purifie-moi de mon offense.

Oui, je connais mon péché,
ma faute est toujours devant moi.
Contre toi, et toi seul, j'ai péché,
ce qui est mal à tes yeux, je l'ai fait.

Crée en moi un cœur pur, ô mon Dieu,
renouvelle et raffermis au fond de moi mon esprit.
Ne me chasse pas loin de ta face,
ne me reprends pas ton esprit saint.

Rends-moi la joie d'être sauvé ;
que l'esprit généreux me soutienne.
Seigneur, ouvre mes lèvres,
et ma bouche annoncera ta louange.

2e lecture

« Laissez-vous réconcilier avec Dieu »

→ **Lecture de la deuxième lettre de saint Paul apôtre aux Corinthiens** 5, 20–6, 2

Frères, nous sommes les ambassadeurs du Christ, et par nous c'est Dieu lui-même qui lance un appel : nous le demandons au nom du Christ, laissez-vous réconcilier avec Dieu. Celui qui n'a pas connu le péché, Dieu l'a pour nous identifié au péché, afin qu'en lui nous devenions justes de la justice même de Dieu. En tant que coopérateurs de Dieu, nous vous exhortons encore à ne pas laisser sans effet la grâce reçue de lui. Car il dit dans l'Écriture : Au moment favorable je t'ai exaucé, au jour du salut je t'ai secouru. Le voici maintenant le moment favorable, le voici maintenant le jour du salut.

Ta Parole, Seigneur, est vérité, et ta loi, délivrance. Aujourd'hui, ne fermez pas votre cœur, mais écoutez la voix du Seigneur. **Ta Parole, Seigneur, est vérité, et ta loi, délivrance.**

Évangile

« Ton Père qui voit dans le secret te le rendra »

→ **Évangile de Jésus Christ selon saint Matthieu** 6, 1-6.16-18

En ce temps-là, Jésus disait à ses disciples : « Ce que vous faites pour devenir des justes, évitez de l'accomplir devant les hommes pour vous faire remarquer. Sinon, il n'y a pas de récompense pour vous auprès de votre Père qui est aux cieux. Ainsi, quand tu fais l'aumône, ne fais pas sonner la trompette devant toi, comme les hypocrites qui se donnent en spectacle dans les synagogues et dans les rues, pour obtenir la gloire qui vient des hommes. Amen, je vous le déclare : ceux-là ont reçu leur récompense. Mais toi, quand tu fais l'aumône, que ta main gauche ignore ce que fait ta main droite, afin que ton aumône reste dans le secret ; ton Père qui voit dans le secret te le rendra.

Et quand vous priez, ne soyez pas comme les hypocrites : ils aiment à se tenir debout dans les synagogues et aux carrefours pour bien se montrer aux hommes quand ils prient. Amen, je vous le déclare : ceux-là ont reçu leur récompense. Mais toi, quand tu pries, retire-toi dans ta pièce la plus retirée, ferme la porte, et prie ton Père qui est présent dans le secret ; ton Père qui voit dans le secret te le rendra.

Et quand vous jeûnez, ne prenez pas un air abattu, comme les hypocrites : ils prennent une mine défaite pour bien montrer aux hommes qu'ils jeûnent. Amen, je vous le déclare : ceux-là ont reçu leur récompense. Mais toi, quand tu jeûnes, parfume-toi la tête et lave-toi le visage ; ainsi, ton jeûne ne sera pas connu des hommes, mais seulement de ton Père qui est présent au plus secret ; ton Père qui voit au plus secret te le rendra. »

LITURGIE DES CENDRES

Après l'homélie, qui a fait le lien entre la parole de Dieu et le rite des Cendres, le prêtre prie pour l'assemblée.

• Seigneur notre Dieu, toi qui aimes pardonner à ceux qui s'humilient et veulent réparer leurs torts, prête l'oreille à nos prières ; en ta bonté, répands sur tes serviteurs qui vont recevoir les cendres la grâce de ta bénédiction : par leur fidélité à ce temps de pénitence, qu'ils parviennent avec une âme purifiée à la célébration de la Pâque de ton Fils. Lui qui règne.
• Seigneur notre Dieu, toi qui ne veux pas la mort du pécheur mais sa conversion, dans ta bonté, exauce notre prière ; bénis les cendres dont nous serons marqués, nous qui venons de la terre et devons retourner à la terre. En nous appliquant à observer le Carême, puissions-nous obtenir le pardon de nos péchés et vivre de la vie nouvelle à l'image de ton Fils ressuscité. Lui qui règne.

Ensuite le prêtre impose les cendres à ceux qui le désirent, en disant :

• Convertissez-vous et croyez à l'Évangile.
• Souviens-toi que tu es poussière,
et que tu retourneras en poussière.

Pour la prière universelle

– L'Église doit toujours se convertir. Pour qu'elle sache demander pardon à celles et ceux qui ont été offensés et qu'elle témoigne toujours de l'attention aux plus petits, prions le Seigneur.

– Des hommes et des femmes sont injustement rejetés ou abandonnés. Pour qu'ils bénéficient d'actes de partage en ce temps du Carême, prions le Seigneur.
– Le Carême est souvent pour les catéchumènes un temps d'épreuves alors qu'ils achèvent leur préparation au baptême. Pour qu'ils se sentent entourés par leurs accompagnateurs et par la prière de la communauté, prions le Seigneur.
– Des familles, des collectivités, des communautés humaines ou religieuses sont déchirées par des conflits ou par des divisions. Pour que ce temps de Carême ouvre à des gestes de rencontres, d'échanges et de réconciliation, prions le Seigneur.

Prière sur les offrandes

En t'offrant, au début du Carême, cette eucharistie, nous te supplions, Seigneur : inspire-nous des actes de pénitence et de charité qui nous détournent de nous-mêmes, afin que, purifiés de nos fautes, nous puissions mieux nous unir à la passion de ton Fils. Lui qui règne.

Préface

Vraiment, il est juste et bon de te rendre gloire, de t'offrir notre action de grâce, toujours et en tout lieu, à toi, Père très saint, Dieu éternel et tout-puissant.
Car tu veux, par notre jeûne et nos privations, réprimer nos penchants mauvais, élever nos esprits, nous donner la force et enfin la récompense, par le Christ, notre Seigneur.
Par lui, avec les anges et tous les saints, nous chantons l'hymne de ta gloire, et sans fin nous proclamons : **Saint !...**

Prière après la communion

Que cette communion, Seigneur, nous ouvre à la justice et à la charité, pour que nous observions le seul jeûne que tu aimes et qui mène à notre guérison. Par Jésus.

Mendiant du jour

« Mendiant du jour, je te prends dans mes mains,
comme on prend dans sa main la lampe pour la nuit,
et tu deviens la nuée qui dissout les ténèbres,
la nuée qui dissout les ténèbres.

Mendiant du feu, je te prends dans mes mains,
comme on prend dans sa main la flamme pour l'hiver,
et tu deviens l'incendie qui embrase le monde,
l'incendie qui embrase le monde.

Mendiant d'espoir, je te prends dans mes mains,
comme on prend dans sa main la source pour l'été,
et tu deviens le torrent d'une vie éternelle,
le torrent d'une vie éternelle.

Mendiant de Dieu, je te prends dans mes mains,
mais tu prends dans ta main la mienne pour ce jour,
et je deviens l'envoyé aux mendiants de la terre,
l'envoyé aux mendiants de la terre. »

Didier Rimaud/CNPL

LES SCRUTINS DES CATÉCHUMÈNES

Les communautés chrétiennes sont maintenant habituées, lors des messes des 3e, 4e et 5e dimanches de Carême, à accueillir des adultes de tous âges qui seront baptisés dans la nuit de Pâques. Mais il s'agit davantage que d'un simple accueil. Quand des adultes ou des plus jeunes se préparent à devenir chrétiens et à recevoir les sacrements de l'initiation chrétienne que sont le baptême, la confirmation et l'eucharistie, cela ne se fait pas en un jour. Cette initiation est progressive, avec des étapes liturgiques et parmi celles-ci, vers la fin de leur préparation, il y a la célébration des trois scrutins. Le mot scrutin signifie que Dieu « scrute » le cœur des personnes et aussi que les catéchumènes le choisissent, l'élisent comme lors d'un scrutin électoral.

La célébration d'un scrutin s'insère dans la liturgie de la Parole, après l'homélie. Elle s'appuie sur les évangiles spécifiques de l'initiation baptismale. En effet, lors de ces trois dimanches de scrutins, et quelle que soit l'année liturgique, l'Église proclame les évangiles de la Samaritaine (3e dimanche), de l'aveugle-né (4e dimanche) et de la résurrection de Lazare (5e dimanche). Chacun d'eux déploie un symbole du baptême : l'eau vive est au cœur de la rencontre de Jésus avec la femme samaritaine ; la lumière est donnée par la guérison de l'aveugle et son entrée dans la foi ; la vie nouvelle est donnée à Lazare. L'homélie peut aider à comprendre le sens des scrutins dans le cheminement du Carême. Et, comme en écho, la préface de la prière eucharistique fait allusion à ces récits évangéliques.

La célébration proprement dite d'un scrutin commence par une prière silencieuse. Les catéchumènes sont invités à s'incliner ou à se mettre à genoux, entourés de leurs parrains-marraines et à prier en silence avec toute l'assemblée. Cette prière est suivie d'une prière litanique qui comprend un certain nombre de demandes afin que les catéchumènes ouvrent davantage leur cœur. Puis vient la prière d'exorcisme. Ce terme technique désigne une demande adressée à Dieu afin que les catéchumènes soient délivrés du mal et de ce qui entrave leur désir de Dieu. Le prêtre, les mains étendues, prie ainsi sur les catéchumènes : « Dans ton amour, délivre-les de leurs infirmités, rétablis leurs forces, accorde-leur la paix. Par la puissance de ton nom que nous invoquons avec foi, assiste-les maintenant et sauve-les. Commande à l'esprit du mal que tu as vaincu par ta Résurrection. Montre à tes catéchumènes le chemin à suivre dans l'Esprit Saint... ». Ensuite, le prêtre peut imposer les mains sur chacun d'eux et termine la prière.

La célébration de la messe continue normalement avec la prière universelle et le Credo. Ensuite, l'Église prévoit que les catéchumènes sortent à la fin du scrutin et ne participent pas à la liturgie eucharistique. Cela peut paraître étrange, d'autant plus que certains catéchumènes sont habitués à aller à la messe, par exemple pour accompagner leur enfant ou leur conjoint. C'est oublier que l'initiation chrétienne est un dévoilement progressif du mystère de Dieu, et au cœur de ce mystère, il y a l'eucharistie, rencontre plénière du Christ et participation totale et active à son corps qui est l'Église. Or il va de soi que le baptême est la porte d'entrée qui conduit avec la confirmation à l'eucharistie. Pratiquer ce que le Rituel de l'initiation chrétienne des adultes (n° 101) appelle « le renvoi » des catéchumènes suppose deux conditions : ne pas considérer leur départ de l'assemblée comme un manque d'accueil mais au contraire comme le respect du cheminement et la prise au sérieux de la participation eucharistique. Et aussi prévoir qu'ils soient accompagnés de leurs catéchistes-accompagnateurs pour un temps qui leur permettra d'exprimer ce qu'ils viennent de vivre. Il est fécond de faire cela au moins pendant les dimanches de Carême.

S.G.

1er dimanche du Carême

1er MARS 2020

La Parole de Dieu pour résister à la tentation

« Ne nous laisse pas entrer en tentation ». La nouvelle traduction du *Notre Père* a été l'occasion de préciser que Dieu n'est pas un tentateur mais qu'immanquablement nous rencontrons des épreuves où nous sommes tentés de ne pas agir selon ses commandements. Notre foi est alors mise à l'épreuve.

Le Christ donne le témoignage d'une fidélité parfaite alors qu'il est fragilisé par un long temps d'ascèse au désert (*évangile*). Le premier défi que lui lance le diable vise son humanité, lui qui est Fils de Dieu, accepte-t-il, comme tous les hommes, les médiations humaines pour se nourrir de pain ? Le deuxième concerne le désir de toute-puissance (avoir la vie sauve en se jetant du sommet du Temple) et le troisième vise l'idolâtrie puisqu'il s'agit de se prosterner devant le diable. À chaque fois Jésus prend appui sur la parole de Dieu pour résister au Tentateur. Par là, il nous montre une voie : en accueillant et en méditant la parole de Dieu, nous trouverons les indications et la force de marcher sur les chemins de la confiance en Dieu. Le Christ en témoigne aujourd'hui et sa foi marquera toute son activité missionnaire. Ce chemin le conduira à l'épreuve ultime de la crucifixion où il remettra sa vie entre les mains du Père, en toute confiance.

À l'inverse, le premier homme et la première femme n'ont pas écouté la parole de Dieu et se sont laissé tenter par le serpent, figure de l'esprit du mal (*première lecture*). En conséquence, écrit saint Paul, « le péché est entré dans le monde » et il atteint tous les hommes (*deuxième lecture*). Mais le Christ, vrai homme et vrai Dieu, a pleinement accueilli la volonté du Père en mettant en pratique les commandements de Dieu. Il a résisté au démon et, selon la formule de saint Paul, « par l'obéissance d'un seul, la multitude sera rendue juste ».

Au début du Carême, nous voici placés face à la parole de Dieu pour l'écouter et la mettre en pratique comme Jésus l'a fait. Prenons Jésus pour modèle, lui le témoin fidèle, et résistons aux tentations de ne pas suivre ses commandements.

Des chants sont proposés pour le Carême, p. 208.

Prière d'ouverture

Accorde-nous, Dieu tout-puissant, tout au long de ce Carême, de progresser dans la connaissance de Jésus Christ et de nous ouvrir à sa lumière par une vie de plus en plus fidèle. Lui qui règne.

1re lecture

Création et péché de nos premiers parents

→ **Lecture du livre de la Genèse** 2, 7-9 ; 3, 1-7a

Le Seigneur Dieu modela l'homme avec la poussière tirée du sol ; il insuffla dans ses narines le souffle de vie, et l'homme devint un être vivant. Le Seigneur Dieu planta un jardin en Éden, à l'orient, et y plaça l'homme qu'il avait modelé. Le Seigneur Dieu fit pousser du sol toutes sortes d'arbres à l'aspect désirable et aux fruits savoureux ; il y avait aussi l'arbre de vie au milieu du jardin, et l'arbre de la connaissance du bien et du mal.

Or le serpent était le plus rusé de tous les animaux des champs que le Seigneur Dieu avait faits. Il dit à la femme : « Alors, Dieu vous a vraiment dit : "Vous ne mangerez d'aucun arbre du jardin" ? » La femme répondit au serpent : « Nous mangeons les fruits des arbres du jardin. Mais, pour le fruit de l'arbre qui est au milieu du jardin, Dieu a dit : "Vous n'en mangerez pas, vous n'y toucherez pas, sinon vous mourrez." » Le serpent dit à la femme : « Pas du tout ! Vous ne mourrez pas ! Mais Dieu sait que, le jour où vous en mangerez, vos yeux s'ouvriront, et vous serez comme des dieux, connaissant le bien et le mal. » La femme s'aperçut que le fruit de l'arbre devait être savoureux, qu'il était agréable à regarder et qu'il était désirable, cet arbre, puisqu'il donnait l'intelligence. Elle prit de son fruit, et en mangea. Elle en donna aussi à son mari, et il en mangea.

Alors leurs yeux à tous deux s'ouvrirent et ils se rendirent compte qu'ils étaient nus. Ils attachèrent les unes aux autres des feuilles de figuier, et ils s'en firent des pagnes.

Psaume 50

R/ Pitié, Seigneur, car nous avons péché !

Pitié pour moi, mon Dieu, dans ton amour,
selon ta grande miséricorde, efface mon péché.
Lave-moi tout entier de ma faute,
purifie-moi de mon offense.

Oui, je connais mon péché,
ma faute est toujours devant moi.
Contre toi, et toi seul, j'ai péché,
ce qui est mal à tes yeux, je l'ai fait.

Crée en moi un cœur pur, ô mon Dieu,
renouvelle et raffermis au fond de moi mon esprit.
Ne me chasse pas loin de ta face,
ne me reprends pas ton esprit saint.

Rends-moi la joie d'être sauvé ;
que l'esprit généreux me soutienne.
Seigneur, ouvre mes lèvres,
et ma bouche annoncera ta louange.

2e lecture

« La grâce de Dieu s'est répandue en abondance sur la multitude »

→ Lecture de la lettre de saint Paul apôtre aux Romains
5, 12-19

La lecture du texte entre crochets est facultative.

Frères, nous savons que par un seul homme, le péché est entré dans le monde, et que par le péché est venue la mort ; et ainsi, la mort est passée en tous les hommes, étant donné que tous ont péché.

[Avant la loi de Moïse, le péché était déjà dans le monde, mais le péché ne peut être imputé à personne tant qu'il n'y a pas de loi. Pourtant, depuis Adam jusqu'à Moïse, la mort a établi son règne, même sur ceux qui n'avaient pas péché par une transgression semblable à celle d'Adam. Or, Adam préfigure celui qui devait venir. Mais il n'en va pas du don gratuit comme de la faute. En effet, si la mort a frappé la multitude par la faute d'un seul, combien plus la grâce de Dieu s'est-elle répandue en abondance sur la multitude, cette grâce qui est donnée en un seul homme, Jésus Christ. Le don de Dieu et les conséquences du péché d'un seul n'ont pas la même mesure non plus : d'une part, en effet, pour la faute d'un seul, le jugement a conduit à la condamnation ; d'autre part, pour une multitude de fautes, le don gratuit de Dieu conduit à la justification.]

Si, en effet, à cause d'un seul homme, par la faute d'un seul, la mort a établi son règne, combien plus, à cause de Jésus Christ et de lui seul, régneront-ils dans la vie, ceux qui reçoivent en abondance le don de la grâce qui les rend justes. Bref, de même que la faute commise par un seul a conduit tous les hommes à la condamnation, de même l'accomplissement de la justice par un seul a conduit tous les hommes à la justification qui donne la vie. En effet, de même que par la désobéissance d'un seul être humain la multitude a été rendue pécheresse, de même par l'obéissance d'un seul la multitude sera-t-elle rendue juste.

Ta Parole, Seigneur, est vérité, et ta loi, délivrance. L'homme ne vit pas seulement de pain, mais de toute parole qui sort de la bouche de Dieu. **Ta Parole, Seigneur, est vérité, et ta loi, délivrance.**

Évangile

« Jésus fut conduit au désert par l'Esprit »

→ Évangile de Jésus Christ selon saint Matthieu 4, 1-11

En ce temps-là, Jésus fut conduit au désert par l'Esprit pour être tenté par le diable. Après avoir jeûné quarante jours et quarante nuits, il eut faim. Le tentateur s'approcha et lui dit : « Si tu es Fils de Dieu, ordonne que ces pierres deviennent des pains. » Mais Jésus répondit : « Il est écrit : *L'homme ne vit pas seulement de pain, mais de toute parole qui sort de la bouche de Dieu.* »

Alors le diable l'emmène à la Ville sainte, le place au sommet du Temple et lui dit : « Si tu es Fils de Dieu, jette-toi en bas ; car il est écrit : *Il donnera pour toi des ordres à ses anges*, et : *Ils te porteront sur leurs mains, de peur que ton pied ne heurte une pierre.* » Jésus lui déclara : « Il est encore écrit : *Tu ne mettras pas à l'épreuve le Seigneur ton Dieu.* »

Le diable l'emmène encore sur une très haute montagne et lui montre tous les royaumes du monde et leur gloire. Il lui dit : « Tout cela, je te le donnerai, si, tombant à mes pieds, tu te prosternes devant moi. » Alors, Jésus lui dit : « Arrière, Satan ! car il est écrit : *C'est le Seigneur ton Dieu que tu adoreras, à lui seul tu rendras un culte.* »

Alors le diable le quitte. Et voici que des anges s'approchèrent, et ils le servaient.

Pour la prière universelle

– Prions pour l'Église qui est entrée dans le Carême : que tous les chrétiens profitent de ce temps d'ascèse pour écouter les appels du Seigneur.
– Prions pour ceux qui exercent des responsabilités politiques dans un monde où le péché provoque de l'injustice : qu'ils favorisent, par leurs décisions, l'émergence d'un monde plus fraternel.
– En ce temps propice au partage et à l'ouverture aux plus démunis, prions pour ceux qui souffrent de la faim : qu'ils bénéficient de gestes de solidarité et de meilleures conditions sociales.
– Prions pour les jeunes qui sont tentés par une mauvaise utilisation de leurs écrans et de leurs téléphones : qu'ils trouvent des chemins de libération.

Prière sur les offrandes

Avec cette eucharistie, Seigneur, nous commençons notre marche vers Pâques : fais que nos cœurs correspondent vraiment à nos offrandes. Par Jésus.

Préface

Vraiment, il est juste et bon de te rendre gloire, de t'offrir notre action de grâce, toujours et en tout lieu, à toi, Père très saint, Dieu éternel et tout-puissant, par le Christ, notre Seigneur.
En jeûnant quarante jours au désert, il consacrait le temps du Carême ; lorsqu'il déjouait les pièges du Tentateur, il nous apprenait à résister au péché, pour célébrer d'un cœur pur le mystère pascal, et parvenir enfin à la Pâque éternelle. C'est pourquoi, avec tous les anges et tous les saints, nous chantons l'hymne de ta gloire et nous proclamons : **Saint !...**

Prière après la communion

Le pain que nous avons reçu de toi, Seigneur notre Dieu, a renouvelé nos cœurs : il nourrit la foi, fait grandir l'espérance et donne la force d'aimer ; apprends-nous à toujours avoir faim du Christ, seul pain vivant et vrai, et à vivre de toute parole qui sort de ta bouche. Par Jésus.

Jésus, le Fils de Dieu, a connu la tentation

« L'Esprit a donné à Jésus, lors du baptême, de ressentir avec une extrême intensité le lien spécifique d'amour qui le lie à son Père. Lien sur lequel Jésus ne cessera de s'appuyer pour parler du Royaume et pour affronter les oppositions, puis la persécution que déclenchent sa prédication et sa conduite. Lien qui sera certes soumis à l'épreuve jusqu'à sa racine, lors des terribles tourments de la Passion, mais qui subsistera toujours.

Cependant, l'Esprit sait que l'expérience de la plénitude, fût-elle d'ordre religieux, ne saurait permettre, à elle seule, d'assumer de façon saine l'être filial. C'est pourquoi il conduit Jésus au désert, là où l'expérience du manque est prédominante : manque de présence humaine, manque de nourriture et de boisson, manque de possibles "divertissements". La qualité de la profondeur de l'être du Fils ne peut alors qu'être fortement éprouvée. Il va devoir se situer de façon encore plus aimante devant le Père et devant les hommes. (...)

La tentation prend racine dans ce qui constitue la réalité la plus fondamentale de Jésus : sa filialité, et sa filialité divine. Ce qui normalement est source de grande paix, à savoir le fait d'être fils de Dieu, c'est précisément cela que la tentation cherche à pervertir et transforme en source de division intérieure. La filialité divine est mise en avant par le diable, non pas pour conforter le Christ dans la confiance en son Père, mais bien pour l'inviter à refuser la finitude humaine, qui est le lieu où se déploient en vérité les liens d'amour entre Dieu et l'homme. »

Xavier Thévenot, *Les ailes et le souffle*, DDB/Cerf 2000, p. 21-23.

CALENDRIER LITURGIQUE

Di 1er	**1er dimanche du Carême A.** *Liturgie des Heures : Psautier semaine I.*
Lu 2	Lévitique 19, 1-2.11-18 ; Ps 18 B ; Mt 25, 31-46 : « Chaque fois que vous l'avez fait à l'un de ces plus petits de mes frères, c'est à moi que vous l'avez fait »
Ma 3	Isaïe 55, 10-11 ; Ps 33 ; Mt 6, 7-15 : « Vous donc, priez ainsi »
Me 4	*S. Casimir, prince de Lituanie, † 1484 à Grodno.* Jonas 3, 1-10 ; Ps 50 ; Luc 11, 29-32 : « À cette génération il ne sera donné que le signe de Jonas le prophète »
Je 5	Esther 4, 17 ; Ps 137 ; Mt 7, 7-12 : « Quiconque demande reçoit »
Ve 6	Ézékiel 18, 21-28 ; Ps 129 ; Mt 5, 20-26 : « Va d'abord te réconcilier avec ton frère »
Sa 7	Stes Perpétue et Félicité, martyres, † 203 à Carthage. En Afrique du Nord, fête. Deutéronome 26, 16-19 ; Ps 118 ; Mt 5, 43-48 : « Soyez parfaits comme votre Père céleste est parfait »

Bonne fête ! 1er : Aubin, Albin. 2 : Charles. 3 : Guénolé. 4 : Casimir. 5 : Olivia, Olive. 6 : Colette. 7 : Félicité.

Sainte Félicité (7 mars) Sainte Félicité est une jeune martyre de Carthage décédée en 203 en même temps que sainte Perpétue dont elle était l'esclave. Elles sont nommées ensemble dans la prière eucharistique n° 1. Arrêtée alors qu'elle était enceinte, elle mit au monde une petite fille dans sa prison trois jours avant d'être jetée aux bêtes féroces. Son enfant fut recueilli par une chrétienne.

2e dimanche du Carême

8 MARS 2020

Suivre le Christ transfiguré

Pour être témoins de la transfiguration du Christ, Pierre, Jacques et Jean ont dû quitter leur cadre de vie pour aller à l'écart (*évangile*). Comme Abraham, ils ont écouté la voix du Seigneur qui les a conduits sur une haute montagne.

Ce dimanche, nous sommes aussi invités à aller à la rencontre de Dieu, ce qui suppose de partir au-delà de ce que nous connaissons de Dieu, de nos vies et de nous-mêmes. « Quand on a décidé de partir à la recherche de Dieu [...], qu'emporter avec soi ? Tout soi-même et rien de moins », écrit le père Yves Raguin. C'est une nécessité pour que sa présence transfigure nos vies, toute notre vie, et pour que nous puissions découvrir un autre visage de Dieu.

Par sa transfiguration, le Christ apparaît dans sa gloire, c'est-à-dire dans une manifestation qui dépasse sa condition terrestre que connaissaient ses apôtres. C'est ainsi qu'il apparaîtra aux disciples après sa résurrection. Pierre, Jacques et Jean sont ici les témoins de la manifestation du Christ dans sa transcendance. Toutefois le mystère pascal, que Jésus leur annonce en évoquant sa résurrection d'entre les morts, restera pour eux une interrogation. Ainsi, il faut faire confiance à Dieu qui réalise ses desseins au-delà de ce que nous pouvons imaginer. Le psalmiste exprime cette confiance : « Nous attendons notre vie du Seigneur » (*psaume*). C'était déjà l'attitude d'Abraham qui a quitté son pays et sa parenté sur l'ordre de Dieu. Alors, la promesse qu'il a reçue a pu se réaliser : Abraham a donné naissance à une grande nation (*première lecture*).

En ce deuxième dimanche de Carême, nous sommes appelés à prendre le risque de suivre le Christ et d'écouter le « Fils bien-aimé ». C'est ce qu'a fait saint Paul en devenant apôtre du Seigneur. Il est plein d'espérance et de foi quand il exhorte Timothée à prendre sa part de souffrance pour l'annonce de l'Évangile. Pour lui, la résurrection du Christ, déjà révélée dans la Transfiguration, a détruit la mort (*deuxième lecture*) et nous donne l'assurance que nous sommes sauvés.

Des chants sont proposés pour le Carême, p. 208.

Prière d'ouverture

Tu nous as dit, Seigneur, d'écouter ton Fils bien-aimé ; fais-nous trouver dans ta parole les vivres dont notre foi a besoin : et nous aurons le regard assez pur pour discerner ta gloire. Par Jésus Christ.

1re lecture

Vocation d'Abraham

→ Lecture du livre de la Genèse 12, 1-4a

Le Seigneur dit à Abram : « Quitte ton pays, ta parenté et la maison de ton père, et va vers le pays que je te montrerai. Je ferai de toi une grande nation, je te bénirai, je rendrai grand ton nom, et tu deviendras une bénédiction. Je bénirai ceux qui te béniront ; celui qui te maudira, je le réprouverai. En toi seront bénies toutes les familles de la terre. » Abram s'en alla, comme le Seigneur le lui avait dit, et Loth s'en alla avec lui.

Psaume 32

R/ Que ton amour, Seigneur, soit sur nous,
comme notre espoir est en toi !

Oui, elle est droite, la parole du Seigneur ;
il est fidèle en tout ce qu'il fait.
Il aime le bon droit et la justice ;
la terre est remplie de son amour.

Dieu veille sur ceux qui le craignent,
qui mettent leur espoir en son amour,
pour les délivrer de la mort,
les garder en vie aux jours de famine.

Nous attendons notre vie du Seigneur :
il est pour nous un appui, un bouclier.
Que ton amour, Seigneur, soit sur nous
comme notre espoir est en toi !

2e lecture

« Dieu nous a sauvés »

→ **Lecture de la deuxième lettre de saint Paul apôtre à Timothée** 1, 8b-10

Fils bien-aimé, avec la force de Dieu, prends ta part des souffrances liées à l'annonce de l'Évangile. Car Dieu nous a sauvés, il nous a appelés à une vocation sainte, non pas à cause de nos propres actes, mais à cause de son projet à lui et de sa grâce. Cette grâce nous avait été donnée dans le Christ Jésus avant tous les siècles, et maintenant elle est devenue visible, car notre Sauveur, le Christ Jésus, s'est manifesté : il a détruit la mort, et il a fait resplendir la vie et l'immortalité par l'annonce de l'Évangile.

Gloire au Christ, Parole éternelle du Dieu vivant. Gloire à toi, Seigneur. De la nuée lumineuse, la voix du Père a retenti : « Celui-ci est mon Fils bien-aimé, écoutez-le ! » **Gloire au Christ, Parole éternelle du Dieu vivant. Gloire à toi, Seigneur.**

Évangile

La Transfiguration du Christ

→ **Évangile de Jésus Christ selon saint Matthieu** 17, 1-9

En ce temps-là, Jésus prit avec lui Pierre, Jacques et Jean son frère, et il les emmena à l'écart, sur une haute montagne. Il fut transfiguré devant eux ; son visage devint brillant comme le soleil, et ses vêtements, blancs comme la lumière. Voici que leur apparurent Moïse et Élie, qui s'entretenaient avec lui. Pierre alors prit la parole et dit à Jésus :

« Seigneur, il est bon que nous soyons ici ! Si tu le veux, je vais dresser ici trois tentes, une pour toi, une pour Moïse, et une pour Élie. »

Il parlait encore, lorsqu'une nuée lumineuse les couvrit de son ombre, et voici que, de la nuée, une voix disait : « Celui-ci est mon Fils bien-aimé, en qui je trouve ma joie : écoutez-le ! » Quand ils entendirent cela, les disciples tombèrent face contre terre et furent saisis d'une grande crainte. Jésus s'approcha, les toucha et leur dit : « Relevez-vous et soyez sans crainte ! » Levant les yeux, ils ne virent plus personne, sinon lui, Jésus, seul.

En descendant de la montagne, Jésus leur donna cet ordre : « Ne parlez de cette vision à personne, avant que le Fils de l'homme soit ressuscité d'entre les morts. »

Pour la prière universelle

– Prions pour l'Église qui a la mission de témoigner du Fils de l'homme, ressuscité d'entre les morts : que ceux qui prennent part au ministère du Christ soient fidèles à leur vocation.
– Prions pour celles et ceux qui entendent un appel à quitter leur famille et leur terre afin de suivre le Seigneur, à la suite d'Abraham et des apôtres : qu'ils trouvent leur joie à servir le Seigneur.
– Prions pour les migrants qui ont été contraints de quitter leur pays pour des raisons politiques ou économiques : qu'ils trouvent des espaces d'accueil et de paix.
– Prions pour les femmes et les hommes qui, près de nous, annoncent l'Évangile : les prêtres, les catéchistes, les théologiens ; qu'ils soient portés dans l'espérance que le Christ a fait resplendir la vie.

Prière sur les offrandes

Que cette offrande, Seigneur, nous purifie de nos péchés : qu'elle sanctifie le corps et l'esprit de tes fidèles, et les prépare à célébrer les fêtes pascales. Par Jésus.

Préface

Vraiment, il est juste et bon de te rendre gloire, de t'offrir notre action de grâce, toujours et en tout lieu, à toi, Père très saint, Dieu éternel et tout-puissant, par le Christ, notre Seigneur.
Après avoir prédit sa mort à ses disciples, il les mena sur la montagne sainte ; en présence de Moïse et du prophète Élie, il leur a manifesté sa splendeur : il nous révélait ainsi que sa passion le conduirait à la gloire de la résurrection.
C'est pourquoi, avec les anges dans le ciel, nous pouvons te bénir sur la terre et t'adorer en (disant) chantant : **Saint !...**

Prière après la communion

Pour avoir communié, Seigneur, aux mystères de ta gloire, nous voulons te remercier, toi qui nous donnes déjà, en cette vie, d'avoir part aux biens de ton Royaume. Par Jésus.

Partir à la recherche de Dieu

« Si tu veux partir à la recherche de Dieu en suivant le chemin de la contemplation, ne pense pas que tu te lances à la poursuite de l'insaisissable. Dieu t'attend déjà. Ce désir qui est en toi de partir à sa recherche vient de lui. C'est son appel. Il ne veut pas encore que tu le saches, mais, crois-moi, ce désir vient de lui. Il t'a donné le désir de le chercher et t'a préparé de sa main le viatique. Il a prévu les étapes. Qu'il s'y montre ou ne s'y montre pas, peu importe, tu sauras que son amour attentif a tout préparé, le gîte et le couvert. Peut-être ici ou là le reconnaîtras-tu à la fraction du pain. Peut-être fera-t-il avec toi un bout de chemin. [...]

Personne ne peut voir Dieu en ce monde sans mourir et pourtant celui-là seul qui le verra vivra. C'est vrai. Les deux sont vrais. Tu ne peux voir Dieu, mais Dieu pourtant se fait voir. D'autres ont cherché avant toi et ont trouvé. Ils n'ont pas trouvé à cause de leur effort et pourtant sans cet effort ils n'auraient pas trouvé. Ce désir qui est en toi de trouver Dieu, ce désir qui sourd du plus profond de toi, qui est ton désir, ce désir que tu as et que n'a pas ton voisin, ce désir qui est de toi est, dans sa source la plus profonde, un désir qui vient de Dieu. »

Yves Raguin sj, *Chemins de contemplation*, DDB, 1978, p. 25-26.

CALENDRIER LITURGIQUE

Di 8	**2e dimanche Carême A.** *Liturgie des Heures : Psautier semaine II.*
Lu 9	*Ste Françoise Romaine, mère de famille, puis religieuse, † 1440 à Rome.* Daniel 9, 4-10 ; Ps 78 ; Luc 6, 36-38 : « Pardonnez, et vous serez pardonnés »
Ma 10	Isaïe 1,10.16-20 ; Ps 49 ; Mt 23, 1-12 : « Ils disent et ne font pas »
Me 11	Jérémie 18, 18-20 ; Ps 30 ; Mt 20, 17-28 : « Ils le condamneront à mort »
Je 12	Jérémie 17, 5-10 ; Ps 1 ; Luc 16, 19-31 : « Maintenant, lui, il trouve ici la consolation, et toi, la souffrance »
Ve 13	Genèse 37, 3-4.12-13a.17b-28 ; Ps 104 ; Mt 21, 33-43.45-46 : « Voici l'héritier : venez ! tuons-le ! »
Sa 14	Michée 7, 14-15.18-20 ; Ps 102 ; Luc 15, 1-3.11-32 : « Ton frère que voilà était mort, et il est revenu à la vie »

Bonne fête ! 8 : Urbain. 9 : Françoise, France, Francine. 10 : Viviane. 11 : Rosine. 12 : Justine, Pol. 13 : Rodrigue. 14 : Mathilde, Maud.

Saint Rodrigue (13 mars) Saint Rodrigue était prêtre à Cordoue, alors sous domination arabe. Il a cherché à réconcilier ses deux frères dont l'un était musulman. Ce dernier, n'arrivant pas à le convertir à l'Islam, l'accusa devant les tribunaux d'être un apostat ce qui le conduira à être décapité. Il est mort martyr en 857.

3e dimanche du Carême

15 MARS 2020

Accueillons le Christ, le don de Dieu

Qui d'entre nous n'aimerait voir jaillir en lui-même la source de la vie ? C'est précisément ce que Jésus propose à la Samaritaine (*évangile*). La venue de cet homme et de cette femme auprès du puits de Jacob est la rencontre de deux soifs : Jésus a soif de la foi de la Samaritaine, écrira saint Augustin et cette femme, au-delà de ses demandes d'eau, cherche le véritable amour, comme le rappelle la préface de ce jour : « (Jésus) fit naître en elle l'amour même de Dieu ». La foi en Dieu suppose de faire la vérité en soi. C'est pourquoi Jésus aborde la question délicate de la vie conjugale de cette femme ; celle-ci s'ouvre librement à celui qui promet le don de Dieu.

Ce troisième dimanche du Carême, où se célèbre le premier scrutin des catéchumènes (voir p. 217), nous invite à identifier ce qui pourrait nous assécher jusqu'à provoquer notre mort. Le peuple hébreu en a fait l'expérience au désert (*première lecture*). Dans l'épreuve de la soif, il a succombé à la tentation du doute vis-à-vis de Dieu. Pourtant, le Seigneur n'est-il pas celui qui garantit la vie de ses serviteurs ? Le Christ donne même l'eau qui deviendra « une source d'eau jaillissant pour la vie éternelle ».

Aujourd'hui, ravivons l'esprit de notre baptême où nous avons reçu cette source vive. Cela exige que nous soyons en vérité avec nous-mêmes et avec Dieu. C'est un véritable effort de Carême et c'est aussi celui qui est entrepris par les catéchumènes qui célèbrent aujourd'hui les scrutins : scruter, c'est regarder avec précision ce qui fait nos vies.

Alors nous pourrons nous décider à faire l'acte de foi dont parle saint Paul aux Romains (*deuxième lecture*). C'est la foi qui nous ouvre au salut offert par Dieu en son Fils Jésus.

Les textes de ce jour nous parlent tous de la foi en Dieu. Avec le psalmiste, écoutons cet appel : « Aujourd'hui écouterez-vous sa parole ?

"Ne fermez pas votre cœur comme au désert où vos pères m'ont tenté et provoqué, et pourtant ils avaient vu mon exploit" » (*psaume*).

Des chants sont proposés pour le Carême, p. 208.

Prière d'ouverture

Tu es la source de toute bonté, Seigneur, et toute miséricorde vient de toi ; tu nous as dit comment guérir du péché par le jeûne, la prière et le partage ; écoute l'aveu de notre faiblesse : nous avons conscience de nos fautes ; patiemment, relève-nous avec amour. Par Jésus Christ.

1re lecture *« Tu frapperas le rocher, il en sortira de l'eau »*

→ Lecture du livre de l'Exode 17, 3-7

En ces jours-là, dans le désert, le peuple, manquant d'eau, souffrit de la soif. Il récrimina contre Moïse et dit : « Pourquoi nous as-tu fait monter d'Égypte ? Était-ce pour nous faire mourir de soif avec nos fils et nos troupeaux ? » Moïse cria vers le Seigneur : « Que vais-je faire de ce peuple ? Encore un peu, et ils me lapideront ! » Le Seigneur dit à Moïse : « Passe devant le peuple, emmène avec toi plusieurs des anciens d'Israël, prends en main le bâton avec lequel tu as frappé le Nil, et va ! Moi, je serai là, devant toi, sur le rocher du mont Horeb. Tu frapperas le rocher, il en sortira de l'eau, et le peuple boira ! » Et Moïse fit ainsi sous les yeux des anciens d'Israël.

Il donna à ce lieu le nom de Massa (c'est-à-dire : Épreuve) et Mériba (c'est-à-dire : Querelle), parce que les fils d'Israël avaient cherché querelle au Seigneur, et parce qu'ils l'avaient mis à l'épreuve, en disant : « Le Seigneur est-il au milieu de nous, oui ou non ? »

Psaume 94

R/ Aujourd'hui, ne fermez pas votre cœur,
mais écoutez la voix du Seigneur !

Venez, crions de joie pour le Seigneur,
acclamons notre Rocher, notre salut !
Allons jusqu'à lui en rendant grâce,
par nos hymnes de fête acclamons-le !

Entrez, inclinez-vous, prosternez-vous,
adorons le Seigneur qui nous a faits.
Oui, il est notre Dieu ;
nous sommes le peuple qu'il conduit.

Aujourd'hui écouterez-vous sa parole ?
« Ne fermez pas votre cœur comme au désert,
où vos pères m'ont tenté et provoqué,
et pourtant ils avaient vu mon exploit. »

2e lecture

« L'espérance ne déçoit pas, puisque l'amour de Dieu a été répandu dans nos cœurs »

→ Lecture de la lettre de saint Paul apôtre aux Romains 5, 1-2.5-8

Frères, nous qui sommes devenus justes par la foi, nous voici en paix avec Dieu par notre Seigneur Jésus Christ, lui qui nous a donné, par la foi, l'accès à cette grâce dans laquelle nous sommes établis ; et nous mettons notre fierté dans l'espérance d'avoir part à la gloire de Dieu. Et l'espérance ne déçoit pas, puisque l'amour de Dieu a été répandu dans nos cœurs par l'Esprit Saint qui nous a été donné.

Alors que nous n'étions encore capables de rien, le Christ, au temps fixé par Dieu, est mort pour les impies que nous étions. Accepter de mourir pour un homme juste, c'est déjà difficile ; peut-être quelqu'un s'exposerait-il à mourir pour un homme de bien. Or, la preuve que Dieu nous aime, c'est que le Christ est mort pour nous, alors que nous étions encore pécheurs.

Gloire au Christ, Sagesse éternelle du Dieu vivant. Gloire à toi, Seigneur. Tu es vraiment le Sauveur du monde, Seigneur ! Donne-moi de l'eau vive : que je n'aie plus soif. **Gloire au Christ, Sagesse éternelle du Dieu vivant. Gloire à toi, Seigneur.**

Évangile

« Jésus lui répondit : "Si tu savais le don de Dieu" »

→ Évangile de Jésus Christ selon saint Jean 4, 5-42

La lecture du texte entre crochets est facultative.

En ce temps-là, Jésus arriva à une ville de Samarie, appelée Sykar, près du terrain que Jacob avait donné à son fils Joseph. Là se trouvait le puits de Jacob. Jésus, fatigué par la route, s'était donc assis près de la source. C'était la sixième heure, environ midi. Arrive une femme de Samarie, qui venait puiser de l'eau. Jésus lui dit : « Donne-moi à boire. » – En effet, ses disciples étaient partis à la ville pour acheter des provisions. La Samaritaine lui dit : « Comment ! Toi, un Juif, tu me demandes à boire, à moi, une Samaritaine ? » – En effet, les Juifs ne fréquentent pas les Samaritains. Jésus lui répondit : « Si tu savais le don de Dieu et qui est celui qui te dit : "Donne-moi à boire", c'est toi qui lui aurais demandé, et il t'aurait donné de l'eau vive. »

Elle lui dit : « Seigneur, tu n'as rien pour puiser, et le puits est profond. D'où as-tu donc cette eau vive ? Serais-tu plus grand que notre père Jacob qui nous a donné ce puits, et qui en a bu lui-même, avec ses fils et ses bêtes ? »

Jésus lui répondit : « Quiconque boit de cette eau aura de nouveau soif ; mais celui qui boira de l'eau que moi je lui donnerai n'aura plus jamais soif ; et l'eau que je lui donnerai deviendra en lui une source d'eau jaillissant pour la vie éternelle. »

La femme lui dit : « Seigneur, donne-moi de cette eau, que je n'aie plus soif, et que je n'aie plus à venir ici pour puiser. »

[Jésus lui dit : « Va, appelle ton mari, et reviens. »

La femme répliqua : « Je n'ai pas de mari. »

Jésus reprit : « Tu as raison de dire que tu n'as pas de mari : des maris, tu en as eu cinq, et celui que tu as maintenant n'est pas ton mari ; là, tu dis vrai. »

La femme lui dit : « Seigneur,] je vois que tu es un prophète !... Eh bien ! Nos pères ont adoré sur la montagne qui est là, et vous, les Juifs, vous dites que le lieu où il faut adorer est à Jérusalem. »

Jésus lui dit : « Femme, crois-moi : l'heure vient où vous n'irez plus ni sur cette montagne ni à Jérusalem pour adorer le Père. Vous, vous adorez ce que vous ne connaissez pas ; nous, nous adorons ce que nous connaissons, car le salut vient des Juifs. Mais l'heure vient – et c'est maintenant – où les vrais adorateurs adoreront le Père en esprit et vérité : tels sont les adorateurs que recherche le Père. Dieu est esprit, et ceux qui l'adorent, c'est en esprit et vérité qu'ils doivent l'adorer. »

La femme lui dit : « Je sais qu'il vient, le Messie, celui qu'on appelle Christ. Quand il viendra, c'est lui qui nous fera connaître toutes choses. »

Jésus lui dit : « Je le suis, moi qui te parle. »

[À ce moment-là, ses disciples arrivèrent ; ils étaient surpris de le voir parler avec une femme. Pourtant, aucun ne lui dit : « Que cherches-tu ? » ou bien : « Pourquoi parles-tu avec elle ? »

La femme, laissant là sa cruche, revint à la ville et dit aux gens : « Venez voir un homme qui m'a dit tout ce que j'ai fait. Ne serait-il pas le Christ ? » Ils sortirent de la ville, et ils se dirigeaient vers lui.

Entre-temps, les disciples l'appelaient : « Rabbi, viens manger. » Mais il répondit : « Pour moi, j'ai de quoi manger : c'est une nourriture que vous ne connaissez pas. » Les disciples se disaient entre eux : « Quelqu'un lui aurait-il apporté à manger ? »

Jésus leur dit : « Ma nourriture, c'est de faire la volonté de Celui qui m'a envoyé et d'accomplir son œuvre. Ne dites-vous pas : "Encore quatre mois et ce sera la moisson" ? Et moi, je vous dis : Levez les yeux et regardez les champs déjà dorés pour la moisson. Dès maintenant, le moissonneur reçoit son salaire : il récolte du fruit pour la vie éternelle, si bien que le semeur se réjouit en même temps que le moissonneur. Il est bien vrai, le dicton : "L'un sème, l'autre moissonne." Je vous ai envoyés moissonner ce qui ne vous a coûté aucun effort ; d'autres ont fait l'effort, et vous en avez bénéficié. »]

Beaucoup de Samaritains de cette ville crurent en Jésus, à cause de la parole de la femme qui rendait ce témoignage : « Il m'a dit tout ce que j'ai fait. » Lorsqu'ils arrivèrent auprès de lui, ils l'invitèrent à demeurer chez eux. Il y demeura deux jours.

Ils furent encore beaucoup plus nombreux à croire à cause de sa parole à lui, et ils disaient à la femme : « Ce n'est plus à cause de ce que tu nous as dit que nous croyons : nous-mêmes, nous l'avons entendu, et nous savons que c'est vraiment lui le Sauveur du monde. »

Pour la prière universelle

– Présentons au Seigneur celles et ceux qui accompagnent des catéchumènes : pour qu'ils les aident à découvrir que le Christ comble les aspirations nos plus profondes, prions le Seigneur.
– L'eau est devenue un bien fragile et recherché à travers le monde. Pour que les responsables politiques travaillent dans le respect de la création et de tous les peuples, prions le Seigneur.
– Le puits de Jacob fait partie des territoires où s'affrontent Palestiniens et Israéliens. Pour que des artisans de paix et de justice se lèvent pour ces peuples, prions le Seigneur.

– Confions au Seigneur celles et ceux qui ne laissent pas émerger leurs soifs véritables, ceux qui cherchent des dérivatifs dans les excès ou le confort matériel. Pour qu'ils trouvent des sources jaillissantes pour la vie éternelle, prions le Seigneur.

Prière sur les offrandes

Que cette eucharistie nous obtienne, Seigneur, à nous qui implorons ton pardon, la grâce de savoir pardonner à nos frères. Par Jésus.

Préface

Lorsqu'a été lu l'évangile de la Samaritaine, on dit la préface ci-dessous. Après un autre évangile, on emploie une des préfaces du Carême, p. 28-29.

Vraiment, il est juste et bon de te rendre gloire, de t'offrir notre action de grâce, toujours et en tout lieu, à toi, Père très saint, Dieu éternel et tout-puissant, Par le Christ, notre Seigneur.
En demandant à la Samaritaine de lui donner à boire, Jésus faisait à cette femme le don de la foi. Il avait un si grand désir d'éveiller la foi dans son cœur, qu'il fit naître en elle l'amour même de Dieu.
Voilà pourquoi le ciel et la terre t'adorent ; ils te chantent leur hymne toujours nouvelle, et nous-mêmes, unissant notre voix à celle des anges, nous t'acclamons : **Saint !...**

Prière après la communion

Nous avons reçu de toi, Seigneur, un avant-goût du ciel en mangeant dès ici-bas le pain du Royaume, et nous te supplions encore : fais-nous manifester par toute notre vie ce que le sacrement vient d'accomplir en nous. Par Jésus.

La parole et la vie

« Les livres saints nous révèlent la parole et la vie. La vie est cette force mystérieuse, inexprimable, qui anime tout ce qui existe, l'univers entier, les êtres vivants, les âmes. Pour révéler cette vie et y donner accès, il y a le Verbe, la Parole. Le Christ, qui est la parole et la vie, est venu nous convier à croire à la parole pour nous mettre en contact plus étroit avec la vie. La vie se vit et ne peut trouver d'autre langage qu'elle-même pour s'exprimer. C'est pourquoi le Christ invite non pas tant à comprendre qu'à faire l'expérience de la vie. "Si tu savais le don de Dieu, dit Jésus à la Samaritaine, et qui est celui qui te dit : donne-moi à boire, c'est toi qui l'en aurais prié et il t'aurait donné de l'eau vive" (Jn 4,10). La parole est venue nous convier à la vie, elle nous la décrit, nous la montre, nous la fait comprendre, autant que le langage peut faire comprendre une réalité. Mais tant que l'homme n'a pas fait en lui-même l'expérience de la vie, il ne peut comprendre tout ce que doit lui révéler la parole. Notre religion n'est pas d'abord une religion de la connaissance, elle est religion de vie.

La vie divine ne reste pas en Dieu, elle s'en échappe avec le don que Dieu fait de lui-même. Elle vient de Dieu comme un grand courant qui porte et irrigue toute l'activité humaine. Cette vie baigne toutes les cellules de l'organisme spirituel, mais personne ne peut la maîtriser hormis le Christ qui est la vie et la parole. Cette vie divine anime l'Église et l'Église dispense cette vie par toute sa vie liturgique, par ses sacrements, par sa parole, par son corps mystique. »

Yves Raguin sj, Chemins de contemplation, DDB, 1978, p. 34-35.

CALENDRIER LITURGIQUE

Di 15	**3e dimanche Carême A.** *Liturgie des Heures : Psautier semaine III.* En semaine, messe au choix : on peut employer ces lectures n'importe quel jour de cette semaine, surtout les années B et C, quand on ne lit pas l'évangile de la Samaritaine le troisième dimanche du Carême : Exode 17, 1-7 ; Ps 94 ; Jean 4, 5-42 : « Une source d'eau jaillissant pour la vie éternelle »
Lu 16	2 Rois 5, 1-15a ; Ps 41 ; Luc 4, 24-30 : Jésus, comme Élie et Élisée, n'est pas envoyé qu'aux seuls Juifs
Ma 17	*S. Patrick, évêque, apôtre de l'Irlande, † 461.* Daniel 3, 25.34-43 ; Ps 24 ; Mt 18, 21-35 : « C'est ainsi que mon Père du ciel vous traitera, si chacun de vous ne pardonne pas à son frère »
Me 18	*S. Cyrille, évêque de Jérusalem, docteur de l'Église, † 386.* Deutéronome 4, 1.5-9 ; Ps 147 ; Mt 5, 17-19 : « Celui qui les observera et les enseignera, celui-là sera déclaré grand »
Je 19	S. JOSEPH, ÉPOUX DE LA VIERGE MARIE, patron principal de la Belgique. Lectures propres : 2 Samuel 7, 4-5a.12-14a.16 ; Ps 88 ; Romains 4, 13.16-18.22 ; Mt 1, 16.18-21.24a : « Joseph fit ce que l'ange du Seigneur lui avait prescrit » ou Luc 2, 41-51 : « Vois comme ton père et moi, nous avons souffert en te cherchant ! »
Ve 20	Osée 14, 2-10 ; Ps 80 ; Marc 12, 28b-34 : « Le Seigneur notre Dieu est l'unique Seigneur : tu l'aimeras »
Sa 21	Osée 6, 1-6 ; Ps 50 ; Luc 18, 9-14 : « Le publicain était devenu un homme juste, plutôt que l'autre »

Bonne fête ! 15 : Louise. 16 : Bénédicte. 17 : Patrick, Patrice, Patricia. 18 : Cyrille, Salvatore. 19 : Joseph, José, Josette, Josiane. 20 : Herbert. 21 : Clémence, Axel.

Saint Patrick (17 mars). Saint Patrick, patron des Irlandais, évangélisa ce pays. Il utilisa une feuille de trèfle lors d'un sermon pour illustrer la sainte Trinité, ce qui en fera le symbole de l'Irlande.

4e dimanche du Carême

22 MARS 2020

Renaître à la lumière de Dieu

Le mal existe dans le monde et on voit sa force à l'œuvre, mais comment en parler sans en faire une réalité symétrique à celle du bien ? Saint Augustin utilise l'image de la sécheresse qui existe bien mais qui se présente comme un manque d'eau. On pourrait en dire autant de la ténèbre : c'est une absence de lumière qui empêche de bien voir.

La cécité plonge l'aveugle dans la ténèbre. Il peut vivre mais, parce qu'il est aveugle, il risque de se retrouver face à un danger mortel. Il est donc question de vie et de mort dans la rencontre que Jésus fait de l'aveugle de naissance (*évangile*). La guérison qu'il opère provoque des réflexions sur la personne même du Christ. Par ce miracle, l'aveugle a reçu non seulement de retrouver la vue mais surtout il accède à la foi en Jésus, le Fils de l'homme. À l'inverse, les Pharisiens restent aveuglés par leur savoir religieux qui les empêche de découvrir en Jésus, le Messie. Tous ceux qui voient selon le regard des hommes ont besoin d'être illuminés par le Christ, « la lumière du monde » (Jn 8,12). Le mot d'illumination était utilisé dans les premiers temps de l'Église pour parler du baptême. N'oublions pas que ce sacrement a fait de nous des enfants de lumière, rendus capables de voir les événements selon le regard de Dieu.

C'est cette inspiration qui devait habiter Samuel pour accomplir la mission que Dieu lui a confiée : discerner quel serait le futur roi d'Israël et lui conférer l'onction royale (*première lecture*).

Par le baptême et la confirmation, nous partageons la dignité du Christ. Aussi, toute notre vie doit se dérouler dans la clarté (*deuxième lecture*). C'est la dimension éthique de notre vie de baptisés sur laquelle insiste saint Paul. Toutes nos activités, qu'elles soient rendues publiques ou non, doivent produire bonté, justice et vérité qui sont les fruits de la lumière.

En ce quatrième dimanche de Carême, la couleur liturgique est le rose, couleur considérée comme plus joyeuse que le violet. L'antienne traditionnelle qui ouvre la messe exprime cette joie : « Réjouissez-vous avec Jérusalem, exultez à cause d'elle, vous tous qui l'aimez ! » Nous pouvons déjà nous réjouir dans la perspective de Pâques qui approche. Avec les catéchumènes, nous marcherons alors à la suite de la flamme du cierge pascal, signe de la victoire du Christ qui apporte la lumière au monde.

Des chants sont proposés pour le Carême, p. 208.

Prière d'ouverture

Dieu qui as réconcilié avec toi toute l'humanité en lui donnant ton propre Fils, augmente la foi du peuple chrétien pour qu'il se hâte avec amour au-devant des fêtes pascales qui approchent. Par Jésus Christ.

1re lecture *Le choix de David : « le Seigneur regarde le cœur. »*

→ **Lecture du premier livre de Samuel** 16, 1b.6-7.10-13a

En ces jours-là, le Seigneur dit à Samuel : « Prends une corne que tu rempliras d'huile, et pars ! Je t'envoie auprès de Jessé de Bethléem, car j'ai vu parmi ses fils mon roi. » Lorsqu'ils arrivèrent et que Samuel aperçut Éliab, il se dit : « Sûrement, c'est lui le messie, lui qui recevra l'onction du Seigneur ! » Mais le Seigneur dit à Samuel : « Ne considère pas son apparence ni sa haute taille, car je l'ai écarté. Dieu ne regarde pas comme les hommes : les hommes regardent l'apparence, mais le Seigneur regarde le cœur. » Jessé présenta ainsi à Samuel ses sept fils, et Samuel lui dit : « Le Seigneur n'a choisi aucun de ceux-là. »

Alors Samuel dit à Jessé : « N'as-tu pas d'autres garçons ? » Jessé répondit : « Il reste encore le plus jeune, il est en train de garder le troupeau. » Alors Samuel dit à Jessé : « Envoie-le chercher : nous ne nous mettrons pas à table tant qu'il ne sera pas arrivé. »

Jessé le fit donc venir : le garçon était roux, il avait de beaux yeux, il était beau. Le Seigneur dit alors : « Lève-toi, donne-lui l'onction : c'est lui ! » Samuel prit la corne pleine d'huile, et lui donna l'onction au milieu de ses frères. L'Esprit du Seigneur s'empara de David à partir de ce jour-là.

Psaume 22

R/ **Le Seigneur est mon berger :**
rien ne saurait me manquer.

Le Seigneur est mon berger :
je ne manque de rien.
Sur des prés d'herbe fraîche,
il me fait reposer.

Il me mène vers les eaux tranquilles
et me fait revivre ;
il me conduit par le juste chemin
pour l'honneur de son nom.

Si je traverse les ravins de la mort,
je ne crains aucun mal,
car tu es avec moi :
ton bâton me guide et me rassure.

Tu prépares la table pour moi
devant mes ennemis ;
tu répands le parfum sur ma tête,
ma coupe est débordante.

Grâce et bonheur m'accompagnent
tous les jours de ma vie ;
j'habiterai la maison du Seigneur
pour la durée de mes jours.

2e lecture

« Maintenant, dans le Seigneur, vous êtes lumière »

→ Lecture de la lettre de saint Paul apôtre aux Éphésiens 5, 8-14

Frères, autrefois, vous étiez ténèbres ; maintenant, dans le Seigneur, vous êtes lumière ; conduisez-vous comme des enfants de lumière – or la lumière a pour fruit tout ce qui est bonté, justice et vérité – et sachez reconnaître ce qui est capable de plaire au Seigneur. Ne prenez aucune part aux activités des ténèbres, elles ne produisent rien de bon ; démasquez-les plutôt. Ce que ces gens-là font en cachette, on a honte même d'en parler. Mais tout ce qui est démasqué est rendu manifeste par la lumière, et tout ce qui devient manifeste est lumière. C'est pourquoi l'on dit : Réveille-toi, ô toi qui dors, relève-toi d'entre les morts, et le Christ t'illuminera.

Gloire et louange à toi Seigneur Jésus. Moi, je suis la lumière du monde, dit le Seigneur. Celui qui me suit aura la lumière de la vie. **Gloire et louange à toi Seigneur Jésus.**

Évangile

La guérison d'un aveugle de naissance

→ Évangile de Jésus Christ selon saint Jean 9, 1-41

La lecture du texte entre crochets est facultative.

En ce temps-là, sortant du Temple, Jésus vit sur son passage un homme aveugle de naissance. [Ses disciples l'interrogèrent : « Rabbi, qui a péché, lui ou ses parents, pour qu'il soit né aveugle ? » Jésus répondit : « Ni lui, ni ses parents n'ont péché. Mais c'était pour que les œuvres de Dieu se manifestent en lui. Il nous faut travailler aux œuvres de Celui qui m'a envoyé, tant qu'il fait jour ; la nuit vient où personne ne pourra plus y travailler. Aussi longtemps que je suis dans le monde, je suis la lumière du monde. » Cela dit,] il cracha à terre et, avec la salive, il fit de la boue ; puis il appliqua la boue sur les yeux de l'aveugle, et lui dit : « Va te laver à la piscine de Siloé » – ce nom se traduit : Envoyé. L'aveugle y alla donc, et il se lava ; quand il revint, il voyait.

Ses voisins, et ceux qui l'avaient observé auparavant – car il était mendiant – dirent alors : « N'est-ce pas celui qui se tenait là pour mendier ? » Les uns disaient : « C'est lui. » Les autres disaient : « Pas du tout, c'est quelqu'un qui lui ressemble. » Mais lui disait : « C'est bien moi. » [Et on lui demandait : « Alors, comment tes yeux se sont-ils ouverts ? » Il répondit : « L'homme qu'on appelle Jésus a fait de la boue, il me l'a appliquée sur les yeux et il m'a dit : "Va à Siloé et lave-toi." J'y suis donc allé et je me suis lavé ; alors, j'ai vu. » Ils lui dirent : « Et lui, où est-il ? » Il répondit : « Je ne sais pas. »] On l'amène aux pharisiens, lui, l'ancien aveugle.

Or, c'était un jour de sabbat que Jésus avait fait de la boue et lui avait ouvert les yeux. À leur tour, les pharisiens lui demandaient comment il pouvait voir. Il leur répondit : « Il m'a mis de la boue sur les yeux, je me suis lavé, et je vois. » Parmi les pharisiens, certains disaient : « Cet homme-là n'est pas de Dieu, puisqu'il n'observe pas le repos du sabbat. » D'autres disaient : « Comment un homme pécheur peut-il accomplir des signes pareils ? » Ainsi donc ils étaient divisés. Alors ils s'adressent de nouveau à l'aveugle : « Et toi, que dis-tu de lui, puisqu'il t'a ouvert les yeux ? » Il dit : « C'est un prophète. »

[Or, les Juifs ne voulaient pas croire que cet homme avait été aveugle et que maintenant il pouvait voir. C'est pourquoi ils convoquèrent ses parents et leur demandèrent : « Cet homme est bien votre fils, et vous dites qu'il est né aveugle ? Comment se fait-il qu'à présent il voie ? » Les parents répondirent : « Nous savons bien que c'est notre fils, et qu'il est né aveugle. Mais comment peut-il voir maintenant, nous ne le savons pas ; et qui lui a ouvert les yeux, nous ne le savons pas non plus. Interrogez-le, il est assez grand pour s'expliquer. » Ses parents parlaient ainsi parce qu'ils avaient peur des Juifs. En effet, ceux-ci s'étaient déjà mis d'accord pour exclure de leurs assemblées tous ceux qui déclareraient publiquement que Jésus est le Christ. Voilà pourquoi les parents avaient dit : « Il est assez grand, interrogez-le ! »

Pour la seconde fois, les pharisiens convoquèrent l'homme qui avait été aveugle, et ils lui dirent : « Rends gloire à Dieu ! Nous savons, nous, que cet homme est un pécheur. » Il répondit : « Est-ce un pécheur ? Je n'en sais rien. Mais il y a une chose que je sais : j'étais aveugle, et à présent je vois. » Ils lui dirent alors : « Comment a-t-il fait pour t'ouvrir les yeux ? » Il leur répondit : « Je vous l'ai déjà dit, et vous n'avez pas écouté. Pourquoi voulez-vous m'entendre encore une fois ? Serait-ce que vous voulez, vous aussi, devenir ses disciples ? » Ils se mirent à l'injurier : « C'est toi qui es son disciple ; nous, c'est de Moïse que nous sommes les disciples. Nous savons que Dieu a parlé à Moïse ; mais celui-là, nous ne savons pas d'où il est. » L'homme leur répondit : « Voilà bien ce qui est étonnant ! Vous ne savez pas d'où il est, et pourtant il m'a ouvert les yeux. Dieu, nous le savons, n'exauce pas les pécheurs, mais si quelqu'un l'honore et fait sa volonté, il l'exauce. Jamais encore on n'avait entendu dire que quelqu'un ait ouvert les yeux à un aveugle de naissance. Si lui n'était pas de Dieu, il ne pourrait rien faire. »]

Ils répliquèrent : « Tu es tout entier dans le péché depuis ta naissance, et tu nous fais la leçon ? » Et ils le jetèrent dehors.

Jésus apprit qu'ils l'avaient jeté dehors. Il le retrouva et lui dit : « Crois-tu au Fils de l'homme ? » Il répondit : « Et qui est-il, Seigneur, pour que je croie en lui ? » Jésus lui dit : « Tu le vois, et c'est lui qui te parle. » Il dit : « Je crois, Seigneur ! » Et il se prosterna devant lui.

[Jésus dit alors : « Je suis venu en ce monde pour rendre un jugement : que ceux qui ne voient pas puissent voir, et que ceux qui voient deviennent aveugles. » Parmi les pharisiens, ceux qui étaient avec lui entendirent ces paroles et lui dirent : « Serions-nous aveugles, nous aussi ? » Jésus leur répondit : « Si vous étiez aveugles, vous n'auriez pas de péché ; mais du moment que vous dites : "Nous voyons !", votre péché demeure. »]

Pour la prière universelle

– Pour les évêques et pour ceux qui ont la charge de guider l'Église selon les vues de Dieu, implorons le Seigneur : qu'ils se laissent éclairer par l'Esprit Saint.
– Pour les responsables politiques et pour ceux qui gouvernent, prions le Père : que par le Saint Esprit, ils sachent agir avec sagesse et discernement.
– Pour celles et ceux qui sont marginalisés, supplions le Seigneur : qu'ils rencontrent des témoins de sa tendresse.
– Pour celles et ceux qui se préparent à recevoir le baptême, la confirmation et l'eucharistie, demandons la grâce du Seigneur : qu'ils accueillent le Christ, la lumière du monde.

Prière sur les offrandes

Seigneur, nous te présentons dans la joie le sacrifice qui sauve notre vie et nous te prions humblement : accorde-nous de le célébrer avec respect et de savoir l'offrir pour le salut du monde. Par Jésus.

Préface

Lorsqu'a été lu l'évangile de l'aveugle-né, on dit la préface ci-dessous. Après un autre évangile, on emploie une des préfaces du Carême, p. 28-29.

Vraiment, il est juste et bon de te rendre gloire, de t'offrir notre action de grâce, toujours et en tout lieu, à toi, Père très

saint, Dieu éternel et tout-puissant, par le Christ, notre Seigneur.
En prenant la condition humaine, il a guidé vers la lumière de la foi l'humanité qui s'en allait dans les ténèbres ; et par le bain qui fait renaître, il a donné aux hommes, nés dans le péché, de devenir vraiment fils de Dieu.
Voilà pourquoi le ciel et la terre t'adorent ; ils te chantent leur hymne toujours nouvelle, et nous-mêmes, unissant notre voix à celle des anges, nous t'acclamons : **Saint !..**

Prière après la communion

Dieu qui éclaires tout homme venant dans ce monde, illumine nos cœurs par la clarté de ta grâce : afin que toutes nos pensées soient dignes de toi, et notre amour de plus en plus sincère. Par Jésus.

Illuminés par le baptême

« Le baptême est le sacrement de la foi : voilà pourquoi il est sacrement de lumière, et pourquoi, disons-le dès maintenant, il nous ouvre à la contemplation. Saint Grégoire le Grand, dans l'oraison de l'Épiphanie, après avoir rappelé que nous avons connu Dieu par la foi, nous fait demander que nous soyons conduits jusqu'à contempler l'éclat de sa majesté : "Daigne nous accorder, à nous qui te connaissons déjà par la foi, d'être conduits jusqu'à la claire vision de ta splendeur". Nous le contemplerons un jour dans la gloire, dans le face à face de la vision ; mais l'illumination baptismale nous permet de le contempler, dès maintenant, dans la foi. [...]

Le baptême, nous libérant du péché, nous délivre des ténèbres ; rompant les liens de Satan qui tenait captif le catéchumène, il le délivre de la cécité spirituelle où il était enfermé, et ouvre les yeux de son cœur pour qu'il puisse connaître le Père avec l'Esprit Saint. »

Pierre-Thomas Camelot, *Spiritualité du baptême*,
Lex Orandi n° 30, Éd. du Cerf, 1960, p. 89-92.

CALENDRIER LITURGIQUE

Di 22	**4e dimanche Carême A.** *Liturgie des Heures : Psautier semaine IV.* En semaine, messe au choix. On peut employer ces lectures n'importe quel jour de cette semaine, surtout les années B et C, quand on ne lit pas l'évangile de l'aveugle-né le quatrième dimanche de Carême : Michée 7, 7-9 ; Ps 26 ; Jean 9, 1-41 : « Il s'en alla et se lava ; quand il revint, il voyait »
Lu 23	*S. Turibio de Mogrovejo, évêque de Lima, † 1606.* Isaïe 65, 17-21 ; Ps 29 ; Jean 4, 43-54 : « Va, ton fils est vivant »
Ma 24	Ézékiel 47, 1-9.12 ; Ps 45 ; Jean 5, 1-16 : « Aussitôt l'homme fut guéri »
Me 25	**ANNONCIATION DU SEIGNEUR, p. 252**
Je 26	Exode 32, 7-14 ; Ps 105 ; Jean 5, 31-47 : « Votre accusateur, c'est Moïse, en qui vous avez mis votre espérance »
Ve 27	Sagesse 2, 1a.12-22 ; Ps 33 ; Jean 1-2.10.14.25-30 : « On cherchait à l'arrêter, mais son heure n'était pas encore venue »
Sa 28	Jérémie 11, 18-20 ; Ps 7 ; Jean 7, 40-53 :« Est-ce de Galilée que vient le Christ ? »

Bonne fête ! 22 : Léa, Leïla, Lia, Lila. 23 : Victorien, Rébecca. 24 : Catherine, Aldemar. 25 : Annuntiata, Annonciation. 26 : Larissa, Lara. 27 : Habib. 28 : Gontran.

Sainte Rébecca (23 mars) Sainte Rébecca est un personnage de l'Ancien Testament. Elle était la femme d'Isaac qu'Abraham va faire chercher, pour son fils, par son serviteur dans son pays d'origine. Elle donna naissance à des jumeaux : Ésaü et Jacob.

Annonciation du Seigneur

25 MARS 2020

Voici l'aurore du salut

L'Annonciation du Seigneur, comme son nom l'indique, n'est pas une fête mariale mais elle est centrée sur l'Incarnation de Dieu qui va prendre chair de Marie. En ce jour, nous recevons d'abord le message que l'ange Gabriel apporte à la Vierge de Nazareth. Le messager nous fait connaître la sollicitude de Dieu pour son peuple (*évangile*). Sa promesse de nous sauver (*première lecture*) va s'accomplir mais, pour cela, il demande la réponse de cette jeune fille. Dieu a toujours voulu que l'homme coopère à son propre salut. La foi de Marie et son obéissance à la parole de Dieu transmise par l'ange permettent de transformer l'histoire de l'humanité : Dieu, prenant notre condition humaine, va se rendre visible aux hommes et « la nature humaine en reçoit une incomparable noblesse ; il devient tellement l'un de nous que nous devenons éternels » (Préface de Noël n° 3).

Marie est aussi la figure de l'Église qui doit être attentive à la parole du Seigneur et qui doit, dans la foi, coopérer à l'œuvre de Dieu. À son école, offrons notre disponibilité au Seigneur et nous pourrons chanter avec elle : « Le Seigneur fit pour moi des merveilles ».

Prière d'ouverture

Seigneur, tu as voulu que ton Verbe prît chair dans le sein de la Vierge Marie ; puisque nous reconnaissons en lui notre Rédempteur, à la fois homme et Dieu, accorde-nous d'être participants de sa nature divine. Lui qui règne.

Titre des lectures

Is 7, 10-14	*La Vierge enfantera.*
Psaume 39	R/ *Me voici, Seigneur, je viens faire ta volonté.*
He 10, 4-10	*Je viens faire ta volonté.*
Lc 1, 26-38	*L'annonce à Marie.*

2e lecture

« Je suis venu, mon Dieu, pour faire ta volonté »

→ Lecture de la lettre aux Hébreux 10, 4-10

Frères, il est impossible que du sang de taureaux et de boucs enlève les péchés. Aussi, en entrant dans le monde, le Christ dit : *Tu n'as voulu ni sacrifice ni offrande, mais tu m'as formé un corps. Tu n'as pas agréé les holocaustes ni les sacrifices pour le péché ; alors, j'ai dit : Me voici, je suis venu, mon Dieu, pour faire ta volonté, ainsi qu'il est écrit de moi dans le Livre.* Le Christ commence donc par dire : *Tu n'as pas voulu ni agréé les sacrifices et les offrandes, les holocaustes et les sacrifices pour le péché*, ceux que la Loi prescrit d'offrir. Puis il déclare : *Me voici, je suis venu pour faire ta volonté.* Ainsi, il supprime le premier état de choses pour établir le second. Et c'est grâce à cette volonté que nous sommes sanctifiés, par l'offrande que Jésus Christ a faite de son corps, une fois pour toutes.

Prière après la communion

Par cette communion, Seigneur, fortifie en nos cœurs la vraie foi, afin qu'ayant proclamé le fils de la Vierge vrai Dieu et vrai homme, nous parvenions au salut et à la joie éternelle par la puissance de sa résurrection. Lui qui règne.

5e dimanche du Carême

29 MARS 2020

Naître à la liberté des enfants de Dieu

« Je vais ouvrir vos tombeaux et je vous en ferai remonter », proclame le prophète Ézékiel (*première lecture*). Cette promesse est une figure puisqu'elle s'adresse au peuple en général et que celui-ci n'est pas physiquement enseveli. De quelle mort est-il donc question ? La situation historique du peuple d'Israël est à son plus bas niveau : la ville de Jérusalem est tombée aux mains de ses ennemis et ses habitants qui n'étaient pas déjà en déportation vont connaître la mort ou l'exil à Babylone. C'est la conséquence de son péché : il n'a pas écouté la parole du Seigneur et n'a pas agi selon ses voies ; il marche vers la mort.

En ramenant Lazare à la vie, Jésus réalise concrètement la prophétie d'Ézékiel : Lazare sort du tombeau à l'appel de la voix de Jésus et il vient vers lui. Déjà, ses deux sœurs, Marthe et Marie, sont venues vers Jésus. En écoutant sa parole, elles sont devenues croyantes (*évangile*).

C'est ce chemin que nous avons à parcourir pour que le Christ nous donne la vie en plénitude : écouter sa parole, l'accueillir et lui donner sa foi, parce que « quiconque vit et croit (en lui) ne mourra jamais ». Marthe croyait à la résurrection au dernier jour, mais aujourd'hui nous pouvons entendre que le Christ veut que nous soyons déjà ressuscités, comme l'affirmera saint Paul : « Si donc vous êtes ressuscités avec le Christ, recherchez les réalités d'en haut » (Colossiens 3,1). Jésus commande qu'on retire les liens qui attachent les pieds et les mains de Lazare. À nous de discerner quelles sont les entraves qui nous empêchent de vivre pleinement : les images que nous voulons donner de nous-mêmes, les rancunes enfouies, les aprioris sur notre entourage, les craintes injustifiées, nos manques de foi.

Comme la vie et la mort s'opposent, saint Paul met face à face la chair et l'Esprit de Dieu (*deuxième lecture*). Pour lui, la chair désigne la faiblesse de la condition humaine, à la fois dans sa fragilité de vie et dans sa tendance à résister à Dieu. Inversement, celui qui se laisse habiter par l'Esprit de Dieu recevra la force de vie qui peut même toucher notre vie corporelle. Il nous aidera à défaire tous liens qui entravent notre vie de baptisés, puisque nous avons été appelés à ressusciter avec le Christ.

Des chants sont proposés pour le Carême, p. 208.

Prière d'ouverture

Que ta grâce nous obtienne, Seigneur, d'imiter avec joie la charité du Christ qui a donné sa vie par amour pour le monde. Lui qui règne.

1re lecture

« Je mettrai en vous mon esprit, et vous vivrez »

→ **Lecture du livre du prophète Ézékiel** 37, 12-14

Ainsi parle le Seigneur Dieu : Je vais ouvrir vos tombeaux et je vous en ferai remonter, ô mon peuple, et je vous ramènerai sur la terre d'Israël. Vous saurez que Je suis le Seigneur, quand j'ouvrirai vos tombeaux et vous en ferai remonter, ô mon peuple ! Je mettrai en vous mon esprit, et vous vivrez ; je vous donnerai le repos sur votre terre. Alors vous saurez que Je suis le Seigneur : j'ai parlé et je le ferai – oracle du Seigneur.

Psaume 129

R/ **Près du Seigneur est l'amour,**
près de lui abonde le rachat.

Des profondeurs je crie vers toi, Seigneur,
Seigneur, écoute mon appel !
Que ton oreille se fasse attentive
au cri de ma prière !

CARÊME

Si tu retiens les fautes, Seigneur,
Seigneur, qui subsistera ?
Mais près de toi se trouve le pardon
pour que l'homme te craigne.

J'espère le Seigneur de toute mon âme ;
je l'espère, et j'attends sa parole.
Mon âme attend le Seigneur
plus qu'un veilleur ne guette l'aurore.

Oui, près du Seigneur, est l'amour ;
près de lui, abonde le rachat.
C'est lui qui rachètera Israël
de toutes ses fautes.

2e lecture

« L'Esprit vous fait vivre, puisque vous êtes devenus des justes »

→ **Lecture de la lettre de saint Paul apôtre aux Romains** 8, 8-11

Frères, ceux qui sont sous l'emprise de la chair ne peuvent pas plaire à Dieu. Or, vous, vous n'êtes pas sous l'emprise de la chair, mais sous celle de l'Esprit, puisque l'Esprit de Dieu habite en vous. Celui qui n'a pas l'Esprit du Christ ne lui appartient pas. Mais si le Christ est en vous, le corps, il est vrai, reste marqué par la mort à cause du péché, mais l'Esprit vous fait vivre, puisque vous êtes devenus des justes. Et si l'Esprit de celui qui a ressuscité Jésus d'entre les morts habite en vous, celui qui a ressuscité Jésus, le Christ, d'entre les morts donnera aussi la vie à vos corps mortels par son Esprit qui habite en vous.

Gloire à toi, Seigneur, gloire à toi. Moi, je suis la résurrection et la vie, dit le Seigneur. Celui qui croit en moi ne mourra jamais. **Gloire à toi, Seigneur, gloire à toi.**

Évangile

La résurrection de Lazare

→ Évangile de Jésus Christ selon saint Jean 11, 1-45

La lecture du texte entre crochets est facultative.

En ce temps-là, il y avait quelqu'un de malade, Lazare, de Béthanie, le village de Marie et de Marthe, sa sœur. [Or Marie était celle qui répandit du parfum sur le Seigneur et lui essuya les pieds avec ses cheveux. C'était son frère Lazare qui était malade. Donc,] les deux sœurs envoyèrent dire à Jésus : « Seigneur, celui que tu aimes est malade. » En apprenant cela, Jésus dit : « Cette maladie ne conduit pas à la mort, elle est pour la gloire de Dieu, afin que par elle le Fils de Dieu soit glorifié. » Jésus aimait Marthe et sa sœur, ainsi que Lazare. Quand il apprit que celui-ci était malade, il demeura deux jours encore à l'endroit où il se trouvait.

Puis, après cela, il dit aux disciples : « Revenons en Judée. » [Les disciples lui dirent : « Rabbi, tout récemment, les Juifs, là-bas, cherchaient à te lapider, et tu y retournes ? » Jésus répondit : « N'y a-t-il pas douze heures dans une journée ? Celui qui marche pendant le jour ne trébuche pas, parce qu'il voit la lumière de ce monde ; mais celui qui marche pendant la nuit trébuche, parce que la lumière n'est pas en lui. » Après ces paroles, il ajouta : « Lazare, notre ami, s'est endormi ; mais je vais aller le tirer de ce sommeil. » Les disciples lui dirent alors : « Seigneur, s'il s'est endormi, il sera sauvé. » Jésus avait parlé de la mort ; eux pensaient qu'il parlait du repos du sommeil. Alors il leur dit ouvertement : « Lazare est mort, et je me réjouis de n'avoir pas été là, à cause de vous, pour que vous croyiez. Mais allons auprès de lui ! » Thomas, appelé Didyme (c'est-à-dire Jumeau), dit aux autres disciples : « Allons-y, nous aussi, pour mourir avec lui ! »]

À son arrivée, Jésus trouva Lazare au tombeau depuis quatre jours déjà. [Comme Béthanie était tout près de Jérusalem – à une distance de quinze stades (c'est-à-dire une demi-heure de marche environ) –, beaucoup de Juifs étaient venus réconforter Marthe et Marie au sujet de leur frère.]

Lorsque Marthe apprit l'arrivée de Jésus, elle partit à sa rencontre, tandis que Marie restait assise à la maison. Marthe dit à Jésus : « Seigneur, si tu avais été ici, mon frère ne serait pas mort. Mais maintenant encore, je le sais, tout ce que tu demanderas à Dieu, Dieu te l'accordera. » Jésus lui dit : « Ton frère ressuscitera. » Marthe reprit : « Je sais qu'il ressuscitera à la résurrection, au dernier jour. » Jésus lui dit : « Moi, je suis la résurrection et la vie. Celui qui croit en moi, même s'il meurt, vivra ; quiconque vit et croit en moi ne mourra jamais. Crois-tu cela ? » Elle répondit : « Oui, Seigneur, je le crois : tu es le Christ, le Fils de Dieu, tu es celui qui vient dans le monde. »

[Ayant dit cela, elle partit appeler sa sœur Marie, et lui dit tout bas : « Le Maître est là, il t'appelle. » Marie, dès qu'elle l'entendit, se leva rapidement et alla rejoindre Jésus. Il n'était pas encore entré dans le village, mais il se trouvait toujours à l'endroit où Marthe l'avait rencontré. Les Juifs qui étaient à la maison avec Marie et la réconfortaient, la voyant se lever et sortir si vite, la suivirent ; ils pensaient qu'elle allait au tombeau pour y pleurer. Marie arriva à l'endroit où se trouvait Jésus. Dès qu'elle le vit, elle se jeta à ses pieds et lui dit : « Seigneur, si tu avais été ici, mon frère ne serait pas mort. »

Quand il vit qu'elle pleurait, et que les Juifs venus avec elle pleuraient aussi, Jésus, en son esprit, fut saisi d'émotion, il fut bouleversé, et] il demanda : « Où l'avez-vous déposé ? » Ils lui répondirent : « Seigneur, viens, et vois. » Alors Jésus se mit à pleurer. Les Juifs disaient : « Voyez comme il l'aimait ! » Mais certains d'entre eux dirent : « Lui qui a ouvert les yeux de l'aveugle, ne pouvait-il pas empêcher Lazare de mourir ? »

Jésus, [repris par l'émotion,] arriva au tombeau. C'était une grotte fermée par une pierre. Jésus dit : « Enlevez la pierre. » Marthe, la sœur du défunt, lui dit : « Seigneur, il sent déjà ; c'est le quatrième jour qu'il est là. » Alors Jésus dit à Marthe : « Ne te l'ai-je pas dit ? Si tu crois, tu verras la gloire de Dieu. » On enleva donc la pierre. Alors Jésus leva les yeux au ciel et dit : « Père, je te rends grâce parce que tu m'as exaucé. Je le savais bien, moi, que tu m'exauces toujours ; mais je le dis à cause de la foule qui m'entoure, afin qu'ils croient que c'est toi qui m'as envoyé. » Après cela, il cria d'une voix forte : « Lazare, viens dehors ! » Et le mort sortit, les pieds et les mains liés par des bandelettes, le visage enveloppé d'un suaire. Jésus leur dit : « Déliez-le, et laissez-le aller. »

Beaucoup de Juifs, qui étaient venus auprès de Marie et avaient donc vu ce que Jésus avait fait, crurent en lui.

Pour la prière universelle

– Prions pour l'Église qui a la mission d'annoncer la résurrection à tous les hommes : qu'elle proclame ce message par ses paroles et par ses actes.
– Prions pour les personnes qui sont liées par des entraves physiques, morales, psychologiques ou relationnelles : qu'ils trouvent des chemins de libération.
– Prions pour les membres de la pastorale des funérailles : qu'elles trouvent les mots et les attitudes qui soutiennent les familles en deuil.
– Prions pour les artisans de justice sociale et de paix, en ce jour de partage porté par le CCFD, et pour ceux qui s'engagent en faveur du développement des peuples : que leurs actions soient reconnues et fructueuses.

Prière sur les offrandes

Exauce tes serviteurs, Dieu tout-puissant : tu les as initiés à la foi chrétienne, qu'ils soient purifiés par ce sacrifice. Par Jésus.

Préface

Lorsqu'a été lu l'évangile de la résurrection de Lazare, on dit la préface ci-dessous. Si on a lu un autre évangile, on emploie une des préfaces du Carême, p. 28-29.

Vraiment, il est juste et bon de te rendre gloire, de t'offrir notre action de grâce, toujours et en tout lieu, à toi, Père très saint, Dieu éternel et tout-puissant, par le Christ, notre Seigneur.
Il est cet homme plein d'humanité qui a pleuré sur son ami Lazare ; il est Dieu, le Dieu éternel qui fit sortir le mort de son tombeau ; ainsi, dans sa tendresse pour tous les hommes, il nous conduit par les mystères de sa Pâque, jusqu'à la vie nouvelle.
C'est par lui que les anges assemblés devant toi adorent ta sainteté ; laisse donc nos voix se joindre à leur louange pour chanter et proclamer : **Saint !..**

Prière après la communion

Accorde-nous, Dieu tout-puissant, d'être toujours comptés parmi les membres du Christ, nous qui communions à son corps et à son sang. Lui qui règne.

Joie de la résurrection

« Les sœurs de Lazare envoyèrent dire au Seigneur : "Seigneur, celui que tu aimes est malade". En parlant ainsi, elles frappent à la porte de son cœur, elles atteignent sa charité, elles s'efforcent de vaincre leur détresse par la force de leur amitié. Mais, pour le Christ, il importe davantage de vaincre la mort que d'éloigner la maladie. Aimer, pour lui, ce n'est pas tirer du lit, mais ramener des enfers et, pour son ami, ce qu'il va lui procurer bientôt, ce n'est pas le remède à sa langueur, mais la gloire de la résurrection.

Bref, quand il apprit que Lazare était malade, il demeura deux jours au même endroit. Vous voyez comment il laisse le champ libre à la mort, il donne ses chances au tombeau, il permet à la décomposition de s'exercer, il n'empêche ni la pourriture ni l'odeur infecte. Il accepte que le séjour des morts se saisisse de Lazare, l'engloutisse, le garde prisonnier. Il agit pour que tout espoir humain soit perdu, et que toute la violence de la désespérance terrestre se déchaîne, afin qu'on voie bien que ce qui va se passer est l'œuvre de Dieu, non de l'homme.

Il reste au même endroit à attendre la mort de Lazare jusqu'à ce qu'il puisse l'annoncer lui-même et déclarer qu'il ira vers lui. "En effet, dit-il, Lazare est mort et je m'en réjouis". C'est donc cela aimer ? Le Christ se réjouissait parce que la tristesse de la mort allait bientôt se transformer en la joie de la résurrection. Et "je m'en réjouis à cause de vous". Pourquoi "à cause de vous" ? Parce que, dans la mort et la résurrection de Lazare, se peignait toute la figure de la mort et de la résurrection du Seigneur, ce qui allait bientôt suivre chez le maître était déjà réalisé chez le serviteur. Elle était donc nécessaire, cette mort de Lazare, pour que la foi des disciples, ensevelie avec Lazare, ressuscite avec lui. »

Saint Pierre Chrysologue († 450), *Sermon 63*,
dans *Les Pères de l'Église commentent l'Évangile*, Brepols, 1991, p. 45.

CALENDRIER LITURGIQUE

Di 29	**5e dimanche Carême A.** *Liturgie des Heures : Psautier semaine I.* En semaine, messe au choix. On peut employer ces lectures n'importe quel jour de cette semaine, surtout les années B et C, quand on ne lit pas l'évangile de Lazare le cinquième dimanche de Carême. 2 Rois 4, 18b-21.32-37 ; Ps 16 ; Jean 11, 1-45 : « Je suis la résurrection et la vie »
Lu 30	Daniel 13, 1-9.15-17.19-30.33-62 ; lecture brève : 41c-62 ; Ps 22 ; Jean 8,1-11 : « Celui d'entre vous qui est sans péché, qu'il soit le premier à lui jeter une pierre »
Ma 31	Nombres 21, 4-9 ; Ps 101 ; Jean 8, 21-30 : « Quand vous aurez élevé le Fils de l'homme, alors vous comprendrez que moi, JE SUIS »
Me 1er	Daniel 3, 14-20.91-92.95 ; Cant. Daniel 3 ; Jean 8, 31-42 : « Si le Fils vous rend libres, réellement vous serez libres »
Je 2	*S. François de Paule, ermite italien, † 1507 à Plessis-les-Tours.* Genèse 17,3-9 ; Ps 104 ; Jean 8,51-59 : « Abraham votre père a exulté, sachant qu'il verrait mon Jour »
Ve 3	Jérémie 20, 10-13 ; Ps 17 ; Jean 10, 31-42 : « Ils cherchaient à l'arrêter, mais il échappa à leurs mains »
Sa 4	*S. Isidore, évêque de Séville, docteur de l'Église, † 636.* Ézékiel 37, 21-28 ; Cant. Jérémie 31 ; Jean 11, 45-57 : « Afin de rassembler dans l'unité les enfants de Dieu dispersés »

Bonne fête ! 29 : Gladys. 30 : Amédée. 31 : Benjamin, Balbine. 1er : Hugues, Valérie. 2 : Sandra. 3 : Richard. 4 : Isidore, Aleth.

Pour mémoire : Aujourd'hui, en France, quête pour le CCFD ; en Belgique, quête pour Entraide et Fraternité.

Saint Hugues de Grenoble (1er avril). Saint Hugues, nommé évêque de Grenoble, se retira pourtant à l'abbaye de la Chaise-Dieu pendant quinze ans avant de retrouver son siège épiscopal et d'accueillir saint Bruno, fondateur de la Chartreuse.

Réconciliation de plusieurs pénitents

Avec confession et absolution individuelles

Cette célébration communautaire est à vivre selon les indications et l'esprit du Rituel *Célébrer la pénitence et la réconciliation*. C'est pourquoi les quatre éléments liturgiques de la réconciliation sont proposés dans la célébration suivante. En ce qui concerne les deux éléments *Écouter la Parole de Dieu* et *confesser l'amour de Dieu en même temps que notre péché* que nous avons conjoints, deux aspects sont à souligner.

D'une part, la structure qui est ternaire : Lecture – Méditation (avec ou sans chant/musique) – Prière. Cette manière de procéder rappelle ce qui se vit lors de la Veillée pascale pour la liturgie de la Parole qui précède les baptêmes. Ce sera une manière de vivre la réconciliation comme un *baptême dans les larmes* (S. Ambroise) en mettant ainsi en perspective la liturgie de la nuit pascale. Sept méditations sont proposées au choix.

D'autre part, les oraisons sont prises ou inspirées des *Prières des premiers exorcismes* vécus par les catéchumènes pendant leur temps de catéchuménat. Les entendre et les faire siennes pendant cette célébration nous rend solidaires de leur démarche, eux qui doivent recevoir à la Veillée pascale les sacrements de l'Initiation chrétienne.

1. S'ACCUEILLIR MUTUELLEMENT

Chant d'ouverture

Au choix : ***La ténèbre n'est point ténèbre*** **Taizé,** ***Dans nos obscurités*** **Taizé,** ***Ouvre mes yeux, Seigneur*** **G 79-3 CNA 699.**

Après le signe de croix, le célébrant peut faire une salutation ou dire une monition, par exemple :

Frères et sœurs, nous sommes rassemblés en ce temps de Carême au nom du Seigneur qui nous appelle à la conversion et la pénitence pour construire son Royaume. Ce temps du Carême est celui où les catéchumènes appelés au baptême, à la confirmation et à l'eucharistie, s'y préparent avec plus d'intensité. Ce temps est pour eux une grâce particulière et c'est pourquoi, depuis l'origine, ces 40 jours ont été pour la communauté chrétienne qui les accompagne et les engendre dans la foi un acte d'engagement, pour eux et avec eux, dans la prière, le jeûne et la pénitence. Nous-mêmes, avec eux, sommes engagés dans le renouvellement de la vie par la grâce du Baptême et de la Confirmation. Nous-mêmes, sommes appelés pour eux à redécouvrir le pain de la miséricorde de Dieu.

Nous écouterons à nos places un passage de l'Écriture Sainte que nous méditerons quelques instants en silence (ou avec un chant ou une musique) ; puis nous nous lèverons lorsque le célébrant rassemblera nos méditations dans une prière inspirée de celles que les catéchumènes vivent lors de leur préparation.

2 & 3. ÉCOUTER LA PAROLE DE DIEU ET CONFESSER L'AMOUR DE DIEU EN MÊME TEMPS QUE NOTRE PÉCHÉ

1re méditation

– Lecture

« Béni soit Dieu, le Père de notre Seigneur Jésus Christ !... Il nous a choisis, dans le Christ, avant la fondation du monde, pour que nous soyons saints, immaculés devant lui, dans l'amour. » (Ep 1,1...4)

– Méditation

Elle sera, au choix, silencieuse ou soutenue par une musique ou un chant méditatif.

On peut chanter par exemple : ***Pitié Seigneur*, G 248 CNA 701** – un seul couplet sera chanté, les autres serviront pour les méditations suivantes.

– Oraison (tous se lèvent)

Seigneur notre Dieu, Toi qui révèles la vraie vie et détruis la corruption, enlève du cœur de tes serviteurs l'incrédulité et le doute, (l'attachement aux idoles, à la magie, aux incantations et aux invocations des morts), l'amour de l'argent et l'attrait des passions, les haines, les querelles et toute sorte de mal. Par Jésus, le Christ, notre Seigneur.

2e méditation

– Lecture

« Ne savez-vous pas que vous êtes un sanctuaire de Dieu, et que l'Esprit de Dieu habite en vous ? Si quelqu'un détruit le sanctuaire de Dieu, cet homme, Dieu le détruira, car le sanctuaire de Dieu est saint, et ce sanctuaire, c'est vous. » (1 Co 3,16-17)

– Méditation

– Oraison

Dieu éternel et tout-puissant, par ton Fils unique et bien-aimé tu nous as promis l'Esprit Saint. Nous te supplions pour tous ceux qui se tournent vers toi : éloigne d'eux tout esprit mauvais, garde-les de toute erreur et de tout péché, afin qu'ils puissent demeurer le temple du Saint-Esprit. Par Jésus.

3e méditation

– Lecture

« Voyant les foules, Jésus gravit la montagne. Il s'assit, et ses disciples s'approchèrent de lui.

Alors, ouvrant la bouche, il les enseignait. Il disait :

"Heureux les pauvres de cœur, car le royaume des Cieux est à eux.

Heureux ceux qui pleurent, car ils seront consolés.

Heureux les doux, car ils recevront la terre en héritage.

Heureux ceux qui ont faim et soif de la justice, car ils seront rassasiés.

Heureux les miséricordieux, car ils obtiendront miséricorde.

Heureux les cœurs purs, car ils verront Dieu.

Heureux les artisans de paix, car ils seront appelés fils de Dieu.

Heureux ceux qui sont persécutés pour la justice, car le royaume des Cieux est à eux.

Heureux êtes-vous si l'on vous insulte, si l'on vous persécute et si l'on dit faussement toute sorte de mal contre vous, à cause de moi.

Réjouissez-vous, soyez dans l'allégresse, car votre récompense est grande dans les cieux ! C'est ainsi qu'on a persécuté les prophètes qui vous ont précédés". » (Mt 5,1-12)

– Méditation

– Oraison

Seigneur Jésus Christ, donne à ceux qui accueillent ton Évangile de vivre le bonheur que tu promets. Préserve-les des richesses des nantis, de l'orgueil des dominateurs, de la jouissance des égoïstes. Fidèles à être disciples, qu'ils se trouvent heureux de vivre en esprit de pauvreté, d'avoir faim de justice, de partager le pardon ; qu'ils soient des artisans de paix, et vivent selon ta parole. Ayant obtenu la miséricorde promise, qu'ils aient au ciel le bonheur de voir Dieu, pour les siècles des siècles.

4e méditation

– Lecture

« Vous, vous étiez des morts, par suite des fautes et des péchés qui marquaient autrefois votre conduite. Nous aussi, nous étions tous de ceux-là, quand nous vivions suivant les convoitises de notre chair, cédant aux caprices de la chair et des pensées, nous qui étions, de par nous-mêmes, voués à la colère comme tous les autres. Mais Dieu est riche en miséricorde ; à cause du grand amour dont il nous a aimés, nous qui étions des morts par suite de nos fautes, il nous a donné la vie avec le Christ : c'est bien par grâce que vous êtes sauvés. » (Ep 2,1...5).

– Méditation

– Oraison

Seigneur tout-puissant, toi qui as créé l'homme à ton image et à ta ressemblance, dans la justice et la sainteté, toi qui ne l'as pas abandonné après la faute, mais qui as merveilleusement pourvu à son salut, nous t'en prions : délivre-nous de tout mal et de l'esclavage de l'ennemi ; éloigne de nous l'esprit de mensonge, de cupidité et de méchanceté : et ouvre les yeux de notre cœur à l'intelligence de ton Évangile. Par Jésus.

5e méditation

– Lecture

« Comme Jésus était à table à la maison, voici que beaucoup de publicains (c'est-à-dire des collecteurs d'impôts) et beaucoup de pécheurs vinrent prendre place avec lui et ses disciples. Voyant cela, les pharisiens disaient à ses disciples : “Pourquoi votre maître mange-t-il avec les publicains et les pécheurs ?” Jésus, qui avait entendu, déclara : “Ce ne sont pas les gens bien portants qui ont besoin du médecin, mais les malades. Allez apprendre ce que signifie : Je veux la miséricorde, non le sacrifice. En effet, je ne suis pas venu appeler des justes, mais des pécheurs”. » (Mt 9,10-13)

– **Méditation**

– **Oraison**

Seigneur Jésus Christ, toi qui manges avec les pécheurs et qui veux la miséricorde et non les sacrifices, nous te supplions humblement pour tes serviteurs qui se reconnaissent pécheurs devant toi : daigne maîtriser la puissance du mal et permets qu'en éprouvant ta miséricorde, ils soient guéris des blessures du péché, trouvent la paix du cœur, savourent la nouveauté de l'Évangile et répondent de tout leur cœur à ton appel. Toi qui règnes pour les siècles des siècles.

6e méditation

– **Lecture**

« Pour la justice que donne la Loi, j'étais devenu irréprochable. Mais tous ces avantages que j'avais, je les ai considérés, à cause du Christ, comme une perte. Oui, je considère tout cela comme une perte à cause de ce bien qui dépasse tout : la connaissance du Christ Jésus, mon Seigneur. À cause de lui, j'ai tout perdu ; je considère tout comme des ordures, afin de gagner un seul avantage, le Christ, et, en lui, d'être reconnu juste, non pas de la justice venant de la loi de Moïse mais de celle qui vient de la foi au Christ, la justice venant de Dieu, qui est fondée sur la foi. » (Ph 3, 6-9)

– **Méditation**

– **Oraison**

Seigneur dont la sagesse est insondable, nous te supplions humblement pour tes serviteurs qui désirent la réconciliation :

Qu'ils évitent les appels de la chair et du sang, des addictions et de la drogue qui détruisent, de la jalousie et de l'envie qui enferment sur soi, de l'orgueil qui rend aveugle. Qu'ils soient capables de répondre à ta grâce : pénètre leur cœur et purifie-le, afin que, délivrés de tout mensonge, oubliant ce qui est derrière eux, et tendus vers les biens à venir, ils considèrent que tout est sans valeur à côté de la connaissance du Christ ton Fils. Lui qui règne pour les siècles des siècles.

7e méditation

– Lecture

« Il vint à Nazareth, où il avait été élevé. Selon son habitude, il entra dans la synagogue le jour du sabbat, et il se leva pour faire la lecture. On lui remit le livre du prophète Isaïe. Il ouvrit le livre et trouva le passage où il est écrit : *L'Esprit du Seigneur est sur moi parce que le Seigneur m'a consacré par l'onction. Il m'a envoyé porter la Bonne Nouvelle aux pauvres, annoncer aux captifs leur libération, et aux aveugles qu'ils retrouveront la vue, remettre en liberté les opprimés, annoncer une année favorable accordée par le Seigneur.* Jésus referma le livre, le rendit au servant et s'assit. Tous, dans la synagogue, avaient les yeux fixés sur lui. Alors il se mit à leur dire : "Aujourd'hui s'accomplit ce passage de l'Écriture que vous venez d'entendre" » (Luc 4, 16-21).

– Méditation

– Oraison

Seigneur, nous te supplions pour tes serviteurs qui tournent vers toi leurs oreilles et leur cœur. Rends-les accueillants à ce temps de grâce : qu'ils ne restent pas prisonniers de l'angoisse, ni asservis aux désirs de la chair, ni étrangers à l'espérance de la promesse, ni soumis à l'esprit d'incroyance. Mais que, bien au contraire, croyant en toi, Jésus, ils se soumettent à l'Esprit de foi et de grâce. Toi qui règnes pour les siècles des siècles.

Après ce temps, si cela semble bienvenu, en quelques mots le célébrant exhorte à la conversion et à se laisser toucher par la miséricorde de Dieu.

4. ACCUEILLIR LE PARDON DE DIEU

Tous debout disent le Notre Père ; puis chacun est invité à rejoindre un prêtre pour confesser ses péchés et recevoir l'absolution individuelle. Pendant ce temps, on peut mettre une musique qui favorise le recueillement.

Quand tous ceux qui ont été se confesser reviennent à leur place, le célébrant invite à rendre grâce par un chant :

Jésus, le Christ, lumière intérieure **Taizé,** ***Nous chanterons pour toi, Seigneur*** **K 38 CNA 569** (strophes 1, 7, 12, 16).

La célébration peut se conclure par :

Bénissons le Seigneur
R/ Nous rendons grâce à Dieu.

LA SEMAINE SAINTE

Une femme en chemin

Égérie, femme d'Occident, donne le récit de son pèlerinage à Jérusalem au IVe siècle. Son « Journal de voyage » évoque la célébration de la « Grande Semaine », temps si particulier dans toute vie chrétienne. C'est une initiation aux mystères sacrés pour vivre l'intégralité de la Semaine Sainte et en saisir l'enjeu. Elle nous offre un aspect important du Mystère pascal – contenu dans le mot même de Pâques : passage –, celui de l'itinéraire en temps et en lieux (liturgiques) pour accompagner le Seigneur ; « Moi, je suis le Chemin, la Vérité et la Vie ; personne ne va vers le Père sans passer par moi » (Jean 14, 6), dit Jésus, alors qu'il vient de laver les pieds de ses disciples et s'en va vers sa Pâque.

Cette Semaine est un appel à se mettre en route pour l'ultime étape. Le temps du Carême vécu comme Exode intérieur nous préparait à un sentier plus étroit, nous conduisait à un sommet, celui de la Passion ; « Maintenant notre marche prend fin devant tes portes, Jérusalem ! » (Ps 121, 2). Un dernier saut est à faire, une dernière traversée à accomplir, surcroît d'évènements qui nous conduisent à mettre nos pas dans ceux du Sauveur. Jésus entre à Jérusalem aux Rameaux ; jeudi, il se lève de table et nous lave les pieds ; vendredi, portant sa croix, il sort en direction du Golgotha et se laisse déposer au tombeau ; mais, dès la fin de la nuit pascale, il charge les saintes femmes venues au tombeau d'annoncer qu'Il nous précède en Galilée. Une question demeure alors au Jour de Pâques : où nous conduisent nos pas ?

Célébrer du dimanche des Rameaux et de la Passion au dimanche de Pâques constitue le parcours de tout être. Notre histoire est souvent comparable à celle des disciples d'Emmaüs (*évangile du soir de Pâques*) s'en retournant tout tristes de Jérusalem, pleins d'interrogations sur ce qui s'est passé ; mais c'est pourtant là que se vit l'expérience pascale : « Or, tandis qu'ils s'entretenaient et s'interrogeaient, Jésus lui-même s'approcha, et il marchait avec eux » (Luc 24, 15). Pèlerins en ce monde, la Semaine sainte nous entraîne à prendre conscience de l'aujourd'hui de la Pâque de Jésus en nous ; il marche en nos existences, il parcourt le fil de nos jours, il nous entraîne à un passage vers la Vie.

Dimanche des Rameaux et de la Passion du Seigneur

5 AVRIL 2020

Voici ton roi qui vient vers toi, plein de douceur

Ce dimanche des Rameaux et de la Passion dit par ces deux termes sa particularité : le temps où il est fait mémoire de l'entrée triomphale de Jésus à Jérusalem et le temps où nous sommes saisis dans le récit de sa Passion. Un « raccourci » temporel est instauré dans cette célébration liant une « entrée » à une « sortie » lorsque Jésus est crucifié en dehors des murs de Jérusalem.

Nous percevons la dynamique de cette célébration par l'entrée en procession derrière la croix, rameaux en mains, en acclamant le Seigneur : « Hosanna au fils de David » (*évangile des Rameaux*) ; par la station debout pour recevoir le récit de la Passion du Christ que les soldats « emmenèrent pour le crucifier » (*évangile de la Passion*).

C'est une voie paradoxale que celle de ce dimanche qui trace l'itinéraire de la Pâque du Christ pour l'humanité rachetée qu'est l'Église, nouvelle Jérusalem.

Non seulement nous suivons Jésus dans sa Pâque, mais nous l'accueillons dans la réalité de son Église. Pas « spectateurs » mais « acteurs » de sa Passion. Il faut entendre et vivre l'oracle du prophète : « Voici ton roi qui vient vers toi, plein de douceur » (*évangile des Rameaux*), car c'est pour chacun également « (qu') il éveille mon oreille pour qu'en disciple, j'écoute » (*première lecture*).

La *deuxième* lecture trace la trajectoire du Seigneur : sorti de Dieu pour entrer pleinement dans l'humanité, s'anéantissant jusqu'à la mort ; traversant toute la fragilité humaine pour l'entraîner dans la gloire de Dieu « afin qu'au nom de Jésus tout genou fléchisse ». Tel est le sens de ce dimanche.

Par l'œuvre accomplie de Jésus, toute la liturgie de ce jour nous interroge : « Comme Jésus entrait à Jérusalem, toute la ville fut en proie à l'agitation, et disait : « Qui est cet homme ? » (*évangile des Rameaux*).

CHANTER

- Pour l'ouverture de la célébration : ***Hosanna*** **AL 179 CNA 441,** ***Hosanna, béni soit celui qui vient*** **H 24-06**.
- Pour la bénédiction des rameaux, ***Gloire et louange à toi*** **X 10 CNA 555.**
- Pendant la procession, ***Gloire à toi, Sauveur des hommes*** **H 27 CNA 442,** ***Sion, crie d'allégresse*** **HA 113,** ***Peuple où s'avance*** **K 82 CNA 578.**
- À l'entrée dans l'église, ***Voici que s'ouvrent pour le Roi*** **H 96-3 CNA 444.**
- Après la Parole, ***C'était nos péchés qu'il portait*** **NT 8 CNA 463,** ***Au cœur de nos détresses*** **HP 128 CNA 462,** ***Mystère du calvaire*** **H 44 CNA 464.** Ces chants peuvent aussi être chantés au cours de la lecture de la Passion.
- Pour l'anamnèse, ***Jésus, Messie humilié*** **C 246-1.**
- Pour la fraction du pain, ***Agneau de Dieu, pauvre de Dieu*** **D 543 CNA 311.**
- Pendant la procession de communion, ***En marchant vers toi, Seigneur*** **D 380 CNA 326,** ***Partageons le pain du Seigneur*** **D 39-31 CNA 342.**
- À la fin de la célébration, ***Ô croix dressée sur le monde*** **H 30 CNA 465,** ***Victoire, tu régneras*** **H 32 CNA 468.**

CÉLÉBRER

On veillera aux différentes actions et signes que la liturgie propose en ce jour :

– Privilégier, si cela est possible, pour l'entrée messianique du Seigneur à Jérusalem la première forme : la procession ; on peut revêtir la chape rouge pour signifier ce moment.

– Orner la croix de procession d'un rameau.

– Veiller à la sobriété liturgique dans la lecture de la Passion et fléchir le genou et s'arrêter un instant après avoir dit : « Mais Jésus, poussant de nouveau un grand cri, rendit l'esprit. »

Liturgie des Rameaux

Prière de bénédiction

• Dieu tout-puissant, daigne bénir ces rameaux que nous portons pour fêter le Christ notre Roi : accorde-nous d'entrer avec lui dans la Jérusalem éternelle. Lui qui règne.

• Augmente la foi de ceux qui espèrent en toi, Seigneur, exauce la prière de ceux qui te supplient : nous tenons à la main ces rameaux pour acclamer le triomphe du Christ ; pour que nous portions en lui des fruits qui te rendent gloire, donne-nous de vivre comme lui en faisant le bien. Lui qui règne.

Évangile

« Béni soit celui qui vient au nom du Seigneur »

→ Évangile de Jésus Christ selon saint Matthieu 21, 1-11

Jésus et ses disciples, approchant de Jérusalem, arrivèrent en vue de Bethphagé, sur les pentes du mont des Oliviers. Alors Jésus envoya deux disciples en leur disant : « Allez au village qui est en face de vous ; vous trouverez aussitôt une ânesse attachée et son petit avec elle. Détachez-les et amenez-les moi. Et si l'on vous dit quelque chose, vous répondrez : “Le Seigneur en a besoin”. Et aussitôt on les laissera partir. »

Cela est arrivé pour que soit accomplie la parole prononcée par le prophète : *Dites à la fille de Sion : Voici ton roi qui vient vers toi, plein de douceur, monté sur une ânesse et un petit âne, le petit d'une bête de somme.*

Les disciples partirent et firent ce que Jésus leur avait ordonné. Ils amenèrent l'ânesse et son petit, disposèrent sur eux leurs manteaux, et Jésus s'assit dessus. Dans la foule, la plupart étendirent leurs manteaux sur le chemin ; d'autres coupaient des branches aux arbres et en jonchaient la route. Les foules qui marchaient devant Jésus et celles qui suivaient criaient : « *Hosanna* au fils de David ! *Béni soit celui qui vient au nom du Seigneur ! Hosanna* au plus haut des cieux ! »

Comme Jésus entrait à Jérusalem, toute la ville fut en proie à l'agitation, et disait : « Qui est cet homme ? » Et les foules répondaient : « C'est le prophète Jésus, de Nazareth en Galilée. »

Procession

Et maintenant, avançons, comme les foules de Jérusalem, heureuses d'acclamer le Messie.

Messe de la Passion

Prière d'ouverture

Dieu éternel et tout-puissant, pour montrer au genre humain quel abaissement il doit imiter, tu as voulu que notre Sauveur, dans un corps semblable au nôtre, subisse la mort de la croix : accorde-nous cette grâce de retenir les enseignements de sa passion et d'avoir part à sa résurrection. Lui qui règne.

1re lecture

« Je ne me suis pas dérobé »

→ **Lecture du livre du prophète Isaïe** 50, 4-7

Le Seigneur mon Dieu m'a donné le langage des disciples, pour que je puisse, d'une parole, soutenir celui qui est épuisé. Chaque matin, il éveille, il éveille mon oreille pour qu'en disciple, j'écoute. Le Seigneur mon Dieu m'a ouvert l'oreille, et moi, je ne me suis pas révolté, je ne me suis pas dérobé. J'ai présenté mon dos à ceux qui me frappaient, et mes joues à ceux qui m'arrachaient la barbe. Je n'ai pas caché ma face devant les outrages et les crachats. Le Seigneur mon Dieu vient à mon secours ; c'est pourquoi je ne suis pas atteint par les outrages, c'est pourquoi j'ai rendu ma face dure comme pierre : je sais que je ne serai pas confondu.

Psaume 21

R/ **Mon Dieu, mon Dieu, pourquoi m'as-tu abandonné ?**

Tous ceux qui me voient me bafouent ;
ils ricanent et hochent la tête :
« Il comptait sur le Seigneur : qu'il le délivre !
Qu'il le sauve, puisqu'il est son ami ! »

Oui, des chiens me cernent,
une bande de vauriens m'entoure ;
Ils me percent les mains et les pieds,
je peux compter tous mes os.

Ils partagent entre eux mes habits
et tirent au sort mon vêtement.
Mais toi, Seigneur, ne sois pas loin :
ô ma force, viens vite à mon aide !

Mais tu m'as répondu !
Et je proclame ton nom devant mes frères,
je te loue en pleine assemblée.
Vous qui le craignez, louez le Seigneur.

2e lecture

« Devenant obéissant jusqu'à la mort »

→ Lecture de la lettre de saint Paul apôtre aux Philippiens 2, 6-11

Le Christ Jésus,
ayant la condition de Dieu,
ne retint pas jalousement
le rang qui l'égalait à Dieu.

Mais il s'est anéanti,
prenant la condition de serviteur,
devenant semblable aux hommes.

Reconnu homme à son aspect,
il s'est abaissé,
devenant obéissant jusqu'à la mort,
et la mort de la croix.

C'est pourquoi Dieu l'a exalté :
il l'a doté du Nom
qui est au-dessus de tout nom,

afin qu'au nom de Jésus
tout genou fléchisse
au ciel, sur terre et aux enfers,

et que toute langue proclame :
« Jésus Christ est Seigneur »
à la gloire de Dieu le Père.

Gloire et louange à toi, Seigneur Jésus. Pour nous, le Christ est devenu obéissant, jusqu'à la mort, et la mort de la croix. C'est pourquoi Dieu l'a exalté : il l'a doté du Nom qui est au-dessus de tout nom. **Gloire et louange à toi, Seigneur Jésus.**

Évangile

« Restez ici et veillez avec moi »

→ **La Passion de notre Seigneur Jésus Christ selon saint Matthieu** 26, 14 – 27, 66 (lecture brève Mt 27 ; 11-54 ; voir nº 4)

Indications pour la lecture dialoguée : Les sigles désignant les divers interlocuteurs sont les suivants : **+** = Jésus ; **L** = Lecteur ; **D** = Disciples et amis ; **F** = Foule ; **A** = Autres personnages.

La lecture du texte entre crochets est facultative.

L. [En ce temps-là, l'un des Douze, nommé Judas Iscariote, se rendit chez les grands prêtres et leur dit :

D. « Que voulez-vous me donner, si je vous le livre ? »

L. Ils lui *remirent trente pièces d'argent*. Et depuis, Judas cherchait une occasion favorable pour le livrer.

Le premier jour de la fête des pains sans levain, les disciples s'approchèrent et dirent à Jésus :

D. « Où veux-tu que nous te fassions les préparatifs pour manger la Pâque ? »

L. Il leur dit :

+ « Allez à la ville, chez un tel, et dites-lui : 'Le Maître te fait dire : Mon temps est proche ; c'est chez toi que je veux célébrer la Pâque avec mes disciples.' »

L. Les disciples firent ce que Jésus leur avait prescrit et ils préparèrent la Pâque.

1. LA PÂQUE AVEC LES DISCIPLES

Le soir venu, Jésus se trouvait à table avec les Douze. Pendant le repas, il déclara :

+ « Amen, je vous le dis : l'un de vous va me livrer. »

L. Profondément attristés, ils se mirent à lui demander, chacun son tour :

D. « Serait-ce moi, Seigneur ? »

L. Prenant la parole, il dit :

+ « Celui qui s'est servi au plat en même temps que moi, celui-là va me livrer. Le Fils de l'homme s'en va, comme il est écrit à son sujet ; mais malheureux celui par qui le Fils de l'homme est livré ! Il vaudrait mieux pour lui qu'il ne soit pas né, cet homme-là ! »

L. Judas, celui qui le livrait, prit la parole :

D. « Rabbi, serait-ce moi ? »

L. Jésus lui répond :

+ « C'est toi-même qui l'as dit ! »

L. Pendant le repas, Jésus, ayant pris du pain et prononcé la bénédiction, le rompit et, le donnant aux disciples, il dit :

+ « Prenez, mangez : ceci est mon corps. »

L. Puis, ayant pris une coupe et ayant rendu grâce, il la leur donna, en disant :

+ « Buvez-en tous, car ceci est mon sang, le sang de l'Alliance, versé pour la multitude en rémission des péchés. Je vous le dis : désormais je ne boirai plus de ce fruit de la vigne, jusqu'au jour où je le boirai, nouveau, avec vous dans le royaume de mon Père. »

2. À GETHSÉMANI

L. Après avoir chanté les psaumes, ils partirent pour le mont des Oliviers. Alors Jésus leur dit :

+ « Cette nuit, je serai pour vous tous une occasion de chute ; car il est écrit : *Je frapperai le berger, et les brebis du troupeau seront dispersées.* Mais, une fois ressuscité, je vous précéderai en Galilée. »

L. Prenant la parole, Pierre lui dit :

D. « Si tous viennent à tomber à cause de toi, moi, je ne tomberai jamais. »

L. Jésus lui répondit :

+ « Amen, je te le dis : cette nuit même, avant que le coq chante, tu m'auras renié trois fois. »

L. Pierre lui dit :

D. « Même si je dois mourir avec toi, je ne te renierai pas. »

L. Et tous les disciples dirent de même.

Alors Jésus parvient avec eux à un domaine appelé Gethsémani et leur dit :

+ « Asseyez-vous ici, pendant que je vais là-bas pour prier. »

L. Il emmena Pierre, ainsi que Jacques et Jean, les deux fils de Zébédée, et il commença à ressentir tristesse et angoisse. Il leur dit alors :

+ « Mon âme est triste à en mourir. Restez ici et veillez avec moi. »

L. Allant un peu plus loin, il tomba face contre terre en priant, et il disait :

+ « Mon Père, s'il est possible, que cette coupe passe loin de moi ! Cependant, non pas comme moi, je veux, mais comme toi, tu veux. »

L. Puis il revient vers ses disciples et les trouve endormis ; il dit à Pierre :

+ « Ainsi, vous n'avez pas eu la force de veiller seulement une heure avec moi ? Veillez et priez, pour ne pas entrer en tentation ; l'esprit est ardent, mais la chair est faible. »

L. De nouveau, il s'éloigna et pria, pour la deuxième fois ; il disait :

+ « Mon Père, si cette coupe ne peut passer sans que je la boive, que ta volonté soit faite ! »

L. Revenu près des disciples, de nouveau il les trouva endormis, car leurs yeux étaient lourds de sommeil. Les laissant, de nouveau il s'éloigna et pria pour la troisième fois, en répétant les mêmes paroles. Alors il revient vers les disciples et leur dit :

+ « Désormais, vous pouvez dormir et vous reposer. Voici qu'elle est proche, l'heure où le Fils de l'homme est livré aux mains des pécheurs. Levez-vous ! Allons ! Voici qu'il est proche, celui qui me livre. »

L. Jésus parlait encore, lorsque Judas, l'un des Douze, arriva, et avec lui une grande foule armée d'épées et de bâtons, envoyée par les grands prêtres et les anciens du peuple. Celui qui le livrait leur avait donné un signe :

D. « Celui que j'embrasserai, c'est lui : arrêtez-le. »

L. Aussitôt, s'approchant de Jésus, il lui dit :

D. « Salut, Rabbi ! »

L. Et il l'embrassa.

Jésus lui dit :

+ « Mon ami, ce que tu es venu faire, fais-le ! »

L. Alors ils s'approchèrent, mirent la main sur Jésus et l'arrêtèrent.

L'un de ceux qui étaient avec Jésus, portant la main à son épée, la tira, frappa le serviteur du grand prêtre, et lui trancha l'oreille. Alors Jésus lui dit :

+ « Rentre ton épée, car tous ceux qui prennent l'épée périront par l'épée. Crois-tu que je ne puisse pas faire appel à mon Père ? Il mettrait aussitôt à ma disposition plus de douze légions d'anges. Mais alors, comment s'accompliraient les Écritures selon lesquelles il faut qu'il en soit ainsi ? »

L. À ce moment-là, Jésus dit aux foules :

+ « Suis-je donc un bandit, pour que vous soyez venus vous saisir de moi, avec des épées et des bâtons ? Chaque jour, dans le Temple, j'étais assis en train d'enseigner, et vous ne m'avez pas arrêté. »

L. Mais tout cela est arrivé pour que s'accomplissent les écrits des prophètes. Alors tous les disciples l'abandonnèrent et s'enfuirent.

3. CHEZ LE GRAND PRÊTRE

L. Ceux qui avaient arrêté Jésus l'amenèrent devant Caïphe, le grand prêtre, chez qui s'étaient réunis les scribes et les anciens. Quant à Pierre, il le suivait à distance, jusqu'au palais du grand prêtre ; il entra dans la cour et s'assit avec les serviteurs pour voir comment cela finirait. Les grands prêtres et tout le Conseil suprême cherchaient un faux témoignage contre Jésus pour le faire mettre à mort. Ils n'en trouvèrent pas ; pourtant beaucoup de faux témoins s'étaient présentés. Finalement il s'en présenta deux, qui déclarèrent :

A. « Celui-là a dit : "Je peux détruire le Sanctuaire de Dieu et, en trois jours, le rebâtir." »

L. Alors le grand prêtre se leva et lui dit :

A. « Tu ne réponds rien ? Que dis-tu des témoignages qu'ils portent contre toi ? »

L. Mais Jésus gardait le silence.

Le grand prêtre lui dit :

A. « Je t'adjure, par le Dieu vivant, de nous dire si c'est toi qui es le Christ, le Fils de Dieu. »

L. Jésus lui répond :

+ « C'est toi-même qui l'as dit ! En tout cas, je vous le déclare : désormais vous verrez *le Fils de l'homme siéger à la droite du Tout-Puissant et venir sur les nuées du ciel.* »

L. Alors le grand prêtre déchira ses vêtements, en disant :

A. « Il a blasphémé ! Pourquoi nous faut-il encore des témoins ? Vous venez d'entendre le blasphème ! Quel est votre avis ? »

L. Ils répondirent :

F. « Il mérite la mort. »

L. Alors ils lui crachèrent au visage et le giflèrent ; d'autres le rouèrent de coups en disant :

F. « Fais-nous le prophète, ô Christ ! Qui t'a frappé ? »

L. Cependant Pierre était assis dehors dans la cour. Une jeune servante s'approcha de lui et lui dit :

A. « Toi aussi, tu étais avec Jésus, le Galiléen ! »

L. Mais il le nia devant tout le monde et dit :

D. « Je ne sais pas de quoi tu parles. »

Une autre servante le vit sortir en direction du portail et elle dit à ceux qui étaient là :

A. « Celui-ci était avec Jésus, le Nazaréen. »

L. De nouveau, Pierre le nia en faisant ce serment :

D. « Je ne connais pas cet homme. »

L. Peu après, ceux qui se tenaient là s'approchèrent et dirent à Pierre :

A. « Sûrement, toi aussi, tu es l'un d'entre eux ! D'ailleurs, ta façon de parler te trahit. »

L. Alors, il se mit à protester violemment et à jurer :

D. « Je ne connais pas cet homme. »

L. Et aussitôt un coq chanta. Alors Pierre se souvint de la parole que Jésus lui avait dite : « Avant que le coq chante, tu m'auras renié trois fois. » Il sortit et, dehors, pleura amèrement.

Le matin venu, tous les grands prêtres et les anciens du peuple tinrent conseil contre Jésus pour le faire mettre à mort. Après l'avoir ligoté, ils l'emmenèrent et le livrèrent à Pilate, le gouverneur.

Alors, en voyant que Jésus était condamné, Judas, qui l'avait livré, fut pris de remords ; il rendit les trente pièces d'argent aux grands prêtres et aux anciens. Il leur dit :

D. « J'ai péché en livrant à la mort un innocent. »

L. Ils répliquèrent :

A. « Que nous importe ? Cela te regarde ! »

L. Jetant alors les pièces d'argent dans le Temple, il se retira et alla se pendre. Les grands prêtres ramassèrent l'argent et dirent :

A. « Il n'est pas permis de le verser dans le trésor, puisque c'est le prix du sang. »

L. Après avoir tenu conseil, ils achetèrent avec cette somme le champ du potier pour y enterrer les étrangers. Voilà pourquoi ce champ est appelé jusqu'à ce jour le Champ-du-Sang. Alors fut accomplie la parole prononcée par le prophète Jérémie : *Ils ramassèrent les trente pièces d'argent,* *le prix de celui qui fut mis à prix, le prix fixé par les fils d'Israël, et ils les donnèrent pour le champ du potier, comme le Seigneur me l'avait ordonné.*]

Début de la lecture brève.

4. DEVANT PILATE

L. On fit comparaître Jésus devant Pilate, le gouverneur, qui l'interrogea :

A. « Es-tu le roi des Juifs ? »

L. Jésus déclara :

+ « C'est toi-même qui le dis. »

L. Mais, tandis que les grands prêtres et les anciens l'accusaient, il ne répondit rien.

Alors Pilate lui dit :

A. « Tu n'entends pas tous les témoignages portés contre toi ? »

L. Mais Jésus ne lui répondit plus un mot, si bien que le gouverneur fut très étonné. Or, à chaque fête, celui-ci avait coutume de relâcher un prisonnier, celui que la foule demandait. Il y avait alors un prisonnier bien connu, nommé Barabbas. Les foules s'étant donc rassemblées, Pilate leur dit :

A. « Qui voulez-vous que je vous relâche : Barabbas ? ou Jésus, appelé le Christ ? »

L. Il savait en effet que c'était par jalousie qu'on avait livré Jésus.

Tandis qu'il siégeait au tribunal, sa femme lui fit dire :

A. « Ne te mêle pas de l'affaire de ce juste, car aujourd'hui j'ai beaucoup souffert en songe à cause de lui. »

L. Les grands prêtres et les anciens poussèrent les foules à réclamer Barabbas et à faire périr Jésus.

Le gouverneur reprit :

A. « Lequel des deux voulez-vous que je vous relâche ? »

L. Ils répondirent :

F. « Barabbas ! »

L. Pilate leur dit :

A. « Que ferai-je donc de Jésus appelé le Christ ? »

L. Ils répondirent tous :

F. « Qu'il soit crucifié ! »

L. Pilate demanda :

A. « Quel mal a-t-il donc fait ? »

L. Ils criaient encore plus fort :

F. « Qu'il soit crucifié ! »

L. Pilate, voyant que ses efforts ne servaient à rien, sinon à augmenter le tumulte, prit de l'eau et se lava les mains devant la foule, en disant :

A. « Je suis innocent du sang de cet homme : cela vous regarde ! »

L. Tout le peuple répondit :

F. « Son sang, qu'il soit sur nous et sur nos enfants ! »

L. Alors, il leur relâcha Barabbas ; quant à Jésus, il le fit flageller, et il le livra pour qu'il soit crucifié.

Alors les soldats du gouverneur emmenèrent Jésus dans la salle du Prétoire et rassemblèrent autour de lui toute la garde. Ils lui enlevèrent ses vêtements et le couvrirent d'un manteau rouge. Puis, avec des épines, ils tressèrent une couronne, et la posèrent sur sa tête ; ils lui mirent un roseau dans la main droite et, pour se moquer de lui, ils s'agenouillaient devant lui en disant :

F. « Salut, roi des Juifs ! »

L. Et, après avoir craché sur lui, ils prirent le roseau, et ils le frappaient à la tête. Quand ils se furent bien moqués de lui, ils lui enlevèrent le manteau, lui remirent ses vêtements, et l'emmenèrent pour le crucifier.

5. AU CALVAIRE

L. En sortant, ils trouvèrent un nommé Simon, originaire de Cyrène, et ils le réquisitionnèrent pour porter la croix de Jésus. Arrivés en un lieu dit Golgotha, c'est-à-dire : Lieu-du-Crâne (ou Calvaire), ils donnèrent à boire à Jésus du vin mêlé de fiel ; il en goûta, mais ne voulut pas boire. Après l'avoir crucifié, *ils se partagèrent ses vêtements en tirant au sort* ; et ils restaient là, assis, à le garder.

Au-dessus de sa tête ils placèrent une inscription indiquant le motif de sa condamnation : « Celui-ci est Jésus, le roi des Juifs. » Alors on crucifia avec lui deux bandits, l'un à droite et l'autre à gauche. Les passants l'injuriaient en hochant la tête ; ils disaient :

F. « Toi qui détruis le Sanctuaire et le rebâtis en trois jours, sauve-toi toi-même, si tu es Fils de Dieu, et descends de la croix ! »

L. De même, les grands prêtres se moquaient de lui avec les scribes et les anciens, en disant :

A. « Il en a sauvé d'autres, et il ne peut pas se sauver lui-même ! Il est roi d'Israël : qu'il descende maintenant de la croix, et nous croirons en lui ! *Il a mis sa confiance en Dieu. Que Dieu le délivre maintenant, s'il l'aime !* Car il a dit : "Je suis Fils de Dieu." »

L. Les bandits crucifiés avec lui l'insultaient de la même manière.

À partir de la sixième heure (c'est-à-dire : midi), l'obscurité se fit sur toute la terre jusqu'à la neuvième heure.

Vers la neuvième heure, Jésus cria d'une voix forte :

+ « *Éli, Éli, lema sabactani ?* »,

L. ce qui veut dire :

+ « *Mon Dieu, mon Dieu, pourquoi m'as-tu abandonné ?* »

L. L'ayant entendu, quelques-uns de ceux qui étaient là disaient :

F. « Le voilà qui appelle le prophète Élie ! »

L. Aussitôt l'un d'eux courut prendre une éponge qu'il trempa dans une boisson vinaigrée ; il la mit au bout d'un roseau, et il lui donnait à boire.

Les autres disaient :

F. « Attends ! Nous verrons bien si Élie vient le sauver. »

L. Mais Jésus, poussant de nouveau un grand cri, rendit l'esprit.

(Ici on fléchit le genou et on s'arrête un instant)

Et voici que le rideau du Sanctuaire se déchira en deux, depuis le haut jusqu'en bas ; la terre trembla et les rochers se fendirent. Les tombeaux s'ouvrirent ; les corps de nombreux saints qui étaient morts ressuscitèrent, et, sortant des tombeaux après la résurrection de Jésus, ils entrèrent dans la Ville sainte, et se montrèrent à un grand nombre de gens.

À la vue du tremblement de terre et de ces événements, le centurion et ceux qui, avec lui, gardaient Jésus, furent saisis d'une grande crainte et dirent :

A. « Vraiment, celui-ci était Fils de Dieu ! »

Fin de la lecture brève.

L. [Il y avait là de nombreuses femmes qui observaient de loin. Elles avaient suivi Jésus depuis la Galilée pour le servir. Parmi elles se trouvaient Marie Madeleine, Marie, mère de Jacques et de Joseph, et la mère des fils de Zébédée.

Comme il se faisait tard, arriva un homme riche, originaire d'Arimathie, qui s'appelait Joseph, et qui était devenu, lui aussi, disciple de Jésus. Il alla trouver Pilate pour demander le corps de Jésus. Alors Pilate ordonna qu'on le lui remette. Prenant le corps, Joseph l'enveloppa dans un linceul immaculé, et le déposa dans le tombeau neuf qu'il s'était fait creuser dans le roc. Puis il roula une grande pierre à l'entrée du tombeau et s'en alla. Or Marie Madeleine et l'autre Marie étaient là, assises en face du sépulcre.

Le lendemain, après le jour de la Préparation, les grands prêtres et les pharisiens s'assemblèrent chez Pilate, en disant :

A. « Seigneur, nous nous sommes rappelé que cet imposteur a dit, de son vivant : 'Trois jours après, je ressusciterai.' Alors, donne l'ordre que le sépulcre soit surveillé jusqu'au troisième jour, de peur que ses disciples ne viennent voler le corps et ne disent au peuple : "Il est ressuscité d'entre les morts." Cette dernière imposture serait pire que la première. »

L. Pilate leur déclara :

A. « Vous avez une garde. Allez, organisez la surveillance comme vous l'entendez ! »

L. Ils partirent donc et assurèrent la surveillance du sépulcre en mettant les scellés sur la pierre et en y plaçant la garde.]

Pour la prière universelle

– Par le Mystère de ta Passion, donne à ton Église, Seigneur, de sortir à la rencontre de toute l'humanité pour l'entraîner avec toi dans la gloire du Père.

– Par le Mystère de ta Passion, ouvre aux jeunes l'espérance de la vie dans l'Esprit Saint et accorde-leur de grandir dans la foi et ton amour pour eux.

– Par le Mystère de ta Passion, prends compassion de tous ceux qui souffrent dans leur corps et leur esprit et accorde-leur d'accueillir ta Pâque.
– Par le Mystère de ta Passion, relève les femmes et les hommes de leur abaissement afin qu'ils t'acclament en esprit et en vérité pour le salut que tu leur offres.

Prière sur les offrandes

Souviens-toi, Seigneur, de la passion de ton Fils, ne tarde pas à nous réconcilier avec toi : il est vrai que nous n'avons pas mérité ton pardon, mais nous comptons sur ta miséricorde et sur la grâce du sacrifice de Jésus. Lui qui règne.

Préface

Vraiment, il est juste et bon de te rendre gloire, de t'offrir notre action de grâce, toujours et en tout lieu, à toi, Père très saint, Dieu éternel et tout-puissant, par le Christ, notre Seigneur. Alors qu'il était innocent, il a voulu souffrir pour les coupables, et sans avoir commis le mal il s'est laissé juger comme un criminel ; en mourant, il détruit notre péché ; en ressuscitant, il nous fait vivre et nous sanctifie.
C'est par lui que la terre et le ciel, le peuple de Dieu avec tous les anges, ne cessent de t'acclamer en chantant : **Saint !...**

Prière après la communion

Tu nous as fortifiés, Seigneur, dans cette communion à tes saints mystères et nous te supplions encore : toi qui nous as donné, dans la mort de ton Fils, l'espérance des biens auxquels nous croyons, donne-nous, dans sa résurrection glorieuse, de parvenir au Royaume que nous attendons. Par Jésus.

Sors à la rencontre du Seigneur

« Considérons cette entrée de Jésus Christ à Jérusalem. Il y vient en qualité de Roi, tel que le prophète Zacharie l'avait annoncé longtemps auparavant, quand il invitait la fille de Sion et de Jérusalem à sortir à sa rencontre, et à le recevoir avec les démonstrations de la plus vive allégresse. Ô mon âme, ne serait-ce point aussi à toi-même que s'adresse cette invitation ? Voici Jésus Christ ton Roi qui vient avec une magnificence royale opérer ton salut : ah ! que n'as-tu la simplicité et l'humilité de ces enfants, pour le louer dignement et le prier d'être ton Sauveur ! Sors donc, ô mon âme ! va à sa rencontre avec des sentiments de joie, d'humilité et de ferveur. »

Gaétan-Marie de Bergame, *Pensées et affections sur la passion de Jésus-Christ*, Tome 1, Bourges, Éd. Gille, 1823, p. 68.

CALENDRIER LITURGIQUE

Di 5	**DIMANCHE DES RAMEAUX ET DE LA PASSION.** *Liturgie des heures : Psautier semaine II.* *[S. Vincent Ferrier, prêtre, dominicain espagnol, † 1419 à Vannes]*
Lu 6	Lundi saint : Isaïe 42,1-7 ; Ps 26 ; Jean 12,1-11 : « Laisse-la observer cet usage en vue du jour de mon ensevelissement ! »
Ma 7	Mardi saint : Isaïe 49,1-6 ; Ps 70 ; Jean 13,21-33.36-38 : « L'un de vous me livrera… Le coq ne chantera pas avant que tu m'aies renié trois fois » [S. Jean-Baptiste de la Salle, prêtre, fondateur des Frères des écoles chrétiennes, †1719 à Rouen]
Me 8	Mercredi saint : Isaïe 50,4-9 ; Ps 68 ; Mt 26,14-25 : « Le Fils de l'homme s'en va, comme il est écrit ; mais malheureux celui par qui il est livré ! »
Je 9	**JEUDI SAINT (p. 294).**
Ve 10	**VENDREDI SAINT** (p. 304) Journée de jeûne et d'abstinence.
Sa 11	**SAMEDI SAINT**. Il n'y a pas de célébration de mariage ni de funérailles. Le tabernacle reste vide : c'est l'attente de la célébration de la Résurrection du Seigneur. [S. Stanislas, évêque de Cracovie, martyr, † 1079]

Bonne fête ! 5 : Irène, Ève, Juliana. 6 : Marcellin. 7 : Saturnin. 8 : Constance, Julie. 9 : Gautier, Walter. 10 : Fulbert. 11 : Stanislas, Gemma.

Saint Fulbert, évêque de Chartres († 1028). Son nom d'origine germanique évoque le « peuple brillant ». Fulbert est un homme « complet », un grand savant pour son époque comme surent l'être d'autres figures contemporaines ou qui suivront, telle Hildegarde de Bingen. Musicien, il servira ainsi la liturgie et le culte marial ; bâtisseur, il relèvera la cathédrale gisant dans les flammes ; conciliateur, il fera œuvre de paix entre les puissants ; enseignant, il fondera une école devenue célèbre à Chartres dont il devint l'évêque respecté.

Jeudi saint
Messe du soir en mémoire de la Cène du Seigneur

9 AVRIL 2020

À la croisée des chemins

« Si je ne te lave pas, tu n'auras pas de part avec moi » (*évangile*). Difficile pour Pierre d'accueillir ce geste du lavement des pieds ! Pourtant, Jésus le veut pour que nous ayons part avec lui. Part à quoi ? Part à son sacerdoce, car trois mystères sont liés dans la même célébration. Ainsi, dans « l'homélie... on met en lumière les mystères principaux que célèbre cette messe, à savoir l'institution de l'Eucharistie et du Sacerdoce, ainsi que le commandement du Seigneur sur la charité fraternelle » (Missel romain).

Cela ne fait-il pas trop pour une seule célébration ? Nous nous trouvons au cœur de l'Action par laquelle aujourd'hui nous continuons à célébrer l'eucharistie. Ces trois mystères ne sont pas juxtaposés, ils se répondent, ils nous conduisent sur le chemin de Dieu.

Le chemin est celui de l'exode marqué par le repas de la Pâque en tenue de voyage, à prendre en toute hâte (*première lecture*). Ce repas est celui qui désormais est proclamation de Pâques jusqu'à ce que le Seigneur lui-même vienne (deuxième *lecture*). Ce repas, c'est également celui où sont lavés les pieds, après la fatigue de la route et avant de profiter de toute la joie de la rencontre. Mais pour Jésus, le lavement des pieds est sa manière de « manger sa Pâque » : les pieds lavés de ses disciples lui font prendre le chemin où il n'y a pas de plus grand amour que de donner sa vie pour ceux qu'on aime, où l'amour va jusqu'au bout.

L'eucharistie comme pain de voyage et d'exode, comme chemin du Seigneur pour venir jusqu'à nous, comme réalité de l'amour du Christ pour accomplir son sacerdoce de charité : il nous faut encore nous laisser laver les pieds par Jésus pour qu'il fasse eucharistie de toutes les routes, les carrefours et les croisées des chemins de nos vies.

CHANTER

- Pour la procession d'ouverture, ***Dieu nous a tous appelés*** **KD 14-56-1 CNA 571,** ***Quand vint le jour d'étendre les bras*** **HP 128-5 CNA 454.**
- Après la Parole, ***L'Église ouvre le Livre*** **HP 47-83-1 CNA 450,** ***À l'heure du plus grand amour*** **HX 20-39-1.**
- Pour le lavement des pieds, ***Pas de plus grand amour*** **EDIT 10-64 CNA 452,** ***Ubi caritas*** **Répertoire de Taizé CNA 448,** ***Il n'est pas de plus grand amour*** **Taizé,** ***La dernière place*** **H 184-1.**
- Pour la procession des dons, ***Dieu notre Père, voici le pain*** **B 57-30,** ***Préparons la table*** **B 21-85 CNA 232.**
- Pendant la procession de communion, ***Qui mange ma chair*** **D 290 CNA 343,** ***La coupe que nous bénissons*** **D 361-1 CNA 331,** ***C'est toi, Seigneur le pain rompu*** **D 293 CNA 322,** ***Voici le corps et le sang du Seigneur*** **D 44-80,** ***Pain véritable*** **D 103 CNA 340.**
- Pour la procession au reposoir, ***La nuit qu'il fut livré*** **HP 3 CNA 449,** ***Litanies du Sacré-Cœur*** **Y22-83 CNA 787.**
- Au reposoir, on peut chanter ***Pange lingua*** **CNA 775,** ***Tantum ergo*** **CNA 776,** ***Âme du Christ*** **D 21 CNA 778.**

CÉLÉBRER

– Le Triduum pascal constitue en soi un acte unique, depuis l'ouverture de la Messe du soir en mémoire de la Cène du Seigneur jusqu'au dimanche de Pâques inclus. Privilégier si possible l'unité du lieu (la même église, même si on est dans un secteur avec plusieurs lieux de cultes), veiller à l'unité des différents temps mais qui ne sont qu'un temps, comme à l'unité du *visage* de la communauté pour mieux percevoir cette « unique célébration ».

– L'autel est, par excellence, le lieu où doit être célébrée la Messe, plus que jamais, le Jeudi saint. On pourra envisager comment mieux manifester la symbolique particulière de l'autel en ce jour, une belle procession des offrandes peut y contribuer.

– Si le lavement des pieds est prévu, le signe est plus fort et vrai si on lave les deux pieds comme le prévoit le Missel romain.

– Le rite prévoit également, après le transfert du Saint-Sacrement, un dépouillement de l'autel et d'enlever (ou voiler) les croix de l'église. On pourrait inviter la communauté à s'y associer et accompagner cela de la méditation du psaume 21.

Messe du soir en mémoire de la Cène du Seigneur

Gloire à Dieu

Pendant le chant, les cloches sonnent. Elles se taisent ensuite jusqu'au même chant de la Veillée de Pâques.

Prière d'ouverture

Tu nous appelles, Dieu notre Père, à célébrer ce soir la très sainte Cène où ton Fils unique, avant de se livrer lui-même à la mort, a voulu remettre à son Église le sacrifice nouveau de l'Alliance éternelle ; fais que nous recevions de ce repas qui est le sacrement de son amour, la charité et la vie. Par Jésus Christ.

1re lecture

« Le sang sera pour vous un signe »

→ Lecture du livre de l'Exode

12, 1-8.11-14

En ces jours-là, dans le pays d'Égypte, le Seigneur dit à Moïse et à son frère Aaron : « Ce mois-ci sera pour vous le premier des mois, il marquera pour vous le commencement de l'année. Parlez ainsi à toute la communauté d'Israël :

Le dix de ce mois, que l'on prenne un agneau par famille, un agneau par maison. Si la maisonnée est trop peu nombreuse pour un agneau, elle le prendra avec son voisin le plus proche, selon le nombre des personnes. Vous choisirez l'agneau d'après ce que chacun peut manger. Ce sera une bête sans défaut, un mâle, de l'année. Vous prendrez un agneau ou un chevreau. Vous le garderez jusqu'au quatorzième jour du mois. Dans toute l'assemblée de la communauté d'Israël, on l'immolera au coucher du soleil. On prendra du sang, que l'on mettra sur les deux montants et sur le linteau des maisons où on le mangera. On mangera sa chair cette nuit-là, on la mangera rôtie au feu, avec des pains sans levain et des herbes amères. Vous mangerez ainsi : la ceinture aux reins, les sandales aux pieds, le bâton à la main. Vous mangerez en toute hâte : c'est la Pâque du Seigneur.

Je traverserai le pays d'Égypte, cette nuit-là ; je frapperai tout premier-né au pays d'Égypte, depuis les hommes jusqu'au bétail. Contre tous les dieux de l'Égypte j'exercerai mes jugements : Je suis le Seigneur. Le sang sera pour vous un signe, sur les maisons où vous serez. Je verrai le sang, et je passerai : vous ne serez pas atteints par le fléau dont je frapperai le pays d'Égypte.

Ce jour-là sera pour vous un mémorial. Vous en ferez pour le Seigneur une fête de pèlerinage. C'est un décret perpétuel : d'âge en âge vous la fêterez. »

Psaume 115

R/ La coupe de bénédiction est communion au sang du Christ.

Comment rendrai-je au Seigneur
tout le bien qu'il m'a fait ?
J'élèverai la coupe du salut,
j'invoquerai le nom du Seigneur.

Il en coûte au Seigneur
de voir mourir les siens !
Ne suis-je pas, Seigneur, ton serviteur,
moi, dont tu brisas les chaînes ?

Je t'offrirai le sacrifice d'action de grâce,
j'invoquerai le nom du Seigneur.
Je tiendrai mes promesses au Seigneur,
oui, devant tout son peuple.

2e lecture *« Cette coupe est la nouvelle Alliance en mon sang »*

→ Lecture de la première lettre de saint Paul apôtre aux Corinthiens 11, 23-26

Frères, moi, Paul, j'ai moi-même reçu ce qui vient du Seigneur, et je vous l'ai transmis : la nuit où il était livré, le Seigneur Jésus prit du pain, puis, ayant rendu grâce, il le rompit, et dit : » Ceci est mon corps, qui est pour vous. Faites cela en mémoire de moi. » Après le repas, il fit de même avec la coupe, en disant : » Cette coupe est la nouvelle Alliance en mon sang. Chaque fois que vous en boirez, faites cela en mémoire de moi. » Ainsi donc, chaque fois que vous mangez ce pain et que vous buvez cette coupe, vous proclamez la mort du Seigneur, jusqu'à ce qu'il vienne.

Gloire et louange à toi, Seigneur Jésus. Je vous donne un commandement nouveau, dit le Seigneur. Aimez-vous les uns les autres comme je vous ai aimés. **Gloire et louange à toi, Seigneur Jésus.**

Évangile *« Il les aima jusqu'au bout »*

→ Évangile de Jésus Christ selon saint Jean 13, 1-15

Avant la fête de la Pâque, sachant que l'heure était venue pour lui de passer de ce monde à son Père, Jésus, ayant aimé les siens qui étaient dans le monde, les aima jusqu'au bout. Au cours du repas, alors que le diable a déjà mis dans le cœur de Judas, fils de Simon l'Iscariote, l'intention de le livrer, Jésus, sachant que le Père a tout remis entre ses mains, qu'il est sorti de Dieu et qu'il s'en va vers Dieu, se lève de table, dépose son vêtement, et prend un linge qu'il se noue à la ceinture ; puis il verse de l'eau dans un bassin. Alors il se mit à laver les pieds des disciples et à les essuyer avec le linge qu'il avait à la ceinture. Il arrive donc à Simon-Pierre, qui lui dit :

« C'est toi, Seigneur, qui me laves les pieds ? » Jésus lui répondit : « Ce que je veux faire, tu ne le sais pas maintenant ; plus tard tu comprendras. » Pierre lui dit : « Tu ne me laveras pas les pieds ; non, jamais ! » Jésus lui répondit : « Si je ne te lave pas, tu n'auras pas de part avec moi. » Simon-Pierre lui dit : « Alors, Seigneur, pas seulement les pieds, mais aussi les mains et la tête ! » Jésus lui dit : « Quand on vient de prendre un bain, on n'a pas besoin de se laver, sinon les pieds : on est pur tout entier. Vous-mêmes, vous êtes purs, mais non pas tous. » Il savait bien qui allait le livrer ; et c'est pourquoi il disait : « Vous n'êtes pas tous purs. »

Quand il leur eut lavé les pieds, il reprit son vêtement, se remit à table et leur dit : « Comprenez-vous ce que je viens de faire pour vous ? Vous m'appelez "Maître" et "Seigneur", et vous avez raison, car vraiment je le suis. Si donc moi, le Seigneur et le Maître, je vous ai lavé les pieds, vous aussi, vous devez vous laver les pieds les uns aux autres. C'est un exemple que je vous ai donné afin que vous fassiez, vous aussi, comme j'ai fait pour vous. »

Lavement des pieds

Aujourd'hui, on ne dit pas le Credo.

Pour la prière universelle

– Que ton Église, Seigneur, prenne sans cesse le chemin de l'unité entre toutes les confessions chrétiennes.
– Que les ministres de l'eucharistie, par leur service, contribuent à la communion de tous les hommes entre eux.
– Que les hommes et les femmes en chemin vers l'eucharistie trouvent ta présence dans le visage de frères qui les accompagnent.
– Que tous les baptisés accomplissent l'œuvre de charité de ton Fils en lavant les pieds de tous ceux qui te cherchent.

Prière sur les offrandes

Seigneur, accorde-nous la grâce de vraiment participer à cette eucharistie ; car chaque fois qu'est célébré ce sacrifice en mémorial, c'est l'œuvre de notre Rédemption qui s'accomplit. Par Jésus.

Préface

Vraiment, il est juste et bon de te rendre gloire, de t'offrir notre action de grâce, toujours et en tout lieu, à toi, Père très saint, Dieu éternel et tout-puissant, par le Christ, notre Seigneur.
C'est lui le prêtre éternel et véritable, qui apprit à ses disciples comment perpétuer son sacrifice ; il s'est offert à toi en victime pour notre salut ; il nous a prescrit d'accomplir après lui cette offrande pour célébrer son mémorial.
Quand nous mangeons sa chair immolée pour nous, nous sommes fortifiés ; quand nous buvons le sang qu'il a versé pour nous, nous sommes purifiés.
C'est pourquoi, avec les anges et les archanges, avec les puissances d'en haut et tous les esprits bienheureux, nous chantons l'hymne de ta gloire et sans fin nous proclamons : **Saint !...**

Dans les prières eucharistiques, il y a des textes propres au Jeudi saint.

Prière après la communion

Nous avons repris des forces, Dieu tout-puissant, en participant ce soir à la Cène de ton Fils ; accorde-nous d'être un jour rassasiés à la table de son Royaume éternel. Lui qui règne.

Ensuite le prêtre porte solennellement au lieu prévu le pain eucharistique pour la communion du lendemain et pour l'adoration dans la soirée.

Là, les choses sont neuves

« L'Esprit Saint est transformation. La messe, qui commence en tant que rassemblement, trouve son sommet dans la transsubstantiation. Le pain de cette terre devient le corps du Christ, pain de la vie éternelle. Ce qui luit devant nous dans le lointain, un ciel nouveau – une terre nouvelle, devient ici réalité. "Voici que je fais toutes choses nouvelles" (Ap 21, 5). Le pain, fruit de la terre et de notre travail, devient Son corps. Dans le pain il y a LUI qui se donne à nous, début de la transformation du monde, début de notre propre transformation où il nous faut pénétrer. Dans l'Eucharistie, le Christ ne vient pas s'ajouter au pain comme un "second", pour ainsi dire, afin d'être présent là également. Il n'est justement pas quelque chose à côté d'autre chose, il est la source, la racine, la force créatrice de toute chose. Là où il vient, rien n'est plus comme avant, car il se produit une nouvelle création ; là, les choses sont neuves. »

Joseph Ratzinger, Benoît XVI, *Enseigner et apprendre l'amour de Dieu*, Paris, Parole et Silence, 2016, p. 43-44.

Vendredi saint
La Passion du Seigneur

10 AVRIL 2020

Jésus se laisse conduire par nous

À l'époque de Jésus, une gloire de l'empire romain est de tracer des routes dans tout le monde méditerranéen et au-delà. Elles partent de Rome et innervent le monde de ce qui se voudra être la *Pax romana*. Et tous les chemins ne conduisent-ils pas à Rome ! ? Jésus également ouvre une route, mais c'est celle de la *Via dolorosa*, la voie de la douleur, *via difficilior* (la voie difficile) qui conduit à sa Paix dont il saluera les disciples à la résurrection.

Elle aussi est une route glorieuse : « il montera, il s'élèvera, il sera exalté ! » (*première lecture*). Au bout du chemin, il laisse les hommes le hisser sur la croix. Sa prière s'élève jusqu'au Père qui ouvre alors le ciel de son éternité. Car il est « celui qui a traversé les cieux » (*deuxième lecture*) pour nous ouvrir les portes de la Vie. « Avançons-nous donc avec assurance », dit l'épître aux Hébreux, pour participer à cette Pâque. Empruntons, nous aussi, le chemin de nos blessures pour y découvrir qu'elles ne sont pas le terme de la vie humaine mais le passage par lequel le Christ nous découvre son salut. « Jésus sort avec ses disciples et traverse le torrent » (*évangile*), nos torrents ! Aujourd'hui dans nos jardins du quotidien, il s'avance et nous dit : « Qui cherchez-vous ? ». Où emmenons-nous Jésus, et pour quelle route ? Jésus, lui, va jusqu'au bout, il accepte d'aller jusqu'au lieu de nos morts : « Et lui-même, portant sa croix, sortit en direction du lieu dit Le Crâne ». Il s'abandonne entre nos mains, comme avec Joseph d'Arimathie qui « demanda à Pilate de pouvoir enlever le corps de Jésus » et qui « vint donc enlever le corps de Jésus » ; aidé de Nicodème « ils prirent donc le corps de Jésus », ensemble « c'est là qu'ils déposèrent Jésus ». Ces quelques gestes lourds de significations sont une géographie spirituelle pour notre cœur, où Jésus se laisse conduire par nous.

CHANTER

- L'office commence par le silence, il n'y a pas de chant d'ouverture.
- Comme le dimanche des Rameaux, on peut entrecouper le récit de la Passion par : ***C'est pour nous que le Christ a souffert*** **NT 8 CNA 463**, ***Au cœur de nos détresses*** **H 128 CNA 462,** ***Mystère du calvaire*** **H 44 CNA 464.**
- Pendant la vénération de la croix, ***Croix glorieuse*** **H 61-18,** ***Ô Croix plus noble*** **HY 164 CNA 466,** ***Voici l'homme*** **H 18-36**, ***Per crucem*** **Taizé.**
- Pendant la communion, ***Corps livré, sang versé*** **D 54-18**, ***Partageons le pain du Seigneur*** **D 39-31 CNA 342.**
- La célébration s'achève dans le silence.

CÉLÉBRER

La liturgie de ce jour est absolument particulière. Sa structure et son caractère en font une célébration à part. Elle n'est pas un « substitut » de la messe qu'on ne célèbre pas aujourd'hui mais une Célébration de la Parole qui donne sa mesure à toute la sacramentalité attachée à cette action liturgique. En « pensant » ainsi cette célébration, cela peut aider à en faire ressortir l'unicité et la grâce qu'il y a à célébrer cet office selon les normes du Missel romain. Toute la ritualité et la mise en œuvre des actions liturgiques, par exemple celle de la Prière Universelle, ouvrent à une profondeur spirituelle singulière.
La prière universelle se trouve dans le Missel romain et fait partie du Rite propre de ce jour.

On trouvera le Chemin de croix, p. 672-682.

Célébration de la Passion du Seigneur

Après un moment de prière en silence :

Prière d'ouverture

• Seigneur, nous savons que tu aimes sans mesure, toi qui n'as pas refusé ton propre Fils mais qui l'as livré pour sauver tous les hommes ; aujourd'hui encore, montre-nous ton amour : nous voulons suivre le Christ qui marche librement vers sa mort ; soutiens-nous comme tu l'as soutenu, et sanctifie-nous dans le mystère de sa Pâque. Lui qui règne avec toi et le Saint-Esprit, maintenant et pour les siècles des siècles.

ou bien

• Seigneur notre Dieu, par la passion du Christ, tu as détruit la mort héritée du premier péché, la mort qui tenait l'humanité sous sa loi ; accorde-nous d'être semblables à ton Fils : du fait de notre nature, nous avons dû connaître la condition du premier homme qui vient de la terre ; sanctifie-nous par ta grâce pour que nous connaissions désormais la condition de l'homme nouveau qui appartient au ciel. Par Jésus, le Christ, notre Seigneur.

1re lecture

« Par ses blessures, nous sommes guéris »

→ Lecture du livre du prophète Isaïe 52, 13–53, 12

M**on serviteur réussira**, dit le Seigneur ; il montera, il s'élèvera, il sera exalté ! La multitude avait été consternée en le voyant, car il était si défiguré qu'il ne ressemblait plus à un homme ; il n'avait plus l'apparence d'un fils d'homme. Il étonnera de même une multitude de nations ; devant lui les rois resteront bouche bée, car ils verront ce que, jamais, on ne leur avait dit, ils découvriront ce dont ils n'avaient jamais entendu parler. Qui aurait cru ce que nous avons entendu ? Le bras puissant du Seigneur, à qui s'est-il révélé ? Devant lui, le serviteur a poussé comme une plante chétive, une racine dans une terre aride ; il était sans apparence ni beauté qui attire nos regards, son aspect n'avait rien pour nous plaire. Méprisé, abandonné des hommes, homme de douleurs, familier de la souffrance, il était pareil à celui devant qui on se voile la face ; et nous l'avons méprisé, compté pour rien. En fait, c'étaient nos souffrances qu'il portait, nos douleurs dont il était chargé. Et nous, nous pensions qu'il était frappé, meurtri par Dieu, humilié. Or, c'est à cause de nos révoltes qu'il a été transpercé, à cause de nos fautes qu'il a été broyé. Le châtiment qui nous donne la paix a pesé sur lui : par ses blessures, nous sommes guéris.

Nous étions tous errants comme des brebis, chacun suivait son propre chemin. Mais le Seigneur a fait retomber sur lui nos fautes à nous tous. Maltraité, il s'humilie, il n'ouvre pas la bouche : comme un agneau conduit à l'abattoir, comme une brebis muette devant les tondeurs, il n'ouvre pas la bouche. Arrêté, puis jugé, il a été supprimé. Qui donc s'est inquiété de son sort ? Il a été retranché de la terre des vivants, frappé à mort pour les révoltes de son peuple. On a placé sa tombe avec les méchants, son tombeau avec les riches ; et pourtant il n'avait pas commis de violence, on ne trouvait pas de tromperie dans sa bouche. Broyé par la souffrance, il a plu au Seigneur. S'il remet sa vie en sacrifice de réparation, il verra une descendance, il prolongera ses jours : par lui, ce qui plaît au Seigneur réussira.

Par suite de ses tourments, il verra la lumière, la connaissance le comblera. Le juste, mon serviteur, justifiera les multitudes, il se chargera de leurs fautes. C'est pourquoi, parmi les grands, je lui donnerai sa part, avec les puissants il partagera le butin, car il s'est dépouillé lui-même jusqu'à la mort, et il a été compté avec les pécheurs, alors qu'il portait le péché des multitudes et qu'il intercédait pour les pécheurs.

Psaume 30

R/ Ô Père, en tes mains je remets mon esprit.

En toi, Seigneur, j'ai mon refuge ;
garde-moi d'être humilié pour toujours.
En tes mains je remets mon esprit ;
tu me rachètes, Seigneur, Dieu de vérité.

Je suis la risée de mes adversaires
et même de mes voisins,
je fais peur à mes amis,
s'ils me voient dans la rue, ils me fuient.

On m'ignore comme un mort oublié,
comme une chose qu'on jette.
J'entends les calomnies de la foule ;
ils s'accordent pour m'ôter la vie.

Moi, je suis sûr de toi, Seigneur,
je dis : « Tu es mon Dieu ! »
Mes jours sont dans ta main : délivre-moi
des mains hostiles qui s'acharnent.

Sur ton serviteur, que s'illumine ta face ;
sauve-moi par ton amour.
Soyez forts, prenez courage,
vous tous qui espérez le Seigneur !

2e lecture

« Le Christ offrit, avec un grand cri et dans les larmes, des prières et des supplications »

→ Lecture de la lettre aux Hébreux 4, 14-16 ; 5, 7-9

Frères, en Jésus, le Fils de Dieu, nous avons le grand prêtre par excellence, celui qui a traversé les cieux ; tenons donc ferme l'affirmation de notre foi. En effet, nous n'avons pas un grand prêtre incapable de compatir à nos faiblesses, mais un grand prêtre éprouvé en toutes choses, à notre ressemblance, excepté le péché. Avançons-nous donc avec assurance vers le

Trône de la grâce, pour obtenir miséricorde et recevoir, en temps voulu, la grâce de son secours.

Le Christ, pendant les jours de sa vie dans la chair, offrit, avec un grand cri et dans les larmes, des prières et des supplications à Dieu qui pouvait le sauver de la mort, et il fut exaucé en raison de son grand respect. Bien qu'il soit le Fils, il apprit par ses souffrances l'obéissance et, conduit à sa perfection, il est devenu pour tous ceux qui lui obéissent la cause du salut éternel.

Le Christ s'est anéanti, prenant la condition de serviteur. Pour nous, le Christ est devenu obéissant, jusqu'à la mort, et la mort sur une croix. C'est pourquoi Dieu l'a exalté : il l'a doté du Nom qui est au-dessus de tout nom. **Le Christ s'est anéanti, prenant la condition de serviteur.**

Évangile

La Passion selon saint Jean

Indications pour la lecture dialoguée : Les sigles désignant les divers interlocuteurs sont les suivants : **+** = Jésus ; **L** = Lecteur ; **D** = Disciples et amis ; **F** = Foule ; **A** = Autres personnages.

→ La Passion de notre Seigneur Jésus Christ selon saint Jean

18, 1-19, 42

1. JÉSUS EST ARRÊTÉ

L. En ce temps-là, après le repas, Jésus sortit avec ses disciples et traversa le torrent du Cédron ; il y avait là un jardin, dans lequel il entra avec ses disciples. Judas, qui le livrait, connaissait l'endroit, lui aussi, car Jésus et ses disciples s'y étaient souvent réunis. Judas, avec un détachement de soldats ainsi que des gardes envoyés par les grands prêtres et les pharisiens, arrive à cet endroit. Ils avaient des lanternes, des torches et des armes. Alors Jésus, sachant tout ce qui allait lui arriver, s'avança et leur dit :

+ « Qui cherchez-vous ? »

L. Ils lui répondirent :

F. « Jésus le Nazaréen. »

L. Il leur dit :

+ « C'est moi, je le suis. »

L. Judas, qui le livrait, se tenait avec eux. Quand Jésus leur répondit : « C'est moi, je le suis », ils reculèrent, et ils tombèrent à terre. Il leur demanda de nouveau :

+ « Qui cherchez-vous ? »

L. Ils dirent :

F. « Jésus le Nazaréen. »

L. Jésus répondit :

+ « Je vous l'ai dit : c'est moi, je le suis. Si c'est bien moi que vous cherchez, ceux-là, laissez-les partir. »

L. Ainsi s'accomplissait la parole qu'il avait dite : « Je n'ai perdu aucun de ceux que tu m'as donnés ». Or Simon-Pierre avait une épée ; il la tira, frappa le serviteur du grand prêtre et lui coupa l'oreille droite. Le nom de ce serviteur était Malcus. Jésus dit à Pierre :

+ « Remets ton épée au fourreau. La coupe que m'a donnée le Père, vais-je refuser de la boire ? »

L. Alors la troupe, le commandant et les gardes juifs se saisirent de Jésus et le ligotèrent. Ils l'emmenèrent d'abord chez Hanne, beau-père de Caïphe, qui était grand prêtre cette année-là. Caïphe était celui qui avait donné aux Juifs ce conseil : « Il vaut mieux qu'un seul homme meure pour le peuple. »

2. JÉSUS EST RENIÉ PAR PIERRE

L. Or Simon-Pierre, ainsi qu'un autre disciple, suivait Jésus. Comme ce disciple était connu du grand prêtre, il entra avec Jésus dans le palais du grand prêtre. Pierre se tenait près de la porte, dehors. Alors l'autre disciple – celui qui était connu du grand prêtre – sortit, dit un mot à la servante qui gardait la porte, et fit entrer Pierre. Cette jeune servante dit alors à Pierre :

A. « N'es-tu pas, toi aussi, l'un des disciples de cet homme ? »

L. Il répondit :

D. « Non, je ne le suis pas ! »

L. Les serviteurs et les gardes se tenaient là ; comme il faisait froid, ils avaient fait un feu de braise pour se réchauffer. Pierre était avec eux, en train de se chauffer.

3. JÉSUS EST INTERROGÉ PAR LE GRAND PRÊTRE

L. Le grand prêtre interrogea Jésus sur ses disciples et sur son enseignement. Jésus lui répondit :

+ « Moi, j'ai parlé au monde ouvertement. J'ai toujours enseigné à la synagogue et dans le Temple, là où tous les Juifs se réunissent, et je n'ai jamais parlé en cachette. Pourquoi m'interroges-tu ? Ce que je leur ai dit, demande-le à ceux qui m'ont entendu. Eux savent ce que j'ai dit. »

L. À ces mots, un des gardes, qui était à côté de Jésus, lui donna une gifle en disant :

A. « C'est ainsi que tu réponds au grand prêtre ! »

L. Jésus lui répliqua :

+ « Si j'ai mal parlé, montre ce que j'ai dit de mal. Mais si j'ai bien parlé, pourquoi me frappes-tu ? »

L. Hanne l'envoya, toujours ligoté, au grand prêtre Caïphe.

4. JÉSUS EST RENIÉ PAR PIERRE POUR LA SECONDE FOIS

L. Simon-Pierre était donc en train de se chauffer. On lui dit :

A. « N'es-tu pas, toi aussi, l'un de ses disciples ? »

L. Pierre le nia et dit :

D. « Non, je ne le suis pas ! »

L. Un des serviteurs du grand prêtre, parent de celui à qui Pierre avait coupé l'oreille, insista :

A. « Est-ce que moi, je ne t'ai pas vu dans le jardin avec lui ? »

L. Encore une fois, Pierre le nia. Et aussitôt un coq chanta.

5. JÉSUS EST EMMENÉ CHEZ PILATE

L. Alors on emmène Jésus de chez Caïphe au Prétoire. C'était le matin. Ceux qui l'avaient amené n'entrèrent pas dans le Prétoire, pour éviter une souillure et pouvoir manger l'agneau pascal. Pilate sortit donc à leur rencontre et demanda :

A. « Quelle accusation portez-vous contre cet homme ? »

L. Ils lui répondirent :

F. « S'il n'était pas un malfaiteur, nous ne t'aurions pas livré cet homme. »

L. Pilate leur dit :

A. « Prenez-le vous-mêmes et jugez-le suivant votre loi. »

L. Les Juifs lui dirent :

F. « Nous n'avons pas le droit de mettre quelqu'un à mort. »

L. Ainsi s'accomplissait la parole que Jésus avait dite pour signifier de quel genre de mort il allait mourir.

6. JÉSUS EST INTERROGÉ PAR PILATE

L. Alors Pilate rentra dans le Prétoire ; il appela Jésus et lui dit :

A. « Es-tu le roi des Juifs ? »

L. Jésus lui demanda :

+ « Dis-tu cela de toi-même, ou bien d'autres te l'ont dit à mon sujet ? »

L. Pilate répondit :

A. « Est-ce que je suis juif, moi ? Ta nation et les grands prêtres t'ont livré à moi : qu'as-tu donc fait ? »

L. Jésus déclara :

+ « Ma royauté n'est pas de ce monde ; si ma royauté était de ce monde, j'aurais des gardes qui se seraient battus pour que je ne sois pas livré aux Juifs. En fait, ma royauté n'est pas d'ici. »

L. Pilate lui dit :

A. « Alors, tu es roi ? »

L. Jésus répondit :

+ « C'est toi-même qui dis que je suis roi. Moi, je suis né, je suis venu dans le monde pour ceci : rendre témoignage à la vérité. Quiconque appartient à la vérité écoute ma voix. »

L. Pilate lui dit :

A. « Qu'est-ce que la vérité ? »

7. JÉSUS EST FLAGELLÉ ET COURONNÉ D'ÉPINES

L. Ayant dit cela, il sortit de nouveau à la rencontre des Juifs, et il leur déclara :

A. « Moi, je ne trouve en lui aucun motif de condamnation. Mais, chez vous, c'est la coutume que je vous relâche quelqu'un pour la Pâque : voulez-vous donc que je vous relâche le roi des Juifs ? »

L. Alors ils répliquèrent en criant :

F. « Pas lui ! Mais Barabbas ! »

L. Or ce Barabbas était un bandit. Alors Pilate fit saisir Jésus pour qu'il soit flagellé. Les soldats tressèrent avec des épines une couronne qu'ils lui posèrent sur la tête ; puis ils le revêtirent d'un manteau pourpre. Ils s'avançaient vers lui et ils disaient :

F. « Salut à toi, roi des Juifs ! »

L. Et ils le giflaient.

8. JÉSUS EST INTERROGÉ PAR PILATE POUR LA DEUXIÈME FOIS

L. Pilate, de nouveau, sortit dehors et leur dit :

A. « Voyez, je vous l'amène dehors pour que vous sachiez que je ne trouve en lui aucun motif de condamnation. »

L. Jésus donc sortit dehors, portant la couronne d'épines et le manteau pourpre. Et Pilate leur déclara :

A. « Voici l'homme. »

L. Quand ils le virent, les grands prêtres et les gardes se mirent à crier :

F. « Crucifie-le ! Crucifie-le ! »

L. Pilate leur dit :

A. « Prenez-le vous-mêmes, et crucifiez-le ; moi, je ne trouve en lui aucun motif de condamnation. »

L. Ils lui répondirent :

F. « Nous avons une Loi, et suivant la Loi il doit mourir, parce qu'il s'est fait Fils de Dieu. »

L. Quand Pilate entendit ces paroles, il redoubla de crainte. Il rentra dans le Prétoire, et dit à Jésus :

A. « D'où es-tu ? »

L. Jésus ne lui fit aucune réponse. Pilate lui dit alors :

A. « Tu refuses de me parler, à moi ? Ne sais-tu pas que j'ai pouvoir de te relâcher, et pouvoir de te crucifier ? »

L. Jésus répondit :

+ « Tu n'aurais aucun pouvoir sur moi si tu ne l'avais reçu d'en haut ; c'est pourquoi celui qui m'a livré à toi porte un péché plus grand. »

L. Dès lors, Pilate cherchait à le relâcher ; mais des Juifs se mirent à crier :

F. « Si tu le relâches, tu n'es pas un ami de l'empereur. Quiconque se fait roi s'oppose à l'empereur. »

L. En entendant ces paroles, Pilate amena Jésus au-dehors ; il le fit asseoir sur une estrade au lieu dit le Dallage – en hébreu : Gabbatha. C'était le jour de la Préparation de la Pâque, vers la sixième heure, environ midi. Pilate dit aux Juifs :

A. « Voici votre roi. »

L. Alors ils crièrent :

F. « À mort ! À mort ! Crucifie-le ! »

L. Pilate leur dit :

A. « Vais-je crucifier votre roi ? »

L. Les grands prêtres répondirent :

F. « Nous n'avons pas d'autre roi que l'empereur. »

L. Alors, il leur livra Jésus pour qu'il soit crucifié.

9. JÉSUS EST CRUCIFIÉ

L. Ils se saisirent de Jésus. Et lui-même, portant sa croix, sortit en direction du lieu dit Le Crâne (ou Calvaire), qui se dit en hébreu Golgotha. C'est là qu'ils le crucifièrent, et deux autres avec lui, un de chaque côté, et Jésus au milieu. Pilate avait rédigé un écriteau qu'il fit placer sur la croix ; il était écrit : « Jésus le Nazaréen, roi des Juifs. » Beaucoup de Juifs lurent cet écriteau, parce que l'endroit où l'on avait crucifié Jésus était proche de la ville, et que c'était écrit en hébreu, en latin et en grec. Alors les grands prêtres des Juifs dirent à Pilate :

F. « N'écris pas : "Roi des Juifs" ; mais : "Cet homme a dit : Je suis le roi des Juifs". » Pilate répondit :

A. « Ce que j'ai écrit, je l'ai écrit. »

10. LES VÊTEMENTS DE JÉSUS SONT TIRÉS AU SORT

L. Quand les soldats eurent crucifié Jésus, ils prirent ses habits ; ils en firent quatre parts, une pour chaque soldat. Ils prirent aussi la tunique ; c'était une tunique sans couture, tissée tout d'une pièce de haut en bas. Alors ils se dirent entre eux :

A. « Ne la déchirons pas, désignons par le sort celui qui l'aura. »

L. Ainsi s'accomplissait la parole de l'Écriture : *Ils se sont partagé mes habits ; ils ont tiré au sort mon vêtement.* C'est bien ce que firent les soldats.

11. LA MÈRE DE JÉSUS ÉTAIT LÀ

L. Or, près de la croix de Jésus se tenaient sa mère et la sœur de sa mère, Marie, femme de Cléophas, et Marie Madeleine. Jésus, voyant sa mère, et près d'elle le disciple qu'il aimait, dit à sa mère :

+ « Femme, voici ton fils. »

L. Puis il dit au disciple :

+ « Voici ta mère. »

L. Et à partir de cette heure-là, le disciple la prit chez lui.

12. JÉSUS MEURT SUR LA CROIX

L. Après cela, sachant que tout, désormais, était achevé pour que l'Écriture s'accomplisse jusqu'au bout, Jésus dit :

+ « J'ai soif. »

L. Il y avait là un récipient plein d'une boisson vinaigrée. On fixa donc une éponge remplie de ce vinaigre à une branche d'hysope, et on l'approcha de sa bouche. Quand il eut pris le vinaigre, Jésus dit :

+ « Tout est accompli. »

L. Puis, inclinant la tête, il remit l'esprit.

Ici on fléchit le genou et on s'arrête un instant.

13. LE CŒUR DE JÉSUS EST PERCÉ D'UN COUP DE LANCE

L. Comme c'était le jour de la Préparation (c'est-à-dire le vendredi), il ne fallait pas laisser les corps en croix durant le sabbat, d'autant plus que ce sabbat était le grand jour de la Pâque. Aussi les Juifs demandèrent à Pilate qu'on enlève les corps après leur avoir brisé les jambes. Les soldats allèrent donc briser les jambes du premier, puis de l'autre homme crucifié avec Jésus. Quand ils arrivèrent à Jésus, voyant qu'il était déjà mort, ils ne lui brisèrent pas les jambes, mais un des soldats avec sa lance lui perça le côté ; et aussitôt, il en sortit du sang et de l'eau. Celui qui a vu rend témoignage, et son témoignage est véridique ; et celui-là sait qu'il dit vrai afin que vous aussi, vous croyiez. Cela, en effet, arriva pour que s'accomplisse l'Écriture : *Aucun de ses os ne sera brisé.* Un autre passage de l'Écriture dit encore : *Ils lèveront les yeux vers celui qu'ils ont transpercé.*

14. JÉSUS EST MIS AU TOMBEAU

L. Après cela, Joseph d'Arimathie, qui était disciple de Jésus, mais en secret par crainte des Juifs, demanda à Pilate de pouvoir enlever le corps de Jésus. Et Pilate le permit. Joseph vint donc enlever le corps de Jésus. Nicodème – celui qui, au début, était venu trouver Jésus pendant la nuit – vint lui aussi ; il apportait un mélange de myrrhe et d'aloès pesant environ cent livres. Ils prirent donc le corps de Jésus, qu'ils lièrent de linges, en employant les aromates selon la coutume juive d'ensevelir les morts. À l'endroit où Jésus avait été crucifié, il y avait un jardin et, dans ce jardin, un tombeau neuf dans lequel on n'avait encore déposé personne. À cause de la Préparation de la Pâque juive, et comme ce tombeau était proche, c'est là qu'ils déposèrent Jésus.

Prière universelle

L'invitatoire précédant chaque intention peut être dit par un diacre.

On peut prévoir une acclamation du peuple avant chaque oraison.

Le prêtre peut choisir, parmi les intentions proposées, celles seulement qui sont les plus aptes à nourrir la prière de l'assemblée, de manière toutefois que soient conservées les séries habituelles de la prière universelle.

1. POUR L'ÉGLISE

Prions, frères bien-aimés, pour la sainte Église de Dieu : que le Père tout-puissant lui donne la paix et l'unité, qu'il la protège dans tout l'univers ; et qu'il nous accorde une vie calme et paisible pour que nous rendions grâce à notre Dieu.

Tous prient en silence. Puis le prêtre dit :

Dieu éternel et tout-puissant, dans le Christ, tu as révélé ta gloire à tous les peuples ; protège l'œuvre de ton amour : afin que ton Église répandue par tout l'univers demeure inébranlable dans la foi pour proclamer ton nom. Par Jésus, le Christ, notre Seigneur. **Amen.**

2. POUR LE PAPE

Prions pour notre saint Père le pape, N., élevé par Dieu notre Seigneur à l'ordre épiscopal : qu'il le garde sain et sauf à son Église pour gouverner le peuple de Dieu.

Dieu éternel et tout-puissant dont la sagesse organise toutes choses, daigne écouter notre prière : protège avec amour le pape que tu as choisi, afin que, sous la conduite de ce pasteur, le peuple chrétien que tu gouvernes progresse toujours dans la foi. Par Jésus, le Christ, notre Seigneur. **Amen.**

3. POUR LE CLERGÉ ET LE PEUPLE FIDÈLE

Prions pour notre évêque, N., pour tous les évêques, les prêtres, les diacres, pour tous ceux qui remplissent des ministères dans l'Église et pour l'ensemble du peuple des croyants.

Dieu éternel et tout-puissant dont l'Esprit sanctifie et gouverne le corps entier de l'Église, exauce les prières que nous t'adressons pour tous les ordres de fidèles qui la composent : que chacun d'eux, par le don de ta grâce, te serve avec fidélité. Par Jésus, le Christ, notre Seigneur. **Amen.**

4. POUR LES CATÉCHUMÈNES

Prions pour les (nos) catéchumènes : que Dieu notre Seigneur ouvre leur intelligence et leur cœur, et les accueille dans sa miséricorde ; après avoir reçu le pardon de tous leurs péchés par le bain de la naissance nouvelle, qu'ils soient incorporés à notre Seigneur Jésus Christ.

Dieu éternel et tout-puissant, toi qui assures toujours la fécondité de ton Église, augmente en nos catéchumènes l'intelligence et la foi : qu'ils renaissent à la source du baptême et prennent place parmi tes enfants d'adoption. Par Jésus, le Christ, notre Seigneur. **Amen.**

5. POUR L'UNITÉ DES CHRÉTIENS

Prions pour tous nos frères qui croient en Jésus Christ et s'efforcent de conformer leur vie à la vérité : demandons au Seigneur notre Dieu de les rassembler et de les garder dans l'unité de son Église.

Dieu éternel et tout-puissant, toi qui rassembles ce qui est dispersé et qui fais l'unité de ce que tu rassembles, regarde avec amour l'Église de ton Fils : nous te prions d'unir dans la totalité de la foi et par le lien de la charité tous les hommes qu'un seul baptême a consacrés. Par Jésus, le Christ, notre Seigneur. **Amen.**

6. POUR LE PEUPLE JUIF

Prions pour les Juifs à qui Dieu a parlé en premier : qu'ils progressent dans l'amour de son Nom et la fidélité à son Alliance.

Dieu éternel et tout-puissant, toi qui as choisi Abraham et sa descendance pour en faire les fils de ta promesse, conduis à la plénitude de la rédemption le premier peuple de l'Alliance, comme ton Église t'en supplie. Par Jésus, le Christ, notre Seigneur. **Amen.**

7. POUR LES AUTRES CROYANTS

Prions pour ceux qui ne croient pas en Jésus Christ : demandons qu'à la lumière de l'Esprit Saint, ils soient capables eux aussi de s'engager pleinement sur le chemin du salut.

Dieu éternel et tout-puissant, donne à ceux qui ne croient pas au Christ d'aller sous ton regard avec un cœur sincère, afin de parvenir à la connaissance de la vérité ; et donne-nous de mieux nous aimer les uns les autres et d'ouvrir davantage notre vie à la tienne, pour être dans le monde de meilleurs témoins de ton amour. Par Jésus, le Christ, notre Seigneur. Amen.

8. POUR CEUX QUI NE CONNAISSENT PAS DIEU

Prions pour ceux qui ne connaissent pas Dieu : demandons qu'en obéissant à leur conscience ils parviennent à le reconnaître.

Dieu éternel et tout-puissant, toi qui as créé les hommes pour qu'ils te cherchent de tout leur cœur et que leur cœur s'apaise en te trouvant, fais qu'au milieu des difficultés de ce monde tous puissent discerner les signes de ta bonté et rencontrer des témoins de ton amour : qu'ils aient le bonheur de te reconnaître, toi, le seul vrai Dieu et le Père de tous les hommes. Par Jésus, le Christ, notre Seigneur. **Amen.**

9. POUR LES POUVOIRS PUBLICS

Prions pour les chefs d'État et tous les responsables des affaires publiques : que le Seigneur notre Dieu dirige leur esprit et leur cœur selon sa volonté pour la paix et la liberté de tous.

Dieu éternel et tout-puissant, toi qui tiens en ta main le cœur des hommes, et garantis les droits des peuples, viens en aide à ceux qui exercent le pouvoir ; que partout sur la terre s'affermissent avec ta grâce la sécurité et la paix, la prospérité des nations et la liberté religieuse. Par Jésus, le Christ, notre Seigneur. **Amen.**

10. POUR NOS FRÈRES ET SŒURS DANS L'ÉPREUVE

Frères bien-aimés, prions Dieu le Père tout-puissant d'avoir pitié des hommes dans l'épreuve : qu'il débarrasse le monde de toute erreur, qu'il chasse les épidémies et repousse la famine, qu'il vide les prisons et délivre les captifs, qu'il protège ceux qui voyagent, qu'il ramène chez eux les exilés, qu'il donne la force aux malades, et accorde le salut aux mourants.

Dieu éternel et tout-puissant, consolation des affligés, force de ceux qui peinent, entends les prières des hommes qui t'appellent, quelles que soient leurs souffrances : qu'ils aient la joie de trouver dans leurs détresses le secours de ta miséricorde. Par Jésus, le Christ, notre Seigneur. **Amen.**

Adoration et vénération de la Croix

Une grande croix est apportée dans l'église, en passant au milieu de l'assemblée, ou bien une croix voilée est découverte peu à peu.

Voici le bois de la Croix,
qui a porté le salut du monde.

Venez, adorons le Seigneur.

Ou une autre acclamation.

Puis chacun vient vénérer la croix.

On apporte sur l'autel le pain consacré à la messe du Jeudi saint.

Notre Père...

On omet le rite de paix, le rite de la fraction et le chant de l'Agneau de Dieu.

Prière après la communion

Dieu de puissance et de miséricorde, toi qui nous as renouvelés par la mort et la résurrection de ton Christ, entretiens en nous l'œuvre de ton amour ; que notre communion à ce mystère consacre notre vie à ton service. Par Jésus, le Christ, notre Seigneur. **Amen.**

Bénédiction

Le prêtre étend les mains sur l'assemblée et dit :

Que ta bénédiction, Seigneur, descende en abondance sur ton peuple qui a célébré la mort de ton Fils dans l'espérance de sa propre résurrection : accorde-lui pardon et réconfort, augmente sa foi, assure son éternelle rédemption. Par Jésus, le Christ, notre Seigneur. **Amen.**

La célébration se termine dans le silence et le recueillement.

« La Vie meurt pour les morts »

« La Vie meurt pour les morts (que nous sommes). Ô yeux du Bien-aimé, fermés dans la mort ! Visage dans lequel les anges aiment fixer leur regard, penché et exsangue. Lèvres, rayon de miel qui distille des paroles de vie éternelle, devenues livides ! Chef qui fait trembler les anges, qui pend incliné ! Mains, dont le toucher fit disparaître la lèpre, rendit la vue, chassa le démon, multiplia les pains ! Ces mains sont percées par les clous, baignées de sang ! Frères bien-aimés, recueillons toutes ces choses, composons un bouquet de myrrhe, posons-le sur notre poitrine, portons-le dans notre cœur, en cette nuit surtout et demain, pour pouvoir ressusciter avec lui le troisième jour. »

Saint Antoine de Padoue, *Une parole évangélique, Choix de sermons par Valentin Strappazzon*, Paris, Les Éditions franciscaines, 1995, p. 78.

Dimanche de Pâques
La Résurrection du Seigneur

DANS LA NUIT SAINTE DU 11 AU 12 AVRIL 2020

La Veillée Pascale

Un chemin sans limite

Les derniers mots de l'évangile de cette nuit, « Allez annoncer à mes frères qu'ils doivent se rendre en Galilée : c'est là qu'ils me verront », ouvrent un horizon sans fin au chemin parcouru, à la Passion vécue, à la Pâque accomplie, au Mystère de la résurrection qui court aux quatre coins de la terre. Les sept lectures de la Veillée et l'Épitre nous conduisent à cette ultime étape du chemin de Dieu : Christ nous précède en Galilée. Pour cela, la route fut longue, le chemin semé d'embûches. Il y eut un premier pas à faire le jour de la création où l'homme est appelé à être debout face à Dieu, à l'image de Dieu (*première lecture*). Mais son descendant Abraham, pour être notre père dans la foi « se mit en route vers l'endroit que Dieu lui avait indiqué » (*deuxième lecture*). Sa descendance fait la même expérience car « les fils d'Israël avaient marché à pied sec au milieu de la mer » (*troisième lecture*). Mais si le peuple continue de s'égarer, le Seigneur lui fait cette promesse : « Dans ma grande tendresse, je te ramènerai » (*quatrième lecture*). Encore faut-il avoir le désir de cette liberté qui fait se lever : « Vous tous qui avez soif, venez, voici de l'eau » (*cinquième lecture*). Mais il est vrai, comme le rappelle le prophète Baruc, que « si tu avais suivi les chemins de Dieu, tu vivrais dans la paix pour toujours » (*sixième lecture*). Aussi, c'est Dieu lui-même qui encore et de nouveau agira : « Je vous prendrai du milieu des nations, je vous rassemblerai de tous les pays, je vous conduirai dans votre terre » (*septième lecture*). Maintenant, l'homme nouveau sait que « si nous sommes passés par la mort avec le Christ, nous croyons que nous vivrons aussi avec lui » (*épître*). Reste un chemin de

Pâques sans limite : il nous précède en Galilée. Vivre en ressuscité, c'est aller vers la Galilée, ressentir en nous la force de la Résurrection, c'est voir le Seigneur ressuscité loin du tombeau où je l'avais déposé. Il est dans la Galilée des Nations, dans les périphéries de tout pays, sur la terre envisagée de la Résurrection.

CHANTER

- Un chant peut accompagner toutes les étapes de la célébration : ***Au cœur de notre foi*** **Y 48-06**,
- Pour la procession derrière le cierge pascal : ***Joyeuse lumière*** **I 17 CNA 477** ou **Syl C 001**.
- L'annonce de la Pâque : on prendra le texte de l'Exsultet dans le Missel, pour lequel il existe plusieurs mélodies ; ou bien ***Qu'éclate dans le ciel*** **I 111-1 MNA 315-38** ou **IL 14-08.**
- Pendant la liturgie de la Parole, on respectera l'alternance texte et psaume comme le lectionnaire le prévoit. Pour l'Alléluia, on retiendra l'***Alléluia pascal*** avec le ***Psaume 117*** **CNA 315-38** ou ***Alléluia, Christ est lumière*** **U 13-72**
- Pour la liturgie baptismale, ***La litanie des Saints*** **WL 12 bis** ou **YL 26-76-6.**
- Pendant l'aspersion : ***J'ai vu l'eau vive*** **I 18-65-11 CNA 481** ou **I 132-1 CNA 191, *Baptisés dans l'eau et dans l'Esprit* I 14-67-1 CNA 673.**
- Pendant la procession de communion, ***De la table du Seigneur*** **D 80 CNA 324, *Venez, approchons-nous*** **IEV 19-19**.
- Après la communion, ***Tu as triomphé de la mort*** **IP 165 CNA 594, *Vainqueur de nos ténèbres*** **I 27-43.**
- Pour l'envoi, ***Surrexit Christus*** **Répertoire de Taizé**, ***Le Seigneur est ressuscité*** **I 13 CNA 491**.

CÉLÉBRER

Trois temps, trois rites : un temps de la lumière et rite d'un lucernaire, un temps de la Parole et un rite d'eau et d'huile parfumée, un temps du sacrifice et un rite d'offrande de pain et de vin. Chaque temps est marqué par un passage. La nuit pascale est « initiatique » pour ceux qui vont être baptisés, confirmés et recevoir l'eucharistie, mais elle l'est également pour toute l'assemblée. Être attentif au rythme et à la dynamique de cette célébration, source de toutes nos célébrations, aidera à percevoir ce que la liturgie initie en nous. Et si on a souvent fait de la Veillée pascale une veillée baptismale, n'oublions pas qu'en réalité l'accomplissement de cette célébration est l'eucharistie, Pâque du Seigneur.

Célébration de la Veillée pascale

Frères bien-aimés, en cette nuit très sainte où notre Seigneur Jésus Christ est passé de la mort à la vie, l'Église invite tous ses enfants disséminés de par le monde à se réunir pour veiller et prier.
Nous allons donc commémorer ensemble la Pâque du Seigneur, en écoutant sa parole et en célébrant ses sacrements, dans l'espérance d'avoir part à son triomphe sur la mort et de vivre avec lui pour toujours en Dieu.

Bénédiction du feu

Seigneur notre Dieu, par ton Fils qui est la lumière du monde, tu as donné aux hommes la clarté de ta lumière ; daigne bénir cette flamme qui brille dans la nuit ; accorde-nous, durant ces fêtes pascales, d'être enflammés d'un si grand désir du ciel que nous puissions parvenir, avec un cœur pur, aux fêtes de l'éternelle lumière. Par Jésus, le Christ, notre Seigneur. **Amen.**

Préparation du cierge pascal

Le Christ, hier et aujourd'hui, commencement et fin de toutes choses, Alpha et Oméga ; à lui, le temps et l'éternité, à lui, la gloire et la puissance pour les siècles sans fin. **Amen.**
Par ses saintes plaies, ses plaies glorieuses, que le Christ Seigneur nous garde et nous protège. **Amen.**
Que la lumière du Christ, ressuscitant dans la gloire, dissipe les ténèbres de notre cœur et de notre esprit. **Amen.**

Procession d'entrée

Lumière du Christ !
Nous rendons grâce à Dieu !

Louange pascale

On choisit l'un des deux textes suivants :

Qu'éclate dans le ciel la joie des anges !
Qu'éclate de partout la joie du monde !
Qu'éclate dans l'Église la joie des fils de Dieu !
La lumière éclaire l'Église,
La lumière éclaire la terre,
Peuples, chantez !

• **Nous te louons, splendeur du Père.,**
Jésus, Fils de Dieu.
• **Sainte lumière, Splendeur du Père,**
Louange à toi, Jésus Christ !

Voici pour tous les temps l'unique Pâque,
Voici pour Israël le grand passage,
Voici la longue marche vers la terre de liberté !
Ta lumière éclaire la route,
Dans la nuit ton peuple s'avance,
Libre, vainqueur !

Voici maintenant la Victoire,
Voici la liberté pour tous les peuples,
Le Christ ressuscité triomphe de la mort.
Ô nuit qui nous rend la lumière,
Ô nuit qui vit dans sa Gloire
Le Christ Seigneur !

Amour infini de notre Père,
Suprême témoignage de tendresse,
Pour libérer l'esclave, tu as livré le Fils !
Bienheureuse faute de l'homme,
Qui valut au monde en détresse
Le seul Sauveur !

Victoire qui rassemble ciel et terre,
Victoire où Dieu se donne un nouveau peuple
Victoire de l'Amour, victoire de la Vie !

Ô Père, accueille la flamme,
Qui vers toi s'élève en offrande,
Feu de nos cœurs !

Que brille devant toi cette lumière !
Demain se lèvera l'aube nouvelle
D'un monde rajeuni dans la Pâque de ton Fils !
Et que règnent la Paix, la Justice et l'Amour,
Et que passent tous les hommes
De cette terre à ta grande maison,
Par Jésus Christ !

(I 111)

Ou bien (forme brève) :

Exultez de joie, multitude des anges,
exultez, serviteurs de Dieu,
sonnez cette heure triomphale
et la victoire d'un si grand roi.

Sois heureuse aussi, notre terre,
irradiée de tant de feux,
car il t'a prise dans sa clarté
et son règne a chassé ta nuit.

Réjouis-toi, mère Église,
toute parée de sa splendeur,
entends vibrer dans ce lieu saint
l'acclamation de tout un peuple.

Le Seigneur soit avec vous.
Et avec votre esprit.
Élevons notre cœur.
Nous le tournons vers le Seigneur.
Rendons grâce au Seigneur notre Dieu.
Cela est juste et bon.

Vraiment, il est juste et bon de chanter à pleine voix et de tout cœur le Père tout-puissant, Dieu invisible, et son Fils unique, Jésus Christ, notre Seigneur.

C'est lui qui a remis pour nous au Père éternel le prix de la dette encourue par Adam ; c'est lui qui répandit son sang par amour pour effacer la condamnation du premier péché.

Car voici la fête de la Pâque dans laquelle est mis à mort l'Agneau véritable dont le sang consacre les portes des croyants. Voici la nuit où tu as tiré d'Égypte les enfants d'Israël, nos pères, et leur as fait passer la mer Rouge à pied sec.

C'est la nuit où le feu d'une colonne lumineuse repoussait les ténèbres du péché. C'est maintenant la nuit qui arrache au monde corrompu, aveuglé par le mal, ceux qui, aujourd'hui et dans tout l'univers, ont mis leur foi dans le Christ : nuit qui les rend à la grâce et leur ouvre la communion des saints.

Voici la nuit où le Christ, brisant les liens de la mort, s'est relevé, victorieux, des enfers.

Merveilleuse condescendance de ta grâce ! Imprévisible choix de ton amour : pour racheter l'esclave, tu livres le Fils.

Il fallait le péché d'Adam que la mort du Christ abolit. Heureuse était la faute qui nous valut pareil Rédempteur. Car le pouvoir sanctifiant de cette nuit chasse les crimes et lave les fautes, rend l'innocence aux coupables et l'allégresse aux affligés.

Ô nuit de vrai bonheur, nuit où le ciel s'unit à la terre, où l'homme rencontre Dieu.

Dans la grâce de cette nuit, accueille, Père saint, en sacrifice du soir, la flamme montant de cette colonne de cire que l'Église t'offre par nos mains. Permets que ce cierge pascal, consacré à ton nom, brûle sans déclin dans cette nuit. Qu'il soit agréable à tes yeux, et joigne sa clarté à celle des étoiles.

Qu'il brûle encore quand se lèvera l'astre du matin, celui qui ne connaît pas de couchant, le Christ, ton Fils ressuscité, revenu des enfers, répandant sur les humains sa lumière et sa paix, lui qui règne avec toi et le Saint-Esprit, maintenant et pour les siècles des siècles. **Amen.**

Tous éteignent leur cierge et s'assoient.

1re lecture

« Dieu créa l'homme à son image,
il les créa homme et femme »

→ Lecture du livre de la Genèse

Gn 1, 1–2, 2
(lecture brève : 1, 1.26-31a)

La lecture du texte entre crochets est facultative.

Au commencement, Dieu créa le ciel et la terre. [La terre était informe et vide, les ténèbres étaient au-dessus de l'abîme et le souffle de Dieu planait au-dessus des eaux. Dieu dit : « Que la lumière soit. » Et la lumière fut. Dieu vit que la lumière était bonne, et Dieu sépara la lumière des ténèbres. Dieu appela la lumière « jour », il appela les ténèbres « nuit ». Il y eut un soir, il y eut un matin : premier jour.

Et Dieu dit : « Qu'il y ait un firmament au milieu des eaux, et qu'il sépare les eaux. » Dieu fit le firmament, il sépara les eaux qui sont au-dessous du firmament et les eaux qui sont au-dessus. Et ce fut ainsi. Dieu appela le firmament « ciel ». Il y eut un soir, il y eut un matin : deuxième jour.

Et Dieu dit : « Les eaux qui sont au-dessous du ciel, qu'elles se rassemblent en un seul lieu, et que paraisse la terre ferme. »

Et ce fut ainsi. Dieu appela la terre ferme « terre », et il appela la masse des eaux « mer ». Et Dieu vit que cela était bon. Dieu dit : « Que la terre produise l'herbe, la plante qui porte sa semence, et que, sur la terre, l'arbre à fruit donne, selon son espèce, le fruit qui porte sa semence. » Et ce fut ainsi. La terre produisit l'herbe, la plante qui porte sa semence, selon son espèce, et l'arbre qui donne, selon son espèce, le fruit qui porte sa semence. Et Dieu vit que cela était bon. Il y eut un soir, il y eut un matin : troisième jour.

Et Dieu dit : « Qu'il y ait des luminaires au firmament du ciel, pour séparer le jour de la nuit ; qu'ils servent de signes pour marquer les fêtes, les jours et les années ; et qu'ils soient, au firmament du ciel, des luminaires pour éclairer la terre. » Et ce fut ainsi. Dieu fit les deux grands luminaires : le plus grand pour commander au jour, le plus petit pour commander à la nuit ; il fit aussi les étoiles. Dieu les plaça au firmament du ciel pour éclairer la terre, pour commander au jour et à la nuit, pour séparer la lumière des ténèbres. Et Dieu vit que cela était bon. Il y eut un soir, il y eut un matin : quatrième jour.

Et Dieu dit : « Que les eaux foisonnent d'une profusion d'êtres vivants, et que les oiseaux volent au-dessus de la terre, sous le firmament du ciel. » Dieu créa, selon leur espèce, les grands monstres marins, tous les êtres vivants qui vont et viennent et foisonnent dans les eaux, et aussi, selon leur espèce, tous les oiseaux qui volent. Et Dieu vit que cela était bon. Dieu les bénit par ces paroles : « Soyez féconds et multipliez-vous, remplissez les mers, que les oiseaux se multiplient sur la terre. » Il y eut un soir, il y eut un matin : cinquième jour.

Et Dieu dit : « Que la terre produise des êtres vivants selon leur espèce, bestiaux, bestioles et bêtes sauvages selon leur espèce. » Et ce fut ainsi. Dieu fit les bêtes sauvages selon leur espèce, les bestiaux selon leur espèce, et toutes les bestioles de la terre selon leur espèce. Et Dieu vit que cela était bon.]

Dieu dit : « Faisons l'homme à notre image, selon notre ressemblance. Qu'il soit le maître des poissons de la mer, des oiseaux du ciel, des bestiaux, de toutes les bêtes sauvages, et de toutes les bestioles qui vont et viennent sur la terre. » Dieu créa l'homme à son image, à l'image de Dieu il le créa, il les créa homme et femme. Dieu les bénit et leur dit : « Soyez féconds et multipliez-vous, remplissez la terre et soumettez-la. Soyez les maîtres des poissons de la mer, des oiseaux du ciel, et de tous les animaux qui vont et viennent sur la terre. » Dieu dit encore : « Je vous donne toute plante qui porte sa semence sur toute la surface de la terre, et tout arbre dont le fruit porte sa semence : telle sera votre nourriture. À tous les animaux de la terre, à tous les oiseaux du ciel, à tout ce qui va et vient sur la terre et qui a souffle de vie, je donne comme nourriture toute herbe verte. » Et ce fut ainsi. Et Dieu vit tout ce qu'il avait fait ; et voici : cela était très bon. Il y eut un soir, il y eut un matin : sixième jour.

[Ainsi furent achevés le ciel et la terre, et tout leur déploiement. Le septième jour, Dieu avait achevé l'œuvre qu'il avait faite. Il se reposa, le septième jour, de toute l'œuvre qu'il avait faite.]

Psaume 103

R/ Ô Seigneur, envoie ton Esprit
qui renouvelle la face de la terre !

Bénis le Seigneur, ô mon âme ;
Seigneur mon Dieu, tu es si grand !
Revêtu de magnificence,
tu as pour manteau la lumière !

Tu as donné son assise à la terre :
qu'elle reste inébranlable au cours des temps.
Tu l'as vêtue de l'abîme des mers :
les eaux couvraient même les montagnes ;

Dans les ravins tu fais jaillir des sources
et l'eau chemine aux creux des montagnes ;
les oiseaux séjournent près d'elle :
dans le feuillage on entend leurs cris.

De tes demeures tu abreuves les montagnes,
et la terre se rassasie du fruit de tes œuvres ;
tu fais pousser les prairies pour les troupeaux,
et les champs pour l'homme qui travaille.

Quelle profusion dans tes œuvres, Seigneur !
Tout cela, ta sagesse l'a fait ;
la terre s'emplit de tes biens.
Bénis le Seigneur, ô mon âme !

ou bien

Psaume 32

R/ **Toute la terre, Seigneur, est remplie de ton amour.**

Oui, elle est droite, la parole du Seigneur ;
il est fidèle en tout ce qu'il fait.
Il aime le bon droit et la justice ;
la terre est remplie de son amour.

Le Seigneur a fait les cieux par sa parole,
l'univers, par le souffle de sa bouche.
Il amasse, il retient l'eau des mers ;
les océans, il les garde en réserve.

Heureux le peuple dont le Seigneur est le Dieu,
heureuse la nation qu'il s'est choisie pour domaine !
Du haut des cieux, le Seigneur regarde :
il voit la race des hommes.

Nous attendons notre vie du Seigneur :
il est pour nous un appui, un bouclier.
Que ton amour, Seigneur, soit sur nous
comme notre espoir est en toi !

Prière

• Dieu éternel et tout-puissant, toi qui agis toujours avec une sagesse admirable, donne aux hommes que tu as rachetés de comprendre que le sacrifice du Christ, notre Pâque, est une œuvre plus merveilleuse encore que l'acte de la création au commencement du monde. Par Jésus, le Christ, notre Seigneur.

• Seigneur notre Dieu, toi qui as fait merveille en créant l'homme et plus grande merveille encore en le rachetant, donne-nous de résister aux attraits du péché par la sagesse de l'esprit, et de parvenir aux joies éternelles. Par Jésus, le Christ, notre Seigneur.

2e lecture

« Je rendrai ta descendance aussi nombreuse que les étoiles du ciel »

→ Lecture du livre de la Genèse 22, 1-18

(lecture brève : 22, 1-2.9a.10-13.15-18)

La lecture du texte entre crochets est facultative.

En ces jours-là, Dieu mit Abraham à l'épreuve. Il lui dit : « Abraham ! » Celui-ci répondit : « Me voici ! » Dieu dit : « Prends ton fils, ton unique, celui que tu aimes, Isaac, va au pays de Moriah, et là tu l'offriras en holocauste sur la montagne que je t'indiquerai. »

[Abraham se leva de bon matin, sella son âne, et prit avec lui deux de ses serviteurs et son fils Isaac. Il fendit le bois pour l'holocauste, et se mit en route vers l'endroit que Dieu lui avait indiqué. Le troisième jour, Abraham, levant les yeux, vit l'endroit de loin. Abraham dit à ses serviteurs : « Restez ici avec l'âne. Moi et le garçon, nous irons jusque là-bas pour adorer, puis nous reviendrons vers vous. » Abraham prit le bois pour l'holocauste et le chargea sur son fils Isaac ; il prit le feu et le couteau, et tous deux s'en allèrent ensemble. Isaac dit à son père Abraham : « Mon père ! – Eh bien, mon fils ? » Isaac reprit : « Voilà le feu et le bois, mais où est l'agneau pour l'holocauste ? » Abraham répondit : « Dieu saura bien trouver l'agneau pour l'holocauste, mon fils. » Et ils s'en allaient tous les deux ensemble.]

Ils arrivèrent à l'endroit que Dieu avait indiqué. [Abraham y bâtit l'autel et disposa le bois, puis il lia son fils Isaac et le mit sur l'autel, par-dessus le bois.] Abraham étendit la main et saisit le couteau pour immoler son fils. Mais l'ange du Seigneur l'appela du haut du ciel et dit : « Abraham ! Abraham ! » Il répondit : « Me voici ! » L'ange lui dit : « Ne porte pas la main sur le garçon ! Ne lui fais aucun mal ! Je sais maintenant que tu crains Dieu : tu ne m'as pas refusé ton fils, ton unique. »

Abraham leva les yeux et vit un bélier retenu par les cornes dans un buisson. Il alla prendre le bélier et l'offrit en holocauste à la place de son fils. [Abraham donna à ce lieu le nom de « Le-Seigneur-voit ». On l'appelle aujourd'hui : « Sur-le-mont-le-Seigneur-est-vu. »] Du ciel, l'ange du Seigneur appela une seconde fois Abraham. Il déclara : « Je le jure par moi-même, oracle du Seigneur : parce que tu as fait cela, parce que tu ne m'as pas refusé ton fils, ton unique, je te comblerai de bénédictions, je rendrai ta descendance aussi nombreuse que les étoiles du ciel et que le sable au bord de la mer, et ta descendance occupera les places fortes de ses ennemis. Puisque tu as écouté ma voix, toutes les nations de la terre s'adresseront l'une à l'autre la bénédiction par le nom de ta descendance. »

Psaume 15

R/ **Garde-moi, mon Dieu : j'ai fait de toi mon refuge.**

Seigneur, mon partage et ma coupe :
de toi dépend mon sort.
Je garde le Seigneur devant moi sans relâche ;
il est à ma droite : je suis inébranlable.

Mon cœur exulte, mon âme est en fête,
ma chair elle-même repose en confiance :
tu ne peux m'abandonner à la mort
ni laisser ton ami voir la corruption.

Tu m'apprends le chemin de la vie :
devant ta face, débordement de joie !
À ta droite, éternité de délices !

Prière

Dieu très saint, Père des croyants, en répandant la grâce de l'adoption, tu multiplies sur toute la terre les fils de ta promesse ; par le mystère pascal, tu fais de ton serviteur Abraham, comme tu l'avais promis, le père de toutes les nations ; accorde à ton peuple de savoir répondre à cet appel. Par Jésus, le Christ, notre Seigneur.

3e lecture

« Que les fils d'Israël entrent au milieu de la mer à pied sec »

→ Lecture du livre de l'Exode 14, 15–15, 1a

En ces jours-là, le Seigneur dit à Moïse : « Pourquoi crier vers moi ? Ordonne aux fils d'Israël de se mettre en route ! Toi, lève ton bâton, étends le bras sur la mer, fends-la en deux, et que les fils d'Israël entrent au milieu de la mer à pied sec. Et moi, je ferai en sorte que les Égyptiens s'obstinent : ils y entreront derrière eux ; je me glorifierai aux dépens de Pharaon et de toute son armée, de ses chars et de ses guerriers. Les Égyptiens sauront que je suis le Seigneur, quand je me serai glorifié aux dépens de Pharaon, de ses chars et de ses guerriers. » L'ange de Dieu, qui marchait en avant d'Israël, se déplaça et marcha à l'arrière. La colonne de nuée se déplaça depuis l'avant-garde et vint se tenir à l'arrière, entre le camp des Égyptiens et le camp d'Israël. Cette nuée était à la fois ténèbres et lumière dans la nuit, si bien que, de toute la nuit, ils ne purent se rencontrer. Moïse étendit le bras sur la mer. Le Seigneur chassa la mer toute la nuit par un fort vent d'est ; il mit la mer à sec, et les eaux se fendirent. Les fils d'Israël entrèrent au milieu de la mer à pied sec, les eaux formant une muraille à leur droite et à leur gauche. Les Égyptiens les poursuivirent ; tous les chevaux de Pharaon, ses chars et ses guerriers entrèrent derrière eux jusqu'au milieu de la mer.

Aux dernières heures de la nuit, le Seigneur observa, depuis la colonne de feu et de nuée, l'armée des Égyptiens, et il la frappa de panique. Il faussa les roues de leurs chars, et ils eurent beaucoup de peine à les conduire.

Les Égyptiens s'écrièrent : « Fuyons devant Israël, car c'est le Seigneur qui combat pour eux contre nous ! » Le Seigneur dit à Moïse : « Étends le bras sur la mer : que les eaux reviennent sur les Égyptiens, leurs chars et leurs guerriers ! » Moïse étendit le bras sur la mer. Au point du jour, la mer reprit sa place ; dans leur fuite, les Égyptiens s'y heurtèrent, et le Seigneur les précipita au milieu de la mer. Les eaux refluèrent et recouvrirent les chars et les guerriers, toute l'armée de Pharaon qui était entrée dans la mer à la poursuite d'Israël. Il n'en resta pas un seul. Mais les fils d'Israël avaient marché à pied sec au milieu de la mer, les eaux formant une muraille à leur droite et à leur gauche.

Ce jour-là, le Seigneur sauva Israël de la main de l'Égypte, et Israël vit les Égyptiens morts sur le bord de la mer. Israël vit avec quelle main puissante le Seigneur avait agi contre l'Égypte. Le peuple craignit le Seigneur, il mit sa foi dans le Seigneur et dans son serviteur Moïse. Alors Moïse et les fils d'Israël chantèrent ce cantique au Seigneur :

Cantique d'Exode 15

R/ Chantons pour le Seigneur ! Éclatante est sa gloire.

Je chanterai pour le Seigneur !
Éclatante est sa gloire :
il a jeté dans la mer
cheval et cavalier.

Ma force et mon chant, c'est le Seigneur :
il est pour moi le salut.
Il est mon Dieu, je le célèbre ;
j'exalte le Dieu de mon père.

Le Seigneur est le guerrier des combats ;
son nom est « Le Seigneur ».
Les chars du Pharaon et ses armées,
il les lance dans la mer.

L'élite de leurs chefs a sombré dans la mer Rouge.
L'abîme les recouvre :
ils descendent, comme la pierre, au fond des eaux.
Ta droite, Seigneur, magnifique en sa force,
ta droite, Seigneur, écrase l'ennemi.

Tu les amènes, tu les plantes sur la montagne,
ton héritage,
le lieu que tu as fait, Seigneur, pour l'habiter,
le sanctuaire, Seigneur, fondé par tes mains.
Le Seigneur régnera pour les siècles des siècles.

Prière

• Seigneur notre Dieu, dans la lumière de l'Évangile tu as donné leur sens aux miracles accomplis sous l'Ancien Testament : on reconnaît dans la mer Rouge l'image de la fontaine baptismale ; et le peuple juif, délivré de la servitude d'Égypte, est la figure du peuple chrétien. Fais que tous les hommes, grâce à la foi, participent au privilège d'Israël, et soient régénérés en recevant ton Esprit. Par Jésus, le Christ, notre Seigneur.

• Maintenant encore, Seigneur, nous voyons resplendir tes merveilles d'autrefois : alors que jadis tu manifestais ta puissance en délivrant un seul peuple de la poursuite des Égyptiens, tu assures désormais le salut de toutes les nations en les faisant renaître à travers les eaux du baptême ; fais que les hommes du monde entier deviennent des fils d'Abraham et accèdent à la dignité de tes enfants. Par Jésus, le Christ notre Seigneur.

4e lecture *« Ton époux, c'est Celui qui t'a faite, Jérusalem »*

→ Lecture du livre du prophète Isaïe 54, 5-14

Parole du Seigneur adressée à Jérusalem : Ton époux, c'est Celui qui t'a faite, son nom est « Le Seigneur de l'univers ». Ton rédempteur, c'est le Saint d'Israël, il s'appelle « Dieu de toute la terre ». Oui, comme une femme abandonnée, accablée, le Seigneur te rappelle. Est-ce que l'on rejette la femme de sa jeunesse ? – dit ton Dieu.

Un court instant, je t'avais abandonnée, mais dans ma grande tendresse, je te ramènerai. Quand ma colère a débordé, un instant, je t'avais caché ma face. Mais dans mon éternelle fidélité, je te montre ma tendresse, – dit le Seigneur, ton rédempteur. Je ferai comme au temps de Noé, quand j'ai juré que les eaux ne submergeraient plus la terre : de même, je jure de ne plus m'irriter contre toi, et de ne plus te menacer.

Même si les montagnes s'écartaient, si les collines s'ébranlaient, ma fidélité ne s'écarterait pas de toi, mon alliance de paix ne serait pas ébranlée, – dit le Seigneur, qui te montre sa tendresse. Jérusalem, malheureuse, battue par la tempête, inconsolée, voici que je vais sertir tes pierres et poser tes fondations sur des saphirs. Je ferai tes créneaux avec des rubis, tes portes en cristal de roche, et toute ton enceinte avec des pierres précieuses. Tes fils seront tous disciples du

Seigneur, et grande sera leur paix. Tu seras établie sur la justice : loin de toi l'oppression, tu n'auras plus à craindre ; loin de toi la terreur, elle ne t'approchera plus.

Psaume 29

R/ Je t'exalte, Seigneur : tu m'as relevé.

Quand j'ai crié vers toi, Seigneur,
mon Dieu, tu m'as guéri ;
Seigneur, tu m'as fait remonter de l'abîme
et revivre quand je descendais à la fosse.

Fêtez le Seigneur, vous, ses fidèles,
rendez grâce en rappelant son nom très saint.
Sa colère ne dure qu'un instant,
sa bonté, toute la vie.

Avec le soir, viennent les larmes,
mais au matin, les cris de joie !
Tu as changé mon deuil en une danse,
mes habits funèbres en parure de joie !

Que mon cœur ne se taise pas,
qu'il soit en fête pour toi ;
et que sans fin, Seigneur, mon Dieu,
je te rende grâce !

Prière

Dieu éternel et tout-puissant, pour l'honneur de ton nom, multiplie la postérité promise à nos pères à cause de leur foi, augmente le nombre de tes enfants d'adoption ; que ton Église voie, dès maintenant, se réaliser la promesse dont les patriarches n'ont jamais douté. Par Jésus, le Christ, notre Seigneur.

Ou bien l'une des prières qui suivent les autres lectures, si elles sont omises.

5e lecture

« Lui, j'en ai fait un témoin pour les peuples »

→ Lecture du livre du prophète Isaïe 55, 1-11

Ainsi parle le Seigneur : Vous tous qui avez soif, venez, voici de l'eau ! Même si vous n'avez pas d'argent, venez acheter et consommer, venez acheter du vin et du lait sans argent, sans rien payer. Pourquoi dépenser votre argent pour ce qui ne nourrit pas, vous fatiguer pour ce qui ne rassasie pas ? Écoutez-moi bien, et vous mangerez de bonnes choses, vous vous régalerez de viandes savoureuses ! Prêtez l'oreille ! Venez à moi ! Écoutez, et vous vivrez. Je m'engagerai envers vous par une alliance éternelle : ce sont les bienfaits garantis à David. Lui, j'en ai fait un témoin pour les peuples, pour les peuples, un guide et un chef. Toi, tu appelleras une nation inconnue de toi ; une nation qui ne te connaît pas accourra vers toi, à cause du Seigneur ton Dieu, à cause du Saint d'Israël, car il fait ta splendeur.

Cherchez le Seigneur tant qu'il se laisse trouver ; invoquez-le tant qu'il est proche. Que le méchant abandonne son chemin, et l'homme perfide, ses pensées ! Qu'il revienne vers le Seigneur qui lui montrera sa miséricorde, vers notre Dieu qui est riche en pardon. Car mes pensées ne sont pas vos pensées, et vos chemins ne sont pas mes chemins, – oracle du Seigneur. Autant le ciel est élevé au-dessus de la terre, autant mes chemins sont élevés au-dessus de vos chemins, et mes pensées, au-dessus de vos pensées.

La pluie et la neige qui descendent des cieux n'y retournent pas sans avoir abreuvé la terre, sans l'avoir fécondée et l'avoir fait germer, donnant la semence au semeur et le pain à celui qui doit manger ; ainsi ma parole, qui sort de ma bouche, ne me reviendra pas sans résultat, sans avoir fait ce qui me plaît, sans avoir accompli sa mission.

Cantique d'Isaïe 12

R/ Exultant de joie, vous puiserez les eaux
aux sources du salut !

Voici le Dieu qui me sauve :
j'ai confiance, je n'ai plus de crainte.
Ma force et mon chant, c'est le Seigneur ;
il est pour moi le salut.

Rendez grâce au Seigneur,
proclamez son nom,
annoncez parmi les peuples ses hauts faits !
Redites-le : « Sublime est son nom ! »

Jouez pour le Seigneur, il montre sa magnificence,
et toute la terre le sait.
Jubilez, criez de joie, habitants de Sion,
car il est grand au milieu de toi, le Saint d'Israël !

Prière

Dieu éternel et tout-puissant, unique espoir du monde, toi qui annonçais par la voix des prophètes les mystères qui s'accomplissent aujourd'hui, daigne inspirer toi-même les désirs de ton peuple, puisque aucun de tes fidèles ne peut progresser en vertu sans l'inspiration de ta grâce. Par Jésus, le Christ, notre Seigneur.

Ou bien l'une des prières qui suivent les lectures 4, 6 et 7.

6e lecture

« Ainsi, la Sagesse est apparue sur la terre, elle a vécu parmi les hommes »

→ Lecture du livre du prophète Baruc 3, 9-15.32 – 4, 4

Écoute, Israël, les commandements de vie, prête l'oreille pour acquérir la connaissance. Pourquoi donc, Israël, pourquoi es-tu exilé chez tes ennemis, vieillissant sur une terre étrangère, souillé par le contact des cadavres, inscrit parmi les habitants du séjour des morts ? – Parce que tu as abandonné la Source de la Sagesse ! Si tu avais suivi les chemins de Dieu, tu vivrais dans la paix pour toujours. Apprends où se trouvent et la connaissance, et la force, et l'intelligence ; pour savoir en même temps où se trouvent de longues années de vie, la lumière des yeux et la paix.

Mais qui donc a découvert la demeure de la Sagesse, qui a pénétré jusqu'à ses trésors ? Celui qui sait tout en connaît le chemin, il l'a découvert par son intelligence. Il a pour toujours aménagé la terre, et l'a peuplée de troupeaux. Il lance la lumière, et elle prend sa course ; il la rappelle, et elle obéit en tremblant. Les étoiles brillent, joyeuses, à leur poste de veille ; il les appelle, et elles répondent : « Nous voici ! » Elles brillent avec joie pour celui qui les a faites. C'est lui qui est notre Dieu : aucun autre ne lui est comparable. Il a découvert les chemins du savoir, et il les a confiés à Jacob, son serviteur, à Israël, son bien-aimé.

Ainsi, la Sagesse est apparue sur la terre, elle a vécu parmi les hommes. Elle est le livre des préceptes de Dieu, la Loi qui demeure éternellement : tous ceux qui l'observent vivront, ceux qui l'abandonnent mourront.

Reviens, Jacob, saisis-la de nouveau ; à sa lumière, marche vers la splendeur : ne laisse pas ta gloire à un autre, tes privilèges à un peuple étranger. Heureux sommes-nous, Israël ! Car ce qui plaît à Dieu, nous le connaissons.

Psaume 18

R/ Seigneur, tu as les paroles de la vie éternelle.

La loi du Seigneur est parfaite,
qui redonne vie ;
la charte du Seigneur est sûre,
qui rend sages les simples.

Les préceptes du Seigneur sont droits,
ils réjouissent le cœur ;
le commandement du Seigneur est limpide,
il clarifie le regard.

La crainte qu'il inspire est pure,
elle est là pour toujours ;
les décisions du Seigneur sont justes
et vraiment équitables :

plus désirables que l'or,
qu'une masse d'or fin,
plus savoureuses que le miel
qui coule des rayons.

Prière

Dieu qui ne cesses de faire grandir ton Église en appelant à elle les hommes qui sont loin de toi, daigne garder sous ta protection ceux que tu purifies dans l'eau du baptême. Par Jésus, le Christ, notre Seigneur.

Ou bien l'une des prières qui suivent les lectures 4, 5 et 7.

7e lecture

« Vous, vous serez mon peuple »

→ **Lecture du livre du prophète Ézékiel** 36, 16-17a.18-28

La parole du Seigneur me fut adressée : « Fils d'homme, lorsque les gens d'Israël habitaient leur pays, ils le rendaient impur par leur conduite et leurs actes. Alors j'ai déversé sur eux ma fureur, à cause du sang qu'ils avaient versé dans le pays, à cause des idoles immondes qui l'avaient rendu impur. Je les ai dispersés parmi les nations, ils ont été disséminés dans les pays étrangers. Selon leur conduite et leurs actes, je les ai jugés. Dans les nations où ils sont allés, ils ont profané mon saint nom, car on disait : “C'est le peuple du Seigneur, et ils sont sortis de son pays !” Mais j'ai voulu épargner mon saint nom, que les gens d'Israël avaient profané dans les nations où ils sont allés.

Eh bien! tu diras à la maison d'Israël: Ainsi parle le Seigneur Dieu: Ce n'est pas pour vous que je vais agir, maison d'Israël, mais c'est pour mon saint nom que vous avez profané dans les nations où vous êtes allés. Je sanctifierai mon grand nom, profané parmi les nations, mon nom que vous avez profané au milieu d'elles. Alors les nations sauront que Je suis le Seigneur – oracle du Seigneur Dieu – quand par vous je manifesterai ma sainteté à leurs yeux. Je vous prendrai du milieu des nations, je vous rassemblerai de tous les pays, je vous conduirai dans votre terre. Je répandrai sur vous une eau pure, et vous serez purifiés; de toutes vos souillures, de toutes vos idoles, je vous purifierai. Je vous donnerai un cœur nouveau, je mettrai en vous un esprit nouveau. J'ôterai de votre chair le cœur de pierre, je vous donnerai un cœur de chair. Je mettrai en vous mon esprit, je ferai que vous marchiez selon mes lois, que vous gardiez mes préceptes et leur soyez fidèles. Vous habiterez le pays que j'ai donné à vos pères: vous, vous serez mon peuple, et moi, je serai votre Dieu.

S'il n'y a pas de baptême:

Psaume 41

R/ Comme un cerf altéré cherche l'eau vive,
ainsi mon âme te cherche, toi, mon Dieu.

Mon âme a soif de Dieu,
le Dieu vivant;
quand pourrai-je m'avancer,
paraître face à Dieu?

Je conduisais vers la maison de mon Dieu
la multitude en fête,
parmi les cris de joie
et les actions de grâce.

Envoie ta lumière et ta vérité :
qu'elles guident mes pas
et me conduisent à ta montagne sainte,
jusqu'en ta demeure.

J'avancerai jusqu'à l'autel de Dieu,
vers Dieu qui est toute ma joie ;
je te rendrai grâce avec ma harpe,
Dieu, mon Dieu.

Lorsqu'il y a baptême, Cantique d'Isaïe 12, comme après la 5e lecture, p. 340.

Ou bien

Psaume 50

R/ Crée en moi un cœur pur, ô mon Dieu.

Crée en moi un cœur pur, ô mon Dieu,
renouvelle et raffermis au fond de moi mon esprit.
Ne me chasse pas loin de ta face,
ne me reprends pas ton esprit saint.

Rends-moi la joie d'être sauvé ;
que l'esprit généreux me soutienne.
Aux pécheurs, j'enseignerai tes chemins ;
vers toi, reviendront les égarés.

Si j'offre un sacrifice, tu n'en veux pas,
tu n'acceptes pas d'holocauste.
Le sacrifice qui plaît à Dieu,
c'est un esprit brisé ;
tu ne repousses pas, ô mon Dieu,
un cœur brisé et broyé.

Prière

• Seigneur notre Dieu, puissance inaltérable et lumière sans déclin, regarde avec bonté le sacrement merveilleux de l'Église tout entière. Comme tu l'as prévu de toute éternité, poursuis dans la paix l'œuvre du salut des hommes ; que le monde entier reconnaisse la merveille : ce qui était abattu est relevé, ce qui avait vieilli est rénové, et tout retrouve son intégrité première en celui qui est le principe de tout, Jésus Christ, ton Fils et notre Seigneur. Lui qui règne pour les siècles des siècles.
• Seigneur notre Dieu, tu veux nous former à célébrer le mystère pascal en nous faisant écouter l'Ancien et le Nouveau Testament, ouvre nos cœurs à l'intelligence de ta miséricorde : ainsi la conscience des grâces déjà reçues affermira en nous l'espérance des biens à venir. Par Jésus, le Christ, notre Seigneur.

Ou l'une des prières qui suivent les lectures 4, 5 et 6.

Gloria

Nous retrouvons le chant du Gloire à Dieu. Là où les conditions locales le permettent, les cloches annoncent alors la joie de Pâques.

Prière

Dieu qui fais resplendir cette nuit très sainte par la gloire de la résurrection du Seigneur, ravive en ton Église l'esprit filial que tu lui as donné, afin que, renouvelés dans notre corps et notre âme, nous soyons tout entiers à ton service. Par Jésus Christ.

Épître

« Nous croyons que nous vivrons aussi avec lui »

→ **Lecture de la lettre de saint Paul apôtre aux Romains** 6, 3b-11

Frères, nous tous qui par le baptême avons été unis au Christ Jésus, c'est à sa mort que nous avons été unis par le baptême. Si donc, par le baptême qui nous unit à sa mort, nous avons été mis au tombeau avec lui, c'est pour que nous menions une vie nouvelle, nous aussi, comme le Christ qui, par la toute-puissance du Père, est ressuscité d'entre les morts. Car, si nous avons été unis à lui par une mort qui ressemble à la sienne, nous le serons aussi par une résurrection qui ressemblera à la sienne.

Nous le savons : l'homme ancien qui est en nous a été fixé à la croix avec lui pour que le corps du péché soit réduit à rien, et qu'ainsi nous ne soyons plus esclaves du péché. Car celui qui est mort est affranchi du péché.

Et si nous sommes passés par la mort avec le Christ, nous croyons que nous vivrons aussi avec lui. Nous le savons en effet : ressuscité d'entre les morts, le Christ ne meurt plus ; la mort n'a plus de pouvoir sur lui. Car lui qui est mort, c'est au péché qu'il est mort une fois pour toutes ; lui qui est vivant, c'est pour Dieu qu'il est vivant. De même, vous aussi, pensez que vous êtes morts au péché, mais vivants pour Dieu en Jésus Christ.

Psaume 117

R/ **Alléluia, alléluia, alléluia !**

Rendez grâce au Seigneur : Il est bon !
Éternel est son amour !
Oui, que le dise Israël :
Éternel est son amour !

Le bras du Seigneur se lève,
le bras du Seigneur est fort !
Non, je ne mourrai pas, je vivrai,
pour annoncer les actions du Seigneur.

La pierre qu'ont rejetée les bâtisseurs
est devenue la pierre d'angle :
c'est là l'œuvre du Seigneur,
la merveille devant nos yeux.

Évangile

« Il est ressuscité »

→ Évangile de Jésus Christ selon saint Matthieu 28, 1-10

Après le sabbat, à l'heure où commençait à poindre le premier jour de la semaine, Marie Madeleine et l'autre Marie vinrent pour regarder le sépulcre. Et voilà qu'il y eut un grand tremblement de terre ; l'ange du Seigneur descendit du ciel, vint rouler la pierre et s'assit dessus. Il avait l'aspect de l'éclair, et son vêtement était blanc comme neige. Les gardes, dans la crainte qu'ils éprouvèrent, se mirent à trembler et devinrent comme morts.

L'ange prit la parole et dit aux femmes : « Vous, soyez sans crainte ! Je sais que vous cherchez Jésus le Crucifié. Il n'est pas ici, car il est ressuscité, comme il l'avait dit. Venez voir l'endroit où il reposait. Puis, vite, allez dire à ses disciples : "Il est ressuscité d'entre les morts, et voici qu'il vous précède en Galilée ; là, vous le verrez." Voilà ce que j'avais à vous dire. »

Vite, elles quittèrent le tombeau, remplies à la fois de crainte et d'une grande joie, et elles coururent porter la nouvelle à ses disciples.

Et voici que Jésus vint à leur rencontre et leur dit : « Je vous salue. » Elles s'approchèrent, lui saisirent les pieds et se prosternèrent devant lui. Alors Jésus leur dit : « Soyez sans crainte, allez annoncer à mes frères qu'ils doivent se rendre en Galilée : c'est là qu'ils me verront. »

Homélie

LITURGIE BAPTISMALE

• *S'il n'y a pas de baptême à la Vigile pascale et si l'on ne doit pas non plus bénir de l'eau baptismale pour les baptêmes qui auront lieu pendant le Temps pascal, on passe directement à la bénédiction de l'eau comme indiqué à la p. 351.*

• Nous donnons ci-dessous la célébration telle qu'elle se déroule lorsqu'elle comporte des baptêmes d'adultes. Les textes sont ceux de l'édition 1997 du Rituel de l'initiation chrétienne des adultes.

On invite ceux qui vont être baptisés à s'approcher de la vasque baptismale avec leurs parrains et marraines. Le prêtre s'adresse à l'assemblée, en disant par exemple :

Chers frères et sœurs, implorons la miséricorde de Dieu le Père tout-puissant pour N. et N. qui demandent le baptême. C'est lui qui les a appelés et les a conduits jusqu'à cette nuit. Qu'il leur accorde la lumière et la force, pour qu'ils s'attachent au Christ de tout leur cœur et professent la foi de l'Église ; et qu'il leur donne d'être renouvelés par l'Esprit Saint que nous allons invoquer sur cette eau.

Les catéchumènes peuvent s'agenouiller pendant les litanies. Les ministres et l'assemblée restent debout, comme c'est l'usage pendant le Temps pascal.

Litanies

Seigneur, prends pitié. **Seigneur, prends pitié.**
Ô Christ, prends pitié. **Ô Christ, prends pitié.**
Seigneur, prends pitié. **Seigneur, prends pitié.**
Sainte Marie, Mère de Dieu, **priez pour nous.**
Saint Michel, **priez pour nous.**
Saints Anges de Dieu, **priez pour nous.**
Saint Jean Baptiste, **priez pour nous.**
Saint Joseph, **priez pour nous.**
Saint Pierre et saint Paul, **priez pour nous.**
Saint André, **priez pour nous.**
Saint Jean, **priez pour nous.**
Sainte Marie Madeleine, **priez pour nous.**
Saint Étienne, **priez pour nous.**
Saint Ignace d'Antioche, **priez pour nous.**
Saint Laurent, **priez pour nous.**
Sainte Perpétue et sainte Félicité, **priez pour nous.**
Sainte Agnès, **priez pour nous.**

Saint Grégoire, **priez pour nous.**
Saint Augustin, **priez pour nous.**
Saint Athanase, **priez pour nous.**
Saint Basile, **priez pour nous.**
Saint Martin, **priez pour nous.**
Saint Benoît, **priez pour nous.**
Saint François et saint Dominique, **priez pour nous.**
Saint François Xavier, **priez pour nous.**
Saint Jean-Marie Vianney, **priez pour nous.**
Sainte Catherine de Sienne, **priez pour nous.**
Sainte Thérèse d'Avila, **priez pour nous.**

On peut ajouter d'autres noms, en particulier les saints patrons des nouveaux baptisés.

Vous tous, saints et saintes de Dieu, **priez pour nous.**
Montre-toi favorable, **délivre-nous, Seigneur.**
De tout mal, **délivre-nous, Seigneur.**
De tout péché, **délivre-nous, Seigneur.**
De la mort éternelle, **délivre-nous, Seigneur.**
Par ton incarnation, **délivre-nous, Seigneur.**
Par ta mort et ta résurrection, **délivre-nous, Seigneur.**
Par le don de l'Esprit Saint, **délivre-nous, Seigneur.**
Nous qui sommes pécheurs, **de grâce, écoute-nous.**

On peut ajouter ici d'autres intentions. S'il y a des baptêmes :

Pour qu'il te plaise de faire vivre de ta vie par la grâce du baptême ceux que tu as appelés, **de grâce, écoute-nous.**

Si l'on ne célèbre pas de baptême :

Pour qu'il te plaise de sanctifier cette eau d'où naîtront pour toi de nouveaux enfants, **de grâce, écoute-nous.**

On continue :

Jésus, Fils du Dieu vivant, **de grâce, écoute-nous.**
Ô Christ, écoute-nous. **Ô Christ, écoute-nous.**
Ô Christ, exauce-nous. **Ô Christ, exauce-nous.**

Dieu éternel et tout-puissant, viens agir dans les mystères qui révèlent ton amour, viens agir dans le sacrement du baptême ; envoie ton Esprit pour enfanter les peuples nouveaux qui vont naître pour toi de la fontaine baptismale : fais que les gestes de notre humble ministère deviennent efficaces par ta puissance. Par Jésus, le Christ, notre Seigneur. **Amen.**

Les catéchumènes se relèvent et l'on procède à la bénédiction de l'eau. Le rituel donne le choix entre plusieurs formules de bénédiction qui peuvent être entrecoupées par un refrain chanté.

• Dieu, dont la puissance invisible accomplit des merveilles par les sacrements, tu as voulu, au cours des temps, que l'eau, ta créature, révèle ce que serait la grâce du baptême.

Dès les commencements du monde, c'est ton Esprit qui planait sur les eaux, pour qu'elles reçoivent en germe la force de sanctifier. **(Refrain)**

Par les flots du déluge, tu annonçais le baptême qui fait renaître, puisque l'eau y préfigurait à la fois la fin de tout péché et le début de toute justice. **(Refrain)**

Aux enfants d'Abraham, tu as fait passer la mer Rouge à pied sec, pour que le peuple d'Israël, libéré de la servitude, préfigure le peuple des baptisés. **(Refrain)**

Ton Fils bien-aimé, baptisé par Jean dans les eaux du Jourdain, consacré par l'onction de ton Esprit, suspendu au bois de la croix, laissa couler de son côté ouvert du sang et de l'eau et quand il fut ressuscité, il dit à ses disciples : « Allez, enseignez toutes les nations, et baptisez-les au nom du Père, et du Fils, et du Saint-Esprit. » **(Refrain)**

Maintenant, Seigneur notre Dieu, regarde avec amour ton Église et fais jaillir en elle la source du baptême.

Que cette eau reçoive de l'Esprit Saint la grâce de ton Fils unique, afin que l'homme, créé à ta ressemblance, et lavé par le baptême des souillures qui déforment cette image, puisse renaître de l'eau et de l'Esprit pour la vie nouvelle d'enfant de Dieu.

Nous t'en prions, Seigneur notre Dieu : par la grâce de ton Fils, que vienne sur cette eau la puissance de l'Esprit Saint, afin que tout homme qui sera baptisé, enseveli dans la mort avec le Christ, ressuscite avec le Christ pour la vie, car il est vivant pour les siècles des siècles.
Amen.

ou bien :

Béni sois-tu, Père tout-puissant, notre Créateur et notre Dieu : tu nous donnes l'eau qui purifie et qui fait vivre.
Béni sois-tu, Seigneur ! (ou une autre acclamation)
Béni sois-tu, Fils unique du Père, Jésus Christ, notre Dieu : pour que naisse l'Église dans le mystère de ta mort et de ta Résurrection, tu laissas couler de ton côté ouvert l'eau et le sang. **Béni sois-tu, Seigneur !**
Béni sois-tu, Esprit-Saint, notre Dieu : pour que nous soyons tous baptisés en toi, tu as consacré Jésus quand il fut baptisé dans les eaux du Jourdain. **Béni sois-tu, Seigneur !**
Pour que renaissent par l'Esprit Saint ceux que tu as appelés, et pour qu'ils soient de ton peuple, Seigneur, sanctifie cette eau. **Exauce-nous, Seigneur !**

• *Dans les églises et chapelles qui ne sont pas destinées à la célébration du baptême, le prêtre bénit l'eau pour l'aspersion :*

Demandons au Seigneur de bénir cette eau ; nous allons en être aspergés en souvenir de notre baptême : que Dieu nous garde fidèles à l'Esprit que nous avons reçu.
Seigneur, Dieu tout-puissant, écoute les prières de ton peuple qui veille en cette nuit très sainte ; alors que nous célébrons la merveille de notre création et la merveille plus grande encore de notre rédemption, daigne bénir cette eau. Tu l'as créée pour féconder la terre et donner à nos corps fraîcheur et pureté. Tu en as fait aussi l'instrument de ta miséricorde ; par elle tu as libéré ton peuple de la servitude et tu as étanché

sa soif dans le désert ; par elle les prophètes ont annoncé la nouvelle Alliance que tu voulais sceller avec les hommes ; par elle enfin, eau sanctifiée quand Jésus fut baptisé au Jourdain, tu as renouvelé notre nature pécheresse dans le bain de la nouvelle naissance. Que cette eau, maintenant, nous rappelle notre baptême, et nous fasse participer à la joie de nos frères les baptisés de Pâques. Par Jésus, le Christ, notre Seigneur. **Amen.**

Renonciation et profession de foi

Pour la renonciation au mal et la profession de foi, le prêtre pose chaque question à ceux qui vont être baptisés. Lorsqu'ils ont répondu à une question (Je le rejette ou Je crois), le prêtre se tourne vers l'assemblée et repose la même question à laquelle l'assemblée répond.

On peut aussi procéder maintenant à la renonciation et à la profession de foi de ceux qui vont être baptisés et procéder plus tard à celles de l'assemblée, juste avant de faire sur elle l'aspersion avec l'eau baptismale.

On peut choisir entre les formules suivantes :

• Renoncez-vous à Satan, au péché et à tout ce qui conduit au péché ? **J'y renonce.**

• *Ou bien*

Pour vivre dans la liberté des enfants de Dieu, rejetez-vous le péché ? **Oui, je le rejette.**
Pour échapper au pouvoir du péché, rejetez-vous ce qui conduit au mal ? **Oui, je le rejette.**
Pour suivre Jésus Christ, rejetez-vous Satan qui est l'auteur du péché ? **Oui, je le rejette.**

• *Ou bien*

Renoncez-vous aux séductions du monde, elles étouffent la parole de Dieu semée en vous ? **Je renonce.**
Renoncez-vous au péché, il empêche la parole de Dieu de porter du fruit ? **Je renonce.**
Renoncez-vous à Satan, votre ennemi, il sème l'ivraie au milieu du bon grain ? **Je renonce.**

Croyez-vous en Dieu, le Père tout-puissant, créateur du ciel et de la terre ? **Je crois.**
Croyez-vous en Jésus Christ, son Fils unique, notre Seigneur, qui est né de la Vierge Marie, a souffert la passion, a été enseveli, est ressuscité d'entre les morts, et qui est assis à la droite du Père ? **Je crois.**
Croyez-vous en l'Esprit Saint, à la sainte Église catholique, à la communion des saints, au pardon des péchés, à la résurrection de la chair, et à la Vie éternelle ? **Je crois.**

Oraison dite quand il n'y a pas de baptême :

Que Dieu tout-puissant, Père de notre Seigneur Jésus Christ, qui nous a fait renaître par l'eau et l'Esprit Saint, et qui nous a accordé le pardon de tout péché, nous garde encore par sa grâce dans le Christ Jésus notre Seigneur pour la vie éternelle. **Amen.**

Baptême et confirmation

Puis le prêtre baptise chacun des catéchumènes.
N., je te baptise au nom du Père, et du Fils, et du Saint-Esprit.

Il peut leur remettre un vêtement blanc :
Vous avez revêtu le Christ...

et il leur donne un cierge allumé :
La lumière du Christ Jésus...

Normalement, l'évêque – ou le prêtre – qui baptise des adultes leur donne aussi la confirmation.
Il impose les mains aux nouveaux baptisés :
Dieu très bon... donne-leur en plénitude l'Esprit qui reposait sur ton Fils Jésus...

Puis, avec le saint chrême, il trace le signe de la croix sur le front de chacun des confirmands en disant :
N., sois marqué de l'Esprit Saint, le don de Dieu.

La confirmation des nouveaux baptisés étant achevée, le prêtre descend dans l'allée centrale pour asperger tous les participants qui tiennent leur cierge allumé.

S'il n'y a pas eu de baptêmes, aussitôt après la bénédiction de l'eau, tout le peuple renouvelle sa profession de foi baptismale.

Frères bien-aimés, par le mystère pascal nous avons été mis au tombeau avec le Christ dans le baptême, afin que nous vivions d'une vie nouvelle. C'est pourquoi, après avoir terminé l'entraînement du Carême, renouvelons notre profession de foi au Dieu vivant et vrai et à son Fils, Jésus Christ, dans la sainte Église catholique.

Renonciation et profession de foi, p. 352-353.

Puis, le prêtre va asperger l'assemblée avec l'eau bénite.

Après l'aspersion, le prêtre revient au siège. On omet le Credo. On fait la Prière universelle, à laquelle les nouveaux baptisés participent pour la première fois.

Pour la prière universelle

– Par la lumière de la résurrection, donne à l'Église, Seigneur, de faire rayonner sur tous les hommes de notre temps la splendeur de ta vie.
– En cette sainte Veillée pascale, viens éclairer, Seigneur, tous ceux que tient captifs l'obscurité du mal, de la souffrance et de la mort.
– Dans la clarté de la Pâque, renouvelle, Seigneur, chaque fidèle dans la grâce reçue au jour de son baptême et de sa confirmation.
– Que l'éclat de ta gloire comble de tout bien, Seigneur, ceux qui partout dans le monde ont été illuminés par les sacrements de Pâques.

LITURGIE EUCHARISTIQUE

Prière sur les offrandes

Avec ces offrandes, Seigneur, reçois les prières de ton peuple ; fais que le sacrifice inauguré dans le mystère pascal nous procure la guérison éternelle. Par Jésus.

Préface

Vraiment il est juste et bon de te glorifier, Seigneur, en tout temps, mais plus encore en cette nuit [aujourd'hui] où le Christ, notre Pâque, a été immolé.
Car il est l'Agneau véritable qui a enlevé le péché du monde : en mourant, il a détruit notre mort ; en ressuscitant, il nous a rendu la vie.
C'est pourquoi le peuple des baptisés, rayonnant de la joie pascale, exulte par toute la terre, tandis que les anges, dans le ciel, chantent sans fin l'hymne de ta gloire : **Saint !...**

Dans les prières eucharistiques, il y a des textes propres à la fête de Pâques. Il y a aussi des textes propres pour ceux qui viennent d'être baptisés et confirmés.

Au moment de la communion, on appelle les nouveaux baptisés avec leurs parrains et marraines. Ils sont accompagnés éventuellement par leurs conjoints. En cette nuit ils communient au Corps et au Sang du Christ.

Prière après la communion

Pénètre-nous, Seigneur, de ton esprit de charité, afin que soient unis par ton amour ceux que tu as nourris du sacrement pascal. Par Jésus.

Bénédiction solennelle

– Que demeure en vous la grâce de Dieu, la grâce pascale qu'il vous offre aujourd'hui : qu'elle vous protège de l'oubli et du doute. **Amen.** (*ou :* **Alléluia, Amen.**)
– Par la résurrection de son Fils, il vous a fait déjà renaître : qu'il vous rappelle toujours à cette joie que rien, pas même la mort, ne pourra vous ravir. **Amen.**
– Ils sont finis, les jours de la passion, suivez maintenant les pas du Ressuscité : suivez-le désormais jusqu'à son Royaume, où vous posséderez enfin la joie parfaite. **Amen.**
– Et que Dieu tout-puissant vous bénisse...

Renvoi

Allez, dans la paix du Christ, alléluia, alléluia !
Nous rendons grâce à Dieu, alléluia, alléluia !

Messe du jour de Pâques

12 AVRIL 2020

Qu'as-tu vu en chemin ?

Au tombeau, Marie-Madeleine s'y rend de grand matin puis elle court vers Simon Pierre et le disciple bien-aimé ; vers ce même tombeau, ils courent (*évangile*). Où leurs pas les mèneront-ils ? Après la résurrection, pour Pierre, lorsqu'il arrivera à Césarée (*première lecture*), ses pas l'ont mené chez le centurion Corneille pour témoigner du Christ ressuscité. Jamais il n'avait pensé qu'aller jusqu'au lieu de la résurrection le mènerait au lieu imprévu : celui de l'étranger qui a reçu l'Esprit Saint tout comme lui. Pour Jean, il vit et il crut. Ses pas le conduisent sur le chemin intérieur de la foi. Il recherchera les réalités d'en haut, comme Paul l'annonce aux Colossiens (*deuxième lecture*), car désormais sa vie restera cachée avec le Christ qui a dit de lui : « Si je veux qu'il demeure jusqu'à ce que je vienne » (Jn 21, 22). Tous ces hommes et femmes de la Résurrection, chacun à leur manière, font l'expérience de la foi, un retournement s'opère, de nouveaux chemins s'ouvrent dans leur existence. Dans les trois cas, c'est un chemin qui passe par une profondeur encore plus grande de leur amour pour Jésus ; une manière plus ample de l'aimer qui dépasse leurs attachements, leurs reniements, leurs émotions... Trois témoins, trois manières particulières de courir, trois chemins qui, malgré leurs particularités, éprouvent le même dynamisme : la foi. Et le même désir : le Ressuscité. Leur témoignage est pour nous. Nous sommes tous invités à ce chemin de la foi et de l'amour, de l'espérance qui fait avancer. C'est bien parce que nous avons vu trop de tombeaux, qu'il nous faut voir au-delà, avec les yeux de la foi, le Ressuscité et prendre la voie du Seigneur. Dans une admirable poésie, la séquence du Jour de Pâques nous fait poser alors cette question qui est déjà réponse à toutes nos interrogations : « Dis-nous, Marie-Madeleine, qu'as-tu vu en chemin ? »

CHANTER

▸ Pour accompagner la procession d'entrée : ***Jour du vivant* IP 34-92-8 CNA 561, *Chrétiens, chantons le Dieu vainqueur* I 36 CNA 485, *Jésus Christ, soleil de Pâques* I 333, *Au matin dans la clarté* I 15 CNA 482, *Christ est vraiment ressuscité* I 169 CNA 487.**

▸ Pendant l'aspersion : ***J'ai vu l'eau vive* I 18-65-11 CNA 481, *Peuple de baptisés* K106 CNA 573,**

▸ Pour le ***Gloire à Dieu* AL 51-69 ou AL 61-96.**

▸ Pour l'acclamation de l'évangile, l'***Alléluia pascal* CNA 215-28.**

▸ Après la 2e lecture, le *Missel* prévoit le chant de la séquence ***Victimae paschali laudes.*** Soit en latin soit dans une version française : ***À la victime pascale* Signes Musiques 145.**

▸ Choisir un même ***Saint le Seigneur*** unira tout le Temps pascal, par exemple **AL 20, AL 25-00, AL 44-03.**

▸ Pendant la procession de communion, ***De la table du Seigneur* D 80 CNA 324, *Venez, approchons-nous* IEV 19-19.**

▸ Après la communion ou à la fin de la célébration : ***Tu as triomphé de la mort* IH 165 CNA 594, *Nous te chantons, Ressuscité* I 26, *Christ est ressuscité* ID 24-72-1, *Christ est vraiment ressuscité* I 169 CNA 487, *Vainqueur de nos ténèbres* I 27-43.**

CÉLÉBRER

– Il peut être bienvenu d'ouvrir la célébration par une monition qui fasse mémoire des signes de Pâques (cierge pascal, eau baptismale...) pour que l'assemblée fasse sienne la Veillée pascale où chaque baptisé est porté dans la prière de l'Église.

– C'est une des rares fêtes où est prévue, dans la liturgie, une séquence qui est un chant ou poème après la deuxième lecture. Sa mise en œuvre demande une attention particulière pour que l'assemblée la saisisse comme une vraie méditation de la Parole.

Prière d'ouverture

Aujourd'hui, Dieu notre Père, tu nous ouvres la vie éternelle par la victoire de ton Fils sur la mort, et nous fêtons sa résurrection. Que ton Esprit fasse de nous des hommes nouveaux pour que nous ressuscitions avec le Christ dans la lumière de la vie. Lui qui règne.

1re lecture

« Nous avons mangé et bu avec lui après sa résurrection d'entre les morts »

→ **Lecture du livre des Actes des Apôtres** 10, 34a.37-43

En ces jours-là, quand Pierre arriva à Césarée chez un centurion de l'armée romaine, il prit la parole et dit : « Vous savez ce qui s'est passé à travers tout le pays des Juifs, depuis les commencements en Galilée, après le baptême proclamé par Jean : Jésus de Nazareth, Dieu lui a donné l'onction d'Esprit Saint et de puissance. Là où il passait, il faisait le bien et guérissait tous ceux qui étaient sous le pouvoir du diable, car Dieu était avec lui. Et nous, nous sommes témoins de tout ce qu'il a fait dans le pays des Juifs et à Jérusalem. Celui qu'ils ont supprimé en le suspendant au bois du supplice, Dieu l'a ressuscité le troisième jour. Il lui a donné de se manifester, non pas à tout le peuple, mais à des témoins que Dieu avait choisis d'avance, à nous qui avons mangé et bu avec lui après sa résurrection d'entre les morts. Dieu nous a chargés d'annoncer au peuple et de témoigner que lui-même l'a établi Juge des vivants et des morts. C'est à Jésus que tous les prophètes rendent ce témoignage : Quiconque croit en lui reçoit par son nom le pardon de ses péchés. »

Psaume 117

R/ Voici le jour que fit le Seigneur,
qu'il soit pour nous jour de fête et de joie !

Rendez grâce au Seigneur : Il est bon !
Éternel est son amour !
Oui, que le dise Israël :
Éternel est son amour !

Le bras du Seigneur se lève,
le bras du Seigneur est fort !
Non, je ne mourrai pas, je vivrai,
pour annoncer les actions du Seigneur.

La pierre qu'ont rejetée les bâtisseurs
est devenue la pierre d'angle :
c'est là l'œuvre du Seigneur,
la merveille devant nos yeux.

2e lecture

« Si vous êtes ressuscités avec le Christ… »

→ Lecture de la lettre de saint Paul apôtre aux Colossiens 3, 1-4

Frères, si vous êtes ressuscités avec le Christ, recherchez les réalités d'en haut : c'est là qu'est le Christ, assis à la droite de Dieu. Pensez aux réalités d'en haut, non à celles de la terre. En effet, vous êtes passés par la mort, et votre vie reste cachée avec le Christ en Dieu. Quand paraîtra le Christ, votre vie, alors vous aussi, vous paraîtrez avec lui dans la gloire.

ou bien

« Vous serez une pâte nouvelle »

→ Lecture de la première lettre de saint Paul apôtre aux Corinthiens 5, 6b-8

Frères, ne savez-vous pas qu'un peu de levain suffit pour que fermente toute la pâte ? Purifiez-vous donc des vieux ferments, et vous serez une pâte nouvelle, vous qui êtes le pain de la Pâque, celui qui n'a pas fermenté. Car notre agneau pascal a été immolé : c'est le Christ. Ainsi, célébrons la Fête, non pas avec de vieux ferments, non pas avec ceux de la perversité et du vice, mais avec du pain non fermenté, celui de la droiture et de la vérité.

Séquence

À la Victime pascale,
chrétiens, offrez le sacrifice de louange.

L'Agneau a racheté les brebis ;
le Christ innocent a réconcilié
l'homme pécheur avec le Père.

La mort et la vie s'affrontèrent
en un duel prodigieux.
Le Maître de la vie mourut ; vivant, il règne.

« Dis-nous, Marie Madeleine,
qu'as-tu vu en chemin ? »

« J'ai vu le sépulcre du Christ vivant,
j'ai vu la gloire du Ressuscité.

J'ai vu les anges ses témoins,
le suaire et les vêtements.

Le Christ, mon espérance, est ressuscité !
Il vous précédera en Galilée. »

Nous le savons : le Christ
est vraiment ressuscité des morts.

Roi victorieux,
prends-nous tous en pitié !
Amen.

Alléluia. Alléluia. Notre Pâque immolée, c'est le Christ ! Célébrons la Fête dans le Seigneur ! **Alléluia.**

Évangile

« Il vit, et il crut »

→ **Évangile de Jésus Christ selon saint Jean** 20, 1-9

Le premier jour de la semaine, Marie Madeleine se rend au tombeau de grand matin ; c'était encore les ténèbres. Elle s'aperçoit que la pierre a été enlevée du tombeau. Elle court donc trouver Simon-Pierre et l'autre disciple, celui que Jésus aimait, et elle leur dit : « On a enlevé le Seigneur de son tombeau, et nous ne savons pas où on l'a déposé. » Pierre partit donc avec l'autre disciple pour se rendre au tombeau. Ils couraient tous les deux ensemble, mais l'autre disciple courut plus vite que Pierre et arriva le premier au tombeau. En se penchant, il s'aperçoit que les linges sont posés à plat ; cependant il n'entre pas. Simon-Pierre, qui le suivait, arrive à son tour. Il entre dans le tombeau ; il aperçoit les linges, posés à plat, ainsi que le suaire qui avait entouré la tête de Jésus, non pas posé avec les linges, mais roulé à part à sa place. C'est alors qu'entra l'autre disciple, lui qui était arrivé le premier au tombeau. Il vit, et il crut. Jusque-là, en effet, les disciples, n'avaient pas compris que, selon l'Écriture, il fallait que Jésus ressuscite d'entre les morts.

À la messe du soir de Pâques, on peut lire : *« Reste avec nous car le soir approche »*

→ **Évangile de Jésus Christ selon saint Luc** 24, 13-35

On trouvera le texte au 3e dimanche de Pâques, p. 379.

Pour la prière universelle

– Voici le jour nouveau, Seigneur, que tu offres à toute la création : qu'elle te loue et te rende grâce pour le don de la Résurrection.
– Voici le jour de joie, Seigneur, que tu donnes au monde : qu'il soit illuminé dans la vérité et la gloire de ta Pâque.
– Voici le jour d'allégresse, Seigneur, que tu offres aux hommes de bonne volonté : qu'ils accomplissent le bien envers le plus petit, le pauvre, le prisonnier et le malade.
– Voici le jour d'exultation, Seigneur, que tu donnes à l'Église : qu'elle préserve la vie, protège la création, vive le pardon, annonce la paix, témoigne de l'amour.

Prière sur les offrandes

Dans la joie de Pâques, Seigneur, nous t'offrons ce sacrifice : c'est par lui que ton Église, émerveillée de ta puissance, naît à la vie et reçoit sa nourriture. Par Jésus.

Préface de Pâques, p. 29.

Prière après la communion

Dieu de toute bonté, ne cesse pas de veiller sur ton Église : déjà les sacrements de la Pâque nous ont régénérés en nous obtenant ton pardon, en nous faisant communier à ta vie ; donne-nous d'entrer dans la lumière de la résurrection. Par Jésus.

Bénédiction solennelle, p. 356.

Renvoi

Allez, dans la paix du Christ, alléluia, alléluia !
Nous rendons grâce à Dieu, alléluia, alléluia !

Du 7e jour au 1er jour de la semaine

« Ce n'est pas en vain que le jour de la fête chrétienne de la résurrection a été considéré par l'Église comme le *premier jour* de la semaine. Chaque semaine est replacée dans la vision de la nouvelle création et entreprise avec l'espérance de la résurrection et de la vie nouvelle. En définitive le sabbat de la création était déjà pour Dieu certes le septième jour, mais pour les hommes qui ont été créés le sixième jour, le premier jour de leur vie. Si nous pouvons répartir ainsi les charges de l'*accomplissement* et du *commencement* sur le *septième jour* et le *premier jour*, le jour de l'achèvement de la création est ouvert au jour de la nouvelle création, et le *premier jour* de la nouvelle création présuppose le jour de l'achèvement de la création originelle. »

Jürgen Moltmann, *Dieu dans la création*, Paris, Éd. du Cerf, 1988, p. 375.

CALENDRIER LITURGIQUE

Di 12	**DIMANCHE DE PÂQUES, RÉSURRECTION DU SEIGNEUR** *Liturgie des heures : Psautier semaine propre.* TOUS LES JOURS DE L'OCTAVE DE PÂQUES ONT UNE MESSE PROPRE L'EMPORTANT SUR TOUTE AUTRE FÊTE.
Lu 13	Actes 2,14.22b-33 ; Ps 15 ; Mt 28,8-15 : « Allez annoncer à mes frères qu'ils doivent se rendre en Galilée : c'est là qu'ils me verront » [*S. Martin Ier, pape, martyr en Crimée, † 656*].
Ma 14	Actes 2, 36-41 ; Ps 32 ; Jean 20,11-18 : « "J'ai vu le Seigneur !", et elle raconta ce qu'il lui avait dit ».
Me 15	Actes 3,1-10 ; Ps 104 ; Luc 24,13-35 : Il se fit reconnaître par eux à la fraction du pain
Je 16	Actes 3,11-26 ; Ps 8 ; Luc 24,35-48 : « Ainsi est-il écrit que le Christ souffrirait, qu'il ressusciterait d'entre les morts le troisième jour »
Ve 17	Actes 4,1-12 ; Ps 117 ; Jean 21,1-14 : « Jésus s'approche ; il prend le pain et le leur donne ; et de même pour le poisson » [*Au Canada,* Ste Kateri Tekakwitha, vierge, jeune indienne, † 1680 à Kahnawake, en face de Montréal]
Sa 18	Actes 4,13-21 ; Ps 117 ; Marc 16,9-15 : « Allez dans le monde entier. Proclamez l'Évangile »

Bonne fête ! 12 : Jules. 13 : Ida. 14 : Maxime, Ludivine. 15 : Paterne. 16 : Benoît-Joseph. 17 : Étienne. 18 : Parfait.

Saint Jules Ier (12 avril) La figure peu connue de Jules Ier, pape de 337 à 352, est pourtant une figure importante de la foi. Dans une période troublée par l'hérésie arienne qui nie la divinité du Christ, et alors que l'évêque saint Athanase, l'ardent défenseur de cette divinité, est exilé, il maintient avec force la confession trinitaire. En réunissant un concile à Sardique (Sofia en Bulgarie) et en soutenant l'évêque Athanase, Jules Ier a servi le Christ et l'Église avec un cœur de pasteur et de frère.

LE TEMPS PASCAL
Un monde nouveau

Devant les images qui rutilent dans les absides des églises chrétiennes de l'Antiquité, par exemple à Sainte-Pudentienne, basilique romaine du IVe siècle, ou à Ravenne dans le mausolée de Galla Placidia du Ve siècle, nous voyons que la croix du Christ éclaire toute l'histoire du monde. Dominant la Jérusalem nouvelle décrite dans l'Apocalypse, toute sertie de pierres précieuses, entourée des symboles des quatre évangélistes, ou rayonnant au centre du cosmos étoilé, la croix donne l'axe de l'espace qu'elle sacralise et indique le sens du temps sanctifié par la vie, la mort et la résurrection du Christ, alpha et oméga de toute chose. À Notre-Dame de Paris, une grande croix en bois doré surmontée d'un éclair d'or, est le fruit de la foi et de l'art de notre époque. Surplombant la *Pietà* de marbre, elle illumine le chœur de la cathédrale gothique. La résurrection de Jésus de Nazareth n'est pas seulement un événement du passé, survenu un jour des âges, « sous Ponce Pilate », elle s'inscrit encore aujourd'hui dans nos vies et éclaire le chemin des hommes jusqu'à la consommation des siècles. Voilà pourquoi la croix représentée dans nos églises est – ou devrait être – glorieuse, lumineuse, étendant ses bras jusqu'aux confins de l'univers et du temps.

Car nous sommes déjà dans un monde nouveau. Il nous faut vivre la plénitude de ce temps qui est tout à la fois mémoire d'un événement passé, accueil de l'action de Dieu aujourd'hui, et tension vers l'avenir pour la réalisation du destin de l'Homme au sein de la création.

Les premiers chrétiens établirent le dimanche comme la célébration de la Pâque hebdomadaire. Dans la joie et l'émerveillement de la Résurrection du Seigneur de gloire, ils prirent très tôt l'habitude de se retrouver en ce premier jour de la semaine juive. Ils l'appelaient le huitième jour, puisqu'il était le commencement d'un monde nouveau.

Mais le monde juif avait coutume de faire suivre la fête de Pâque, cinquante jours plus tard, de la fête de la Pentecôte (en grec « *pentècostè* ») qui commémorait la marche au désert et le don de la Loi au Sinaï. Dès le IIIe siècle, les communautés chrétiennes prirent, elles aussi, l'habitude de prolonger les festivités pascales durant cinquante jours jusqu'à la fête de la Pentecôte. Le don de l'Esprit Saint, ce jour-là, manifestait l'inauguration de la Loi nouvelle instituée par le Christ.

Ainsi est né le « Temps pascal », qui devint une période privilégiée pour les nouveaux baptisés appelés à découvrir la richesse de leur nouvelle vie. Pour nous aussi, les sept semaines de Pâques restent le temps qui nous est donné pour accueillir les richesses que la résurrection du Seigneur fait rayonner sur notre histoire.

« Dans ce passage où tout bonheur a son revers,
la Pâque de ton Fils est la seule éclaircie
présente à toutes les heures :
En faisant mémoire de son heure,
nous voulons communier avec lui
dans l'univers où il se réfléchit,
dans la mémoire éternelle de son cœur. »

Patrice de La Tour du Pin, « Concert eucharistique »

CHANTER ET CÉLÉBRER LES DIMANCHES DU TEMPS PASCAL

« Il est juste et bon, Seigneur, de te glorifier en tout temps, mais plus encore en ces jours où le Christ, notre Pâque, a été immolé », chante la préface des dimanches du Temps pascal.

Nous sommes en ces jours-là. L'Église nous invite à reconnaître aujourd'hui le Ressuscité sous les traits du Crucifié, et à le chanter. Pendant les sept semaines du Temps pascal et jusqu'à la Pentecôte, les *alléluias* retentissent avec l'allégresse et la gravité de la joie de Pâques.

Nous proposons un répertoire commun à l'ensemble des dimanches. Un même ordinaire aidera à donner une couleur particulière à ce temps.

Ainsi pour la *préparation pénitentielle*, on maintiendra le rite de l'aspersion vécu dans la veillée pascale, avec l'eau bénite pendant cette nuit, pour maintenir vivante la mémoire du baptême. On peut chanter : ***J'ai vu l'eau vive* I 18-65-18 CNA 191 et 481**, ***J'ai vu des fleuves d'eau vive*** I 44-62, ou ***Approchez-vous du Seigneur Jésus*** I 14-65-1 CNA 671.

Si on ne veut pas faire le rite de l'aspersion, on trouvera des litanies appropriées dans **MNA 35. 11, 12, 13.**

On retiendra un ***Gloire à Dieu*** vraiment festif chanté par toute l'assemblée, par exemple **AL 32-31 CNA 199**, **AL 87**, **AL 29 CNA 202** qu'on pourra dédier au Temps pascal.

Le *psaume* 117, psaume commun au Temps pascal, contient deux formules qu'on retrouve dans le Sanctus : « Béni soit au nom du Seigneur celui qui vient » et « Donne, Seigneur, donne le salut », traduction du mot hébreu « Hosanna ». Le chant de l'assemblée sera plus profond si l'homélie a relevé ces formules et les a expliquées.

Pour l'acclamation à l'évangile avec cantilation des versets : ***Alléluia pascal*** **CNA 215-38**, ***Alléluia messe de saint Victorien*** AL 61-96, ***Alléluia pour le temps de Pâques*** **IH 56-45.** Ici aussi, on pourrait garder le même alléluia pendant tout le Temps pascal.

Saint le Seigneur **AL 20 CNA 243** ou une autre mélodie, du moment qu'on garde la même pendant tout le Temps pascal.

L'évangile de Jean place le don de l'Esprit le jour de Pâques (Jn 20, 22, deuxième dimanche de Pâques). C'est une bonne raison pour mettre en valeur les *deux épiclèses* par le chant pendant la prière eucharistique, par exemple **MNA 26-71, 72** ou **73.**

Pour *la fraction du Pain* : on choisira une acclamation litanique pour l'ensemble du Temps pascal, par exemple ***Agneau de Dieu*** AL 56-29, ***Agneau de Dieu, agneau vainqueur*** AL 2-1 CNA 310, ***Agneau de l'Alliance fidèle*** C 240-1 CNA 305, ***Agneau de Pâques*** C 582.

Pour accompagner la procession d'ouverture : ***Nous te chantons, Ressuscité*** **IP 262-1 MNA 35-56**, ***Un nouveau matin se lève*** I 180, ***Peuple de baptisés*** **K 106 CNA 573**, ***Chantez au Seigneur un cantique nouveau*** Y 82 CNA 483, ***Jour du Vivant*** I 34-92-8 CNA 561, ***Jour de fête et jour de joie*** I 57-89-3, ***Gloire à toi, Jésus ressuscité*** SYL A2, ***Chrétiens chantons le Dieu vainqueur*** **I 36 CNA 485.**

Pendant la procession de communion : ***Célébrez la Pâque immortelle*** **D 586**, ***De la table du Seigneur*** D 80 CNA 324, ***La Sagesse a dressé une table*** D 580 CNA 332, ***Nous partageons le Pain nouveau*** D 184-4 **CNA 335.**

Pour l'action de grâce : ***Sans avoir vu nous le croyons*** I 168 CNA 494, ***Chantez au Seigneur*** Y 82 CNA 483, ***En mémoire du Seigneur*** D 304 CNA 327, ***Celui qui a mangé de ce pain*** D 140-2 CNA 321, ***Alléluia***

nantais **I 22-78 CNA 484,** ***Chantez au Seigneur un chant nouveau*** **H 66-15,** ***Christ est ressuscité*** **ID-24-72-1,** ***Le Christ est vivant*** **I 214 CNA 493,** ***Christ est vraiment ressuscité*** **IT 54-53,** ***Depuis l'aube*** **I 29 CNA 489.**

Pour caractériser chaque dimanche du Temps pascal, par exemple *après la proclamation de la Parole* et l'homélie, on pourra retenir un chant plus spécifique. Ainsi
– pour le 2e dimanche : ***Misericordias Domini*** ou ***Dieu de miséricorde*** **I 37-40**, ou ***Sans avoir vu nous le croyons*** **I 168 CNA 494** ;
– pour le 3e dimanche : ***Tenons en éveil*** **Y 243-1 CNA 591,** ***Sur les routes d'Emmaüs*** **I 26-29** ;
– pour le 4e dimanche : ***Il est l'Agneau et le Pasteur*** **ZL 22-2 CNA 556** ;
– pour le 5e dimanche : ***Pierres vivantes rassemblées*** **A 43-01** ;
– pour le 6e dimanche : ***Celui qui aime est né de Dieu*** **D 18-13 CNA 537** ;
– pour le 7e dimanche : ***Enfants du même père*** **DX 76-1 CNA 521.**

Le *cierge pascal*, symbole de la résurrection, est signe de la présence du Christ qui accueille l'assemblée. On peut l'encenser au début de la célébration avec l'autel.
Autre signe de la présence du Christ : le *crucifix*. Pour qu'on n'oublie pas la figure du Crucifié sous les traits resplendissants du Ressuscité, celui qui va lire l'évangile peut faire une halte devant la croix pendant l'*alléluia* et s'incliner profondément.
Pour rester dans la dynamique de la veillée pascale, on pourra aussi donner plus de relief au *Credo* avec une profession de foi baptismale (par ex. MNA 23.31).

Que toutes nos célébrations retentissent du cri joyeux du psaume : « Ce jour que fit le Seigneur est un jour de joie, alléluia » (Ps 117).

2e dimanche de Pâques ou de la divine Miséricorde

19 AVRIL 2020

Le premier jour

« Heureux ceux qui croient sans avoir vu ! » C'est la « béatitude » que le Seigneur ressuscité offre à chacun de nous. L'apôtre Thomas devient ainsi notre modèle : comme lui, il nous paraîtrait plus facile d'avoir la foi dans la résurrection si nous avions pu vivre l'illumination qui a suivi les jours de la Passion et si nous avions vu Jésus dans sa gloire. Comme Thomas aussi, qui n'appelle plus Jésus par son nom d'homme mais qui s'écrie « Mon Seigneur et mon Dieu ! », nous manifestons notre foi en répétant ces mots dans l'adoration : avec lui nous franchissons tout l'espace qui sépare le visible de l'invisible, le fini de l'infini.

Car c'est un fait : nous ne sommes pas de ceux qui ont connu Jésus de Nazareth, qui l'ont vu en chair et en os. Nous n'étions pas avec les disciples le soir du premier jour de la semaine. Et pourtant notre foi n'est ni aveugle ni naïve : nous avons la lumière de ces évangiles écrits pour que nous croyions que Jésus est le Messie, le Fils de Dieu, et que nous ayons la vie en son nom (*évangile*).

La foi fait de nous des êtres nouveaux, « renés » grâce à la résurrection de Jésus. Nous comprenons que l'amour est plus fort que la mort : c'est cela que Pierre appelle « le salut » (*deuxième lecture*). Héritiers d'une promesse que nous recevons dans la foi, écoutons le témoignage de vie de la première communauté chrétienne. Il nous apprend à connaître Jésus sans l'avoir vu encore. Le modèle de vie communautaire un peu idéalisé qui nous est proposé dans les *Actes des Apôtres* (*première lecture*) nous laisse entrevoir ce que sera la vie fraternelle dans le Royaume. Déjà aujourd'hui, de nombreuses communautés religieuses s'inspirent de cet idéal des premiers chrétiens pour porter témoignage de leur foi. Avec elles, nous chantons les mots du *psaume* pour dire à Dieu notre action de grâce.

Des chants sont proposés pour le Temps pascal, p. 367-368.

Prière d'ouverture

Dieu de miséricorde infinie, tu ranimes la foi de ton peuple par les célébrations pascales ; augmente en nous ta grâce pour que nous comprenions toujours mieux quel baptême nous a purifiés, quel Esprit nous a fait renaître, et quel sang nous a rachetés. Par Jésus Christ.

1re lecture

« Tous les croyants vivaient ensemble, et ils avaient tout en commun »

→ Lecture du livre des Actes des Apôtres 2, 42-47

L**es frères étaient assidus à l'enseignement des Apôtres** et à la communion fraternelle, à la fraction du pain et aux prières. La crainte de Dieu était dans tous les cœurs à la vue des nombreux prodiges et signes accomplis par les Apôtres.

Tous les croyants vivaient ensemble, et ils avaient tout en commun ; ils vendaient leurs biens et leurs possessions, et ils en partageaient le produit entre tous en fonction des besoins de chacun.

Chaque jour, d'un même cœur, ils fréquentaient assidûment le Temple, ils rompaient le pain dans les maisons, ils prenaient leurs repas avec allégresse et simplicité de cœur ; ils louaient Dieu et avaient la faveur du peuple tout entier. Chaque jour, le Seigneur leur adjoignait ceux qui allaient être sauvés.

Psaume 117

R/ Rendez grâce au Seigneur : Il est bon !
Éternel est son amour !
ou : **Alléluia.**

Oui, que le dise Israël :
Éternel est son amour !
Que le dise la maison d'Aaron :
Éternel est son amour !
Qu'ils le disent, ceux qui craignent le Seigneur :
Éternel est son amour !

On m'a poussé, bousculé pour m'abattre ;
mais le Seigneur m'a défendu.
Ma force et mon chant, c'est le Seigneur ;
il est pour moi le salut.
Clameurs de joie et de victoire
sous les tentes des justes.

La pierre qu'ont rejetée les bâtisseurs
est devenue la pierre d'angle ;
c'est là l'œuvre du Seigneur,
la merveille devant nos yeux.
Voici le jour que fit le Seigneur,
qu'il soit pour nous jour de fête et de joie !

2e lecture

« Il nous a fait renaître pour une vivante espérance grâce à la résurrection de Jésus Christ d'entre les morts »

→ **Lecture de la première lettre de saint Pierre apôtre** 1, 3-9

Béni soit Dieu, le Père de notre Seigneur Jésus Christ : dans sa grande miséricorde, il nous a fait renaître pour une vivante espérance grâce à la résurrection de Jésus Christ d'entre les morts, pour un héritage qui ne connaîtra ni corruption, ni souillure, ni flétrissure. Cet héritage vous est réservé dans les cieux, à vous que la puissance de Dieu garde par la foi, pour un salut prêt à se révéler dans les derniers temps. Aussi vous exultez de joie, même s'il faut que vous soyez affligés, pour un peu de temps encore, par toutes sortes d'épreuves ; elles vérifieront la valeur de votre foi qui a bien plus de prix que l'or – cet or voué à disparaître et pourtant vérifié par le feu –, afin que votre foi reçoive louange, gloire et honneur quand se révélera Jésus Christ. Lui, vous l'aimez sans l'avoir vu ; en lui, sans le voir encore, vous mettez votre foi, vous exultez d'une joie inexprimable et remplie de gloire, car vous allez obtenir le salut des âmes qui est l'aboutissement de votre foi.

Alléluia. Alléluia. Thomas, parce que tu m'as vu, tu crois, dit le Seigneur. Heureux ceux qui croient sans avoir vu ! **Alléluia.**

Évangile

La deuxième apparition de Jésus à ses Apôtres

→ Évangile de Jésus Christ selon saint Jean 20, 19-31

C**'était après la mort de Jésus.** Le soir venu, en ce premier jour de la semaine, alors que les portes du lieu où se trouvaient les disciples étaient verrouillées par crainte des Juifs, Jésus vint, et il était là au milieu d'eux. Il leur dit : « La paix soit avec vous ! » Après cette parole, il leur montra ses mains et son côté. Les disciples furent remplis de joie en voyant le Seigneur. Jésus leur dit de nouveau : « La paix soit avec vous ! De même que le Père m'a envoyé, moi aussi, je vous envoie. » Ayant ainsi parlé, il souffla sur eux et il leur dit : « Recevez l'Esprit Saint. À qui vous remettrez ses péchés, ils seront remis ; à qui vous maintiendrez ses péchés, ils seront maintenus. »

Or, l'un des Douze, Thomas, appelé Didyme (c'est-à-dire Jumeau), n'était pas avec eux quand Jésus était venu. Les autres disciples lui disaient : « Nous avons vu le Seigneur ! » Mais il leur déclara : « Si je ne vois pas dans ses mains la marque des clous, si je ne mets pas mon doigt dans la marque des clous, si je ne mets pas la main dans son côté, non, je ne croirai pas ! »

Huit jours plus tard, les disciples se trouvaient de nouveau dans la maison, et Thomas était avec eux. Jésus vient, alors que les portes étaient verrouillées, et il était là au milieu d'eux. Il dit : « La paix soit avec vous ! » Puis il dit à Thomas : « Avance ton doigt ici, et vois mes mains ; avance ta main, et mets-la dans mon côté : cesse d'être incrédule, sois croyant. » Alors Thomas lui dit : « Mon Seigneur et mon Dieu ! » Jésus lui dit : « Parce que tu m'as vu, tu crois. Heureux ceux qui croient sans avoir vu. » Il y a encore beaucoup d'autres signes que Jésus a faits en présence des disciples et qui ne sont pas écrits dans ce livre. Mais ceux-là ont été écrits pour que vous croyiez que Jésus est le Christ, le Fils de Dieu, et pour qu'en croyant, vous ayez la vie en son nom.

Pour la prière universelle

– Prions pour ceux qui président à la vie des communautés chrétiennes : que l'Esprit les guide pour un meilleur service.
– Prions pour les incrédules et les incroyants : que la rencontre avec des chrétiens leur ouvre les yeux sur la vérité de Dieu Amour.
– Prions pour ceux qui souffrent dans leur chair et dans leur âme : qu'ils trouvent dans l'esprit du Ressuscité la force de vivre leur liberté d'homme.
– Prions pour nos communautés composées d'hommes et de femmes très différents : que l'Esprit leur donne de réaliser l'unité pour annoncer l'Évangile.

Prière sur les offrandes

Accueille avec bonté, Seigneur, les offrandes de tes fidèles (et de tous ceux qui viennent de renaître dans le Christ) ; renouvelés par la foi et le baptême, qu'ils parviennent au bonheur sans fin. Par Jésus.

Préface de Pâques I, p. 29 (ou p. 355 Vigile pascale).

Dans les prières eucharistiques, on prend les textes propres à la fête de Pâques.

Prière après la communion

Nous t'en prions, Dieu tout-puissant : que le mystère pascal accueilli dans cette communion ne cesse jamais d'agir en nos cœurs. Par Jésus.

On peut prendre la bénédiction solennelle de Pâques, p. 356.

Renvoi

Allez, dans la paix du Christ, alléluia, alléluia !
Nous rendons grâce à Dieu, alléluia, alléluia !

Toi, Ressuscité

« Lumière du monde, ô Jésus,
Bien que nous n'ayons jamais vu
Ta tombe ouverte,
D'où vient en nous cette clarté,
Ce jour de fête entre les fêtes,
Sinon de toi, ressuscité ? »

P. de La Tour du Pin, *Hymne du matin pour le Temps pascal,* 1re strophe, *Prière du Temps Présent* p. 360

CALENDRIER LITURGIQUE

Di 19	**2e dimanche de Pâques A.** *Liturgie des Heures : Psautier semaine II.*
Lu 20	Actes 4, 23-31 ; Ps 2 ; Jean 3, 1-8 : « Personne, à moins de naître de l'eau et de l'Esprit, ne peut entrer dans le royaume de Dieu »
Ma 21	*S. Anselme, évêque de Cantorbéry, bénédictin, docteur de l'Église, † 1109.* Actes 4, 32-37 ; Ps 92 ; Jean 3, 7b-15 : « Nul n'est monté au ciel sinon celui qui est descendu du ciel, le Fils de l'homme »
Me 22	Actes 5, 17-26 ; Ps 33 ; Jean 3, 16-21 : « Dieu a envoyé son Fils dans le monde, pour que, par lui, le monde soit sauvé »
Je 23	*S. Georges, martyr à Lod en Palestine, 3e-4e siècle.* *S. Adalbert, évêque de Prague, martyr, † 997 près de Gdansk (Pologne).* Actes 5, 27-33 ; Ps 33 ; Jean 3, 31-36 : « Le Père aime le Fils et il a tout remis dans sa main »
Ve 24	*S. Fidèle de Sigmaringen, capucin, martyr à Seewis (Suisse), † 1622.* Actes 5, 34-42 ; Ps 26 ; Jean 6, 1-15 : « Il en distribua aux convives, autant qu'ils en voulaient »
Sa 25	S. MARC, évangéliste. Lectures propres : 1 Pierre 5, 5b-14 ; Ps 88 ; Marc 16, 15-20 : « Proclamez l'Évangile à toute la création »

Bonne fête ! 19 : Emma. 20 : Odette, Giraud. 21 : Anselme, Selma. 22 : Alexandre. 23 : Georges, Georgina, Youri, Fortunat. 24 : Fidèle, Euphrasie. 25 : Marc.

Saint Fidèle de Sigmaringen (24 avril) « Fils du bourgmestre de Sigmaringen sur le haut Danube, Marc Rey (1578-1622) est surnommé, pendant ses études, le "philosophe chrétien". Précepteur de trois princes, puis avocat à Colmar, il entre à trente-cinq ans chez les Capucins où il prend le nom de Fidèle. Missionnaire ardent, il cherche à ramener les chrétiens à l'unité et meurt pour la foi catholique en Suisse, après avoir pardonné à ses meurtriers. »

(*Missel de l'assemblée pour la semaine*, Abbaye de Clervaux)

3e dimanche de Pâques

26 AVRIL 2020

Nous en sommes témoins

Au soir de Pâques, lorsque les disciples d'Emmaüs rejoignent les Onze au Cénacle après avoir rencontré Jésus ressuscité, Luc raconte que le Seigneur apparaît aux Apôtres et leur confie la charge d'être ses témoins, d'annoncer à toutes les nations sa résurrection et le pardon des péchés (Lc 24, 35-48). Dans les *Actes des Apôtres*, Luc revient souvent sur le fait que les premiers disciples sont des témoins (*première lecture*). C'est un mot fort. En grec, il se dit *marturos* et sa traduction par « martyr » a été réservée à ceux qui ont donné leur vie pour sceller leur témoignage de foi en l'Évangile.

Pour que les disciples accomplissent cette mission, Jésus s'est manifesté à deux d'entre eux (*évangile*). Il a ouvert leur esprit à l'intelligence des Écritures. Sur la route d'Emmaüs, les vieux textes de la première Alliance deviennent une lumière pour découvrir les enjeux de la vie de Jésus de Nazareth. Ne faisons-nous pas le même chemin, lors de nos célébrations eucharistiques, quand la liturgie de la Parole nous conduit à l'action de grâce du Ressuscité ?

Le premier à porter ce témoignage fut Pierre au matin de la Pentecôte. Reprenant les mots du *psaume* 15 que nous chantons ce dimanche, il y découvre annoncés la résurrection de Jésus et le salut promis (*deuxième lecture*).

Avec les pèlerins d'Emmaüs, accueillons Jésus qui nous rejoint sur les routes de nos vies. Laissons-nous instruire par lui : il nous explique l'Écriture et nous partage le Pain. Comme à Emmaüs, découvrons en Jésus la parole de Dieu que lui-même nous explique, et reconnaissons le Ressuscité sous les espèces du pain et du vin. Son Esprit se révèle à l'œuvre dans nos vies depuis si longtemps ! Il y fait naître notre action de grâce, notre eucharistie, avec un cœur tout brûlant.

Des chants sont proposés pour le Temps pascal, p. 367-368.

Prière d'ouverture

Garde à ton peuple sa joie, Seigneur, toi qui refais ses forces et sa jeunesse ; tu nous as rendu la dignité de fils de Dieu, affermis-nous dans l'espérance de la résurrection. Par Jésus Christ.

1re lecture *La première prédication de Pierre*

→ **Lecture du livre des Actes des Apôtres** 2, 14.22b-33

L**e jour de la Pentecôte**, Pierre, debout avec les onze autres Apôtres, éleva la voix et leur fit cette déclaration : « Vous, Juifs, et vous tous qui résidez à Jérusalem, sachez bien ceci, prêtez l'oreille à mes paroles. Il s'agit de Jésus le Nazaréen, homme que Dieu a accrédité auprès de vous en accomplissant par lui des miracles, des prodiges et des signes au milieu de vous, comme vous le savez vous-mêmes. Cet homme, livré selon le dessein bien arrêté et la prescience de Dieu, vous l'avez supprimé en le clouant sur le bois par la main des impies. Mais Dieu l'a ressuscité en le délivrant des douleurs de la mort, car il n'était pas possible qu'elle le retienne en son pouvoir. En effet, c'est de lui que parle David dans le psaume :

Je voyais le Seigneur devant moi sans relâche :
il est à ma droite, je suis inébranlable.
C'est pourquoi mon cœur est en fête,
et ma langue exulte de joie ;
ma chair elle-même reposera dans l'espérance :
tu ne peux m'abandonner au séjour des morts
ni laisser ton fidèle voir la corruption.
Tu m'as appris des chemins de vie,
tu me rempliras d'allégresse par ta présence.

Frères, il est permis de vous dire avec assurance, au sujet du patriarche David, qu'il est mort, qu'il a été enseveli, et que son tombeau est encore aujourd'hui chez nous. Comme il était prophète, il savait que Dieu lui avait juré de *faire asseoir sur son trône un homme issu de lui.* Il a vu d'avance la résurrection du Christ, dont il a parlé ainsi :

Il n'a pas été abandonné à la mort,
et sa chair n'a pas vu la corruption.

Ce Jésus, Dieu l'a ressuscité ; nous tous, nous en sommes témoins. Élevé par la droite de Dieu, il a reçu du Père l'Esprit Saint qui était promis, et il l'a répandu sur nous, ainsi que vous le voyez et l'entendez.

Psaume 15

R/ Tu m'apprends, Seigneur, le chemin de la vie.
***ou* : Alléluia.**

Garde-moi, mon Dieu : j'ai fait de toi mon refuge.
J'ai dit au Seigneur : « Tu es mon Dieu !
Seigneur, mon partage et ma coupe :
de toi dépend mon sort. »

Je bénis le Seigneur qui me conseille :
même la nuit mon cœur m'avertit.
Je garde le Seigneur devant moi sans relâche ;
il est à ma droite : je suis inébranlable.

Mon cœur exulte, mon âme est en fête,
ma chair elle-même repose en confiance :
tu ne peux m'abandonner à la mort
ni laisser ton ami voir la corruption.

Tu m'apprends le chemin de la vie :
devant ta face, débordement de joie !
À ta droite, éternité de délices !

2e lecture

Tous sauvés par le sang du Christ

→ **Lecture de la première lettre de saint Pierre apôtre** 1, 17-21

Bien-aimés, si vous invoquez comme Père celui qui juge impartialement chacun selon son œuvre, vivez donc dans la crainte de Dieu, pendant le temps où vous résidez ici-bas en étrangers. Vous le savez : ce n'est pas par des biens corruptibles, l'argent ou l'or, que vous avez été rachetés de la conduite superficielle héritée de vos pères ; mais c'est par un sang précieux, celui d'un agneau sans défaut et sans tache, le Christ. Dès avant la fondation du monde, Dieu l'avait désigné d'avance et il l'a manifesté à la fin des temps à cause de vous. C'est bien par lui que vous croyez en Dieu, qui l'a ressuscité d'entre les morts et qui lui a donné la gloire ; ainsi vous mettez votre foi et votre espérance en Dieu.

Alléluia. Alléluia. Seigneur Jésus, ouvre-nous les Écritures ! Que notre cœur devienne brûlant tandis que tu nous parles. **Alléluia.**

Évangile

Apparition aux disciples d'Emmaüs

→ **Évangile de Jésus Christ selon saint Luc** 24, 13-35

Le même jour (c'est-à-dire le premier jour de la semaine), deux disciples faisaient route vers un village appelé Emmaüs, à deux heures de marche de Jérusalem, et ils parlaient entre eux de tout ce qui s'était passé.

Or, tandis qu'ils s'entretenaient et s'interrogeaient, Jésus lui-même s'approcha, et il marchait avec eux. Mais leurs yeux étaient empêchés de le reconnaître. Jésus leur dit : « De quoi discutez-vous en marchant ? » Alors, ils s'arrêtèrent, tout tristes. L'un des deux, nommé Cléophas, lui répondit : « Tu es bien le seul étranger résidant à Jérusalem qui ignore les événements de ces jours-ci. » Il leur dit : « Quels événements ? » Ils lui répondirent : « Ce qui est arrivé à Jésus de Nazareth, cet homme qui était un prophète puissant par ses actes et ses paroles devant Dieu et devant tout le peuple : comment les grands prêtres et nos chefs l'ont livré, ils l'ont fait condamner à mort et ils l'ont crucifié. Nous, nous espérions que c'était lui qui allait délivrer Israël. Mais avec tout cela, voici déjà le troisième jour qui passe depuis que c'est arrivé. À vrai dire, des femmes de notre groupe nous ont remplis de stupeur. Quand, dès l'aurore, elles sont allées au tombeau, elles n'ont pas trouvé son corps ; elles sont venues nous dire qu'elles avaient même eu une vision : des anges, qui disaient qu'il est vivant. Quelques-uns de nos compagnons sont allés au tombeau, et ils ont trouvé les choses comme les femmes l'avaient dit ; mais lui, ils ne l'ont pas vu. » Il leur dit alors : « Esprits sans intelligence ! Comme votre cœur est lent à croire tout ce que les prophètes ont dit ! Ne fallait-il pas que le Christ souffrît cela pour entrer dans sa gloire ? » Et, partant de Moïse et de tous les Prophètes, il leur interpréta, dans toute l'Écriture, ce qui le concernait.

Quand ils approchèrent du village où ils se rendaient, Jésus fit semblant d'aller plus loin. Mais ils s'efforcèrent de le retenir : « Reste avec nous, car le soir approche et déjà le jour baisse. » Il entra donc pour rester avec eux.

Quand il fut à table avec eux, ayant pris le pain, il prononça la bénédiction et, l'ayant rompu, il le leur donna. Alors leurs yeux s'ouvrirent, et ils le reconnurent, mais il disparut à leurs regards. Ils se dirent l'un à l'autre : « Notre cœur n'était-il pas brûlant en nous, tandis qu'il nous parlait sur la route et nous ouvrait les Écritures ? » À l'instant même, ils se levèrent et retournèrent à Jérusalem. Ils y trouvèrent réunis les onze Apôtres et leurs compagnons, qui leur dirent : « Le Seigneur est réellement ressuscité : il est apparu à Simon-Pierre. » À leur tour, ils racontaient ce qui s'était passé sur la route, et comment le Seigneur s'était fait reconnaître par eux à la fraction du pain.

Pour la prière universelle

– Prions pour ceux qui cherchent Dieu dans la nuit et pour ceux qui savent leur révéler la présence de Dieu dans leur vie.
– Prions pour l'Église rassemblée au nom du Christ ressuscité, qui doit lire les signes des temps à la lumière de la parole de Dieu et annoncer l'Évangile au monde.
– Prions pour ceux qui lisent sans relâche les Écritures pour y trouver le visage de Dieu et sa parole vivante.
– Prions pour nos communautés appelées à célébrer l'Eucharistie : qu'elles découvrent le Christ vivant au milieu d'elles et les invitant à son repas.

Prière sur les offrandes

Accueille, Seigneur, les dons de ton Église en fête : tu es à l'origine d'un si grand bonheur, qu'il s'épanouisse en joie éternelle. Par Jésus.

Préface de Pâques, au choix, p. 29.

Prière après la communion

Regarde avec bonté, Seigneur, le peuple que tu as rénové par tes sacrements : accorde-nous de parvenir à la résurrection bienheureuse, toi qui nous as destinés à connaître ta gloire. Par Jésus.

Le cœur tout brûlant

« Nous avons le cœur tout brûlant
Lorsque son amour y descend
Et nous murmure :
L'amour venu, le Jour viendra
Au fond de toute créature,
Et le Seigneur apparaîtra. »

P. de La Tour du Pin, *Hymne du matin pour le Temps pascal,* 3e strophe, *Prière du Temps Présent,* p. 360

CALENDRIER LITURGIQUE

Di 26	**3e dimanche de Pâques A.** *Liturgie des Heures : Psautier semaine III.*
Lu 27	*En Suisse,* S. Pierre Canisius, prêtre jésuite, † 21 décembre 1597 à Fribourg (Suisse). Ailleurs, mémoire le 21 décembre. Actes 6, 8-15 ; Ps 118 ; Jean 6, 22-29 : « Travaillez non pas pour la nourriture qui se perd, mais pour la nourriture qui demeure jusque dans la vie éternelle »
Ma 28	*S. Pierre Chanel, prêtre mariste français, premier martyr de l'Océanie, † 1841 à Futuna.* *S. Louis-Marie Grignion de Montfort, prêtre, fondateur de congrégations religieuses, † 1716 à Saint-Laurent-sur-Sèvre (Vendée).* Actes 7, 51–8, 1a ; Ps 30 ; Jean 6, 30-35 : « Ce n'est pas Moïse, c'est mon Père qui vous donne le vrai pain venu du ciel »
Me 29	Ste CATHERINE DE SIENNE, vierge, tertiaire dominicaine, docteur de l'Église, † 1380 à Rome, patronne de l'Europe. En Europe, lectures propres : 1 Jean 1,5–2, 2 ; Ps 102 ; Luc 10,38-42 : « Ce que tu as caché aux sages et aux savants, tu l'as révélé aux tout-petits »
Je 30	*S. Pie V, pape, † 1572 à Rome.* *En Afrique du Nord, NOTRE-DAME D'AFRIQUE.* *Au Canada,* Ste Marie de l'Incarnation, veuve, puis religieuse ursuline, † 1672 à Québec. Actes 8, 26-40 ; Ps 65 ; Jean 6, 44-51 : « Moi, je suis le pain vivant, qui est descendu du ciel »
Ve 1er	*S. Joseph travailleur.* Actes 9, 1-20 ; Ps 116 ; Jean 6, 52-59 : « Ma chair est la vraie nourriture, et mon sang est la vraie boisson »
Sa 2	S. Athanase, évêque d'Alexandrie, docteur de l'Église, † 373. Actes 9, 31-42 ; Ps 115 ; Jean 6, 60-69 : « Seigneur, à qui irions-nous ? Tu as les paroles de la vie éternelle »

Bonne fête ! 26 : Alida, Clet. 27 : Zita. 28 : Louis-Marie, Vital. 29 : Catherine. 30 : Robert, Robin, Rosemonde. 1er mai : Tamara, Jérémie, Brieuc. 2 : Athanase, Antonin, Boris, Zoé.

Pour mémoire : Aujourd'hui, dernier dimanche d'avril, souvenir des déportés. 1er mai, fête du travail.

Saint Pierre Chanel (28 avril) « Prêtre du diocèse de Belley, Pierre Chanel (1803-1841) fut un des premiers Maristes. Sur son désir, il fut envoyé en mission en Polynésie. Son action, apparemment stérile pendant trois ans, commençait à porter des fruits, quand la réaction païenne provoqua le meurtre du missionnaire. Mais ce martyre fut aussitôt suivi par la conversion de l'île de Futuna où Pierre Chanel avait vécu. "La religion, avait-il écrit, ne s'y perdra pas par ma mort, car elle n'est pas l'ouvrage des hommes, mais elle vient de Dieu." »

(*Missel de l'assemblée pour la semaine,* Abbaye de Clervaux)

4e dimanche de Pâques

3 MAI 2020

La voix et la voie

La figure du bon pasteur filée au long des textes lus dans la liturgie donne une grande cohérence à ce quatrième dimanche du Temps pascal. Héritée de la prédication des prophètes et chantée dans les psaumes, la figure tutélaire du bon berger évoque de manière privilégiée la présence de Dieu auprès de son peuple choyé, guidé, protégé. Même si notre civilisation n'est plus assez rurale et pastorale pour connaître au quotidien les modes de vie des troupeaux, comme c'était le cas des Juifs au temps de Jésus, nous pouvons facilement comprendre les images attachées à ce Bon Pasteur que ses brebis reconnaissent à sa voix et qui indique la voie vers les pâturages nourriciers.

La Bible retentit d'innombrables appels lancés par Dieu aux hommes. La foi se reçoit par l'écoute. Si Jésus dit qu'il appelle chacun et chacune de nous par son nom, s'il se laisse reconnaître à sa voix, c'est bien qu'il se présente comme Dieu lui-même. En disant qu'il est le berger chanté par le *psaume* 22 (psaume traditionnellement lié au baptême), ici encore, il affirme sa divinité. D'où l'impossibilité des pharisiens à comprendre son discours (*évangile*). Avec l'image de la porte qui protège et libère, Jésus change de registre. Par lui seul, nous sommes en sécurité pour nous construire individuellement et collectivement ; par lui seul, nous pouvons sortir de nous-mêmes vers les autres et recevoir la vie en abondance au banquet du Royaume.

À sa suite, l'apôtre a pour mission de mener ses frères vers le Père pour qu'ils se fassent baptiser au nom du Christ Seigneur, mort et ressuscité (*première lecture*). Jésus crucifié que la lettre de Pierre chante comme le sauveur de l'humanité (*deuxième lecture*) reste un modèle indépassable pour nos communautés chrétiennes qui reconnaissent en lui le Fils glorifié, et avec lui rendent grâce au Père.

Des chants sont proposés pour le Temps pascal, p. 367-368.

Prière d'ouverture

Dieu éternel et tout-puissant, guide-nous jusqu'au bonheur du ciel ; que le troupeau parvienne, malgré sa faiblesse, là où son Pasteur est entré victorieux. Lui qui règne.

1re lecture

Appel à la conversion le jour de Pentecôte

→ Lecture du livre des Actes des Apôtres 2, 14a.36-41

Le jour de la Pentecôte, Pierre, debout avec les onze autres Apôtres, éleva la voix et fit cette déclaration : « Que toute la maison d'Israël le sache donc avec certitude : Dieu l'a fait Seigneur et Christ, ce Jésus que vous aviez crucifié. » Les auditeurs furent touchés au cœur ; ils dirent à Pierre et aux autres Apôtres : « Frères, que devons-nous faire ? »

Pierre leur répondit : « Convertissez-vous, et que chacun de vous soit baptisé au nom de Jésus Christ pour le pardon de ses péchés ; vous recevrez alors le don du Saint-Esprit. Car la promesse est pour vous, pour vos enfants et pour tous ceux qui sont loin, aussi nombreux que le Seigneur notre Dieu les appellera. »

Par bien d'autres paroles encore, Pierre les adjurait et les exhortait en disant : « Détournez-vous de cette génération tortueuse, et vous serez sauvés. »

Alors, ceux qui avaient accueilli la parole de Pierre furent baptisés. Ce jour-là, environ trois mille personnes se joignirent à eux.

Psaume 22

R/ Le Seigneur est mon berger :
rien ne saurait me manquer.
ou : **Alléluia.**

Le Seigneur est mon berger :
je ne manque de rien.
Sur des prés d'herbe fraîche,
il me fait reposer.

Il me mène vers les eaux tranquilles
et me fait revivre ;
il me conduit par le juste chemin
pour l'honneur de son nom.

Si je traverse les ravins de la mort,
je ne crains aucun mal,
car tu es avec moi :
ton bâton me guide et me rassure.

Tu prépares la table pour moi
devant mes ennemis ;
tu répands le parfum sur ma tête,
ma coupe est débordante.

Grâce et bonheur m'accompagnent
tous les jours de ma vie ;
j'habiterai la maison du Seigneur
pour la durée de mes jours.

2e lecture

Jésus, le bon berger, a souffert pour notre salut

→ **Lecture de la première lettre de saint Pierre apôtre** 2, 20b-25

Bien-aimés, si vous supportez la souffrance pour avoir fait le bien, c'est une grâce aux yeux de Dieu. C'est bien à cela que vous avez été appelés, car c'est pour vous que le Christ, lui aussi, a souffert ; il vous a laissé un modèle afin que vous suiviez ses traces. Lui n'a pas commis de péché ; dans sa bouche, on n'a pas trouvé de mensonge. Insulté, il ne rendait pas l'insulte, dans la souffrance, il ne menaçait pas, mais il s'abandonnait à Celui qui juge avec justice. Lui-même a porté nos péchés, dans son corps, sur le bois, afin que, morts à nos péchés, nous vivions pour la justice. Par ses blessures, nous sommes guéris. Car vous étiez errants comme des brebis ; mais à présent vous êtes retournés vers votre berger, le gardien de vos âmes.

Alléluia. Alléluia. Je suis le bon Pasteur, dit le Seigneur ; je connais mes brebis et mes brebis me connaissent. **Alléluia.**

Évangile

Jésus est le bon pasteur qui donne sa vie

→ **Évangile de Jésus Christ selon saint Jean** 10, 1-10

En ce temps-là, Jésus déclara : « Amen, amen, je vous le dis : celui qui entre dans l'enclos des brebis sans passer par la porte, mais qui escalade par un autre endroit, celui-là est un voleur et un bandit. Celui qui entre par la porte, c'est le pasteur, le berger des brebis. Le portier lui ouvre, et les brebis écoutent sa voix. Ses brebis à lui, il les appelle chacune par son nom, et il les fait sortir. Quand il a poussé dehors toutes les siennes, il marche à leur tête, et les brebis le suivent, car elles connaissent sa voix. Jamais elles ne suivront un étranger, mais elles s'enfuiront loin de lui, car elles ne connaissent pas la voix des étrangers. »

Jésus employa cette image pour s'adresser aux pharisiens, mais eux ne comprirent pas de quoi il leur parlait. C'est pourquoi Jésus reprit la parole : « Amen, amen, je vous le dis : Moi, je suis la porte des brebis. Tous ceux qui sont venus avant moi sont des voleurs et des bandits ; mais les brebis ne les ont pas écoutés. Moi, je suis la porte. Si quelqu'un entre en passant par moi, il sera sauvé ; il pourra entrer ; il pourra sortir et trouver un pâturage. Le voleur ne vient que pour voler, égorger, faire périr. Moi, je suis venu pour que les brebis aient la vie, la vie en abondance. »

Pour la prière universelle

– Prions pour les hommes et les femmes qui ont la charge de diriger les affaires politiques, économiques, sociales et sociétales ; que l'Esprit les éclaire et les accompagne.
– Prions pour les hommes et les femmes qui ont la vocation de guider leurs frères dans leur vie spirituelle.
– Prions pour ceux qui offrent de leur temps et de leurs ressources pour subvenir aux nouveaux besoins de l'Église.
– Prions pour ceux qui n'hésitent pas à répondre aux appels de leurs frères proches ou lointains pour le service de l'Évangile.
– Prions pour que se multiplient les vocations d'hommes et de femmes au service de l'Évangile.
– Prions pour nos communautés appelées à écouter la voix du Bon Berger et à le suivre où il voudra les mener pour que l'Évangile soit annoncé à tous les hommes.

Prière sur les offrandes

Donne-nous, Seigneur, de te rendre grâce toujours par ces mystères de Pâques : ils continuent en nous ton œuvre de rédemption, qu'ils nous soient une source intarissable de joie. Par Jésus.

Préface de Pâques, au choix, p. 29.

Prière après la communion

Père tout-puissant et Pasteur plein de bonté, veille sur tes enfants avec tendresse ; tu nous as sauvés par le sang de ton Fils : ouvre-nous une demeure dans le Royaume des cieux. Par Jésus.

CALENDRIER LITURGIQUE

Di 3	**4e dimanche de Pâques A.** *Liturgie des Heures : Psautier semaine IV.* [S. PHILIPPE et S. JACQUES, Apôtres].
Lu 4	Actes 11, 1-18 ; Ps 41. Jean 10, 11-18 : « Le bon pasteur donne sa vie pour ses brebis »
Ma 5	Actes 11, 19-26 ; Ps 86 ; Jean 10, 22-30 : « Le Père et moi, nous sommes UN »
Me 6	*Au Canada*, S. François de Laval, premier évêque de Québec, † 1708 à Québec. Actes 12, 24–13, 5 ; Ps 66 ; Jean 12, 44-50 : « Moi qui suis la lumière, je suis venu dans le monde »
Je 7	Actes 13, 13-25 ; Ps 88 ; Jean 13, 16-20 : « Si quelqu'un reçoit celui que j'envoie, il me reçoit moi-même »
Ve 8	Actes 13, 26-33 ; Ps 2 ; Jean 14, 1-6 : « Moi, je suis le Chemin, la Vérité et la Vie »
Sa 9	*En France, Ste Louise de Marillac, fondatrice des Filles de la Charité, † 1660 à Paris.* *Au Luxembourg*, samedi de la 4e semaine de Pâques : LA VIERGE MARIE CONSOLATRICE DES AFFLIGÉS, patronne principale du Luxembourg. Actes 13, 44-52 ; Ps 97 ; Jean 14, 7-14 : « Celui qui m'a vu a vu le Père »

Bonne fête ! 3 : Jacques, James, Jim, Juvénal, Philippe. 4 : Florian, Sylvain. 5 : Ange, Judith. 6 : Prudence. 7 : Flavie. 8 : Désiré. 9 : Pacôme, Isaïe.

Pour mémoire : Aujourd'hui, quatrième dimanche de Pâques, dimanche du Bon Pasteur, journée des vocations.

Saints Philippe et Jacques (3 mai) « Les douze Apôtres, dans les diverses listes qu'en donnent les évangélistes, sont répartis en trois groupes de quatre ; Philippe est toujours nommé en tête du deuxième groupe, Jacques, fils d'Alphée, en tête du troisième. Le quatrième évangile nous fait connaître Philippe : il était de Bethsaïde, comme Pierre et André ; comme eux, il fut un des premiers que Jésus ait appelés à le suivre, avant même le début de la prédication en Galilée. À Jérusalem, peu avant la Passion, c'est à Philippe que des Grecs s'adressent pour être introduits auprès de Jésus. Enfin, dans les dialogues qui suivent la Cène, Philippe révèle la profondeur de son âme en s'écriant : "Seigneur, montre-nous le Père, et cela nous suffit !". Quant à Jacques, dit "le Mineur" pour le distinguer de Jacques "le Majeur", frère de Jean, on hésite à l'identifier avec un autre Jacques, frère du Seigneur, auquel est attribuée une épître du Nouveau Testament, et qui dirigea l'Église de Jérusalem, avant de mourir martyr en 62. »

(*Missel de l'assemblée pour la semaine*, Abbaye de Clervaux)

Sa Pâque

« Quand sur nos chemins on nous dit :
Où est votre Christ aujourd'hui
Et son miracle ?
Nous répondons : D'où vient l'Esprit
Qui nous ramène vers sa Pâque,
Sur son chemin, sinon de lui ? »

P. de La Tour du Pin, *Hymne du matin pour le Temps pascal*, 2e strophe, *Prière du Temps Présent*, p. 360

5e dimanche de Pâques

10 MAI 2020

« Qui m'a vu a vu le Père »

Jésus « part vers le Père » en confiant son œuvre à ses disciples (*évangile*). Avant de mourir, il leur laisse des paroles, comme son testament, pour les guider : il est le chemin qui mène au Père. La libération qu'il apporte ne se situe pas sur le terrain politique ou social, elle se situe sur le plan de la foi. Pour trouver la Vie, il faut croire en lui comme on croit en Dieu, car il est Dieu : deux fois il affirme : « Je suis dans le Père et le Père est en moi ». Il est en communion avec le Père dont il se dit pourtant distinct puisqu'il est « le chemin » vers lui. « Personne ne va vers le Père sans passer par moi ». Il faut voir ici l'essentiel du projet de Dieu et le mystère de la solidarité de l'humanité en Jésus le Christ. Le « Christ total », dit saint Augustin, c'est l'humanité tout entière selon le dessein de Dieu. Les disciples sont associés à l'œuvre de Dieu pour libérer l'humanité de tout esclavage physique, moral ou spirituel.

C'est à nous de continuer cette œuvre aujourd'hui, pierres vivantes constitutives du Corps du Christ, peuple de prêtres greffés depuis notre baptême sur le seul Prêtre qu'est le Christ (*deuxième lecture*), ensemble au service de Dieu et de nos frères.

L'Esprit nous aide à nous comprendre malgré les différences de langues et de cultures, et suscite la communion entre les frères dans une communauté qui apprend à gérer les inévitables conflits de la vie quotidienne (*première lecture*). Les *Actes des Apôtres* montrent comment, pour rester fidèles aux exigences de la vie apostolique – la prière, le service de la parole et le service des frères –, les décisions sont prises en assemblée plénière, et la fidélité exige de savoir s'adapter à des conditions nouvelles.

Rendons grâce à Dieu pour la vitalité de nos communautés placées sous le souffle de l'Esprit qui nous pousse à innover pour annoncer les merveilles de Celui qui nous a appelés des ténèbres à son admirable lumière.

Des chants sont proposés pour le Temps pascal, p. 367-368.

Prière d'ouverture

Dieu qui as envoyé ton Fils pour nous sauver et pour faire de nous tes enfants d'adoption, regarde avec bonté ceux que tu aimes comme un père ; puisque nous croyons au Christ, accorde-nous la vraie liberté et la vie éternelle. Par Jésus Christ.

1re lecture

L'appel au service des tables

→ Lecture du livre des Actes des Apôtres

6, 1-7

En ces jours-là, comme le nombre des disciples augmentait, les frères de langue grecque récriminèrent contre ceux de langue hébraïque, parce que les veuves de leur groupe étaient désavantagées dans le service quotidien. Les Douze convoquèrent alors l'ensemble des disciples et leur dirent : « Il n'est pas bon que nous délaissions la parole de Dieu pour servir aux tables. Cherchez plutôt, frères, sept d'entre vous, des hommes qui soient estimés de tous, remplis d'Esprit Saint et de sagesse, et nous les établirons dans cette charge. En ce qui nous concerne, nous resterons assidus à la prière et au service de la Parole. »

Ces propos plurent à tout le monde, et l'on choisit : Étienne, homme rempli de foi et d'Esprit Saint, Philippe, Procore, Nicanor, Timon, Parménas et Nicolas, un converti au judaïsme, originaire d'Antioche. On les présenta aux Apôtres, et après avoir prié, ils leur imposèrent les mains.

La parole de Dieu était féconde, le nombre des disciples se multipliait fortement à Jérusalem, et une grande foule de prêtres juifs parvenaient à l'obéissance de la foi.

Psaume 32

**R/ Que ton amour, Seigneur, soit sur nous,
comme notre espoir est en toi !**
ou : **Alléluia.**

Criez de joie pour le Seigneur, hommes justes !
Hommes droits, à vous la louange !
Rendez grâce au Seigneur sur la cithare,
jouez pour lui sur la harpe à dix cordes.

Oui, elle est droite, la parole du Seigneur ;
il est fidèle en tout ce qu'il fait.
Il aime le bon droit et la justice ;
la terre est remplie de son amour.

Dieu veille sur ceux qui le craignent,
qui mettent leur espoir en son amour,
pour les délivrer de la mort,
les garder en vie aux jours de famine.

2e lecture *« Vous êtes une descendance choisie, un sacerdoce royal »*

→ **Lecture de la première lettre de saint Pierre apôtre** 2, 4-9

Bien-aimés, approchez-vous du Seigneur Jésus : il est *la pierre vivante rejetée par les hommes*, mais choisie et précieuse devant Dieu. Vous aussi, comme pierres vivantes, entrez dans la construction de la demeure spirituelle, pour devenir le sacerdoce saint et présenter des sacrifices spirituels, agréables à Dieu, par Jésus Christ.

En effet, il y a ceci dans l'Écriture :
Je vais poser en Sion une pierre angulaire,
une pierre choisie, précieuse ;
celui qui met en elle sa foi
ne saurait connaître la honte.

Ainsi donc, honneur à vous les croyants, mais, pour ceux qui refusent de croire, il est écrit :

La pierre qu'ont rejetée les bâtisseurs
est devenue la pierre d'angle,
une pierre d'achoppement,
un rocher sur lequel on trébuche.

Ils achoppent, ceux qui refusent d'obéir à la Parole, et c'est bien ce qui devait leur arriver. Mais vous, vous êtes une descendance choisie, un sacerdoce royal, une nation sainte, un peuple destiné au salut, pour que vous annonciez les merveilles de celui qui vous a appelés des ténèbres à son admirable lumière.

Alléluia. Alléluia. Moi, je suis le Chemin, la Vérité et la Vie, dit le Seigneur. Personne ne va vers le Père sans passer par moi. **Alléluia.**

Évangile

« Je suis le Chemin, la Vérité et la Vie »

→ Évangile de Jésus Christ selon saint Jean — 14, 1-12

En ce temps-là, Jésus disait à ses disciples : « Que votre cœur ne soit pas bouleversé : vous croyez en Dieu, croyez aussi en moi. Dans la maison de mon Père, il y a de nombreuses demeures ; sinon, vous aurais-je dit : "Je pars vous préparer une place" ? Quand je serai parti vous préparer une place, je reviendrai et je vous emmènerai auprès de moi, afin que là où je suis, vous soyez, vous aussi. Pour aller où je vais, vous savez le chemin. »

Thomas lui dit : « Seigneur, nous ne savons pas où tu vas. Comment pourrions-nous savoir le chemin ? »

Jésus lui répond : « Moi, je suis le Chemin, la Vérité et la Vie ; personne ne va vers le Père sans passer par moi. Puisque vous me connaissez, vous connaîtrez aussi mon Père. Dès maintenant vous le connaissez, et vous l'avez vu. »

Philippe lui dit : « Seigneur, montre-nous le Père ; cela nous suffit. »

Jésus lui répond : « Il y a si longtemps que je suis avec vous, et tu ne me connais pas, Philippe ! Celui qui m'a vu a vu le Père. Comment peux-tu dire : "Montre-nous le Père" ? Tu ne crois donc pas que je suis dans le Père et que le Père est en moi ! Les paroles que je vous dis, je ne les dis pas de moi-même ; le Père qui demeure en moi fait ses propres œuvres. Croyez-moi : je suis dans le Père, et le Père est en moi ; si vous ne me croyez pas, croyez du moins à cause des œuvres elles-mêmes. Amen, amen, je vous le dis : celui qui croit en moi fera les œuvres que je fais. Il en fera même de plus grandes, parce que je pars vers le Père »

Pour la prière universelle

Prions Dieu notre Père :
– pour nos communautés chrétiennes afin qu'elles sachent se laisser habiter par l'Esprit et apprennent à gérer les conflits qui surgissent inévitablement dans les activités de la vie quotidienne ;
– pour les prêtres et les groupes de chrétiens attachés à vivre l'Évangile en témoignant de Jésus Christ ;
– pour les chrétiens de toutes nationalités et cultures attachés au même Seigneur dans la diversité de leurs cultes et de leurs pasteurs ;
– pour les hommes et les femmes qui ne trouvent pas leur place dans l'Église et la quittent souvent sur la pointe des pieds.
Dieu notre Père, que ton Esprit guide tous les hommes afin que leur regard s'illumine et qu'ils reconnaissent en Jésus celui qui les mène à la Vie.

Prière sur les offrandes

Seigneur notre Dieu, dans l'admirable échange du sacrifice eucharistique, tu nous fais participer à ta propre nature divine : puisque nous avons la connaissance de ta vérité, accorde-nous de lui être fidèles par toute notre vie. Par Jésus.

Préface de Pâques, au choix, *p. 25.*

Prière après la communion

Dieu très bon, reste auprès de ton peuple, car sans toi notre vie tombe en ruine : fais passer à une vie nouvelle ceux que tu as initiés aux sacrements de ton Royaume. Par Jésus.

Les chemins de Dieu

« Tous les chemins de Dieu vivant
Mènent à Pâques,
Tous ceux de l'homme à son impasse :
Ne manquez pas au croisement
L'auberge avec sa table basse ;
Car le Seigneur vous y attend. »

Patrice de La Tour du Pin, *Hymne pour le Saint-Sacrement,* 1re strophe, *Prière du Temps Présent,* p. 531

CALENDRIER LITURGIQUE

Di 10	**5e dimanche de Pâques A.** *Liturgie des Heures : Psautier semaine I.* [*En* Belgique, S. Damien, prêtre, religieux des Sacrés-Cœurs, apôtre des lépreux, † 1889 (15 avril) à Molokaï (archipel des Hawaï)]
Lu 11	Actes 14,5-18 ; Ps 113 B ; Jean 14, 21-26 : « L'Esprit Saint que le Père enverra en mon nom, lui, vous enseignera tout »
Ma 12	*S. Nérée et S. Achille, martyrs, † 304-305 à Rome.* *S. Pancrace, martyr, † 304-305 à Rome.* Actes 14, 19-28 ; Ps 144 ; Jean 14, 27-31a : « Je vous donne ma paix »
Me 13	*Notre-Dame de Fatima (1917).* Actes 15, 1-6 ; Ps 121 ; Jean 15, 1-8 : « Celui qui demeure en moi et en qui je demeure, celui-là porte beaucoup de fruit »
Je 14	S. MATTHIAS, Apôtre. Lectures propres : Actes 1,15-17.20-26 ; Ps 112 ; Jean 15,9-17 : « Ce n'est pas vous qui m'avez choisi, c'est moi qui vous ai choisis »
Ve 15	Actes 15, 22-31 ; Ps 56 ; Jean 15, 12-17 : « Voici ce que je vous commande : c'est de vous aimer les uns les autres »
Sa 16	Actes 16, 1-10 ; Ps 99 ; Jean 15, 18-21 : « Vous n'appartenez pas au monde, puisque je vous ai choisis en vous prenant dans le monde »

Bonne fête ! 10 : Solange, Damien. 11 : Mayeul, Estelle, Stella. 12 : Achille, Nérée, Simon. 13 : Rolande. 14 : Matthias. 15 : Denise, Victorin. 16 : Honoré.

Saint Matthias (14 mai). « Après l'Ascension du Seigneur, Matthias est élu pour remplacer Judas et compléter le nombre des Douze. Les Douze doivent témoigner que Jésus, cet homme dont ils ont partagé la vie avant qu'il ne meure crucifié, a été ressuscité par Dieu dont il partage maintenant la gloire. Si Matthias a pu être choisi pour porter le témoignage qui fonde la foi de l'Église, c'est parce qu'il a été un ami de Jésus. Nous ne savons que cela de lui, mais cela suffit. »

(*Missel de l'assemblée pour la semaine*, Abbaye de Clervaux)

6e dimanche de Pâques

17 MAI 2020

Une communauté habitée par l'Esprit

Malgré les difficultés et les persécutions, ou plutôt à cause d'elles, la première communauté chrétienne sort de Jérusalem, et l'Évangile gagne du terrain (*première lecture*). Après le martyre d'Étienne, l'un des Sept nommés par les Apôtres pour le service des tables, Philippe, un autre juif de culture grecque devenu chrétien, est descendu en Samarie par prudence. Or, au lieu de se cacher, il se met à prêcher le Christ ressuscité. Grâce à lui, les Samaritains accueillent la Bonne Nouvelle. On sait qu'ils étaient méprisés par les Juifs. Mais l'Évangile n'a pas de frontières physiques, historiques ni sociologiques et les exclus sont souvent les plus accueillants au message de Jésus. Pierre et Jean viennent authentifier le travail accompli par Philippe et répandre l'Esprit Saint « en Samarie et jusqu'aux extrémités de la terre », comme l'a annoncé Jésus (Ac 1, 8).

La Pâque du Christ est au cœur de la prière et du témoignage des chrétiens (*deuxième lecture*). En elle, ils vivent devant Dieu et manifestent leur espérance devant le monde, ce qui, mieux que les grands discours, est de nature à susciter interrogations et conversions. En butte à l'hostilité, ils peuvent prendre modèle sur Jésus pour répondre avec douceur et rendre compte de l'espérance qui est en eux, puisqu'ils ont été baptisés dans la mort et la résurrection de Jésus.

Au soir du Jeudi saint, après le départ de Judas qui va le livrer, Jésus s'entretient longuement avec ses disciples pour la dernière fois (*évangile*). Il parle des liens qui l'unissent à son Père et à l'Esprit Saint. C'est lui, le Défenseur, l'Esprit de vérité, qui introduira les croyants à la présence de Dieu trinitaire, par l'amour et la fidélité à la Parole qu'ils ont reçue du Fils. C'est par lui que les chrétiens pourront faire connaître au monde le grand désir de Dieu : que tous les hommes aient la Vie.

Des chants sont proposés pour le Temps pascal, p. 367-368.

Prière d'ouverture

Dieu tout-puissant, accorde-nous, en ces jours de fête, de célébrer avec ferveur le Christ ressuscité : que le mystère de Pâques dont nous faisons mémoire reste présent dans notre vie et la transforme. Par Jésus Christ.

1re lecture *Évangélisation de la Samarie*

→ **Lecture du livre des Actes des Apôtres** 8, 5-8.14-17

En ces jours-là, Philippe, l'un des Sept, arriva dans une ville de Samarie, et là il proclamait le Christ. Les foules, d'un même cœur, s'attachaient à ce que disait Philippe, car elles entendaient parler des signes qu'il accomplissait, ou même les voyaient. Beaucoup de possédés étaient délivrés des esprits impurs, qui sortaient en poussant de grands cris. Beaucoup de paralysés et de boiteux furent guéris. Et il y eut dans cette ville une grande joie.

Les Apôtres, restés à Jérusalem, apprirent que la Samarie avait accueilli la parole de Dieu. Alors ils y envoyèrent Pierre et Jean. À leur arrivée, ceux-ci prièrent pour ces Samaritains afin qu'ils reçoivent l'Esprit Saint ; en effet, l'Esprit n'était encore descendu sur aucun d'entre eux : ils étaient seulement baptisés au nom du Seigneur Jésus. Alors Pierre et Jean leur imposèrent les mains, et ils reçurent l'Esprit Saint.

Psaume 65

R/ Terre entière, acclame Dieu,
chante le Seigneur !
ou : **Alléluia.**

Acclamez Dieu, toute la terre ;
fêtez la gloire de son nom,
glorifiez-le en célébrant sa louange.
Dites à Dieu : « Que tes actions sont redoutables ! »

Toute la terre se prosterne devant toi,
elle chante pour toi, elle chante pour ton nom.
Venez et voyez les hauts faits de Dieu,
ses exploits redoutables pour les fils des hommes.

Il changea la mer en terre ferme :
ils passèrent le fleuve à pied sec.
De là, cette joie qu'il nous donne.
Il règne à jamais par sa puissance.

Venez, écoutez, vous tous qui craignez Dieu :
je vous dirai ce qu'il a fait pour mon âme ;
Béni soit Dieu qui n'a pas écarté ma prière,
ni détourné de moi son amour !

2e lecture *Prêcher par la parole et par l'exemple*

→ **Lecture de la première lettre de saint Pierre apôtre** 3, 15-18

Bien-aimés, honorez dans vos cœurs la sainteté du Seigneur, le Christ. Soyez prêts à tout moment à présenter une défense devant quiconque vous demande de rendre raison de l'espérance qui est en vous ; mais faites-le avec douceur et respect. Ayez une conscience droite, afin que vos adversaires soient pris de honte sur le point même où ils disent du mal de vous pour la bonne conduite que vous avez dans le Christ. Car mieux vaudrait souffrir en faisant le bien, si c'était la volonté de Dieu, plutôt qu'en faisant le mal. Car le Christ, lui aussi, a souffert pour les péchés, une seule fois, lui, le juste, pour les injustes, afin de vous introduire devant Dieu ; il a été mis à mort dans la chair ; mais vivifié dans l'Esprit.

Alléluia. Alléluia. Si quelqu'un m'aime, il gardera ma parole, dit le Seigneur ; mon Père l'aimera, et nous viendrons vers lui. **Alléluia**

Évangile

Promesse de la venue de l'Esprit Saint

→ **Évangile de Jésus Christ selon saint Jean** 14, 15-21

E**n ce temps-là**, Jésus disait à ses disciples : « Si vous m'aimez, vous garderez mes commandements. Moi, je prierai le Père, et il vous donnera un autre Défenseur qui sera pour toujours avec vous : l'Esprit de vérité, lui que le monde ne peut recevoir, car il ne le voit pas et ne le connaît pas ; vous, vous le connaissez, car il demeure auprès de vous, et il sera en vous. Je ne vous laisserai pas orphelins, je reviens vers vous. D'ici peu de temps, le monde ne me verra plus, mais vous, vous me verrez vivant, et vous vivrez aussi. En ce jour-là, vous reconnaîtrez que je suis en mon Père, que vous êtes en moi, et moi en vous. Celui qui reçoit mes commandements et les garde, c'est celui-là qui m'aime ; et celui qui m'aime sera aimé de mon Père ; moi aussi, je l'aimerai, et je me manifesterai à lui. »

Pour la prière universelle

Avec Jésus, nous prions le Père :
– envoie ton Esprit, Père, sur les chrétiens en butte aux persécutions : qu'ils soient capables de rendre compte de l'espérance qui est en eux ;
– envoie ton Esprit, Père, sur les missionnaires de l'Évangile qui acceptent de passer leurs frontières géographiques ou sociales pour partager leur foi ;
– envoie ton Esprit, Père, sur les malades et les infirmes : qu'ils aient la grâce de se savoir aimés ;
– envoie ton Esprit, Père, sur les nouveaux baptisés et sur les jeunes communautés chrétiennes, pour qu'ils rayonnent de la joie de la foi et restent fidèles à la Parole qu'ils ont reçue.

Prière sur les offrandes

Que nos prières montent vers toi, Seigneur, avec ces offrandes pour le sacrifice ; dans ta bonté, purifie-nous, et nous correspondrons davantage aux sacrements de ton amour. Par Jésus.

Préface de Pâques, au choix, p. 29.

Prière après la communion

Dieu tout-puissant, dans la résurrection du Christ, tu nous recrées pour la vie éternelle ; multiplie en nous les fruits du sacrement pascal : fais-nous prendre des forces neuves à cette nourriture qui apporte le salut. Par Jésus.

Il vous héberge dans sa vie

« Prenez son corps dès maintenant,
Il vous convie
À devenir eucharistie ;
Et vous verrez que Dieu vous prend,
Qu'il vous héberge dans sa vie
Et vous fait hommes de son sang. »

Patrice de La Tour du Pin, *Hymne pour le Saint-Sacrement,* 4e strophe, *Prière du Temps Présent,* p. 531.

CALENDRIER LITURGIQUE

Di 17	**6e dimanche de Pâques A.** *Liturgie des Heures : Psautier semaine II.*
Lu 18	*S. Jean Ier, pape et martyr, † 526 à Ravenne.* Actes des Apôtres 16, 11-15 ; Ps 149 ; Jean 15, 26–16, 4a : « L'Esprit de vérité rendra témoignage en ma faveur »
Ma 19	*En France, S. Yves, prêtre et juge, † 1303 à Tréguier.* Actes 16, 22-34 ; Ps 137 ; Jean 16, 5-11 : « Si je ne m'en vais pas, le Défenseur ne viendra pas à vous »
Me 20	*S. Bernardin de Sienne, prêtre, franciscain, † 1444 à L'Aquila (Italie).* Actes 17, 15.22–18, 1 ; Ps 148 ; Jean 16, 12-15 : « L'Esprit de vérité vous conduira dans la vérité tout entière »
Je 21	**ASCENSION DU SEIGNEUR, P. 404** [*S. Christophe Magallanès, prêtre, et ses compagnons, martyrs au Mexique, † 1926-1928.* *Au Canada, S. Eugène de Mazenod, évêque de Marseille, fondateur des Missionnaires Oblats de Marie Immaculée, † 1861 à Marseille*].
Ve 22	*Ste Rita de Cascia, religieuse augustine, † 1453 à Cascia (Italie).* Actes18, 9-18 ; Ps 46 ; Jn 16, 20-23a : « Votre joie, personne ne vous l'enlèvera »
Sa 23	Actes 18, 23-28 ; Ps 46 ; Jean 16, 23b-28 : « Le Père lui-même vous aime, parce que vous m'avez aimé et vous avez cru »

Bonne fête ! 17 : Pascal. 18 : Éric, Corinne, Coralie. 19 : Yves, Yvon, Yvonne, Célestin, Erwin. 20 : Bernardin. 21 : Christophe, Constantin. 22 : Émilie, Rita. 23 : Didier.

Saint Yves (19 mai) « Recteur breton d'une admirable charité envers les pauvres, Yves (1253-1303) était aussi un juriste de talent qui mit sa science au service des petits, en exerçant ses fonctions de juge ecclésiastique à Rennes, puis à Tréguier, son pays natal. Il est le patron des avocats. »

(*Missel de l'assemblée pour la semaine*, Abbaye de Clervaux)

Ascension du Seigneur

21 MAI 2020

Une nouvelle présence

Dans la Bible, Dieu se manifeste souvent sur une montagne. C'est pourquoi Luc montre Jésus s'élevant dans le ciel avant de disparaître (*première lecture*). On retrouve ici deux hommes en vêtements blancs comme au tombeau vide le matin de la résurrection (Lc 24,4). Dans les *Actes*, à la différence de son évangile (Lc 24,50), Luc place l'ascension du Seigneur lors d'un repas, faisant ainsi comprendre aux chrétiens le sens de l'eucharistie qui les rassemble autour du Seigneur dans l'attente de sa venue.

La page est définitivement tournée. Le temps de l'intimité de Jésus avec le groupe des disciples est révolu. On peut légitimement se sentir orphelins. Mais une nouvelle page s'ouvre et le temps de l'Église commence : « Allez ! » (*évangile*). Le Seigneur a manifesté la puissance de sa résurrection. Maintenant il envoie les siens dans le monde entier pour être ses témoins et annoncer le salut donné par Dieu à tous les hommes. Lui, il est pour toujours auprès du Père, son Père et notre Père, mais il nous assure aussi : « Je suis avec vous tous les jours jusqu'à la fin du monde ». Entré dans la gloire du Père qui le comble totalement de sa plénitude, il nous laisse son Esprit, son énergie, sa force, sa vigueur, sa sagesse, car l'Église est, en devenir, « l'accomplissement total du Christ » (*deuxième lecture*).

L'Ascension, c'est la fête de la confiance, une immense confiance ! Maintenant tout est entre nos mains. C'est notre véritable naissance à la responsabilité de l'œuvre de Dieu en notre monde. Nous prenons le relais que Jésus nous tend. Nous sommes comblés de sa sollicitude et de son amour tels qu'il les a énoncés dans sa prière au soir du Jeudi saint : « Désormais je ne suis plus dans le monde. Eux restent dans le monde tandis que moi je vais à toi. Père très saint, garde-les en ton nom que tu m'as donné » (Jn 17, 11 s).

CHANTER ET CÉLÉBRER L'ASCENSION

◗ Au milieu de l'assemblée se tient Celui qu'on ne voit pas, symbolisé par la croix glorieuse dans les hauteurs de l'église, et par le cierge pascal qu'on pourra fleurir et encenser plus soigneusement encore que les dimanches du Temps pascal. On ne l'éteindra pas après l'évangile comme on le faisait autrefois.

◗ Pour la procession d'ouverture, on pourra prendre ***Le Seigneur monte au ciel*** **I 35,** ***Chantons avec toute l'Église*** **M 26-03,** ***Christ est ressuscité*** **ID 24-72-1 CNA 486** avec le refrain « Christ est monté aux cieux ».

◗ Après la communion : ***Par la musique et par nos voix*** **Y 43-38 CNA 572,** ***Vers ton Père et notre Père*** **IX 49-15.**

◗ À la fin de la célébration : ***Allez par toute la terre*** **TL 20-76 CNA 533,** ***Allez dans le monde entier*** **Z 95-3.**

Prière d'ouverture

Dieu qui élèves le Christ au-dessus de tout, ouvre-nous à la joie et à l'action de grâce, car l'Ascension de ton Fils est déjà notre victoire : nous sommes les membres de son corps, il nous a précédés dans la gloire auprès de toi, et c'est là que nous vivons en espérance. Par Jésus Christ.

1re lecture

L'Ascension du Seigneur

→ Commencement du livre des Actes des Apôtres 1, 1-11

Cher **Théophile**, dans mon premier livre j'ai parlé de tout ce que Jésus a fait et enseigné depuis le moment où il commença, jusqu'au jour où il fut enlevé au ciel, après avoir, par l'Esprit Saint, donné ses instructions aux Apôtres qu'il avait choisis. C'est à eux qu'il s'est présenté vivant après sa Passion ; il leur en a donné bien des preuves, puisque, pendant quarante jours, il leur est apparu et leur a parlé du royaume de Dieu.

Au cours d'un repas qu'il prenait avec eux, il leur donna l'ordre de ne pas quitter Jérusalem, mais d'y attendre que s'accomplisse la promesse du Père. Il déclara : « Cette promesse, vous l'avez entendue de ma bouche : alors que Jean a baptisé avec l'eau, vous, c'est dans l'Esprit Saint que vous serez baptisés d'ici peu de jours. » Ainsi réunis, les Apôtres l'interrogeaient : « Seigneur, est-ce maintenant le temps où tu vas rétablir le royaume pour Israël ? » Jésus leur répondit : « Il ne vous appartient pas de connaître les temps et les moments que le Père a fixés de sa propre autorité. Mais vous allez recevoir une force quand le Saint-Esprit viendra sur vous ; vous serez alors mes témoins à Jérusalem, dans toute la Judée et la Samarie, et jusqu'aux extrémités de la terre. » Après ces paroles, tandis que les Apôtres le regardaient, il s'éleva, et une nuée vint le soustraire à leurs yeux. Et comme ils fixaient encore le ciel où Jésus s'en allait, voici que, devant eux, se tenaient deux hommes en vêtements blancs, qui leur dirent : « Galiléens, pourquoi restez-vous là à regarder vers le ciel ? Ce Jésus qui a été enlevé au ciel d'auprès de vous, viendra de la même manière que vous l'avez vu s'en aller vers le ciel. »

Psaume 46

R/ **Dieu s'élève parmi les ovations,**
le Seigneur, aux éclats du cor.
ou : **Alléluia.**

Tous les peuples, battez des mains,
acclamez Dieu par vos cris de joie !
Car le Seigneur est le Très-Haut, le redoutable,
le grand roi sur toute la terre.

Dieu s'élève parmi les ovations,
le Seigneur, aux éclats du cor.
Sonnez pour notre Dieu, sonnez,
sonnez pour notre roi, sonnez !

Car Dieu est le roi de la terre :
que vos musiques l'annoncent !
Il règne, Dieu, sur les païens,
Dieu est assis sur son trône sacré.

2e lecture

Héritiers de la gloire du Christ

→ Lecture de la lettre de saint Paul apôtre aux Éphésiens 1, 17-23

Frères, que le Dieu de notre Seigneur Jésus Christ, le Père dans sa gloire, vous donne un esprit de sagesse qui vous le révèle et vous le fasse vraiment connaître. Qu'il ouvre à sa lumière les yeux de votre cœur, pour que vous sachiez quelle espérance vous ouvre son appel, la gloire sans prix de l'héritage que vous partagez avec les fidèles, et quelle puissance incomparable il déploie pour nous, les croyants : c'est l'énergie, la force, la vigueur qu'il a mise en œuvre dans le Christ quand il l'a ressuscité d'entre les morts et qu'il l'a fait asseoir à sa droite dans les cieux. Il l'a établi au-dessus de tout être céleste : Principauté, Souveraineté, Puissance et Domination, au-dessus de tout nom que l'on puisse nommer, non seulement dans le monde présent mais aussi dans le monde à venir. Il a tout mis sous ses pieds et, le plaçant plus haut que tout, il a fait de lui la tête de l'Église qui est son corps, et l'Église, c'est l'accomplissement total du Christ, lui que Dieu comble totalement de sa plénitude.

Alléluia. Alléluia. Allez ! De toutes les nations faites des disciples, dit le Seigneur. Moi, je suis avec vous tous les jours jusqu'à la fin du monde. **Alléluia.**

Évangile

Ultime envoi en mission

→ Évangile de Jésus Christ selon saint Matthieu 28, 16-20

En ce temps-là, les onze disciples s'en allèrent en Galilée, à la montagne où Jésus leur avait ordonné de se rendre. Quand ils le virent, ils se prosternèrent, mais certains eurent des doutes. Jésus s'approcha d'eux et leur adressa ces paroles : « Tout pouvoir m'a été donné au ciel et sur la terre. Allez ! De toutes les nations faites des disciples : baptisez-les au nom du Père, et du Fils, et du Saint-Esprit, apprenez-leur à observer tout ce que je vous ai commandé. Et moi, je suis avec vous tous les jours jusqu'à la fin du monde. »

Pour la prière universelle

« Pourquoi restez-vous là à regarder le ciel ? » demande l'ange.

Père, nous te confions les hommes de notre terre :

– nous te confions nos frères chrétiens, pour qu'en regardant le ciel, ils aient le courage d'engager un vrai combat pour la justice ;

– nous te confions nos dirigeants, pour qu'ils contribuent à construire le monde dans l'espérance ;

– nous te confions ceux qui cherchent la vérité, afin qu'ils la découvrent sous les traits de Jésus ;

– nous te confions les indigents, les malades, les mal-aimés, pour qu'ils trouvent force et espérance dans le Ressuscité ;

– nous te confions nos communautés, afin qu'elles ne se lassent pas de faire retentir en elles et autour d'elles le nom de Dieu qui est Amour.

Prière sur les offrandes

Seigneur, nous te présentons humblement ce sacrifice pour fêter l'Ascension de ton Fils auprès de toi : que cet échange mystérieux nous fasse vivre avec le Christ ressuscité. Lui qui règne.

Préface

Vraiment, il est juste et bon de te rendre gloire, de t'offrir notre action de grâce, toujours et en tout lieu, à toi, Père très saint, Dieu éternel et tout-puissant.

Car le Seigneur Jésus, vainqueur du péché et de la mort, est aujourd'hui ce Roi de gloire devant qui s'émerveillent les anges ; il s'élève au plus haut des cieux, pour être le Juge du monde et le Seigneur des seigneurs, seul médiateur entre Dieu et les hommes ; il ne s'évade pas de notre condition humaine : mais en entrant le premier dans le Royaume, il donne aux membres de son corps l'espérance de le rejoindre un jour. C'est pourquoi le peuple des baptisés, rayonnant de la joie pascale, exulte par toute la terre, tandis que les anges dans le ciel chantent sans fin l'hymne de ta gloire : **Saint !...**

On peut prendre aussi la préface de la p. 414.

Au cours des prières eucharistiques, il y a des textes propres.

Prière après la communion

Dieu qui nous donnes les biens du ciel alors que nous sommes encore sur la terre, mets en nos cœurs un grand désir de vivre avec le Christ en qui notre nature humaine est déjà près de toi. Lui qui règne.

Bénédiction solennelle

Que le Seigneur tout-puissant vous bénisse : il élève aujourd'hui son Fils dans la gloire et vous offre ainsi le chemin du ciel. **Amen.**
Après sa résurrection d'entre les morts, Jésus s'est manifesté tout proche de ses disciples : qu'il ait pour vous un visage de paix quand il viendra juger le monde. **Amen.**
Vous savez qu'il est assis à la droite du Père ; mais cherchez-le, trouvez-le aussi près de vous, jusqu'à la fin, comme il l'a promis. **Amen.**
Et que Dieu tout-puissant vous bénisse...

7e dimanche de Pâques

24 MAI 2020

Connaître Dieu en Jésus

Au moment de s'avancer vers sa passion et sa mort, et après avoir donné un ultime enseignement à ses disciples, Jésus prie. Avec le récit de saint Jean (*évangile*), nous sommes témoins du grand dialogue d'amour de Jésus avec son Père. « Je viens vers toi », car « l'heure est venue ». C'est l'heure décisive, centrale de toute l'histoire humaine, l'heure que toute la création attend comme l'heure de sa naissance, parce que c'est l'heure de l'accomplissement du dessein de Dieu. Plus rien jamais ne sera comme avant. En cette heure décisive, le projet de Dieu va être révélé au monde. Jésus emploie avec insistance le mot « gloire », qui évoque la manifestation divine dans le vocabulaire biblique. Ceux qui accueilleront cette révélation entreront dans la vraie vie, la vie éternelle étant l'état de ceux qui connaissent Dieu et le Christ. Nous vivons déjà de cette vie depuis notre baptême. Jésus prie pour ses disciples qui vont devoir poursuivre son œuvre de révélation, et n'auront pas avec le monde une relation plus facile que celle qui lui a été réservée. La clef réside dans le verbe « donner » qui revient dix fois. La circulation du don entre le Père, le Fils et les hommes réalise la communion entre eux.

La prière construit la première communauté qui poursuit l'œuvre de Jésus (*première lecture*). Le *psaume* dit la confiance dans l'épreuve, car dans la persécution, l'Esprit Saint donne joie et allégresse aux chrétiens qui portent le nom du Christ ressuscité. La fidélité à la Parole et la volonté de connaître le Père conduisent à ce paradoxe que l'angoisse et la joie peuvent cohabiter dans le cœur d'un témoin authentique. Tant de martyrs des premiers siècles nous ont donné ce témoignage, et tant d'autres ont suivi dans le cours de l'histoire !

Laissons-nous combler de la grâce de Dieu donnée en Jésus pour lui rendre sa grâce !

Des chants sont proposés pour le Temps pascal, p. 367-368.

Prière d'ouverture

Entends notre prière, Seigneur : nous croyons que le Sauveur des hommes est auprès de toi dans la gloire ; fais-nous croire aussi qu'il est encore avec nous jusqu'à la fin des temps, comme il nous l'a promis. Lui qui règne.

1re lecture *« Tous, d'un même cœur, étaient assidus à la prière »*

→ Lecture du livre des Actes des Apôtres 1, 12-14

Les **Apôtres**, après avoir vu Jésus s'en aller vers le ciel, retournèrent à Jérusalem depuis le lieu-dit « mont des Oliviers » qui en est proche, – la distance de marche ne dépasse pas ce qui est permis le jour du sabbat. À leur arrivée, ils montèrent dans la chambre haute où ils se tenaient habituellement ; c'était Pierre, Jean, Jacques et André, Philippe et Thomas, Barthélemy et Matthieu, Jacques fils d'Alphée, Simon le Zélote, et Jude fils de Jacques.

Tous, d'un même cœur, étaient assidus à la prière, avec des femmes, avec Marie la mère de Jésus, et avec ses frères.

Psaume 26

R/ J'en suis sûr, je verrai les bontés du Seigneur
sur la terre des vivants.
ou **: Alléluia.**

Le Seigneur est ma lumière et mon salut ;
de qui aurais-je crainte ?
Le Seigneur est le rempart de ma vie ;
devant qui tremblerais-je ?

J'ai demandé une chose au Seigneur,
la seule que je cherche :
habiter la maison du Seigneur

tous les jours de ma vie,
pour admirer le Seigneur dans sa beauté
et m'attacher à son temple.

Écoute, Seigneur, je t'appelle !
Pitié ! Réponds-moi !
Mon cœur m'a redit ta parole :
« Cherchez ma face. »

2e lecture

Heureux de souffrir avec le Christ

→ **Lecture de la première lettre de saint Pierre apôtre** 4, 13-16

Bien-aimés, dans la mesure où vous communiez aux souffrances du Christ, réjouissez-vous, afin d'être dans la joie et l'allégresse quand sa gloire se révélera. Si l'on vous insulte pour le nom du Christ, heureux êtes-vous, parce que l'Esprit de gloire, l'Esprit de Dieu, repose sur vous. Que personne d'entre vous, en effet, n'ait à souffrir comme meurtrier, voleur, malfaiteur, ou comme agitateur. Mais si c'est comme chrétien, qu'il n'ait pas de honte, et qu'il rende gloire à Dieu pour ce nom-là.

Alléluia. Alléluia. Je ne vous laisserai pas orphelins, dit le Seigneur ; je reviens vers vous, et votre cœur se réjouira. **Alléluia.**

Évangile

L'ultime prière du Christ

→ **Évangile de Jésus Christ selon saint Jean** 17, 1b-11a

En ce temps-là, Jésus leva les yeux au ciel et dit : « Père, l'heure est venue. Glorifie ton Fils afin que le Fils te glorifie. Ainsi, comme tu lui as donné pouvoir sur tout être de chair, il donnera la vie éternelle à tous ceux que tu lui as donnés. Or, la vie éternelle, c'est qu'ils te connaissent, toi le seul vrai Dieu, et celui que tu as envoyé, Jésus Christ.

Moi, je t'ai glorifié sur la terre en accomplissant l'œuvre que tu m'avais donnée à faire. Et maintenant, glorifie-moi auprès de toi, Père, de la gloire que j'avais auprès de toi avant que le monde existe. J'ai manifesté ton nom aux hommes que tu as pris dans le monde pour me les donner. Ils étaient à toi, tu me les as donnés, et ils ont gardé ta parole. Maintenant, ils ont reconnu que tout ce que tu m'as donné vient de toi, car je leur ai donné les paroles que tu m'avais données : ils les ont reçues, ils ont vraiment reconnu que je suis sorti de toi, et ils ont cru que tu m'as envoyé.

Moi, je prie pour eux ; ce n'est pas pour le monde que je prie, mais pour ceux que tu m'as donnés, car ils sont à toi. Tout ce qui est à moi est à toi, et ce qui est à toi est à moi ; et je suis glorifié en eux. Désormais, je ne suis plus dans le monde ; eux, ils sont dans le monde, et moi, je viens vers toi. »

Pour la prière universelle

– Dieu notre Père, envoie ton Esprit sur les hommes et les femmes qui souffrent de la violence et de l'injustice, et aussi sur leurs tortionnaires et leurs bourreaux ;
– envoie ton Esprit sur ceux qu'on insulte à cause de leur foi ou de leur amour pour Dieu, et aussi sur ceux qui ne connaissent pas Dieu et ceux qui sont révoltés contre lui ;
– envoie ton Esprit sur tous les chrétiens du monde, unis dans la prière par l'Esprit de Pentecôte, et aussi sur les croyants des autres religions et sur tous les hommes et les femmes de bonne volonté ;
– envoie ton Esprit sur toutes les personnes travaillant dans les médias et cherchant à transmettre des informations vraies ;
– envoie ton Esprit sur nos communautés rassemblées d'un seul cœur par l'écoute de ta Parole et l'Esprit de l'Évangile, au service des plus pauvres.

Prière sur les offrandes

Avec ces offrandes, Seigneur, reçois les prières de tes fidèles ; que cette liturgie célébrée avec amour nous fasse passer à la gloire du ciel. Par Jésus.

Préface

Vraiment, il est juste et bon de te rendre gloire, de t'offrir notre action de grâce, toujours et en tout lieu, à toi, Père très saint, Dieu éternel et tout-puissant, par le Christ, notre Seigneur. Car il s'est manifesté après sa résurrection, en apparaissant à tous ses disciples, et, devant leurs yeux, il est monté au ciel pour nous rendre participants de sa divinité.
C'est pourquoi le peuple des baptisés, rayonnant de la joie pascale, exulte par toute la terre, tandis que les anges dans le ciel chantent sans fin l'hymne de ta gloire : **Saint !...**

On peut prendre la préface de la p. 408.

Prière après la communion

Exauce-nous, Dieu notre Sauveur : que notre communion au mystère du salut nous confirme dans cette assurance que tu glorifieras tout le corps de l'Église comme tu as glorifié son chef, Jésus, le Christ. Lui qui règne.

Voici l'Esprit

« Retournez-vous, voici l'Esprit
Du Seigneur au vent de la nuit
Qui passe au monde ;
Accueillez-le, ne craignez rien,
À la croisée de vos chemins,
Laissez-vous couvrir de son ombre. »

Patrice de La Tour du Pin, *Hymne pour la Pentecôte,*
1re strophe, *Prière du Temps Présent,* p. 504.

CALENDRIER LITURGIQUE

Di 24	**7e dimanche de Pâques A.** *Liturgie des Heures : Psautier semaine III.*
Lu 25	*S. Bède le Vénérable, prêtre, bénédictin, docteur de l'Église, † 735 à Jarrow (Angleterre).* *S. Grégoire VII, pape, † 1085 à Salerne (Italie).* *Ste Marie-Madeleine de Pazzi, vierge,* carmélite, † 1607 à Florence. Actes 19, 1-8 ; Ps 67 ; Jean 16, 29-33 : « Courage ! Moi, je suis vainqueur du monde »
Ma 26	S. Philippe Neri, prêtre, fondateur de l'Oratoire, † 1595 à Rome. Actes 20, 17-27 ; Ps 67 ; Jean 17, 1-11a : « Père, glorifie ton Fils »
Me 27	*S. Augustin, évêque de Cantorbéry, † 604 ou 605.* Actes 20, 28-38 ; Ps 67 ; Jean 17, 11b-19 : « Qu'ils soient un comme nous-mêmes »
Je 28	Actes 22, 30 ; 23, 6-11 ; Ps 15 ; Jean 17, 20-26 : « Qu'ils deviennent parfaitement un ! »
Ve 29	Actes 25, 13-21 ; Ps 102 ; Jean 21, 15-19 : « Sois le berger de mes agneaux. Sois le pasteur de mes brebis »
Sa 30	*En France,* Ste Jeanne d'Arc, vierge, patronne secondaire de la France, † 1431 à Rouen. Messe du matin : Actes 28, 16-20.30-31 ; Ps 10 ; Jean 21, 20-25 : « C'est ce disciple qui a écrit ces choses ; son témoignage est vrai »

Bonne fête ! 24 : Donatien, Rogatien. 25 : Bède, Sophie. 26 : Béranger, Bérangère. 27 : Augustin. 28 : Germain. 29 : Aymar, Maximin. 30 : Ferdinand, Lorraine.

Pour mémoire : dimanche avant la Pentecôte, 7e dimanche de Pâques, journée chrétienne de la communication.

Pentecôte, messe de la veille

30 MAI 2020

De feu et d'eau

Le lectionnaire propose un choix de textes dans lequel on peut puiser. Chacune des lectures de l'Ancien Testament proposées anticipe sur l'événement de la Pentecôte dont on entendra le récit demain : le don de l'Esprit au premier groupe de disciples du Christ est l'accomplissement de toute l'histoire du peuple de Dieu. En effet, contrairement à l'idéologie de Babel qui confondait l'unité et l'uniformité (Gn 11, 1-9), la Pentecôte réunit des êtres différents qui chantent en chœur les merveilles de Dieu : l'Esprit restaure l'unité mise en péril par la volonté de puissance des hommes.

L'Alliance conclue au Sinaï est prestigieuse, comme en témoigne la magnificence de la théophanie qui l'accompagne (Ex 19, 3...20). La Loi de Dieu est inscrite sur des tables de pierre. Le vent violent, le bruit et le feu seront aussi présents dans le récit de la Pentecôte qui s'inscrit dans le même registre de théophanie, mais la Loi, cette fois, sera inscrite dans les cœurs.

Ézékiel prophétise que l'Esprit, qui planait sur les eaux à la naissance du monde et qui créait tout à partir de rien, est capable de revivifier un monde mort et desséché et d'en faire une création nouvelle, redonnant espérance et vie au peuple de Dieu (Ez 37, 1-14). C'est lui qui rassemble aujourd'hui l'Église des quatre coins de l'horizon, lui que Dieu répand comme une eau sur tous les peuples de la terre en vue d'un Jour nouveau. Joël enfin l'avait annoncé (Jl 3, 1-5) et Pierre l'atteste au jour de la Pentecôte : Dieu donne son Esprit à tous les croyants pour faire d'eux un peuple de prophètes.

Que l'Esprit vienne au secours de notre faiblesse (*deuxième lecture*) et nous donne les mots de notre prière qui est celle de Jésus aujourd'hui, car l'Esprit est l'eau vive que Jésus nous donne à boire pour que nous ayons la Vie (*évangile*).

CHANTER

Pour les chants et la prière universelle, voir la messe du jour ci-après p. 426 et 430.

CÉLÉBRER

La liturgie a prévu une « veillée de la Pentecôte » qui comporte la messe au cours de laquelle peuvent être célébrés des baptêmes d'adultes, comme à la veillée pascale. La messe de la veille au soir peut être célébrée selon la manière habituelle avec une seule première lecture choisie parmi les quatre qui sont proposées, puis la deuxième lecture et l'évangile. Mais il est bon, quand c'est possible, et surtout quand il y a des baptêmes, de célébrer sous la forme développée, comme pour la veillée pascale. Dans ce cas, après le *Kyrie*, le prêtre dit une prière d'ouverture puis fait une monition introduisant à la liturgie de la Parole. Ensuite on lit les quatre premières lectures (proposées aussi au choix), chacune étant suivie d'un psaume responsorial ou par un temps de silence, puis par une oraison. Après la quatrième lecture, on chante le *Gloire à Dieu*, puis viennent une oraison, la deuxième lecture et la suite comme aux messes habituelles.
En dehors de la messe, les textes peuvent servir à des groupes ou à des paroisses qui désirent faire une veillée de prière à l'occasion de la Pentecôte.

Messe de la veille au soir

Prière d'ouverture

• Dieu éternel et tout-puissant, tu as voulu que la célébration du mystère de Pâques dure cinquante jours et s'achève avec la Pentecôte ; fais que les hommes, en proie aux divisions de toute sorte, soient rassemblés par l'Esprit Saint pour que chacun dans sa langue te rende gloire. Par Jésus Christ.
• Réponds à notre prière, Dieu tout-puissant, et comme au jour de la Pentecôte, que le Christ, lumière de lumière, envoie sur ton Église l'Esprit de feu : qu'il éclaire le cœur de ceux que tu as fait renaître et les confirme dans ta grâce. Par Jésus Christ.

Quatre textes au choix : Genèse, Exode, Ézékiel, Joël.

1re lecture (1) *L'unité perdue à Babel*

→ Lecture du livre de la Genèse Gn 11, 1-9

Toute la terre avait alors la même langue et les mêmes mots. Au cours de leurs déplacements du côté de l'orient, les hommes découvrirent une plaine en Mésopotamie, et s'y établirent. Ils se dirent l'un à l'autre : « Allons ! fabriquons des briques et mettons-les à cuire ! » Les briques leur servaient de pierres, et le bitume, de mortier. Ils dirent : « Allons ! bâtissons-nous une ville, avec une tour dont le sommet soit dans les cieux. Faisons-nous un nom, pour ne pas être disséminés sur toute la surface de la terre. » Le Seigneur descendit pour voir la ville et la tour que les hommes avaient bâties. Et le Seigneur dit : « Ils sont un seul peuple, ils ont tous la même langue : s'ils commencent ainsi, rien ne les empêchera désormais de faire tout ce qu'ils décideront. Allons ! descendons, et là, embrouillons leur langue : qu'ils ne se comprennent plus les uns les autres. » De là, le Seigneur les dispersa sur toute la surface de la terre. Ils cessèrent donc de bâtir la ville. C'est pourquoi on l'appela Babel, car c'est là que le Seigneur embrouilla la langue des habitants de toute la terre ; et c'est de là qu'il les dispersa sur toute la surface de la terre.

Psaume 32

R/ Heureux le peuple
que le Seigneur s'est choisi pour domaine.

Prière

Nous t'en prions, Dieu tout-puissant, accorde à ton Église d'être toujours ce peuple saint qui tient son unité de celle de la Trinité ; qu'elle soit pour le monde le sacrement de ton unité et de ta sainteté, et qu'elle le conduise à la plénitude de ta charité. Par Jésus.

1re lecture (2)

La Loi sur des tables de pierre

→ Lecture du livre de l'Exode Ex 19, 3-8a.16-20b

En ces jours-là Moïse monta vers Dieu. Le Seigneur l'appela du haut de la montagne : « Tu diras à la maison de Jacob, et tu annonceras aux fils d'Israël : Vous avez vu ce que j'ai fait à l'Égypte, comment je vous ai portés comme sur les ailes d'un aigle et vous ai amenés jusqu'à moi. Maintenant donc, si vous écoutez ma voix et gardez mon alliance, vous serez mon domaine particulier parmi tous les peuples car toute la terre m'appartient ; mais vous, vous serez pour moi un royaume de prêtres, une nation sainte. Voilà ce que tu diras aux fils d'Israël. » Moïse revint et convoqua les anciens du peuple, il leur exposa tout ce que le Seigneur avait ordonné. Le peuple tout entier répondit, unanime : « Tout ce que le Seigneur a dit, nous le mettrons en pratique. »

Le troisième jour, dès le matin, il y eut des coups de tonnerre, des éclairs, une lourde nuée sur la montagne, et une puissante sonnerie de cor ; dans le camp, tout le peuple trembla. Moïse fit sortir le peuple hors du camp, à la rencontre de Dieu, et ils restèrent debout au pied de la montagne. La montagne du Sinaï était toute fumante, car le Seigneur y était descendu dans le feu ; la fumée montait, comme la fumée d'une fournaise, et toute la montagne tremblait violemment. La sonnerie du cor était de plus en plus puissante. Moïse parlait, et la voix de Dieu lui répondait. Le Seigneur descendit sur le sommet du Sinaï, il appela Moïse sur le sommet de la montagne.

Cantique de Daniel 3

R/ À toi, louange et gloire éternellement !

ou bien

Psaume 18

R/ Seigneur, tu as les paroles de la vie éternelle.

Prière

Seigneur, notre Dieu, dans les éclairs et le feu, sur la montagne du Sinaï, tu as donné à Moïse l'ancienne loi, et dans le feu de l'Esprit, au jour de Pentecôte, tu as révélé l'Alliance nouvelle : accorde-nous de toujours brûler de cet Esprit que tu as répandu mystérieusement sur tes Apôtres, et donne à l'Israël nouveau, rassemblé de toutes les nations, d'accueillir avec joie l'éternel commandement de ton amour. Par Jésus.

1re lecture (3) *L'Esprit rend la vie aux morts*

→ **Lecture du livre d'Ézékiel** Ez 37, 1-14

En ces jours-là, la main du Seigneur se posa sur moi, par son esprit il m'emporta et me déposa au milieu d'une vallée ; elle était pleine d'ossements. Il me fit circuler parmi eux ; le sol de la vallée en était couvert, et ils étaient tout à fait desséchés. Alors le Seigneur me dit : « Fils d'homme, ces ossements peuvent-ils revivre ? » Je lui répondis : « Seigneur Dieu, c'est toi qui le sais ! » Il me dit alors : « Prophétise sur ces ossements. Tu leur diras : Ossements desséchés, écoutez la parole du Seigneur : Ainsi parle le Seigneur Dieu à ces ossements : Je vais faire entrer en vous l'esprit, et vous vivrez. Je vais mettre sur vous des nerfs, vous couvrir de chair, et vous revêtir de peau ; je vous donnerai l'esprit, et vous vivrez. Alors vous saurez que Je suis le Seigneur. » Je prophétisai, comme j'en avais reçu l'ordre. Pendant que je prophétisais, il y eut un bruit, puis une violente secousse, et les ossements se rapprochèrent les uns des autres. Je vis qu'ils se couvraient de nerfs, la chair repoussait, la peau les recouvrait, mais il n'y avait pas d'esprit en eux.

Le Seigneur me dit alors : « Adresse une prophétie à l'esprit, prophétise, fils d'homme. Dis à l'esprit : Ainsi parle le Seigneur Dieu : Viens des quatre vents, esprit ! » Souffle sur ces morts, et qu'ils vivent ! » Je prophétisai, comme il m'en avait donné l'ordre, et l'esprit entra en eux ; ils revinrent à la vie, et ils se dressèrent sur leurs pieds : c'était une armée immense !

Puis le Seigneur me dit : « Fils d'homme, ces ossements, c'est toute la maison d'Israël. Car ils disent : "Nos ossements sont desséchés, notre espérance est détruite, nous sommes perdus !" C'est pourquoi, prophétise. Tu leur diras : Ainsi parle le Seigneur Dieu : Je vais ouvrir vos tombeaux et je vous en ferai remonter, ô mon peuple, et je vous ramènerai sur la terre d'Israël. Vous saurez que Je suis le Seigneur, quand j'ouvrirai vos tombeaux et vous en ferai remonter, ô mon peuple ! Je mettrai en vous mon esprit, et vous vivrez ; je vous donnerai le repos sur votre terre. Alors vous saurez que Je suis le Seigneur : j'ai parlé et je le ferai – oracle du Seigneur. »

Psaume 106

**R/ Rendez grâce au Seigneur !
Éternel et son amour !**
ou : **Alléluia !**

Prière

Seigneur, Dieu puissant et fort, toi qui relèves ce qui est déchu, toi qui protèges ce que tu as relevé, fais grandir le peuple de ceux que tu renouvelles en leur donnant de sanctifier ton nom : que soient toujours guidés par ton souffle ceux que purifie le sacrement du baptême. Par Jésus.

1re lecture (4)

L'Esprit répandu sur toute créature

→ Lecture du livre de Joël 3, 1-5a

Ainsi parle le Seigneur : Je répandrai mon esprit sur tout être de chair, vos fils et vos filles prophétiseront, vos anciens seront instruits par des songes, et vos jeunes gens par des visions. Même sur les serviteurs et sur les servantes je répandrai mon esprit en ces jours-là. Je ferai des prodiges au ciel et sur la terre : du sang, du feu, des nuages de fumée. Le soleil sera changé en ténèbres, et la lune sera changée en sang, avant que vienne le jour du Seigneur, jour grand et redoutable. Alors, quiconque invoquera le nom du Seigneur sera sauvé.

Psaume 103

**R/ Ô Seigneur, envoie ton Esprit
qui renouvelle la face de la terre !**
ou : **Alléluia.**

Bénis le Seigneur, ô mon âme ;
Seigneur mon Dieu, tu es si grand !
Revêtu de magnificence,
tu as pour manteau la lumière !

Quelle profusion dans tes œuvres, Seigneur !
Tout cela, ta sagesse l'a fait ;
la terre s'emplit de tes biens.
Bénis le Seigneur, ô mon âme !

Tous, ils comptent sur toi
pour recevoir leur nourriture au temps voulu.
Tu donnes : eux, ils ramassent ;
tu ouvres la main : ils sont comblés.

Tu reprends leur souffle, ils expirent
et retournent à leur poussière.
Tu envoies ton souffle : ils sont créés ;
tu renouvelles la face de la terre.

2e lecture *L'Esprit intercède pour nous*

→ Lecture de la lettre de saint Paul Apôtre aux Romains 8, 22-27

Frères, nous le savons bien, la création tout entière gémit, elle passe par les douleurs d'un enfantement qui dure encore. Et elle n'est pas seule. Nous aussi, en nous-mêmes, nous gémissons ; nous avons commencé à recevoir l'Esprit Saint, mais nous attendons notre adoption et la rédemption de notre corps.

Car nous avons été sauvés, mais c'est en espérance ; voir ce qu'on espère, ce n'est plus espérer : ce que l'on voit, comment peut-on l'espérer encore ? Mais nous, qui espérons ce que nous ne voyons pas, nous l'attendons avec persévérance. Bien plus, l'Esprit Saint vient au secours de notre faiblesse, car nous ne savons pas prier comme il faut. L'Esprit lui-même intercède pour nous par des gémissements inexprimables. Et Dieu, qui scrute les cœurs, connaît les intentions de l'Esprit puisque c'est selon Dieu que l'Esprit intercède pour les fidèles.

Alléluia. Alléluia. Viens, Esprit Saint ! Emplis le cœur de tes fidèles ! Allume en eux le feu de ton amour ! **Alléluia.**

Évangile

La promesse du don de l'Esprit

→ Évangile de Jésus Christ selon saint Jean 7, 37-39

Au jour solennel où se terminait la fête des Tentes, Jésus, debout, s'écria : « Si quelqu'un a soif, qu'il vienne à moi, et qu'il boive, celui qui croit en moi ! Comme dit l'Écriture : *De son cœur couleront des fleuves d'eau vive.* »

En disant cela, il parlait de l'Esprit Saint qu'allaient recevoir ceux qui croiraient en lui. En effet, il ne pouvait y avoir l'Esprit puisque Jésus n'avait pas encore été glorifié.

Prière sur les offrandes

Sur nos offrandes, Seigneur, répands la bénédiction de l'Esprit : que ton Église en reçoive cette charité qui fera d'elle, au milieu du monde, le signe visible du salut. Par Jésus.

Préface de la Pentecôte, p. 431.

Dans les prières eucharistiques, il y a des textes propres à la fête de la Pentecôte.

Prière après la communion

Que cette communion, Seigneur, nous donne la ferveur de l'Esprit dont tu as comblé tes Apôtres, dès les premiers jours de l'Église. Par Jésus.

Messe du jour

31 MAI 2020

L'Esprit fait de nous des fils

À la naissance du monde, comme plus tard au Sinaï, puis au Cénacle, et comme chaque jour que Dieu fait, l'Esprit est la force de l'amour créateur qui suscite et rassemble les énergies pour construire le Royaume. Il donne à chacun d'avancer vers le Jour du Seigneur en découvrant la richesse des merveilles de Dieu à l'œuvre dans sa vie et dans la vie du monde. Il donne à l'Église de devenir Peuple de Dieu et Corps du Christ parmi les hommes, d'être le ferment enfoui dans la pâte d'un monde où puissent se lever toutes les formes de vie. L'Esprit de Pentecôte est un esprit de création.

Le récit des Actes (*première lecture*) repose sur un arrière-plan littéraire emprunté à la théophanie du Sinaï (Ex 19) et aux promesses d'une Nouvelle Alliance apportées par les prophètes, qu'on a pu lire hier (Jr 31, Ez 36, Jl 3, voir p. 420-422). On y entend aussi des échos du baptême de Jésus (Lc 3) : comme sur Jésus au début de son ministère, l'Esprit est répandu sur l'Église au commencement de sa mission. À celle-ci il est donné d'être entendue par chacun dans sa propre langue pour recevoir la bonne nouvelle de la Vie.

Le texte de Paul (*deuxième lecture*) est structuré par un jeu d'oppositions entre la chair et l'Esprit, la mort et la vie, l'esclave et le fils. Plongés dans la mort et la résurrection du Christ par le baptême, les chrétiens sont invités à se laisser conduire par l'Esprit de Dieu vers l'accomplissement des promesses du Royaume, car l'Esprit fait d'eux des fils, des hommes libres.

L'*évangile* fait contraste avec les *Actes* : le discours de Jésus rapporté par saint Jean est tout en finesse et en intimité. Ce Dieu dont la puissance éclate est en même temps un Dieu caché et invisible, qui demeure enfoui dans les profondeurs de ceux qui l'aiment. La Pentecôte se situe au fond de nos cœurs. Jésus fait de nous ses amis. Avec lui nous rendons grâce au Père.

CÉLÉBRER ET CHANTER LA PENTECÔTE

La fête de la Pentecôte marque l'aboutissement des cinquante jours du Temps pascal auquel elle appartient. La liturgie de ce dimanche doit vraiment sortir de l'ordinaire car nous fêtons la naissance de l'Église, le don de l'Esprit qui nous fait vivre, et la nouvelle Alliance. Les signes de la lumière, de l'eau et du feu évoqueront l'Esprit de Dieu dans la symbolique biblique et liturgique.

La Pentecôte a aussi une dimension missionnaire : chacun entendant la Bonne Nouvelle dans sa langue devient capable de l'annoncer à son tour. La célébration pourrait faire droit à cette extraordinaire capacité des langues humaines à se comprendre et à se traduire les unes les autres. On pourrait par exemple faire traduire tout ou partie des textes à des personnes d'aires linguistiques différentes.

Attention : c'est la *première lecture* qui éclaire le sens de la fête. On veillera à en soigner la proclamation.

Pour le *rite d'entrée*, on fera démarrer la procession avec la *croix* et le *lectionnaire*.

Au terme de la célébration, le *cierge pascal* trouvera sa place au baptistère. Il servira aux baptêmes et aux obsèques pendant toute l'année.

Le *rite de l'aspersion* évoque le baptême d'eau et d'Esprit dont nous faisons mémoire.

Comme *chant de procession* : ***Envoie ton Esprit Saint* K 47-40 CNA 502, *Esprit de Pentecôte* K 138, *Esprit des origines* KY 18-17-1 CNA 685, *Esprit de Dieu, souffle de vie* KY 501, *Esprit de lumière* K 68-44 ou K 32 06, *Ouvrez vos cœurs* K 79-1 CNA 812** qu'on peut chanter en deux chœurs, voix de femmes et voix d'hommes par exemple.

Après la deuxième lecture, on peut chanter une adaptation en français de la *séquence* ***Veni Sancte Spiritus* KY 169 C K 64-90, *Séquence pour le jour de la Pentecôte* KL 29-79.**

Après l'homélie : ***Viens, Esprit de Dieu* K 235 CNA 691, *Viens, Esprit très saint* K 35-30, *Amour qui planais sur les eaux* K 72, *Retournez-vous, voici l'Esprit* K 73.**

On peut aussi préférer le silence ou une pièce instrumentale pour mettre mieux en évidence la Profession de foi qui suit.

Pour la *procession de communion* : ***Esprit d'amour, Esprit d'unité*** **D 47-42,** ***Nous formons un même corps*** **D 105 CNA 570,** ***Au cœur de ce monde*** **A 238.**

Après la communion : ***Esprit de Dieu, souffle de vie*** **KY 501,** ***Envoie ton Esprit Saint*** **K 47-40 CNA 502,** ***Flamme jaillie d'auprès de Dieu*** **KP 108.**

À la fin de la célébration : ***Vent qui renouvelles*** **K 55-32,** ***Allez par toute la terre*** **T 20-76 CNA 533,** ***Laudate Dominum*** de Taizé. On peut prendre aussi ***Dieu fait de nous en Jésus Christ des hommes libres*** **K 64** ou ***Ouvrez vos cœurs*** **K 79.**

Prière d'ouverture

Aujourd'hui, Seigneur, par le mystère de la Pentecôte, tu sanctifies ton Église chez tous les peuples et dans toutes les nations : répands les dons du Saint-Esprit sur l'immensité du monde, et continue dans les cœurs des croyants l'œuvre d'amour que tu as entreprise au début de la prédication évangélique. Par Jésus Christ.

1re lecture

Tous remplis de l'Esprit Saint

→ **Lecture du livre des Actes des Apôtres** 2, 1-11

Quand arriva le jour de la Pentecôte, au terme des cinquante jours après Pâques, ils se trouvaient réunis tous ensemble. Soudain un bruit survint du ciel comme un violent coup de vent : la maison où ils étaient assis en fut remplie tout entière. Alors leur apparurent des langues qu'on aurait dites de feu, qui se partageaient, et il s'en posa une sur chacun d'eux. Tous furent remplis d'Esprit Saint : ils se mirent à parler en d'autres langues, et chacun s'exprimait selon le don de l'Esprit.

Or, il y avait, résidant à Jérusalem, des Juifs religieux, venant de toutes les nations sous le ciel. Lorsque ceux-ci entendirent la voix qui retentissait, ils se rassemblèrent en foule. Ils étaient en pleine confusion parce que chacun d'eux entendait dans son propre dialecte ceux qui parlaient. Dans la stupéfaction et l'émerveillement, ils disaient : « Ces gens qui parlent ne sont-ils pas tous Galiléens ? Comment se fait-il que chacun de nous les entende dans son propre dialecte, sa langue maternelle ? Parthes, Mèdes et Élamites, habitants de la Mésopotamie, de la Judée et de la Cappadoce, de la province du Pont et de celle d'Asie, de la Phrygie et de la Pamphylie, de l'Égypte et des contrées de Libye proches de Cyrène, Romains de passage, Juifs de naissance et convertis, Crétois et Arabes, tous nous les entendons parler dans nos langues des merveilles de Dieu. »

Psaume 103

R/ **Ô Seigneur, envoie ton Esprit**
qui renouvelle la face de la terre !
ou : **Alléluia.**

Bénis le Seigneur, ô mon âme ;
Seigneur mon Dieu, tu es si grand !
Quelle profusion dans tes œuvres, Seigneur !
la terre s'emplit de tes biens.

Tu reprends leur souffle, ils expirent
et retournent à leur poussière.
Tu envoies ton souffle : ils sont créés ;
tu renouvelles la face de la terre.

Gloire au Seigneur à tout jamais !
Que Dieu se réjouisse en ses œuvres !
Que mon poème lui soit agréable ;
moi, je me réjouis dans le Seigneur.

2e lecture

« C'est dans un unique Esprit que nous tous avons été baptisés pour former un seul corps »

➜ Lecture de la première lettre de saint Paul apôtre aux Corinthiens 12, 3b-7.12-13

Frères, personne n'est capable de dire : « Jésus est Seigneur » sinon dans l'Esprit Saint. Les dons de la grâce sont variés, mais c'est le même Esprit. Les services sont variés, mais c'est le même Seigneur. Les activités sont variées, mais c'est le même Dieu qui agit en tout et en tous. À chacun est donnée la manifestation de l'Esprit en vue du bien.

Prenons une comparaison : le corps ne fait qu'un, il a pourtant plusieurs membres ; et tous les membres, malgré leur nombre, ne forment qu'un seul corps. Il en est ainsi pour le Christ. C'est dans un unique Esprit, en effet, que nous tous, Juifs ou païens, esclaves ou hommes libres, nous avons été baptisés pour former un seul corps. Tous, nous avons été désaltérés par un unique Esprit.

Séquence

Viens, Esprit Saint, en nos cœurs
et envoie du haut du ciel
un rayon de ta lumière.

Viens en nous, père des pauvres,
viens, dispensateur des dons,
viens, lumière de nos cœurs.

Consolateur souverain,
hôte très doux de nos âmes,
adoucissante fraîcheur.

Dans le labeur, le repos ;
dans la fièvre, la fraîcheur ;
dans les pleurs, le réconfort.

Ô lumière bienheureuse,
viens remplir jusqu'à l'intime
le cœur de tous tes fidèles.

Sans ta puissance divine,
il n'est rien en aucun homme,
rien qui ne soit perverti.

Lave ce qui est souillé,
baigne ce qui est aride,
guéris ce qui est blessé.

Assouplis ce qui est raide,
réchauffe ce qui est froid,
rends droit ce qui est faussé.

À tous ceux qui ont la foi
et qui en toi se confient
donne tes sept dons sacrés.

Donne mérite et vertu,
donne le salut final,
donne la joie éternelle. Amen

Alléluia. Alléluia. Viens, Esprit Saint ! Emplis le cœur de tes fidèles ! Allume en eux le feu de ton amour ! **Alléluia.**

Évangile

« De même que le Père m'a envoyé, moi aussi je vous envoie : recevez l'Esprit Saint »

→ **Évangile de Jésus Christ selon saint Jean** 20, 19-23

C**'était après la mort de Jésus** ; le soir venu, en ce premier jour de la semaine, alors que les portes du lieu où se trouvaient les disciples étaient verrouillées par crainte des Juifs, Jésus vint, et il était là au milieu d'eux. Il leur dit : « La paix soit avec vous ! » Après cette parole, il leur montra ses mains et son côté. Les disciples furent remplis de joie en voyant le Seigneur.

Jésus leur dit de nouveau : « La paix soit avec vous ! De même que le Père m'a envoyé, moi aussi, je vous envoie. » Ayant ainsi parlé, il souffla sur eux et il leur dit : « Recevez l'Esprit Saint. À qui vous remettrez ses péchés, ils seront remis ; à qui vous maintiendrez ses péchés, ils seront maintenus. »

Pour la prière universelle

Seigneur, nous te présentons aujourd'hui
– tous les croyants qui prient avec sincérité : qu'ils se laissent guider par ton Esprit ;
R/ Seigneur, donne-leur ton Esprit pour bâtir ton Royaume.
– tous les artisans de paix, tous ceux qui construisent la communion entre les peuples ;
– tous les chercheurs de Dieu, tous ceux qui veulent servir la vérité ;
– tous ceux qui se préparent à recevoir la confirmation.

Prière sur les offrandes

Dieu notre Père, réponds à notre attente, souviens-toi de la promesse de ton Fils : que l'Esprit Saint nous fasse pénétrer plus avant dans l'intelligence du mystère eucharistique et nous ouvre à la vérité tout entière. Par Jésus.

Préface

Vraiment, il est juste et bon de te rendre gloire, de t'offrir notre action de grâce, toujours et en tout lieu, à toi, Père très saint, Dieu éternel et tout-puissant.
Pour accomplir jusqu'au bout le mystère de la Pâque, tu as répandu aujourd'hui l'Esprit Saint sur ceux dont tu as fait tes fils en les unissant à ton Fils unique. C'est ton Esprit qui a donné à tous les peuples, au commencement de l'Église, la connaissance du vrai Dieu, afin qu'ils confessent, chacun dans sa langue, une seule et même foi.
C'est pourquoi le peuple des baptisés, rayonnant de la joie pascale, exulte par toute la terre, tandis que les anges dans le ciel chantent sans fin l'hymne de ta gloire : **Saint !...**

Dans les prières eucharistiques, il y a des textes propres à la fête de Pentecôte.

Prière après la communion

Dieu qui accordes les biens du ciel à ton Église, protège la grâce que tu viens de lui donner : que le souffle de la Pentecôte agisse avec toujours plus de force ; que ce repas sanctifié par l'Esprit fasse progresser le monde vers le salut. Par Jésus.

Bénédiction solennelle

Aujourd'hui, Dieu le Père de toute lumière a envoyé l'Esprit Saint au cœur des disciples du Christ, il les a illuminés. Que ce même Esprit vous pénètre et sanctifie en vous ses dons. **Amen.**

Que le feu d'en haut venu sur les disciples consume tout mal au fond de vos cœurs et vous fasse porter au monde sa lumière. **Amen.**
C'est l'Esprit qui a rassemblé des hommes de toutes langues dans la profession de la même foi : qu'il vous garde fidèles à cette foi, et dans l'espérance du jour de Dieu. **Amen.**
Et que Dieu tout-puissant vous bénisse...

Renvoi

Allez, dans la paix du Christ, alléluia, alléluia !
Nous rendons grâce à Dieu, alléluia, alléluia !

Amour qui planais

« Amour qui planais sur les eaux
Et les berças du premier souffle,
Nos âmes dorment :
Prends-les d'un battement nouveau
Qui reflue au Christ vers leur source
Pour déborder parmi les hommes. »

Patrice de La Tour du Pin, *Hymne pour la Pentecôte*, *Prière du Temps Présent*, p. 504-505.

CALENDRIER LITURGIQUE

Di 31	**DIMANCHE DE PENTECÔTE A** [Visitation de la Vierge Marie]
Lu 1er	Lundi après la Pentecôte : La Vierge Marie, Mère de l'Église. *Liturgie des Heures : Psautier semaine I.* *9e semaine du Temps ordinaire.* 2 Pierre 1, 2-7 ; Ps 90 ; Marc 12, 1-12 : « Ils se saisirent du fils bien-aimé, le tuèrent, et le jetèrent hors de la vigne » [S. Justin, philosophe, martyr, † vers 165 à Rome]
Ma 2	*S. Marcellin et S. Pierre, martyrs, † 304 à Rome* *En France, S. Pothin, évêque de Lyon, Ste Blandine, vierge, et leurs compagnons, martyrs, † 177.* 2 Pierre 3, 12-15a.17-18 ; Ps 89 ; Marc 12, 13-17 : « Ce qui est à César, rendez-le à César, et à Dieu ce qui est à Dieu. »
Me 3	S. Charles Lwanga et ses compagnons, martyrs en Ouganda, † 1886. 2 Timothée 1, 1-3.6-12 ; Ps 122 ; Marc 12, 18-27 : « Il n'est pas le Dieu des morts, mais des vivants »
Je 4	*En France, Ste Clotilde, reine des Francs, † 545 à Tours.* 2 Timothée 2, 8-15 ; Ps 24 ; Marc 12, 28b-34 : « Il n'y a pas de commandement plus grand que ceux-là »
Ve 5	S. Boniface, bénédictin, évêque de Mayence, martyr, † 754. 2 Timothée 3, 10-17 ; Ps 118 ; Marc 12, 35-37 : « Comment les scribes peuvent-ils dire que le Messie est le fils de David ? »
Sa 6	*S. Norbert, évêque de Magdebourg, fondateur des Prémontrés, † 1134.* 2 Timothée 4, 1-8 ; Ps 70 ; Marc 12, 38-44 : « Cette pauvre veuve a mis dans le Trésor plus que tous les autres »

Bonne fête ! 31 : Pétronille, Perrette, Perrine. 1er juin : Justin, Roman. 2 : Marcellin, Blandine, Vital. 3 : Kévin. 4 : Clotilde. 5 : Boniface, Igor. 6 : Norbert, Claude.

La Sainte Trinité

7 JUIN 2020

Dieu avec nous

« Daigne marcher au milieu de nous » : la prière de Moïse, rapportée dans *la première lecture,* est bouleversante. En quelques mots, tout est dit du Dieu qui veut établir avec son peuple une relation intime. Au long de son histoire mouvementée, Israël découvre peu à peu quel amour l'accompagne et le guide. Au milieu des nations païennes, qui adorent une multitude de divinités, il témoigne de l'unique Seigneur, « Dieu tendre et miséricordieux, lent à la colère, plein d'amour et de vérité ». La révélation s'approfondit lorsque c'est le Fils bien-aimé du Père qui vient marcher au milieu des hommes en partageant leur condition mortelle. Il offre sa vie sur la croix « pour que le monde soit sauvé » *(évangile).* La foi chrétienne peut alors reconnaître et proclamer le mystère de Dieu : « Que la grâce du Seigneur Jésus Christ, l'amour de Dieu et la communion du Saint-Esprit soient avec vous tous » *(deuxième lecture).*

La fête de la Sainte Trinité nous invite à nous émerveiller d'être conviés à entrer dans l'intimité du Père, du Fils et du Saint-Esprit. Dieu est amour, il porte en lui-même l'altérité qui est la condition de l'amour. Le Père engendre le Fils, le Fils se reconnaît issu du Père et l'Esprit qui leur est commun est la manifestation de cet amour si parfaitement mutuel. Nous nous sentons sans doute tout petits face à l'océan de l'amour divin où notre baptême nous plonge. Tant mieux ! Réjouissons-nous d'être aimés sans mesure et entendons l'appel à aimer au-delà de notre pauvre mesure. C'est le sens de l'eucharistie à laquelle nous participons. Nous sommes rassemblés par l'Esprit, nous écoutons la parole du Fils et nous recevons son propre corps en nourriture pour la route, nous rendons grâce au Père qui nous prépare une place dans sa maison. Alléluia !

CHANTER

▸ Pour la procession d'ouverture : ***Hymne à la Trinité sainte* MY 230, *Père adorable* L 28-50 CNA 516, *Chantons avec toute l'Église* M 26-03, *Par la musique et par nos voix* Y 43-38 CNA 272, *Peuple de Dieu, marche joyeux* K 180 CNA 574.**

▸ Après la Parole, ***Nul n'a jamais vu Dieu* MP 27-18-4, *Très haut Seigneur* SYL Z 700.**

▸ Pour la procession de communion, ***Chantons à Dieu* MP 30-79 CNA 538, *Grâce te soit rendue* MY 36-76-2, 36-76-4, 36-76-7, *Peuples, criez de joie* MY 27-2 CNA 579.**

Prière d'ouverture

Dieu notre Père, tu as envoyé dans le monde ta Parole de vérité et ton Esprit de sainteté pour révéler aux hommes ton admirable mystère ; donne-nous de professer la vraie foi en reconnaissant la gloire de l'éternelle Trinité, en adorant son Unité toute-puissante. Par Jésus Christ.

1re lecture

« Le Seigneur, le Seigneur, Dieu tendre et miséricordieux »

→ **Lecture du livre de l'Exode** 34, 4b-6.8-9

En ces jours-là, Moïse se leva de bon matin, et il gravit la montagne du Sinaï comme le Seigneur le lui avait ordonné. Il emportait les deux tables de pierre.

Le Seigneur descendit dans la nuée et vint se placer là, auprès de Moïse. Il proclama son nom qui est : LE SEIGNEUR. Il passa devant Moïse et proclama : « LE SEIGNEUR, LE SEIGNEUR, Dieu tendre et miséricordieux, lent à la colère, plein d'amour et de vérité. »

Aussitôt Moïse s'inclina jusqu'à terre et se prosterna. Il dit : « S'il est vrai, mon Seigneur, que j'ai trouvé grâce à tes yeux, daigne marcher au milieu de nous. Oui, c'est un peuple à la nuque raide ; mais tu pardonneras nos fautes et nos péchés, et tu feras de nous ton héritage. »

Cantique de Daniel

R/ À toi, louange et gloire éternellement !
Béni sois-tu, Seigneur, Dieu de nos pères :
R/ À toi, louange et gloire éternellement !
Béni soit le nom très saint de ta gloire :
R/ À toi, louange et gloire éternellement !
Béni sois-tu dans ton saint temple de gloire :
R/ À toi, louange et gloire éternellement !
Béni sois-tu sur le trône de ton règne :
R/ À toi, louange et gloire éternellement !
Béni sois-tu, toi qui sondes les abîmes :
R/ À toi, louange et gloire éternellement !
Toi qui sièges au-dessus des Kéroubim :
R/ À toi, louange et gloire éternellement !
Béni sois-tu au firmament, dans le ciel,
R/ À toi, louange et gloire éternellement !

2e lecture

Que le Père, le Fils et l'Esprit soient avec vous

→ **Lecture de la deuxième lettre de saint Paul apôtre aux Corinthiens** 13, 11-13

Frères, soyez dans la joie, cherchez la perfection, encouragez-vous, soyez d'accord entre vous, vivez en paix, et le Dieu d'amour et de paix sera avec vous. Saluez-vous les uns les autres par un baiser de paix. Tous les fidèles vous saluent.

Que la grâce du Seigneur Jésus Christ, l'amour de Dieu et la communion du Saint-Esprit soient avec vous tous.

Alléluia. Alléluia. Gloire au Père, et au Fils, et au Saint-Esprit : au Dieu qui est, qui était et qui vient ! **Alléluia.**

Évangile *« Dieu a aimé tellement le monde qu'il a donné son Fils »*

→ Évangile de Jésus Christ selon saint Jean 3, 16-18

Dieu a tellement aimé le monde qu'il a donné son Fils unique, afin que quiconque croit en lui ne se perde pas, mais obtienne la vie éternelle. Car Dieu a envoyé son Fils dans le monde, non pas pour juger le monde, mais pour que, par lui, le monde soit sauvé. Celui qui croit en lui échappe au Jugement ; celui qui ne croit pas est déjà jugé, du fait qu'il n'a pas cru au nom du Fils unique de Dieu.

Pour la prière universelle

Nous pouvons prier :
– pour les néophytes qui ont été baptisés à Pâques « au nom du Père, et du Fils, et du Saint-Esprit » ;
– pour les chrétiens du monde entier que l'Esprit rassemble au-delà des différences ;
– pour les moines et les moniales qui cherchent le visage de Dieu et intercèdent en faveur de l'Église et du monde ;
– pour les missionnaires de l'Évangile du salut, destiné à tous les hommes.

Prière sur les offrandes

Sanctifie, Seigneur notre Dieu, le sacrifice sur lequel nous invoquons ton nom très saint ; et, par cette eucharistie, fais de nous-mêmes une éternelle offrande à ta gloire. Par Jésus.

Préface

Vraiment, il est juste et bon de te rendre gloire, de t'offrir notre action de grâce, toujours et en tout lieu, à toi, Père très saint, Dieu éternel et tout-puissant.

Avec ton Fils unique et le Saint-Esprit, tu es un seul Dieu, tu es un seul Seigneur, dans la trinité des personnes et l'unité de leur nature.
Ce que nous croyons de ta gloire, parce que tu l'as révélé, nous le croyons pareillement, et de ton Fils et du Saint-Esprit ; et quand nous proclamons notre foi au Dieu éternel et véritable, nous adorons en même temps chacune des personnes, leur unique nature, leur égale majesté.
C'est ainsi que les anges et les archanges, et les plus hautes puissances des cieux, ne cessent de chanter d'une même voix : **Saint !...**

Prière après la communion

Puissions-nous trouver, Seigneur, le salut de l'âme et du corps dans le sacrement que nous avons reçu, tandis que nous affirmons notre foi en la Trinité, éternelle et sainte, comme en son indivisible Unité. Par Jésus.

La Trinité, voilà notre demeure

« Oui, "je l'ai trouvé, Celui qu'aime mon âme" (Ct 3, 14), "cet unique nécessaire" (Lc 10, 42) que nul ne peut me ravir. Qu'il est bon, qu'il est beau ! Je voudrais être toute silencieuse, toute adorante afin de pénétrer toujours plus en Lui, et d'en être si pleine que je puisse Le donner par la prière à ces pauvres âmes ignorantes du don de Dieu ! Je sais que vous priez pour moi chaque jour à la sainte Messe. Mettez-moi dans le calice afin que mon âme soit baignée dans ce Sang de mon Christ dont j'ai soif, afin d'être toute pure, toute transparente pour que la Trinité puisse se refléter en moi comme dans un cristal. La Trinité, voilà notre demeure, notre chez-nous, la maison paternelle d'où nous ne devons jamais sortir. Le Maître l'a dit un jour : "L'esclave ne demeure pas toujours en la maison, mais le fils y demeure toujours" (Jn 8, 35). Ainsi soit-il. »

Sainte Élisabeth de la Trinité, *Le Ciel dans la foi,* 1906.

CALENDRIER LITURGIQUE

Di 7	**LA SAINTE TRINITÉ A.**
Lu 8	10e semaine du Temps ordinaire. *Liturgie des Heures : Psautier semaine II.* 1 Rois 17, 1-6 ; Ps 120 ; Mt 5, 1-12 : « Heureux les pauvres de cœur »
Ma 9	S. Éphrem, diacre, docteur de l'Église, † 373 à Édesse (Urfa, Turquie). 1 Rois 17, 7-16 ; Ps 4 ; Mt 5, 13-16 : « Vous êtes le sel de la terre »
Me 10	1 Rois 18, 20-39 ; Ps 15 ; Mt 5, 17-19 : « Je ne suis pas venu abolir, mais accomplir »
Je 11	S. Barnabé, Apôtre. Lectures propres. La première lecture est obligatoire : Ac 11, 21b-26 ; 13, 1-3 ; Ps 97 : Mt 10, 7-13. Ou, férie : 1 Rois 18, 41-46 ; Ps 64 ; Mt 5, 20-26 : « Tout homme qui se met en colère contre son frère devra passer en jugement »
Ve 12	1 Rois 19, 9a.11-16 ; Ps 26 ; Mt 5, 27-32 : « Tout homme qui regarde une femme avec convoitise a déjà commis l'adultère »
Sa 13	S. Antoine de Padoue, prêtre, franciscain portugais, docteur de l'Église, † 1231 à Padoue. 1 Rois 19, 19-21 ; Ps 15 ; Mt 5, 33-37 : « Moi, je vous dis de ne pas jurer du tout »

Bonne fête ! 7 : Gilbert, Maïté. 8 : Médard, Armand. 9 : Éphrem, Diane, Anne-Marie, Félicien. 10 : Landry. 11 : Barnabé, Yolande. 12 : Guy. 13 : Antoine, Rambert.

Saint Antoine de Padoue (13 juin) Né à Lisbonne en 1195, il entre chez les chanoines de saint Augustin et il est ordonné prêtre. Bouleversé par l'exemple des franciscains martyrs au Maroc, il rejoint l'ordre en 1220. Il se fait remarquer par ses talents de prédicateur et d'enseignant à Bologne, Toulouse, Montpellier et Limoges. En 1231, il est envoyé à Padoue prêcher le Carême. Il y meurt d'épuisement.

Du Notre Père à la prière après la communion

L'acte de communion ne se réduit pas à la seule réception du pain et du vin consacrés, pas plus que l'acte de consécration ne se réduit aux seules paroles de l'institution de l'eucharistie.

Communier c'est être pris dans tout un ensemble que sont les « Rites de Communion » (titre que donne la Présentation générale du Missel romain [PGMR] à cette séquence). Ils comprennent l'oraison dominicale (Notre Père), le rite de la paix, la fraction du pain avec l'invocation *Agneau de Dieu*, la communion accompagnée du chant de communion (ou par l'antienne proposée dans le Missel romain qui doit être au moins dite s'il n'y a pas de chant) et la prière après la communion. Le Missel met également sous le titre « La Communion » tous ces rites.

Cette perspective élargit ce qu'est en somme la communion. Elle passe par toute une ritualité qui initie les fidèles à la réception du Corps et du Sang du Christ au cœur de l'assemblée (*ecclesia*).

Les rites de communion sont dialogues. Ainsi, la prière du Notre Père est comme la réponse de l'assemblée à la Prière eucharistique à laquelle elle a donné son assentiment en répondant *Amen*. De plus, sa structure dit quelque chose de la place centrale de l'eucharistie dans la vie chrétienne. Il y a sept demandes : chiffre de la perfection ! Trois orientées sur la vie divine en nous – celle, au milieu, du pain quotidien – puis, trois orientées sur la vie humaine en voie de sanctification. La demande du « pain quotidien » signifie l'eucharistie comme centre de la vie ecclésiale. Cette prière ouvre un dialogue où l'assemblée dit son désir d'être rassasiée de ce pain.

Les rites de communion sont facteurs d'unité. De la sorte, toutes les nombreuses demandes de la paix et le rite lui-même : *Donne la paix à notre temps* (qui suit le Notre Père) ; *Je vous laisse la paix, je vous donne ma paix... pour que ta volonté s'accomplisse donne-lui toujours cette paix...* ; *donnez-vous la paix* ; et encore après : *Donne-nous la paix* (*Agneau de Dieu*). La PGMR dit que par ce rite : « Les fidèles expriment leur communion dans l'Église ainsi que leur amour mutuel avant de communier au Sacrement » (n° 82). Nous saisissons que communier au Corps du Christ, c'est également communier à l'Église qui est son Corps.

Les rites de communion sont dons. Cela est particulièrement évoqué par la fraction du pain qui a donné son nom à la messe, aux tout premiers temps de l'Église. En partageant le pain eucharistique est signifié le sacrifice que le Christ fait de sa vie. Corps livré et Sang versé pour que la multitude puisse recevoir ce don et, en le recevant, que tous deviennent un seul Corps. Toute la ritualité tend à ce que les fidèles répondent alors par l'offrande de leur vie.

La Communion proprement dite repose aussi sur une ritualité structurante : prière du prêtre pour se préparer à communier (l'assemblée s'unit à lui) ; invitation au banquet du Christ (conscients de notre indignité) ; chant de communion réalisant l'unité spirituelle (que l'on communie ou pas) ; prière après la communion (achevant notre prière silencieuse) exprimant le fruit de la communion. En répondant à cette prière : « Amen », c'est tout le rite de communion qui est ainsi conclu.

En somme, la réalité de la communion est plus grande que ce que l'on imagine souvent. L'ensemble des rites qui l'accompagnent sert l'intégralité du Mystère sacramentel : « Pénètre-nous, Seigneur, de ton esprit de charité, afin que soient unis par ton amour ceux que tu as nourris d'un même pain » (Prière après la communion II).

BM

Fête du Corps et du Sang du Christ

14 JUIN 2020

Chair et sang pour la vie éternelle

Il y a un contraste frappant entre la solennité de cette fête et l'expérience quotidienne à laquelle elle renvoie : être nourri. Mais l'enjeu est vital, car le manque prolongé de nourriture met en danger de mort. C'est ce qu'a vécu le peuple d'Israël au désert, lieu aride et hostile. Il a fallu l'intervention divine pour faire jaillir l'eau et faire descendre du ciel un pain mystérieux, la manne *(première lecture).* Dieu prend soin de son peuple et lui permet de survivre à la rude traversée. Mais si précieuse que soit cette nourriture providentielle, elle ne fait qu'entretenir la vie terrestre, et tous ceux qui en ont mangé sont morts. Or le Dieu de la vie veut donner bien davantage. Par son Fils bien-aimé, il se donne lui-même en nourriture, gage de cette extraordinaire promesse : « Celui qui mange ma chair et boit mon sang a la vie éternelle » *(évangile).* La nourriture que l'être humain ingère devient une part de son corps, une part de lui-même. De même, affirme Jésus, « celui qui mange ma chair et boit mon sang demeure en moi, et moi je demeure en lui ». N'est-ce pas cela, la vie éternelle : être uni au Fils, qui est lui-même uni au Père ?

La manne fut donnée à un peuple. De même, le corps du Christ est donné à l'Église, comme peuple. En communiant à ce corps, nous devenons un seul corps. « La multitude que nous sommes est un seul corps, car nous avons tous part à un seul pain » *(deuxième lecture).* C'est l'eucharistie qui rassemble l'Église et qui construit son unité, jour après jour. Célébrons donc dans la joie le don immense qui nous est fait. Le pain de la vie éternelle est donné aux pèlerins que nous sommes pour nous transformer chaque jour à la suite du Christ, notre compagnon de route, qui nous conduit vers la maison du Père.

CHANTER

▸ Pour la procession d'ouverture : ***Nous formons un seul corps*** **D 105 CNA 570,** ***Peuple de Dieu, marche joyeux*** **K 180 CNA 574 (couplets 8, 9 et 12),** ***Dieu nous accueille*** **A 174 CNA 545 (couplets 3, 5, 6 et 7).**

▸ Pour la préparation pénitentielle, ***Messe pascale*** **AL 56-29,** ***Par ton mystère pascal*** **AL 18-64-4.**

▸ Pendant la procession des dons, ***Dieu notre Père, voici le pain*** **B 57-30.** Pour la procession de communion, ***Approchons-nous de la table*** **D 19-30,** ***Qui mange ma chair*** **D 290 CNA 343,** ***Pain véritable*** **D 103 CNA 340,** ***En marchant vers toi, Seigneur*** **D 380 CNA 326,** ***Pain vivant*** **D 67-39.**

▸ Après la communion, ***Tenons en éveil*** **Y 243-1 CNA 591,** ***Celui qui a mangé de ce pain*** **D 140-2 CNA 321,** ***En mémoire du Seigneur*** **D 304-1 CNA 327,** ***Que soit parfaite notre unité*** **D 341,** ***N'oublions pas les merveilles de Dieu*** **ZL 33-34.**

Prière d'ouverture

Seigneur Jésus Christ, dans cet admirable sacrement, tu nous as laissé le mémorial de ta passion ; donne-nous de vénérer d'un si grand amour le mystère de ton corps et de ton sang, que nous puissions recueillir sans cesse le fruit de ta rédemption. Toi qui règnes.

1re lecture *Dieu nourrit son peuple au désert*

→ Lecture du livre du Deutéronome 8, 2-3.14b-16a

Moïse disait au peuple d'Israël : « Souviens-toi de la longue marche que tu as faite pendant quarante années dans le désert ; le Seigneur ton Dieu te l'a imposée pour te faire passer par la pauvreté ; il voulait t'éprouver et savoir ce que tu as dans le cœur : allais-tu garder ses commandements, oui ou non ? Il t'a fait passer par la pauvreté, il t'a fait sentir la faim, et il t'a donné à manger la manne – cette nourriture que ni toi ni tes pères n'aviez connue – pour que tu saches que l'homme ne vit pas seulement de pain, mais de tout ce qui vient de la bouche du Seigneur. N'oublie pas le Seigneur ton Dieu qui t'a fait sortir du pays d'Égypte, de la maison d'esclavage. C'est lui qui t'a fait traverser ce désert, vaste et terrifiant, pays des serpents brûlants et des scorpions, pays de la sécheresse et de la soif. C'est lui qui, pour toi, a fait jaillir l'eau de la roche la plus dure. C'est lui qui, dans le désert, t'a donné la manne – cette nourriture inconnue de tes pères. »

Psaume 147

R/ Glorifie le Seigneur, Jérusalem !

Glorifie le Seigneur, Jérusalem !
Célèbre ton Dieu, ô Sion !
Il a consolidé les barres de tes portes,
dans tes murs il a béni tes enfants.

Il fait régner la paix à tes frontières,
et d'un pain de froment te rassasie.
Il envoie sa parole sur la terre :
rapide, son verbe la parcourt.

Il révèle sa parole à Jacob,
ses volontés et ses lois à Israël.
Pas un peuple qu'il ait ainsi traité ;
nul autre n'a connu ses volontés.

2e lecture

La communion au corps et au sang du Christ

→ **Lecture de la première lettre de saint Paul apôtre aux Corinthiens** 10, 16-17

Frères, la coupe de bénédiction que nous bénissons, n'est-elle pas communion au sang du Christ ? Le pain que nous rompons, n'est-il pas communion au corps du Christ ? Puisqu'il y a un seul pain, la multitude que nous sommes est un seul corps, car nous avons tous part à un seul pain.

Séquence

Cette séquence (ad libitum) peut être dite intégralement ou sous une forme abrégée à partir de : « Le voici, le pain des anges ».

Sion, célèbre ton Sauveur,
chante ton chef et ton pasteur
par des hymnes et des chants.

Tant que tu peux, tu dois oser,
car il dépasse tes louanges,
tu ne peux trop le louer.
Le Pain vivant, le Pain de vie,
il est aujourd'hui proposé
comme objet de tes louanges.

Au repas sacré de la Cène,
il est bien vrai qu'il fut donné
au groupe des douze frères.

Louons-le à voix pleine et forte,
que soit joyeuse et rayonnante
l'allégresse de nos cœurs !

C'est en effet la journée solennelle
où nous fêtons de ce banquet divin
la première institution.

À ce banquet du nouveau Roi,
la Pâque de la Loi nouvelle
met fin à la Pâque ancienne.

L'ordre ancien le cède au nouveau,
la réalité chasse l'ombre,
et la lumière, la nuit.

Ce que fit le Christ à la Cène,
il ordonna qu'en sa mémoire
nous le fassions après lui.

Instruits par son précepte saint,
nous consacrons le pain, le vin,
en victime de salut.

C'est un dogme pour les chrétiens
que le pain se change en son corps,
que le vin devient son sang.
Ce qu'on ne peut comprendre et voir,
notre foi ose l'affirmer,
hors des lois de la nature.

L'une et l'autre de ces espèces,
qui ne sont que de purs signes,
voilent un réel divin.

Sa chair nourrit, son sang abreuve,
mais le Christ tout entier demeure
sous chacune des espèces.

On le reçoit sans le briser,
le rompre ni le diviser ;
il est reçu tout entier.

Qu'un seul ou mille
communient,
il se donne à l'un comme aux
autres,
il nourrit sans disparaître.

Bons et mauvais le
consomment,
mais pour un sort bien
différent,
pour la vie ou pour la mort.

Mort des pécheurs, vie pour les
justes ;
vois : ils prennent pareillement ;
quel résultat différent !

Si l'on divise les espèces,
n'hésite pas, mais souviens-toi
qu'il est présent dans un
fragment
aussi bien que dans le tout.

Le signe seul est partagé,
le Christ n'est en rien divisé,
ni sa taille ni son état
n'ont en rien diminué.

* Le voici, le pain des anges,
il est le pain de l'homme en
route,
le vrai pain des enfants de Dieu,
qu'on ne peut jeter aux chiens.

D'avance il fut annoncé
par Isaac en sacrifice,
par l'agneau pascal immolé,
par la manne de nos pères.

Ô bon Pasteur, notre vrai pain,
ô Jésus, aie pitié de nous,
nourris-nous et protège-nous,
fais-nous voir les biens éternels
dans la terre des vivants.

Toi qui sais tout et qui peux
tout,
toi qui sur terre nous nourris,
conduis-nous au banquet
du ciel
et donne-nous ton héritage,
en compagnie de tes saints.
Amen.

Alléluia. Alléluia. Moi, je suis le pain vivant, qui est descendu du ciel, dit le Seigneur ; si quelqu'un mange de ce pain, il vivra éternellement. **Alléluia.**

Évangile

« Celui qui mange de ce pain vivra éternellement »

→ Évangile de Jésus Christ selon saint Jean 6, 51-58

En ce temps-là, Jésus disait aux foules des Juifs : « Moi, je suis le pain vivant, qui est descendu du ciel : si quelqu'un mange de ce pain, il vivra éternellement. Le pain que je donnerai, c'est ma chair, donnée pour la vie du monde. » Les Juifs se querellaient entre eux : « Comment celui-là peut-il nous donner sa chair à manger ? »

Jésus leur dit alors : « Amen, amen, je vous le dis : si vous ne mangez pas la chair du Fils de l'homme, et si vous ne buvez pas son sang, vous n'avez pas la vie en vous. Celui qui mange ma chair et boit mon sang a la vie éternelle ; et moi, je le ressusciterai au dernier jour. En effet, ma chair est la vraie nourriture, et mon sang est la vraie boisson. Celui qui mange ma chair et boit mon sang demeure en moi, et moi, je demeure en lui. De même que le Père, qui est vivant, m'a envoyé, et que moi je vis par le Père, de même celui qui me mange, lui aussi vivra par moi. Tel est le pain qui est descendu du ciel : il n'est pas comme celui que les pères ont mangé. Eux, ils sont morts ; celui qui mange ce pain vivra éternellement. »

Pour la prière universelle

Avec confiance, prions Dieu qui prend soin de son peuple :
– pour l'Église, appelée à devenir le corps du Christ afin de témoigner de l'amour de Dieu dans le monde d'aujourd'hui ;
– pour les enfants qui communient pour la première fois, afin qu'ils progressent dans la découverte du trésor de l'eucharistie ;
– pour les communautés chrétiennes menacées et persécutées, qui n'ont pas la liberté de célébrer l'eucharistie ;
– pour les peuples qui souffrent de la faim et pour ceux qui leur viennent en aide.

Prière sur les offrandes

Accorde, Seigneur, à ton Église les biens de l'unité et de la paix, dont nos offrandes sont le signe dans le mystère eucharistique. Par Jésus.

Préface

Vraiment, il est juste et bon de te rendre gloire, de t'offrir notre action de grâce, toujours et en tout lieu, à toi, Père très saint, Dieu éternel et tout-puissant, par le Christ, notre Seigneur.
Dans le dernier repas qu'il prit avec ses Apôtres, afin que toutes les générations fassent mémoire du salut par la croix, il s'est offert à toi, comme l'Agneau sans péché, et tu as accueilli son sacrifice de louange.
Quand tes fidèles communient à ce sacrement, tu les sanctifies pour que tous les hommes, habitant le même univers, soient éclairés par la même foi et réunis par la même charité. Nous venons à la table d'un si grand mystère nous imprégner de ta grâce et connaître déjà la vie du Royaume.
Voilà pourquoi le ciel et la terre t'adorent ; ils chantent le cantique de l'Alliance nouvelle, et nous-mêmes, unissant notre voix à celle des anges, nous t'acclamons : **Saint !...**

On peut prendre la préface du Jeudi saint, p. 300.

Prière après la communion

Fais que nous possédions, Seigneur Jésus, la jouissance éternelle de ta divinité, car nous en avons ici-bas l'avant-goût lorsque nous recevons ton corps et ton sang. Toi qui règnes.

CALENDRIER LITURGIQUE

Di 14	**LE SAINT SACREMENT DU CORPS ET DU SANG DU CHRIST.** *Liturgie des Heures : Psautier semaine III.*
Lu 15	11e semaine du Temps ordinaire. 1 Rois 21, 1-16 ; Ps 5 ; Mt 5, 38-42 : « Moi, je vous dis de ne pas riposter au méchant »
Ma 16	1 Rois 21, 17-29 ; Ps 50 ; Mt 5, 43-48 : « Aimez vos ennemis »
Me 17	2 Rois 2, 1.6-14 ; Ps 30 ; Mt 6, 1-6.16-18 : « Ton Père qui voit dans le secret te le rendra »
Je 18	Ben Sira 48, 1-14 ; Ps 96 ; Mt 6, 7-15 « Vous donc, priez ainsi »
Ve 19	**SACRE CŒUR DE JÉSUS, p. 451.** *[S. Romuald, abbé, fondateur des Camaldules, † 1027 à Camaldoli (Italie).]*
Sa 20	*Le Cœur immaculé de Marie.* 2 Chroniques 24, 17-25 ; Ps 88 ; Mt 6, 24-34 : « Ne vous faites pas de souci pour demain »

Bonne fête ! 14 : Élisée, Valère, Rufin. 15 : Germaine. 16 : Jean-François, Régis, Aurélien, Ferréol. 17 : Hervé, Rainier. 18 : Léonce. 19 : Romuald, Gervais. 20 : Silvère.

Saint Jean-François Régis (16 juin) Né en 1597 à Fontcouverte (Aude), il entre à 19 ans dans la Compagnie de Jésus et il est ordonné prêtre. On l'envoie au Puy, où il déploie de grands talents de prédicateur et d'apôtre, parcourant sans relâche le Velay, le Vivarais et le Forez. En 1640, il meurt d'épuisement au bourg de Lalouvesc, dans le Massif central, où son tombeau n'a cessé d'attirer les pèlerins.

Sacré-Cœur de Jésus

19 JUIN 2020

« Dieu a tellement aimé le monde qu'il a donné son Fils unique » (Jn 3, 16). La fête du Sacré-Cœur invite à contempler la source du salut : l'amour du Christ, qui donne librement sa vie pour ses frères humains, afin d'accomplir la volonté de son Père du ciel. C'est l'amour fidèle et éternel, tendre et miséricordieux. En nous mettant à l'école du cœur de Jésus, nous apprenons à accueillir son amour pour nous, à aimer comme lui et à dilater notre cœur aux dimensions du monde.

CHANTER

Deux chants possibles : ***Invisible, ô toi lumière* C239 CNA 780, *Litanies du Sacré Cœur* Y 22-83 CNA 787.**

Prière d'ouverture

Seigneur notre Père, en vénérant le Cœur de ton Fils bien-aimé, nous disons les merveilles de ton amour pour nous ; fais que nous recevions de cette source divine une grâce plus abondante. Par Jésus Christ.

1re lecture

Le peuple que Dieu aime.

Dt 7, 6-11

Psaume 102

R/ L'amour du Seigneur, sur ceux qui le craignent, est de toujours à toujours.

2e lecture

« Dieu nous a aimés »

→ **Lecture de la première lettre de saint Jean** 4, 7-16

Évangile

« Je suis doux et humble de cœur »

→ **Évangile de Jésus Christ selon saint Matthieu** 11, 25-30

En ce temps-là, Jésus prit la parole et dit : « Père, Seigneur du ciel et de la terre, je proclame ta louange : ce que tu as caché aux sages et aux savants, tu l'as révélé aux tout-petits. Oui, Père, tu l'as voulu ainsi dans ta bienveillance. Tout m'a été remis par mon Père ; personne ne connaît le Fils, sinon le Père, et personne ne connaît le Père, sinon le Fils, et celui à qui le Fils veut le révéler.

Venez à moi, vous tous qui peinez sous le poids du fardeau, et moi, je vous procurerai le repos. Prenez sur vous mon joug, devenez mes disciples, car je suis doux et humble de cœur, et *vous trouverez le repos pour votre âme.* Oui, mon joug est facile à porter, et mon fardeau, léger. »

Préface

Vraiment, il est juste et bon de te rendre gloire, de t'offrir notre action de grâce, toujours et en tout lieu, à toi, Père très saint, Dieu éternel et tout-puissant, par le Christ, notre Seigneur.

Dans son immense amour, quand il fut élevé sur la croix, il s'est offert lui-même pour nous ; et de son côté transpercé, laissant jaillir le sang et l'eau, il fit naître les sacrements de l'Église, pour que tous les hommes, attirés vers son cœur, viennent puiser la joie aux sources vives du salut.

C'est pourquoi, avec les anges et tous les saints, nous chantons l'hymne de ta gloire et sans fin nous proclamons : **Saint !...**

12e dimanche

21 JUIN 2020

La force que Dieu donne

La vie d'un prophète n'est pas un long fleuve tranquille. Jérémie en fait l'amère expérience, alors qu'il reçoit l'inconfortable mission d'annoncer la ruine du royaume de Juda, menacé par le puissant empire babylonien *(première lecture)*. Bien sûr, ni le peuple ni les dirigeants ne veulent écouter ce sinistre défaitiste. Jérémie se sent très seul pour affronter l'hostilité, mais il fait aussi l'expérience que Dieu est son appui et son secours. « Le Seigneur est avec moi, tel un guerrier redoutable ».

De même, dans l'*évangile*, Jésus invite ses disciples à la confiance. Certes, ils seront, comme leur maître, en butte à des difficultés, voire à la persécution, mais le Père veille sur eux, comme il prend soin des oiseaux du ciel. « Soyez donc sans crainte : vous valez bien plus qu'une multitude de moineaux ». Sur la terre comme au ciel, le Fils se montre solidaire de ses disciples, comme il l'est de toute l'humanité.

Depuis le premier homme, le monde est le champ de bataille du péché et de la mort, qui en est la conséquence *(deuxième lecture)*. Il fallait donc un homme pour répandre la grâce de Dieu. Mais à peine saint Paul a-t-il établi cette symétrie qu'il la corrige aussitôt par une radicale disproportion. « Si la mort a frappé la multitude par la faute d'un seul, combien plus la grâce de Dieu s'est-elle répandue en abondance sur la multitude ». Ce « combien plus » fonde l'espérance chrétienne. Le Christ, nouvel Adam, a vaincu le péché et la mort par la puissance de sa résurrection ; c'est lui qui conduit au salut la multitude des hommes ses frères. Nous en rendons grâce en participant à l'eucharistie, où nous recevons la force et la paix qui viennent de Dieu pour avoir part à la victoire du Christ notre Seigneur.

CHANTER LE 12e ET LE 13e DIMANCHE

- Les chants proposés ici vaudront aussi pour le 13e dimanche.
- Choisir un même ordinaire de la messe pour plusieurs dimanches permet de donner de la cohérence aux grandes sections du Temps ordinaire.
- Pour la procession d'ouverture : ***Peuple choisi*** **K 64 CNA 543, *Jubilez, criez de joie* U 52-42, *Peuple rassemblé, ton Église en fête* A 58-10, *Dieu nous accueille* A 174 CNA 545.**
- Pour la procession de communion : ***Partageons le pain du Seigneur*** **D 39-31, CNA 342, *En mémoire du Seigneur* D 304-1 CNA 327.**
- Après la communion : ***En accueillant l'amour*** **DP 126 CNA 325, *Jubilez, criez de joie* Y 68-11.**
- Si l'on souhaite caractériser davantage chaque dimanche : pour le 12e dimanche, ***N'ayons pas peur de vivre au monde*** **T 72** ; pour le 13e dimanche, ***Baptisés dans la lumière de Jésus*** **I 297 CNA 672.**

Prière d'ouverture

Fais-nous vivre à tout moment, Seigneur, dans l'amour et le respect de ton saint nom, toi qui ne cesses jamais de guider ceux que tu enracines solidement dans ton amour. Par Jésus Christ.

1re lecture

« Le Seigneur est avec moi, tel un guerrier »

→ Lecture du livre du prophète Jérémie 20, 10-13

Moi Jérémie, j'entends les calomnies de la foule : « Dénoncez-le ! Allons le dénoncer, celui-là, l'Épouvante-de-tous-côtés. » Tous mes amis guettent mes faux pas, ils disent : « Peut-être se laissera-t-il séduire... Nous réussirons, et nous prendrons sur lui notre revanche ! » Mais le Seigneur est avec moi, tel un guerrier redoutable : mes persécuteurs trébucheront, ils ne réussiront pas. Leur défaite les couvrira de honte, d'une confusion éternelle, inoubliable. Seigneur de l'univers, toi qui scrutes l'homme juste, toi qui vois les reins et les cœurs, fais-moi voir la revanche que tu leur infligeras, car c'est à toi que j'ai remis ma cause.

Chantez le Seigneur, louez le Seigneur : il a délivré le malheureux de la main des méchants.

Psaume 68

R/ Dans ton grand amour, Dieu, réponds-moi.

C'est pour toi que j'endure l'insulte,
que la honte me couvre le visage :
je suis un étranger pour mes frères,
un inconnu pour les fils de ma mère.
L'amour de ta maison m'a perdu ;
on t'insulte, et l'insulte retombe sur moi.

Et moi, je te prie, Seigneur :
c'est l'heure de ta grâce ;
dans ton grand amour, Dieu, réponds-moi,
par ta vérité sauve-moi.
Réponds-moi, Seigneur,
car il est bon, ton amour ;
dans ta grande tendresse, regarde-moi

Les pauvres l'ont vu, ils sont en fête :
« Vie et joie, à vous qui cherchez Dieu ! »
Car le Seigneur écoute les humbles,
il n'oublie pas les siens emprisonnés.
Que le ciel et la terre le célèbrent,
les mers et tout leur peuplement.

2e lecture

« Le don gratuit de Dieu et la faute n'ont pas la même mesure »

→ Lecture de la lettre de saint Paul apôtre aux Romains 5, 12-15

Frères, nous savons que par un seul homme, le péché est entré dans le monde, et que par le péché est venue la mort ; et ainsi, la mort est passée en tous les hommes, étant donné que tous ont péché. Avant la loi de Moïse, le péché était déjà dans le monde, mais le péché ne peut être imputé à personne tant qu'il n'y a pas de loi. Pourtant, depuis Adam jusqu'à Moïse, la mort a établi son règne, même sur ceux qui n'avaient pas péché par une transgression semblable à celle d'Adam. Or, Adam préfigure celui qui devait venir. Mais il n'en va pas du don gratuit comme de la faute. En effet, si la mort a frappé la multitude par la faute d'un seul, combien plus la grâce de Dieu s'est-elle répandue en abondance sur la multitude, cette grâce qui est donnée en un seul homme, Jésus Christ.

Alléluia. Alléluia. L'Esprit de vérité rendra témoignage en ma faveur, a dit le Seigneur ; vous aussi, vous allez rendre témoignage. **Alléluia.**

Évangile

« Ne craignez pas les hommes »

→ Évangile de Jésus Christ selon saint Matthieu 10, 26-33

En ce temps-là, Jésus disait à ses Apôtres : « Ne craignez pas les hommes ; rien n'est voilé qui ne sera dévoilé, rien n'est caché qui ne sera connu. Ce que je vous dis dans les ténèbres, dites-le en pleine lumière ; ce que vous entendez au creux de l'oreille, proclamez-le sur les toits. Ne craignez pas ceux qui tuent le corps sans pouvoir tuer l'âme ; craignez plutôt celui qui peut faire périr dans la géhenne l'âme aussi bien que le corps. Deux moineaux ne sont-ils pas vendus pour un sou ? Or, pas un seul ne tombe à terre sans que votre Père le veuille. Quant à vous, même les cheveux de votre tête sont tous comptés. Soyez donc sans crainte : vous valez bien plus qu'une multitude de moineaux. Quiconque se déclarera pour moi devant les hommes, moi aussi je me déclarerai pour lui devant mon Père qui est aux cieux. Mais celui qui me reniera devant les hommes, moi aussi je le renierai devant mon Père qui est aux cieux. »

Pour la prière universelle

Confions au Seigneur :
– les chrétiens persécutés, empêchés de vivre leur foi au grand jour ou contraints à l'exil ;
– les personnes qui se sentent écrasées par le mal, prisonnières d'un profond découragement ;
– les prophètes d'aujourd'hui, chargés d'annoncer à temps et à contre-temps la bonne nouvelle du salut ;
– les personnes qui proclament la dignité de l'être humain en se mettant au service des plus petits, des plus faibles, des plus méprisés.

Prière sur les offrandes

Accepte, Seigneur, le sacrifice de louange et de pardon, afin que nos cœurs, purifiés par sa puissance, t'offrent un amour qui réponde à ton amour. Par Jésus.

Prière après la communion

Renouvelés par le corps et le sang de ton Fils, nous implorons ta bonté, Seigneur : fais qu'à jamais rachetés, nous possédions dans ton Royaume ce que nous célébrons en chaque eucharistie. Par Jésus.

Agir et s'abandonner à la Providence

« Il me semble que vous devriez vous résoudre à faire avec calme ce que vous pouvez. Ne soyez pas inquiets de tout, mais abandonnez à la divine Providence ce que vous ne pouvez accomplir par vous-même. Sont agréables à Dieu notre soin et notre sollicitude raisonnables pour mener à bien les affaires dont nous devons nous occuper par devoir. L'anxiété et l'inquiétude de l'esprit ne plaisent point à Dieu. Le Seigneur veut que nos limites et nos faiblesses prennent appui en sa force et en sa toute-puissance ; il veut nous voir croire que sa bonté peut suppléer à l'imperfection de nos moyens. »

Saint Ignace de Loyola (1491-1556), *Lettre du 17 novembre 1555.*

CALENDRIER LITURGIQUE

Di 21	**12e dimanche A.** *Liturgie des Heures : Psautier semaine IV.* [S. Louis de Gonzague, étudiant jésuite, † 1591 à Rome.]
Lu 22	*S. Paulin (Bordelais), évêque de Nole (Italie), † 431.* *S. Jean Fisher, évêque de Rochester, et S. Thomas More, chancelier d'Angleterre, martyrs à Londres, † 1535.* 2 Rois 17, 5-8.13-15a.18 ; Ps 59 ; Mt 7, 1-5 : « Enlève d'abord la poutre de ton œil »
Ma 23	2 Rois 19, 9b-11.14-21.31-35a.36 ; Ps 47 ; Mt 7, 6.12-14 : « Tout ce que vous voudriez que les autres fassent pour vous, faites-le pour eux » Messe du soir : S. Jean Baptiste : Jérémie 1, 4-10 ; Ps 70 ; 1 Pierre 1, 8-12 ; Luc 1, 5-17 : « Ta femme mettra au monde pour toi un fils, et tu lui donneras le nom de Jean »
Me 24	**NATIVITÉ DE S. JEAN BAPTISTE**. Lectures propres : Isaïe 49, 1-6 ; Ps 138 ; Actes 13, 22-26 ; Luc 1, 57-66.80 : « Son nom est Jean »
Je 25	2 Rois 24, 8-17 ; Ps 78 ; Mt 7, 21-29 : La maison construite sur le roc et la maison construite sur le sable
Ve 26	2 Rois 25, 1-12 ; Ps 136 ; Mt 8, 1-4 : « Si tu le veux, tu peux me purifier »
Sa 27	*S. Cyrille, évêque d'Alexandrie, docteur de l'Église, † 444.* Lamentations 2, 2.10-14.18-19 ; Ps 73 ; Mt 8, 5-17 : « Beaucoup viendront de l'orient et de l'occident et prendront place avec Abraham, Isaac et Jacob »

Bonne fête ! 21 : Gonzague, Rodolphe, Rudy, Loïs. 22 : Paulin, Alban. 23 : Audrey. 24 : Jean-Baptiste, Johnny, Yann, Yannick. 25 : Léonore, Prosper, Nora, Salomon. 26 : Anthelme. 27 : Cyrille, Fernand.

Saint Thomas More (22 juin) Né à Londres en 1478, il étudie le droit et devient juriste. Il s'illustre comme l'un des grands humanistes de son temps en écrivant *Utopie*. C'est aussi un époux aimant et un père attentif. Chancelier d'Angleterre en 1529, il refuse de reconnaître le roi Henri VIII comme chef de l'Église anglicane. Il est alors emprisonné à la tour de Londres puis décapité, en 1535.

13e dimanche

28 JUIN 2020

Disciples d'un Maître généreux

Que notre Dieu est généreux ! Dans les temps anciens, l'hospitalité attentionnée offerte par une femme, une païenne pourtant, à ce « saint homme de Dieu » qu'était à ses yeux le prophète Élisée lui a valu la plus belle des récompenses : la promesse d'avoir un fils. L'*évangile* de ce jour nous dit qu'il y aura une récompense même pour un simple verre d'eau donné à un disciple du Christ. Tout geste d'amour, si modeste semble-t-il, est précieux et a valeur d'éternité. Le Fils, étroitement uni à son Père, établit la même union avec ses disciples. « Qui vous accueille m'accueille ; et qui m'accueille accueille Celui qui m'a envoyé. »

Cette union prend sa source dans le baptême, qui est communion à la mort et à la résurrection du Christ *(deuxième lecture).* Il ne s'agit pas d'un vague symbole ou d'une figure de style. Saint Paul affirme, de manière forte, que le croyant est mis au tombeau avec le Christ. Le baptême instaure donc une véritable rupture, qui implique une conversion par rapport à la manière antérieure de vivre. En ayant part à la résurrection de son Seigneur, le croyant vit d'une vie nouvelle, dont il n'est plus maître. « Pensez que vous êtes morts au péché, mais vivants pour Dieu en Jésus Christ ».

On comprend alors les exigences que comporte la condition de disciple. D'une manière ou d'une autre, il faut prendre sa croix, puisque tel est le chemin qu'a suivi Jésus. Ce n'est pas du dolorisme ou du masochisme, puisqu'il s'agit d'avoir la vie, et la vie en abondance. Mais c'est un chemin paradoxal, qui met au défi la sagesse humaine : « Qui a trouvé sa vie la perdra ; qui a perdu sa vie à cause de moi la gardera ». Il faut beaucoup de confiance et d'espérance pour remettre ainsi sa vie. Que notre participation à l'eucharistie nous engage à être davantage d'authentiques disciples de Celui qui donne sa vie pour ses amis.

Des chants sont proposés au 12e dimanche, p. 454.

Prière d'ouverture

Tu as voulu, Seigneur, qu'en recevant ta grâce nous devenions des fils de lumière ; ne permets pas que l'erreur nous plonge dans la nuit, mais accorde-nous d'être toujours rayonnants de ta vérité. Par Jésus Christ.

1re lecture *Dieu récompense la femme qui héberge son prophète*

→ **Lecture du deuxième livre des Rois** 4, 8-11.14-16a

Un jour, le prophète Élisée passait à Sunam ; une femme riche de ce pays insista pour qu'il vienne manger chez elle. Depuis, chaque fois qu'il passait par là, il allait manger chez elle. Elle dit à son mari : « Écoute, je sais que celui qui s'arrête toujours chez nous est un saint homme de Dieu. Faisons-lui une petite chambre sur la terrasse ; nous y mettrons un lit, une table, un siège et une lampe, et quand il viendra chez nous, il pourra s'y retirer. »

Le jour où il revint, il se retira dans cette chambre pour y coucher. Puis il dit à son serviteur : « Que peut-on faire pour cette femme ? » Le serviteur répondit : « Hélas, elle n'a pas de fils, et son mari est âgé. » Élisée lui dit : « Appelle-la. » Le serviteur l'appela et elle se présenta à la porte. Élisée lui dit : « À cette même époque, au temps fixé pour la naissance, tu tiendras un fils dans tes bras. »

Psaume 88

R/ Ton amour, Seigneur, sans fin je le chante !

L'amour du Seigneur, sans fin je le chante ;
ta fidélité, je l'annonce d'âge en âge.
Je le dis : C'est un amour bâti pour toujours ;
ta fidélité est plus stable que les cieux.

Heureux le peuple qui connaît l'ovation !
Seigneur, il marche à la lumière de ta face ;
tout le jour, à ton nom il danse de joie,
fier de ton juste pouvoir.

Tu es sa force éclatante ;
ta grâce accroît notre vigueur.
Oui, notre roi est au Seigneur ;
notre bouclier, au Dieu saint d'Israël.

2e lecture

Unis, par le baptême, à la mort et à la résurrection du Christ

→ Lecture de la lettre de saint Paul apôtre aux Romains 6, 3-4.8-11

Frères, ne le savez-vous pas ? Nous tous qui par le baptême avons été unis au Christ Jésus, c'est à sa mort que nous avons été unis par le baptême. Si donc, par le baptême qui nous unit à sa mort, nous avons été mis au tombeau avec lui, c'est pour que nous menions une vie nouvelle, nous aussi, comme le Christ qui, par la toute-puissance du Père, est ressuscité d'entre les morts.

Et si nous sommes passés par la mort avec le Christ, nous croyons que nous vivrons aussi avec lui. Nous le savons en effet : ressuscité d'entre les morts, le Christ ne meurt plus ; la mort n'a plus de pouvoir sur lui. Car lui qui est mort, c'est au péché qu'il est mort une fois pour toutes ; lui qui est vivant, c'est pour Dieu qu'il est vivant. De même, vous aussi, pensez que vous êtes morts au péché, mais vivants pour Dieu en Jésus Christ.

Alléluia. Alléluia. Descendance choisie, sacerdoce royal, nation sainte, annoncez les merveilles de Celui qui vous a appelés des ténèbres à son admirable lumière. **Alléluia.**

Évangile

« Qui vous accueille m'accueille »

→ Évangile de Jésus Christ selon saint Matthieu 10, 37-42

En ce temps-là, Jésus disait à ses Apôtres : « Celui qui aime son père ou sa mère plus que moi n'est pas digne de moi ; celui qui aime son fils ou sa fille plus que moi n'est pas digne de moi ; celui qui ne prend pas sa croix et ne me suit pas n'est pas digne de moi. Qui a trouvé sa vie la perdra ; qui a perdu sa vie à cause de moi la gardera. Qui vous accueille m'accueille ; et qui m'accueille accueille Celui qui m'a envoyé. Qui accueille un prophète en sa qualité de prophète recevra une récompense de prophète ; qui accueille un homme juste en sa qualité de juste recevra une récompense de juste. Et celui qui donnera à boire, même un simple verre d'eau fraîche, à l'un de ces petits en sa qualité de disciple, amen, je vous le dis : non, il ne perdra pas sa récompense. »

Pour la prière universelle

– Béni sois-tu, Seigneur, pour tous les gestes d'amour dont les hommes sont capables. Donne ta grâce aux personnes qui prennent soin des plus petits et des plus pauvres.
– Béni sois-tu, Seigneur, pour les gestes d'accueil et d'hospitalité. Ouvre nos yeux et notre cœur à la détresse des réfugiés et des migrants.
– Béni sois-tu, Seigneur, pour les personnes qui s'engagent à ta suite afin de témoigner de l'Évangile. Suscite dans ton Église les vocations dont notre temps a besoin.
– Béni sois-tu, Seigneur, pour la puissance de ta résurrection dans nos vies. Donne ta force et ta paix aux personnes malades, touchées par le handicap ou le grand âge.

Prière sur les offrandes

Dieu qui agis avec puissance dans tes sacrements, fais que le peuple assemblé pour te servir soit accordé à la sainteté de tes propres dons. Par Jésus.

Prière après la communion

Que le corps et le sang de Jésus Christ, offert en sacrifice et reçu en communion, nous donnent la vie, Seigneur : reliés à toi par une charité qui ne passera jamais, nous porterons des fruits qui demeurent. Par Jésus.

« Une vie sans croix est une vie sans amour »

« Celui qui aime saisit nécessairement qu'il accueille la croix. Une vie sans croix est une vie sans amour. Celui qui n'aime pas n'est touché par rien. Il y a tant de gens qui, aujourd'hui, disent : "C'est ma vie, je fais ce que je veux" sans s'occuper de ceux qui les aiment et qui souffrent de leurs fantaisies égoïstes. Ces gens-là passent "entre les gouttes" comme on dit. Chacun d'entre nous en fait l'expérience. Aimer consiste toujours à accepter la croix. Que l'on soit père, mère, époux, épouse, enfant, nous savons bien que ceux qui nous blessent le plus sont ceux que l'on aime. Que ce soit par inquiétude pour eux ou parce qu'un mot de leur part nous fait plus de mal qu'une grave insulte de quelqu'un qui nous indiffère. Aimer, c'est prendre le risque d'être blessé. »

Homélie de Mgr Aupetit lors de l'ordination du P. Mathieu Rougé comme évêque de Nanterre, 16 septembre 2018.

CALENDRIER LITURGIQUE

Di 28	**13e dimanche A.** *Liturgie des Heures : Psautier semaine I.* [S. Irénée, évêque de Lyon et martyr, † vers 202.] Messe du soir. S. Pierre et S. Paul. Lectures propres : Actes 3, 1-10 ; Ps 18 A ; Galates 1, 11-20 ; Jean 21, 15-19 : « Sois le berger de mes agneaux ; sois le berger de mes brebis
Lu 29	**S. PIERRE et S. PAUL, Apôtres**. Messe du jour. Lectures propres : Actes 12, 1-11 ; Ps 33 ; 2 Timothée 4, 6-8.17-18 ; Mt 16, 13-19 : « Tu es Pierre, et je te donnerai les clés du royaume des Cieux »
Ma 30	*Les premiers martyrs de l'Église de Rome, † 64.* Amos 3, 1-8 ; 4, 11-12 ; Ps 5 ; Mt 8, 23-27 : « Jésus ; debout, menaça les vents et la mer, et il se fit un grand calme »
Me 1er	Amos 5, 14-15.21-24 ; Ps 49 ; Mt 8, 28-34 : « Es-tu venu pour nous tourmenter avant le moment fixé ? »
Je 2	Amos 7, 10-17 ; Ps 18 B ; Mt 9, 1-8 : « Les foules rendirent gloire à Dieu qui a donné un tel pouvoir aux hommes »
Ve 3	S. THOMAS, Apôtre. Lectures propres : Éphésiens 2, 19-22 ; Ps 116 ; Jean 20, 24-29 : « Mon Seigneur et mon Dieu ! »
Sa 4	*Ste Élisabeth, reine du Portugal, † 1336.* Amos 9, 11-15 ; Ps 84 ; Mt 9, 14-17 : « Les invités de la noce pourraient-ils donc être en deuil pendant le temps où l'Époux est avec eux ? »

Bonne fête ! 28 : Irénée. 29 : Pierre, Paul, Pablo, Peter. 30 : Martial. 1er : Thierry, Dietrich, Servan, Esther. 2 : Martinien. 3 : Thomas. 4 : Florian, Berthe, Élian, Éliane, Élisabeth.

Sainte Élisabeth de Portugal (**4 juillet**) Née en 1271 en Aragon, elle épouse très jeune le roi du Portugal. Dévouée à son époux, en dépit de ses infidélités, c'est une femme de prière mais aussi un artisan de paix dans les conflits auxquels sa famille se trouve mêlée. À la mort de son mari, elle entre dans le tiers-ordre franciscain et se consacre aux pauvres jusqu'à sa mort, en 1336.

14e dimanche

5 JUILLET 2020

Un Dieu reposant

Un roi « pauvre et monté sur un âne » – monture bien moins prestigieuse que le cheval – quel paradoxe (*première lecture*) ! Un roi victorieux, mais pas par les armes ; qui, au lieu de courir au combat, « proclamera la paix aux nations ». Voilà bien le roi qu'il faut à Jérusalem, après l'expérience amère de la destruction puis de l'exil. « Exulte de toutes tes forces, fille de Sion ! » La joie est la signature du salut qui s'accomplit.

Dans *l'évangile*, Jésus laisse la louange déborder de son cœur en reconnaissant l'action de son Père qui se révèle de manière paradoxale : « Ce que tu as caché aux sages et aux savants, tu l'as révélé aux tout-petits ». Qui, en effet, a reconnu et accueilli le Fils ? Ni les puissants, ni les savants, qui se sentent menacés dans leurs privilèges, mais les pauvres, les marginaux, les malades – ceux qui n'ont rien à perdre. Ils reçoivent cette merveilleuse promesse : « Venez à moi, vous tous qui peinez sous le poids du fardeau, et moi je vous procurerai le repos ».

Nous pensons trop souvent qu'un chrétien doit se dépenser au service de Dieu et de ses frères, ce qui risque d'être fatigant ; or voici que Jésus évoque l'inverse. Nous ne sommes pas appelés à porter le monde sur nos épaules (quel fardeau écrasant !), mais à faire l'expérience du joug bienfaisant que le Christ nous propose. Le joug peut faire penser à cette pièce de bois qui permet à deux animaux de trait d'unir leurs efforts pour mener à bien leur tâche. Le Christ accompagne chaque jour ses disciples, et c'est pourquoi « l'Esprit de Dieu habite en vous » comme l'enseigne saint Paul aux chrétiens de Rome *(deuxième lecture).* Cet Esprit qui a ressuscité le Christ d'entre les morts est promesse de vie pour ceux qui lui appartiennent. En participant à l'eucharistie, nous rendons grâce pour la paix et l'amour que nous recevons du Maître « doux et humble de cœur ».

CHANTER

- Pour la procession d'ouverture, ***Jubilez, criez de joie*** **U 52-42,** ***Dieu nous éveille à la foi*** **IA 20-70-3,** ***Laissez-vous mener par l'Esprit*** **K 524.**
- Après la Parole, ***Vous tous qui peinez*** **U 13-21 CNA 700.**
- Pour la procession de communion, ***Recevez le corps du Christ*** **D 585 CNA 345,** ***Venez prendre le corps*** **D 50-06-2,** ***Tu fais ta demeure en nous, Seigneur*** **D 56-49.**
- Pour l'action de grâce, ***Seigneur du ciel et de la terre*** **XY 48-47,** ***Heureux les pauvres*** **WP 106 CNA 650,** ***Jubilez, criez de joie*** **Y 68-11.**

Prière d'ouverture

Dieu qui as relevé le monde par les abaissements de ton Fils, donne à tes fidèles une joie sainte : tu les as tirés de l'esclavage du péché ; fais-leur connaître le bonheur impérissable. Par Jésus Christ.

1re lecture

« Voici ton roi qui vient à toi »

→ **Lecture du livre du prophète Zacharie** 9, 9-10

Ainsi parle le Seigneur : « Exulte de toutes tes forces, fille de Sion ! Pousse des cris de joie, fille de Jérusalem ! Voici ton roi qui vient à toi : il est juste et victorieux, pauvre et monté sur un âne, un ânon, le petit d'une ânesse. Ce roi fera disparaître d'Éphraïm les chars de guerre, et de Jérusalem les chevaux de combat ; il brisera l'arc de guerre, et il proclamera la paix aux nations. Sa domination s'étendra d'une mer à l'autre, et de l'Euphrate à l'autre bout du pays. »

Psaume 144

R/ Mon Dieu, mon Roi, je bénirai ton nom toujours et à jamais !
ou : **Alléluia.**

Je t'exalterai, mon Dieu, mon Roi ;
je bénirai ton nom toujours et à jamais !
Chaque jour je te bénirai,
je louerai ton nom toujours et à jamais.

Le Seigneur est tendresse et pitié,
lent à la colère et plein d'amour.
La bonté du Seigneur est pour tous,
sa tendresse, pour toutes ses œuvres.

Que tes œuvres, Seigneur, te rendent grâce
et que tes fidèles te bénissent !
Ils diront la gloire de ton règne,
ils parleront de tes exploits,

Le Seigneur est vrai en tout ce qu'il dit,
fidèle en tout ce qu'il fait.
Le Seigneur soutient tous ceux qui tombent,
il redresse tous les accablés.

2e lecture

« L'Esprit de Dieu habite en vous »

→ Lecture de la lettre de saint Paul apôtre aux Romains 8, 9.11-13

Frères, vous, vous n'êtes pas sous l'emprise de la chair, mais sous celle de l'Esprit, puisque l'Esprit de Dieu habite en vous. Celui qui n'a pas l'Esprit du Christ ne lui appartient pas. Mais si l'Esprit de celui qui a ressuscité Jésus d'entre les morts habite en vous, celui qui a ressuscité Jésus, le Christ, d'entre les morts donnera aussi la vie à vos corps mortels par son Esprit qui habite en vous. Ainsi donc, frères, nous avons une dette, mais elle n'est pas envers la chair pour devoir vivre selon la chair. Car si vous vivez selon la chair, vous allez mourir ; mais si, par l'Esprit, vous tuez les agissements de l'homme pécheur, vous vivrez.

Alléluia. Alléluia. Tu es béni, Père, Seigneur du ciel et de la terre, tu as révélé aux tout-petits les mystères du Royaume ! **Alléluia.**

Évangile

« Je suis doux et humble de cœur »

→ Évangile de Jésus Christ selon saint Matthieu 11, 25-30

En ce temps-là, Jésus prit la parole et dit : « Père, Seigneur du ciel et de la terre, je proclame ta louange : ce que tu as caché aux sages et aux savants, tu l'as révélé aux tout-petits. Oui, Père, tu l'as voulu ainsi dans ta bienveillance. Tout m'a été remis par mon Père ; personne ne connaît le Fils, sinon le Père, et personne ne connaît le Père, sinon le Fils, et celui à qui le Fils veut le révéler.

Venez à moi, vous tous qui peinez sous le poids du fardeau, et moi, je vous procurerai le repos. Prenez sur vous mon joug, devenez mes disciples, car je suis doux et humble de cœur, et *vous trouverez le repos pour votre âme*. Oui, mon joug est facile à porter, et mon fardeau, léger. »

Pour la prière universelle

Nous pouvons prier :
– pour les peuples en guerre et pour les artisans de paix ;
– pour les parents et les catéchistes qui ouvrent le cœur des tout-petits à l'amour du Père ;
– pour les personnes épuisées par la maladie ou des conditions de vie difficiles ;
– pour les familles qui sont en vacances.

Prière sur les offrandes

Puissions-nous être purifiés, Seigneur, par l'offrande qui t'est consacrée : qu'elle nous conduise, jour après jour, au Royaume où nous vivrons avec toi. Par Jésus.

Prière après la communion

Comblés d'un si grand bien, nous te supplions, Seigneur : fais que nous en retirions des fruits pour notre salut, et que jamais nous ne cessions de chanter ta louange. Par Jésus.

Qu'il est facile de trouver Dieu !

« Ô si nous étions persuadés de la bonté de Dieu pour ses pauvres créatures et du désir qu'il a de se communiquer à elles ! On ne se ferait pas des monstres et on ne désespérerait pas si facilement d'obtenir un bien qu'il désire extrêmement nous donner. Et après qu'il nous a "donné son Fils unique et l'a livré lui-même à la mort pour nous" (Rm 8, 32), pourrait-il nous refuser quelque chose ? Non assurément. Il ne faut qu'un peu de courage et de persévérance. On en a tant pour de petits intérêts temporels et on n'en a point pour "l'unique nécessaire" (Luc 10, 42). »

Madame Guyon, *Le Moyen Court et très facile de faire oraison...*, 1686.

CALENDRIER LITURGIQUE

Di 5	**14e dimanche A.** *Liturgie des Heures : Psautier semaine II.* *[S. Antoine-Marie Zaccaria, fondateur des Barnabites, † 1539 à Crémone (Italie).]*
Lu 6	*Ste Maria Goretti, vierge et martyre, † 1902 à Nettuno (Italie).* Osée 2, 16.17b-18.21-22 ; Ps 144 ; Mt 9, 18-26 : « Ma fille est morte à l'instant ; mais viens, et elle vivra »
Ma 7	Osée 8, 4-7.11-13 ; Ps 113 B ; Mt 9, 32-38 : « La moisson est abondante, mais les ouvriers sont peu nombreux »
Me 8	Osée 10, 1-3.7-8.12 ; Ps 104 ; Mt 10, 1-7 : « Allez plutôt vers les brebis perdues de la maison d'Israël »
Je 9	*S. Augustin Zhao Rong, prêtre † 1815, et ses compagnons, martyrs en Chine † 1648-1930.* Osée 11, 1-4.8c-9 ; Ps 79 ; Mt 10, 7-15 : « Vous avez reçu gratuitement : donnez gratuitement »
Ve 10	*En Afrique du Nord, Ste Marcienne, vierge et martyre, à Cherchel † vers 303.* Osée 14, 2-10 ; Ps 50 ; Mt 10, 16-23 : « Ce n'est pas vous qui parlerez, c'est l'Esprit de votre Père »
Sa 11	S. BENOÎT, abbé, patron de l'Europe, † 547 au Mont-Cassin (Italie). En Europe, fête. Lectures propres : Proverbes 2, 1-9 ; Ps 33 ; Mt 19, 27-29 : « Vous qui m'avez suivi, vous recevrez le centuple »

Bonne fête ! 5 : Antoine-Marie. 6 : Mariette. 7 : Ralf, Raoul. 8 : Thibault, Edgar. 9 : Amandine, Irma, Marianne, Hermine. 10 : Ulrich. 11 : Benoît, Olga.

Saint Benoît (11 juillet) Il naît à Nursie, en Ombrie, vers 480. Vers 530, il fonde la célèbre abbaye du Mont-Cassin, où il restera jusqu'à sa mort. Il écrit pour ses frères bénédictins une *Règle* fondée sur la prière liturgique et sur le travail manuel, qui s'imposera largement en Europe. Considéré comme le père du monachisme occidental, il est aussi co-patron de l'Europe, depuis 1964.

15e dimanche

12 JUILLET 2020

Semailles et moisson

Semer est une dépossession et un geste de confiance. L'homme jette en terre un petit grain de blé qui, espère-t-il, recevra de quoi germer puis grandir, et enfin produire du fruit au temps fixé. Le psalmiste voit dans l'harmonie de la nature la bonté et la sagesse du Dieu créateur. Il s'en émerveille : « Tu visites la terre et tu l'abreuves, tu la combles de richesses » *(psaume)*. Le prophète Isaïe utilise aussi cette belle image des semailles pour donner à voir l'action de la Parole divine, qui veut féconder le cœur des hommes et ne manque pas d'accomplir sa mission *(première lecture)*.

Lorsque Jésus parle à son tour du travail du semeur, il utilise donc une référence familière à ses auditeurs. Mais il met l'accent sur la responsabilité de chacun de se rendre disponible, ou pas, pour accueillir le don de Dieu. La parole ne s'impose pas, elle met en jeu la liberté de l'être humain. Il peut arriver bien des choses au précieux grain. Dans les cœurs indifférents, il disparaît ; dans les cœurs inconstants, il ne peut s'enraciner ; dans les cœurs partagés, il reste stérile. Mais le semeur divin est sorti du sein du Père pour semer. Il accepte les mêmes risques que les semeurs terrestres et lance le grain à pleines mains avec une confiance inébranlable. Car il y a aussi la bonne terre, celle qui accueille le grain avec empressement et lui permet de porter tout son fruit, dans une joyeuse abondance qui répond à la générosité du geste du semeur.

En participant à cette eucharistie, nous proclamons que le Seigneur ne cesse de semer sa parole. Nous lui demandons pardon pour les semailles restées stériles et nous lui rendons grâce pour la fécondité de nos moissons.

CHANTER LES 15e, 16e ET 17e DIMANCHE

Les chants proposés pour le 15e dimanche trouveront aussi leur place aux 16e et 17e dimanches.

Pour accompagner la procession d'entrée, ***Si le Père vous appelle*** **O 154-1 CNA 721,** ***Appelés pour bâtir le Royaume*** **TK 51-32,** ***Dieu nous a tous appelés*** **KD 14-56-01 CNA 571,** ***Dieu nous appelle*** **M 160,** ***Jour du Seigneur*** **AP 10-00-1 CNA 562 ou A 32-11.**

Pour la procession de communion, ***Voici le pain que donne Dieu*** **D 50-07-3,** ***Pain de Dieu, pain rompu*** **D 284 CNA 338,** ***La Sagesse a dressé une table*** **D 580 CNA 332,** ***Tu fais ta demeure en nous*** **D 56-49.**

Pour l'action de grâce, ***Tenons en éveil*** **Y 243-1 CNA 591,** ***Jésus, ma joie*** **Taizé,** ***Laissons-nous transformer par la lumière*** **N 47-99,** ***Que vienne ton règne*** **Edit 16-03,** ***Allez dire à tous les hommes*** **U 132-1 CNA 532,** ***Allez par toute la terre*** **TL 20-76 CNA 533.**

Pour caractériser chaque dimanche, on pourra retenir :
pour le 15e dimanche : ***Le semeur est sorti pour semer*** **X 55-43 ;**
pour le 16e dimanche : ***Malgré l'ivraie*** **XP 48-43 ;**
pour le 17e dimanche : ***Faites-vous, ici-bas, un trésor dans les cieux*** **X 29-70.**

Prière d'ouverture

Dieu qui montres aux égarés la lumière de ta vérité pour qu'ils puissent reprendre le bon chemin, donne à tous ceux qui se déclarent chrétiens de rejeter ce qui est indigne de ce nom, et de rechercher ce qui lui fait honneur. Par Jésus Christ.

1re lecture

La parole de Dieu donne vie

→ Lecture du livre du prophète Isaïe — 55, 10-11

Ainsi parle le Seigneur : « La pluie et la neige qui descendent des cieux n'y retournent pas sans avoir abreuvé la terre, sans l'avoir fécondée et l'avoir fait germer, donnant la semence au semeur et le pain à celui qui doit manger ; ainsi ma parole, qui sort de ma bouche, ne me reviendra pas sans résultat, sans avoir fait ce qui me plaît, sans avoir accompli sa mission. »

Psaume 64

R/ Tu visites la terre et tu l'abreuves,
Seigneur, tu bénis les semailles.

Tu visites la terre et tu l'abreuves,
tu la combles de richesses ;
les ruisseaux de Dieu regorgent d'eau,
tu prépares les moissons.

Ainsi, tu prépares la terre,
tu arroses les sillons ;
tu aplanis le sol, tu le détrempes sous les pluies,
tu bénis les semailles.

Tu couronnes une année de bienfaits,
sur ton passage, ruisselle l'abondance.
Au désert, les pâturages ruissellent,
les collines débordent d'allégresse.

Les herbages se parent de troupeaux
et les plaines se couvrent de blé.
Tout exulte et chante !

2e lecture

La création est en train d'enfanter

→ **Lecture de la lettre de saint Paul apôtre aux Romains** 8, 18-23

Frères, j'estime qu'il n'y a pas de commune mesure entre les souffrances du temps présent et la gloire qui va être révélée pour nous. En effet la création attend avec impatience la révélation des fils de Dieu. Car la création a été soumise au pouvoir du néant, non pas de son plein gré, mais à cause de celui qui l'a livrée à ce pouvoir. Pourtant, elle a gardé l'espérance d'être, elle aussi, libérée de l'esclavage de la dégradation, pour connaître la liberté de la gloire donnée aux enfants de Dieu. Nous le savons bien, la création tout entière gémit, elle passe par les douleurs d'un enfantement qui dure encore. Et elle n'est pas seule. Nous aussi, en nous-mêmes, nous gémissons ; nous avons commencé à recevoir l'Esprit Saint, mais nous attendons notre adoption et la rédemption de notre corps.

Alléluia. Alléluia. La semence est la parole de Dieu ; le semeur est le Christ ; celui qui le trouve demeure pour toujours. **Alléluia.**

Évangile

La parabole du semeur

→ Évangile de Jésus Christ selon saint Matthieu 13, 1-23

La lecture du texte entre crochets est facultative.

Ce **jour-là**, Jésus était sorti de la maison, et il était assis au bord de la mer. Auprès de lui se rassemblèrent des foules si grandes qu'il monta dans une barque où il s'assit ; toute la foule se tenait sur le rivage.

Il leur dit beaucoup de choses en paraboles : « Voici que le semeur sortit pour semer. Comme il semait, des grains sont tombés au bord du chemin, et les oiseaux sont venus tout manger. D'autres sont tombés sur le sol pierreux, où ils n'avaient pas beaucoup de terre ; ils ont levé aussitôt, parce que la terre était peu profonde. Le soleil s'étant levé, ils ont brûlé et, faute de racines, ils ont séché. D'autres sont tombés dans les ronces ; les ronces ont poussé et les ont étouffés. D'autres sont tombés dans la bonne terre, et ils ont donné du fruit à raison de cent, ou soixante, ou trente pour un. Celui qui a des oreilles, qu'il entende ! »

[Les disciples s'approchèrent de Jésus et lui dirent : « Pourquoi leur parles-tu en paraboles ? » Il leur répondit : « À vous il est donné de connaître les mystères du royaume des Cieux, mais ce n'est pas donné à ceux-là. À celui qui a, on donnera, et il sera dans l'abondance ; à celui qui n'a pas, on enlèvera même ce qu'il a. Si je leur parle en paraboles, c'est parce qu'ils regardent sans regarder, et qu'ils écoutent sans écouter ni comprendre. Ainsi s'accomplit pour eux la prophétie d'Isaïe :

Vous aurez beau écouter, vous ne comprendrez pas. Vous aurez beau regarder, vous ne verrez pas. Le cœur de ce peuple s'est alourdi : ils sont devenus durs d'oreille, ils se sont bouché les yeux, de peur que leurs yeux ne voient, que leurs oreilles n'entendent, que leur cœur ne comprenne, qu'ils ne se convertissent, – et moi, je les guérirai.

Mais vous, heureux vos yeux puisqu'ils voient, et vos oreilles puisqu'elles entendent ! Amen, je vous le dis : beaucoup de prophètes et de justes ont désiré voir ce que vous voyez, et ne l'ont pas vu, entendre ce que vous entendez, et ne l'ont pas entendu.

Vous donc, écoutez ce que veut dire la parabole du semeur. Quand quelqu'un entend la parole du Royaume sans la comprendre, le Mauvais survient et s'empare de ce qui est semé dans son cœur : celui-là, c'est le terrain ensemencé au bord du chemin. Celui qui a reçu la semence sur un sol pierreux, c'est celui qui entend la Parole et la reçoit aussitôt avec joie ; mais il n'a pas de racines en lui, il est l'homme d'un moment : quand vient la détresse ou la persécution à cause de la Parole, il trébuche aussitôt. Celui qui a reçu la semence dans les ronces, c'est celui qui entend la Parole ; mais le souci du monde et la séduction de la richesse étouffent la Parole, qui ne donne pas de fruit. Celui qui a reçu la semence dans la bonne terre, c'est celui qui entend la Parole et la comprend : il porte du fruit à raison de cent, ou soixante, ou trente pour un. »]

Pour la prière universelle

– Prions pour les agriculteurs et les paysans du monde. Que le Seigneur bénisse leur travail, afin qu'un jour, chaque homme puisse manger à sa faim.

– Prions pour notre terre, malade d'être surexploitée et souillée. Que nous soyons tous conscients de notre responsabilité vis-à-vis de la maison commune, selon la belle expression du pape François.
– Prions pour les personnes qui ont reçu la mission d'annoncer la Parole de Dieu, en particulier les catéchistes, les éducateurs, les accompagnateurs des catéchumènes, les pasteurs. Que l'Esprit Saint les guide et les soutienne.
– Prions pour les personnes qui ont perdu toute confiance en l'humanité et qui désespèrent de l'avenir. Qu'elles trouvent sur leur route des frères et des sœurs pour les réconforter et les encourager.

Prière sur les offrandes

Regarde, Seigneur, les dons de ton Église en prière : accorde à tes fidèles qui vont les recevoir la grâce d'une sainteté plus grande. Par Jésus.

Prière après la communion

Nourris de ton eucharistie, nous te supplions, Seigneur : chaque fois que nous célébrons ce mystère, fais grandir en nous ton œuvre de salut. Par Jésus.

Je porterai du fruit en mon temps

« Mon Dieu, je me vois les mains vides de bien. Vous daignez me consoler : tu porteras du fruit en ton temps, me dites-vous. Quel est ce temps ? Notre temps à tous, c'est l'heure du jugement. Vous me promettez que si je persiste dans la bonne volonté et le combat, si pauvre que je me voie, j'aurais des fruits à cette dernière heure. Et vous ajoutez : tu seras un bel arbre à feuilles éternelles vertes et toutes tes œuvres auront une fin prospère. [...] Merci mon Dieu de vos consolations dont nos pauvres cœurs ont tant besoin. »

Charles de Foucauld, « Méditation sur le psaume 1 », *Méditations sur les psaumes*, 1897-1898.

CALENDRIER LITURGIQUE

Di 12	**15e dimanche A.** *Liturgie des Heures : Psautier semaine III.*
Lu 13	*S. Henri, empereur d'Allemagne, † 1024 à Bamberg.* Au Luxembourg, S. Henri et Ste Cunégonde, son épouse, † 1033 ou 1039. Isaïe 1, 10-17 ; Ps 49 ; Mt 10, 34–11, 1 : « Je ne suis pas venu apporter la paix, mais le glaive »
Ma 14	*S. Camille de Lellis, prêtre, fondateur des Camilliens, religieux hospitaliers, † 1614 à Rome.* Isaïe 7, 1-9 ; Ps 47 ; Mt 11, 20-24 : « Au jour du Jugement, Tyr et Sidon et le pays de Sodome seront traités moins sévèrement que vous »
Me 15	S. Bonaventure, évêque d'Albano et cardinal, franciscain, docteur de l'Église, † 1274 à Lyon pendant le concile. Isaïe 10, 5-7.13-16 ; Ps 93 ; Mt 11, 25-27 : « Ce que tu as caché aux sages et aux savants, tu l'as révélé aux tout-petits »
Je 16	*Notre-Dame du Mont Carmel.* Isaïe 26, 7-9.12.16-19 ; Ps 101 ; Mt 11, 28-30 : « Je suis doux et humble de cœur »
Ve 17	Isaïe 38, 1-6.21-22.7-8 ; Cantique Isaïe 38 ; Mt 12, 1-8 : « Le Fils de l'homme est maître du sabbat »
Sa 18	Michée 2, 1-5 ; Ps 9 B ; Mt 12, 14-21 : « Il leur défendit vivement de parler de lui. Ainsi devait s'accomplir la parole d'Isaïe »

Bonne fête ! 12 : Olivier. 13 : Henri, Harry, Joël, Eugène. 14 : Camille. 15 : Bonaventure, Donald, Vladimir. 16 : Carmen, Elvire. 17 : Charlotte, Carole. 18 : Arnould, Frédéric, Frida.

Saint Henri et sainte Cunégonde (13 juillet) Duc de Bavière, Henri est couronné empereur germanique en 1014. Avec son épouse Cunégonde, fille du comte de Luxembourg, il est soucieux du bien-être de ses sujets et de la défense de l'Église. Le couple se sent proche du monachisme bénédictin, dont il favorise la diffusion dans l'empire. À la mort d'Henri, en 1024, Cunégonde se retire au monastère de Kaffungen, qu'elle a fondé.

16e dimanche

19 JUILLET 2020

Bonne et mauvaise graine

La coexistence du bien et du mal, dans le monde et jusqu'au sein de l'Église, n'a jamais manqué de poser question. Dieu ne fait-il aucune différence entre l'un et l'autre ? Bien sûr que si. Dans la parabole que rapporte l'*évangile* de ce dimanche, c'est bien du blé qui est semé dans le champ, pour être récolté et soigneusement entreposé. L'ivraie, elle, est destinée au feu. Cependant, les deux plantes poussent ensemble, l'une à côté de l'autre, aussi longtemps qu'il est impossible de les distinguer clairement. Pas question de prendre le risque d'arracher par erreur la plante utile ! Dans le cœur de chaque homme, là aussi, le bien et le mal cohabitent. Mais l'être humain a une supériorité sur le monde végétal. Alors que l'ivraie est définitivement de l'ivraie, car c'est sa nature, l'homme a la capacité de changer de comportement, ce qui s'appelle la conversion. Il n'y a pas de fatalité du mal. Le livre de la Sagesse *(première lecture)* s'en réjouit et adresse à Dieu cette louange : « À tes fils tu as donné une belle espérance : après la faute tu accordes la conversion ». La patience de Dieu est à la mesure de sa puissance.

La parabole de la graine de moutarde qui devient un arbre et celle du levain qui suffit, en petite quantité, à soulever la lourde pâte de farine constituent d'autres invitations à l'espérance. Ce qui paraît tout-petit, voire insignifiant, porte un immense potentiel de croissance et de fécondité. Ne nous laissons donc pas décourager, car nous avons un allié de poids, nous dit saint Paul dans la *deuxième lecture* : « L'Esprit Saint vient au secours de notre faiblesse ». Il nous prête sa voix pour apprendre à prier. C'est lui qui rassemble l'Église pour qu'elle célèbre l'eucharistie. Nous y apportons le pain, issu du bel épi de blé, qui va devenir pour nous et pour le monde semence de vie éternelle.

Des chants sont proposés au 15e dimanche, p. 472.

Prière d'ouverture

Sois favorable à tes fidèles, Seigneur, et multiplie les dons de ta grâce : entretiens en eux la foi, l'espérance et la charité, pour qu'ils soient attentifs à garder tes commandements. Par Jésus Christ.

1re lecture

Dieu est aussi patient que fort

→ **Lecture du livre de la Sagesse** 12, 13.16-19

Il n'y a pas d'autre dieu que toi, qui prenne soin de toute chose : tu montres ainsi que tes jugements ne sont pas injustes. Ta force est à l'origine de ta justice, et ta domination sur toute chose te permet d'épargner toute chose. Tu montres ta force si l'on ne croit pas à la plénitude de ta puissance, et ceux qui la bravent sciemment, tu les réprimes. Mais toi qui disposes de la force, tu juges avec indulgence, tu nous gouvernes avec beaucoup de ménagement, car tu n'as qu'à vouloir pour exercer ta puissance. Par ton exemple tu as enseigné à ton peuple que le juste doit être humain ; à tes fils tu as donné une belle espérance : après la faute tu accordes la conversion.

Psaume 85

R/ **Toi qui es bon et qui pardonnes,**
écoute ma prière, Seigneur.

Toi qui es bon et qui pardonnes,
plein d'amour pour tous ceux qui t'appellent,
écoute ma prière, Seigneur,
entends ma voix qui te supplie.

Toutes les nations, que tu as faites,
viendront se prosterner devant toi,
car tu es grand et tu fais des merveilles,
toi, Dieu, le seul.

Toi, Seigneur, Dieu de tendresse et de pitié,
lent à la colère, plein d'amour et de vérité !
Regarde vers moi,
prends pitié de moi.

2e lecture *C'est l'Esprit qui nous fait prier*

→ Lecture de la lettre de saint Paul apôtre aux Romains 8, 26-27

Frères, l'Esprit Saint vient au secours de notre faiblesse, car nous ne savons pas prier comme il faut. L'Esprit lui-même intercède pour nous par des gémissements inexprimables. Et Dieu, qui scrute les cœurs, connaît les intentions de l'Esprit puisque c'est selon Dieu que l'Esprit intercède pour les fidèles.

Alléluia. Alléluia. Tu es béni, Père, Seigneur du ciel et de la terre, tu as révélé aux tout-petits les mystères du Royaume ! **Alléluia.**

Évangile *Le bon grain et l'ivraie, la graine de moutarde et le levain*

→ Évangile de Jésus Christ selon saint Matthieu 13, 24-43

La lecture du texte entre crochets est facultative.

En ce temps-là, Jésus proposa cette parabole à la foule : « Le royaume des Cieux est comparable à un homme qui a semé du bon grain dans son champ. Or, pendant que les gens dormaient, son ennemi survint ; il sema de l'ivraie au milieu du blé et s'en alla. Quand la tige poussa et produisit l'épi, alors l'ivraie apparut aussi. Les serviteurs du maître vinrent lui dire : "Seigneur, n'est-ce pas du bon grain que tu as semé dans ton champ ? D'où vient donc qu'il y a de l'ivraie ?" Il leur dit : "C'est un ennemi qui a fait cela." Les serviteurs lui disent : "Veux-tu donc que nous allions l'enlever ?" Il répond : "Non, en enlevant l'ivraie, vous risquez d'arracher le blé en même temps. Laissez-les pousser ensemble jusqu'à la moisson ; et, au temps de la moisson, je dirai aux moissonneurs : Enlevez d'abord l'ivraie, liez-la en bottes pour la brûler ; quant au blé, ramassez-le pour le rentrer dans mon grenier." »

[Il leur proposa une autre parabole : « Le royaume des Cieux est comparable à une graine de moutarde qu'un homme a prise et qu'il a semée dans son champ. C'est la plus petite de toutes les semences, mais, quand elle a poussé, elle dépasse les autres plantes potagères et devient un arbre, si bien que les oiseaux du ciel viennent et font leurs nids dans ses branches. » Il leur dit une autre parabole : « Le royaume des Cieux est comparable au levain qu'une femme a pris et qu'elle a enfoui dans trois mesures de farine, jusqu'à ce que toute la pâte ait levé. »

Tout cela, Jésus le dit aux foules en paraboles, et il ne leur disait rien sans parabole, accomplissant ainsi la parole du prophète : *J'ouvrirai la bouche pour des paraboles, je publierai ce qui fut caché* depuis la fondation du monde.

Alors, laissant les foules, il vint à la maison. Ses disciples s'approchèrent et lui dirent : « Explique-nous clairement la parabole de l'ivraie dans le champ. » Il leur répondit : « Celui qui sème le bon grain, c'est le Fils de l'homme ; le champ, c'est le monde ; le bon grain, ce sont les fils du Royaume ; l'ivraie, ce sont les fils du Mauvais. L'ennemi qui l'a semée, c'est le diable ; la moisson, c'est la fin du monde ; les moissonneurs, ce sont les anges. De même que l'on enlève l'ivraie pour la jeter au feu, ainsi en sera-t-il à la fin du monde. Le Fils de l'homme enverra ses anges, et ils enlèveront de son Royaume toutes les causes de chute et ceux qui font le mal ; ils les jetteront dans la fournaise : là, il y aura des pleurs et des grincements de dents. Alors les justes resplendiront comme le soleil dans le royaume de leur Père.

Celui qui a des oreilles, qu'il entende ! »]

Pour la prière universelle

Que l'Esprit Saint vienne au secours de notre faiblesse et inspire notre prière de ce jour.
– Dieu notre Père, purifie ton Église de tout mal et de tout péché, pour qu'elle soit le témoin crédible de ton amour et de ta miséricorde.
– Envoie-nous des prophètes, Seigneur, pour dénoncer le mal et appeler à la conversion.
– Bénis, Seigneur, toutes les initiatives en faveur de la paix et de la justice, en particulier celles qui paraissent les plus modestes : avec ta grâce, elles porteront du fruit en leur temps.
– Seigneur, nous te louons et te rendons grâce pour les catéchumènes, ces « jeunes pousses » qui sont pour ton Église des signes d'espérance : révèle-leur ton saint nom et prépare leur cœur à recevoir les sacrements de l'initiation chrétienne.

Prière sur les offrandes

Dans l'unique et parfait sacrifice de la croix, tu as porté à leur achèvement, Seigneur, les sacrifices de l'ancienne loi ; reçois cette offrande des mains de tes fidèles et daigne la sanctifier comme tu as béni les présents d'Abel : que les dons offerts par chacun pour te glorifier servent au salut de tous. Par Jésus.

Prière après la communion

Dieu très bon, reste auprès de ton peuple, car sans toi notre vie tombe en ruine ; fais passer à une vie nouvelle ceux que tu as initiés aux sacrements de ton Royaume. Par Jésus.

Dans l'Église aussi, des bons et des pécheurs

« Pourquoi cet empressement, ô serviteurs pleins de zèle ? Vous voyez l'ivraie parmi le froment, les mauvais chrétiens parmi les bons et vous voulez les extirper. Cessez, nous ne sommes pas à la moisson. Elle viendra, et puissiez-vous alors être de bons grains ! »

Saint Augustin, *Sermon* 73.

CALENDRIER LITURGIQUE

Di 19	**16e dimanche A.** *Liturgie des Heures : Psautier semaine IV.*
Lu 20	*S. Apollinaire, évêque de Ravenne et martyr, † 2e siècle.* Michée 6, 1-4.6-8 ; Ps 40 ; Mt 12, 38-42 : « Lors du Jugement, la reine de Saba se dressera en même temps que cette génération »
Ma 21	*S. Laurent de Brindisi, prêtre, capucin, docteur de l'Église, † 1619 à Lisbonne.* Michée 7, 14-15.18-20 ; Ps 84 ; Mt 12, 46-50 : « Étendant la main vers ses disciples, il dit : "Voici ma mère et mes frères" »
Me 22	Ste MARIE-MADELEINE, disciple du Seigneur. Lectures propres : Cantique 3,1-4a ou 2 Corinthiens 5, 14-17 ; Ps 62 ; Jean 20, 1.11-18 : « Femme, pourquoi pleures-tu ? »
Je 23	Ste BRIGITTE DE SUÈDE, patronne de l'Europe, mère de famille, puis religieuse, † 1373 à Rome. En Europe, lectures propres : Tobie 8, 4b-7 (Vg 5-10) ou Galates 2, 19-20 ; Ps 33 ; Jean 15, 1-8 : « Celui qui demeure en moi et en qui je demeure, celui-là porte beaucoup de fruit » ou bien Marc 3, 31-35 : « Celui qui fait la volonté de Dieu, celui-là est pour moi un frère, une sœur, une mère »
Ve 24	*S. Charbel Makhlouf, prêtre, moine au Liban, † 24 décembre 1898.* Jérémie 3, 14-17 ; Cantique Jr 31 ; Mt 13, 18-23 : « Celui qui entend la Parole et la comprend porte du fruit »
Sa 25	S. JACQUES, Apôtre. Lectures propres : 2 Corinthiens 4, 7-15 ; Ps 125 ; Mt 20, 20-28 : « Ma coupe, vous la boirez »

Bonne fête ! 19 : Arsène. 20 : Apollinaire, Élie, Marina, Marguerite, Maggy. 21 : Victor. 22 : Marie-Madeleine, Marlène, Maddy. 23 : Brigitte. 24 : Christine, Ségolène. 25 : Jacques, Valentine.

Sainte Brigitte de Suède (23 juillet) Née près d'Uppsala (Suède) en 1303, elle épouse un prince et lui donne huit enfants, en vingt-huit ans d'un mariage heureux. À la mort de son époux, elle fonde l'ordre du Très Saint Sauveur. Elle est favorisée de révélations mystiques, qu'elle consigne par écrit. Au retour d'un pèlerinage en Terre sainte, elle meurt à Rome, en 1373.

17e dimanche

26 JUILLET 2020

Quel est notre trésor ?

Le jeune Salomon a bien de la chance ! À peine monté sur le trône, à la suite de son père David, il entend le Seigneur lui dire cette parole stupéfiante : « Demande ce que je dois te donner » *(première lecture).* Que répondra le nouveau roi ? Tant de choses pourraient lui sembler légitimement désirables : la richesse, la sécurité, une longue vie. Or Salomon demande « un cœur attentif » pour savoir gouverner le peuple et « discerner le bien et le mal ». Autrement dit, il sollicite les moyens d'accomplir au mieux sa mission de roi, au service du peuple que Dieu lui confie. Une telle prière ne peut qu'être exaucée. Salomon passera à la postérité comme le modèle de la sagesse.

Dans l'*évangile*, l'homme qui a trouvé un trésor dans un champ fait un choix radical : il donne tout ce qu'il a pour acquérir ce champ. Le négociant en perles, ayant reconnu, d'un œil expert, une perle admirable, la préfère à toutes les autres. Et nous, quel est notre trésor ? À quoi donnons-nous la priorité, qu'est-ce qui compte le plus à nos yeux ? Sommes-nous prêts à miser toute notre vie sur le royaume des Cieux ?

Dieu, pour sa part, a déjà tout misé sur nous, puisqu'il nous destine à devenir l'image de son Fils bien-aimé *(deuxième lecture).* Y a-t-il vocation plus haute, promesse plus belle ? Même les inévitables difficultés de cette vie peuvent, avec la grâce de Dieu, contribuer à notre bien, par exemple en nous rendant plus humbles, plus sages, plus indulgents vis-à-vis des fautes d'autrui...

« Demande ce que je dois te donner » : cette parole s'adresse aussi à nous, qui participons à l'eucharistie de ce jour. Recevons d'un cœur joyeux les trésors que le Seigneur a préparés pour nous : sa Parole, qui est lumière sur nos pas, et le pain du royaume des Cieux.

Des chants sont proposés au 15e dimanche, p. 472.

Prière d'ouverture

Tu protèges, Seigneur, ceux qui comptent sur toi ; sans toi rien n'est fort et rien n'est saint ; multiplie pour nous tes gestes de miséricorde afin que, sous ta conduite, en faisant un bon usage des biens qui passent, nous puissions déjà nous attacher à ceux qui demeurent. Par Jésus Christ.

1re lecture

Salomon reçoit le don de la sagesse

→ **Lecture du premier livre des Rois** 3, 5.7-12

En ces jours-là, à Gabaon, pendant la nuit, le Seigneur apparut en songe à Salomon. Dieu lui dit : « Demande ce que je dois te donner. » Salomon répondit : « Ainsi donc, Seigneur mon Dieu, c'est toi qui m'as fait roi, moi, ton serviteur, à la place de David, mon père ; or, je suis un tout jeune homme, ne sachant comment se comporter, et me voilà au milieu du peuple que tu as élu ; c'est un peuple nombreux, si nombreux qu'on ne peut ni l'évaluer ni le compter. Donne à ton serviteur un cœur attentif pour qu'il sache gouverner ton peuple et discerner le bien et le mal ; sans cela, comment gouverner ton peuple, qui est si important ? »

Cette demande de Salomon plut au Seigneur, qui lui dit : « Puisque c'est cela que tu as demandé, et non pas de longs jours, ni la richesse, ni la mort de tes ennemis, mais puisque tu as demandé le discernement, l'art d'être attentif et de gouverner, je fais ce que tu as demandé : je te donne un cœur intelligent et sage, tel que personne n'en a eu avant toi et que personne n'en aura après toi. »

Psaume 118

R/ De quel amour j'aime ta loi, Seigneur !

Mon partage, Seigneur, je l'ai dit,
c'est d'observer tes paroles.
Mon bonheur, c'est la loi de ta bouche,
plus qu'un monceau d'or ou d'argent.

Que j'aie pour consolation ton amour
selon tes promesses à ton serviteur !
Que vienne à moi ta tendresse, et je vivrai :
ta loi fait mon plaisir.

Aussi j'aime tes volontés,
plus que l'or le plus précieux.
Je me règle sur chacun de tes préceptes,
je hais tout chemin de mensonge.

Quelle merveille, tes exigences,
aussi mon âme les garde !
Déchiffrer ta parole illumine
et les simples comprennent.

2e lecture

Les hommes sont appelés à devenir l'image du Fils

→ Lecture de la lettre de saint Paul apôtre aux Romains 8, 28-30

Frères, nous le savons, quand les hommes aiment Dieu, lui-même fait tout contribuer à leur bien, puisqu'ils sont appelés selon le dessein de son amour. Ceux que, d'avance, il connaissait, il les a aussi destinés d'avance à être configurés à l'image de son Fils, pour que ce Fils soit le premier-né d'une multitude de frères. Ceux qu'il avait destinés d'avance, il les a aussi appelés ; ceux qu'il a appelés, il en a fait des justes ; et ceux qu'il a rendus justes, il leur a donné sa gloire.

Alléluia. Alléluia. Tu es béni, Père, Seigneur du ciel et de la terre, tu as révélé aux tout-petits les mystères du Royaume ! **Alléluia.**

Évangile

Le trésor caché et la perle, le filet

→ **Évangile de Jésus Christ selon saint Matthieu** 13, 44-52

La lecture du texte entre crochets est facultative.

En ce temps-là, Jésus disait à la foule ces paraboles : « Le royaume des Cieux est comparable à un trésor caché dans un champ ; l'homme qui l'a découvert le cache de nouveau. Dans sa joie, il va vendre tout ce qu'il possède, et il achète ce champ.

Ou encore : Le royaume des Cieux est comparable à un négociant qui recherche des perles fines. Ayant trouvé une perle de grande valeur, il va vendre tout ce qu'il possède, et il achète la perle.

[Le royaume des Cieux est encore comparable à un filet que l'on jette dans la mer, et qui ramène toutes sortes de poissons. Quand il est plein, on le tire sur le rivage, on s'assied, on ramasse dans des paniers ce qui est bon, et on rejette ce qui ne vaut rien. Ainsi en sera-t-il à la fin du monde : les anges sortiront pour séparer les méchants du milieu des justes et les jetteront dans la fournaise : là, il y aura des pleurs et des grincements de dents. »

« Avez-vous compris tout cela ? » Ils lui répondent : « Oui ». Jésus ajouta : « C'est pourquoi tout scribe devenu disciple du royaume des Cieux est comparable à un maître de maison qui tire de son trésor du neuf et de l'ancien. »]

Pour la prière universelle

– Prions pour les gouvernants et les responsables des affaires publiques, afin qu'ils aient le souci de prendre les décisions les plus sages au service du bien commun.
– Prions pour les jeunes qui ont des choix importants à faire concernant leur avenir, afin que l'Esprit les éclaire et les guide.
– Prions pour les couples qui se préparent au mariage, ayant trouvé en leur futur conjoint la perle préférable à toutes les autres.
– Prions pour les personnes dans l'épreuve, afin qu'elles fassent l'expérience de la miséricorde et de la compassion du Seigneur.

Prière sur les offrandes

Accepte, Seigneur, ces offrandes prélevées pour toi sur tes propres largesses ; que ces mystères très saints, où ta grâce opère avec puissance, sanctifient notre vie de tous les jours et nous conduisent aux joies éternelles. Par Jésus.

Prière après la communion

Nous avons communié, Seigneur, à ce sacrement, mémorial de la passion de ton Fils ; fais servir à notre salut le don que lui-même nous a légué dans son immense amour. Lui qui règne.

La merveilleuse chance que Dieu soit

« Le converti est un homme qui découvre la merveilleuse chance que Dieu soit. Il a connu le vertige de l'absurde dans un monde incohérent, l'inacceptable d'une morale qui n'est pas une mystique, la morsure de chaque jour qui n'est qu'une marche vers la mort… Et dans un monde qui tout à coup s'explique, dans une vie morale dont chaque exigence est une expression d'amour, dans les jours qui sont un acheminement d'éternité, explose la certitude de Dieu. »

Madeleine Delbrêl, *La sainteté des gens ordinaires*, dans *Œuvres complètes*, t. VII, éditions Nouvelle Cité, p. 124-125.

CALENDRIER LITURGIQUE

Di 26	**17e dimanche A.** *Liturgie des Heures : Psautier semaine I.* [S. Joachim et Ste Anne, parents de la Vierge Marie. (*Au Canada,* fête).]
Lu 27	Jérémie 13, 1-11 ; Cantique Deutéronome 32 ; Mt 13, 31-35 : « Le royaume des Cieux est comparable à une graine de moutarde, si bien que les oiseaux du ciel font leurs nids dans ses branches »
Ma 28	Jérémie 14, 17-22 ; Ps 78 ; Mt 13, 36-43 : « De même que l'on enlève l'ivraie pour la jeter au feu, ainsi en sera-t-il à la fin du monde »
Me 29	Ste Marthe, disciple du Seigneur. Férie : Jérémie 15, 10.16-21 ; Ps 58 ; Évangile propre : Jean 11,19-27 : « Je crois que tu es le Christ, le Fils de Dieu » ou bien Luc 10,38-42 : « Marthe, Marthe, tu te donnes du souci et tu t'agites pour bien des choses »
Je 30	*S. Pierre Chrysologue, évêque de Ravenne, docteur de l'Église, † vers 451.* Jérémie 18, 1-6 ; Ps 9 ; Mt 13, 47-53 : « On ramasse dans des paniers ce qui est bon, et on rejette ce qui ne vaut rien »
Ve 31	S. Ignace de Loyola, prêtre, fondateur des Jésuites, † 1556 à Rome. Jérémie 26, 1-9ab ; Ps 68 ; Mt 13, 54-58 : « N'est-il pas le fils du charpentier ? Alors, d'où lui vient tout cela ? »
Sa 1er	S. Alphonse Marie de Liguori, évêque, fondateur des Rédemptoristes, docteur de l'Église, † 1787 à Nocera dei Pagani (Italie). Jérémie 26, 11-16.24 ; Ps 68 ; Mt 14, 1-12 : « Hérode envoya décapiter Jean dans la prison. Les disciples de Jean allèrent l'annoncer à Jésus »

Bonne fête ! 26 : Anne, Annick, Annie, Anaïs, Nancy, Joachim. 27 : Nathalie. 28 : Samson. 29 : Marthe, Lazare, Loup. 30 : Juliette. 31 : Ignace, Germain. 1er : Alphonse, Éléazar.

Sainte Anne et saint Joachim (29 juillet). Les évangiles canoniques ne mentionnent pas le nom des parents de la Vierge Marie. C'est l'évangile apocryphe de Jacques qui les appelle Anne et Joachim. Alors qu'ils n'avaient pas d'enfants, ils reçurent la grâce de donner naissance à une fille, Marie. Le culte d'Anne se répand dès le VIe siècle, celui de Joachim au XVIe. Ils sont les patrons des grands-parents.

18e dimanche

2 AOÛT 2020

Gratuité et abondance

Jésus se donne et donne sans compter. Une foule l'a suivi au désert, il en prend soin de toutes les manières. Il enseigne, il guérit les malades et il ne néglige pas le besoin de nourriture. Cinq pains et deux poissons. Cinq mille hommes rassasiés. Douze paniers de reste. Les chiffres mentionnés dans l'*évangile* de ce dimanche mettent au défi la logique humaine. Comment est-on passé d'une situation de manque à une telle abondance ? En remettant entre les mains de Jésus le peu, le trop peu dont on dispose. Le Maître apprend aussi à ses disciples ce qu'il attend d'eux : être les auxiliaires de la grâce de Dieu. Cela suppose d'abord de ne pas fuir le problème en renvoyant la foule : « Donnez-leur vous-mêmes à manger ». Mis ainsi au défi, les disciples deviennent acteurs. Lorsque Jésus, après avoir prié son Père, prononce la bénédiction puis rompt les pains, ce sont les disciples qui les distribuent à la foule. Ils sont les premiers témoins du don gratuit dispensé en abondance, non seulement à ceux qui sont là, mais encore à ceux qui viendront après, et pour lesquels on ramasse douze paniers.

Gratuité et abondance, c'était déjà les maîtres mots de la prophétie d'Isaïe *(première lecture)*. Le don de Dieu n'exclut personne, et surtout pas les pauvres, ceux qui n'ont pas de quoi payer. Le Seigneur veut rassasier et combler son peuple de vin et de lait, de « bonnes choses », de « viandes savoureuses » (un vrai luxe, à cette époque). Tout est donné pour que l'homme vive et se réjouisse. Comme le résume le psaume : « Tu rassasies avec bonté tout ce qui vit ». Et si nous regardions notre eucharistie de ce jour comme une manifestation de la même gratuité, de la même abondance ? Par sa Parole et par son Corps, qui est le pain descendu du ciel, le Seigneur enseigne, guérit et rassasie son peuple rassemblé. Alléluia !

CHANTER DU 18e AU 22e DIMANCHE

Le répertoire proposé ce dimanche pourra convenir jusqu'au 22e dimanche. On pourra aussi retenir un même ordinaire de la messe pour ces cinq dimanches.

Pour la procession d'ouverture, ***Pour avancer ensemble*** **KD 20-38 CNA 524,** ***Dieu nous éveille à la foi*** **A 20-70-1 CNA 546,** ***Jour du Seigneur*** **AP 10-00-1 ou A 32-11,** ***Nous chanterons pour toi, Seigneur*** **K 38 CNA 569** (strophes 1, 2, 5, 7 et 9), ***Écoute la voix du Seigneur*** **X 548 CNA 761.**

Pendant la procession de communion, ***Pain donné pour notre vie*** **D 32-10 CNA 339,** ***Voici le pain que donne Dieu*** **D 50-07-2,** ***Venez, approchons-nous*** **IEV 19-19,** ***Tu es le Dieu fidèle*** **D 163 CNA 346,** ***Les pauvres mangeront*** **YD 92 CNA 333 ou B 512.**

Pour l'action de grâce, ***Prenons la main que Dieu nous tend*** **GR 42-2 CNA 580,** ***Celui qui a mangé de ce pain*** **D 140-2 CNA 321,** ***Chantons à Dieu*** **L 30-79 CNA 538,** ***Jésus, le Christ, lumière intérieure*** **Taizé,** ***En accueillant l'amour*** **DP 126 CNA 325,** ***Chantons sans fin le nom du Seigneur*** **EDIT 15-85.**

Si l'on souhaite caractériser chaque dimanche :
pour le 18e dimanche : ***Dans le désert tu nous rejoins*** **X 48-33 ;**
pour le 19e dimanche : ***Le Seigneur passe*** **DLH 110 ;**
pour le 20e dimanche : ***Écoute la voix du Seigneur*** **X 548 ;**
pour le 21e dimanche : ***Jésus, ma joie*** **(Taizé) ;**
pour le 22e dimanche : ***Nul n'est disciple*** **WP 214.**

Prière d'ouverture

Assiste tes enfants, Seigneur, et montre à ceux qui t'implorent ton inépuisable bonté ; c'est leur fierté de t'avoir pour Créateur et Providence : restaure pour eux ta création, et l'ayant renouvelée, protège-la. Par Jésus Christ.

1re lecture

« Écoutez, et vous vivrez »

→ Lecture du livre du prophète Isaïe

55, 1-3

Ainsi parle le Seigneur : Vous tous qui avez soif, venez, voici de l'eau ! Même si vous n'avez pas d'argent, venez acheter et consommer, venez acheter du vin et du lait sans argent, sans rien payer. Pourquoi dépenser votre argent pour ce qui ne nourrit pas, vous fatiguer pour ce qui ne rassasie pas ? Écoutez-moi bien, et vous mangerez de bonnes choses, vous vous régalerez de viandes savoureuses ! Prêtez l'oreille ! Venez à moi ! Écoutez, et vous vivrez. Je m'engagerai envers vous par une alliance éternelle : ce sont les bienfaits garantis à David.

Psaume 144

R/ Tu ouvres ta main, Seigneur : nous voici rassasiés.

Le Seigneur est tendresse et pitié,
lent à la colère et plein d'amour ;
la bonté du Seigneur est pour tous,
sa tendresse, pour toutes ses œuvres.

Les yeux sur toi, tous, ils espèrent :
tu leur donnes la nourriture au temps voulu ;
tu ouvres ta main :
tu rassasies avec bonté tout ce qui vit.

Le Seigneur est juste en toutes ses voies,
fidèle en tout ce qu'il fait.
Il est proche de tous ceux qui l'invoquent,
de tous ceux qui l'invoquent en vérité.

2e lecture *« Rien ne pourra nous séparer de l'amour de Dieu »*

→ Lecture de la lettre de saint Paul apôtre aux Romains 8, 35.37-39

Frères, qui pourra nous séparer de l'amour du Christ ? la détresse ? l'angoisse ? la persécution ? la faim ? le dénuement ? le danger ? le glaive ? Mais, en tout cela nous sommes les grands vainqueurs grâce à celui qui nous a aimés. J'en ai la certitude : ni la mort ni la vie, ni les anges ni les Principautés célestes, ni le présent ni l'avenir, ni les Puissances, ni les hauteurs, ni les abîmes, ni aucune autre créature, rien ne pourra nous séparer de l'amour de Dieu qui est dans le Christ Jésus notre Seigneur.

Alléluia. Alléluia. L'homme ne vit pas seulement de pain, mais de toute parole qui sort de la bouche de Dieu. **Alléluia.**

Évangile

La multiplication des pains

→ **Évangile de Jésus Christ selon saint Matthieu** 14, 13-21

En ce temps-là, quand Jésus apprit la mort de Jean le Baptiste, il se retira et partit en barque pour un endroit désert, à l'écart. Les foules l'apprirent et, quittant leurs villes, elles suivirent à pied. En débarquant, il vit une grande foule de gens ; il fut saisi de compassion envers eux et guérit leurs malades. Le soir venu, les disciples s'approchèrent et lui dirent : « L'endroit est désert et l'heure est déjà avancée. Renvoie donc la foule : qu'ils aillent dans les villages s'acheter de la nourriture ! » Mais Jésus leur dit : « Ils n'ont pas besoin de s'en aller. Donnez-leur vous-mêmes à manger. » Alors ils lui disent : « Nous n'avons là que cinq pains et deux poissons. » Jésus dit : « Apportez-les moi. » Puis, ordonnant à la foule de s'asseoir sur l'herbe, il prit les cinq pains et les deux poissons, et, levant les yeux au ciel, il prononça la bénédiction ; il rompit les pains, il les donna aux disciples, et les disciples les donnèrent à la foule. Ils mangèrent tous et ils furent rassasiés. On ramassa les morceaux qui restaient : cela faisait douze paniers pleins. Ceux qui avaient mangé étaient environ cinq mille, sans compter les femmes et les enfants.

Pour la prière universelle

– Seigneur, nous te prions avec confiance pour les peuples qui manquent d'eau ou de nourriture. Suscite les énergies nécessaires pour que chacun puisse recevoir de quoi vivre.
– Seigneur, nous te prions pour les chrétiens qui connaissent la persécution, l'angoisse ou la détresse. Que ton amour soit leur trésor, leur bouclier, leur espérance.

– Seigneur, nous te prions de donner à ton Église les prêtres dont elle a besoin pour offrir au monde le pain de la vie.
– Seigneur, nous te prions pour les hommes qui cherchent un sens à leur vie et qui ont faim d'une nourriture essentielle.

Prière sur les offrandes

Dans ta bonté, Seigneur, sanctifie ces dons ; accepte le sacrifice spirituel de cette eucharistie, et fais de nous-mêmes une éternelle offrande à ta gloire. Par Jésus.

Prière après la communion

Seigneur, entoure d'une constante protection ceux que tu as renouvelés par le pain du ciel ; puisque tu ne cesses de les réconforter, rends-les dignes de l'éternel salut. Par Jésus.

Communion et miséricorde

« Arrêtons-nous sur le geste de bénédiction de Jésus : Il "prit les cinq pains et les deux poissons, et, levant les yeux au ciel, il prononça la bénédiction ; il rompit les pains, il les donna" (v. 19). Comme on le voit, ce sont les mêmes signes que Jésus a accomplis lors de la dernière Cène, et ce sont aussi les mêmes que tous les prêtres accomplissent quand ils célèbrent la Sainte Eucharistie. La communauté chrétienne naît et renaît continuellement de cette communion eucharistique. Vivre la communion avec le Christ est par conséquent tout autre chose que de rester passifs et étrangers à la vie quotidienne ; au contraire, cela nous insère toujours plus dans la relation avec les hommes et les femmes de notre temps, pour leur offrir le signe concret de la miséricorde et de l'attention du Christ. [...] Jésus veut rejoindre tout le monde, pour porter à tous l'amour de Dieu. C'est pourquoi il fait de chaque croyant un serviteur de la miséricorde.

Pape François, *Catéchèse de l'audience du 17 août 2016.*

CALENDRIER LITURGIQUE

Di 2	**18e dimanche A.** *Liturgie des Heures : Psautier semaine II.* *[S. Eusèbe, évêque de Verceil (Italie) † 371.* *S. Pierre-Julien Eymard, prêtre, fondateur des Prêtres du Saint-Sacrement et d'une congrégation de religieuses, † 1868 à La Mure.]*
Lu 3	Jérémie 28,1-17 ; Ps 118 ; Année A Mt 14,22-36 : « Seigneur, ordonne-moi de venir vers toi sur les eaux »
Ma 4	S. Jean-Marie Vianney, prêtre, curé d'Ars (Ain), † 1859. Jérémie 30, 1-2.12-15.18-22 ; Ps 101 ; Année A Mt 15,1-2.10-14 : « Toute plante que mon Père du ciel n'a pas plantée sera arrachée »
Me 5	Dédicace de la basilique Sainte-Marie Majeure, à Rome vers 435. Jérémie 31, 1-7 ; Cantique Jérémie 31 ; Mt15, 21-28 : « Femme, grande est ta foi ! »
Je 6	TRANSFIGURATION DU SEIGNEUR. Lectures propres : Daniel 7,9-10.13-14 ou bien 2 Pierre 1,16-19 ; Ps 96 ; année A ; Mt 17,1-9 : « Son visage devint brillant comme le soleil »
Ve 7	*S. Sixte II, pape, et ses compagnons, martyrs à Rome, † 258.* *S. Gaétan, prêtre, fondateur des Théatins, † 1547 à Naples.* *En Belgique*, Ste Julienne du Mont Cornillon, vierge, † 1258. Nahoum 2,1.3 ; 3,1-3.6-7 ; Cantique Deutéronome 32 ; Mt 16,24-28 : « Que pourra donner un homme en échange de sa vie ? »
Sa 8	S. Dominique, prêtre, fondateur des Frères Prêcheurs, † 1221 à Bologne. Habacuc 1,12–2,4 ; Ps 9 A ; Mt 17, 14-20 : « Si vous avez la foi, rien ne vous sera impossible »

Bonne fête ! 2 : Eusèbe, Julien, Eymard. 3 : Lydie. 4 : Jean-Marie, Vianney. 5 : Abel, Oswald. 6 : Octavien. 7 : Gaétan, Julienne. 8 : Dominique, Cyriaque.

Saint Dominique (8 août). Témoin des ravages de l'hérésie cathare dans le sud de la France, il s'oppose à la violence et rassemble des disciples pour prêcher, en donnant le témoignage d'une vie pauvre et fraternelle. C'est ainsi qu'est fondé l'ordre des Prêcheurs, ou ordre dominicain.

19e dimanche

9 AOÛT 2020

« N'ayez plus peur ! »

Menacé par la reine Jézabel, le prophète Élie se hâte de partir pour sauver sa vie. Après avoir marché quarante jours et quarante nuits jusqu'à l'Horeb, la montagne de Dieu, il lui est donné de rencontrer Dieu, de vivre une théophanie (*première lecture*). Cette rencontre donne une nouvelle dimension à la confession de foi du peuple d'Israël au Dieu unique. À l'opposé des croyances polythéistes de l'époque qui attribuaient aux dieux des réactions bassement humaines (la colère, la vengeance, la punition...) cause des catastrophes naturelles, le Seigneur se révèle dans ce qui est invisible, presque imperceptible. Dieu n'est pas ostentatoire : il faut savoir se mettre à son écoute pour entendre « le murmure d'une brise légère ». Alors, « le Seigneur donnera ses bienfaits » (*psaume*).

Dans *l'évangile*, Jésus se sépare de ses disciples pour être seul avec son Père, sur la montagne, le lieu de la rencontre privilégié avec Dieu dans la tradition biblique. Sur les eaux, il n'est pas question d'une brise légère, mais d'un vent contraire. L'évangéliste Matthieu s'intéresse d'abord à la barque elle-même, qui est l'image de l'Église. Elle est battue par les vagues, le Seigneur semble l'avoir abandonnée. À la fin de la nuit, une nouvelle aube se prépare. En marchant sur la mer, Jésus domine le mal et la mort. Il « vint », dit le texte ; la même expression sera reprise par Jean au moment où Jésus vient apporter la paix à ses disciples, tétanisés par la peur à cause de sa crucifixion (cf. Jn 20, 19). Comme à Pâques, les disciples sont bouleversés et croient voir un fantôme (cf. Lc 24, 37-39). Jésus répond : « C'est moi », ce qui pourrait aussi se traduire par « Je suis ».

Pierre exprime alors un certain doute : « Seigneur, si c'est bien toi... ». Pourtant, à la manière du psalmiste (cf. Ps 87), il continue de s'adresser à son Seigneur et sa prière est exaucée : il est sauvé. Dans la barque, la présence de Jésus calme la tempête. Le récit se termine par une adoration au cours de laquelle les Apôtres confessent leur foi au Fils de Dieu.

Rendant grâce à chaque eucharistie pour la victoire de Jésus sur la mort, le chrétien tend la main vers son frère qui crie au Christ : « Seigneur, sauve-moi ! ».

Des chants sont proposés au 18e dimanche, p. 491.

Prière d'ouverture

Dieu éternel et tout-puissant, toi que nous pouvons déjà appeler notre Père, fais grandir en nos cœurs l'esprit filial, afin que nous soyons capables d'entrer un jour dans l'héritage qui nous est promis. Par Jésus Christ.

1re lecture *« Tiens-toi sur la montagne devant le Seigneur »*

→ Lecture du premier livre des Rois 19, 9a.11-13a

E**n ces jours-là**, lorsque le prophète Élie fut arrivé à l'Horeb, la montagne de Dieu, il entra dans une caverne et y passa la nuit. Le Seigneur dit : « Sors et tiens-toi sur la montagne devant le Seigneur, car il va passer. » À l'approche du Seigneur, il y eut un ouragan, si fort et si violent qu'il fendait les montagnes et brisait les rochers, mais le Seigneur n'était pas dans l'ouragan ; et après l'ouragan, il y eut un tremblement de terre, mais le Seigneur n'était pas dans le tremblement de terre ; et après ce tremblement de terre, un feu, mais le Seigneur n'était pas dans ce feu ; et après ce feu, le murmure d'une brise légère. Aussitôt qu'il l'entendit, Élie se couvrit le visage avec son manteau, il sortit et se tint à l'entrée de la caverne.

Psaume 84

**R/ Fais-nous voir, Seigneur, ton amour,
et donne-nous ton salut.**

J'écoute : Que dira le Seigneur Dieu ?
Ce qu'il dit, c'est la paix pour son peuple.
Son salut est proche de ceux qui le craignent,
et la gloire habitera notre terre.

Amour et vérité se rencontrent,
justice et paix s'embrassent ;
la vérité germera de la terre
et du ciel se penchera la justice.

Le Seigneur donnera ses bienfaits,
et notre terre donnera son fruit.
La justice marchera devant lui,
et ses pas traceront le chemin.

2e lecture

*« Pour les Juifs, mes frères,
je souhaiterais être anathème »*

→ **Lecture de la lettre de saint Paul apôtre aux Romains** 9, 1-5

F**rères**, c'est la vérité que je dis dans le Christ, je ne mens pas, ma conscience m'en rend témoignage dans l'Esprit Saint : j'ai dans le cœur une grande tristesse, une douleur incessante. Moi-même, pour les Juifs, mes frères de race, je souhaiterais être anathème, séparé du Christ : ils sont en effet Israélites, ils ont l'adoption, la gloire, les alliances, la législation, le culte, les promesses de Dieu ; ils ont les patriarches, et c'est de leur race que le Christ est né, lui qui est au-dessus de tout, Dieu béni pour les siècles. Amen.

Alléluia. Alléluia. J'espère le Seigneur, et j'attends sa parole. **Alléluia.**

Évangile

« Ordonne-moi de venir vers toi sur les eaux »

→ **Évangile de Jésus Christ selon saint Matthieu** 14, 22-33

Aussitôt après avoir nourri la foule dans le désert, Jésus obligea les disciples à monter dans la barque et à le précéder sur l'autre rive, pendant qu'il renverrait les foules. Quand il les eut renvoyées, il gravit la montagne, à l'écart, pour prier. Le soir venu, il était là, seul.

La barque était déjà à une bonne distance de la terre, elle était battue par les vagues, car le vent était contraire. Vers la fin de la nuit, Jésus vint vers eux en marchant sur la mer. En le voyant marcher sur la mer, les disciples furent bouleversés. Ils dirent : « C'est un fantôme. » Pris de peur, ils se mirent à crier. Mais aussitôt Jésus leur parla : « Confiance ! c'est moi ; n'ayez plus peur ! » Pierre prit alors la parole : « Seigneur, si c'est bien toi, ordonne-moi de venir vers toi sur les eaux. » Jésus lui dit : « Viens ! » Pierre descendit de la barque et marcha sur les eaux pour aller vers Jésus. Mais, voyant la force du vent, il eut peur et, comme il commençait à enfoncer, il cria : « Seigneur, sauve-moi ! » Aussitôt, Jésus étendit la main, le saisit et lui dit : « Homme de peu de foi, pourquoi as-tu douté ? » Et quand ils furent montés dans la barque, le vent tomba. Alors ceux qui étaient dans la barque se prosternèrent devant lui, et ils lui dirent : « Vraiment, tu es le Fils de Dieu ! »

Pour la prière universelle

– Ton fils Jésus gravit la montagne à l'écart pour prier : Seigneur, éclaire ceux qui choisissent une vie de contemplation pour être des lumières au cœur du monde.

– Ton fils Jésus invite Pierre à le suivre : Seigneur, rends-nous accueillants à tous ceux qui te cherchent pour pouvoir te suivre.

– Ton fils Jésus dit à ses disciples : « N'ayez plus peur » : Seigneur, fortifie ceux qui sont paralysés par le doute et l'angoisse de l'avenir.

– Ton fils Jésus étendit la main pour sauver Pierre : Seigneur, donne la force et la paix à ceux d'entre nous qui sont malades ou affligés par un deuil.

Prière sur les offrandes

Seigneur, tu as donné ces présents à ton Église pour qu'elle puisse te les offrir ; daigne les accueillir favorablement : qu'ils deviennent, par ta puissance, le sacrement de notre salut. Par Jésus.

Prière après la communion

Que cette communion à ton sacrement, Seigneur, soit notre délivrance et nous enracine dans ta vérité. Par Jésus.

N'ayez pas peur d'accueillir le Christ

« Frères et sœurs, n'ayez pas peur d'accueillir le Christ et d'accepter son pouvoir ! [...] N'ayez pas peur ! Ouvrez, ouvrez toutes grandes les portes au Christ ! À sa puissance salvatrice ouvrez les frontières des États, les systèmes économiques et politiques, les immenses domaines de la culture, de la civilisation, du développement. N'ayez pas peur ! Le Christ sait "ce qu'il y a dans l'homme" ! Et lui seul le sait !

Aujourd'hui, si souvent l'homme ignore ce qu'il porte au-dedans de lui, dans les profondeurs de son esprit et de son cœur. Si souvent il est incertain du sens de sa vie sur cette terre. Il est envahi par le doute qui se transforme en désespoir. Permettez donc – je vous prie, je vous implore avec humilité et confiance, – permettez au Christ de parler à l'homme. Lui seul a les paroles de vie, oui, de vie éternelle ! »

S. Jean Paul II, *Homélie de la messe solennelle d'intronisation*, 22 octobre 1978

CALENDRIER LITURGIQUE

Di 9	**19e dimanche A.** [Ste THÉRÈSE-BÉNÉDICTE DE LA CROIX (Édith Stein), carmélite, martyre, patronne de l'Europe, † 1942 à Auschwitz. En Europe, fête]. *Liturgie des Heures : Psautier semaine III.*
Lu 10	S. LAURENT, diacre, martyr à Rome, † 258. Lectures propres : 2 Corinthiens 9, 6-10 ; Ps 111 ; Jean 12, 24-26 : « Si quelqu'un me sert, mon Père l'honorera »
Ma 11	Ste Claire, vierge, fondatrice des Pauvres Dames ou Clarisses, † 1253 à Assise. *Au Luxembourg, Bx Schecelin, ermite, † 1138 ou 1139.* Ézékiel 2, 8–3, 4 ; Ps 118 ; Mt 18, 1-5.10.12-14 : « Gardez-vous de mépriser un seul de ces petits »
Me 12	*Ste Jeanne-Françoise de Chantal, mère de famille puis religieuse, fondatrice de la Visitation à Annecy, † 1641 à Moulins.* Ézékiel 9,1-7 ; 10,18-22 ; Ps 112 ; Mt 18,15-20 : « S'il t'écoute, tu as gagné ton frère »
Je 13	*S. Pontien, pape, et S. Hippolyte, prêtre romain, martyrs en Sardaigne, † vers 235.* Ézékiel 12, 1-12 ; Ps 77 ; Mt 18, 21–19, 1 : « Je ne te dis pas de pardonner jusqu'à sept fois, mais jusqu'à 70 fois sept fois »
Ve 14	S. Maximilien Kolbe, prêtre, frère mineur conventuel, martyr, † 1941 à Auschwitz. Lecture longue : Ézékiel 16, 1-15.60.63 Ou : lecture brève : Ézékiel 16, 59-63 ; Cantique Isaïe 12 ; Mt 19, 3-12 : « C'est en raison de la dureté de votre cœur que Moïse vous a permis de renvoyer vos femmes. Mais au commencement, il n'en était pas ainsi »
Sa 15	**ASSOMPTION DE LA VIERGE MARIE**, patronne principale de la France, p. 505.

Bonne fête ! 9 : Amour. 10 : Laurent, Laure, Laurence, Dieudonné. 11 : Claire, Géry, Gilberte, Suzanne. 12 : Jeanne, Chantal, Clarisse. 13 : Hippolyte. 14 : Maximilien, Arnold. 15 : Marie, Maria, Marlène, Maryse, Muriel, Mireille, Myriam, Assomption.

Sainte Thérèse-Bénédicte de la Croix (Édith Stein). Philosophe et carmélite, Édith Stein est née en 1891 à Breslau en Prusse. Issue d'une famille juive, elle s'éloigne de toute croyance religieuse à l'adolescence. Elle fréquente l'université et sera la première femme docteur en philosophie avec sa thèse sur l'empathie. En 1921, elle reçoit le baptême dans l'Église catholique. Durant une dizaine d'années, elle est enseignante avant de rejoindre le Carmel de Cologne. En 1938, elle part pour le Carmel d'Echt en Hollande. Suite à une dénonciation des exactions nazies par les évêques hollandais, le pouvoir national-socialiste décide de déporter tous les chrétiens d'origine juive. Le 9 août 1942, Édith Stein meurt dans les chambres à gaz d'Auschwitz. Elle a été canonisée par le pape Jean-Paul II le 11 octobre 1998 et proclamée copatronne de l'Europe.

LES FÊTES DE LA VIERGE MARIE

La dévotion à la Vierge Marie remonte aux débuts de l'Église, parce que Marie est étroitement liée au mystère du Christ. Cependant, les principales fêtes mariales ont vu le jour au fur et à mesure que l'Église approfondissait son lien à la Vierge Marie. En 431, le concile d'Éphèse proclame Marie mère de Dieu. Dès lors, la dévotion à Marie va s'accroître et les fêtes mariales trouver place dans le calendrier liturgique. L'importance que va prendre la piété mariale dans les Églises catholique et orthodoxe pourrait étonner. En réalité, les chrétiens ont vu très tôt, en Marie, une figure maternelle. Elle veille sur Jésus et l'accompagne tout au long de sa vie comme le fait une mère pour ses enfants. Et les mots de Jésus en croix à Jean : « Femme, voici ton fils » n'ont fait que renforcer la perception de la maternité universelle de Marie.

Dès le VIe siècle, certaines Églises locales célèbrent la Dormition de Marie qui deviendra, en Occident, la fête de l'Assomption. Vers le milieu du VIIe siècle, Rome célèbre cinq fêtes mariales : Marie, mère de Dieu (1er janvier), Nativité de Marie (8 septembre), Annonciation (25 mars), Présentation de Marie (2 février à l'époque), Assomption (15 août).

Le Moyen Âge voit se développer certaines formes de culte à Marie qui laissaient croire qu'elle exerçait sur Dieu une influence considérable. La réforme protestante contesta cette croyance ; la Contre-réforme catholique défendit Marie, son intercession et l'enseignement de l'Église à son sujet.

Au XVIIe siècle, certains jugèrent la piété mariale excessive. Les siècles suivants oscillèrent entre deux tendances : forte dévotion à Marie ou prudence face à certaines dérives. Des fêtes nouvelles apparurent au calendrier de l'Église : Immaculée Conception en 1854, Cœur immaculée de Marie en 1942, Marie Reine en 1953. L'Église veille cependant à garder un juste équilibre dans la dévotion à Marie. Le Concile Vatican II, reprenant à son compte la vénération traditionnelle de l'Église à la Vierge, invite les fidèles à éviter tout excès qui limiterait le rôle médiateur du Christ. Il veille à ce que le culte rendu à la Vierge Marie conduise à la rencontre du Christ et à une foi trinitaire. Dès lors, la parole de Dieu tient une place importante dans la piété mariale.

Il existe aussi de nombreux exercices de piété : la récitation du Rosaire les mois de Marie (mai) et du Rosaire (octobre), l'Angélus, les litanies de la Sainte Vierge, etc. Le nombre impressionnant de sanctuaires, églises, chapelles dédiées à la Vierge Marie en dit long sur l'attachement des chrétiens, depuis toujours, à la mère de Jésus. Les innombrables statues et icônes vénérées dans les églises, accrochées dans les maisons, les médailles représentant Marie et que portent de nombreux chrétiens prouvent l'attachement simple et très fort des chrétiens à la Vierge. Cette piété populaire est profondément enracinée dans le peuple chrétien. Il convient de ne pas la négliger mais de l'accompagner pour qu'elle ne dérive pas en des conceptions théologiques erronées. L'Église recommande d'associer la piété mariale à une fête liturgique en mettant en évidence le rapport qui existe entre les deux, la liturgie associant toujours la Vierge Marie au mystère du Christ. L'Église demande aussi aux fidèles d'écouter avec foi la parole de Dieu, lors des exercices de piété, de l'accueillir et de la méditer, à l'exemple même de Marie. C'est sans doute la meilleure manière de développer une juste catéchèse sur la Vierge Marie, tout en réservant une place aux moyens d'expression, simples et familiers, de la piété populaire. Pour favoriser une juste piété mariale, l'Église propose d'ailleurs quarante-six messes en l'honneur de la Vierge Marie. Trop souvent méconnues, elles mériteraient d'être plus souvent célébrées, particulièrement dans les sanctuaires mariaux. En effet, elles offrent, à travers les titres donnés à Marie, une doctrine sûre et une répartition intéressante tout au long de l'année liturgique. Elles sont un bel instrument liturgique pour favoriser la piété des communautés et des fidèles envers la Mère du Seigneur. SK

Assomption de la Vierge Marie

15 AOÛT 2020

Marie, mère du Sauveur

En fêtant l'Assomption de la Vierge Marie, nous célébrons la vie que Dieu lui a donnée en plénitude. Le salut apporté aux hommes par la résurrection du Christ touche la totalité de la personne humaine, dans son âme et dans son corps. L'Assomption de Marie en est la manifestation : son corps peut échapper à la dégradation que produit la mort. Autre signe du salut : déjà son corps avait pu donner une vie corporelle à celui qui a été conçu du Saint Esprit. Ainsi le corps de Marie se trouve-t-il toujours en relation étroite avec le salut des hommes et aujourd'hui nous célébrons le salut pour celle qui a donné totalement sa foi en Dieu et qui lui a obéi parfaitement.

Aujourd'hui les textes sont centrés sur le projet divin du salut pour tous les hommes. Sans la nommer, saint Jean désigne Marie sous les traits de la femme qui enfante celui qui sera « le berger de toutes les nations ». Elle-même est protégée par Dieu qui lui réserve un endroit sûr dans la sécurité du désert tandis que le nouveau-né, qui échappe à la mort, pourra exercer son pouvoir de salut (*première lecture*).

C'est aussi la puissance du Christ qui est mise en avant dans la *deuxième lecture* : il possède « un pouvoir royal » qui lui permet d'être victorieux de tout mal et d'abord des puissances de la mort. Comme dans le livre de l'Apocalypse, qui évoque le trône divin, saint Paul affirme la suprématie du règne du Christ.

Dans un esprit beaucoup plus modeste et plein d'humilité, la Vierge Marie rend grâce par le « Magnificat » pour l'intervention du Seigneur dans sa propre vie (*évangile*). En se référant à l'Histoire du salut, elle loue Dieu d'avoir accompli sa promesse pour tout son peuple.

Avec Marie qui a cru aux paroles de l'ange, mettons notre confiance dans la Parole qui nous fait connaître le salut pour aujourd'hui et, en ce jour de fête, chantons avec elle notre action de grâce au Seigneur.

CHANTER

- Pour la procession d'ouverture, ***Béni sois-tu, Seigneur*** **V 24 CA 617,** ***Vierge sainte*** **V 136 CNA 632,** ***Ta joie dans la gloire du ciel*** **AV 67-44,** ***Avec Marie, jubilons d'allégresse*** **V 51-34,** ***Toi, Notre Dame*** **VX 153.** On peut encore retenir un chant à l'Église dont Marie est la Mère et la figure, ***Église du Seigneur*** **K 128,** ***Église de ce temps*** **K 35-64 CNA 661.**
- Après l'homélie, ***Toi qui ravis le cœur de Dieu*** **VP 136-2 CNA 372.**
- Pour la procession de communion, ***Le Verbe s'est fait chair*** **D 31-15.**
- Après la communion, ***Le Seigneur fit pour moi des merveilles*** **Z 170 CNA p. 188,** ***Nous te saluons, Mère très sainte*** **VL 42-65,** ***Mon âme chante le Seigneur*** **V 193 CNA 626,** ***Gloire à toi, Marie*** **V 21 CNA 620.**
- À la fin de la célébration, ***Magnificat*** **(Taizé),** ***Couronnée d'étoiles*** **V 44-58,** ***Je vous salue Marie, Toi Notre Dame*** **VX 153,** ***Regarde l'étoile*** **IEV 19-17.**

Messe de la veille au soir

Prière d'ouverture

Seigneur, tu t'es penché sur ton humble servante, la bienheureuse Vierge Marie : tu lui as donné la grâce et l'honneur de devenir la mère de ton Fils unique et tu l'as couronnée, en ce jour, d'une gloire sans pareille ; à sa prière, accorde-nous, puisque nous sommes rachetés et sauvés, d'être élevés avec elle dans ta gloire. Par Jésus Christ.

1re lecture

Marie, arche d'Alliance

→ **Lecture du premier livre des Chroniques** 15, 3-4.15-16 ; 16, 1-2

En ces jours-là, David rassembla tout Israël à Jérusalem pour faire monter l'arche du Seigneur jusqu'à l'emplacement préparé pour elle. Il réunit les fils d'Aaron et les Lévites. Les Lévites transportèrent l'arche de Dieu, au moyen de barres placées sur leurs épaules, comme l'avait ordonné Moïse, selon la parole du Seigneur. David dit aux chefs des Lévites de mettre en place leurs frères, les chantres, avec leurs instruments, harpes, cithares, cymbales, pour les faire retentir avec force en signe de joie. Ils amenèrent donc l'arche de Dieu et l'installèrent au milieu de la tente que David avait dressée pour elle. Puis on présenta devant Dieu des holocaustes et des sacrifices de paix. Quand David eut achevé d'offrir les holocaustes et les sacrifices de paix, il bénit le peuple au nom du Seigneur.

Psaume 131

R/ **Monte, Seigneur, vers le lieu de ton repos,**
toi, et l'arche de ta force !

Entrons dans la demeure de Dieu,
prosternons-nous aux pieds de son trône.

Monte, Seigneur, vers le lieu de ton repos,
toi, et l'arche de ta force !

Que tes prêtres soient vêtus de justice,
que tes fidèles crient de joie !
Pour l'amour de David, ton serviteur,
ne repousse pas la face de ton messie.

Car le Seigneur a fait choix de Sion ;
elle est le séjour qu'il désire :
« Voilà mon repos à tout jamais,
c'est le séjour que j'avais désiré. »

2e lecture *Jésus, victorieux de la mort*

→ Lecture de la première lettre de saint Paul apôtre aux Corinthiens 15, 54b-57

Frères, quand cet être mortel aura revêtu l'immortalité, alors se réalisera la parole de l'Écriture : La mort a été engloutie dans la victoire. Ô Mort, où est ta victoire ? Ô Mort, où est-il, ton aiguillon ? L'aiguillon de la mort, c'est le péché ; ce qui donne force au péché, c'est la Loi. Rendons grâce à Dieu qui nous donne la victoire par notre Seigneur Jésus Christ.

Alléluia. Alléluia. Heureux ceux qui écoutent la parole de Dieu, et qui la gardent ! **Alléluia.**

Évangile *Heureuse celle qui a entendu la parole de Dieu !*

→ Évangile de Jésus Christ selon saint Luc 11, 27-28

En ce temps-là, comme Jésus était en train de parler, une femme éleva la voix au milieu de la foule pour lui dire : « Heureuse la mère qui t'a porté en elle, et dont les seins t'ont nourri ! » Alors Jésus lui déclara : « Heureux plutôt ceux qui écoutent la parole de Dieu, et qui la gardent ! »

Pour la prière universelle

– Avec la Vierge Marie, dont nous célébrons aujourd'hui l'Assomption, nous implorons la grâce de Dieu pour l'Église : qu'elle témoigne de l'espérance donnée à tous les hommes.
– Avec la Vierge Marie qui a donné vie à Jésus dans la crèche de Bethléem, nous prions pour les femmes qui attendent un enfant : qu'elles portent la vie dans la joie et qu'elles trouvent les soutiens dont elles ont besoin.
– Avec la Vierge Marie qui a souffert avec le Christ, nous présentons à Dieu celles et ceux qui sont dans la peine, qui traversent des épreuves, ou qui sont isolés : que des frères leur manifestent leur compassion et leur apportent l'aide nécessaire.
– Avec Marie qui priait avec les Apôtres à la Pentecôte, nous supplions le Père pour toutes les familles, les communautés humaines ou chrétiennes qui se réunissent en ce jour de fête : qu'elles trouvent leur joie en Dieu.

Prière sur les offrandes

Nous t'en prions, Seigneur, reçois le sacrifice de louange et de paix que nous t'offrons aujourd'hui pour fêter l'Assomption de la sainte Mère de Dieu ; qu'il nous obtienne ton pardon et nous garde toujours dans l'action de grâce. Par Jésus.

Préface, p. 513.

Prière après la communion

Après avoir participé à la table du ciel, nous implorons ta bonté, Seigneur : puisque nous célébrons l'Assomption de la Mère de Dieu, délivre-nous de toute menace du mal. Par Jésus.

Messe du jour

Prière d'ouverture

Dieu éternel et tout-puissant, toi qui as fait monter jusqu'à la gloire du ciel, avec son âme et son corps, Marie, la Vierge immaculée, mère de ton Fils : fais que nous demeurions attentifs aux choses d'en haut pour obtenir de partager sa gloire. Par Jésus Christ.

1re lecture *Le signe de la Femme dans le ciel*

→ **Lecture de l'Apocalypse de saint Jean** 11, 19a ; 12, 1-6a.10ab

Le sanctuaire de Dieu, qui est dans le ciel, s'ouvrit, et l'arche de son Alliance apparut dans le Sanctuaire. Un grand signe apparut dans le ciel : une Femme, ayant le soleil pour manteau, la lune sous les pieds, et sur la tête une couronne de douze étoiles. Elle est enceinte, elle crie, dans les douleurs et la torture d'un enfantement.

Un autre signe apparut dans le ciel : un grand dragon, rouge feu, avec sept têtes et dix cornes, et, sur chacune des sept têtes, un diadème. Sa queue, entraînant le tiers des étoiles du ciel, les précipita sur la terre. Le Dragon vint se poster devant la femme qui allait enfanter, afin de dévorer l'enfant dès sa naissance. Or, elle mit au monde un fils, un enfant mâle, celui qui sera le berger de toutes les nations, les conduisant avec un sceptre de fer. L'enfant fut enlevé jusqu'auprès de Dieu et de son Trône, et la Femme s'enfuit au désert, où Dieu lui a préparé une place. Alors j'entendis dans le ciel une voix forte, qui proclamait : « Maintenant voici le salut, la puissance et le règne de notre Dieu, voici le pouvoir de son Christ ! »

Psaume 44

**R/Debout, à la droite du Seigneur,
se tient la reine, toute parée d'or.**

Écoute, ma fille, regarde et tends l'oreille ;
oublie ton peuple et la maison de ton père :
le roi sera séduit par ta beauté.

Il est ton Seigneur : prosterne-toi devant lui.
Alors, les plus riches du peuple,
chargés de présents, quêteront ton sourire.

Fille de roi, elle est là, dans sa gloire,
vêtue d'étoffes d'or ;
on la conduit, toute parée, vers le roi.

Des jeunes filles, ses compagnes, lui font cortège ;
on les conduit parmi les chants de fête :
elles entrent au palais du roi.

2e lecture *« C'est dans le Christ que tous recevront la vie »*

→ **Lecture de la première lettre de saint Paul apôtre aux Corinthiens** 15, 20-27a

Frères, le Christ est ressuscité d'entre les morts, lui, premier ressuscité parmi ceux qui se sont endormis. Car, la mort étant venue par un homme, c'est par un homme aussi que vient la résurrection des morts. En effet, de même que tous les hommes meurent en Adam, de même c'est dans le Christ que tous recevront la vie, mais chacun à son rang : en premier, le Christ, et ensuite, lors du retour du Christ, ceux qui lui appartiennent. Alors, tout sera achevé, quand le Christ remettra le pouvoir royal à Dieu son Père, après avoir anéanti, parmi les êtres célestes, toute Principauté, toute Souveraineté et Puissance. Car c'est lui qui doit régner jusqu'au jour où Dieu *aura mis sous ses pieds tous ses ennemis.* Et le dernier ennemi qui sera anéanti, c'est la mort, car *il a tout mis sous ses pieds.*

Alléluia. Alléluia. Aujourd'hui s'est ouverte la porte du paradis : Marie est entrée dans la gloire de Dieu ; exultez dans le ciel, tous les anges ! **Alléluia.**

Évangile

La visitation de Marie à Élisabeth

→ **Évangile de Jésus Christ selon saint Luc** 1, 39-56

En ces jours-là, Marie se mit en route et se rendit avec empressement vers la région montagneuse, dans une ville de Judée. Elle entra dans la maison de Zacharie et salua Élisabeth. Or, quand Élisabeth entendit la salutation de Marie, l'enfant tressaillit en elle. Alors, Élisabeth fut remplie d'Esprit Saint, et s'écria d'une voix forte : « Tu es bénie entre toutes les femmes, et le fruit de tes entrailles est béni. D'où m'est-il donné que la mère de mon Seigneur vienne jusqu'à moi ? Car, lorsque tes paroles de salutation sont parvenues à mes oreilles, l'enfant a tressailli d'allégresse en moi. Heureuse celle qui a cru à l'accomplissement des paroles qui lui furent dites de la part du Seigneur. »

Marie dit alors : « Mon âme exalte le Seigneur, exulte mon esprit en Dieu, mon Sauveur ! Il s'est penché sur son humble servante ; désormais tous les âges me diront bienheureuse. Le Puissant fit pour moi des merveilles ; Saint est son nom ! Sa miséricorde s'étend d'âge en âge sur ceux qui le craignent. Déployant la force de son bras, il disperse les superbes. Il renverse les puissants de leurs trônes, il élève les humbles. Il comble de biens les affamés, renvoie les riches les mains vides. Il relève Israël son serviteur, il se souvient de son amour, de la promesse faite à nos pères, en faveur d'Abraham et sa descendance à jamais. » Marie resta avec Élisabeth environ trois mois, puis elle s'en retourna chez elle.

Prière universelle, p. 509.

Prière sur les offrandes

Que s'élève jusqu'à toi, Seigneur, notre fervent sacrifice, et tandis qu'intercède pour nous la très sainte Vierge Marie, emportée au ciel, que nos cœurs, brûlants de charité, aspirent toujours à monter vers toi. Par Jésus.

Préface

Vraiment, il est juste et bon de te rendre gloire, de t'offrir notre action de grâce, toujours et en tout lieu, à toi, Père très saint, Dieu éternel et tout-puissant, par le Christ, notre Seigneur.
Aujourd'hui la Vierge Marie, la Mère de Dieu, est élevée dans la gloire du ciel : parfaite image de l'Église à venir, aurore de l'Église triomphante, elle guide et soutient l'espérance de ton peuple encore en chemin. Tu as préservé de la dégradation du tombeau le corps qui avait porté ton propre Fils et mis au monde l'auteur de la vie.
C'est pourquoi, avec tous les anges du ciel, pleins de joie, nous chantons (disons) : **Saint !...**

Dans les prières eucharistiques, il y a des textes propres à la fête de l'Assomption.

Prière après la communion

Après nous avoir donné, Seigneur, le sacrement qui nous sauve, accorde-nous, par l'intercession de Marie, la Vierge bienheureuse élevée au ciel, de parvenir à la gloire de la résurrection. Par Jésus.

Notre-Dame de la Visitation

« Notre-Dame tu aurais pu rester chez toi
et préparer la venue du Fils de Dieu
dans la prière et le silence ;
quoi de plus normal.

Mais tu avais compris, au premier instant,
que Celui qui germait en toi désormais,
t'appelait à la mission.
Tout en restant Mère de Dieu,
tu es devenue Disciple.

Te voici en visite chez ta cousine Élisabeth
pour servir l'annonce de la Bonne Nouvelle.
"Bienheureuse celle qui a cru",
s'exclame-t-elle.

Les deux enfants à naître,
Jean-Baptiste et Jésus eux aussi,
manifestent la joie de la rencontre.
Dans le sein d'Élisabeth,
Jean bondit de joie à l'approche du Messie.

Notre-Dame de la Visitation
fais-nous vivre comme toi
dans l'amour de ton Fils
pour que la mission s'inscrive
dans la logique de notre baptême
et que nous sachions nous faire
"visite de Dieu" auprès de tous. Amen. »

Annales d'Issoudun, *Prier Marie*, Éditions Monthabor, 2015, p. 21.

20e dimanche

16 AOÛT 2020

« Le pain des enfants »

Les textes du jour s'interrogent sur la destination universelle de la révélation divine.

Le *psaume* proclame que le salut est pour toutes les nations qui « chantent leur joie ». C'est à la fois un souhait (« que la terre tout entière l'adore ! ») et une certitude (« car tu gouvernes le monde avec justice »).

Dans sa lettre aux Romains (*deuxième lecture*), Paul souligne l'aspect contradictoire de l'histoire de la révélation : ceux qui étaient les premiers destinataires de l'Alliance « ont refusé de croire », tandis que les païens ont obtenu miséricorde. Mais il précise que tout homme est destiné à recevoir la miséricorde du Seigneur, son pardon et son amour.

Dans le livre d'Isaïe (*première lecture*), les « étrangers » qui professent leur foi dans le Dieu d'Israël, qui sont fidèles à son alliance, sont accueillis dans la maison du Père, « Maison de prière pour tous les peuples. » Pourtant, certains peuples étaient « voués à l'anathème » (Dt 7, 2). C'est le cas des Cananéens. Dans l'*évangile*, l'attitude et les propos de Jésus nous choquent : il se place, dans un premier temps, en conformité avec la mentalité de son époque. Pour se convertir, il ne suffisait pas de croire au vrai Dieu mais d'adopter les usages juifs afin d'intégrer le peuple élu. Cette femme qui crie n'est pas digne de recevoir une réponse car la distance – y compris religieuse – qui la sépare des Juifs est trop grande. Pour les disciples, il s'agit même de ne plus l'entendre, ses cris semblant être insupportables. Mais la Cananéenne, portée par son obstination amoureuse pour son enfant, se prosterne aux pieds de Jésus en utilisant une formule du psaume 69 : « Seigneur, viens à mon secours ! » Par sa réponse, Jésus souligne ce qui fait le véritable acte religieux : non pas les usages et les rites, mais la foi.

Dans l'évangile de Matthieu, cette rencontre entre Jésus et la Cananéenne est encadrée par deux récits de multiplication des pains et précédée par une « catéchèse » sur le pur et l'impur. L'évangéliste souligne ainsi que pour recevoir « le pain des enfants », l'eucharistie, seule est nécessaire la foi en Christ, lui qui est, selon la belle expression de saint Augustin, « le pain qui cherche la faim. »

Nous qui sommes réunis pour célébrer la mémoire du Seigneur, qui avons faim de Dieu, nous rendons grâce pour ce pain qui nourrit la vie éternelle, notre existence même.

Des chants sont proposés au 18e dimanche, p. 491.

Prière d'ouverture

Pour ceux qui t'aiment, Seigneur, tu as préparé des biens que l'œil ne peut voir : répands en nos cœurs la ferveur de ta charité, afin que t'aimant en toute chose et par-dessus tout, nous obtenions de toi l'héritage promis qui surpasse tout désir. Par Jésus Christ.

1re lecture *« Les étrangers, je les conduirai à ma montagne sainte »*

→ Lecture du livre du prophète Isaïe 56, 1.6-7

Ainsi parle le Seigneur : Observez le droit, pratiquez la justice, car mon salut approche, il vient, et ma justice va se révéler.

Les étrangers qui se sont attachés au Seigneur pour l'honorer, pour aimer son nom, pour devenir ses serviteurs, tous ceux qui observent le sabbat sans le profaner et tiennent ferme à mon alliance, je les conduirai à ma montagne sainte, je les comblerai de joie dans ma maison de prière, leurs holocaustes et leurs sacrifices seront agréés sur mon autel, car ma maison s'appellera « Maison de prière pour tous les peuples. »

Psaume 66

**R/ Que les peuples, Dieu, te rendent grâce ;
qu'ils te rendent grâce tous ensemble !**

Que Dieu nous prenne en grâce et nous bénisse,
que ton visage s'illumine pour nous ;
et ton chemin sera connu sur la terre,
ton salut, parmi toutes les nations.

Que les nations chantent leur joie,
car tu gouvernes le monde avec justice ;
tu gouvernes les peuples avec droiture
sur la terre, tu conduis les nations.

La terre a donné son fruit ;
Dieu, notre Dieu, nous bénit.
Que Dieu nous bénisse,
et que la terre tout entière l'adore !

2e lecture

« À l'égard d'Israël, les dons gratuits de Dieu et son appel sont sans repentance »

→ Lecture de la lettre de saint Paul apôtre aux Romains 11, 13-15.29-32

Frères, je vous le dis à vous, qui venez des nations païennes : dans la mesure où je suis moi-même apôtre des nations, j'honore mon ministère, mais dans l'espoir de rendre jaloux mes frères selon la chair, et d'en sauver quelques-uns. Si en effet le monde a été réconcilié avec Dieu quand ils ont été mis à l'écart, qu'arrivera-t-il quand ils seront réintégrés ? Ce sera la vie pour ceux qui étaient morts !

Les dons gratuits de Dieu et son appel sont sans repentance. Jadis, en effet, vous avez refusé de croire en Dieu, et maintenant, par suite de leur refus de croire, vous avez obtenu miséricorde ; de même, maintenant, ce sont eux qui ont refusé de croire, par suite de la miséricorde que vous avez obtenue, mais c'est pour qu'ils obtiennent miséricorde, eux aussi. Dieu, en effet, a enfermé tous les hommes dans le refus de croire pour faire à tous miséricorde.

Alléluia. Alléluia. Jésus proclamait l'Évangile du Royaume, et guérissait toute maladie dans le peuple. **Alléluia.**

Évangile

« Femme, grande est ta foi ! »

→ Évangile de Jésus Christ selon saint Matthieu 15, 21-28

En ce temps-là, partant de Génésareth, Jésus se retira dans la région de Tyr et de Sidon. Voici qu'une Cananéenne, venue de ces territoires, disait en criant : « Prends pitié de moi, Seigneur, fils de David ! Ma fille est tourmentée par un démon. » Mais il ne lui répondit pas un mot. Les disciples s'approchèrent pour lui demander : « Renvoie-la, car elle nous poursuit de ses cris ! » Jésus répondit : « Je n'ai été envoyé qu'aux brebis perdues de la maison d'Israël. » Mais elle vint se prosterner devant lui en disant : « Seigneur, viens à mon secours ! » Il répondit : « Il n'est pas bien de prendre le pain des enfants et de le jeter aux petits chiens. »

Elle reprit : « Oui, Seigneur ; mais justement, les petits chiens mangent les miettes qui tombent de la table de leurs maîtres. »

Jésus répondit : « Femme, grande est ta foi, que tout se passe pour toi comme tu le veux ! » Et, à l'heure même, sa fille fut guérie.

Pour la prière universelle

– Seigneur, change notre regard, et fais-nous voir avec amour les femmes et les hommes qui sont aujourd'hui encore considérés comme de « petits chiens ».
– Seigneur, libère-nous de la peur, et donne-nous de voir l'étranger comme un frère.

– Seigneur, regarde avec bonté ceux qui, sans relâche, œuvrent à la justice et la paix entre les hommes.
– Seigneur, soutiens ton Église, et donne-lui d'annoncer le Christ à toutes les nations.

Prière sur les offrandes

Accepte, Seigneur notre Dieu, ce que nous présentons pour cette eucharistie où s'accomplit un admirable échange : en offrant ce que tu nous as donné, puissions-nous te recevoir toi-même. Par Jésus.

Prière après la communion

Par cette eucharistie, Seigneur, tu nous as unis davantage au Christ, et nous te supplions encore : accorde-nous de lui ressembler sur la terre et de partager sa gloire dans le ciel. Lui qui règne.

Ma seule Espérance est la miséricorde infinie de Dieu

« Le Christ nous montre le chemin. La mort est le "Passage" obligé. Que sera pour nous cette mort : violente, ou au terme d'une maladie ? C'est l'imprévu de toute vie. Quand l'heure sera venue, je me présenterai à Dieu comme le mendiant, les mains vides, couvert de plaies. Nous marchons vers Lui par la pauvreté, l'échec, et la mort. Le christianisme est l'inversion de toutes valeurs. J'irai vers Dieu, mon Père, comme ceux qui sont sans domicile fixe, pour rejoindre une demeure stable et définitive. Ma seule confiance, ma seule Espérance est la Miséricorde infinie de Dieu qui nous accueille chacun tel que nous sommes. Malgré les malheurs de la vie, c'est une grâce d'être né, car au fond du mal il y a quelqu'un. Le secret de la vie est *d'Aimer.* »

Frère Luc de Tibhirine, *Lettre du 25 mars 1994*,
citée dans *Collectanea Cisterciensia* n° 69 (2007).

CALENDRIER LITURGIQUE

Di 16	**20e dimanche A.** *Liturgie des Heures : Psautier semaine IV.* *[S. Étienne, roi de Hongrie, † 1038.]*
Lu 17	Ézékiel 24, 15-24 ; Cantique Deutéronome 32 ; Mt 19, 16-22 : « Si tu veux être parfait, va, vends ce que tu possèdes, donne-le aux pauvres, et tu auras un trésor dans les cieux »
Ma 18	Ézékiel 28, 1-10 ; Cantique Deutéronome 32 ; Mt 19, 23-30 : « Il est plus facile à un chameau de passer par un trou d'aiguille qu'à un riche d'entrer dans le royaume des Cieux »
Me 19	*S. Jean Eudes, prêtre, fondateur des Eudistes, † 1680 à Caen.* Ézékiel 34, 1-11 ; Ps 22 ; Mt 20, 1-16 : « Ton regard est-il mauvais parce que moi, je suis bon ? »
Je 20	S. Bernard, abbé de Clairvaux, cistercien, docteur de l'Église, † 1153. Ézékiel 36, 23-28 ; Ps 50 ; Mt 22, 1-14 : « Tous ceux que vous trouverez, invitez-les à la noce »
Ve 21	S. Pie X, pape, † 1914 à Rome. Ézékiel 37, 1-14 ; Ps 106 ; Mt 22, 34-40 : « Tu aimeras le Seigneur ton Dieu de tout ton cœur, et ton prochain comme toi-même »
Sa 22	La Vierge Marie, Reine. Ézékiel 43, 1-7a ; Ps 84 ; Mt 23, 1-12 : « Ils disent et ne font pas »

Bonne fête ! 16 : Alfred, Roch, Armel. 17 : Hyacinthe. 18 : Hélène, Mylène, Laetitia, Nelly. 19 : Eudes, Guerric. 20 : Bernard, Philibert, Samuel, Samy. 21 : Grâce, Graziella, Privat. 22 : Fabrice, Siegfried, Symphorien, Reine.

Saint Bernard Né en 1090 à Fontaines-lès-Dijon, Bernard rejoint la nouvelle abbaye de Cîteaux pour y devenir moine, en 1112. Il y entraîne avec lui plus de trente compagnons, membres de sa famille et amis. Dès 1115, Bernard est envoyé à Clairvaux pour y fonder l'abbaye dont il restera père-abbé jusqu'à sa mort en 1153. Loin de rester cloîtré, il parcourt les routes d'Europe devenant « la conscience de l'Église de son temps ».

21e dimanche

23 AOÛT 2020

« Pour vous, qui suis-je ? »

« Pour vous, qui suis-je ? » (*évangile*). La question que Jésus adresse à ses disciples interpelle, tout au long de l'histoire, chaque chrétien. Professer, à la suite de Pierre, « Tu es le Christ, le Fils du Dieu vivant ! » ne va pas de soi. Il s'agit de reconnaître cette filiation unique entre le Père et le Fils, qui fait Jésus Christ « vrai homme et vrai Dieu ». Mais également, de croire en un « Dieu vivant », un Dieu vainqueur de la mort et qui aime la vie. Ce que la béatitude qui suit nous apprend, c'est que cette foi n'est pas liée à notre performance, mais qu'elle est un don, une révélation qui vient du Père : « Ce n'est pas la chair et le sang qui t'ont révélé cela, mais mon Père qui est aux cieux. »

Avant de lui confier sa mission qui fait de lui un homme nouveau, Jésus donne à Simon un nouveau nom. Puis, il lui confie son Église. En recevant « les clés du royaume des Cieux », Pierre est associé particulièrement à la mission de Jésus le Christ, lui qui est la « clé (du royaume) de David » (antienne Ô du 20 décembre). Pierre est ainsi chargé d'ouvrir grand les portes de « la maison de David » (*première lecture*), c'est-à-dire d'accueillir largement tous ceux qui recevront la grâce d'adhérer à la foi en Jésus Christ.

Pour les sages juifs, l'expression « lier et délier » entend dire la totalité du pouvoir par l'addition des contraires : c'est à la fois interdire et permettre, condamner et absoudre. Mais lier, c'est d'abord créer des liens. C'est une démarche profondément chrétienne puisque notre foi nous agrège à la communauté des croyants pour construire l'Église, corps du Christ. Et délier, c'est défaire des liens, non les liens qui unissent, mais ceux qui entravent ; délier, c'est libérer. Et depuis la sortie d'Égypte, nous savons que Dieu nous veut libres, en marche vers un monde meilleur.

« Seigneur, éternel est ton amour » (*psaume*). Aujourd'hui encore, par son Église, Dieu dit aux hommes son amour, particulièrement dans l'eucharistie et les sacrements, mais aussi par celles et ceux qui témoignent de la Bonne Nouvelle, pour ouvrir au monde les portes du royaume de Dieu.

Des chants sont proposés au 18e dimanche, p. 491.

Prière d'ouverture

Dieu qui peux mettre au cœur de tes fidèles un unique désir, donne à ton peuple d'aimer ce que tu commandes et d'attendre ce que tu promets ; pour qu'au milieu des changements de ce monde, nos cœurs s'établissent fermement là où se trouvent les vraies joies. Par Jésus Christ.

1re lecture

« Je mettrai sur mon épaule la clef de la maison de David »

→ Lecture du livre du prophète Isaïe 22, 19-23

Parole du Seigneur adressé à Shebna le gouverneur : « Je vais te chasser de ton poste, t'expulser de ta place. Et, ce jour-là, j'appellerai mon serviteur, Éliakim, fils d'Helcias. Je le revêtirai de ta tunique, je le ceindrai de ton écharpe, je lui remettrai tes pouvoirs : il sera un père pour les habitants de Jérusalem et pour la maison de Juda. Je mettrai sur son épaule la clef de la maison de David : s'il ouvre, personne ne fermera ; s'il ferme, personne n'ouvrira. Je le planterai comme une cheville dans un endroit solide ; il sera un trône de gloire pour la maison de son père. »

Psaume 137

**R/ Seigneur, éternel est ton amour :
n'arrête pas l'œuvre de tes mains.**

De tout mon cœur, Seigneur, je te rends grâce :
tu as entendu les paroles de ma bouche.
Je te chante en présence des anges,
vers ton temple sacré, je me prosterne.

Je rends grâce à ton nom pour ton amour et ta vérité,
car tu élèves, au-dessus de tout, ton nom et ta parole.
Le jour où tu répondis à mon appel,
tu fis grandir en mon âme la force.

Si haut que soit le Seigneur, il voit le plus humble.
de loin, il reconnaît l'orgueilleux.
Seigneur, éternel est ton amour :
n'arrête pas l'œuvre de tes mains.

2e lecture *« Tout est de lui, et par lui, et pour lui »*

→ **Lecture de la lettre de saint Paul apôtre aux Romains** 11, 33-36

Quelle profondeur dans la richesse, la sagesse et la connaissance de Dieu ! Ses décisions sont insondables, ses chemins sont impénétrables !

Qui a connu la pensée du Seigneur ? Qui a été son conseiller ? Qui lui a donné en premier, et mériterait de recevoir en retour ?

Car tout est de lui, et par lui, et pour lui. À lui la gloire pour l'éternité ! Amen.

Alléluia. Alléluia. Tu es Pierre, et sur cette pierre je bâtirai mon Église ; et la puissance de la Mort ne l'emportera pas sur elle. **Alléluia.**

Évangile

« Je te donnerai les clés du royaume des Cieux »

→ Évangile de Jésus Christ selon saint Matthieu 16, 13-20

En ce temps-là, Jésus, arrivé dans la région de Césarée-de-Philippe, demandait à ses disciples : « Au dire des gens, qui est le Fils de l'homme ? » Ils répondirent : « Pour les uns, Jean le Baptiste ; pour d'autres, Élie ; pour d'autres encore, Jérémie ou l'un des prophètes. » Jésus leur demanda : « Et vous, que dites-vous ? Pour vous, qui suis-je ? » Alors Simon-Pierre prit la parole et dit : « Tu es le Christ, le Fils du Dieu vivant ! »

Prenant la parole à son tour, Jésus lui dit : « Heureux es-tu, Simon fils de Yonas : ce n'est pas la chair et le sang qui t'ont révélé cela, mais mon Père qui est aux cieux. Et moi, je te le déclare : Tu es Pierre, et sur cette pierre je bâtirai mon Église ; et la puissance de la Mort ne l'emportera pas sur elle. Je te donnerai les clés du royaume des Cieux : tout ce que tu auras lié sur la terre sera lié dans les cieux, et tout ce que tu auras délié sur la terre sera délié dans les cieux. »

Alors, il ordonna aux disciples de ne dire à personne que c'était lui le Christ.

Pour la prière universelle

– Seigneur, que ton Église se laisse gouverner et réformer par l'Esprit Saint.
– Seigneur, que les dirigeants de ce monde sachent voir les plus humbles et mettre en œuvre des actions à leur service.
– Seigneur, que ceux qui sont dans l'ignorance de ton nom rencontrent des témoins joyeux de l'Évangile.
– Seigneur, que notre communauté progresse dans ta connaissance, en renforçant les liens qui nous unissent et en déliant ce qui entrave l'annonce de ta victoire sur la mort.

Prière sur les offrandes

Par l'unique sacrifice de la Croix, tu t'es donné, Père très bon, un peuple de fils ; accorde-nous, dans ton Église, la grâce de l'unité et de la paix. Par Jésus.

Prière après la communion

Que ta miséricorde, Seigneur, agisse en nous, et nous guérisse entièrement ; transforme-nous, par ta grâce, et rends-nous si généreux que nous puissions te plaire en toute chose. Par Jésus.

La condescendance de Dieu

« Dans la Sainte Écriture, la vérité et la sainteté de Dieu restant toujours sauves, se manifeste donc la "condescendance" merveilleuse de la Sagesse éternelle "pour que nous apprenions l'ineffable bienveillance de Dieu et à quel point aussi, dans ses soins prévenants pour notre nature, il a adapté son langage". En effet, les paroles de Dieu, passant par les langues humaines, sont devenues semblables au langage des hommes, de même que jadis le Verbe du Père éternel, ayant pris l'infirmité de notre chair, est devenu semblable aux hommes. »

Concile Vatican II, *Constitution dogmatique sur la Révélation*, Dei Verbum, n° 13.

CALENDRIER LITURGIQUE

Di 23	**21e dimanche A.** *Liturgie des Heures : Psautier semaine I.* *[Ste Rose de Lima, vierge, tertiaire dominicaine, † 1617, à Lima.]*
Lu 24	S. BARTHÉLEMY, Apôtre. Lectures propres : Apocalypse 21, 9b-14 ; Ps 144 ; Jean 1, 45-51 : « Voici vraiment un Israélite : il n'y a pas de ruse en lui. »
Ma 25	*S. Louis, roi de France, † 1270 à Tunis.* *S. Joseph de Calasanz (Espagne), prêtre, fondateur d'ordre, † 1648 à Rome.* 2 Thessaloniciens 2, 1-3a.14-17 ; Ps 95 ; Mt 23, 23-26 : « Voilà ce qu'il fallait pratiquer sans négliger le reste »
Me 26	*En France, S. Césaire, évêque d'Arles, † 542.* 2 Thessaloniciens 3, 6-10.16-18 ; Ps 127 ; Mt 23, 27-32 : « Vous êtes bien les fils de ceux qui ont assassiné les prophètes »
Je 27	Ste Monique, mère de S. Augustin, † vers 387 à Ostie (près de Rome). En Afrique du Nord, fête. 1 Corinthiens 1, 1-9 ; Ps 144 ; Mt 24, 42-51 : « Tenez-vous prêts »
Ve 28	S. Augustin, évêque d'Hippone (Algérie), docteur de l'Église, † 430. En Afrique du Nord, solennité. 1 Corinthiens 1, 17-25 ; Ps 32 ; Mt 25, 1-13 : « Voici l'époux ! Sortez à sa rencontre »
Sa 29	Martyre de S. Jean Baptiste. Férie :1 Corinthiens 1, 26-31 ; Ps 32 ; Évangile propre : Mc 6,17-29 : « Je veux que, tout de suite, tu me donnes sur un plat la tête de Jean le Baptiste ». *Au Luxembourg*, dédicace de la cathédrale.

Bonne fête ! 23 : Rose, Rosita. 24 : Barthélemy, Nathanaël. 25 : Louis, Clovis, Ludwig. 26 : Césaire, César, Natacha, Tasha. 27 : Monique. 28 : Augustin, Auguste, Hermès, Linda. 29 : Sabine, Sabrina.

Saint Augustin (28 août). Converti au christianisme en 386 après sa rencontre avec Ambroise de Milan, il devient évêque d'Hippone et mène une série de controverses, orales et écrites. En 1298, Augustin est canonisé et reconnu docteur de l'Église.

22e dimanche

30 AOÛT 2020

À la suite du Christ

L'évangile de la semaine dernière se terminait par cette étrange finale : « Jésus ordonna aux disciples de ne dire à personne que c'était lui le Christ. » La lecture de ce dimanche (*évangile*) éclaire cette recommandation de silence. Car la lumineuse profession de foi de Pierre (« Tu es le Christ, le Fils du Dieu vivant ! » Mt 16, 16) se heurte au scandale de la croix et à l'annonce par Jésus de sa mise à mort. Les disciples ne sont pas encore prêts à reconnaître Jésus dans sa qualité de Messie souffrant.

Pierre a tout laissé pour suivre Jésus, il lui est donc profondément attaché. L'annonce des souffrances et de la mort de son ami le révolte, il lui fait « de vifs reproches ». « Passe derrière moi, Satan ! », lui répond Jésus. C'est-à-dire, reprends ta juste place de disciple à ma suite. Par cette vive injonction, Jésus ne rejette pas Pierre, mais l'appelle au contraire de nouveau à sa suite, jusqu'à la mort et la résurrection. Car l'annonce de Jésus montre à Pierre ce qu'il ne voulait justement pas voir : suivre le Christ, c'est passer par la souffrance, la mort, et enfin la résurrection. Au moment même où Pierre apparaît comme « Satan », c'est-à-dire l'adversaire de Dieu qui pousse à se soustraire à sa volonté, Jésus l'appelle à nouveau à le suivre. La conversion de Pierre se réalise à travers sa vocation même, sa mission de veiller à la construction de l'Église ; parce qu'il est la pierre de fondation, la pierre angulaire étant le Christ, il ne peut être la pierre qui fait trébucher.

L'exhortation qui suit propose aux disciples le Chemin, la Vérité, la Vie (Jn 14, 6). À sa suite, Jésus nous invite à faire acte d'abandon, à renoncer à soi-même pour passer de la mort à la gloire de la résurrection. Le chrétien doit se transformer « pour discerner quelle est la volonté de Dieu » (*deuxième lecture*). Pour ce faire, il lui faut écouter « la parole du Seigneur » qui est « un feu brûlant » dans son cœur (*première lecture*).

« La messe dresse la table aussi bien de la parole de Dieu que du Corps du Seigneur, où les fidèles sont instruits et restaurés » (*Présentation Générale du Missel Romain* n° 28). Ainsi, à chaque eucharistie, « je serai rassasié ; la joie sur les lèvres, je dirai ta louange » (*psaume*).

Des chants sont proposés au 18e dimanche, p. 491.

Prière d'ouverture

Dieu puissant, de qui vient tout don parfait, enracine en nos cœurs l'amour de ton nom ; resserre nos liens avec toi, pour développer ce qui est bon en nous ; veille sur nous avec sollicitude, pour protéger ce que tu as fait grandir. Par Jésus Christ.

1re lecture

« Seigneur, tu m'as séduit, et j'ai été séduit »

→ Lecture du livre du prophète Jérémie 20, 7-9

Seigneur, tu m'as séduit, et j'ai été séduit ; tu m'as saisi, et tu as réussi. À longueur de journée je suis exposé à la raillerie, tout le monde se moque de moi. Chaque fois que j'ai à dire la parole, je dois crier, je dois proclamer : « Violence et dévastation ! » À longueur de journée, la parole du Seigneur attire sur moi l'insulte et la moquerie. Je me disais : « Je ne penserai plus à lui, je ne parlerai plus en son nom. » Mais elle était comme un feu brûlant dans mon cœur, elle était enfermée dans mes os. Je m'épuisais à la maîtriser, sans y réussir.

Psaume 62

R/ Mon âme a soif de toi, Seigneur, mon Dieu.

Dieu, tu es mon Dieu, je te cherche dès l'aube :
mon âme a soif de toi ;
après toi languit ma chair,
terre aride, altérée, sans eau.

Je t'ai contemplé au sanctuaire,
j'ai vu ta force et ta gloire.
Ton amour vaut mieux que la vie :
tu seras la louange de mes lèvres !

Toute ma vie je vais te bénir,
lever les mains en invoquant ton nom.
Comme par un festin je serai rassasié ;
la joie sur les lèvres, je dirai ta louange.

Oui, tu es venu à mon secours :
je crie de joie à l'ombre de tes ailes.
Mon âme s'attache à toi,
ta main droite me soutient.

2e lecture *« Présentez votre corps – votre personne tout entière –, en sacrifice vivant »*

→ **Lecture de la lettre de saint Paul apôtre aux Romains** 12, 1-2

Je vous exhorte, frères, par la tendresse de Dieu, à lui présenter votre corps – votre personne tout entière –, en sacrifice vivant, saint, capable de plaire à Dieu : c'est là, pour vous, la juste manière de lui rendre un culte. Ne prenez pas pour modèle le monde présent, mais transformez-vous en renouvelant votre façon de penser pour discerner quelle est la volonté de Dieu : ce qui est bon, ce qui est capable de lui plaire, ce qui est parfait.

Alléluia. Alléluia. Que le Père de notre Seigneur Jésus Christ ouvre à sa lumière les yeux de notre cœur, pour que nous percevions l'espérance que donne son appel. **Alléluia.**

Évangile

« Si quelqu'un veut marcher à ma suite, qu'il prenne sa croix et qu'il me suive »

→ Évangile de Jésus Christ selon saint Matthieu 16, 21-27

En ce temps-là, Jésus commença à montrer à ses disciples qu'il lui fallait partir pour Jérusalem, souffrir beaucoup de la part des anciens, des grands prêtres et des scribes, être tué, et le troisième jour ressusciter. Pierre, le prenant à part, se mit à lui faire de vifs reproches : « Dieu t'en garde, Seigneur ! cela ne t'arrivera pas. » Mais lui, se retournant, dit à Pierre : « Passe derrière moi, Satan ! Tu es pour moi une occasion de chute : tes pensées ne sont pas celles de Dieu, mais celles des hommes. »

Alors Jésus dit à ses disciples : « Si quelqu'un veut marcher à ma suite, qu'il renonce à lui-même, qu'il prenne sa croix et qu'il me suive. Car celui qui veut sauver sa vie la perdra, mais qui perd sa vie à cause de moi la gardera. Quel avantage, en effet, un homme aura-t-il à gagner le monde entier, si c'est au prix de sa vie ? Et que pourra-t-il donner en échange de sa vie ? Car le Fils de l'homme va venir avec ses anges dans la gloire de son Père ; alors il rendra à chacun selon sa conduite. »

Pour la prière universelle

– Pour le pape, les évêques, les prêtres et les diacres qui ont renoncé à eux-mêmes pour se mettre au service de la Bonne Nouvelle, Dieu très bon, nous te prions.
– Pour les gouvernants qui œuvrent au respect de la foi de leurs concitoyens et ceux qui limitent les libertés religieuses, Dieu très bon, nous te prions.
– Pour les chercheurs de Dieu qui espèrent être, un jour, rassasiés de ta présence, Dieu très bon, nous te prions.

– Pour notre communauté de croyants capables de discerner ce qui te plaît, Dieu très bon, nous te prions.

Prière sur les offrandes

Que l'offrande eucharistique, Seigneur, nous apporte toujours la grâce du salut ; que ta puissance accomplisse elle-même ce que nous célébrons dans cette liturgie. Par Jésus.

Prière après la communion

Rassasiés par le pain de la vie, nous te prions, Seigneur : que cette nourriture fortifie l'amour en nos cœurs, et nous incite à te servir dans nos frères. Par Jésus.

La croix éternelle

« Ah, quel instant solennel
Que celui où le Christ pour la première fois accepte la croix éternelle !
Ô consommation en ce jour de l'arbre dans le Paradis ! [...]
Jésus reçoit la Croix comme nous recevons la Sainte Eucharistie :
"Nous lui donnons du bois pour son pain" comme il est dit par le prophète Jérémie. [...]
Rendez-moi patient à mon tour du bois que vous voulez que je supporte.
Car il nous faut porter la croix avant que la croix nous porte. »

Paul Claudel, *Le Chemin de la Croix*, 1913.

CALENDRIER LITURGIQUE

Di 30	**22e dimanche A.** *Liturgie des Heures : Psautier semaine II.*
Lu 31	*En Belgique, la Vierge Marie Médiatrice.* 1 Corinthiens 2, 1-5 ; Ps 118 ; Luc 4, 16-30 : « Il m'a envoyé porter la Bonne Nouvelle aux pauvres. Aucun prophète ne trouve un accueil favorable dans son pays »
Ma 1er	1 Corinthiens 2, 10b-16 ; Ps 144 ; Luc 4, 31-37 : « Je sais qui tu es : tu es le Saint de Dieu »
Me 2	1 Corinthiens 3, 1-9 ; Ps 32 ; Luc 4, 38-44 : « Aux autres villes aussi, il faut que j'annonce la Bonne Nouvelle, car c'est pour cela que j'ai été envoyé »
Je 3	S. Grégoire le Grand, pape, docteur de l'Église, † 604 (12 mars) à Rome. 1 Corinthiens 3, 18-23 ; Ps 23 ; Luc 5, 1-11 : « Laissant tout, ils le suivirent »
Ve 4	1 Corinthiens 4, 1-5 ; Ps 36 ; Luc 5, 33-39 : « Des jours viendront où l'Époux leur sera enlevé ; alors, ils jeûneront »
Sa 5	1 Corinthiens 4,6b-15 ; Ps 144 ; Luc 6, 1-5 : « Pourquoi faites-vous ce qui n'est pas permis le jour du sabbat ? »

Bonne fête ! 30 : Fiacre, Sacha. 31 : Aristide. 1er : Gilles, Josué. 2 : Ingrid. 3 : Grégoire, Grégory, Graziella. 4 : Rosalie, Irma, Marien, Moïse. 5 : Raïssa.

Saint Grégoire le Grand (3 septembre). Préfet de la Ville de Rome, Grégoire abandonne à 35 ans les honneurs et la richesse pour entrer dans un monastère qu'il a fondé quelques années auparavant. En 590, il succède au pape qui est mort de la peste. Grégoire réorganise l'Église latine, réforme la liturgie et la discipline ecclésiastique, propage l'ordre bénédictin, envoie des missionnaires en Angleterre, tout en se consacrant aux plus pauvres. Il est docteur de l'Église.

23e dimanche

6 SEPTEMBRE 2020

La correction au service de la communion fraternelle

« Le plein accomplissement de la Loi, c'est l'amour », écrit saint Paul (*deuxième lecture*). Et l'*évangile* poursuit cette idée en précisant que l'amour ne peut se passer de la vérité. De l'évangile de ce dimanche, nous avons tendance à ne retenir que la phrase conclusive (« Quand deux ou trois sont réunis en mon nom, je suis là, au milieu d'eux ») comme une simple justification de « l'efficacité » de la prière communautaire. Mais le texte de Matthieu est plus ambitieux que cela. Ce dont il est question, c'est de correction fraternelle, de réconciliation, et finalement, de vie ensemble.

Dans le livre du prophète Ézékiel (*première lecture*), la correction fraternelle relève d'une obligation de vigilance envers son frère. Ce rôle de « guetteur » est en quelque sorte amplifié par Jésus. Avant de tenir ses propos sur « le frère qui a commis un péché », Jésus déclare à ses disciples : « Malheureux celui par qui le scandale arrive ! » (Mt 18, 7). Le péché dont il est question perturbe la vie communautaire et jette le discrédit sur l'Église.

Un processus de correction fraternelle graduée est proposé afin d'éviter l'arbitraire et d'ouvrir à nouveau les portes du Salut. La seconde – et sage – proposition est directement inspirée du Deutéronome : « Il ne suffira pas qu'un seul témoin se lève contre un homme coupable d'un crime, d'une faute, d'un péché, quels qu'ils soient. Pour instruire l'affaire, il faudra la déclaration de deux ou trois témoins » (Dt 19, 15).

L'Église est non seulement une communauté de frères et de sœurs, mais elle est davantage encore une communauté où chacun est responsable de la foi de ses frères. La responsabilité de chacun incombe à tous les membres de la communauté soucieux de faire la volonté du Père. Mais si toutes les démarches de réconciliation échouent, le pécheur « qui refuse d'écouter l'Église » se met de lui-même, et de fait, en dehors de la communauté, qui le considère alors comme « païen ». L'Église s'en remet à la seule volonté du Père. La parole de Jésus sur ce qui sera lié et délié, entendue il y a deux dimanches et adressée seulement à Pierre, l'est aujourd'hui à l'ensemble des disciples assemblés en Église. Puisque le jugement communautaire est ratifié « dans le ciel » par Dieu lui-même, cela requiert de ne le prononcer qu'avec prudence et miséricorde.

« Aujourd'hui écouterez-vous sa parole ? », chante le *psaume*. C'est ce que nous venons faire au cours de cette eucharistie, avant de partager le corps du Christ, présent au milieu de nous qui sommes réunis en son nom. Seule la présence divine assure l'unité des croyants.

CHANTER LES 23e, 24e ET 25e DIMANCHES

- Avec ce 23e dimanche, s'ouvre le discours à la communauté des disciples sur ce qu'elle doit être, qui se prolongera les 24e et 25e dimanches. Un même répertoire unira ces trois dimanches.
- Pour accompagner la procession d'ouverture, ***Dieu nous a tous appelés*** **KD 14-56-1 CNA 571**, ***Acclamez votre Dieu*** **A 67-19**, ***Jour du Seigneur, jour du Dieu de Pâques*** **A 32-11**, ***Peuple rassemblé, ton Église en fête*** **A 58-10**, ***Écoute la voix du Seigneur*** **X 548**, ***Peuple de Dieu, marche joyeux*** **K 180 CNA 574** (couplets 1, 3, 6, 13 et 15).
- On retiendra un même ordinaire pour ces trois dimanches.
- Pendant la communion, ***Voici le corps et le sang du Seigneur*** **D 44-80**, ***Prenez et mangez*** **D 52-67**, ***Corps livré, sang versé*** **D 54-18**, ***Seigneur, rassemble-nous*** **D 87 CNA 702**, ***Goûtez et voyez*** **ZL 33 CNA page 57**.
- Pour l'action de grâce, ***Celui qui aime est né de Dieu*** **D 18-13 CNA 537**, ***À l'image de ton amour*** **X 971 CNA 524**, ***Par la musique et par nos voix*** **U 43-38 CNA 572**, ***Rendons gloire à notre Dieu*** **Y 35-33**, ***Tenons en éveil*** **Y 243-1 CNA 591** (couplets 4 et 5).

Prière d'ouverture

Dieu qui as envoyé ton Fils pour nous sauver et pour faire de nous tes enfants d'adoption, regarde avec bonté ceux que tu aimes comme un père ; puisque nous croyons au Christ, accorde-nous la vraie liberté et la vie éternelle. Par Jésus Christ.

1re lecture

« Fils d'homme, je fais de toi un guetteur »

→ **Lecture du livre du prophète Ézékiel** 33, 7-9

La parole du Seigneur me fut adressée : « Fils d'homme, je fais de toi un guetteur pour la maison d'Israël. Lorsque tu entendras une parole de ma bouche, tu les avertiras de ma part. Si je dis au méchant : 'Tu vas mourir', et que tu ne l'avertisses pas, si tu ne lui dis pas d'abandonner sa conduite mauvaise, lui, le méchant, mourra de son péché, mais à toi, je demanderai compte de son sang. Au contraire, si tu avertis le méchant d'abandonner sa conduite, et qu'il ne s'en détourne pas, lui mourra de son péché, mais toi, tu auras sauvé ta vie. »

Psaume 94

R/ **Aujourd'hui, ne fermez pas votre cœur,**
mais écoutez la voix du Seigneur !

Venez, crions de joie pour le Seigneur,
acclamons notre Rocher, notre salut !
Allons jusqu'à lui en rendant grâce,
par nos hymnes de fête acclamons-le !

Entrez, inclinez-vous, prosternez-vous,
adorons le Seigneur qui nous a faits.
Oui, il est notre Dieu ;
nous sommes le peuple qu'il conduit.

Aujourd'hui écouterez-vous sa parole ?
« Ne fermez pas votre cœur comme au désert,
où vos pères m'ont tenté et provoqué,
et pourtant ils avaient vu mon exploit. »

2e lecture *« Celui qui aime les autres a pleinement accompli la Loi »*

→ Lecture de la lettre de saint Paul apôtre aux Romains 13, 8-10

Frères, n'ayez de dette envers personne, sauf celle de l'amour mutuel, car celui qui aime les autres a pleinement accompli la Loi. La Loi dit : *Tu ne commettras pas d'adultère, tu ne commettras pas de meurtre, tu ne commettras pas de vol, tu ne convoiteras pas.*

Ces commandements et tous les autres se résument dans cette *parole* : *Tu aimeras ton prochain comme toi-même.* L'amour ne fait rien de mal au prochain. Donc, le plein accomplissement de la Loi, c'est l'amour.

Alléluia. Alléluia. Dans le Christ, Dieu réconciliait le monde avec lui : il a mis dans notre bouche la parole de la réconciliation. **Alléluia.**

Évangile *« S'il t'écoute, tu as gagné ton frère »*

→ Évangile de Jésus Christ selon saint Matthieu 18, 15-20

En ce temps-là, Jésus disait à ses disciples : « Si ton frère a commis un péché contre toi, va lui faire des reproches seul à seul. S'il t'écoute, tu as gagné ton frère. S'il ne t'écoute pas, prends en plus avec toi une ou deux personnes afin que toute l'affaire soit réglée sur la parole de deux ou trois témoins. S'il refuse de les écouter, dis-le à l'assemblée de l'Église ; s'il refuse encore d'écouter l'Église, considère-le comme un païen et un publicain. Amen, je vous le dis : tout ce que vous aurez lié sur la terre sera lié dans le ciel, et tout ce que vous aurez délié sur la terre sera délié dans le ciel.

Et pareillement, amen, je vous le dis, si deux d'entre vous sur la terre se mettent d'accord pour demander quoi que ce soit, ils l'obtiendront de mon Père qui est aux cieux. En effet, quand deux ou trois sont réunis en mon nom, je suis là, au milieu d'eux. »

Pour la prière universelle

– Pour l'Église qui donne de vivre la réconciliation, ensemble, prions.
– Pour celles et ceux qui travaillent à renouer le dialogue entre adversaires, ensemble, prions.
– Pour les dirigeants qui œuvrent à un monde plus juste, ensemble, prions.
– Pour celles et ceux qui savent écouter et se mettre au service de leurs frères malades, ensemble, prions.
– Pour les enfants et les jeunes qui reprennent le chemin de l'apprentissage des savoirs, ensemble, prions.

Prière sur les offrandes

Dieu qui donnes la grâce de te servir avec droiture et de chercher la paix, fais que cette offrande puisse te glorifier, et que notre participation à l'eucharistie renforce les liens de notre unité. Par Jésus.

Prière après la communion

Par ta parole et ton pain, Seigneur, tu nourris et fortifies tes fidèles : accorde-nous de si bien profiter de ces dons que nous soyons associés pour toujours à la vie de ton Fils. Lui qui règne.

La conversion personnelle et communautaire

« Aujourd'hui nous avons à relever le défi en tant que peuple de Dieu d'assumer la douleur de nos frères blessés dans leur chair et dans leur esprit. Si par le passé l'omission a pu être tenue pour une forme de réponse, nous voulons aujourd'hui que la solidarité, entendue dans son acception plus profonde et exigeante, caractérise notre façon de bâtir le présent et l'avenir, en un espace où les conflits, les tensions et surtout les victimes de tout type d'abus puissent trouver une main tendue qui les protège et les sauve de leur douleur (Cf. Exhort. ap. *Evangelii Gaudium*, n° 228). Cette solidarité à son tour exige de nous que nous dénoncions tout ce qui met en péril l'intégrité de toute personne. Solidarité qui demande de lutter contre tout type de corruption, spécialement la corruption spirituelle. L'appel de saint Paul à souffrir avec celui qui souffre est le meilleur remède contre toute volonté de continuer à reproduire entre nous les paroles de Caïn : "Est-ce que je suis, moi, le gardien de mon frère ?" (Gn 4, 9).

Conjointement à ces efforts, il est nécessaire que chaque baptisé se sente engagé dans la transformation ecclésiale et sociale dont nous avons tant besoin. Une telle transformation nécessite la conversion personnelle et communautaire et nous pousse à regarder dans la même direction que celle indiquée par le Seigneur. »

Lettre du Pape François au Peuple de Dieu, 20 août 2018.

CALENDRIER LITURGIQUE

Di 6	**23e dimanche A.** *Liturgie des Heures : Psautier semaine III.*
Lu 7	1 Corinthiens 5, 1-8 ; Ps 5 ; Luc 6, 6-11 : « Ils observaient Jésus pour voir s'il ferait une guérison le jour du sabbat »
Ma 8	NATIVITÉ DE LA VIERGE MARIE. Lectures propres : Michée 5, 1-4a ou Romains 8, 28-30 ; Ps 12 ; Mt 1, 1-16.18-23 « L'enfant qui est engendré en elle vient de l'Esprit Saint »
Me 9	S. Pierre Claver, prêtre, jésuite espagnol, apôtre des esclaves noirs, † 1654 à Carthagène en Colombie. 1 Corinthiens 7, 25-31 ; Ps 44 ; Luc 6, 20-26 : « Heureux, vous les pauvres. Mais quel malheur pour vous, les riches »
Je 10	1 Corinthiens 8, 1b-7.10-13 ; Ps 138 ; Luc 6, 27-38 : « Soyez miséricordieux comme votre Père est miséricordieux »
Ve 11	1 Corinthiens 9,16-19.22-27 ; Ps 83 ; Luc 6, 39-42 : « Un aveugle peut-il guider un autre aveugle ? »
Sa 12	*Le Saint Nom de Marie.* 1 Corinthiens 10, 14-22 ; Ps 115 ; Luc 6,43-49 : « Pourquoi m'appelez-vous en disant "Seigneur, Seigneur !" et ne faites-vous pas ce que je dis ? »

Bonne fête ! 6 : Bertrand, Évelyne, Éva. 7 : Régine, Reine, Réjane. 8 : Adrien. 9 : Alain, Omer. 10 : Aubert, Inès. 11 : Adelphe, Jean-Gabriel. 12 : Guy.

Saint Pierre Claver Né en 1580 à Verdú, près de Barcelone, dans une famille de paysans, il entre à vingt ans au noviciat de la Compagnie de Jésus. Désireux de partir en mission dans le Nouveau Monde, il parvient en 1610 en Colombie, à Carthagène, où il devient prêtre. Dans ce port, arrivent par centaines les esclaves noirs, entassés dans les cales des navires négriers. Pierre les nourrit, les soigne, les habille, et leur parle du Christ. Le jour de sa profession religieuse définitive en 1622, il signe la formule de ses vœux : « Pierre Claver, esclave des Africains, pour toujours ». Il se consacre aussi aux condamnés à mort et à tous les plus misérables, devenant le « confesseur des esclaves ». Après quarante-quatre ans de dévouement marqué par de nombreuses conversions, il meurt, épuisé physiquement et moralement. Il a été canonisé en 1888 par le pape Léon XIII.

L'ANAMNÈSE

Dans la Prière eucharistique IV, le prêtre dit aussitôt après la consécration : « Voilà pourquoi nous célébrons aujourd'hui le *mémorial* de notre rédemption. » Ce *mémorial* traduit l'hébreu *zikkaron*, vieux mot biblique utilisé pour la première fois dans l'épisode du Buisson ardent. Dieu y révèle son nom à Moïse : « C'est là mon nom pour toujours, le *mémorial* par lequel vous me célébrerez d'âge en âge » (Ex 3, 15), puis à propos de la fête de la Pâque : « Ce jour-là sera pour vous un *mémorial* » (Ex 12, 14), traduit en grec par *anamnèsis* que le français a simplement décalqué en « anamnèse ». Quand Jésus dit en rompant le pain : « Vous ferez cela en mémoire de moi », il faut comprendre : « Vous ferez cela comme mon *mémorial.* » Saint Paul l'exprime parfaitement lorsqu'il écrit aux Corinthiens : « Chaque fois que vous mangez ce pain et buvez à cette coupe, vous proclamez la mort du Seigneur jusqu'à ce qu'il vienne » (1 Co 11, 26).

Loin d'être un souvenir, une réitération ou une commémoration, l'anamnèse est donc l'actualisation, la célébration au présent d'un événement qui, accompli une fois pour toutes dans le passé, a la puissance de donner sens à nos vies actuelles vers un futur. C'est ce que chante l'assemblée en réponse à l'exclamation du Président citant saint Paul : « Il est grand le mystère de la foi ! » L'anamnèse liturgique s'appuie sur le passé : « Gloire à toi qui étais mort » pour affirmer le présent : « Gloire à toi qui es vivant ! » et ouvrir sur l'à-venir : « Viens, Seigneur Jésus ! ». L'« aujourd'hui » de la liturgie synthétise toutes les dimensions du temps.

Curieusement, la liturgie proclame l'attente du Seigneur et l'espérance de sa venue alors que le Seigneur est présent sous la forme du Pain et du Vin consacrés sur l'autel. En effet, l'acclamation s'adresse au Christ Jésus à la deuxième personne du singulier : « Nous proclamons *ta* mort, *Seigneur Jésus* ... Nous attendons *ta* venue ». Il est là, alors pourquoi lui demander de venir ? Dans l'eucharistie, la présence du Seigneur nous est déjà donnée, mais sur le mode sacramentel. Elle n'est pas encore totalement révélée. Elle appelle sa plénitude, quand nous le verrons face à face (1 Co 13, 12). Le paradoxe de cette présence-absence est si difficile à comprendre et à supporter que beaucoup ont la tentation de le gommer et préfèrent voir dans l'anamnèse un instant d'adoration et d'intimité avec le Christ : « Tu es là au cœur de nos vies… » ou « Souviens-toi de Jésus Christ… » Quelque beaux ou émouvants que soient ces chants, ils n'ont pas leur place dans l'anamnèse eucharistique. De même le célèbre « Christ est venu… » qui se clôt sur « Christ est là » alors qu'elle devrait s'ouvrir sur l'espérance de sa *venue* – et non de son « retour ». Dans la foi, nous n'attendons pas le retour du Christ, comme s'il nous avait quittés ; nous attendons sa venue dans la gloire, sa parousie, sa présence qui récapitule toutes choses et tous les temps pour l'éternité.

Les meilleures mises en œuvre musicales épousent cette dynamique de la foi, joyeuse d'une présence reconnue, et tendue vers une présence promise, dynamique de l'attente active qui ne se complaît pas dans la nostalgie d'une certaine mélodie un peu trop vibrante empruntée au folklore américain qui replie l'assemblée sur elle-même (« Viens revivre en nous ») (!). C'est au Christ ressuscité, le Tout Autre, que nous nous adressons lorsque nous affirmons et célébrons sa présence sous les espèces du Pain et du Vin donnés pour la multitude. Tel est le mystère que son Eucharistie nous offre de vivre en communion.

IRC

24e dimanche

13 SEPTEMBRE 2020

Pardonner à son frère

Dans l'évangile de Matthieu, l'extrait de ce dimanche suit immédiatement celui entendu la semaine dernière. Il s'agit de son prolongement : comment chaque croyant doit-il mettre en œuvre, dans sa propre vie, le salut reçu dans la communion fraternelle ?

À nouveau, c'est Pierre qui, par son interrogation, permet à Jésus d'apporter les clés pour comprendre la vie voulue par le Père. En proposant de pardonner jusqu'à sept fois, Pierre pense avoir atteint la perfection. Dans la Bible, c'est la signification du nombre sept. Mais Jésus va plus loin, dans la démesure, la surabondance. Il n'y a pas de limite au pardon pour celui qui s'inscrit dans la volonté du Père. Cela signifie aussi que le pardon se développe dans le temps, et parfois dans un temps long. Le pardon est un chemin qu'il faut prendre et reprendre sans cesse, avec des avancées et des reculs, chemin sur lequel nous rencontrons le Christ. Le pardon n'est pas l'oubli ni l'absence de souffrance. Mais lorsque l'offense n'empêche plus de vivre, lorsque le sentiment de vengeance commence à mourir, nous savons que nous sommes sur le chemin du pardon.

La parabole qui suit ne semble pas en rapport direct avec la question de Pierre mais permet à Jésus de redire la place centrale que doivent avoir la miséricorde et le pardon dans son Église. De fait, elle invite les disciples au dépassement de la règle, pour que s'accomplisse la miséricorde du Père. Face à Dieu, nous sommes comme cet homme qui est redevable d'une somme invraisemblable (l'équivalent de soixante millions de journées de travail pour l'époque), nous sommes des débiteurs insolvables. Il nous sera toujours impossible de rembourser nos dettes. Mais Dieu, « saisi de compassion », accorde infiniment plus que ce que nous demandons : il pardonne inlassablement nos fautes, toutes nos offenses (*psaume*). Pour le disciple, ce mouvement d'amour divin doit se traduire concrètement dans sa vie, dans les « petits » pardons (cf. Mt 6, 12).

« Pardonne à ton prochain le tort qu'il t'a fait ; alors, à ta prière, tes péchés seront remis. » (*première lecture*) À nouveau, Jésus donne une nouvelle dynamique à l'Alliance. Celui qui croit en la Bonne Nouvelle doit sa vie à la seule grâce de Dieu. C'est parce qu'il est saisi de pitié, pleinement aimant, qu'il pardonne à son frère « du fond du cœur » et se montre ainsi digne du Père.

Au cours de chaque eucharistie, en recevant le pardon du Seigneur et en communiant à son corps offert, nous recevons la force d'emprunter le chemin du pardon, pour choisir la vie en accueillant la joie de sa présence.

Des chants sont proposés au 23e dimanche, p. 534.

Prière d'ouverture

Dieu créateur et maître de toutes choses, regarde-nous, et pour que nous ressentions l'effet de ton amour, accorde-nous de te servir avec un cœur sans partage. Par Jésus Christ.

1re lecture

« Pardonne à ton prochain le tort qu'il t'a fait »

→ Lecture du livre de Ben Sira le Sage 27, 30 – 28, 7

Rancune et colère, voilà des choses abominables où le pécheur est passé maître. Celui qui se venge éprouvera la vengeance du Seigneur ; celui-ci tiendra un compte rigoureux de ses péchés. Pardonne à ton prochain le tort qu'il t'a fait ; alors, à ta prière, tes péchés seront remis. Si un homme nourrit de la colère contre un autre homme, comment peut-il demander à Dieu la guérison ? S'il n'a pas de pitié pour un homme, son semblable, comment peut-il supplier pour ses péchés à lui ? Lui qui est un pauvre mortel, il garde rancune ; qui donc lui pardonnera ses péchés ? Pense à ton sort final et renonce à toute haine, pense à ton déclin et à ta mort, et demeure fidèle aux commandements. Pense aux commandements et ne garde pas de rancune envers le prochain, pense à l'Alliance du Très-Haut et sois indulgent pour qui ne sait pas.

Psaume 102

R/ Le Seigneur est tendresse et pitié,
lent à la colère et plein d'amour.

Bénis le Seigneur, ô mon âme,
bénis son nom très saint, tout mon être !
Bénis le Seigneur, ô mon âme,
n'oublie aucun de ses bienfaits !

Car il pardonne toutes tes offenses
et te guérit de toute maladie ;
il réclame ta vie à la tombe
et te couronne d'amour et de tendresse.

Il n'est pas pour toujours en procès,
ne maintient pas sans fin ses reproches ;
il n'agit pas envers nous selon nos fautes,
ne nous rend pas selon nos offenses.

Comme le ciel domine la terre,
fort est son amour pour qui le craint ;
aussi loin qu'est l'orient de l'occident,
il met loin de nous nos péchés.

2e lecture *« Si nous vivons, si nous mourons, c'est pour le Seigneur »*

→ **Lecture de la lettre de saint Paul apôtre aux Romains** 14, 7-9

Frères, aucun d'entre nous ne vit pour soi-même, et aucun ne meurt pour soi-même : si nous vivons, nous vivons pour le Seigneur ; si nous mourons, nous mourons pour le Seigneur. Ainsi, dans notre vie comme dans notre mort, nous appartenons au Seigneur. Car, si le Christ a connu la mort, puis la vie, c'est pour devenir le Seigneur et des morts et des vivants.

Alléluia. Alléluia. Je vous donne un commandement nouveau, dit le Seigneur : « Aimez-vous les uns les autres, comme je vous ai aimés. » **Alléluia.**

Évangile

Pardonne à ton frère du fond du cœur

→ Évangile de Jésus Christ selon saint Matthieu 18, 21-35

En ce temps-là, Pierre s'approcha de Jésus pour lui demander : « Seigneur, lorsque mon frère commettra des fautes contre moi, combien de fois dois-je lui pardonner ? Jusqu'à sept fois ? » Jésus lui répondit : « Je ne te dis pas jusqu'à sept fois, mais jusqu'à 70 fois sept fois.

Ainsi, le royaume des Cieux est comparable à un roi qui voulut régler ses comptes avec ses serviteurs. Il commençait, quand on lui amena quelqu'un qui lui devait dix mille talents (c'est-à-dire soixante millions de pièces d'argent). Comme cet homme n'avait pas de quoi rembourser, le maître ordonna de le vendre, avec sa femme, ses enfants et tous ses biens, en remboursement de sa dette. Alors, tombant à ses pieds, le serviteur demeurait prosterné et disait : "Prends patience envers moi, et je te rembourserai tout." Saisi de compassion, le maître de ce serviteur le laissa partir et lui remit sa dette.

Mais, en sortant, ce serviteur trouva un de ses compagnons qui lui devait cent pièces d'argent. Il se jeta sur lui pour l'étrangler, en disant : "Rembourse ta dette !" Alors, tombant à ses pieds, son compagnon le suppliait : "Prends patience envers moi, et je te rembourserai." Mais l'autre refusa et le fit jeter en prison jusqu'à ce qu'il ait remboursé ce qu'il devait. Ses compagnons, voyant cela, furent profondément attristés et allèrent raconter à leur maître tout ce qui s'était passé.

Alors celui-ci le fit appeler et lui dit : “Serviteur mauvais ! je t’avais remis toute cette dette parce que tu m’avais supplié. Ne devais-tu pas, à ton tour, avoir pitié de ton compagnon, comme moi-même j’avais eu pitié de toi ?” Dans sa colère, son maître le livra aux bourreaux jusqu’à ce qu’il eût remboursé tout ce qu’il devait.

C’est ainsi que mon Père du ciel vous traitera, si chacun de vous ne pardonne pas à son frère du fond du cœur. »

Pour la prière universelle

– Pour ceux qui travaillent à l’unification de ton Église, Seigneur, nous te prions.
– Pour les gouvernants qui œuvrent à libérer leur peuple du désir de vengeance et pour ceux qui attisent la haine, Seigneur, nous te prions.
– Pour les voisins qui parviennent à se reparler et à cohabiter sereinement et pour ceux qui s’ignorent ou se méprisent, Seigneur, nous te prions.
– Pour les époux qui accordent leur pardon et pour ceux qui gardent vives les plaies de la discorde, Seigneur, nous te prions.
– Pour les parents et les enfants qui réussissent à renouer le dialogue et pour ceux qui ne parviennent plus à se parler, Seigneur, nous te prions.
– Pour les membres de notre communauté qui dépassent les conflits et ceux qui gardent rancune, Seigneur, nous te prions.

Prière sur les offrandes

Sois favorable à nos prières, Seigneur, et reçois avec bonté nos offrandes : que les dons apportés par chacun à la gloire de ton nom servent au salut de tous. Par Jésus.

Prière après la communion

Que la grâce de cette communion, Seigneur, saisisse nos esprits et nos corps, afin que son influence, et non pas notre sentiment, domine toujours en nous. Par Jésus.

Nous sommes les débiteurs de Dieu

« Nous sommes les débiteurs de Dieu. Nous lui devons non pas quelque chose, ni peu ni beaucoup, mais tout simplement notre personne dans sa totalité ; nous-mêmes, créatures soutenues et nourries par sa bonté. Nous, ses enfants appelés par sa parole, admis au service de sa glorification ; nous, frères de l'homme Jésus Christ, nous manquons à ce que nous devons à Dieu. Ce que nous sommes et faisons ne correspond nullement à ce qui nous est donné. Nous sommes ses enfants, et nous ne savons pas le reconnaître. »

Karl Barth, *La prière, Foi Vivante* n° 52, p. 95, 1967.

CALENDRIER LITURGIQUE

Di 13 **24e dimanche A.**
Liturgie des Heures : Psautier semaine IV.
[S. Jean Chrysostome, évêque de Constantinople, docteur de l'Église, † 407.]

Lu 14 LA CROIX GLORIEUSE. Lectures propres : Nombres 21, 4b-9 ou Philippiens 2, 6-11 ; Ps 77 ; Jean 3, 13-17 : « Il faut que le Fils de l'homme soit élevé »

Ma 15 Notre-Dame des Douleurs. Férie : 1 Corinthiens 12, 12-14.27-31a ; Ps 99 ; Évangile propre : Jean 19, 25-27 : « Qu'elle avait mal, qu'elle souffrait, la tendre Mère, en contemplant son divin Fils tourmenté ! » (Stabat Mater) ou Luc 2, 33-35 : « Ton cœur sera transpercé par une épée »

Me 16 S. Corneille, pape, martyr, † 253 à Civitavecchia, et S. Cyprien, évêque de Carthage, martyr, † 258. En Afrique du Nord, S. Cyprien, patron principal d'Afrique du Nord, solennité.
1 Corinthiens 12, 31–13, 13 ; Ps 32 ; Luc 7, 31-35 : « Nous avons joué de la flûte, et vous n'avez pas dansé. Nous avons chanté des lamentations, et vous n'avez pas pleuré »

Je 17 *S. Robert Bellarmin, évêque et cardinal, jésuite, docteur de l'Église, † 1621 à Rome.*
En Belgique, S. Lambert, évêque de Maastricht, martyr à Liège, † 705.
1 Corinthiens 15, 1-11 ; Ps 117 ; Luc 7, 36-50 : « Ses péchés, ses nombreux péchés, sont pardonnés, puisqu'elle a montré beaucoup d'amour »

Ve 18 *Au Luxembourg, S. Lambert (voir au 17 septembre).*
1 Corinthiens 15, 12-20 ; Ps 16 ; Luc 8,1-3 : « Des femmes les accompagnaient et les servaient en prenant de leurs ressources »

Sa 19 *S. Janvier, évêque de Bénévent (Italie), martyr, † 304.*
1 Corinthiens 15, 35-37.42-49 ; Ps 55 ; Luc 8, 4-15 : « Ce qui est tombé dans la bonne terre, ce sont les gens qui retiennent la Parole et portent du fruit par leur persévérance »

Bonne fête ! 13 : Aimé, Amé. 14 : Materne. 15 : Dolorès, Roland, Lola, Lolita. 16 : Corneille, Cyprien, Édith, Ludmilla. 17 : Lambert, Robert, Renaud, Romuald, Réginald. 18 : Nadège, Sonia, Océane. 19 : Janvier, Émilie, Amélie.

Saint Cyprien de Carthage (16 septembre) Cyprien de Carthage, né vers 200 et mort en martyr le 14 septembre 258 sous la persécution de Valérien, est un berbère converti au christianisme à l'âge de quarante-six ans. Dès lors, il trouve son bonheur en donnant ses biens aux pauvres. Deux ans plus tard, les chrétiens de Carthage le choisissent comme évêque. Progressivement, il devient, par son influence, chef de l'Église d'Afrique. Saint Cyprien a écrit en latin de nombreux traités, dont la célèbre *De l'unité de l'Église*, ainsi que des lettres qui ont pour objet de défendre le christianisme et de soutenir la foi des chrétiens.

25e dimanche

20 SEPTEMBRE 2020

« Moi, je suis bon »

Depuis plusieurs semaines maintenant, les textes de la messe du dimanche nous laissent percevoir ce qu'est le royaume de Dieu, à la suite du Christ. Et la parabole de l'*évangile* de ce jour ne peut se comprendre que dans cette dynamique.

Dans l'Ancien Testament, la vigne représente le peuple d'Israël (cf. par exemple Jr 2, 21). Ici pourtant, la vigne désigne une réalité plus vaste, celle du Royaume ouvert à tous et à tout moment. « La bonté du Seigneur est pour tous, sa tendresse, pour toutes ses œuvres », chante le *psaume*. Et Jésus ajoutera : « Moi, je suis la vraie vigne » (Jn 15, 1).

Recevoir l'appel du maître du domaine et suivre le Christ permet d'entrer dans le Royaume. Au fond, cette parabole ne parle pas de justice mais de grâce. Les ouvriers de la première heure qui récriminent contre le maître ne sont pas entrés dans la dynamique du Salut, malgré la mise en garde d'Isaïe : « Mes pensées ne sont pas vos pensées, et vos chemins ne sont pas mes chemins, – oracle du Seigneur » (*première lecture*). Au premier abord, nous partageons la rancœur de ces ouvriers matinaux qui ont travaillé bien plus longtemps que les derniers arrivés. Mais notre étonnement ne devrait-il pas plutôt porter sur leur incapacité à se réjouir de ce que le plus grand nombre ait été appelé, y compris jusqu'aux dernières heures du jour ? Les ouvriers qui s'estiment plus méritants que les autres voudraient avoir la meilleure part. Voilà justement l'attitude que dénonce Jésus. Dans le même esprit, un peu plus loin dans l'évangile de Matthieu, Jésus dit à ses disciples : « Celui qui veut être parmi vous le premier sera votre esclave » (Mt 20, 27).

Dans le plan du salut voulu par Dieu pour les hommes, il n'est pas question de mérites personnels évalués en nombre d'heures de travail. Pour être embauché à la vigne, appelé au Royaume, il faut accepter d'accueillir l'amour infini de Dieu. « Mon ami », dit Jésus à l'un des premiers embauchés, comme il dit à ses disciples : « Je ne vous appelle plus serviteurs ; je vous appelle mes amis » (Jn 15, 15).

« Moi, je suis bon », dit le maître à la fin de la parabole. Dieu est juste car il est bon. Ce qui peut passer à nos yeux pour l'injustice de Dieu, c'est tout simplement sa miséricorde : cet amour immense que nous recevons dans le corps du Christ donné en nourriture, pour la vie du monde.

Chanter : on se reportera aux chants proposés au 23e dimanche, p. 534.

Prière d'ouverture

Seigneur, tu as voulu que toute la loi consiste à t'aimer et à aimer son prochain : donne-nous de garder tes commandements, et de parvenir ainsi à la vie éternelle. Par Jésus Christ.

1re lecture

« Mes pensées ne sont pas vos pensées »

→ **Lecture du livre du prophète Isaïe** 55, 6-9

Cherchez le Seigneur tant qu'il se laisse trouver ; invoquez-le tant qu'il est proche. Que le méchant abandonne son chemin, et l'homme perfide, ses pensées ! Qu'il revienne vers le Seigneur qui lui montrera sa miséricorde, vers notre Dieu qui est riche en pardon. Car mes pensées ne sont pas vos pensées, et vos chemins ne sont pas mes chemins, – oracle du Seigneur. Autant le ciel est élevé au-dessus de la terre, autant mes chemins sont élevés au-dessus de vos chemins, et mes pensées, au-dessus de vos pensées.

Psaume 144

R/ **Proche est le Seigneur de ceux qui l'invoquent.**

Chaque jour je te bénirai,
je louerai ton nom toujours et à jamais.
Il est grand, le Seigneur, hautement loué ;
à sa grandeur, il n'est pas de limite.

Le Seigneur est tendresse et pitié,
lent à la colère et plein d'amour ;
la bonté du Seigneur est pour tous,
sa tendresse, pour toutes ses œuvres.

Le Seigneur est juste en toutes ses voies,
fidèle en tout ce qu'il fait.
Il est proche de tous ceux qui l'invoquent,
de tous ceux qui l'invoquent en vérité.

2e lecture *« Pour moi, vivre c'est le Christ »*

→ Lecture de la lettre de saint Paul apôtre aux Philippiens 1, 20c-24.27a

Frères, soit que je vive, soit que je meure, le Christ sera glorifié dans mon corps. En effet, pour moi, vivre c'est le Christ, et mourir est un avantage. Mais si, en vivant en ce monde, j'arrive à faire un travail utile, je ne sais plus comment choisir. Je me sens pris entre les deux : je désire partir pour être avec le Christ, car c'est bien préférable ; mais, à cause de vous, demeurer en ce monde est encore plus nécessaire.

Quant à vous, ayez un comportement digne de l'Évangile du Christ.

Alléluia. Alléluia. La bonté du Seigneur est pour tous, sa tendresse, pour toutes ses œuvres : tous acclameront sa justice. **Alléluia.**

Évangile *« Ton regard est-il mauvais parce que moi, je suis bon ? »*

→ Évangile de Jésus Christ selon saint Matthieu 20, 1-16

En ce temps-là, Jésus disait cette parabole à ses disciples : « Le royaume des Cieux est comparable au maître d'un domaine qui sortit dès le matin afin d'embaucher des ouvriers pour sa vigne. Il se mit d'accord avec eux sur le salaire de la journée : un denier, c'est-à-dire une pièce d'argent, et il les envoya à sa vigne. Sorti vers neuf heures, il en vit d'autres qui étaient là, sur la place, sans rien faire. Et à ceux-là, il dit : "Allez à ma vigne, vous aussi, et je vous donnerai ce qui est juste." Ils y allèrent. Il sortit de nouveau vers midi, puis vers trois heures, et fit de même. Vers cinq heures, il sortit encore, en trouva d'autres qui étaient là et leur dit : "Pourquoi êtes-vous restés là, toute la journée, sans rien faire ?" Ils lui répondirent : "Parce que personne ne nous a embauchés." Il leur dit : "Allez à ma vigne, vous aussi."

Le soir venu, le maître de la vigne dit à son intendant : "Appelle les ouvriers et distribue le salaire, en commençant par les derniers pour finir par les premiers." Ceux qui avaient commencé à cinq heures s'avancèrent et reçurent chacun une pièce d'un denier. Quand vint le tour des premiers, ils pensaient recevoir davantage, mais ils reçurent, eux aussi, chacun une pièce d'un denier. En la recevant, ils récriminaient contre le maître du domaine : "Ceux-là, les derniers venus, n'ont fait qu'une heure, et tu les traites à l'égal de nous, qui avons enduré le poids du jour et la chaleur !" Mais le maître répondit à l'un d'entre eux : "Mon ami, je ne suis pas injuste envers toi. N'as-tu pas été d'accord avec moi pour un denier ? Prends ce qui te revient, et va-t'en. Je veux donner au dernier venu autant qu'à toi : n'ai-je pas le droit de faire ce que je veux de mes biens ? Ou alors ton regard est-il mauvais parce que moi, je suis bon ?"

C'est ainsi que les derniers seront premiers, et les premiers seront derniers. »

Pour la prière universelle

– Pour les ouvriers de l'Évangile, pour ceux qui servent leurs frères avec amour, prions le Dieu de miséricorde.

– Pour les dirigeants qui cherchent à donner un travail au plus grand nombre, prions le Dieu de miséricorde.

– Pour les absents, ceux qui sont empêchés et ceux qui sont indifférents, prions le Dieu de miséricorde.
– Pour les catéchistes et les animateurs d'aumônerie qui s'engagent dans l'accompagnement des plus jeunes de notre communauté, prions le Dieu de miséricorde.

Prière sur les offrandes

Reçois favorablement, Seigneur, les offrandes de ton peuple, pour qu'il obtienne dans le mystère eucharistique les biens auxquels il croit de tout son cœur. Par Jésus.

Prière après la communion

Seigneur, que ton aide accompagne toujours ceux que tu as nourris de tes sacrements, afin qu'ils puissent, dans ces mystères et par toute leur vie, recueillir les fruits de la rédemption. Par Jésus.

La grâce de Dieu

« Dans l'optique d'une approche pastorale envers les personnes qui ont contracté un mariage civil, qui sont divorcées et remariées, ou qui vivent simplement en concubinage, il revient à l'Église de leur révéler la divine pédagogie de la grâce dans leur vie et de les aider à parvenir à la plénitude du plan de Dieu sur eux. En suivant le regard du Christ, dont la lumière éclaire tout homme (cf. Jn 1,9 ; *Gaudium et Spes*, 22), l'Église se tourne avec amour vers ceux qui participent à sa vie de manière incomplète, tout en reconnaissant que la grâce de Dieu agit aussi dans leurs vies, leur donnant le courage d'accomplir le bien, pour prendre soin l'un de l'autre avec amour et être au service de la communauté dans laquelle ils vivent et travaillent. »

Synode des évêques, 2014, *Les défis pastoraux sur la famille dans le contexte de l'évangélisation, Relatio Synodi* n° 25.

CALENDRIER LITURGIQUE

Di 20	**25e dimanche A.** *Liturgie des Heures : Psautier semaine I.* [S. André Kim Tae-gon, prêtre, S. Paul Chong Ha-sang, et leurs compagnons, martyrs en Corée, de 1839 à 1864.]
Lu 21	S. MATTHIEU, Apôtre et évangéliste. Lectures propres : Éphésiens 4, 1-7.11-13 ; Ps18 B ; Mt 9, 9-13 : « Suis-moi. L'homme se leva et le suivit »
Ma 22	En Suisse, S. Maurice et ses compagnons, martyrs, † vers 303-305 à Agaune (Saint-Maurice-en-Valais). Proverbes 21, 1-6.10-13 ; Ps 118 ; Luc 8, 19-21 : « Ma mère et mes frères sont ceux qui écoutent la parole de Dieu, et qui la mettent en pratique »
Me 23	*S. Pio de Pietrelcina (Padre Pio), prêtre, capucin, † 1968 à San Giovanni Rotondo (Italie).* Proverbes 30, 5-9 ; Ps 118 ; Luc 9, 1-6 : « Il les envoya proclamer le règne de Dieu et guérir les malades »
Je 24	Qohèleth 1, 2-11 ; Ps 89 ; Luc 9, 7-9 : « Jean, je l'ai fait décapiter. Mais qui est cet homme dont j'entends dire de telles choses ? »
Ve 25	En Suisse, S. Nicolas de Flüe, ermite, patron principal de la Confédération helvétique, † 1487 au Ranft (Sachseln, Suisse), solennité. Qohèleth 3, 1-11 ; Ps 143 ; Luc 9, 18-22 : « Tu es le Christ, le Messie de Dieu. – Il faut que le Fils de l'homme souffre beaucoup »
Sa 26	*S. Côme et S. Damien, martyrs, 3e ou 4e siècle.* *Au Canada*, S. Jean de Brébeuf, S. Isaac Jogues, prêtres, et leurs compagnons jésuites, martyrs, † de 1642 à 1649, patrons secondaires du Canada : fête. Qohèleth 11, 9–12, 8 : Ps 89 ; Luc 9, 43b-45 : « Le Fils de l'homme va être livré aux mains des hommes. Les disciples avaient peur de l'interroger sur cette parole »

Bonne fête ! 20 : Davy. 21 : Matthieu, Déborah. 22 : Maurice, Morvan. 23 : Constant. 24 : Thècle. 25 : Herman, Firmin. 26 : Côme, Damien.

26e dimanche

27 SEPTEMBRE 2020

De l'obéissance à la foi

Comme dimanche dernier, il est question dans l'*évangile* de ce jour de la vigne dans laquelle il faut aller travailler. Le propos ne concerne plus le moment de l'embauche, le moment de la réponse favorable à l'appel du Seigneur, mais la réponse elle-même. Et la parabole ne parle plus d'ouvriers mais de fils, c'est-à-dire, dans le langage biblique, des enfants d'Israël. Le père dit : « Mon enfant, va travailler aujourd'hui à la vigne. » Plus qu'un ordre, c'est une invitation à participer au Royaume. Pour le fils, ce ne peut être une corvée mais un honneur et une responsabilité. L'auditeur lui-même comprend qu'il est libre d'accepter ou de refuser la grâce de travailler dans la vigne du Seigneur.

Le premier fils répond ne pas vouloir y aller mais y va tout de même. Son repentir le fait changer. Le prophète Ézékiel l'annonce déjà (*première lecture*) : le méchant vivra s'il se détourne du péché. Le second répond positivement, avec déférence, mais n'y va pas. Ce que Jésus souligne dans cette parabole, c'est que le moment est venu de passer de l'obéissance à la foi. Les « grands prêtres et les anciens » restent scrupuleusement attachés aux commandements et aux prescriptions de leur religion : ils perdent les meilleures places au profit des pécheurs et des prostituées (la lie de la société) parce qu'ils refusent de suivre la voie du salut proposé par Jésus et annoncé par Jean le Baptiste. Ils laissent leur place à un peuple nouveau de croyants. Ils disent mais ne font pas. Or, Jésus nous a avertis dans le sermon sur la montagne : « Ce n'est pas en me disant : "Seigneur, Seigneur !" qu'on entrera dans le royaume des Cieux, mais c'est en faisant la volonté de mon Père qui est aux cieux » (Mt 7, 21).

Cette volonté du Père, saint Paul l'explicite dans sa lettre aux Philippiens (*deuxième lecture*) : il faut rechercher l'unité à la suite du Christ

Jésus qui a pris « la condition de serviteur ». Le mystère de l'abaissement du Verbe dans notre chair et dans notre histoire, obéissant à l'amour « jusqu'à la mort de la croix », lave toutes nos désobéissances et ouvre au salut. Croire en la Parole, se repentir et agir en frères, telle est la voie du royaume de Dieu qui est à l'œuvre dès aujourd'hui.

« Seigneur, enseigne-moi tes voies, fais-moi connaître ta route » (*psaume*). Le chemin de Dieu rejoint celui des hommes lorsque ceux-ci rejoignent le Christ dans sa parole et son eucharistie.

CHANTER LES 26e, 27e ET 28e DIMANCHES

Le répertoire proposé ce dimanche servira aussi pour les 27e et 28e dimanches.

Pour la procession d'ouverture, ***Venez, Dieu nous appelle*** **A 46-49**, ***Pour avancer ensemble*** **KD 20-38 CNA 524**, ***Peuple de baptisés*** **K 106 CNA 573**, ***Chantons avec toute l'Église*** **M 26-03**, ***Dieu nous accueille*** **A 174 CNA 545**, ***Acclamez votre Dieu*** **Y 67-11**.

On retiendra un même ordinaire pour ces trois dimanches.

Pour la procession de communion, ***Corps livré, sang versé*** **D 54-18**, ***De la table du Seigneur*** **D 80 CNA 324**, ***Devenez ce que vous recevez*** **D D68-39**, ***Tu fais ta demeure en nous*** **D 56-49**, ***Pain véritable*** **D 103 CNA 340** (couplets 5, 6, 7), ***Voici le corps et le sang du Seigneur*** **D 44-80**.

Pour l'action de grâce, ***Pour que nos cœurs*** **D 308 CNA 344**, ***En accueillant l'amour*** **DP 126 CNA 325**, ***Appelés pour bâtir le Royaume*** **TK 51-32**, ***Chantons à Dieu*** **MP 30-79 CNA 538**, ***Les pauvres mangeront*** **YD 92 CNA 333** (couplets 4 et 5).

Pour caractériser chaque dimanche, on pourra retenir :
pour le 26e dimanche, ***Pour que l'homme soit un fils*** **GP 297-1 CNA 426**,
pour le 27e dimanche, ***Seigneur et maître de la Vigne*** **XT 48-41**,
pour le 28e dimanche, ***Il est l'Agneau et le Pasteur*** **ZL 22-2 CNA 556**.

Prière d'ouverture

Dieu qui donnes la preuve suprême de ta puissance, lorsque tu patientes et prends pitié, sans te lasser, accorde-nous ta grâce : en nous hâtant vers les biens que tu promets, nous parviendrons au bonheur du ciel. Par Jésus Christ.

1re lecture

« Si le méchant se détourne de sa méchanceté, il sauvera sa vie »

→ Lecture du livre du prophète Ézékiel 18, 25-28

Ainsi parle le Seigneur : « Vous dites : “La conduite du Seigneur n’est pas la bonne”. Écoutez donc, fils d’Israël : est-ce ma conduite qui n’est pas la bonne ? N’est-ce pas plutôt la vôtre ? Si le juste se détourne de sa justice, commet le mal, et meurt dans cet état, c’est à cause de son mal qu’il mourra. Si le méchant se détourne de sa méchanceté pour pratiquer le droit et la justice, il sauvera sa vie. Il a ouvert les yeux et s’est détourné de ses crimes. C’est certain, il vivra, il ne mourra pas. »

Psaume 24

R/ **Rappelle-toi, Seigneur, ta tendresse.**

Seigneur, enseigne-moi tes voies,
fais-moi connaître ta route.
Dirige-moi par ta vérité, enseigne-moi,
car tu es le Dieu qui me sauve.

Rappelle-toi, Seigneur, ta tendresse,
ton amour qui est de toujours.
Oublie les révoltes, les péchés de ma jeunesse ;
dans ton amour, ne m’oublie pas.

Il est droit, il est bon, le Seigneur,
lui qui montre aux pécheurs le chemin.
Sa justice dirige les humbles,
il enseigne aux humbles son chemin.

2e lecture

« Ayez en vous les dispositions qui sont dans le Christ Jésus »

→ Lecture de la lettre de saint Paul apôtre aux Philippiens

2, 1-11

La lecture du texte entre crochets est facultative.

Frères, s'il est vrai que, dans le Christ, on se réconforte les uns les autres, si l'on s'encourage avec amour, si l'on est en communion dans l'Esprit, si l'on a de la tendresse et de la compassion, alors, pour que ma joie soit complète, ayez les mêmes dispositions, le même amour, les mêmes sentiments ; recherchez l'unité. Ne soyez jamais intrigants ni vaniteux, mais ayez assez d'humilité pour estimer les autres supérieurs à vous-mêmes. Que chacun de vous ne soit pas préoccupé de ses propres intérêts ; pensez aussi à ceux des autres.

Ayez en vous les dispositions
qui sont dans le Christ Jésus :
[ayant la condition de Dieu,
il ne retint pas jalousement
le rang qui l'égalait à Dieu.
Mais il s'est anéanti,
prenant la condition de serviteur,
devenant semblable aux hommes.
Reconnu homme à son aspect,
il s'est abaissé,
devenant obéissant jusqu'à la mort,
et la mort de la croix.
C'est pourquoi Dieu l'a exalté :
il l'a doté du Nom
qui est au-dessus de tout nom,
afin qu'au nom de Jésus
tout genou fléchisse
au ciel, sur terre et aux enfers,

et que toute langue proclame :
« Jésus Christ est Seigneur »
à la gloire de Dieu le Père.]

Alléluia. Alléluia. Mes brebis écoutent ma voix, dit le Seigneur ; moi, je les connais, et elles me suivent. **Alléluia.**

Évangile

« S'étant repenti, il y alla »

→ **Évangile de Jésus Christ selon saint Matthieu** 21, 28-32

En ce temps-là, Jésus disait aux grands prêtres et aux anciens du peuple : « Quel est votre avis ? Un homme avait deux fils. Il vint trouver le premier et lui dit : "Mon enfant, va travailler aujourd'hui à la vigne." Celui-ci répondit : "Je ne veux pas." Mais ensuite, s'étant repenti, il y alla. Puis le père alla trouver le second et lui parla de la même manière. Celui-ci répondit : "Oui, Seigneur !" et il n'y alla pas. Lequel des deux a fait la volonté du père ? » Ils lui répondent : « Le premier. »

Jésus leur dit : « Amen, je vous le déclare : les publicains et les prostituées vous précèdent dans le royaume de Dieu. Car Jean le Baptiste est venu à vous sur le chemin de la justice, et vous n'avez pas cru à sa parole ; mais les publicains et les prostituées y ont cru. Tandis que vous, après avoir vu cela, vous ne vous êtes même pas repentis plus tard pour croire à sa parole.

Pour la prière universelle

– Pour que ton Église, guidée par l'Esprit, sache se libérer de ce qui entrave sa mission, Seigneur, nous te prions.
– Pour que les chefs d'État, guidés par l'Esprit, mettent la justice au service des plus humbles, Seigneur, nous te prions.
– Pour que les « méchants », guidés par l'Esprit, se détournent du mal pour pratiquer le droit et la justice, Seigneur, nous te prions.

– Pour que notre communauté, guidée par l'Esprit, proclame « Jésus Christ est Seigneur », à temps et contretemps, Seigneur, nous te prions.

Prière sur les offrandes

Dieu de miséricorde, accepte notre offrande : qu'elle ouvre largement pour nous la source de toute bénédiction. Par Jésus.

Prière après la communion

Que cette eucharistie, Seigneur, renouvelle nos esprits et nos corps, et nous donne part à l'héritage glorieux de celui qui nous unit à son sacrifice lorsque nous proclamons sa mort. Lui qui règne.

Que les actions parlent

« Celui qui est rempli du Saint-Esprit parle diverses langues (Ac 2, 4). Ces diverses langues sont les divers témoignages rendus au Christ, comme l'humilité, la pauvreté, la patience et l'obéissance. Nous les parlons quand, en les pratiquant nous-mêmes, nous les montrons aux autres. La parole est vivante lorsque ce sont les actions qui parlent. Je vous en prie, que les paroles se taisent et que les actions parlent. Nous sommes pleins de paroles mais vides d'actions. »

Saint Antoine de Padoue (vers 1195-1231), *Sermons*.

CALENDRIER LITURGIQUE

Di 27	**26e dimanche A.** *Liturgie des Heures : Psautier semaine II.* [S. Vincent de Paul, prêtre, fondateur des Prêtres de la Mission (Lazaristes), † 1660 à Paris.]
Lu 28	*S. Venceslas, duc de Bohême, martyr, † 929 ou 935.* *S. Laurent Ruiz et ses compagnons, martyrs à Nagasaki (Japon) de 1633 à 1637.* Job 1, 6-22 ; Ps 16 ; Luc 9, 46-50 : « Le plus petit d'entre vous tous, c'est celui-là qui est grand »
Ma 29	Saints Michel, Gabriel et Raphaël, archanges. Lectures propres : Daniel 7, 9-10.13-14 ou : Apocalypse de saint Jean 12, 7-12a ; Ps 137 ; Jean 1, 47-51 : « Vous verrez les anges de Dieu monter et descendre au-dessus du Fils de l'homme »
Me 30	S. Jérôme, prêtre, docteur de l'Église, † 420 à Bethléem. Job 9, 1-12.14-16 ; Ps 87 ; Luc 9, 57-62« Je te suivrai partout où tu iras »
Je 1er	Ste Thérèse de l'Enfant Jésus et de la Sainte Face, vierge, carmélite, docteur de l'Église, patronne des missions, patronne secondaire de la France, † 1897 à Lisieux. Job 19, 21-27 ; Ps 26 ; Luc 10, 1-12 : « Votre paix ira reposer sur lui »
Ve 2	Saints Anges gardiens. Férie : Job 38, 1.12-21 ; 40, 3-5 ; Ps 138. Évangile propre. Luc 18, 1-5.10 « Leurs anges dans les cieux voient sans cesse la face de mon Père qui est aux cieux »
Sa 3	Job 42, 1-3.5-6.12-17 ; Ps 55 ; Luc 10, 17-24 : « Réjouissez-vous parce que vos noms se trouvent inscrits dans les cieux »

Bonne fête ! 27 : Vincent. 28 : Venceslas. 29 : Michel, Michaël, Gabriel, Gaby, Raphaël. 30 : Jérôme, Geronimo. 1er : Thérèse, Arielle. 2 : Léger. 3 : Blanche, Candide.

Saint Vincent de Paul (27 septembre) Né en 1581 probablement près de Dax, « Monsieur Vincent » est une figure du renouveau spirituel et apostolique du XVIIe siècle français.

Pour les oubliés de la société (malades, galériens, réfugiés, illettrés, enfants trouvés), il fonde successivement les *Confréries de Charité*, la *Congrégation de la Mission* (Lazaristes) et, avec sainte Louise de Marillac, la *Compagnie des Filles de la Charité*. Plus que l'importance de ses fondations, c'est son humilité et sa douceur qui frappe ses contemporains. Il meurt en 1660, assis près du feu, en murmurant le secret de sa vie : « Confiance ! Jésus ! »

27e dimanche

4 OCTOBRE 2020

Une vigne aimée de Dieu

Parler de la vigne, c'est évoquer la joie que donne son produit, le vin qui réjouit le cœur de l'homme. Dans les pays de vignoble, elle implique un rude travail permanent mais ceux qui s'y adonnent ont avec la vigne une relation dépassant la simple utilité : ils aiment leur vigne. On comprend que la relation du vigneron à sa vigne soit devenue une image forte du lien d'amour qui unit Dieu à son peuple. Dans le chant du Bien-aimé à sa vigne, Isaïe précise : « La vigne du Seigneur de l'univers, c'est la maison d'Israël » (*première lecture*). Hélas, dès l'Ancienne Alliance, la relation fut tourmentée. Le « peuple-vigne » déçut son maître en produisant injustices et crimes.

Quand il sent la menace s'appesantir sur lui de la part des autorités religieuses de son peuple, Jésus n'hésite pas à les comparer à des vignerons sans scrupule qui accaparent la vigne à leur profit. La tension monte entre eux et le maître de la vigne qui, après leur avoir dépêché ses serviteurs en qui on peut voir les prophètes, leur envoie son propre fils. Hélas encore, cela tournera au drame.

Dans ce passage de l'évangile affleure, de manière privilégiée, la conscience qu'a Jésus d'être lui-même le fils du divin vigneron. Mais le crime dont il sera bientôt victime ne sera pas le dernier mot des relations tourmentées entre Dieu et son peuple. À la méchanceté humaine succédera, grâce à la miséricorde de Dieu, une nouvelle étape, celle du peuple nouveau produisant des fruits qui plaisent au maître de la vigne. Une autre image va exprimer cette heureuse issue : « La pierre qu'ont rejetée les bâtisseurs est devenue la pierre d'angle » (Ps 117), citation d'un psaume souvent utilisée pour désigner la résurrection du Christ.

Alors, « tout ce qui est juste et pur, tout ce qui est digne d'être aimé et honoré » (*deuxième lecture*) sera pris en compte par le peuple nouveau qui, malgré ses faiblesses, fera la joie du Dieu de la paix.

Des chants sont proposés le 26e dimanche, p. 558.

Prière d'ouverture

Dans ton amour inépuisable, Dieu éternel et tout-puissant, tu combles ceux qui t'implorent, bien au-delà de leurs mérites et de leurs désirs ; répands sur nous ta miséricorde en délivrant notre conscience de ce qui l'inquiète et en donnant plus que nous n'osons demander. Par Jésus Christ.

1re lecture

« La vigne du Seigneur de l'univers, c'est la maison d'Israël »

→ Lecture du livre du prophète Isaïe — 5, 1-7

Je veux chanter pour mon ami le chant du bien-aimé à sa vigne. Mon ami avait une vigne sur un coteau fertile. Il en retourna la terre, en retira les pierres, pour y mettre un plant de qualité. Au milieu, il bâtit une tour de garde et creusa aussi un pressoir. Il en attendait de beaux raisins, mais elle en donna de mauvais.

Et maintenant, habitants de Jérusalem, hommes de Juda, soyez donc juges entre moi et ma vigne ! Pouvais-je faire pour ma vigne plus que je n'ai fait ? J'attendais de beaux raisins, pourquoi en a-t-elle donné de mauvais ? Eh bien, je vais vous apprendre ce que je ferai de ma vigne : enlever sa clôture pour qu'elle soit dévorée par les animaux, ouvrir une brèche dans son mur pour qu'elle soit piétinée. J'en ferai une pente désolée ; elle ne sera ni taillée ni sarclée, il y poussera des épines et des ronces ; j'interdirai aux nuages d'y faire tomber la pluie.

La vigne du Seigneur de l'univers, c'est la maison d'Israël. Le plant qu'il chérissait, ce sont les hommes de Juda. Il en attendait le droit, et voici le crime ; il en attendait la justice, et voici les cris.

Psaume 79

**R/ La vigne du Seigneur de l'univers,
c'est la maison d'Israël.**

La vigne que tu as prise à l'Égypte,
tu la replantes en chassant des nations.
Elle étendait ses sarments jusqu'à la mer,
et ses rejets, jusqu'au Fleuve.

Pourquoi as-tu percé sa clôture ?
Tous les passants y grappillent en chemin ;
le sanglier des forêts la ravage
et les bêtes des champs la broutent.

Dieu de l'univers, reviens !
Du haut des cieux, regarde et vois :
visite cette vigne, protège-la,
celle qu'a plantée ta main puissante.

Jamais plus nous n'irons loin de toi :
fais-nous vivre et invoquer ton nom !
Seigneur, Dieu de l'univers, fais-nous revenir ;
que ton visage s'éclaire, et nous serons sauvés.

2e lecture

*« Mettez cela en pratique.
Et le Dieu de la paix sera avec vous »*

**→ Lecture de la lettre de saint Paul apôtre
aux Philippiens** 4, 6-9

Frères, ne soyez inquiets de rien, mais, en toute circonstance, priez et suppliez, tout en rendant grâce, pour faire connaître à Dieu vos demandes. Et la paix de Dieu, qui dépasse tout ce qu'on peut concevoir, gardera vos cœurs et vos pensées dans le Christ Jésus. Enfin, mes frères, tout ce qui est vrai et noble, tout ce qui est juste et pur, tout ce qui est digne d'être aimé et honoré, tout ce qui s'appelle vertu et qui mérite des éloges, tout cela, prenez-le en compte. Ce que vous avez appris et reçu, ce que vous avez vu et entendu de moi, mettez-le en pratique. Et le Dieu de la paix sera avec vous.

Alléluia. Alléluia. C'est moi qui vous ai choisis, afin que vous alliez, que vous portiez du fruit, et que votre fruit demeure, dit le Seigneur. **Alléluia.**

Évangile

« Il louera la vigne à d'autres vignerons »

→ Évangile de Jésus Christ selon saint Matthieu 21, 33-43

En ce temps-là, Jésus disait aux grands prêtres et aux anciens du peuple : « Écoutez cette parabole : Un homme était propriétaire d'un domaine ; il planta une vigne, l'entoura d'une clôture, y creusa un pressoir et bâtit une tour de garde. Puis il loua cette vigne à des vignerons, et partit en voyage. Quand arriva le temps des fruits, il envoya ses serviteurs auprès des vignerons pour se faire remettre le produit de sa vigne. Mais les vignerons se saisirent des serviteurs, frappèrent l'un, tuèrent l'autre, lapidèrent le troisième. De nouveau, le propriétaire envoya d'autres serviteurs plus nombreux que les premiers ; mais on les traita de la même façon. Finalement, il leur envoya son fils, en se disant : "Ils respecteront mon fils." Mais, voyant le fils, les vignerons se dirent entre eux : "Voici l'héritier : venez ! tuons-le, nous aurons son héritage !" Ils se saisirent de lui, le jetèrent hors de la vigne et le tuèrent. Eh bien ! quand le maître de la vigne viendra, que fera-t-il à ces vignerons ? » On lui répond : « Ces misérables, il les fera périr misérablement. Il louera la vigne à d'autres vignerons, qui lui en remettront le produit en temps voulu. »

Jésus leur dit : « N'avez-vous jamais lu dans les Écritures : *La pierre qu'ont rejetée les bâtisseurs est devenue la pierre d'angle : c'est là l'œuvre du Seigneur, la merveille devant nos yeux !* Aussi, je vous le dis : Le royaume de Dieu vous sera enlevé pour être donné à une nation qui lui fera produire ses fruits. »

Pour la prière universelle

– Prions pour l'Église, vigne nouvelle du Seigneur, afin que, malgré ses fautes, elle porte des fruits de paix, de pureté et d'amour vrai.
– Prions pour la maison d'Israël, vigne que Dieu aima en premier, afin qu'elle donne les beaux raisins de la justice et du droit.
– Prions pour ceux qui dans notre monde s'approprient les richesses de la nature et abîment notre terre, afin qu'ils prennent conscience du mal qu'ils font.
– Prions pour nos communautés appelées à manifester le royaume de Dieu, afin qu'elles soient davantage à la hauteur de leur vocation.

Prière sur les offrandes

Accepte, Seigneur, le sacrifice que tu nous as donné : dans les mystères que nous célébrons pour te rendre grâce, sanctifie les hommes que tu as sauvés par ton Fils. Lui qui règne.

Prière après la communion

Accorde-nous, Seigneur notre Dieu, de trouver dans cette communion notre force et notre joie ; afin que nous puissions devenir ce que nous avons reçu : le corps du Christ. Lui qui règne.

Une vie dans l'action de grâce

« J'exulte – cela est juste – à voir croître les fruits de vos vertus, mais je déplore et je rougis de rester inerte et négligent dans la misère de mes péchés. Réjouissez-vous donc, mes frères très chers, pour votre bienheureux sort et pour les largesses de grâce que Dieu répand sur vous. »

S. Bruno, *Lettre à ses fils les Chartreux*, n° 1 : Sources Chrétiennes, 88, p. 81-82.

CALENDRIER LITURGIQUE

Di 4	**27e dimanche A.** *Liturgie des Heures : Psautier semaine III.* [S. François, fondateur des Frères mineurs, † 1226 à Assise.]
Lu 5	Galates 1, 6-12 ; Ps 110 ; Luc 10, 25-37 ; « Qui est mon prochain ? »
Ma 6	*S. Bruno, prêtre, fondateur de la Grande Chartreuse, † 1101 en Calabre.* Galates 1, 13-24 ; Ps 138 ; Luc 10, 38-42 : « Une femme nommée Marthe le reçut. Marie a choisi la meilleure part »
Me 7	Notre-Dame du Rosaire. Galates 2, 1-2.7-14 ; Ps 116 ; Luc 11, 1-4 : « Seigneur, apprends-nous à prier »
Je 8	Galates 3, 1-5 ; Cantique Luc 1 ; Luc 11, 5-13 : « Demandez, on vous donnera »
Ve 9	*S. Denis, évêque de Paris, et ses compagnons, martyrs, 3e siècle.* *S. Jean Leonardi, prêtre, fondateur des Clercs de la Mère de Dieu, † 1609 à Rome.* Galates 3, 6-14 ; Ps 110 ; Luc 11, 15-26 : « Si c'est par le doigt de Dieu que j'expulse les démons, c'est donc que le règne de Dieu est venu jusqu'à vous »
Sa 10	Galates 3, 22-29 ; Ps 104 ; Luc 11, 27-28 : « Heureuse la mère qui t'a porté en elle ! – Heureux plutôt ceux qui écoutent la parole de Dieu ! »

Bonne fête ! 4 : François, Francis, Frank, Aure, Orianne. 5 : Fleur, Flore, Capucine, Hortense, Violaine, Placide. 6 : Bruno, Foy. 7 : Rosario, Gustave, Serge. 8 : Pélagie. 9 : Denis, Sara, Sybille. 10 : Ghislain, Ghislaine, Virgile.

Saint Bruno (6 octobre) Il avait environ cinquante ans lorsque vers 1085 ce chanoine né à Cologne interrompit sa carrière de maître en théologie à Reims pour se retirer dans la solitude de la Grande Chartreuse (Isère). Il y fonda avec six amis un monastère d'un nouveau genre : des ermites y pratiquaient, avec des éléments de vie commune et sous la direction d'un prieur, une solitude rigoureuse entièrement vouée à la contemplation.

28e dimanche

11 OCTOBRE 2020

Un banquet offert à tous, mais non sans condition

Sentant la menace que font peser sur lui les autorités religieuses de son peuple, Jésus leur parle sous la forme d'une parabole. Le récit est invraisemblable : on voit mal des sujets d'un roi refuser son invitation à participer aux noces de son fils, au point d'en tuer les messagers. Sans parler du pauvre hère trouvé au bord du chemin à qui le roi reproche de n'avoir pas la tenue de rigueur. La cohérence est à chercher ailleurs. L'*évangile* raconte sous une forme imagée les péripéties de l'histoire du salut marquée par les refus, voire l'hostilité des autorités religieuses à l'encontre des messagers de Dieu que furent d'abord les prophètes – on pense au traitement subi par Jérémie –, puis aux premiers messagers de l'évangile, persécutés dès le début. Les troupes envoyées par le roi figurent peut-être celles de Nabucodonosor en 587 avant J.-C. ou celles de Titus en 70 après J.-C., qui détruisirent Jérusalem à six siècles d'intervalle. Dans les deux cas, beaucoup y virent un juste châtiment de Dieu. Les premiers invités furent remplacés par tous ceux, bons ou mauvais, que les serviteurs trouvèrent aux croisées des chemins, ce qui figure sans doute l'expansion de l'Église au milieu des païens. Telle est la portée de la première parabole.

Car on peut penser que l'anecdote du pauvre bougre mal vêtu relève d'une autre parabole, que l'image du festin royal a incité à rapprocher de la première, non sans une incohérence supplémentaire. Mais cette seconde parabole apporte une précision de taille : l'ouverture du Royaume, en principe à tous les hommes, juifs et païens, ne signifie pas que les nouveaux venus n'ont aucune exigence à respecter. Au contraire, la loi nouvelle de l'Évangile, qui diffère de l'ancienne Loi, n'est pas moins exigeante.

Isaïe avait annoncé un banquet de tous les peuples sur la montagne du Seigneur, pour symboliser le salut (*première lecture*). Mais pour y participer, il faudra, comme l'apôtre Paul, être prêt, certes, à être rassasié, mais aussi à souffrir la faim et les privations en vue du Royaume (*deuxième lecture*).

Des chants sont proposés le 26e dimanche, p. 558.

Prière d'ouverture

Nous t'en prions, Seigneur, que ta grâce nous devance et qu'elle nous accompagne toujours, pour nous rendre attentifs à faire le bien sans relâche. Par Jésus Christ.

1re lecture

« Le Seigneur préparera un festin »

→ **Lecture du livre du prophète Isaïe** 25, 6-10a

Le Seigneur de l'univers préparera pour tous les peuples, sur sa montagne, un festin de viandes grasses et de vins capiteux, un festin de viandes succulentes et de vins décantés. Sur cette montagne, il fera disparaître le voile de deuil qui enveloppe tous les peuples et le linceul qui couvre toutes les nations. Il fera disparaître la mort pour toujours. Le Seigneur Dieu essuiera les larmes sur tous les visages, et par toute la terre il effacera l'humiliation de son peuple. Le Seigneur a parlé.

Et ce jour-là, on dira : « Voici notre Dieu, en lui nous espérions, et il nous a sauvés ; c'est lui le Seigneur, en lui nous espérions ; exultons, réjouissons-nous : il nous a sauvés ! » Car la main du Seigneur reposera sur cette montagne.

Psaume 22

**R/ J'habiterai la maison du Seigneur
pour la durée de mes jours.**

Le Seigneur est mon berger :
je ne manque de rien.
Sur des prés d'herbe fraîche,
il me fait reposer.

Il me mène vers les eaux tranquilles
et me fait revivre ;
il me conduit par le juste chemin
pour l'honneur de son nom.

Si je traverse les ravins de la mort,
je ne crains aucun mal,
car tu es avec moi,
ton bâton me guide et me rassure.

Tu prépares la table pour moi
devant mes ennemis ;
tu répands le parfum sur ma tête,
ma coupe est débordante.

Grâce et bonheur m'accompagnent
tous les jours de ma vie ;
j'habiterai la maison du Seigneur
pour la durée de mes jours.

2e lecture

« Je peux tout en celui qui me donne la force »

**→ Lecture de la lettre de saint Paul apôtre
aux Philippiens** 4, 12-14.19-20

Frères, je sais vivre de peu, je sais aussi être dans l'abondance. J'ai été formé à tout et pour tout : à être rassasié et à souffrir la faim, à être dans l'abondance et dans les privations. Je peux tout en celui qui me donne la force. Cependant, vous avez bien fait de vous montrer solidaires quand j'étais dans la gêne. Et mon Dieu comblera tous vos besoins selon sa richesse, magnifiquement, dans le Christ Jésus.

Gloire à Dieu notre Père pour les siècles des siècles. Amen.

Alléluia. Alléluia. Que le Père de notre Seigneur Jésus Christ ouvre à sa lumière les yeux de notre cœur, pour que nous percevions l'espérance que donne son appel. **Alléluia.**

Évangile *« Tous ceux que vous trouverez, invitez-les à la noce »*

→ Évangile de Jésus Christ selon saint Matthieu 22, 1-14

La lecture du texte entre crochets est facultative.

En ce temps-là, Jésus se mit de nouveau à parler aux grands prêtres et aux pharisiens, et il leur dit en paraboles : « Le royaume des Cieux est comparable à un roi qui célébra les noces de son fils. Il envoya ses serviteurs appeler à la noce les invités, mais ceux-ci ne voulaient pas venir. Il envoya encore d'autres serviteurs dire aux invités : "Voilà : j'ai préparé mon banquet, mes bœufs et mes bêtes grasses sont égorgés ; tout est prêt : venez à la noce." Mais ils n'en tinrent aucun compte et s'en allèrent, l'un à son champ, l'autre à son commerce ; les autres empoignèrent les serviteurs, les maltraitèrent et les tuèrent. Le roi se mit en colère, il envoya ses troupes, fit périr les meurtriers et incendia leur ville. Alors il dit à ses serviteurs : "Le repas de noce est prêt, mais les invités n'en étaient pas dignes. Allez donc aux croisées des chemins : tous ceux que vous trouverez, invitez-les à la noce." Les serviteurs allèrent sur les chemins, rassemblèrent tous ceux qu'ils trouvèrent, les mauvais comme les bons, et la salle de noce fut remplie de convives.

[Le roi entra pour examiner les convives, et là il vit un homme qui ne portait pas le vêtement de noce. Il lui dit : "Mon ami, comment es-tu entré ici, sans avoir le vêtement de noce ?" L'autre garda le silence. Alors le roi dit aux serviteurs :

“Jetez-le, pieds et poings liés, dans les ténèbres du dehors ; là, il y aura des pleurs et des grincements de dents.”

Car beaucoup sont appelés, mais peu sont élus. »]

Pour la prière universelle

– Prions pour l’Église, peuple nouveau ouvert à tous, afin que ses ministres soient totalement disponibles au service du Royaume.
– Prions pour les chrétiens persécutés en raison de leur foi, afin qu’ils mettent leur espérance en Dieu qui donne la force à ses apôtres.
– Prions pour ceux qui restent fermés ou hostiles à l’annonce de l’Évangile, afin qu’ils reçoivent la grâce de la conversion.
– Prions pour nos communautés qui participent au banquet eucharistique, prémices de celui du Royaume, afin qu’elles vivent dans l’action de grâce.

Prière sur les offrandes

Avec ces offrandes, Seigneur, reçois les prières de tes fidèles ; que cette liturgie célébrée avec amour nous fasse passer à la gloire du ciel. Par Jésus.

Prière après la communion

Dieu souverain, nous te le demandons humblement : rends-nous participants de la nature divine, puisque tu nous as fait communier au corps et au sang du Christ. Lui qui règne.

Dieu comblera tous mes besoins dans le Christ

« Que me feraient les douceurs de ce monde et les empires de la terre ? II est plus beau de mourir pour le Christ Jésus que de régner jusqu'aux extrémités de l'univers. C'est lui que je cherche, qui est mort pour nous ; c'est lui que je désire, lui qui est ressuscité pour nous. Mon enfantement approche. De grâce, mes frères, ne m'empêchez pas de vivre, ne complotez pas ma mort. Ne livrez pas au monde ni aux séductions de la terre celui qui veut appartenir à Dieu. Laissez-moi recevoir la lumière toute pure. Quand j'y aurai réussi, je serai un être humain. Acceptez que j'imite la passion de mon Dieu. Si quelqu'un le possède en lui, qu'il se laisse fléchir par mon appel ; il connaît l'angoisse qui m'étreint : qu'il ait pitié de moi. »

S. Ignace d'Antioche, *Lettre aux Romains*, Chap. 6, 1-3.

CALENDRIER LITURGIQUE

Di 11	**28e dimanche A.** *Liturgie des Heures : Psautier semaine IV.* *[S. Jean XXIII, pape, † 1963 à Rome.]*
Lu 12	Galates 4, 22-24.26-27.31–5, 1 ; Ps 112 ; Luc 11, 29-32 : « À cette génération, il ne sera donné que le signe de Jonas »
Ma 13	Galates 5, 1-6 ; Ps 118 ; Luc 11, 37-41 : « Donnez plutôt en aumône ce que vous avez, et alors tout sera pur pour vous. »
Me 14	*S. Calliste Ier, pape, martyr, † 222 à Rome.* Galates 5, 18-25 ; Ps 1 ; Luc 11, 42-46 : « Quel malheur pour vous, pharisiens, pharisiens ! Vous aussi, les docteurs de la Loi, malheureux êtes-vous ! »
Je 15	Ste Thérèse d'Avila, vierge, réformatrice du Carmel, docteur de l'Église, † 1582. Éphésiens 1,1-10 ; Ps 97 ; Luc 11, 47-54 : « Cette génération devra rendre compte du sang de tous les prophètes depuis le sang d'Abel jusqu'au sang de Zacharie »
Ve 16	*Ste Edwige, mère de famille puis religieuse, † 1243 en Silésie.* *Ste Marguerite-Marie Alacoque, vierge, visitandine, † 1690 à Paray-le-Monial.* *Au Canada*, Ste Marie-Marguerite d'Youville, mère de famille puis religieuse, † 1771 à Montréal Éphésiens 1, 11-14 ; Ps 32 ; Luc 12, 1-7 : « Les cheveux de votre tête sont tous comptés »
Sa 17	S. Ignace, évêque d'Antioche, martyr, † vers 107 à Rome. Éphésiens 1, 15-23 ; Ps 8 ; Luc 12, 8-12 : « L'Esprit Saint vous enseignera à cette heure-là ce qu'il faudra dire »

Bonne fête ! 11 : Firmin, Soledad. 12 : Séraphin. 13 : Gérard. 14 : Calliste, Gwendoline. 15 : Thérèse, Térésa, Aurèle, Aurélie. 16 : Edwige, Marguerite-Marie, Bertrand. 17 : Ignace, Baudouin.

Saint Ignace d'Antioche (17 octobre) Cet Ignace est à ne pas confondre avec Ignace de Loyola. Au cours du deuxième siècle, il était évêque d'Antioche, capitale de la province de Syrie, et déjà il subit la persécution pour sa foi. Emmené captif à Rome pour y être livré aux bêtes, il écrivit, pendant son voyage, sept lettres adressées aux communautés chrétiennes d'Asie Mineure, qui rappellent le style de saint Paul et surtout son attachement au Christ qu'il désirait ardemment rencontrer.

CREDO

« Je crois ! » Cette déclaration introduit chacune des deux confessions de foi qui figurent, au choix, dans la liturgie de la messe pour les dimanches et les solennités de l'année liturgique. « Confession » ne désigne pas ici l'aveu des péchés, mais la proclamation de l'objet de la foi. Confesser Dieu, c'est attester que l'on croit en Dieu. De même, confesser Jésus Christ Dieu et homme, c'est le reconnaître et le proclamer tel. Cette confession entraînait la persécution et même la mort à certaines époques, et aujourd'hui encore dans de nombreux points du globe.

La confession de la foi chrétienne s'exprime par les « Symboles de foi ». « Symbole » n'a pas ici le sens courant de représentation symbolique, imagée, d'une réalité, mais celui de « signe de reconnaissance ». Selon l'étymologie, le verbe grec signifie « mettre ensemble ». Dans l'Antiquité, il était d'usage, avant de se séparer, de briser un objet quelconque et d'en garder chacun un morceau. Lors d'une autre rencontre, directe ou indirecte, les morceaux qui s'emboîtaient permettaient de se reconnaître. De même, si quelqu'un prononce un symbole de foi mis au point par l'Église, il est reconnu chrétien.

Lors du baptême, les candidats doivent proclamer devant la communauté assemblée la foi en Dieu le Père, en son Fils, et en l'Esprit Saint. Quand il s'agit d'un petit enfant, ses parents, ses parrain et marraine, la proclament à sa place. Ce n'est qu'après cette confession de foi en Dieu Trinité, que le candidat peut être baptisé dans l'eau et ainsi devenir chrétien.

C'est donc le Credo baptismal qui est fondamental. Dans l'Antiquité, les grandes Églises avaient chacune leur Credo : le contenu essentiel était le même, mais les précisions pouvaient varier. Ainsi Rome avait son Credo baptismal, appelé « Symbole des Apôtres », en ce sens qu'il est très ancien et transmet la foi remontant à la prédication apostolique. Ce « Symbole des Apôtres » est celui que l'on apprend au catéchisme et qui est le plus connu. C'est sans doute pour cette raison qu'il a trouvé place dans la liturgie de la messe dans les années qui ont suivi la réforme liturgique de Vatican II, qui l'a ajouté au Symbole de Nicée-Constantinople.

Car jusqu'à cette époque récente la liturgie latine n'utilisait à la messe que le Symbole de Nicée-Constantinople, datant du IVe siècle. C'est à cause des hérésies que le Symbole a été placé aussi à la messe, afin de favoriser chez les fidèles la juste expression de la foi. Il s'y introduisit d'abord en Orient au début du VIe siècle, puis peu à peu en Occident et finalement dans l'Église de Rome en 1014.

Ce symbole provient de la formulation de foi faite en 325 par le premier concile œcuménique, celui de Nicée (en Asie mineure), qui reconnut solennellement que Jésus est Dieu, Fils unique du Père, consubstantiel au Père, c'est-à-dire de la nature ou substance même du Père. Cela était nié par les hérétiques « Ariens » qui ne voyaient en lui qu'une créature supérieure. En 381, au deuxième concile œcuménique, tenu à Constantinople, on précisa que l'Esprit Saint reçoit la même adoration que le Père et le Fils, et que lui aussi est Dieu. Le texte de Nicée fut complété en ce sens. C'est le texte de Constantinople que nous proclamons à la messe. À une exception près, cependant. À la suite d'une autre controverse théologique, l'adoptianisme, qui touchait surtout l'Espagne, on introduisit en 794, dans tout l'empire de Charlemagne, une précision : l'Esprit Saint procède du Père *et du Fils* (« Filioque »), ajout qui n'a pas été accepté par les Églises orientales et reste aujourd'hui une pomme de discorde.

H.D.

29e dimanche

18 OCTOBRE 2020

Dieu ou César ?

Les tensions entre Jésus et les pharisiens s'aggravent. Ces derniers cherchent à l'enfermer dans un dilemme en lui posant la question : faut-il payer l'impôt à l'empereur ? Si Jésus répond oui, il passera pour un collaborateur de l'occupant aux yeux de son peuple opprimé ; s'il répond non, il sera dénoncé au pouvoir occupant qui ne badinait pas avec l'impôt. Mais Jésus échappe au piège en faisant une réponse devenue proverbiale. Puisque les pharisiens ont les poches pleines de la monnaie romaine, ils reconnaissent implicitement ce pouvoir politique, ce qui implique qu'ils lui paient l'impôt. Mais Jésus en profite pour insister sur le culte à rendre à Dieu seul.

Or, de son temps, les empereurs romains commençaient à être divinisés. Bientôt le refus de les honorer par un culte sera la cause de la condamnation à mort de beaucoup de chrétiens. Mais ceux-ci, tout comme Jésus, sont fidèles à la foi au Dieu unique, qui a atteint sa formulation la plus claire dans le texte d'Isaïe cité en *première lecture* : « Je suis le Seigneur, il n'en est pas d'autre. » Les fils d'Israël, qui ont formulé cette profession de foi après avoir été délivrés de l'exil à Babylone par Cyrus, n'avaient, en aucune manière, poussé la gratitude jusqu'à le reconnaître comme Dieu.

Les premières communautés chrétiennes seront bientôt tiraillées entre le respect dû à l'autorité politique et le culte rendu à Dieu seul. Mais cette tension ne sera pas au cœur de leur vie selon l'Évangile. Dans sa première lettre aux Thessaloniciens, qui est le document chrétien le plus ancien, Paul se souvient de leur foi, de leur charité et de leur espérance. Tels sont déjà les trois piliers de la vie chrétienne (*deuxième lecture*).

CHANTER LES 29e ET 30e DIMANCHES

- Le répertoire proposé ce dimanche conviendra aussi au 30e dimanche.
- Pour la procession d'ouverture, ***Par la musique et par nos voix* Y 43-38 CNA 572**, ***Peuple de Dieu, marche joyeux* K 180 CNA 574** (couplets 1, 2, 8, 13 et 16). ***Jubilez, criez de joie*, Y 68-11** ou **W 52-42**, ***Dieu nous a tous appelés* KD 14-56-1 CNA 571**, ***Disciples rassemblés pour ce repas* A 64-53-1**, ***Ouvriers de la paix* Y 13-92-1.**
- Un même ordinaire unifiera ces deux dimanches.
- Pour accompagner la communion, ***Tu fais ta demeure* D 56-49**, ***Prenez et mangez* D 52-67**, ***Pain de Dieu, pain rompu* D 284 CNA 338**, ***Le voici le don de Dieu* D 36-81-3.**
- Après la communion, ***Tenons en éveil* C 243-1 CNA 591**, ***En accueillant l'amour* DP 126 CNA 325**, ***À l'image de ton amour* X 971 CNA 529**, ***Un seul Seigneur* N 46 CNA 597**, ***Messagers de l'Évangile* XT 48-94**, ***Vivez l'espérance* T 52-46.**
- Si l'on souhaite caractériser chaque dimanche, on retiendra
  – pour le 29e dimanche : ***Maître toujours vrai* XP 48-42.** Le chant d'envoi sera en lien avec le dimanche de la mission : ***Appelés pour bâtir le Royaume* TK 51-32**, ***Messagers de l'Évangile* XT 48-94**, ***Allez par toute la terre* T 20-76 CNA 533** ;
  – pour le 30e dimanche : ***Je vous donne un commandement nouveau* DL 311-1** ou ***Ubi caritas* (Taizé).**

Prière d'ouverture

• Dieu éternel et tout-puissant, fais-nous toujours vouloir ce que tu veux et servir ta gloire d'un cœur sans partage. Par Jésus Christ.

Ou bien pour la mission :

• Dieu qui veux te faire connaître de tous les hommes et les recueillir dans ton Royaume, regarde l'étendue des champs à moissonner ; envoie des ouvriers en grand nombre qui annonceront l'Évangile à toute créature, afin que de tous les peuples de la terre naisse et grandisse un peuple nouveau que ta Parole assemble et que tes sacrements soutiennent. Par Jésus Christ.

1re lecture

« J'ai pris Cyrus par la main pour lui soumettre les nations »

→ Lecture du livre du prophète Isaïe 45, 1.4-6

Ainsi parle le Seigneur à son messie, à Cyrus, qu'il a pris par la main pour lui soumettre les nations et désarmer les rois, pour lui ouvrir les portes à deux battants, car aucune porte ne restera fermée :

« À cause de mon serviteur Jacob, d'Israël mon élu, je t'ai appelé par ton nom, je t'ai donné un titre, alors que tu ne me connaissais pas. Je suis le Seigneur, il n'en est pas d'autre : hors moi, pas de Dieu. Je t'ai rendu puissant, alors que tu ne me connaissais pas, pour que l'on sache, de l'orient à l'occident, qu'il n'y a rien en dehors de moi. Je suis le Seigneur, il n'en est pas d'autre. »

Psaume 95

R/ Rendez au Seigneur la gloire et la puissance.

Chantez au Seigneur un chant nouveau,
chantez au Seigneur, terre entière,
racontez à tous les peuples sa gloire,
à toutes les nations ses merveilles !

Il est grand, le Seigneur, hautement loué,
redoutable au-dessus de tous les dieux :
néant, tous les dieux des nations !
Lui, le Seigneur, a fait les cieux.

Rendez au Seigneur, familles des peuples,
rendez au Seigneur la gloire et la puissance,
rendez au Seigneur la gloire de son nom.
Apportez votre offrande, entrez dans ses parvis.

Adorez le Seigneur, éblouissant de sainteté :
tremblez devant lui, terre entière.
Allez dire aux nations : « Le Seigneur est roi ! »
Il gouverne les peuples avec droiture.

2e lecture

« Nous nous souvenons de votre foi, de votre charité, de votre espérance »

→ Lecture de la première lettre de saint Paul apôtre aux Thessaloniciens 1, 1-5b

Paul, Silvain et Timothée, à l'Église de Thessalonique qui est en Dieu le Père et dans le Seigneur Jésus Christ. À vous, la grâce et la paix.

À tout moment, nous rendons grâce à Dieu au sujet de vous tous, en faisant mémoire de vous dans nos prières. Sans cesse, nous nous souvenons que votre foi est active, que votre charité se donne de la peine, que votre espérance tient bon en notre Seigneur Jésus Christ, en présence de Dieu notre Père. Nous le savons, frères bien-aimés de Dieu, vous avez été choisis par lui. En effet, notre annonce de l'Évangile n'a pas été, chez vous, simple parole, mais puissance, action de l'Esprit Saint, pleine certitude.

Alléluia. Alléluia. Vous brillez comme des astres dans l'univers en tenant ferme la parole de vie. **Alléluia.**

Évangile

« Rendez à César ce qui est à César, et à Dieu ce qui est à Dieu »

→ Évangile de Jésus Christ selon saint Matthieu 22, 15-21

En ce temps-là, les pharisiens allèrent tenir conseil pour prendre Jésus au piège en le faisant parler. Ils lui envoient leurs disciples, accompagnés des partisans d'Hérode : « Maître, lui disent-ils, nous le savons : tu es toujours vrai et tu enseignes le chemin de Dieu en vérité ; tu ne te laisses influencer par personne, car ce n'est pas selon l'apparence que tu considères les gens. Alors, donne-nous ton avis : Est-il permis, oui ou non, de payer l'impôt à César, l'empereur ? » Connaissant leur perversité, Jésus dit : « Hypocrites ! pourquoi voulez-vous me mettre à l'épreuve ? Montrez-moi la monnaie de l'impôt. » Ils lui présentèrent une pièce d'un denier. Il leur dit : « Cette effigie et cette inscription, de qui sont-elles ? » Ils répondirent : « De César. » Alors il leur dit : « Rendez donc à César ce qui est à César, et à Dieu ce qui est à Dieu. »

Pour la prière universelle

– Prions pour les missionnaires chrétiens à travers le monde, afin qu'ils transmettent au plus grand nombre la foi, la charité et l'espérance qui les animent ;
– Prions pour les responsables politiques, afin que jamais ils ne fassent de leur pouvoir un absolu ;
– Prions pour les citoyens, afin qu'ils s'acquittent honnêtement de l'impôt qui doit servir au bien commun ;
– Prions afin que, pour chacun de nous, Dieu soit le premier servi.

Prière sur les offrandes

Accorde-nous, Seigneur, de te servir à cet autel en toute liberté d'esprit ; ainsi ta grâce pourra nous purifier dans le mystère que nous célébrons. Par Jésus.

Prière après la communion

Seigneur, fais-nous trouver des forces neuves dans cette communion aux réalités du ciel : assure-nous tes bienfaits ici-bas et instruis-nous des richesses de ton Royaume. Par Jésus.

La mission de l'Église

« Les hommes peuvent souvent ne pas être conscients de leur unité radicale d'origine, de destin et d'insertion dans le plan même de Dieu et, lorsqu'ils professent des religions différentes et incompatibles entre elles, ils peuvent même ressentir leurs divisions comme insurmontables. Mais, malgré cela, ils sont inclus dans le grand et unique dessein de Dieu, en Jésus-Christ, qui "s'est uni d'une certaine manière à tous les hommes" (*Gaudium et Spes*, 22), même si ceux-ci n'en sont pas conscients. [...]

L'Église est appelée à travailler de toutes ses forces (l'évangélisation, la prière, le dialogue) pour que disparaissent entre les hommes les fractures et les divisions qui les éloignent de leur principe et fin et qui les rendent hostiles les uns aux autres. Cela signifie aussi que le genre humain tout entier, dans l'infinie complexité de son histoire, avec ses cultures différentes, est "appelé à former le nouveau peuple de Dieu" (*Lumen Gentium*, 13) dans lequel se guérit, se consolide et s'élève l'union bénie de Dieu avec l'homme et l'unité de la famille humaine. »

S. Jean Paul II, *Discours à la Curie romaine*, 22 décembre 1986, n° 5-6, après la rencontre interreligieuse d'Assise, dans *Doc. cath.* 1987, p. 134.

CALENDRIER LITURGIQUE

Di 18	**29e dimanche A.** *Liturgie des Heures : Psautier semaine I.* [S. LUC, évangéliste].
Lu 19	*S. Jean de Brébeuf, S. Isaac Jogues, prêtres, et leurs compagnons jésuites, martyrs † entre 1642 à 1649 au Canada et aux États-Unis (Au Canada, 26 septembre).* *S. Paul de la Croix, prêtre, fondateur des Passionistes, † 1775 à Rome.* Éphésiens 2, 1-10 ; Ps 99 ; Luc 12, 13-21 : « Ce que tu auras accumulé, qui l'aura ? »
Ma 20	Éphésiens 2, 12-22 ; Ps 84 ; Luc 12, 35-38 : « Heureux les serviteurs que le maître, à son arrivée, trouvera en train de veiller »
Me 21	Éphésiens 3, 2-12 ; Cantique Isaïe 12 ; Luc 12, 39-48 : « À qui l'on a beaucoup donné, on demandera beaucoup »
Je 22	*S. Jean-Paul II, pape, † 2005 à Rome.* Au Canada, DÉDICACE DES ÉGLISES consacrées dont la date de dédicace est inconnue, Solennité. Éphésiens 3, 14-21 ; Ps 32 ; Luc 12, 49-53 : « Pensez-vous que je sois venu mettre la paix sur la terre ? Non, je vous le dis, mais bien plutôt la division »
Ve 23	*S. Jean de Capistran, prêtre, franciscain, † 1456 à Vilock (Croatie).* Éphésiens 4, 1-6 ; Ps 23 ; Luc 12, 54-59 : « Vous savez interpréter l'aspect de la terre et du ciel ; mais ce moment-ci, pourquoi ne savez-vous pas l'interpréter ? »
Sa 24	*S. Antoine-Marie Claret, évêque de Santiago de Cuba, fondateur des Fils du Cœur Immaculé de Marie, † 1870 à Fontfroide (Aude).* Éphésiens 4, 7-16 ; Ps 121 ; Luc 13, 1-9 : « Si vous ne vous convertissez pas, vous périrez tous de même »

Bonne fête ! 18 : Luc, Aimable, Guénolé (3 mars), Gwenn (Guewen). 19 : René. 20 : Line, Adeline, Aline. 21 : Ursule, Céline. 22 : Élodie, Salomé. 23 : Séverin. 24 : Florentin, Magloire.

Pour mémoire : Aujourd'hui, avant-dernier dimanche d'octobre, journée de la mission universelle.

Saint Jean Paul II (22 octobre). Karol Wojtyla fut étudiant, travailleur manuel et passionné de théâtre, avant d'entrer au séminaire et de devenir prêtre, puis évêque et archevêque de Cracovie en 1964. Il participa activement au concile Vatican II. Élu pape en 1978, il fit de nombreuses visites pastorales aux quatre coins du monde et créa les Journées mondiales de la jeunesse. Défenseur des droits de l'homme, il contribua à la paix dans le monde, à la chute du communisme, au rapprochement avec les Juifs et les autres religions.

30e dimanche

25 OCTOBRE 2020

« Fais-nous aimer ce que tu commandes »

« Fais-nous aimer ce que tu commandes » : c'est ce que nous allons demander dans la *prière d'ouverture*. Or Dieu nous commande d'aimer, précisément. L'aimer lui, plus que tout, et de tout notre cœur, de toute notre âme, de tout notre esprit (*évangile*). Cela pousse le croyant, dès l'Ancien Testament, à faire à Dieu une superbe déclaration d'amour, reprise dans la liturgie chrétienne : « Je t'aime, Seigneur, ma force » (*psaume*). La Bible est tout entière traversée par la relation d'amour entre Dieu et son peuple, même si cette relation passe par des crises et des infidélités humaines.

La primauté de l'amour envers Dieu est reprise par Jésus, en réponse à la question du docteur de la Loi qui voulait le mettre à l'épreuve. En effet, il n'était pas facile d'établir une hiérarchie des valeurs entre les 613 préceptes que les pharisiens avaient trouvés dans la Torah, et dont beaucoup concernaient le culte. Mais Jésus va, sans hésiter, à l'essentiel : l'amour.

L'amour envers Dieu, d'abord. Mais la mystique ne suffit pas. Il faut y joindre la pratique très concrète de la charité à l'égard du prochain. C'est le second commandement, semblable au premier. Déjà en bonne place, lui aussi, dans l'Ancien Testament dont la *première lecture* donne un passage très concret : « Tu n'exploiteras pas l'immigré [...]. Vous n'accablerez pas la veuve et l'orphelin [...]. Tu n'agiras pas envers ton frère comme un usurier. » Ce passage tiré du « Code de l'Alliance » contenu dans le Livre de l'Exode trouve une résonance singulière dans notre actualité, sociale et politique, où les faibles sont souvent victimes d'injustices, voire maltraités. Pour ces domaines aussi, nous demandons au Seigneur : « Fais-nous aimer ce que tu commandes. »

Des chants sont proposés le 29e dimanche, p. 582.

Prière d'ouverture

Dieu éternel et tout-puissant, augmente en nous la foi, l'espérance et la charité ; et pour que nous puissions obtenir ce que tu promets, fais-nous aimer ce que tu commandes. Par Jésus Christ.

1re lecture

« Vous n'accablerez pas la veuve et l'orphelin »

→ Lecture du livre de l'Exode

22, 20-26

A**insi parle le Seigneur** : « Tu n'exploiteras pas l'immigré, tu ne l'opprimeras pas, car vous étiez vous-mêmes des immigrés au pays d'Égypte. Vous n'accablerez pas la veuve et l'orphelin. Si tu les accables et qu'ils crient vers moi, j'écouterai leur cri. Ma colère s'enflammera et je vous ferai périr par l'épée : vos femmes deviendront veuves, et vos fils, orphelins.

Si tu prêtes de l'argent à quelqu'un de mon peuple, à un pauvre parmi tes frères, tu n'agiras pas envers lui comme un usurier : tu ne lui imposeras pas d'intérêts. Si tu prends en gage le manteau de ton prochain, tu le lui rendras avant le coucher du soleil. C'est tout ce qu'il a pour se couvrir ; c'est le manteau dont il s'enveloppe, la seule couverture qu'il ait pour dormir. S'il crie vers moi, je l'écouterai, car moi, je suis compatissant ! »

Psaume 17

R/ Je t'aime, Seigneur, ma force.

Je t'aime, Seigneur, ma force :
Seigneur, mon roc, ma forteresse,
Dieu mon libérateur, le rocher qui m'abrite,
mon bouclier, mon fort, mon arme de victoire !

Louange à Dieu ! Quand je fais appel au Seigneur,
je suis sauvé de tous mes ennemis.
Lui m'a dégagé, mis au large,
il m'a libéré, car il m'aime.

Vive le Seigneur ! Béni soit mon Rocher !
Qu'il triomphe, le Dieu de ma victoire,
Il donne à son roi de grandes victoires,
il se montre fidèle à son messie.

2e lecture

« Vous vous êtes convertis à Dieu en vous détournant des idoles »

→ **Lecture de la première lettre de saint Paul apôtre aux Thessaloniciens** 1, 5c-10

Frères, vous savez comment nous nous sommes comportés chez vous pour votre bien. Et vous-mêmes, en fait, vous nous avez imités, nous et le Seigneur, en accueillant la Parole au milieu de bien des épreuves, avec la joie de l'Esprit Saint. Ainsi vous êtes devenus un modèle pour tous les croyants de Macédoine et de Grèce. Et ce n'est pas seulement en Macédoine et en Grèce qu'à partir de chez vous la parole du Seigneur a retenti, mais la nouvelle de votre foi en Dieu s'est si bien répandue partout que nous n'avons pas besoin d'en parler. En effet, les gens racontent, à notre sujet, l'accueil que nous avons reçu chez vous ; ils disent comment vous vous êtes convertis à Dieu en vous détournant des idoles, afin de servir le Dieu vivant et véritable, et afin d'attendre des cieux son Fils qu'il a ressuscité d'entre les morts, Jésus, qui nous délivre de la colère qui vient.

Alléluia. Alléluia. Si quelqu'un m'aime, il gardera ma parole, dit le Seigneur ; mon Père l'aimera, et nous viendrons vers lui. **Alléluia.**

Évangile

« Le plus grand commandement »

→ Évangile de Jésus Christ selon saint Matthieu 22, 34-40

En ce temps-là, les pharisiens, apprenant que Jésus avait fermé la bouche aux sadducéens, se réunirent, et l'un d'entre eux, un docteur de la Loi, posa une question à Jésus pour le mettre à l'épreuve : « Maître, dans la Loi, quel est le grand commandement ? »

Jésus lui répondit : « *Tu aimeras le Seigneur ton Dieu de tout ton cœur, de toute ton âme et de tout* ton esprit. Voilà le grand, le premier commandement.

Et le second lui est semblable : *Tu aimeras ton prochain comme toi-même.*

De ces deux commandements dépend toute la Loi, ainsi que les Prophètes. »

Pour la prière universelle

– Prions pour les membres de l'Église, ministres et laïcs, afin qu'ils soient toujours animés par un grand amour de Dieu et du Christ, dans le dynamisme de l'Esprit Saint.
– Prions pour les Églises chrétiennes, appelées à collaborer pour le bien moral et matériel de ceux qui sont dans le besoin.
– Prions pour les membres des ONG et de toutes les associations d'entraide, afin qu'ils trouvent soutien et encouragement.
– Prions pour les religieux contemplatifs qui, dans leur engagement, donnent la priorité à l'amour de Dieu, sans négliger la pratique concrète de l'amour du prochain.

Prière sur les offrandes

Regarde les présents déposés devant toi, Seigneur notre Dieu : permets que notre célébration contribue d'abord à ta gloire. Par Jésus.

Prière après la communion

Que tes sacrements, Seigneur, achèvent de produire en nous ce qu'ils signifient, afin que nous entrions un jour en pleine possession du mystère que nous célébrons dans ces rites. Par Jésus.

Unité des deux commandements

« Plus on est uni au prochain, plus on est uni à Dieu. [...] Je vais vous donner une image tirée des Pères. Supposez un cercle tracé sur la terre. [...] Imaginez que ce cercle, c'est le monde ; le centre, Dieu ; et les rayons, les différentes voies ou manières de vivre des hommes. Quand les saints, désirant approcher de Dieu, marchent vers le milieu du cercle, dans la mesure où ils pénètrent à l'intérieur, ils se rapprochent les uns des autres en même temps que de Dieu. Plus ils s'approchent de Dieu, plus ils se rapprochent les uns des autres ; et plus ils se rapprochent les uns des autres, plus ils s'approchent de Dieu. [...] Telle est la nature de la charité. »

Dorothée de Gaza (VIe siècle), *Instructions*, VI, 78 ;
Cerf, Sources chrét. 92, 1963, p. 286-287.

CALENDRIER LITURGIQUE

Di 25	**30e dimanche A.** *Liturgie des Heures : Psautier semaine II.* En Belgique et en France : Di 25 ou dernier dimanche d'octobre, DÉDICACE DES ÉGLISES dont on ignore la date de consécration.
Lu 26	Éphésiens 4, 32–5, 8 ; Ps 1 ; Luc 13, 10-17 : « Cette fille d'Abraham, ne fallait-il pas la délivrer de ce lien le jour du sabbat ? »
Ma 27	Éphésiens 5, 21-33 ; Ps 127 ; Luc 13, 18-21 : « La graine a poussé, elle est devenue un arbre »
Me 28	S. SIMON et S. JUDE, Apôtres. Lectures propres : Éphésiens 2, 19-22 ; Ps 18 A ; Luc 6, 12-19 : « Il en choisit douze auxquels il donna le nom d'Apôtres »
Je 29	Éphésiens 6,10-20 ; Ps 143 ; Luc 13,31-35 : « Il ne convient pas qu'un prophète périsse en dehors de Jérusalem »
Ve 30	Philippiens 1,1-11 ; Ps 110 ; Luc 14,1-6 : « Si l'un de vous a un fils ou un bœuf qui tombe dans un puits, ne va-t-il pas aussitôt l'en retirer, même le jour du sabbat ? »
Sa 31	Philippiens 1,18b-26 ; Ps 41 ; Luc 14,1.7-11 : « Quiconque s'élève sera abaissé ; et qui s'abaisse sera élevé »

Bonne fête ! 25 : Enguerran ou Enguerrand, Doria. 26 : Dimitri. 27 : Émeline. 28 : Thaddée, Teddy, Simon, Simone. 29 : Narcisse. 30 : Bienvenu. 31 : Quentin, Wolfgang.

Saints Simon et Jude (28 octobre). Parmi les douze Apôtres, il y avait deux Simon et deux Jude ou Judas. On fête aujourd'hui les moins connus de chacun d'eux. Non pas le Simon que Jésus appelle Pierre, mais Simon le Zélote, issu du parti juif qui préconisait la violence pour résister à l'occupant romain ; Jésus dut le convertir à la douceur de la propagation de l'Évangile. Quant à Jude, il demanda à Jésus, lors de la dernière Cène : « Seigneur, que se passe-t-il ? Est-ce à nous que tu vas te manifester, et non pas au monde ? » (Jn 14, 22-23).

En Belgique et en France

Dédicace des églises consacrées dont on ne connaît pas la date de consécration
Solennité

25 OCTOBRE 2020
OU DERNIER DIMANCHE D'OCTOBRE

L'église de pierres, maison de Dieu et de son peuple

Le bâtiment dans lequel se réunit la communauté chrétienne pour célébrer l'eucharistie n'est pas un bâtiment quelconque : il est la maison de Dieu et la maison de son peuple. Son architecture exprime cette double réalité. Très souvent, ces édifices sont beaux, ou même sont des chefs-d'œuvre d'art. Pour certaines églises, on connaît la date de la dédicace, c'est-à-dire de l'inauguration solennelle lors d'une célébration présidée par l'évêque. Pour d'autres, on ignore cette date ; c'est pour celles-là qu'en Belgique et en France, on a choisi le 25 octobre pour y célébrer l'anniversaire de la dédicace. Cette célébration est une solennité qui, si elle tombe un dimanche, l'emporte sur celui-ci : c'est le cas cette année. Elle comporte des textes liturgiques propres, qui sont très riches. C'est l'occasion pour les fidèles de mieux prendre conscience de la signification de leur église et de rendre grâce au Seigneur pour ce lieu saint édifié au milieu de leur village ou de leur quartier.

Il y a des lectures propres pour la France, et d'autres pour la Belgique.

Prière d'ouverture

Seigneur Dieu, chaque année, tu fais revivre pour nous le jour où cette église a été consacrée ; écoute les prières de ton peuple : fais que l'on te serve toujours en ce lieu dans la pureté du cœur et que nous obtenions ici la plénitude de la rédemption. Par Jésus Christ.

En France : les lectures suivantes de la dédicace remplacent celles du dimanche.

1re lecture *« Que tes yeux soient ouverts sur cette Maison »*

→ Lecture du premier livre des Rois 8, 22-23.27-30

En ces jours-là, lors de la consécration du Temple, Salomon se plaça devant l'autel du Seigneur, en face de toute l'assemblée d'Israël ; il étendit les mains vers le ciel et fit cette prière : « Seigneur, Dieu d'Israël, il n'y a pas de Dieu comme toi, ni là-haut dans les cieux, ni sur la terre ici-bas ; car tu gardes ton Alliance et ta fidélité envers tes serviteurs, quand ils marchent devant toi de tout leur cœur. Est-ce que, vraiment, Dieu habiterait sur la terre ? Les cieux et les hauteurs des cieux ne peuvent te contenir : encore moins cette Maison que j'ai bâtie ! Sois attentif à la prière et à la supplication de ton serviteur. Écoute, Seigneur mon Dieu, la prière et le cri qu'il lance aujourd'hui vers toi. Que tes yeux soient ouverts nuit et jour sur cette Maison, sur ce lieu dont tu as dit : "C'est ici que sera mon nom." Écoute donc la prière que ton serviteur fera en ce lieu. Écoute la supplication de ton serviteur et de ton peuple Israël, lorsqu'ils prieront en ce lieu. Toi, dans les cieux où tu habites, écoute et pardonne. »

Psaume 83

R/ De quel amour sont aimées tes demeures,
Seigneur de l'univers !

Mon âme s'épuise à désirer
les parvis du Seigneur ;
mon cœur et ma chair sont un cri
vers le Dieu vivant !

L'oiseau lui-même s'est trouvé une maison,
et l'hirondelle, un nid pour abriter sa couvée :
tes autels, Seigneur de l'univers,
mon Roi et mon Dieu !

Heureux les habitants de ta maison :
ils pourront te chanter encore !
Heureux les hommes dont tu es la force :
Ils vont de hauteur en hauteur.

J'ai choisi de me tenir sur le seuil,
dans la maison de mon Dieu,
plutôt que d'habiter
parmi les infidèles.

2e lecture

« Comme pierres vivantes, entrez dans la construction de la demeure spirituelle »

→ **Première lettre de saint Pierre** 2, 4-9 Voir p. 393

Alléluia. Alléluia. Tu es Pierre, et sur cette pierre, je bâtirai mon Église, et la puissance de la Mort ne l'emportera pas sur elle. **Alléluia.**

Évangile « Tu es Pierre, et sur cette pierre je bâtirai mon Église »

→ Évangile de Jésus Christ selon saint Matthieu 16, 13-19 Voir p. 524.

En Belgique : les lectures suivantes de la dédicace remplacent celles du dimanche.

1re lecture « J'ai vu la Jérusalem nouvelle, prête pour les noces, comme une épouse parée pour son mari »

→ Lecture de l'Apocalypse de saint Jean 21, 1-5a

Moi, Jean, j'ai vu un ciel nouveau et une terre nouvelle, car le premier ciel et la première terre s'en étaient allés et, de mer, il n'y en a plus. Et la Ville sainte, la Jérusalem nouvelle, je l'ai vue qui descendait du ciel, d'auprès de Dieu, prête pour les noces, comme une épouse parée pour son mari. Et j'entendis une voix forte qui venait du Trône. Elle disait : « Voici la demeure de Dieu avec les hommes ; il demeurera avec eux, et ils seront ses peuples, et lui-même, Dieu avec eux, sera leur Dieu. *Il essuiera toute larme de* leurs *yeux*, et la mort ne sera plus, et il n'y aura plus ni deuil, ni cri, ni douleur : ce qui était en premier s'en est allé. »

Alors celui qui siégeait sur le Trône déclara : « Voici que je fais toutes choses nouvelles. »

Psaume 83

R/ De quel amour sont aimées tes demeures,
Seigneur de l'univers !

2e lecture

« Vous êtes venus vers la ville du Dieu vivant, la Jérusalem céleste »

→ Lecture de la lettre aux Hébreux He 12, 18-19.22-24

Frères, quand vous êtes venus vers Dieu, vous n'êtes pas venus vers une réalité palpable, embrasée par le feu, comme la montagne du Sinaï : pas d'obscurité, de ténèbres ni d'ouragan, pas de son de trompettes ni de paroles prononcées par cette voix que les fils d'Israël demandèrent à ne plus entendre. Mais vous êtes venus vers la montagne de Sion et vers la ville du Dieu vivant, la Jérusalem céleste, vers des myriades d'anges en fête et vers l'assemblée des premiers-nés dont les noms sont inscrits dans les cieux. Vous êtes venus vers Dieu, le juge de tous, et vers les esprits des justes amenés à la perfection. Vous êtes venus vers Jésus, le médiateur d'une alliance nouvelle, et vers le sang de l'aspersion, son sang qui parle plus fort que celui d'Abel.

Alléluia. Alléluia. Voici la demeure de Dieu avec les hommes : ils seront ses peuples, et lui-même, Dieu avec eux, sera leur Dieu. **Alléluia.**

Évangile

Jésus parle dans le Temple à la fête de la Dédicace

→ Évangile de Jésus Christ selon saint Jean 10, 22-30

En ce temps-là, on célébrait la fête de la dédicace du Temple à Jérusalem. C'était l'hiver. Jésus allait et venait dans le Temple, sous la colonnade de Salomon. Les Juifs firent cercle autour de lui ; ils lui disaient : « Combien de temps vas-tu nous tenir en haleine ? Si c'est toi le Christ, dis-le nous ouvertement ! » Jésus leur répondit : « Je vous l'ai dit, et vous ne croyez pas. Les œuvres que je fais, moi, au nom de mon Père, voilà ce qui me rend témoignage. Mais vous, vous ne croyez pas, parce que vous n'êtes pas de mes brebis. Mes brebis écoutent ma voix ; moi, je les connais, et elles me suivent. Je leur donne la vie éternelle : jamais elles ne périront, et personne ne les arrachera de ma main. Mon Père, qui me les a données, est plus grand que tout, et personne ne peut les arracher de la main du Père. Le Père et moi, nous sommes UN. »

Prière sur les offrandes

Alors que nous rappelons devant toi, Seigneur, le jour où tu as rempli ta maison de gloire et de sainteté, nous te prions de nous transformer nous-mêmes en offrandes qui te soient toujours agréables. Par Jésus.

Prière après la communion

Accorde au peuple qui t'est consacré, Seigneur, de recueillir les fruits et la joie de ta bénédiction, afin qu'ayant pris part à la liturgie de cette fête, il sache en vivre spirituellement. Par Jésus.

Tous les saints

1er NOVEMBRE 2020

Foule immense

« Nous fêtons aujourd'hui la cité du ciel, notre mère la Jérusalem d'en haut ; c'est là que nos frères les saints, déjà rassemblés, chantent sans fin ta louange » (*préface*). C'est ainsi que la liturgie elle-même présente la Toussaint. Elle contemple, avec le regard ébloui du Voyant de l'Apocalypse, la « foule immense, que nul ne pouvait dénombrer, une foule de toutes nations, tribus, peuples et langues. Ils se tenaient debout devant le Trône et devant l'Agneau, vêtus de robes blanches, avec des palmes à la main », symboles de victoire (*première lecture*). Là se trouvent les saints de partout et de toujours, connus et inconnus, en nombre innombrable, car le symbole ici transcende l'arithmétique.

Mais cette image a ses limites. L'assemblée des saints n'est pas une foule de courtisans face à un monarque absolu. La relation qu'ils ont avec Dieu, représenté par le Trône, et avec le Christ, l'Agneau ayant versé son sang, est d'un tout autre ordre : c'est un amour réciproque entre Dieu, dont le Fils les a aimés jusqu'au bout, et cette multitude d'êtres humains qui ont aimé Dieu et son Fils, eux aussi jusqu'au bout. Il y a « le grand amour que nous a donné le Père » (*deuxième lecture*), et l'amour d'enfants que ceux-là lui ont rendu. Même si tous n'ont pas versé leur sang, tous n'en ont pas moins offert leur vie sans réserve. Tous portent la robe blanche, immaculée, des baptisés.

Quant à nous, qui ne faisons pas encore partie de cette assemblée, « nous marchons vers elle par le chemin de la foi, nous hâtons le pas, joyeux de savoir dans la lumière ces enfants de notre Église que tu nous donnes en exemple » (*préface*). Leur exemple, nous le trouvons dans l'évangile des Béatitudes, l'évangile des heureux, heureux d'un bonheur chèrement acquis dans la pauvreté, les pleurs, la persécution même, mais aussi dans la douceur, la miséricorde, la pureté et la paix (*évangile*).

CHANTER

- Pour la procession d'ouverture, ***Aujourd'hui est jour de fête* W 47-38-1 CNA 644, *Dieu, nous te louons* W 1 CNA 646, *Priez, priez le Seigneur* W 13-23 CNA 641, *Les saints et les saintes de Dieu* EDIT 15-98, *Bienheureux, le peuple des élus* W 13-22.**
- Après la Parole, ***Les Béatitudes* X 748 ou X 795, *Heureux les pauvres* WP 106 CNA 650 ou WP 35-07-1, *Heureux, bienheureux* U 589, *Autour du trône de l'Agneau* WP 587 CNA 645.**
- Pendant la procession de communion, ***Nous formons un même corps* D 105 CNA 750, *Esprit d'amour, Esprit d'unité* D 47-42, *Tu fais ta demeure* D 56-49.**
- Après la communion, une des nombreuses versions des Béatitudes, ***La sainteté est ton chemin* W 64-58, *Heureux ceux qui ont tout donné* W 32-24.**

Prière

Dieu éternel et tout-puissant, tu nous donnes de célébrer dans une même fête la sainteté de tous les élus ; puisqu'une telle multitude intercède pour nous, réponds à nos désirs, accorde-nous largement tes grâces. Par Jésus Christ.

1re lecture *« Une foule immense que nul ne pouvait dénombrer »*

→ Lecture de l'Apocalypse de saint Jean 7, 2-4.9-14

Moi, Jean, j'ai vu un ange qui montait du côté où le soleil se lève, avec le sceau qui imprime la marque du Dieu vivant ; d'une voix forte, il cria aux quatre anges qui avaient reçu le pouvoir de faire du mal à la terre et à la mer : « Ne faites pas de mal à la terre, ni à la mer, ni aux arbres, avant que nous ayons marqué du sceau le front des serviteurs de notre Dieu. » Et j'entendis le nombre de ceux qui étaient marqués du sceau : ils étaient cent quarante-quatre mille, de toutes les tribus des fils d'Israël.

Après cela, j'ai vu : et voici une foule immense, que nul ne pouvait dénombrer, une foule de toutes nations, tribus, peuples et langues. Ils se tenaient debout devant le Trône et devant l'Agneau, vêtus de robes blanches, avec des palmes à la main. Et ils s'écriaient d'une voix forte : « Le salut appartient à notre Dieu qui siège sur le Trône et à l'Agneau ! » Tous les anges se tenaient debout autour du Trône, autour des Anciens et des quatre Vivants ; se jetant devant le Trône, face contre terre, ils se prosternèrent devant Dieu. Et ils disaient : « Amen ! Louange, gloire, sagesse et action de grâce, honneur, puissance et force à notre Dieu, pour les siècles des siècles ! Amen ! » L'un des Anciens prit alors la parole et me dit : « Ces gens vêtus de robes blanches, qui sont-ils, et d'où viennent-ils ? » Je lui répondis : « Mon seigneur, toi, tu le sais. » Il me dit : « Ceux-là viennent de la grande épreuve ; ils ont lavé leurs robes, ils les ont blanchies par le sang de l'Agneau. »

Psaume 23

R/ **Voici le peuple de ceux qui cherchent ta face, Seigneur.**

Au Seigneur, le monde et sa richesse,
la terre et tous ses habitants !
C'est lui qui l'a fondée sur les mers
et la garde inébranlable sur les flots.

Qui peut gravir la montagne du Seigneur
et se tenir dans le lieu saint ?
L'homme au cœur pur, aux mains innocentes,
qui ne livre pas son âme aux idoles.

Il obtient, du Seigneur, la bénédiction,
et de Dieu son Sauveur, la justice.
Voici le peuple de ceux qui le cherchent !
Voici Jacob qui recherche ta face !

2e lecture

« Nous verrons Dieu tel qu'il est »

→ Lecture de la première lettre de saint Jean 3, 1-3

Bien-aimés, voyez quel grand amour nous a donné le Père pour que nous soyons appelés enfants de Dieu – et nous le sommes. Voici pourquoi le monde ne nous connaît pas : c'est qu'il n'a pas connu Dieu. Bien-aimés, dès maintenant, nous sommes enfants de Dieu, mais ce que nous serons n'a pas encore été manifesté. Nous le savons : quand cela sera manifesté, nous lui serons semblables car nous le verrons tel qu'il est. Et quiconque met en lui une telle espérance se rend pur comme lui-même est pur.

Alléluia. Alléluia. Venez à moi, vous tous qui peinez sous le poids du fardeau, dit le Seigneur, et moi, je vous procurerai le repos. **Alléluia.**

Évangile

Les Béatitudes

→ Évangile de Jésus Christ selon saint Matthieu 5, 1-12a

En ce temps-là, voyant les foules, Jésus gravit la montagne. Il s'assit, et ses disciples s'approchèrent de lui. Alors, ouvrant la bouche, il les enseignait. Il disait :

« Heureux les pauvres de cœur, car le royaume des Cieux est à eux.

Heureux ceux qui pleurent, car ils seront consolés.

Heureux les doux, car ils recevront la terre en héritage.

Heureux ceux qui ont faim et soif de la justice, car ils seront rassasiés.

Heureux les miséricordieux, car ils obtiendront miséricorde.

Heureux les cœurs purs, car ils verront Dieu.

Heureux les artisans de paix, car ils seront appelés fils de Dieu.

Heureux ceux qui sont persécutés pour la justice, car le royaume des Cieux est à eux.

Heureux êtes-vous si l'on vous insulte, si l'on vous persécute et si l'on dit faussement toute sorte de mal contre vous, à cause de moi. Réjouissez-vous, soyez dans l'allégresse, car votre récompense est grande dans les cieux ! »

Pour la prière universelle

– Prions pour l'Église qui transmet l'appel universel à la sainteté, afin qu'elle soit pure en ses ministres et en tous ses membres.
– Prions pour les religieux et religieuses qui ont reçu l'appel à marcher plus résolument vers la sainteté, afin qu'ils ne ralentissent pas leur cheminement.
– Prions pour que l'idéal chrétien de la sainteté soit toujours présenté et pratiqué avec joie et simplicité.
– Prions pour ceux qui se croient saints avant de l'être, afin qu'ils le deviennent en vérité *(Règle de saint Benoît)*.

Prière sur les offrandes

Daigne accepter, Seigneur, l'offrande que nous te présentons en l'honneur de tous les saints ; nous croyons qu'ils vivent désormais près de toi : accorde-nous de sentir aussi qu'ils interviennent pour notre salut. Par Jésus.

Préface

Vraiment, il est juste et bon de te rendre gloire, de t'offrir notre action de grâce, toujours et en tout lieu, à toi, Père très saint, Dieu éternel et tout-puissant.
Car nous fêtons aujourd'hui la cité du ciel, notre mère la Jérusalem d'en haut ; c'est là que nos frères les saints, déjà rassemblés, chantent sans fin ta louange. Et nous qui marchons vers elle par le chemin de la foi, nous hâtons le

pas, joyeux de savoir dans la lumière ces enfants de notre Église que tu nous donnes en exemple.
C'est pourquoi, avec cette foule immense que nul ne peut dénombrer, avec tous les anges du ciel, nous voulons te bénir en chantant (disant) : **Saint !...**

Dans les prières eucharistiques, il y a des textes propres à la fête de Toussaint.

Prière après la communion

Dieu qui seul es saint, toi que nous admirons et adorons en célébrant la fête de tous les saints, nous implorons ta grâce : quand tu nous auras sanctifiés dans la plénitude de ton amour, fais-nous passer de cette table, où tu nous as reçus en pèlerins, au banquet préparé dans ta maison. Par Jésus.

« Le seul chemin de la sainteté »

« Au milieu de cette génération, tu dois apparaître comme le pauvre de Dieu qui vit à plein l'esprit des Béatitudes. C'est le seul chemin de la sainteté, et c'est à la lumière de cet esprit qu'on jugera de l'excellence de ta vie chrétienne, et aussi de ton rayonnement apostolique. Tu évangélises dans la mesure où la lumière des Béatitudes illumine ton visage. Pour vivre ainsi, il te faudra aller à l'encontre de la mentalité ambiante, accepter d'être pauvre, humble et pur. [...]. Les Béatitudes visent à former en toi un cœur de pauvre, ouvert, disponible, oublieux de soi et capable de don. La pauvreté est un fruit qui naît de l'arbre de l'amour. Commence à aimer tes frères jusqu'à les sentir tes égaux : alors cet amour te conduira très loin. Comme il a conduit Jésus à se dépouiller de ses richesses pour t'enrichir de sa vie, tu deviendras pauvre et humble et tu essaieras de faire à tes frères non seulement le don de tes biens, mais surtout le don de ta personne. »

Jean Lafrance, *Prie ton Père dans le secret*,
Abbaye Ste Scholastique, Dourgne, 1975, p. 92-95.

CALENDRIER LITURGIQUE

Di 1er	**TOUS LES SAINTS.** *Liturgie des Heures : Psautier semaine III.*
Lu 2	COMMÉMORATION DE TOUS LES FIDÈLES DÉFUNTS, p. 608.
Ma 3	Mardi de la 31e semaine. *S. Martin de Porrès, frère dominicain, 1639 à Lima.* *En Belgique et au Luxembourg, S. Hubert, évêque de Tongres-Maastricht, puis de Liège, † 30 mai 727.* Philippiens 2, 5-11 ; Ps 21 ; Luc 14, 15-24 : « Va sur les routes et dans les sentiers, et fais entrer les gens de force, afin que ma maison soit remplie »
Me 4	S. Charles Borromée, évêque de Milan et cardinal, † 1584. Philippiens 2, 12-18 ; Ps 26 ; Luc 14, 25-33 : « Celui qui ne renonce pas à tout ce qui lui appartient ne peut pas être mon disciple »
Je 5	Philippiens 3, 3-8a ; Ps 104 ; Luc 15, 1-10 : « Il y aura de la joie dans le ciel pour un seul pécheur qui se convertit »
Ve 6	Philippiens 3,17–4,1 ; Ps 121 ; Luc 16,1-8 : « Les fils de ce monde sont plus habiles entre eux que les fils de la lumière »
Sa 7	Au Luxembourg, S. Willibrord, évêque d'Utrecht, fondateur de l'abbaye d'Echternach, patron secondaire du Luxembourg, † 739. Philippiens 4, 10-19 ; Ps 111 ; Luc 16, 9-15 : « Si vous n'avez pas été dignes de confiance pour l'argent malhonnête, qui vous confiera le bien véritable ? »

Bonne fête ! 1er : Mathurin. 2 : Tobie. 3 : Hubert, Gwenaël. 4 : Amance, Émeric, Charles, Carl, Charlie, Jessé, Jessy. 5 : Sylvie, Zacharie. 6 : Bertille, Léonard, Winnoc. 7 : Carine, Ernest, Willibrord.

Saint Charles Borromée (4 novembre). Grâce à son action, le concile œcuménique de Trente fut mené à son terme en 1563. Il s'employa dès lors à mettre en pratique les décisions conciliaires par la formation des prêtres et une action pastorale inlassable à travers son diocèse, y compris auprès des pauvres et des pestiférés. Épuisé, il mourut à 46 ans, en laissant un exemple de sainteté qui inspira par la suite beaucoup d'évêques.

Commémoration de tous les fidèles défunts

2 NOVEMBRE 2020

Prier pour les défunts

Saint Odilon, abbé bénédictin de Cluny, était un homme de miséricorde, à tel point que celle-ci s'étendait même aux défunts. Il se préoccupait de tous les défunts dont la sainteté n'était pas avérée et qui, ne participant pas encore à la vie bienheureuse du ciel, avaient besoin de la prière de l'Église ici-bas. En 998, il instaura pour eux dans les monastères clunisiens une journée de prière fixée au 2 novembre, à la suite de la fête de tous les saints. Cet usage particulier se répandit lentement dans toute l'Église, qui n'avait d'ailleurs pas attendu l'instauration de cette célébration pour prier pour les morts dès l'Antiquité.

On trouve déjà une attestation de la prière pour les morts dans le deuxième livre des Martyrs d'Israël (*première lecture*). Il s'agissait de soldats juifs morts au combat, sur lesquels on avait trouvé des idoles, et que la prière et les sacrifices devaient purifier. Ce texte était lu autrefois à chaque enterrement. Il est intéressant de constater que, déjà, ce texte de l'Ancien Testament fonde la prière pour les morts sur la foi en leur résurrection. Or jusque-là, on croyait que les défunts descendaient au séjour des morts où ceux-ci étaient censés mener une vie infrahumaine.

Depuis la résurrection du Christ, la résurrection des morts n'est plus un retour à la vie biologique présente mais un passage dans la vie radicalement nouvelle, la vie éternelle (*évangile*), dans la communion d'amour avec Dieu et le Christ qui ne veut perdre aucun de ceux que le Père lui a donnés.

CHANTER

▸ Au début de la célébration, ***Souviens-toi de Jésus Christ*** **IX 45 CNA 588,** ***En toi, Seigneur, mon espérance*** **GP 45-35 CNA 417 ou 418,** ***Celui qui aime a déjà franchi la mort*** **S 89 CNA 733.**

▸ Après la Parole, ***La mort ne peut me garder*** **SP 21 CNA 742.**

▸ Pour la procession de communion, ***Tu nous guideras*** **J 15 CNA 596,** ***Pain véritable*** **D 103 CNA 340.**

▸ Pour l'action de grâce, ***Le Seigneur est ma lumière*** **ZL 74-14 CNA 596,** ***Depuis l'aube où sur la terre*** **IP 29 CNA 489,** ***Jésus qui es aux cieux*** **J 10 CNA 737.**

▸ On pourra prendre à plusieurs reprises le refrain : ***Donne-leur le repos éternel, Seigneur. Fais briller sur eux la lumière sans fin.*** **CNA 734.**

Prière d'ouverture

Écoute nos prières avec bonté, Seigneur : fais grandir notre foi en ton Fils qui est ressuscité des morts, pour que soit plus vive aussi notre espérance en la résurrection de tous nos frères défunts. Par Jésus Christ.

Nous proposons quelques lectures tirées du Lectionnaire des funérailles. Pour d'autres lectures, se reporter à ce dernier ou au tome III du Lectionnaire de la messe.

1re lecture

« Un fort beau geste inspiré par la pensée de la résurrection »

→ **Lecture du deuxième livre des Martyrs d'Israël** 2 M 12, 43-46

En ces jours-là, Judas, chef d'Israël, organisa une collecte auprès de chacun et envoya deux mille pièces d'argent à Jérusalem afin d'offrir un sacrifice pour le péché. C'était un fort beau geste, plein de délicatesse, inspiré par la pensée de la résurrection. Car, s'il n'avait pas espéré que ceux qui avaient succombé ressusciteraient, la prière pour les morts était superflue et absurde. Mais il jugeait qu'une très belle récompense est réservée à ceux qui meurent avec piété : c'était là une pensée religieuse et sainte. Voilà pourquoi il fit ce sacrifice d'expiation, afin que les morts soient délivrés de leurs péchés.

Psaume 114

**R/ Je marcherai en présence du Seigneur
sur la terre des vivants.**

Le Seigneur est justice et pitié,
notre Dieu est tendresse.
Le Seigneur défend les petits :
j'étais faible, il m'a sauvé.

Je crois, et je parlerai,
moi qui ai beaucoup souffert,
moi qui ai dit dans mon trouble :
« L'homme n'est que mensonge. »

Il en coûte au Seigneur
de voir mourir les siens !
Ne suis-je pas, Seigneur, ton serviteur,
moi, dont tu brisas les chaînes ?

2e lecture

La création est en train d'enfanter

→ **Lecture de la lettre de saint Paul apôtre aux Romains** 8, 18-23

Frères, j'estime qu'il n'y a pas de commune mesure entre les souffrances du temps présent et la gloire qui va être révélée pour nous. En effet la création attend avec impatience la révélation des fils de Dieu. Car la création a été soumise au pouvoir du néant, non pas de son plein gré, mais à cause de celui qui l'a livrée à ce pouvoir. Pourtant, elle a gardé l'espérance d'être, elle aussi, libérée de l'esclavage de la dégradation, pour connaître la liberté de la gloire donnée aux enfants de Dieu. Nous le savons bien, la création tout entière gémit, elle passe par les douleurs d'un enfantement qui dure encore. Et elle n'est pas seule. Nous aussi, en nous-mêmes, nous gémissons ; nous avons commencé à recevoir l'Esprit Saint, mais nous attendons notre adoption et la rédemption de notre corps.

Alléluia. Alléluia. Dieu a tellement aimé le monde qu'il a donné son Fils unique, afin que ceux qui croient en lui aient la vie éternelle. **Alléluia.**

Évangile

« Celui qui croit au Fils a la vie éternelle »

→ Évangile de Jésus Christ selon saint Jean Jn 6, 37-40

En ce temps-là, Jésus disait aux foules : « Tout ceux que me donne le Père viendront jusqu'à moi ; et celui qui vient à moi, je ne vais pas le jeter dehors. Car je suis descendu du ciel pour faire non pas ma volonté, mais la volonté de Celui qui m'a envoyé. Or, telle est la volonté de Celui qui m'a envoyé : que je ne perde aucun de ceux qu'il m'a donnés, mais que je les ressuscite au dernier jour. Telle est la volonté de mon Père : que celui qui voit le Fils et croit en lui ait la vie éternelle ; et moi, je le ressusciterai au dernier jour. »

Pour la prière universelle

– Prions pour les familles endeuillées.
– Prions pour ceux à qui la mort apparaît comme la fin de tout.
– Prions pour les personnes chargées, dans les paroisses, de l'accompagnement des familles en deuil.
– Prions pour les soignants et ceux qui accompagnent les personnes en fin de vie.
– Prions pour l'Église chargée d'annoncer au monde son espérance en la vie éternelle.

Prière sur les offrandes

Sois favorable à nos offrandes, Seigneur : que tous les fidèles défunts soient admis dans le Royaume avec ton Fils qui nous unit les uns aux autres par le mystère de son amour. Lui qui règne.

Préface

Vraiment, il est juste et bon de te rendre gloire, de t'offrir notre action de grâce, toujours et en tout lieu, à toi, Père très saint, Dieu éternel et tout-puissant.
Tu nous donnes de naître, tu diriges notre existence, et tu veux que dès cette vie, nous qui sommes tirés de la terre, nous soyons libérés de la puissance du mal.
Oui, nous sommes sauvés par la mort de ton Fils ; et nous attendons qu'un signe de toi nous éveille à la vraie vie, dans la gloire de la résurrection.
C'est pourquoi, avec tous les anges et tous les saints, nous proclamons ta puissance en (disant) chantant : **Saint !...**

Prière après la communion

Ouvre, Seigneur, à nos frères défunts ta maison de lumière et de paix, car c'est pour eux que nous avons célébré le sacrement de la Pâque. Par Jésus.

32e dimanche

8 NOVEMBRE 2020

Se préparer à la rencontre

Dimanche dernier, la solennité de la Toussaint nous faisait contempler les saints du ciel. La célébration du 2 novembre nous a ensuite fait prier pour tous les défunts. En ce dimanche, les lectures bibliques projettent quelques clartés sur la mort physique et sur la mystérieuse vie nouvelle qui, grâce à la mort et à la résurrection du Christ, est offerte à l'humanité.

Le texte le plus ancien du christianisme, la première lettre de Paul aux Thessaloniciens, déclare : « Nous ne voulons pas vous laisser dans l'ignorance au sujet de ceux qui se sont endormis dans la mort ; il ne faut pas que vous soyez abattus comme les autres, qui n'ont pas d'espérance. Jésus, nous le croyons, est mort et ressuscité ; de même, nous le croyons aussi, ceux qui se sont endormis, Dieu, par Jésus, les emmènera avec lui » (*deuxième lecture*). Les premiers chrétiens pensaient que le retour du Christ était imminent. Les interlocuteurs de Paul s'inquiétaient du sort des chrétiens déjà morts, qui auraient manqué la venue du Christ. Paul les rassure : Dieu les ressuscitera. Alors, tous, les fidèles déjà morts et ceux qui sont encore en vie, rencontreront le Seigneur.

Comme la venue ultime du Seigneur n'a pas encore eu lieu, on peut penser que cette espérance s'applique à tous les fidèles défunts et, même, plus largement, à tous les hommes qui, en quelque manière, ont cherché la sagesse. Selon le dernier livre de l'Ancien Testament, déjà, la Sagesse personnifiée se laisse trouver par ceux qui la cherchent et vient à leur rencontre dans chacune de leurs pensées (*première lecture*) avec un visage souriant.

Dans la parabole des jeunes filles invitées à des noces (*évangile*) retentit le cri : « Voici l'époux ! Sortez à sa rencontre. » Cet époux ne peut être que Jésus lui-même qui accueille dans le royaume des Cieux, c'est-à-dire de Dieu. L'accent est mis ici sur la nécessité de la vigilance. La dureté apparente de l'époux qui rejette les négligentes ne doit pas nous effrayer mais nous stimuler. La parabole veut exhorter tous les humains à se préparer à cette rencontre durant leur vie sur cette terre. Ils sont invités à tenir leurs lampes allumées, à désirer vivement rencontrer l'époux. Ce désir se concrétise par la pratique de ses commandements dont le premier est celui de l'amour.

CHANTER

- Pour la procession d'ouverture, ***Veillons jusqu'au jour*** **X 516,** ***Le temps du Seigneur*** **M 538,** ***Dieu est l'œuvre en cet âge*** **EP 50 CNA 541** (strophes 1, 3 et 4), ***Peuple de Dieu, marche joyeux*** **K 180 CNA 574** (couplets 10 et 15).
- Après la Parole, ***C'est toi ma lampe, Seigneur,*** Taizé, ***Comme un ami*** **M 534** ou **EDIT 429.**
- Pour la procession de communion, ***La Sagesse a dressé une table*** **D 580 CNA 332,** ***Nous qui mangeons le pain*** **D 215,** ***Les pauvres mangeront*** **YD 92 CNA 333,** ***Corps livré, sang versé*** **D 54-18.**
- Pour l'action de grâce, ***Tu es la vraie lumière*** **D 86 CNA 595,** ***Tenons en éveil*** **Y 243-1 CNA 591.**

Prière d'ouverture

Dieu qui es bon et tout-puissant, éloigne de nous tout ce qui nous arrête, afin que sans aucune entrave, ni d'esprit ni de corps, nous soyons libres pour accomplir ta volonté. Par Jésus Christ.

1re lecture *« La Sagesse se laisse trouver par ceux qui la cherchent »*

→ Lecture du livre de la Sagesse 6, 12-16

La Sagesse est resplendissante, elle ne se flétrit pas. Elle se laisse aisément contempler par ceux qui l'aiment, elle se laisse trouver par ceux qui la cherchent. Elle devance leurs désirs en se faisant connaître la première. Celui qui la cherche dès l'aurore ne se fatiguera pas : il la trouvera assise à sa porte.

Penser à elle est la perfection du discernement, et celui qui veille à cause d'elle sera bientôt délivré du souci. Elle va et vient à la recherche de ceux qui sont dignes d'elle ; au détour des sentiers, elle leur apparaît avec un visage souriant ; dans chacune de leurs pensées, elle vient à leur rencontre.

Psaume 62

R/ Mon âme a soif de toi, Seigneur, mon Dieu !

Dieu, tu es mon Dieu, je te cherche dès l'aube :
mon âme a soif de toi ;
après toi languit ma chair,
terre aride, altérée, sans eau.

Je t'ai contemplé au sanctuaire,
j'ai vu ta force et ta gloire.
Ton amour vaut mieux que la vie :
tu seras la louange de mes lèvres !

Toute ma vie je vais te bénir,
lever les mains en invoquant ton nom.
Comme par un festin je serai rassasié ;
la joie sur les lèvres, je dirai ta louange.

Dans la nuit, je me souviens de toi
et je reste des heures à te parler.
Oui, tu es venu à mon secours :
je crie de joie à l'ombre de tes ailes.

2e lecture

« Nous serons pour toujours avec le Seigneur »

→ **Lecture de la première lettre de saint Paul apôtre aux Thessaloniciens** 4, 13-18

La lecture du texte entre crochets est facultative.

Frères, nous ne voulons pas vous laisser dans l'ignorance au sujet de ceux qui se sont endormis dans la mort ; il ne faut pas que vous soyez abattus comme les autres, qui n'ont pas d'espérance. Jésus, nous le croyons, est mort et ressuscité ; de même, nous le croyons aussi, ceux qui se sont endormis, Dieu, par Jésus, les emmènera avec lui.

[Car, sur la parole du Seigneur, nous vous déclarons ceci : nous les vivants, nous qui sommes encore là pour la venue du Seigneur, nous ne devancerons pas ceux qui se sont endormis. Au signal donné par la voix de l'archange, et par la trompette divine, le Seigneur lui-même descendra du ciel, et ceux qui sont morts dans le Christ ressusciteront d'abord. Ensuite, nous les vivants, nous qui sommes encore là, nous serons emportés sur les nuées du ciel, en même temps qu'eux, à la rencontre du Seigneur. Ainsi, nous serons pour toujours avec le Seigneur. Réconfortez-vous donc les uns les autres avec ce que je viens de dire.]

Alléluia. Alléluia. Veillez, tenez-vous prêts : c'est à l'heure où vous n'y pensez pas que le Fils de l'homme viendra. **Alléluia.**

Évangile

« Voici l'époux, sortez à sa rencontre »

→ Évangile de Jésus Christ selon saint Matthieu 25, 1-13

En ce temps-là, Jésus disait à ses disciples cette parabole : « Le royaume des Cieux sera comparable à dix jeunes filles invitées à des noces, qui prirent leur lampe pour sortir à la rencontre de l'époux. Cinq d'entre elles étaient insouciantes, et cinq étaient prévoyantes : les insouciantes avaient pris leur lampe sans emporter d'huile, tandis que les prévoyantes avaient pris, avec leurs lampes, des flacons d'huile. Comme l'époux tardait, elles s'assoupirent toutes et s'endormirent. Au milieu de la nuit, il y eut un cri : "Voici l'époux ! Sortez à sa rencontre." Alors toutes ces jeunes filles se réveillèrent et se mirent à préparer leur lampe. Les insouciantes demandèrent aux prévoyantes : "Donnez-nous de votre huile, car nos lampes s'éteignent." Les prévoyantes leur répondirent : "Jamais cela ne suffira pour nous et pour vous, allez plutôt chez les marchands vous en acheter."

Pendant qu'elles allaient en acheter, l'époux arriva. Celles qui étaient prêtes entrèrent avec lui dans la salle des noces, et la porte fut fermée.

Plus tard, les autres jeunes filles arrivèrent à leur tour et dirent : "Seigneur, Seigneur, ouvre-nous !" Il leur répondit : "Amen, je vous le dis : je ne vous connais pas."

Veillez donc, car vous ne savez ni le jour ni l'heure. »

Pour la prière universelle

– Prions pour les ministres de l'Évangile, afin qu'ils restent vigilants au service de la communauté chrétienne et de tous ceux qui font appel à eux.
– Prions pour les moniales et les moines dont la vie contemplative est une attente assidue de Jésus, l'Époux qui vient à leur rencontre, afin qu'ils gardent vive la flamme de leur lampe.
– Prions pour les hommes qui ont perdu l'espérance et redoutent la mort, afin que, surmontant leur obscurité, ils découvrent la lumière du visage du Christ.
– Prions pour les victimes des guerres mondiales et des guerres actuelles.
– Prions pour que chacun de nous se prépare avec foi et confiance à la rencontre définitive avec Celui qui a vaincu la mort.

Prière sur les offrandes

Sur les offrandes que nous présentons, Seigneur, jette un regard de pardon et de paix : qu'en célébrant la passion de ton Fils, nous entrions de tout cœur dans son mystère. Lui qui règne.

Prière après la communion

Fortifiés par cette nourriture sainte, nous t'adressons, Seigneur, nos actions de grâce et nous implorons ta miséricorde : que l'Esprit Saint fasse persévérer dans la droiture ceux qui ont reçu la force d'en haut. Par Jésus.

Attendre

« La condition de l'homme dans sa relation avec Dieu, c'est avant tout la condition de quelqu'un qui n'a pas, qui ne voit pas, qui ne sait pas et ne comprend pas. Une religion où l'on oublie cela, quelque contemplative qu'elle soit, quelque active ou raisonnable qu'elle soit, remplace Dieu par la création d'une image de Dieu. [...]

Je pense, par exemple, au théologien qui n'attend pas Dieu puisqu'il le possède, enfermé dans une doctrine.

Je pense à l'homme d'Église qui n'attend pas Dieu parce qu'il le possède, enfermé dans une institution.

Je pense au croyant qui n'attend pas Dieu parce qu'il le possède, enfermé dans sa propre expérience. [...]

Mais, bien qu'attendre soit n'avoir pas, c'est aussi avoir.

Le fait que nous attendions quelque chose montre que de quelque manière nous la possédons déjà. L'attente anticipe ce qui n'est pas encore réel. Si nous attendons dans l'espérance et dans la patience, le pouvoir de ce que nous attendons agit en nous. »

Paul Tillich, *Les fondations sont ébranlées*, R. Morel, 1967, p. 206, cité dans *Lectures pour chaque jour de l'année*, Éd. du Cerf, etc., 1974, p. 953-954.

CALENDRIER LITURGIQUE

Di 8	**32e dimanche A.** *Liturgie des Heures : Psautier semaine IV.*
Lu 9	DÉDICACE DE LA BASILIQUE DU LATRAN, cathédrale de Rome. Lectures propres : Ézékiel 47, 1-2.8-9.12 ou : 1 Corinthiens 3, 9c-11.16-17 ; Ps 45 ; Jean 2, 13-22 : « Il parlait du sanctuaire de son corps »
Ma 10	S. Léon le Grand, pape, docteur de l'Église, † 461, à Rome. Tite 2, 1-8.11-14 ; Ps 36 ; Luc 17, 7-10 : « Nous sommes de simples serviteurs : nous n'avons fait que notre devoir »
Me 11	S. Martin, évêque de Tours, † 397. Tite 3, 1-7 ; Ps 22 ; Luc 17, 11-19 : « Il ne s'est trouvé parmi eux que cet étranger pour revenir sur ses pas et rendre gloire à Dieu ! »
Je 12	S. Josaphat, évêque de Polock (Lituanie), martyr, † 1623 à Vitebsk (Biélorussie). Philémon 7-20 ; Ps 145 ; Luc 17, 20-25 : « Le règne de Dieu est au milieu de vous »
Ve 13	2e lettre de Jean 1a. 4-9 ; Ps 118 ; Luc 17, 26-37 : « Le jour où le Fils de l'homme se révélera »
Sa 14	3e lettre de Jean 5-8 ; Ps 111 ; Luc 18, 1-8 : « Dieu ne ferait pas justice à ses élus, qui crient vers lui jour et nuit ? »

Bonne fête ! 8 : Godefroy. 9 : Théodore, Théodora, Dora, Dorine. 10 : Léon, Lionel, Noé. 11 : Martin, Véran. 12 : Christian, Émilien. 13 : Brice, Diégo. 14 : Sidoine, Sidonie.

Saint Martin de Tours (11 novembre). Il est célèbre pour avoir donné à un pauvre, aux portes d'Amiens, la moitié de son manteau militaire. Car ce futur moine et évêque fut d'abord à 16 ans un soldat romain. Né vers 317 en Pannonie (Hongrie), il fut baptisé à 22 ans et quitta l'armée pour se mettre à l'école de saint Hilaire de Poitiers, puis fonda Ligugé. Devenu évêque de Tours, il entreprit, avec l'aide des moines, l'évangélisation des campagnes encore restées païennes.

33e dimanche

15 NOVEMBRE 2020

Augmente en nous la charité

Dans les deux dernières semaines de l'année liturgique sera évoquée la fin du monde. Il y a une double manière de se représenter le terme de l'histoire : comme une catastrophe ou comme une rencontre. Dans la Bible, il y a une tradition de la visite de Dieu qui vient punir les coupables, et le langage apocalyptique privilégie cette approche. Ce langage et ses images redoutables marquent de nombreux passages prophétiques, mais aussi les discours dits « eschatologiques » dans l'évangile, et le livre de l'Apocalypse. On le trouve également dans la première lettre aux Thessaloniciens : « Tout à coup, la catastrophe s'abattra sur les gens » (*deuxième lecture*). C'est une manière de ranimer la vigilance des croyants.

Selon une autre manière, la fin de l'histoire terrestre est présentée comme une rencontre avec Dieu, qui est juge, certes, mais miséricordieux. Ce sera la rencontre définitive avec Jésus. Celle-ci ne doit pas susciter la crainte, mais elle suppose chez l'être humain un développement des capacités reçues. La parabole des talents en est l'illustration (*évangile*). Elle n'est pas une apologie du système bancaire, mais une invitation pressante à faire fructifier les dons spirituels, intellectuels, manuels, artistiques, etc., que nous avons reçus durant notre vie. C'est le cas de la femme parfaite qui fait le bonheur de ceux qui l'entourent (*première lecture*). Mais il ne s'agit pas seulement, ni même d'abord, de « réussir sa vie », au plan professionnel et familial. Il s'agit de développer sa capacité d'aimer. Certains y arrivent rapidement, comme sainte Thérèse de Lisieux morte à 24 ans. D'autres y mettent plus de temps. L'important est de ne pas laisser en jachère cette capacité d'aimer. Il importe de passer du stade égoïste, tourné vers soi-même, au stade oblatif, tourné vers l'amour d'autrui. Car c'est à notre capacité d'aimer que nous serons jugés. En effet, il faut que nous soyons sur la même longueur d'onde que celui que nous allons rencontrer, Dieu, qui est amour. C'est pourquoi « nous te prions humblement, Seigneur, augmente en nous la charité » (*prière après la communion*).

CHANTER

▸ Pour la procession d'ouverture, ***Veillons jusqu'au jour*** **X 516,** ***Fais paraître ton jour*** **HY 53 CNA 552,** ***Dieu est à l'œuvre en cet âge*** **EP 50 CNA 541,** ***À ce monde que tu fais*** **RT 146-1 CNA 526.**

▸ Après la Parole, ***Amour qui nous attends*** **MX 173-1,** ***Encore un peu de temps*** **EP 168 CNA 367,** ***Écoute la voix du Seigneur*** **X 548 CNA 761.**

▸ Pour la procession de communion, ***Qui mange ma chair et boit mon sang*** **D 290 CNA 343,** ***C'est toi, Seigneur, le pain rompu*** **D 293 CNA 322** (strophes 1, 4, 7 et 11).

▸ Après la communion, ***Tenons en éveil*** **Y 243 CNA 591,** ***Celui qui a mangé de ce pain*** **D 140-2 CNA 321,** ***Dieu est à l'œuvre en cet âge*** **EP 50 CNA 541.**

Prière d'ouverture

Accorde-nous, Seigneur, de trouver notre joie dans notre fidélité : car c'est un bonheur durable et profond de servir constamment le créateur de tout bien. Par Jésus Christ.

1re lecture

« Ses mains travaillent volontiers »

→ **Lecture du livre des Proverbes** 31, 10-13.19-20.30-31

U**ne femme parfaite**, qui la trouvera ?
Elle est précieuse plus que les perles !
Son mari peut lui faire confiance :
il ne manquera pas de ressources.
Elle fait son bonheur, et non pas sa ruine,
tous les jours de sa vie.
Elle sait choisir la laine et le lin,
et ses mains travaillent volontiers.

Elle tend la main vers la quenouille,
ses doigts dirigent le fuseau.
Ses doigts s'ouvrent en faveur du pauvre,
elle tend la main au malheureux.
Le charme est trompeur et la beauté s'évanouit ;
seule, la femme qui craint le Seigneur mérite la louange.
Célébrez-la pour les fruits de son travail :
et qu'aux portes de la ville, ses œuvres disent sa louange !

Psaume 127

R/ **Heureux qui craint le Seigneur !**

Heureux qui craint le Seigneur
et marche selon ses voies !
Tu te nourriras du travail de tes mains :
Heureux es-tu ! À toi, le bonheur !

Ta femme sera dans ta maison
comme une vigne généreuse,
et tes fils, autour de la table,
comme des plants d'olivier.

Voilà comment sera béni
l'homme qui craint le Seigneur.
De Sion, que le Seigneur te bénisse !
Tu verras le bonheur de Jérusalem tous les jours de ta vie.

2e lecture

« Que le jour du Seigneur ne vous surprenne pas comme un voleur »

→ **Lecture de la première lettre de saint Paul apôtre aux Thessaloniciens** 5, 1-6

Pour ce qui est des temps et des moments de la venue du Seigneur, vous n'avez pas besoin, frères, que je vous en parle dans ma lettre. Vous savez très bien que le jour du Seigneur vient comme un voleur dans la nuit. Quand les gens diront :

« Quelle paix ! quelle tranquillité ! », c'est alors que, tout à coup, la catastrophe s'abattra sur eux, comme les douleurs sur la femme enceinte : ils ne pourront pas y échapper. Mais vous, frères, comme vous n'êtes pas dans les ténèbres, ce jour ne vous surprendra pas comme un voleur. En effet, vous êtes tous des fils de la lumière, des fils du jour ; nous n'appartenons pas à la nuit et aux ténèbres. Alors, ne restons pas endormis comme les autres, mais soyons vigilants et restons sobres.

Alléluia. Alléluia. Demeurez en moi, comme moi en vous, dit le Seigneur ; celui qui demeure en moi porte beaucoup de fruit. **Alléluia.**

Évangile

« Tu as été fidèle pour peu de choses, je t'en confierai beaucoup »

→ **Évangile de Jésus Christ selon saint Matthieu** 25, 14-30

La lecture du texte entre crochets est facultative.

En ce temps-là, Jésus disait à ses disciples cette parabole : « C'est comme un homme qui partait en voyage : il appela ses serviteurs et leur confia ses biens. À l'un il remit une somme de cinq talents, à un autre deux talents, au troisième un seul talent, à chacun selon ses capacités. Puis il partit.

[Aussitôt, celui qui avait reçu les cinq talents s'en alla pour les faire valoir et en gagna cinq autres. De même, celui qui avait reçu deux talents en gagna deux autres. Mais celui qui n'en avait reçu qu'un alla creuser la terre et cacha l'argent de son maître.]

Longtemps après, le maître de ces serviteurs revint et il leur demanda des comptes. Celui qui avait reçu cinq talents s'approcha, présenta cinq autres talents et dit : "Seigneur, tu m'as confié cinq talents ; voilà, j'en ai gagné cinq autres." Son maître lui déclara : "Très bien, serviteur bon et fidèle, tu as été fidèle pour peu de choses, je t'en confierai beaucoup ; entre dans la joie de ton seigneur."

[Celui qui avait reçu deux talents s'approcha aussi et dit : “Seigneur, tu m'as confié deux talents; voilà, j'en ai gagné deux autres.” Son maître lui déclara : “Très bien, serviteur bon et fidèle, tu as été fidèle pour peu de choses, je t'en confierai beaucoup ; entre dans la joie de ton seigneur.”

Celui qui avait reçu un seul talent s'approcha aussi et dit : “Seigneur, je savais que tu es un homme dur : tu moissonnes là où tu n'as pas semé, tu ramasses là où tu n'as pas répandu le grain. J'ai eu peur, et je suis allé cacher ton talent dans la terre. Le voici. Tu as ce qui t'appartient.”

Son maître lui répliqua : “Serviteur mauvais et paresseux, tu savais que je moissonne là où je n'ai pas semé, que je ramasse le grain là où je ne l'ai pas répandu. Alors, il fallait placer mon argent à la banque ; et, à mon retour, je l'aurais retrouvé avec les intérêts. Enlevez-lui donc son talent et donnez-le à celui qui en a dix. À celui qui a, on donnera encore, et il sera dans l'abondance ; mais celui qui n'a rien se verra enlever même ce qu'il a. Quant à ce serviteur bon à rien, jetez-le dans les ténèbres extérieures ; là, il y aura des pleurs et des grincements de dents !” »]

Pour la prière universelle

– Prions pour les responsables de l'Église, afin qu'ils restent vigilants pour eux-mêmes et pour le peuple qui leur est confié.
– Prions pour les épouses et les mères de famille, afin que leur dévouement au service de leur foyer soit reconnu et suscite gratitude et collaboration.
– Prions pour les personnes qui doutent de leurs capacités, afin qu'elles retrouvent confiance en elles-mêmes et développent leurs talents.
– Prions pour les volontaires du Secours catholique, dont c'est aujourd'hui la journée nationale, afin que leur générosité au service des pauvres soit davantage soutenue.

Prière sur les offrandes

Permets, Seigneur notre Dieu, que l'offrande placée sous ton regard nous obtienne la grâce de vivre pour toi, et nous donne l'éternité bienheureuse. Par Jésus.

Prière après la communion

Nous venons de communier, Seigneur, au don sacré du corps et du sang de ton Fils, et nous te prions humblement : que cette eucharistie offerte en mémoire de lui, comme il nous a dit de le faire, augmente en nous la charité. Par Jésus.

Entre dans la joie de ton maître

« D'aucuns font commerce de cuivre et de bronze,
d'aucuns de girofle et de muscade.
Mais les saints font commerce du seul Nom de Dieu :
telle est ma pacotille !
Je suis devenu le Colporteur du Nom de Dieu :
Un Diamant inestimable m'est tombé dans la main,
et j'ai laissé tomber les choses du monde !
Quand j'ai trouvé le Vrai, je me suis attaché au Vrai,
j'ai fait le commerce du Vrai,
Et tout en colportant ma charge de vrais trésors,
je suis arrivé près du Trésorier.
Lui-même est la Perle, la Gemme et le Diamant.
Lui-même est le Joailler.
Fais de l'Esprit la bête de somme, de l'Amour le chemin,
et remplis tes sacs de Sagesse... »

Kabîr, *Au cabaret de l'amour*,
traduit du Hindi, Gallimard, 1959, p. 194.

CALENDRIER LITURGIQUE

Di 15	**33e dimanche A.** *Liturgie des Heures : Psautier semaine I.* *[S. Albert le Grand, évêque de Ratisbonne, dominicain, docteur de l'Église, † 1280 à Cologne.]*
Lu 16	*Ste Marguerite, reine d'Écosse, † 1093 à Édimbourg.* *Ste Gertrude, vierge, moniale, † vers 1302 à Helfta (Allemagne).* Apocalypse 1, 1-4 ; 2, 1-5a ; Ps 1 ; Luc 18, 35-43 : « Que veux-tu que je fasse pour toi ? – Seigneur, que je retrouve la vue »
Ma 17	Ste Élisabeth de Hongrie, duchesse de Thuringe, † 1231 à Marburg (Allemagne). Apocalypse 3, 1-6.14-22 ; Ps 14 ; Luc 19, 1-10 : « Le Fils de l'homme est venu chercher et sauver ce qui était perdu »
Me 18	*Dédicace des basiliques romaines de S. Pierre et S. Paul, Apôtres (1626 et 1854).* Apocalypse 4, 1-11 ; Ps 150 ; Luc 19, 11-28 : « Pourquoi n'as-tu pas mis mon argent à la banque ? »
Je 19	Apocalypse 5, 1-10 ; Ps 149 ; Luc 19, 41-44 « Ah ! si toi aussi, tu avais reconnu en ce jour ce qui donne la paix ! »
Ve 20	Apocalypse 10, 8-11 ; Ps 118 ; Luc 19, 45-48 : « De la maison de Dieu, vous avez fait une caverne de bandits »
Sa 21	Présentation de la Vierge Marie. Apocalypse 11, 4-12 ; Ps 143 ; Luc 20, 27-40 : « Il n'est pas le Dieu des morts, mais des vivants »

Bonne fête ! 15 : Albert, Albéric, Léopold, Malo, Victoire. 16 : Gertrude, Marguerite, Daisy. 17 : Élisabeth, Élise, Bettina, Babette, Hilda. 18 : Aude. 19 : Mechtilde, Tanguy. 20 : Edmond, Edma, Octave. 21 : Maur.

Pour mémoire : aujourd'hui, troisième dimanche de novembre, journée du Secours Catholique.

S. Albert le Grand (15 novembre). François, l'italien, rendait grâce à Dieu pour la nature. Albert, l'allemand, l'étudiait avec un sens aigu de l'observation. Il fut l'un des plus grands connaisseurs des sciences naturelles depuis Aristote, dont il mit la philosophie au service de la pensée chrétienne. Étudiant en Italie, il était entré dans l'Ordre des Prêcheurs. Il avait enseigné la philosophie et la théologie en divers endroits, dont Cologne et Paris, où il avait eu Thomas d'Aquin comme élève. Nommé évêque de Ratisbonne, il donna sa démission après deux ans pour reprendre ses chères études. Il fut canonisé par Pie XI en 1931 et déclaré patron des savants.

Le Christ Roi de l'univers

22 NOVEMBRE 2020

Le Christ : un roi bon pasteur

Pour beaucoup de nos contemporains, l'expression « Christ Roi » n'a sans doute plus la consonance politique qu'elle suggérait au moment où cette fête a été instituée par l'Église, en 1925. Dans le contexte européen de cette époque qui avait vu disparaître nombre de royaumes, c'est d'abord une réponse à la déchristianisation qui est visée par cette décision. On comprend mieux alors le choix des textes de ce jour. C'est sous l'image d'un berger bienveillant pour ses brebis que se présente le Seigneur lui-même par les mots du prophète Ézékiel (*première lecture*). Il se montre attentif à chacune et particulièrement à celles qui ont besoin de son intervention, qu'elles soient dispersées, blessées ou malades. L'insistance sur la dispersion, dont les causes s'avèrent être « les nuages et les sombres nuées », correspond en effet à la situation des chrétiens qui se sont éloignés de l'Église.

Mais à la fin de cette lecture affleure déjà l'autre aspect de cette fête que nous retrouvons au centre de l'évangile : la justice. Le bon berger de la première lecture jugera son troupeau et il annonce qu'il sera le roi de la parabole rapportée par saint Matthieu (*évangile*). Le Fils de l'homme s'identifie à ceux qui sont démunis. Nous retrouvons là le double commandement de l'amour énoncé précédemment par Jésus : aimer Dieu et aimer son prochain sont les deux facettes d'une même exigence. Par cette parabole, le Christ nous associe à la mission du bon berger qui prend soin des brebis dispersées, blessées ou malades et qui fait de nous les responsables d'un monde qui nous est confié. Par l'onction du saint-chrême que nous avons reçue au baptême et à la confirmation, nous sommes rendus participants de la dignité du Christ, prêtre, prophète et roi et nous devons exercer cette mission pour le monde.

Le Christ exerce son pouvoir royal à travers les membres de son Corps que nous sommes. Quand ce pouvoir royal sera amené à son achèvement à la fin des temps, il le remettra à Dieu son Père (*deuxième lecture*). Ainsi le pouvoir du Christ Roi est une manifestation de la miséricorde de Dieu et s'exerce pour le salut de tous les hommes.

CHANTER

- Pour la procession d'ouverture, ***Christ, roi du monde*** **M 35 CNA 531,** ***Hymne au Christ*** **M 42-66-4,** ***Louange à toi, Jésus Sauveur*** **Y 26-83,** ***Nous chanterons pour toi, Seigneur*** **K 38 CNA 569,** ***Jésus, Seigneur*** **MP 128,** ***Christ hier, Christ aujourd'hui*** **M 27-36,** ***Aujourd'hui est jour de fête*** **W 47-38-1.**
- Après l'homélie, ***Jésus, le Christ lumière intérieure*** **(Taizé),** ***Amour qui nous attends*** **MX 173-1.**
- Pour la communion, ***Voici le pain partagé*** **D 14-42 CNA 348,** ***Recevez le corps du Christ*** **D 585 CNA 345,** ***Qui mange ma chair*** **D 290 CNA 343.**
- Après la communion, ***Par la musique et par nos voix*** **Y 43-38 CNA 572,** ***Jubilez, criez de joie*** **U 52-42,** ***Laudate Dominum*** **(Taizé).**

Prière d'ouverture

Dieu éternel, tu as voulu fonder toutes choses en ton Fils bien-aimé, le Roi de l'univers ; fais que toute la création, libérée de la servitude, reconnaisse ta puissance et te glorifie sans fin. Par Jésus Christ.

1re lecture

« C'est moi qui ferai paître mon troupeau. »

→ **Lecture du livre du prophète Ézékiel** 34, 11-12.15-17

Ainsi parle le Seigneur Dieu : Voici que moi-même, je m'occuperai de mes brebis, et je veillerai sur elles. Comme un berger veille sur les brebis de son troupeau quand elles sont dispersées, ainsi je veillerai sur mes brebis, et j'irai les délivrer dans tous les endroits où elles ont été dispersées un jour de nuages et de sombres nuées. C'est moi qui ferai paître mon troupeau, et c'est moi qui le ferai reposer, – oracle du Seigneur Dieu. La brebis perdue, je la chercherai ; l'égarée, je la ramènerai. Celle qui est blessée, je la panserai. Celle qui est malade, je lui rendrai des forces. Celle qui est grasse et vigoureuse, je la garderai, je la ferai paître selon le droit. Et toi, mon troupeau – ainsi parle le Seigneur Dieu –, voici que je vais juger entre brebis et brebis, entre les béliers et les boucs.

Psaume 22

R/ **Le Seigneur est mon berger :**
rien ne saurait me manquer.

Le Seigneur est mon berger :
je ne manque de rien.
Sur des prés d'herbe fraîche,
il me fait reposer.

Il me mène vers les eaux tranquilles
et me fait revivre ;
il me conduit par le juste chemin
pour l'honneur de son nom.

Si je traverse les ravins de la mort,
je ne crains aucun mal,
car tu es avec moi :
ton bâton me guide et me rassure.

Tu prépares la table pour moi
devant mes ennemis ;
tu répands le parfum sur ma tête,
ma coupe est débordante.

Grâce et bonheur m'accompagnent
tous les jours de ma vie ;
j'habiterai la maison du Seigneur
pour la durée de mes jours.

2e lecture

« Tout sera achevé, quand le Christ remettra le pouvoir royal à Dieu son Père. »

→ Lecture de la première lettre de saint Paul apôtre aux Corinthiens 15, 20-26.28

Frères, le Christ est ressuscité d'entre les morts, lui, premier ressuscité parmi ceux qui se sont endormis. Car, la mort étant venue par un homme, c'est par un homme aussi que vient la résurrection des morts. En effet, de même que tous les hommes meurent en Adam, de même c'est dans le Christ que tous recevront la vie, mais chacun à son rang : en premier, le Christ, et ensuite, lors du retour du Christ, ceux qui lui appartiennent. Alors, tout sera achevé, quand le Christ remettra le pouvoir royal à Dieu son Père, après avoir anéanti, parmi les êtres célestes, toute Principauté, toute Souveraineté et Puissance. Car c'est lui qui doit régner jusqu'au jour où Dieu *aura mis sous ses pieds tous ses ennemis.* Et le dernier ennemi qui sera anéanti, c'est la mort. Et, quand tout sera mis sous le pouvoir du Fils, lui-même se mettra alors sous le pouvoir du Père qui lui aura tout soumis, et ainsi, Dieu sera tout en tous.

Alléluia. Alléluia. Béni soit celui qui vient au nom du Seigneur. Béni soit le Règne qui vient, celui de David notre père. **Alléluia.**

Évangile

« Venez, les bénis de mon Père, recevez en héritage le Royaume »

→ Évangile de Jésus Christ selon saint Matthieu 25, 31-46

En ce temps-là, Jésus disait à ses disciples : « Quand le Fils de l'homme viendra dans sa gloire, et tous les anges avec lui, alors il siégera sur son trône de gloire. Toutes les nations seront rassemblées devant lui ; il séparera les hommes les uns des autres, comme le berger sépare les brebis des boucs : il placera les brebis à sa droite, et les boucs à gauche.

Alors le Roi dira à ceux qui seront à sa droite : "Venez, les bénis de mon Père, recevez en héritage le Royaume préparé pour vous depuis la fondation du monde. Car j'avais faim, et vous m'avez donné à manger ; j'avais soif, et vous m'avez donné à boire ; j'étais un étranger, et vous m'avez accueilli ; j'étais nu, et vous m'avez habillé ; j'étais malade, et vous m'avez visité ; j'étais en prison, et vous êtes venus jusqu'à moi !"

Alors les justes lui répondront : "Seigneur, quand est-ce que nous t'avons vu... ? tu avais donc faim, et nous t'avons nourri ? tu avais soif, et nous t'avons donné à boire ? tu étais un étranger, et nous t'avons accueilli ? tu étais nu, et nous t'avons habillé ? tu étais malade ou en prison... Quand sommes-nous venus jusqu'à toi ?"

Et le Roi leur répondra : "Amen, je vous le dis : chaque fois que vous l'avez fait à l'un de ces plus petits de mes frères, c'est à moi que vous l'avez fait."

Alors il dira à ceux qui seront à sa gauche : "Allez-vous-en loin de moi, vous les maudits, dans le feu éternel préparé pour le diable et ses anges. Car j'avais faim, et vous ne m'avez pas donné à manger ; j'avais soif, et vous ne m'avez pas donné à boire ; j'étais un étranger, et vous ne m'avez pas accueilli ; j'étais nu, et vous ne m'avez pas habillé ; j'étais malade et en prison, et vous ne m'avez pas visité."

Alors ils répondront, eux aussi : "Seigneur, quand t'avons-nous vu avoir faim, avoir soif, être nu, étranger, malade ou en prison, sans nous mettre à ton service ?"

Il leur répondra : "Amen, je vous le dis : chaque fois que vous ne l'avez pas fait à l'un de ces plus petits, c'est à moi que vous ne l'avez pas fait."

Et ils s'en iront, ceux-ci au châtiment éternel, et les justes, à la vie éternelle. »

Pour la prière universelle

– Christ Roi de l'univers, tu as commandé à tes apôtres d'être les serviteurs les uns des autres ; nous te prions pour ton Église et pour ceux qui la gouvernent : qu'ils n'oublient jamais qu'ils doivent être au service de tous et surtout des plus petits.

– Christ Roi de l'univers, tu demandes à chacun de prendre soin des petits en ce monde ; nous te prions pour ceux qui sont victimes de pouvoirs pervertis, au travail, en famille, ou au milieu des guerres. Envoie-leur des artisans de paix.

– Christ Roi de l'univers, tu t'es présenté aux hommes comme le bon berger qui veille sur son troupeau ; nous te prions d'inspirer les responsables politiques afin qu'ils gouvernent selon ton cœur, dans un esprit de justice.

– Christ Roi de l'univers, tu as été victorieux du combat contre la mort ; à ceux qui connaissent la tristesse du désespoir ou du deuil, donne de croire en la vie éternelle.

Prière sur les offrandes

En offrant le sacrifice qui te réconcilie les hommes, Seigneur, nous te prions : que ton Fils lui-même accorde à tous les peuples les biens de l'unité et de la paix. Lui qui règne.

Préface

Vraiment, il est juste et bon de te rendre gloire, de t'offrir notre action de grâce, toujours et en tout lieu, à toi, Père très saint, Dieu éternel et tout-puissant.

Tu as consacré Prêtre éternel et Roi de l'univers ton Fils unique, Jésus Christ, notre Seigneur, afin qu'il s'offre lui-même sur l'autel de la Croix en victime pure et pacifique, pour accomplir les mystères de notre rédemption, et qu'après avoir soumis à son pouvoir toutes les créatures, il remette aux mains de ta souveraine puissance un règne sans limite et sans

fin : règne de vie et de vérité, règne de grâce et de sainteté, règne de justice, d'amour et de paix.
C'est pourquoi, avec les anges et tous les saints, nous proclamons ta gloire, en chantant (disant) d'une seule voix : **Saint !...**

Prière après la communion

Après avoir partagé le pain de l'immortalité, nous te supplions, Seigneur : nous mettons notre gloire à obéir au Christ Roi de l'univers, fais que nous puissions vivre avec lui, éternellement, dans la demeure du ciel. Lui qui règne.

Heureux qui a trouvé son juge

« Depuis le Sermon sur la montagne, Matthieu a repris inlassablement le motif austère du jugement : me mettre à la suite du Christ, c'est lui donner le droit de me juger à tout instant. Ce leitmotiv rappelle que le choix du chrétien est lourd de conséquences : "Au bout de toute liberté, il y a une sentence", écrivait A. Camus, auteur aussi de ce cri : "(Le Jugement dernier) Je l'attends de pied ferme : j'ai connu ce qu'il y a de pire, qui est le jugement des hommes" (dans *La Chute*). Or, le Christ a connu nos tentations et c'est "le jugement des hommes" qui l'a conduit à la croix. Le chrétien s'avance donc, non point terrifié, mais confiant en ce Juge qui a partagé nos destins.

Il reste que le lecteur moderne a peu d'attrait pour les catégories judiciaires employées par Matthieu, à moins de redécouvrir que ces catégories nous habitent plus profondément que nous ne le pensons. *Aimer* quelqu'un, n'est-ce pas lui donner des droits sur moi et singulièrement le droit de *juger* si je l'aime bien ou mal ? *Être libre*, n'est-ce pas, parmi tant d'influences contraires, choisir une bonne fois à qui et à quoi je donne le droit de *juger* mon comportement ? À ces deux questions, nous répondons : oui, *dans certaines limites*. Peut-être est-ce en réfléchissant à ces "limites" que l'on commence à se tourner vers le Christ comme le juge secrètement espéré. »

Claude Tassin, *L'évangile de Matthieu*,
Bayard, Éditions du Centurion, 1991, p. 26.

CALENDRIER LITURGIQUE

Di 22	**Le Christ, roi de l'univers A.** *Liturgie des Heures : Psautier semaine II.* [Ste Cécile, vierge martyre à Rome (premiers siècles)].
Lu 23	*S. Clément Ier, pape et martyr, † vers 97 à Rome.* *S. Colomban, abbé de Luxeuil (Haute Saône), † 615 à Bobbio (Italie).* Apocalypse 14, 1-3.4b-5 ; Ps 23 ; Luc 21, 1-4 : « Jésus vit une veuve misérable mettre deux petites pièces de monnaie »
Ma 24	S. André Dung-Lac, prêtre, et ses compagnons, martyrs au Vietnam, † 1845 à 1862. Apocalypse 14, 14-19 ; Ps 95 ; Luc 21, 5-11 : « Il n'en restera pas pierre sur pierre »
Me 25	*Ste Catherine d'Alexandrie, vierge et martyre.* Apocalypse 15, 1-4 ; Ps 97 ; Luc 21, 12-19 : « Vous serez détestés de tous, à cause de mon nom. Mais pas un cheveu de votre tête ne sera perdu »
Je 26	*En Belgique, S. Jean Berchmans, jésuite, † 13 août 1621 à Rome.* Apocalypse 18, 1-2.21-23 ; 19, 1-3.9a ; Ps 99 ; Luc 21, 20-28 : « Jérusalem sera foulée aux pieds par des païens, jusqu'à ce que leur temps soit accompli »
Ve 27	Apocalypse 20,1-4.11–21,2 ; Ps 83 ; Luc 21,29-33 : « Lorsque vous verrez arriver cela, sachez que le royaume de Dieu est proche »
Sa 28	Apocalypse 22, 1-7 ; Ps 94 ; Luc 21, 34-36 : « Restez éveillés et priez en tout temps : ainsi vous aurez la force d'échapper à tout ce qui doit arriver »

Bonne fête ! 22 : Cécile, Sheila, Célia. 23 : Clément, Rachilde, Clémentine, Colomban. 24 : Flora. 25 : Catherine, Katia, Ketty, Katel. 26 : Delphine, Conrad, Kurt. 27 : Astrid, Séverin, Séverine. 28 : Jacques.

Sainte Cécile (22 novembre). Sainte Cécile mourut à Rome en 230. Elle appartenait à une grande famille romaine et soutenait financièrement son Église. Après le transfert de ses reliques dans le quartier romain du Trastevere au IXe siècle, une légende en fit une vierge et une martyre qui entendit une musique céleste lors de son supplice. C'est ainsi qu'elle devint la patronne des musiciens.

Prières usuelles

Signe de la croix

Au nom du Père,
et du Fils,
et du Saint-Esprit.
Amen.

Prière du Seigneur

Notre Père qui es aux cieux,
que ton nom soit sanctifié,
que ton règne vienne,
que ta volonté soit faite
sur la terre comme au ciel.
Donne-nous aujourd'hui
notre pain de ce jour.
Pardonne-nous nos offenses,
comme nous pardonnons aussi
à ceux qui nous ont offensés.
Et ne nous laisse pas entrer en tentation,
mais délivre-nous du Mal.

Car c'est à toi qu'appartiennent le règne,
la puissance et la gloire pour les siècles des siècles !

Ave Maria

Je vous salue, Marie, pleine de grâce,
le Seigneur est avec vous ;
vous êtes bénie entre toutes les femmes,
et Jésus, le fruit de vos entrailles, est béni.
Sainte Marie, Mère de Dieu,
priez pour nous, pauvres pécheurs,
maintenant et à l'heure de notre mort. Amen.

Gloire au Père

Gloire au Père, et au Fils, et au Saint-Esprit,
au Dieu qui est, qui était, et qui vient,
pour les siècles des siècles. Amen.

Ou

Rendons gloire au Père tout-puissant,
à son Fils Jésus Christ, le Seigneur,
à l'Esprit qui habite en nos cœurs,
pour les siècles des siècles. Amen.

Credo

Je crois en Dieu, le Père tout-puissant, créateur du ciel et de la terre. Et en Jésus Christ, son Fils unique, notre Seigneur, qui a été conçu du Saint-Esprit, est né de la Vierge Marie, a souffert sous Ponce Pilate, a été crucifié, est mort et a été enseveli, est descendu aux enfers, le troisième jour est ressuscité des morts, est monté aux cieux, est assis à la droite de Dieu le Père tout-puissant, d'où il viendra juger les vivants et les morts. Je crois en l'Esprit Saint, à la sainte Église catholique, à la communion des saints, à la rémission des péchés, à la résurrection de la chair, à la vie éternelle. Amen.

Ou

Je crois en un seul Dieu, le Père tout-puissant (Symbole de Nicée-Constantinople), p. 22.

Acte de foi

Je crois en toi, Seigneur.
Tu es un seul Dieu,
mais tu t'es révélé Père, Fils et Saint-Esprit.
Par le baptême,
tu m'as fait participer à ta vie.
Fortifie ma foi
et donne-moi d'agir en toutes choses
comme ton Fils Jésus Christ.

Ou

Mon Dieu, je crois fermement
toutes les vérités que vous avez révélées
et que vous nous enseignez par votre Église,
parce que vous ne pouvez ni vous tromper,
ni nous tromper.

Acte d'espérance

J'espère en toi, Seigneur.
À ceux qui t'aiment tu as promis la vraie vie.
Dans les difficultés de l'existence
et à l'heure de la mort,
affermis ma confiance
en celui qui nous donne une vie nouvelle
par sa victoire sur la mort,
ton Fils Jésus Christ.

Ou

Mon Dieu, j'espère avec une ferme confiance
que vous me donnerez, par les mérites de Jésus Christ,
votre grâce en ce monde
et le bonheur éternel dans l'autre,
parce que vous l'avez promis
et que vous tenez toujours vos promesses.

Acte de charité

Je t'aime, Seigneur,
parce que tu m'as aimé le premier.
Que ton Esprit augmente en moi la charité
et me fasse aimer tous les hommes
comme celui qui les aima jusqu'au bout,
ton Fils Jésus Christ.

Ou

Mon Dieu, je vous aime
de tout mon cœur et par-dessus toutes choses,
parce que vous êtes infiniment bon,
et j'aime mon prochain comme moi-même
pour l'amour de vous.

Acte de contrition

Mon Dieu, j'ai péché
contre toi et mes frères,
mais près de toi se trouve le pardon.
Accueille mon repentir
et donne-moi la force de vivre
selon ton amour.

Ou

Mon Dieu, j'ai un très grand regret
de vous avoir offensé,
parce que vous êtes infiniment bon
et que le péché vous déplaît.
Je prends la ferme résolution,
avec le secours de votre sainte grâce,
de ne plus vous offenser et de faire pénitence.

Angélus

L'ange du Seigneur annonça à Marie qu'elle serait mère du Sauveur.

– Et elle conçut du Saint-Esprit.
Je vous salue, Marie,...
« Voici la servante du Seigneur.
– Que tout m'advienne selon ta parole. »
Je vous salue, Marie,...
Et le Verbe s'est fait chair.
– Et il a habité parmi nous.
Je vous salue, Marie,...
Prie(z) pour nous, sainte Mère de Dieu.

– Afin que nous devenions dignes des promesses du Christ.

Prions le Seigneur.

Nous t'en prions, Seigneur : que ta grâce se répande en nos cœurs ; par le message de l'ange, tu nous as fait connaître l'incarnation de ton Fils bien-aimé ; conduis-nous par sa passion et par sa croix jusqu'à la gloire de la résurrection. Par le Christ, notre Seigneur. Amen.

Regina caeli *(Au Temps pascal)*

Reine du ciel, réjouis-toi, alléluia.

– Car le Seigneur que tu as mérité de porter, alléluia,

Est ressuscité comme il l'a dit, alléluia.

– Prie Dieu pour nous, alléluia.

Réjouis-toi, Vierge Marie, alléluia.

– Car le Seigneur est vraiment ressuscité, alléluia.

Prions le Seigneur.

Seigneur Dieu, par la résurrection de ton Fils, notre Seigneur Jésus Christ, tu as fait briller la joie dans le monde ; accorde-nous, par l'intercession de la Vierge Marie, sa mère, de goûter la joie de la vie éternelle. Par le Christ, notre Seigneur. Amen.

Prières du matin et du soir

Cantique évangélique de Zacharie

Béni soit le Seigneur, le Dieu d'Israël,
qui visite et rachète son peuple.

Il a fait surgir la force qui nous sauve
dans la maison de David, son serviteur,

comme il l'avait dit par la bouche des saints,
par ses prophètes, depuis les temps anciens :

salut qui nous arrache à l'ennemi,
à la main de tous nos oppresseurs,

amour qu'il montre envers nos pères,
mémoire de son alliance sainte,

serment juré à notre père Abraham
de nous rendre sans crainte,

afin que, délivrés de la main des ennemis,
nous le servions dans la justice et la sainteté,
en sa présence, tout au long de nos jours.

Toi aussi, petit enfant, tu seras appelé
    prophète du Très-Haut ;
tu marcheras devant, à la face du Seigneur,
    et tu prépareras ses chemins

pour donner à son peuple de connaître le salut
par la rémission de ses péchés,

grâce à la tendresse, à l'amour de notre Dieu,
quand nous visite l'astre d'en haut,

pour illuminer ceux qui habitent les ténèbres
    et l'ombre de la mort,
pour conduire nos pas
    au chemin de la paix.

Cantique évangélique de Marie

Mon âme exalte le Seigneur,
exulte mon esprit en Dieu, mon Sauveur !

Il s'est penché sur son humble servante ;
désormais tous les âges me diront bienheureuse.
Le Puissant fit pour moi des merveilles ;
Saint est son nom !

Sa miséricorde s'étend d'âge en âge
sur ceux qui le craignent.
Déployant la force de son bras,
il disperse les superbes.

Il renverse les puissants de leurs trônes,
il élève les humbles.
Il comble de biens les affamés,
renvoie les riches les mains vides.

Il relève Israël son serviteur,
il se souvient de son amour,
de la promesse faite à nos pères,
en faveur d'Abraham et sa descendance à jamais.

Gloire au Père.

PRIÈRE DU MATIN POUR LE TEMPS DE L'AVENT

Signe de croix.

Seigneur, ouvre mes lèvres,
et ma bouche publiera ta louange.

Hymne

Lumière pour l'homme aujourd'hui
Qui viens depuis que sur la terre
Il est un pauvre qui t'espère,
Atteins jusqu'à l'aveugle en moi :
Touche mes yeux afin qu'ils voient

De quel amour tu me poursuis.
Comment savoir d'où vient le jour
Si je ne reconnais ma nuit ?

Parole de Dieu dans ma chair
Qui dis le monde et son histoire
Afin que l'homme puisse croire,
Suscite une réponse en moi :
Ouvre ma bouche à cette voix
Qui retentit dans le désert.
Comment savoir quel mot tu dis
Si je ne tiens mon cœur ouvert ?

Psaume 23

Au Seigneur, le monde et sa richesse,
la terre et tous ses habitants !
C'est lui qui l'a fondée sur les mers
et la garde inébranlable sur les flots.

Qui peut gravir la montagne du Seigneur
et se tenir dans le lieu saint ?
L'homme au cœur pur, aux mains innocentes,
qui ne livre pas son âme aux idoles
(et ne dit pas de faux serments).

Il obtient, du Seigneur, la bénédiction,
et de Dieu son Sauveur, la justice.
Voici le peuple de ceux qui le cherchent !
Voici Jacob qui recherche ta face !

La Parole de Dieu — Is 7, 14b-15

Voici que la vierge est enceinte, elle enfantera un fils, qu'elle appellera Emmanuel (c'est-à-dire : Dieu-avec-nous). De crème et de miel il se nourrira, jusqu'à ce qu'il sache rejeter le mal et choisir le bien.

Cantique de Zacharie, p. 642.
Notre Père

Prière de conclusion

Accorde-moi, Père de miséricorde, d'attendre sans faiblir la venue de ton Fils, pour qu'au jour où il viendra frapper à ma porte, il me trouve vigilant dans la prière, heureux de chanter sa louange.

Signe de croix.

PRIÈRE DU SOIR POUR LE TEMPS DE L'AVENT

Signe de croix.

Dieu, viens à mon aide,
Seigneur, à notre secours.

Hymne

Si le jour baisse à nos paupières,
Que nulle nuit ne désespère :
Un astre luit
À l'Orient de ceux qui errent.
Vienne le temps
De la présence
Aux pèlerins qui d'âge en âge
Cherchent l'Enfant comme un secret.

Si l'homme a froid, s'il crie misère,
Que nul hiver ne désespère :
Il est un Feu
Que Dieu allume sur la terre.
Vienne le temps
Sans repentance
Et la saison de rendre grâce.
Demain déjà soit sans regret.

Psaume 121

Quelle joie quand on m'a dit :
« Nous irons à la maison du Seigneur ! »

Maintenant notre marche prend fin
devant tes portes, Jérusalem !
Jérusalem, te voici dans tes murs :
ville où tout ensemble ne fait qu'un !

À cause de mes frères et de mes proches,
je dirai : « Paix sur toi ! »
À cause de la maison du Seigneur notre Dieu,
je désire ton bien.

La Parole de Dieu 1 Th 5, 23-24

Que le Dieu de la paix lui-même vous sanctifie tout entiers ; que votre esprit, votre âme et votre corps, soient tout entiers gardés sans reproche pour la venue de notre Seigneur Jésus Christ. Il est fidèle, Celui qui vous appelle : tout cela, il le fera.

Cantique de Marie, p. 643.
Notre Père

Prière de conclusion

Accorde-moi, Dieu tout-puissant, d'aller avec courage sur les chemins de la justice, à la rencontre du Seigneur.

Signe de croix.

PRIÈRE DU MATIN POUR LE TEMPS DE NOËL

Signe de croix.

Seigneur, ouvre mes lèvres,
et ma bouche publiera ta louange.

Hymne

Splendeur jaillie du sein de Dieu,
Lumière née de la lumière,
Avant que naisse l'univers
Tu resplendis dans les ténèbres.

Nous t'adorons, Fils bien-aimé,
Objet de toute complaisance ;
Le Père qui t'a envoyé
Sur toi fait reposer sa grâce.

Tu viens au fond de notre nuit
Pour tous les hommes de ce monde ;
Tu es la source de la vie
Et la lumière véritable.

À toi, la gloire, ô Père saint,
À toi, la gloire, ô Fils unique,
Avec l'Esprit consolateur,
Dès maintenant et pour les siècles.

Psaume 44

D'heureuses paroles jaillissent de mon cœur
quand je dis mes poèmes pour le roi
d'une langue aussi vive que la plume du scribe !

Tu es beau, comme aucun des enfants de l'homme,
la grâce est répandue sur tes lèvres :
oui, Dieu te bénit pour toujours.

Guerrier valeureux, porte l'épée de noblesse et d'honneur !
Ton honneur, c'est de courir au combat
pour la justice, la clémence et la vérité.

La Parole de Dieu Is 9, 5

Oui, un enfant nous est né, un fils nous a été donné ! Sur son épaule est le signe du pouvoir ; son nom est proclamé : « Conseiller-merveilleux, Dieu-Fort, Père-à-jamais, Prince-de-la-Paix ».

Cantique de Zacharie, p. 642.
Notre Père

Prière de conclusion

Ô Christ, né du Père avant tous les siècles, venu dans le monde à la plénitude des temps, accorde-moi, durant ce jour, de rayonner de ta lumière.

Signe de croix.

PRIÈRE DU SOIR POUR LE TEMPS DE NOËL

Signe de croix.

Dieu, viens à mon aide,
Seigneur, à notre secours.

Hymne

Voici, la Vierge a enfanté
Et les oracles s'accomplissent.
Ton amour et ta vérité
Resplendissent.
Sous le voile de la chair
Ta lumière inaccessible
Envahit notre hiver.

Tous n'ont pas vu ! Nous qui croyons,
Illuminés par ton mystère,
En ton Verbe, nous te nommons
Notre Père.
Aujourd'hui, finis les pleurs !
Ta semence incorruptible
A germé dans nos cœurs.

Cantique (Ph 2)

Le Christ Jésus,
ayant la condition de Dieu,
ne retint pas jalousement
le rang qui l'égalait à Dieu.

Mais il s'est anéanti,
prenant la condition de serviteur,
devenant semblable aux hommes.

Reconnu homme à son aspect,
Il s'est abaissé,
Devenant obéissant jusqu'à la mort,
Et la mort de la croix.

C'est pourquoi Dieu l'a exalté :
il l'a doté du Nom
qui est au-dessus de tout nom,

afin qu'au nom de jésus
tout genou fléchisse
au ciel, sur terre et aux enfers,

et que toute langue proclame :
« Jésus-Christ est Seigneur »
à la gloire de Dieu le Père.

La Parole de Dieu 1 Jn 1, 5b-7

Dieu est lumière ; en lui, il n'y a pas de ténèbres. Si nous disons que nous sommes en communion avec lui, alors que nous marchons dans les ténèbres, nous sommes des menteurs, nous ne faisons pas la vérité. Mais si nous marchons dans la lumière, comme il est lui-même dans la lumière, nous sommes en communion les uns avec les autres, et le sang de Jésus, son Fils, nous purifie de tout péché.

Cantique de Marie, p. 643.
Notre Père

Prière de conclusion

Père, toi qui veux le salut de tous les hommes, tu as envoyé ton Fils pour porter la Bonne Nouvelle aux pauvres et libérer les captifs : que le monde accueille enfin ta paix.

Signe de croix.

PRIÈRE DU MATIN POUR LE TEMPS DE CARÊME

Signe de croix.

Seigneur, ouvre mes lèvres,
et ma bouche publiera ta louange.

Hymne

Dieu au-delà de tout créé,
Nous ne pouvions que t'appeler
L'Inconnaissable !
Béni sois-tu pour l'autre voix
Qui sait ton Nom, qui vient de toi
Et donne à notre humanité
De rendre Grâce !

Toi que nul homme n'a pu voir,
Nous te voyons prendre ta part
De nos souffrances.
Bénis sois-tu d'avoir montré
Sur le Visage bien aimé
Du Christ offert à nos regards
Ta gloire immense !

Psaume 41

Comme un cerf altéré cherche l'eau vive,
ainsi mon âme te cherche, toi, mon Dieu.

Mon âme a soif de Dieu, le Dieu vivant ;
quand pourrai-je m'avancer, paraître face à Dieu ?

Je n'ai d'autre pain que mes larmes, le jour, la nuit,
moi qui chaque jour entends dire : « Où est-il ton Dieu ? »

Pourquoi te désoler, ô mon âme, et gémir sur moi ?
Espère en Dieu ! De nouveau je rendrai grâce : il est mon sauveur et mon Dieu !

La Parole de Dieu — 1 R 8, 51-52

Parce qu'ils sont ton peuple et ton héritage, eux que tu as fait sortir d'Égypte, de cette fournaise à fondre le fer, tes yeux sont ouverts à la supplication de ton serviteur et à la supplication de ton peuple Israël, et tu les écoutes toutes les fois qu'ils crient vers toi.

Cantique de Zacharie, p. 642.
Notre Père

Prière de conclusion

Inspire-moi, Seigneur, de toujours concevoir ce qui est juste et de l'accomplir avec empressement ; sans toi, je ne peux exister, fais-moi vivre en accord avec toi.

Signe de croix.

PRIÈRE DU SOIR POUR LE TEMPS DE CARÊME

Signe de croix.

Dieu, viens à mon aide,
Seigneur, à notre secours.

Hymne

Point de prodigue sans pardon qui le cherche,
Nul n'est trop loin pour Dieu ;
Viennent les larmes où le fils renaît,
Joie du retour au Père.

Point de blessure que sa main ne guérisse,
Rien n'est perdu pour Dieu ;
Vienne la grâce où la vie reprend,
Flamme jaillie des cendres.

Point de ténèbres sans espoir de lumière,
Rien n'est fini pour Dieu ;
Vienne l'aurore où l'amour surgit,
Chant d'un matin de Pâques.

Psaume 90

Quand je me tiens sous l'abri du Très-Haut
et repose à l'ombre du Puissant,
je dis au Seigneur : « Mon refuge,
mon rempart, mon Dieu, dont je suis sûr ! »

C'est lui qui te sauve des filets du chasseur
et de la peste maléfique ;
il te couvre et te protège.
Tu trouves sous son aile un refuge :
sa fidélité est une armure, un bouclier.

Tu ne craindras ni les terreurs de la nuit,
ni la flèche qui vole au grand jour,
ni la peste qui rôde dans le noir,
ni le fléau qui frappe à midi.

La Parole de Dieu — Rm 12, 1-2

Je vous exhorte donc, frères, par la tendresse de Dieu, à lui présenter votre corps – votre personne tout entière –, en sacrifice vivant, saint, capable de plaire à Dieu : c'est là, pour vous, la juste manière de lui rendre un culte. Ne prenez pas pour modèle le monde présent, mais transformez-vous en renouvelant votre façon de penser pour discerner quelle est la volonté de Dieu : ce qui est bon, ce qui est capable de lui plaire, ce qui est parfait.

Cantique de Marie, p. 643.
Notre Père

Prière de conclusion

Fais-moi revenir à toi, Dieu notre Sauveur, et pour que ce Carême me soit profitable, ouvre mon esprit à l'intelligence de ta loi.

Signe de croix.

PRIÈRE DU MATIN POUR LE TEMPS DE PÂQUES

Signe de croix.

Seigneur, ouvre mes lèvres,
et ma bouche publiera ta louange.

Hymne

Il s'est levé d'entre les morts,
Le Fils de Dieu, notre frère,
Il s'est levé, libre et vainqueur,
Il a saisi notre destin
Au cœur du sien,
Pour le remplir de sa lumière.

L'histoire unique est achevée :
Premier enfant du Royaume,
Christ est vivant auprès de Dieu ;
Mais son exode humble et caché,
Le Fils aîné
Le recommence pour chaque homme.

Psaume 117

Rendez grâce au Seigneur : Il est bon !
Éternel est son amour !
Oui, que le dise Israël :
Éternel est son amour !

Ma force et mon chant, c'est le Seigneur ;
il est pour moi le salut.

Non, je ne mourrai pas, je vivrai
pour annoncer les actions du Seigneur.
Je te rends grâce car tu m'as exaucé :
tu es pour moi le salut.

La pierre qu'ont rejetée les bâtisseurs
est devenue la pierre d'angle :
c'est là l'œuvre du Seigneur,
la merveille devant nos yeux.
Voici le jour que fit le Seigneur,
qu'il soit pour nous jour de fête et de joie !

Rendez grâce au Seigneur : Il est bon !
Éternel est son amour !

La Parole de Dieu — 1 P 2, 4-5

Approchez-vous de lui : il est la pierre vivante rejetée par les hommes, mais choisie et précieuse devant Dieu. Vous aussi, comme pierres vivantes, entrez dans la construction de la demeure spirituelle, pour devenir le sacerdoce saint et présenter des sacrifices spirituels, agréables à Dieu, par Jésus Christ.

Cantique de Zacharie, p. 642.
Notre Père

Prière de conclusion

Alléluia ! Christ vainqueur, montre-moi la douceur de ton amour.

Signe de croix.

PRIÈRE DU SOIR POUR LE TEMPS DE PÂQUES

Signe de croix.

Dieu, viens à mon aide,
Seigneur, à notre secours.

Hymne

Jésus qui m'a brûlé le cœur
Au carrefour des Écritures,
Ne permets pas que leurs blessures
En moi se ferment.

Fais que je sorte dans le soir,
Où trop des miens sont sans nouvelle,
Et par ton Nom dans mon regard
Fais-toi connaître !

Leurs yeux ne t'ont jamais trouvé,
Tu n'entres plus dans leur auberge,
Et chacun dit : « Où donc irai-je,
Si Dieu me manque ? »

Mais ton printemps s'est réveillé
Dans mes sarments à bout de sève,
Pour que je sois cet étranger
Brûlant de Pâques !

Psaume 135

Rendez grâce au Seigneur : il est bon,
éternel est son amour !
Rendez grâce au Dieu des dieux,
éternel est son amour !
Rendez grâce au Seigneur des seigneurs,
éternel est son amour !

Lui seul a fait de grandes merveilles,
éternel est son amour !
lui qui fit les cieux avec sagesse,
éternel est son amour !
qui affermit la terre sur les eaux,
éternel est son amour !

Lui qui fendit la mer Rouge en deux parts,
éternel est son amour !
et fit passer Israël en son milieu,
éternel est son amour !
y rejetant Pharaon et ses armées,
éternel est son amour !

À toute chair, il donne le pain,
éternel est son amour !
Rendez grâce au Dieu du ciel,
éternel est son amour !

La Parole de Dieu — He 10, 12-14

Jésus Christ, après avoir offert pour les péchés un unique sacrifice, s'est assis pour toujours à la droite de Dieu. Il attend désormais que ses ennemis soient mis sous ses pieds. Par son unique offrande, il a mené pour toujours à leur perfection ceux qu'il sanctifie.

Cantique de Marie, p. 643.
Notre Père

Prière de conclusion

Dieu tout-puissant, accorde-moi, en ces jours de fête, de célébrer avec ferveur le Christ ressuscité : que le mystère de Pâques reste présent dans ma vie et la transforme.

Signe de croix.

PRIÈRE DU MATIN POUR LE TEMPS ORDINAIRE (LA JOIE)

Signe de croix.

Seigneur, ouvre mes lèvres,
et ma bouche publiera ta louange.

Hymne

Béni de Dieu,
en qui le Père se complaît,
Tu es venu baptiser l'homme dans ta mort,
Et le Jourdain baigna ton corps.
Ô viens, Seigneur Jésus !
Justice du royaume
Que nous chantions pour ton retour :
Béni soit au nom du Seigneur
Celui qui vient sauver son peuple !

Rocher nouveau,
d'où sort le fleuve de la vie,
Tu es venu abreuver ceux qui croient en toi,
Et tu laissas s'ouvrir ton cœur.
Ô viens, Seigneur Jésus !
Fontaine intarissable
Que nous chantions pour ton retour :
Béni soit au nom du Seigneur
Celui qui vient sauver son peuple !

Psaume 84

Tu as aimé, Seigneur, cette terre,
tu as fait revenir les déportés de Jacob ;
tu as ôté le péché de ton peuple,
tu as couvert toute sa faute.

J'écoute : que dira le Seigneur Dieu ?
Ce qu'il dit, c'est la paix pour son peuple et ses fidèles ;
qu'ils ne reviennent jamais à leur folie !
Son salut est proche de ceux qui le craignent,
et la gloire habitera notre terre.

Amour et vérité se rencontrent,
justice et paix s'embrassent ;
la vérité germera de la terre
et du ciel se penchera la justice.

Le Seigneur donnera ses bienfaits,
et notre terre donnera son fruit.
La justice marchera devant lui,
et ses pas traceront le chemin.

La Parole de Dieu Rm 12, 9-13

Que votre amour soit sans hypocrisie. Fuyez le mal avec horreur, attachez-vous au bien. Soyez unis les uns aux autres par l'affection fraternelle, rivalisez de respect les uns pour les autres. Ne ralentissez pas votre élan, restez dans la ferveur de l'Esprit, servez le Seigneur, ayez la joie de l'espérance, tenez bon dans l'épreuve, soyez assidus à la prière. Partagez avec les fidèles qui sont dans le besoin, pratiquez l'hospitalité avec empressement.

Cantique de Zacharie, p. 642.
Notre Père

Prière de conclusion

Béni sois-tu, Seigneur Jésus, pour ce jour nouveau. Fais-moi la grâce de suivre tes commandements, pour y trouver le vrai bonheur.

Signe de croix.

PRIÈRE DU SOIR POUR LE TEMPS ORDINAIRE (LA JOIE)

Signe de croix.

Dieu, viens à mon aide,
Seigneur, à notre secours.

Poème : Ma joie *Sainte Thérèse de Lisieux (1873-1897)*

Il est des âmes sur la terre
Qui cherchent en vain le bonheur
Mais pour moi, c'est tout le contraire :
La joie se trouve dans mon cœur.
Cette joie n'est pas éphémère,

Je la possède sans retour :
Comme une rose printanière,
Elle me sourit chaque jour.

Lorsque le Ciel bleu devient sombre
Et qu'il semble me délaisser,
Ma joie, c'est de rester dans l'ombre
De me cacher, de m'abaisser.
Ma joie, c'est la Volonté Sainte
De Jésus mon unique amour.
Ainsi je vis sans nulle crainte,
J'aime autant la nuit que le jour.

Longtemps encor je veux bien vivre,
Seigneur, si c'est là ton désir.
Dans le Ciel je voudrais te suivre
Si cela te faisait plaisir.
L'amour, ce feu de la Patrie,
Ne cesse de me consumer.
Que me font la mort ou la vie ?
Jésus, ma joie, c'est de t'aimer !

Cantique de l'Apocalypse 19,1-2.6-7

Alléluia !
Le salut, la gloire,
la puissance à notre Dieu. Alléluia !
Ils sont vrais, ils sont justes, ses jugements. Alléluia !

Il règne, le Seigneur notre Dieu,
le Souverain de l'univers. Alléluia !
Soyons dans la joie, exultons,
et rendons gloire à Dieu ! Alléluia !

La Parole de Dieu Rm 15, 5.13

Que le Dieu de la persévérance et du réconfort vous donne d'être d'accord les uns avec les autres selon le Christ Jésus.

Que le Dieu de l'espérance vous remplisse de toute joie et de paix dans la foi, afin que vous débordiez d'espérance par la puissance de l'Esprit Saint.

Cantique de Marie, p. 643.
Notre Père

Prière de conclusion

Christ, ami des hommes, accorde la paix à notre monde ; fais de moi un artisan de ta justice.

Signe de croix.

PRIÈRE DU MATIN POUR LE TEMPS ORDINAIRE (LA PEINE)

Signe de croix.
Seigneur, ouvre mes lèvres,
et ma bouche publiera ta louange.

Prière

Texte retrouvé sur sœur Odette Prévost, petite sœur de Charles de Foucauld, assassinée en Algérie le 10 novembre 1995

Vis le jour d'aujourd'hui Dieu te le donne,
il est à toi,
Vis-le en Lui.

Le jour de demain est à Dieu,
il ne t'appartient pas.
Ne porte pas sur demain le souci d'aujourd'hui.
Demain est à Dieu : remets-le Lui.

Le moment présent est une frêle passerelle :
si tu le charges de regrets d'hier,
de l'inquiétude de demain,
la passerelle cède et tu perds pied.

Le passé, Dieu le pardonne.
L'avenir, Dieu le donne.

Vis le jour d'aujourd'hui
en communion avec Lui,
et s'il y a lieu de t'inquiéter
pour un être bien-aimé
regarde dans la lumière du Christ Ressuscité.

Psaume 21

Mon Dieu, mon Dieu, pourquoi m'as-tu abandonné ?
Le salut est loin de moi, loin des mots que je rugis.
Mon Dieu, j'appelle tout le jour, et tu ne réponds pas ;
même la nuit, je n'ai pas de repos.

Ne sois pas loin : l'angoisse est proche,
je n'ai personne pour m'aider.
Je suis comme l'eau qui se répand,
tous mes membres se disloquent.
Mon cœur est comme la cire,
il fond au milieu de mes entrailles.

Mais toi, Seigneur, ne sois pas loin :
ô ma force, viens vite à mon aide !
Tu m'as répondu !
Et je proclame ton nom devant mes frères,
je te loue en pleine assemblée.

La Parole de Dieu — 1 P 2, 21-24

C'est pour vous que le Christ, lui aussi, a souffert ; il vous a laissé un modèle afin que vous suiviez ses traces. Lui n'a pas commis de péché ; dans sa bouche, on n'a pas trouvé de mensonge. Insulté, il ne rendait pas l'insulte, dans la souffrance, il ne menaçait pas, mais il s'abandonnait à Celui qui juge avec justice. Lui-même a porté nos péchés, dans son corps, sur le bois, afin que, morts à nos péchés, nous vivions pour la justice. Par ses blessures, nous sommes guéris.

Cantique de Zacharie, p. 642.
Notre Père

Prière de conclusion

Jésus Sauveur, tu as accepté d'aimer par-dessus tout : multiplie en moi les dons de ta grâce.

Signe de croix.

PRIÈRE DU SOIR POUR LE TEMPS ORDINAIRE (LA PEINE)

Signe de croix.

Dieu, viens à mon aide,
Seigneur, à notre secours.

Hymne

Seigneur, au seuil de cette nuit,
Nous venons te rendre l'esprit
Et la confiance.
Bientôt nous ne pourrons plus rien ;
Nous les mettons entre tes mains
Afin qu'en toi nos vies demain
Prennent naissance.

Ce jour en train de décliner,
Tu nous donnes de le tourner
Vers le mystère
Qui [sic] fit le premier soir avant
La première aube sur les temps,
Et chaque soir au soir suivant
Dit ta lumière.

Psaume 76

Vers Dieu, je crie mon appel !
Je crie vers Dieu : qu'il m'entende !
Au jour de la détresse, je cherche le Seigneur ;
la nuit, je tends les mains sans relâche,
mon âme refuse le réconfort.

Je pense aux jours d'autrefois, aux années de jadis ;
la nuit, je me souviens de mon chant,
je médite en mon cœur, et mon esprit s'interroge.
Le Seigneur ne fera-t-il que rejeter,
ne sera-t-il jamais plus favorable ?
Son amour a-t-il donc disparu ?
S'est-elle éteinte, d'âge en âge, la parole ?

J'ai dit : « Une chose me fait mal,
la droite du Très-Haut a changé. »
Je me souviens des exploits du Seigneur,
je rappelle ta merveille de jadis ;
je me redis tous tes hauts faits,
sur tes exploits je médite.

Dieu, la sainteté est ton chemin !
Quel Dieu est grand comme Dieu ?
Tu es le Dieu qui accomplis la merveille,
qui fais connaître chez les peuples ta force.

La Parole de Dieu

Is 53, 4-5

C'étaient nos souffrances qu'il portait, nos douleurs dont il était chargé. Et nous, nous pensions qu'il était frappé, meurtri par Dieu, humilié. Or, c'est à cause de nos révoltes qu'il a été transpercé, à cause de nos fautes qu'il a été broyé. Le châtiment qui nous donne la paix a pesé sur lui : par ses blessures, nous sommes guéris.

Cantique de Marie, p. 643.
Notre Père

Prière de conclusion

Ô Christ, ta Mère n'a cessé de veiller dans la foi : donne-moi de participer à son espérance.

Signe de croix.

PRIÈRE DU MATIN POUR LE TEMPS ORDINAIRE (LA LOUANGE)

Signe de croix.

Seigneur, ouvre mes lèvres,
et ma bouche publiera ta louange.

Cantique de frère soleil *S. François d'Assise (1182-1226)*

Très haut, tout-puissant, bon Seigneur, à toi sont les louanges, la gloire, l'honneur, et toute bénédiction. À toi seul, Très-Haut, ils conviennent, et nul homme n'est digne de te nommer.

Loué sois-tu, mon Seigneur, avec toutes tes créatures, spécialement messire frère soleil qui est le jour, et par lui tu nous illumines. Et il est beau et rayonnant avec grande splendeur, de toi, Très-Haut, il porte le signe.

Loué sois-tu, mon Seigneur, pour sœur lune et les étoiles, dans le ciel tu les as formées claires, précieuses et belles.

Loué sois-tu, mon Seigneur, pour sœur eau, qui est très utile et humble, et précieuse et chaste.

Loué sois-tu, mon Seigneur, pour frère feu, par lequel tu illumines la nuit, et il est beau et joyeux, et robuste et fort.

Loué sois-tu, mon Seigneur, pour sœur notre mère la terre, qui nous soutient et nous gouverne, et produit divers fruits avec les fleurs colorées et l'herbe.

Loué sois-tu, mon Seigneur, pour ceux qui pardonnent par amour pour toi et supportent maladies et tribulations. Heureux ceux qui les supporteront en paix, car par toi, Très-Haut, ils seront couronnés.

Loué sois-tu, mon Seigneur, pour sœur notre mort corporelle, à qui nul homme vivant ne peut échapper. Malheur à ceux qui mourront dans les péchés mortels, heureux ceux qu'elle trouvera dans tes très saintes volontés, car la seconde mort ne leur fera pas mal.

Louez et bénissez mon Seigneur, et rendez-lui grâce et servez-le avec grande humilité.

Psaume 8

Ô Seigneur, notre Dieu,
qu'il est grand ton nom
par toute la terre !

Jusqu'aux cieux, ta splendeur est chantée
par la bouche des enfants, des tout-petits :
rempart que tu opposes à l'adversaire,
où l'ennemi se brise en sa révolte.

À voir ton ciel, ouvrage de tes doigts,
la lune et les étoiles que tu fixas,
qu'est-ce que l'homme pour que tu penses à lui,
le fils d'un homme, que tu en prennes souci ?

Tu l'as voulu un peu moindre qu'un dieu,
le couronnant de gloire et d'honneur ;
tu l'établis sur les œuvres de tes mains,
tu mets toute chose à ses pieds.

La Parole de Dieu — 2 Tm 2, 8-9.11.13a

Souviens-toi de Jésus Christ, ressuscité d'entre les morts, le descendant de David : voilà mon évangile. C'est pour lui que j'endure la souffrance, jusqu'à être enchaîné comme un malfaiteur. Mais on n'enchaîne pas la parole de Dieu ! Voici une parole digne de foi : Si nous sommes morts avec lui, avec lui nous vivrons. Si nous manquons de foi, lui reste fidèle à sa parole.

Cantique de Zacharie, p. 642.

Notre Père

Prière de conclusion

Jésus Christ, tendresse du Père, ta présence est source de vie : qu'elle fertilise mes actions de ce jour.

Signe de croix.

PRIÈRE DU SOIR POUR LE TEMPS ORDINAIRE (LA LOUANGE)

Signe de croix.

Dieu, viens à mon aide,
Seigneur, à notre secours.

Hymne

Lumière du monde, ô Jésus,
Bien que nous n'ayons jamais vu
Ta tombe ouverte,
D'où vient en nous cette clarté,
Ce jour de fête entre les fêtes,
Sinon de toi, ressuscité ?

Nous avons le cœur tout brûlant
Lorsque son amour y descend
Et nous murmure :
L'amour venu, le jour viendra
Au cœur de toute créature,
Et le Seigneur apparaîtra.

Psaume 112

Alléluia ! Louez, serviteurs du Seigneur,
louez le nom du Seigneur !
Béni soit le nom du Seigneur,
maintenant et pour les siècles des siècles !
Du levant au couchant du soleil,
loué soit le nom du Seigneur !

De la poussière il relève le faible,
il retire le pauvre de la cendre
pour qu'il siège parmi les princes,
parmi les princes de son peuple.

La Parole de Dieu 1 Jn 3, 1a.2

Voyez quel grand amour nous a donné le Père pour que nous soyons appelés enfants de Dieu – et nous le sommes. Bien-aimés, dès maintenant, nous sommes enfants de Dieu, mais ce que nous serons n'a pas encore été manifesté. Nous le savons : quand cela sera manifesté, nous lui serons semblables car nous le verrons tel qu'il est.

Cantique de Marie, p. 643.
Notre Père

Prière de conclusion

Père très bon, en ton Fils bien-aimé, nous sommes frères : accorde-nous de vivre ensemble et d'être unis.

Signe de croix.

Prières des repas

Avant le repas de midi

Tous ont les yeux sur toi, Seigneur, ils espèrent,
Et tu leur donnes *la nourriture en son temps ;*
Toi, tu ouvres la main :
Tu rassasies tout *vivant à plaisir.* (Ps 144)

Prions le Père, qui toujours prend soin de ses enfants :
Notre Père qui es aux cieux... Car c'est à toi...
Fais descendre ta bénédiction sur nous, Seigneur,
et sur cette nourriture que ta bonté nous donne.
Par le Christ, notre Seigneur. *Amen.*

Avant le repas du soir

Les pauvres mangeront, leur faim sera comblée ;
Ils loueront le Seigneur, ceux qui le cherchent :
que vivent leur cœur à jamais ! (Ps 21)

Prions le Père qui nous donne le pain chaque jour :
Notre Père qui es aux cieux... Car c'est à toi...
Protège-nous, Seigneur notre Dieu,
viens au secours de notre faiblesse
et accorde-nous ce qu'il faut pour vivre.
Par le Christ, notre Seigneur. *Amen.* (*Livre des bénédictions*)

Le Rosaire et le Chapelet

Mystères joyeux

→ 1. L'annonce à Marie.

« Que tout m'advienne selon ta parole. » (Lc 1, 38)

→ 2. La visite de Marie à Élisabeth.

« Heureuse celle qui a cru. » (Lc 1, 45)

→ 3. La naissance de Jésus.

« Voici le signe qui vous est donné : un nouveau-né couché dans une mangeoire. » (Lc 2, 12)

→ 4. Jésus est présenté au Temple.

« Lumière qui se révèle aux nations et donne gloire à ton peuple Israël. » (Lc 2, 32)

→ 5. Jésus est retrouvé au Temple.

« C'est chez mon Père que je dois être. » (Lc 2, 50)

Mystères lumineux

→ 1. Le baptême de Jésus

« Alors Jean rendit ce témoignage : "J'ai vu l'Esprit descendre du ciel comme une colombe et il demeura sur lui. Celui-là baptise dans l'Esprit Saint." » (Jn 1,32.33)

→ 2. Les noces de Cana

« Sa mère dit à ceux qui servaient : "Tout ce qu'il vous dira, faites-le." » (Jn 2,5)

→ 3. L'annonce du Royaume

« Je suis venu apporter un feu sur la terre, et comme je voudrais qu'il soit déjà allumé ! » (Lc 12,49)

→ 4. La transfiguration de Jésus

« Il fut transfiguré devant eux ; son visage devint brillant comme le soleil, et ses vêtements, blancs comme la lumière. » (Mt 17,2)

→ 5. L'institution de l'Eucharistie

« Prenez, mangez : ceci est mon corps. » (Mt 26,26)

Mystères douloureux

→ 1. L'agonie au Jardin des Oliviers.

« Veillez et priez pour ne pas entrer en tentation. » (Mc 14, 38)

→ 2. La flagellation.

« Pilate leur relâcha Barabbas ; quant à Jésus, il le fit flageller. » (Mt 27, 26)

→ 3. Le couronnement d'épines.

« Ma royauté ne vient pas de ce monde. » (Jn 18, 36)

→ 4. Le portement de croix.

« Jésus, portant lui-même sa croix, sorti en direction du lieu dit en hébreu : Golgotha » (Jn 19, 17)

→ 5. La mort du Christ.

« Quand il eut pris le vinaigre, Jésus dit : “Tout est accompli.” Puis, inclinant la tête, il remit l'esprit. » (Jn 19, 30)

Mystères glorieux

→ 1. La résurrection.

« Pourquoi cherchez-vous le Vivant parmi les morts ? » (Lc 24, 5)

→ 2. L'Ascension.

« Dieu l'a exalté : il l'a doté du Nom qui est au-dessus de tout nom. » (Ph 2, 9)

→ 3. La Pentecôte.

« Vous allez recevoir une force, celle du Saint-Esprit qui viendra sur vous. Alors vous serez mes témoins. » (Ac 1, 8)

→ 4. L'assomption de la Vierge Marie.

« Le Puissant fit pour moi des merveilles. » (Lc 1, 49)

→ 5. Le couronnement de la Vierge Marie.

« Une Femme, ayant sur la tête une couronne de douze étoiles. » (Ap 12, 1)

Le chemin de Croix

Le chemin de Croix présenté ici reprend le schéma des stations proposé par Saint Jean-Paul II, au Colisée en 1991. Les stations sans référence biblique (les trois chutes, la rencontre avec Marie et avec Véronique) ont été remplacées par d'autres issues du Nouveau Testament.

Pour chaque station, un extrait de l'Évangile nous propose de suivre Jésus dans sa montée du Calvaire et son passage vers le Père. Un texte de l'Ancien Testament est également proposé pour prolonger la prière.

Le Président : – Nous sommes rassemblés : « Au nom du Père, et du Fils, et du Saint-Esprit. »

Assemblée : – Amen

Le Président : – Jésus, condamné à mort, tu es ami des hommes.

Jésus, chargé de la croix, tu es Sauveur du monde.

Jésus, crucifié, tu es Fils de Dieu.

Père très aimant,

Avec nous, tu vois le sang versé par tant de victimes de la guerre, du terrorisme, du racisme et du sexisme.

Avec nous, tu vois le sang qui jaillit du côté transpercé de ton Fils.

Puisque « l'amour est fort comme la Mort » (Ct 8, 6), fais de nous, dans la force de l'Esprit, des témoins de ta justice et de ta paix.

Par Jésus, le Christ, notre Seigneur.

Assemblée : – Amen

Première station : Jésus au jardin des Oliviers

Refrain : *Adoramus te, Domine* (Taizé)

De l'évangile selon saint Luc :

Jésus sortit pour se rendre, selon son habitude, au mont des Oliviers, et ses disciples le suivirent. Arrivé en ce lieu, il leur dit : « Priez, pour ne pas entrer en tentation. » Puis il s'écarta à la distance d'un jet de pierre environ. S'étant mis à genoux, il priait en disant : « Père, si tu le veux, éloigne de moi cette coupe ; cependant, que soit faite non pas ma volonté, mais la tienne. »

Du livre de Jérémie :

Moi, j'étais comme un agneau docile qu'on emmène à l'abattoir, et je ne savais pas qu'ils montaient un complot contre moi. Ils disaient : « Coupons l'arbre à la racine, retranchons-le de la terre des vivants, afin qu'on oublie jusqu'à son nom. »

Deuxième station : Jésus, trahi par Judas, est arrêté

Refrain : *Adoramus te, Domine* (Taizé)

De l'évangile selon saint Luc :

Jésus parlait encore, quand parut une foule de gens. Celui qui s'appelait Judas, l'un des Douze, marchait à leur tête. Il s'approcha de Jésus pour lui donner un baiser. Jésus lui dit : « Judas, c'est par un baiser que tu livres le Fils de l'homme ? » Voyant ce qui allait se passer, ceux qui entouraient Jésus lui dirent : « Seigneur, et si nous frappions avec l'épée ? » L'un d'eux frappa le serviteur du grand prêtre et lui trancha l'oreille droite. Mais Jésus dit : « Restez-en là ! » Et, touchant l'oreille de l'homme, il le guérit. Jésus dit alors à ceux qui étaient venus l'arrêter, grands prêtres, chefs des gardes du Temple et anciens : « Suis-je donc un bandit, pour que vous soyez venus avec des épées et des bâtons ? Chaque jour, j'étais avec vous dans le Temple, et vous n'avez pas porté la main sur moi. Mais c'est maintenant votre heure et le pouvoir des ténèbres. »

Du livre d'Isaïe :

Nous étions tous errants comme des brebis, chacun suivait son propre chemin. Mais le Seigneur a fait retomber sur lui nos fautes à nous tous.

Troisième station : Jésus est condamné par le Sanhédrin

Refrain : ***Adoramus te, Domine*** **(Taizé)**

De l'évangile selon saint Luc :

Lorsqu'il fit jour, se réunit le collège des anciens du peuple, grands prêtres et scribes, et on emmena Jésus devant leur conseil suprême. Ils lui dirent : « Si tu es le Christ, dis-le nous. » Il leur répondit : « Si je vous le dis, vous ne me croirez pas ; et si j'interroge, vous ne répondrez pas. Mais désormais le Fils de l'homme sera assis à la droite de la Puissance de Dieu. » Tous lui dirent alors : « Tu es donc le Fils de Dieu ? » Il leur répondit : « Vous dites vous-mêmes que je le suis. » Ils dirent alors : « Pourquoi nous faut-il encore un témoignage ? Nous-mêmes, nous l'avons entendu de sa bouche. »

Psaume 109 :

Oracle du Seigneur à mon seigneur : « Siège à ma droite, et je ferai de tes ennemis le marchepied de ton trône. »

De Sion, le Seigneur te présente le sceptre de ta force : « Domine jusqu'au cœur de l'ennemi. »

Le jour où paraît ta puissance, tu es prince, éblouissant de sainteté : « Comme la rosée qui naît de l'aurore, je t'ai engendré. »

Quatrième station : Jésus est renié par Pierre

Refrain : *Adoramus te, Domine* (Taizé)

De l'évangile selon saint Luc :

S'étant saisis de Jésus, ils l'emmenèrent et le firent entrer dans la résidence du grand prêtre. Pierre suivait à distance. On avait allumé un feu au milieu de la cour, et tous étaient assis là. Pierre vint s'asseoir au milieu d'eux. Une jeune servante le vit assis près du feu ; elle le dévisagea et dit : « Celui-là aussi était avec lui. » Mais il nia : « Non, je ne le connais pas. » Peu après, un autre dit en le voyant : « Toi aussi, tu es l'un d'entre eux. » Pierre répondit : « Non, je ne le suis pas. » Environ une heure plus tard, un autre insistait avec force : « C'est tout à fait sûr ! Celui-là était avec lui, et d'ailleurs il est Galiléen. » Pierre répondit : « Je ne sais pas ce que tu veux dire. » Et à l'instant même, comme il parlait encore, un coq chanta. Le Seigneur, se retournant, posa son regard sur Pierre. Alors Pierre se souvint de la parole que le Seigneur lui avait dite : « Avant que le coq chante aujourd'hui, tu m'auras renié trois fois. » Il sortit et, dehors, pleura amèrement.

Du livre des lamentations de Jérémie :

Que dire de toi ? À quoi te comparer, fille de Jérusalem ? À quoi te rendre égale pour te consoler, vierge, fille de Sion ? Car ton malheur est grand comme la mer ! Qui donc te guérira ?

Cinquième station : Jésus est jugé par Pilate

Refrain : *Adoramus te, Domine* (Taizé)

De l'évangile selon saint Marc :

Après avoir ligoté Jésus, ils l'emmenèrent et le livrèrent à Pilate. Celui-ci l'interrogea : « Es-tu le roi des Juifs ? » Jésus répondit : « C'est toi-même qui le dis. » Les grands prêtres multipliaient contre lui les accusations. Pilate lui demanda à nouveau : « Tu ne réponds rien ? Vois toutes les accusations qu'ils portent contre toi. » Mais Jésus ne répondit plus rien, si bien que Pilate fut étonné. À chaque fête, il leur relâchait un prisonnier, celui qu'ils demandaient. Or, il y avait en prison un dénommé Barabbas, arrêté avec des émeutiers pour un meurtre qu'ils avaient commis lors de l'émeute. La foule monta donc chez Pilate, et se mit à demander ce qu'il leur accordait d'habitude. Pilate leur répondit : « Voulez-vous que je vous relâche le roi des Juifs ? » Il se rendait bien compte que c'était par jalousie que les grands prêtres l'avaient livré. Ces derniers soulevèrent la foule pour qu'il leur relâche plutôt Barabbas. Et comme Pilate reprenait : « Que voulez-vous donc que je fasse de celui que vous appelez le roi des Juifs ? », de nouveau ils crièrent : « Crucifie-le ! » Pilate leur disait : « Qu'a-t-il donc fait de mal ? » Mais ils crièrent encore plus fort : « Crucifie-le ! » Pilate, voulant contenter la foule, relâcha Barabbas et, après avoir fait flageller Jésus, il le livra pour qu'il soit crucifié.

Sixième station : Jésus est flagellé et couronné d'épines

Refrain : *Adoramus te, Domine* (Taizé)

De l'évangile selon saint Marc :

Les soldats emmenèrent Jésus à l'intérieur du palais, c'est-à-dire dans le Prétoire. Alors ils rassemblent toute la garde, ils le revêtent de pourpre, et lui posent sur la tête une couronne d'épines qu'ils ont tressée. Puis ils se mirent à lui faire des salutations, en disant : « Salut, roi des Juifs ! » Ils lui frappaient la tête avec un roseau, crachaient sur lui, et s'agenouillaient pour lui rendre hommage.

Du livre d'Isaïe :

Maltraité, il s'humilie, il n'ouvre pas la bouche : comme un agneau conduit à l'abattoir, comme une brebis muette devant les tondeurs, il n'ouvre pas la bouche.

Septième station : Jésus est chargé de la croix

Refrain : *Adoramus te, Domine* (Taizé)

De l'évangile selon saint Jean :

Alors, Pilate leur livra Jésus pour qu'il soit crucifié. Ils se saisirent de Jésus. Et lui-même, portant sa croix, sortit en direction du lieu dit Le Crâne (ou Calvaire), qui se dit en hébreu Golgotha.

Du livre d'Isaïe :

Méprisé, abandonné des hommes, homme de douleurs, familier de la souffrance, il était pareil à celui devant qui on se voile la face ; et nous l'avons méprisé, compté pour rien. En fait, c'étaient nos souffrances qu'il portait, nos douleurs dont il était chargé. Et nous, nous pensions qu'il était frappé, meurtri par Dieu, humilié.

Huitième station : Simon de Cyrène aide Jésus pour porter la croix

Refrain : *Adoramus te, Domine* (Taizé)

De l'évangile selon saint Marc :

Quand ils se furent bien moqués de lui, ils lui enlevèrent le manteau de pourpre, et lui remirent ses vêtements. Puis, de là, ils l'emmènent pour le crucifier, et ils réquisitionnent, pour porter sa croix, un passant, Simon de Cyrène, le père d'Alexandre et de Rufus, qui revenait des champs.

Psaume 21

Oui, des chiens me cernent, une bande de vauriens m'entoure.
Ils me percent les mains et les pieds ; je peux compter tous mes os.

Ces gens me voient, ils me regardent.
Ils partagent entre eux mes habits et tirent au sort mon vêtement.
Mais toi, Seigneur, ne sois pas loin : ô ma force, viens vite à mon aide !

Neuvième station : Jésus rencontre les femmes de Jérusalem

Refrain : *Adoramus te, Domine* (Taizé)

De l'évangile selon saint Luc :

Le peuple, en grande foule, le suivait, ainsi que des femmes qui se frappaient la poitrine et se lamentaient sur Jésus. Il se retourna et leur dit : « Filles de Jérusalem, ne pleurez pas sur moi ! Pleurez plutôt sur vous-mêmes et sur vos enfants ! Voici venir des jours où l'on dira : "Heureuses les femmes stériles, celles qui n'ont pas enfanté, celles qui n'ont pas allaité !" Alors on dira aux montagnes : "Tombez sur nous", et aux collines : "Cachez-nous." Car si l'on traite ainsi l'arbre vert, que deviendra l'arbre sec ? »

Du livre d'Isaïe :

Un court instant, je t'avais abandonnée, mais dans ma grande tendresse, je te ramènerai. Quand ma colère a débordé, un instant, je t'avais caché ma face. Mais dans mon éternelle fidélité, je te montre ma tendresse, – dit le Seigneur, ton rédempteur.

Dixième station : Jésus est crucifié

Refrain : *Adoramus te, Domine* (Taizé)

De l'évangile selon saint Marc :

Alors les soldats crucifient Jésus, puis se partagent ses vêtements, en tirant au sort pour savoir la part de chacun.

C'était la troisième heure (c'est-à-dire : neuf heures du matin) lorsqu'on le crucifia. L'inscription indiquant le motif de sa condamnation portait ces mots : « Le roi des Juifs ».

Psaume 21

Je suis comme l'eau qui se répand, tous mes membres se disloquent.
Mon cœur est comme la cire, il fond au milieu de mes entrailles.
Ma vigueur a séché comme l'argile, ma langue colle à mon palais.
Tu me mènes à la poussière de la mort.

Onzième station : Jésus promet son Royaume au bon larron

Refrain : ***Adoramus te, Domine*** **(Taizé)**

De l'évangile selon saint Luc :

L'un des malfaiteurs suspendus en croix l'injuriait : « N'es-tu pas le Christ ? Sauve-toi toi-même, et nous aussi ! » Mais l'autre lui fit de vifs reproches : « Tu ne crains donc pas Dieu ! Tu es pourtant un condamné, toi aussi ! Et puis, pour nous, c'est juste : après ce que nous avons fait, nous avons ce que nous méritons. Mais lui, il n'a rien fait de mal. » Et il disait : « Jésus, souviens-toi de moi quand tu viendras dans ton Royaume. » Jésus lui déclara : « Amen, je te le dis : aujourd'hui, avec moi, tu seras dans le Paradis. »

Du livre d'Isaïe :

Broyé par la souffrance, il a plu au Seigneur. S'il remet sa vie en sacrifice de réparation, il verra une descendance, il prolongera ses jours : par lui, ce qui plaît au Seigneur réussira. Par suite de ses tourments, il verra la lumière, la connaissance le comblera. Le juste, mon serviteur, justifiera les multitudes, il se chargera de leurs fautes.

Douzième station : Jésus sur la croix, sa mère et son disciple

Refrain : *Adoramus te, Domine* (Taizé)

De l'évangile selon saint Jean :

Près de la croix de Jésus se tenaient sa mère et la sœur de sa mère, Marie, femme de Cléophas, et Marie Madeleine. Jésus, voyant sa mère, et près d'elle le disciple qu'il aimait, dit à sa mère : « Femme, voici ton fils. » Puis il dit au disciple : « Voici ta mère. » Et à partir de cette heure-là, le disciple la prit chez lui.

Du premier livre de Samuel :

Mon cœur exulte à cause du Seigneur ; mon front s'est relevé grâce à mon Dieu !

Face à mes ennemis, s'ouvre ma bouche : oui, je me réjouis de ton salut !

L'arc des forts est brisé, mais le faible se revêt de vigueur.

Le Seigneur fait mourir et vivre ; il fait descendre à l'abîme et en ramène.

De la poussière, il relève le faible, il retire le malheureux de la cendre pour qu'il siège parmi les princes, et reçoive un trône de gloire.

Il veille sur les pas de ses fidèles, et les méchants périront dans les ténèbres.

La force ne rend pas l'homme vainqueur : les adversaires du Seigneur seront brisés.

Treizième station : Jésus meurt sur la croix

Refrain : *Adoramus te, Domine* (Taizé)

De l'évangile selon saint Luc :

C'était déjà environ la sixième heure (c'est-à-dire : midi) ; l'obscurité se fit sur toute la terre jusqu'à la neuvième heure, car le soleil s'était caché. Le rideau du Sanctuaire se déchira par le milieu. Alors, Jésus poussa un grand cri : « Père, entre tes mains je remets mon esprit. » Et après avoir dit cela, il expira.

Psaume 21

Mais toi, Seigneur, ne sois pas loin : ô ma force, viens vite à mon aide !
Préserve ma vie de l'épée, arrache-moi aux griffes du chien ;
sauve-moi de la gueule du lion et de la corne des buffles.
Tu m'as répondu !
Et je proclame ton nom devant mes frères, je te loue en pleine assemblée.

Quatorzième station : Jésus est mis au tombeau

Refrain : *Adoramus te, Domine* (Taizé)

De l'évangile selon saint Luc :

Alors arriva un membre du Conseil, nommé Joseph ; c'était un homme bon et juste, qui n'avait donné son accord ni à leur délibération, ni à leurs actes. Il était d'Arimathie, ville de Judée, et il attendait le règne de Dieu. Il alla trouver Pilate et demanda le corps de Jésus. Puis il le descendit de la croix, l'enveloppa dans un linceul et le mit dans un tombeau taillé dans le roc, où personne encore n'avait été déposé. C'était le jour de la Préparation de la fête, et déjà brillaient les lumières du sabbat. Les femmes qui avaient accompagné Jésus depuis la Galilée suivirent Joseph. Elles regardèrent le tombeau pour voir comment le corps avait été placé. Puis elles s'en retournèrent et préparèrent aromates et parfums. Et, durant le sabbat, elles observèrent le repos prescrit.

Psaume 117

« Le bras du Seigneur est fort, le bras du Seigneur se lève, le bras du Seigneur est fort ! »
Non, je ne mourrai pas, je vivrai pour annoncer les actions du Seigneur :
il m'a frappé, le Seigneur, il m'a frappé, mais sans me livrer à la mort.

Notre Père.

Sacrement de la réconciliation

EXAMEN DE CONSCIENCE SELON LES BÉATITUDES

La meilleure façon de prendre au sérieux les Béatitudes de l'Évangile est de s'en servir comme d'un miroir pour un examen de conscience vraiment « évangélique ».

« Heureux les pauvres de cœur, car le royaume des Cieux est à eux ! »

Suis-je pauvre d'esprit, pauvre intérieurement, abandonné en tout à Dieu ?

Suis-je libre et détaché des biens terrestres ?

Que représente l'argent pour moi ?

Est-ce que je cherche à avoir un style de vie sobre et simple, comme il convient à ceux qui veulent témoigner de l'Évangile ?

Est-ce que je prends à cœur le problème de la pauvreté effroyable, non choisie, mais imposée à des millions de mes frères ?

« Heureux les doux, car ils recevront la terre en héritage ! »

Suis-je doux ? Il existe une violence en actes, mais également une violence en paroles et en pensée.

Est-ce que je domine la colère en moi et en dehors de moi ?

Suis-je gentil et aimable avec ceux qui me sont proches ?

« Heureux ceux qui pleurent, car ils seront consolés ! »

Est-ce que je considère l'épreuve comme une disgrâce et un châtiment, à la manière des gens du monde, ou une opportunité pour ressembler au Christ ?

Quelles sont les raisons de ma tristesse : celles même de Dieu ou celles du monde ?

Est-ce que j'essaie de consoler les autres ou seulement de trouver la consolation pour moi ?

Est-ce que je sais garder, comme un secret entre Dieu et moi, mes contrariétés, sans en parler à droite et à gauche ?

« Heureux ceux qui ont faim et soif de la justice, car ils seront rassasiés ! »

Ai-je faim et soif de la sainteté ?

Est-ce que j'aspire à la sainteté ou me suis-je depuis longtemps résigné à la médiocrité et à la tiédeur ?

La faim matérielle de millions de personnes met-elle en question ma recherche de confort, mon style de vie ?

« Heureux les miséricordieux, car ils obtiendront miséricorde ! »

Suis-je miséricordieux ?

Devant l'erreur d'un frère, d'un proche, est-ce que je réagis par le jugement ou par la miséricorde ?

Jésus ressentait de la compassion pour les foules, et moi ?

N'ai-je pas été parfois le serviteur pardonné qui ne sait pas pardonner lui-même ? rendre compte du prix que Jésus a payé pour que j'en bénéficie ?

« Heureux les cœurs purs, car ils verront Dieu ! »

Suis-je pur de cœur ?

Pur dans mes intentions ?

Dis-je : oui, oui ; non, non, comme Jésus ?

Il y a une pureté du cœur, une pureté des lèvres, une pureté des yeux, une pureté du corps..

Est-ce que je veille à cultiver toutes ces puretés qui sont si nécessaires, particulièrement aux âmes consacrées ?

L'opposé le plus direct à la pureté du cœur est l'hypocrisie. Et moi, dans mes actions, à qui est-ce que je m'efforce de plaire : à Dieu ou aux hommes ?

« Heureux les artisans de paix, car ils seront appelés fils de Dieu ! »

Suis-je moi-même artisan de Paix ?

Est-ce que je fais la paix entre tous ?

Comment est-ce que je me comporte dans les conflits d'opinion, d'intérêt ?

Est-ce que je m'efforce de rapporter toujours et seulement le bien, les paroles positives en laissant tomber dans le vide le mal, les potins, tout ce qui peut semer la discorde ?

La paix de Dieu est-elle en mon cœur et sinon, pourquoi ?

« Heureux les persécutés pour la justice, car le royaume des Cieux est à eux ! »

Suis-je prêt à souffrir un peu en silence pour l'Évangile ?

Comment est-ce que je réagis face aux choses fausses ou aux insultes que je reçois ?

Est-ce que je participe intimement aux souffrances de tant de frères qui souffrent vraiment pour leur foi, ou pour la justice sociale et la liberté ?

D'après le Père Raniero Cantalamessa
Méditations sur les Béatitudes évangéliques

RÉCONCILIATION D'UN PÉNITENT[1]

Accueil mutuel

Le prêtre accueille avec simplicité et respect la personne qui vient le trouver.
Le pénitent peut se présenter en quelques mots.
Prêtre et pénitent font ensemble le signe de croix.
Le pénitent peut dire :

Bénissez-moi, mon Père, parce que j'ai péché.

Le prêtre peut répondre en disant :

Que Dieu vous donne sa lumière pour confesser vos péchés en même temps que son amour pour vous.

Ou

Que Dieu vous bénisse et que son Esprit nous éclaire l'un et l'autre pour célébrer le sacrement du pardon.

1. Pour la célébration dans une assemblée, voir les indications données pour la Célébration pénitentielle en Carême, p. 263.

Lecture

Il est bon que le prêtre ou le fidèle lise un bref passage de l'Écriture ou que le prêtre proclame de mémoire une parole du Seigneur, par exemple

Jésus a dit : « Je ne suis pas venu appeler des justes, mais des pécheurs. » (Mt 9, 13)

« Il y a de la joie devant les anges de Dieu pour un seul pécheur qui se convertit. » (Lc 15, 10)

« Dans le Christ, Dieu a réconcilié le monde avec lui : il a déposé en nous la parole de réconciliation. Au nom du Christ, laissez-vous réconcilier avec Dieu. » (2 Co 5, 19-20)

Confession de l'amour de Dieu et de notre péché

Le pénitent peut commencer par une confession globale de son état de pécheur en disant :

Je confesse à Dieu tout-puissant, je reconnais devant vous, mon père, que j'ai péché, en pensée, en parole, par action et par omission ; oui, j'ai vraiment péché (il se frappe la poitrine). C'est pourquoi je supplie la Vierge Marie, les anges et tous les saints, et vous aussi, mon père, de prier pour moi le Seigneur notre Dieu.

Le pénitent fait ensuite l'aveu de ses fautes particulières. Le prêtre peut engager le dialogue pour aider le pénitent à voir plus clair en lui-même et à discerner les moyens de progresser.
Le prêtre propose ensuite au pénitent un signe de conversion et de pénitence : prière, partage, effort pour sortir de soi-même, de ses habitudes mauvaises, et surtout, service du prochain.

Accueillir le pardon de Dieu

Si le prêtre et le pénitent sont assis, ils se lèvent et, dans la mesure du possible, le fidèle se met à genoux ou, du moins, il s'incline profondément.
Chaque fois que c'est possible, le prêtre et le pénitent prient ensemble. Ils disent par exemple le Notre Père, ou quelques versets de psaumes.
Ou bien le pénitent s'exprime seul, et dit par exemple :

Jésus, Fils de Dieu Sauveur, prends pitié de moi, pécheur.

Ou

Mon Dieu, j'ai péché contre toi et mes frères, mais près de toi se trouve le pardon. Accueille mon repentir et donne-moi la force de vivre selon ton amour.

Ou bien l'acte de contrition *(p. 640)**. Le pénitent peut aussi faire une prière spontanée.*
Le prêtre étend les mains sur la tête du pénitent (ou du moins étend la main droite) et dit la prière d'absolution :

Que Dieu notre Père vous montre sa miséricorde ; par la mort et la résurrection de son Fils, il a réconcilié le monde avec lui et il a envoyé l'Esprit Saint pour la rémission des péchés : par le ministère de l'Église, qu'il vous donne le pardon et la paix.

Et moi, au nom du Père, + et du Fils, et du Saint-Esprit,
je vous pardonne tous vos péchés.

Le fidèle pardonné répond :

Amen.

Louange de Dieu et envoi

Le prêtre invite à l'action de grâce par une formule spontanée ou en disant par exemple :

Allez dans la paix et la joie du Christ.

Ou

Rendez grâce au Seigneur, car il est bon.
R/ Éternel est son amour.

Ou

Le Seigneur vous a pardonné. Allez en paix.

Table des lectures bibliques

* *Possibilité d'une lecture abrégée.*

GENÈSE

EXODE

LÉVITES

NOMBRES

DEUTÉRONOME

1 SAMUEL

1 ROIS

2 ROIS

1 CHRONIQUES

2 MARTYRS D'ISRAËL

PROVERBES

SAGESSE

BEN SIRA ou « ECCLÉSIASTIQUE »

ISAÏE

LUC

1 PIERRE

1 JEAN

APOCALYPSE

Comprendre la messe

Table

Le dimanche 29 novembre 2020
est le premier dimanche de l'Avent (année B).
C'est le début d'une nouvelle année liturgique.

Voir le Missel des dimanches 2021.

Maquette : Bleu T

Mise en page : Le vent se lève...

Achevé d'imprimer en juillet 2019
dans les ateliers de Normandie Roto Impression s.a.s. – 61250 Lonrai
N° d'imprimeur : 1902405
Dépôt légal : août 2019